翁源年鉴

WENGYUAN YEARBOOK

2018

翁源年鉴编纂委员会 编

方志出版社

·北京·

图书在版编目（CIP）数据

翁源年鉴. 2018 / 翁源年鉴编纂委员会编. —北京：方志出版社，2019.1
ISBN 978-7-5144-3560-3

Ⅰ. ①翁… Ⅱ. ①翁… Ⅲ. ①翁源县—2018—年鉴
Ⅳ. ①Z526.54

中国版本图书馆 CIP 数据核字（2019）第013747号

翁源年鉴（2018）

编　　者：翁源年鉴编纂委员会
责任编辑：王娜
出 版 人：冀祥德
出 版 者：方志出版社
地址　北京市朝阳区潘家园东里9号（国家方志馆4层）
邮编　100021
网址　http:/www.fzph.org
发　　行：方志出版社图书经销中心
电话（010）67110500
经　　销：各地新华书店
印　　刷：广州市快美印务有限公司
开　　本：889×1194　1/16
印　　张：16.5
字　　数：747千字
版　　次：2019年1月第1版　2019年1月第1次印刷
印　　数：001—500册
ISBN 978-7-5144-3560-3　定价：180.00元

编辑说明

一、《翁源年鉴》以马克思列宁主义、毛泽东思想、邓小平理论、“三个代表”重要思想、科学发展观、习近平新时代中国特色社会主义思想为指导，坚持辩证唯物主义和历史唯物主义的立场、观点和方法，旨在全面、系统地记述本行政区域年度内自然、政治、经济、文化、社会等方面的基本情况，为读者了解和研究翁源提供基本资料。从2011年起连续出版、公开发行。

二、《翁源年鉴（2018）》收集2017年翁源县各项事业发展的基本情况。年鉴分彩页和正文两大部分。彩页主要反映年内政务活动、行业成就、城乡新貌等；正文内容由特载、大事记、全县概况、行业专文、统计资料、名录、索引等组成。正文内容分类目、分目、条目三个层次，以条目为记述内容的基本形式，条目的标题以黑体字加【 】表示，少数包含多方面内容的条目则在文内用楷体标题标示各段内容的主题。

三、本年鉴编目设计在上年编目的基础上对个别栏目的编排进行适当的调整，以使编目更加完善、科学。

四、本年鉴稿件大部分由各部门、各单位、各镇（场）及上级驻翁源有关单位提供，《翁源年鉴》编辑部撰写部分稿件并统纂全书。所提供的稿件资料均经供稿单位主要领导审阅，撰稿人署名于相应条目文末。因统计时间、口径不同等原因，个别数据在不同稿件中可能不尽一致，敬请读者采用时注意，反映全县国民经济和社会发展情况的数据，以翁源县统计局资料为准。

五、本年鉴配备双重检索系统。书前刊有目录，书后备有索引，索引采用主题分析法，款目按汉语拼音字母顺序排列。

翁源年鉴编纂委员会

翁源年鉴编辑部

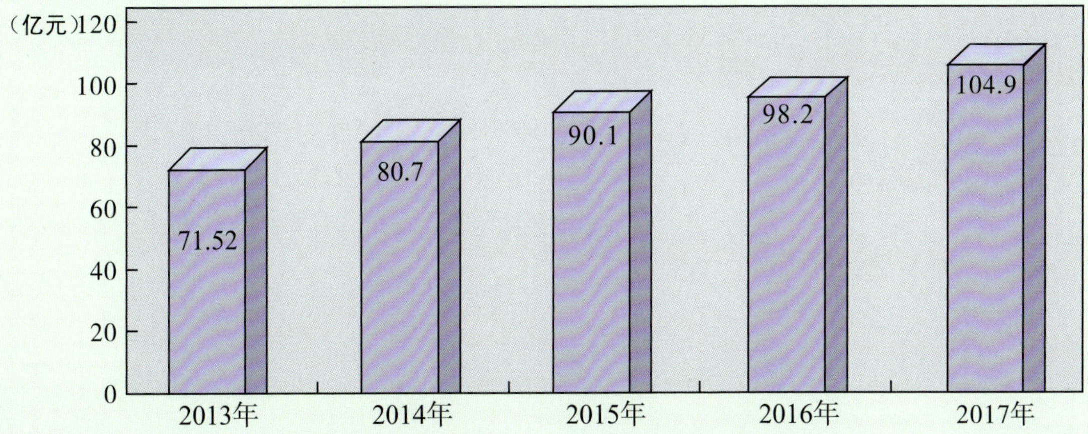

2013—2017年翁源县地区生产总值

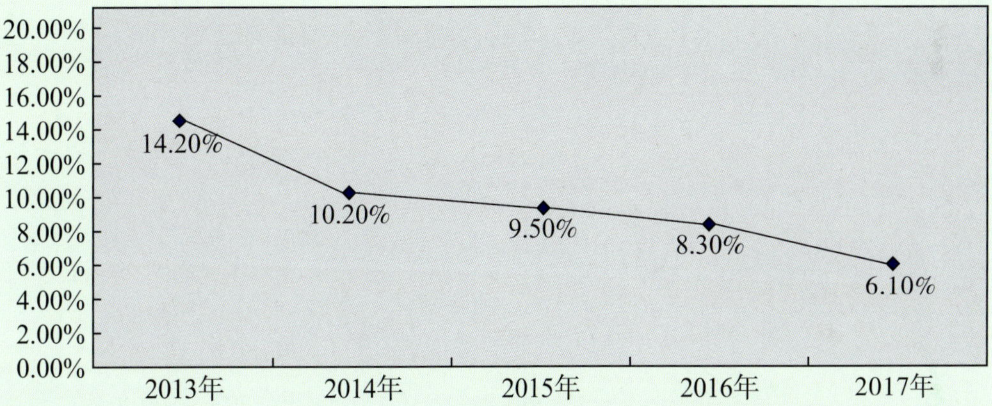

2013—2017年翁源县地区生产总值增长率

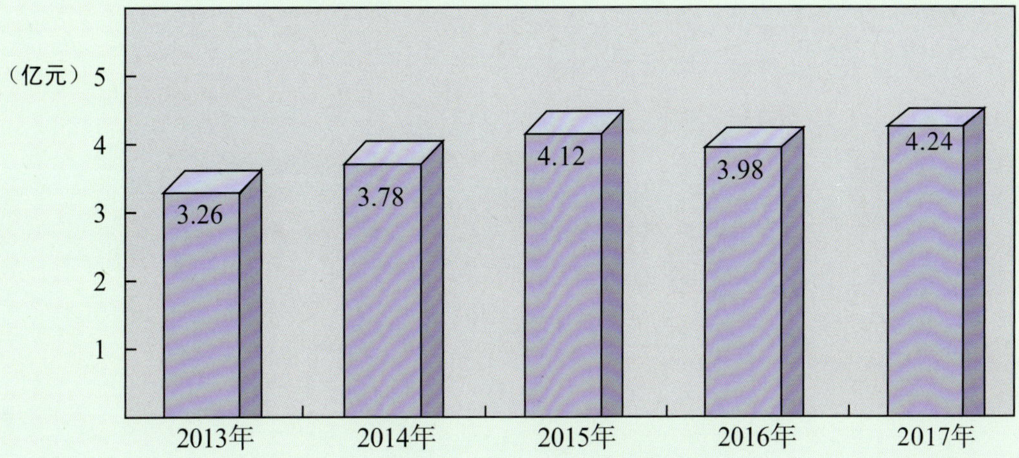

2013—2017年地方财政收入

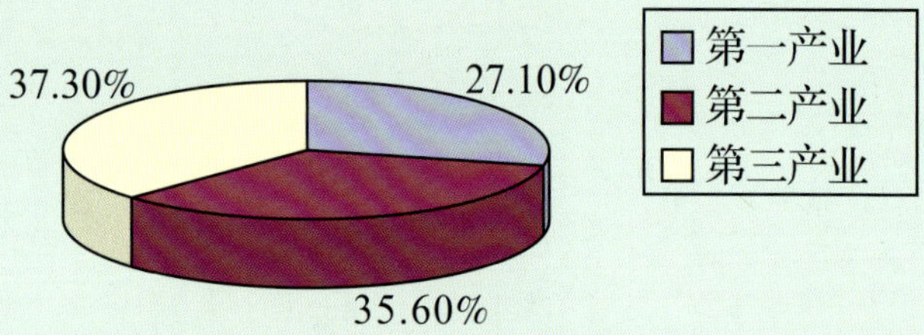

2013年经济结构

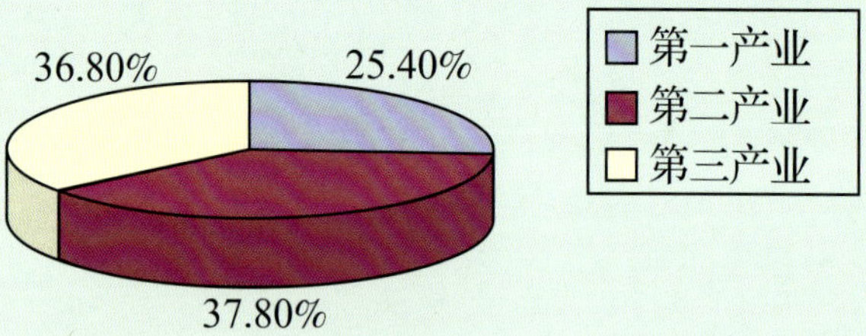

2014年经济结构

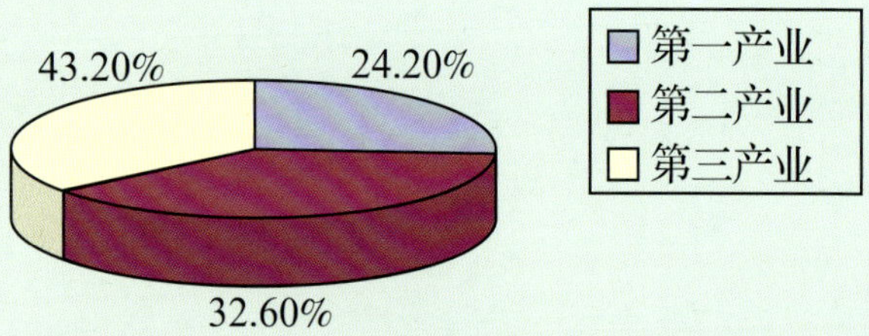

2015年经济结构

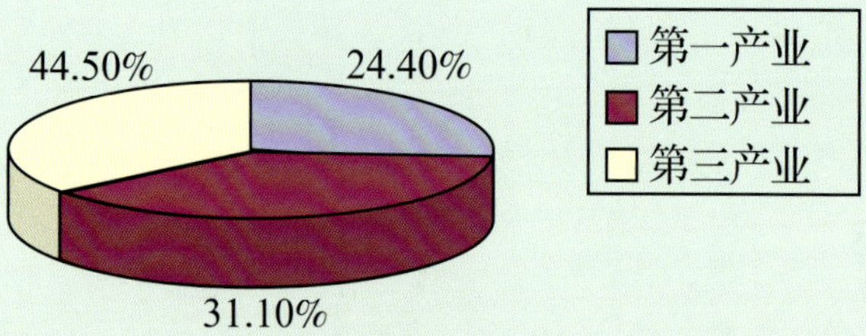

2016年经济结构

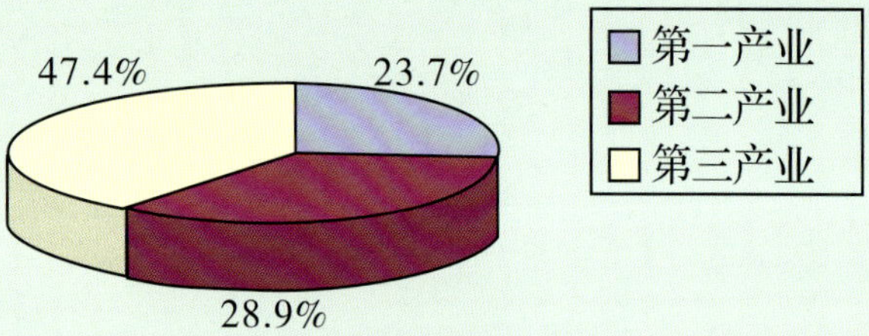

2017年经济结构

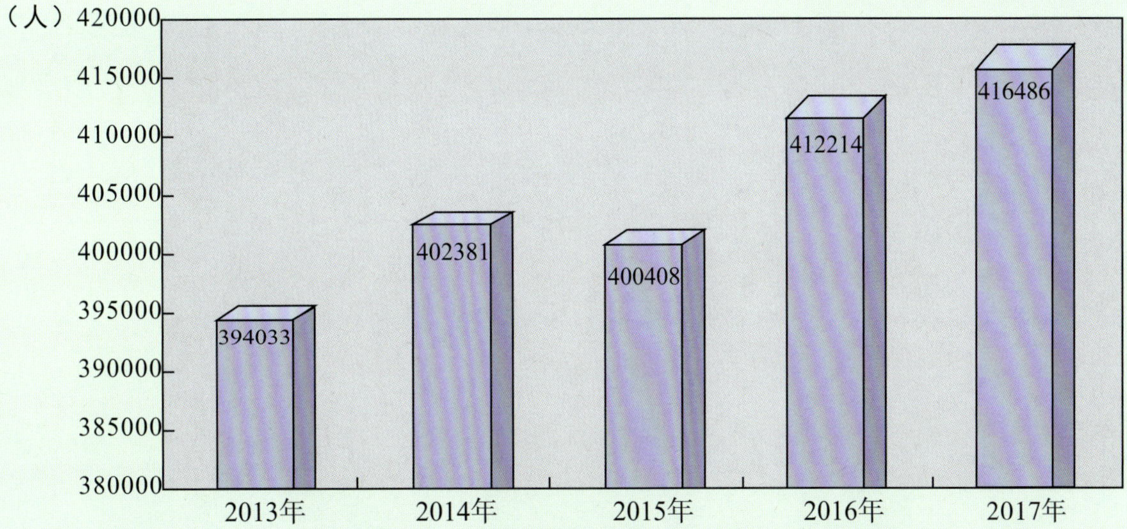

2013—2017年翁源人口增长情况

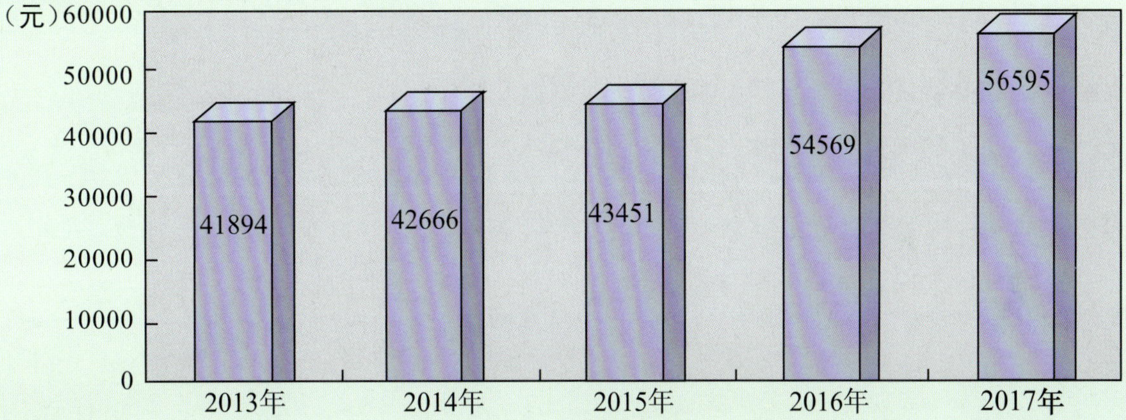

2013—2017年在岗职工平均工资

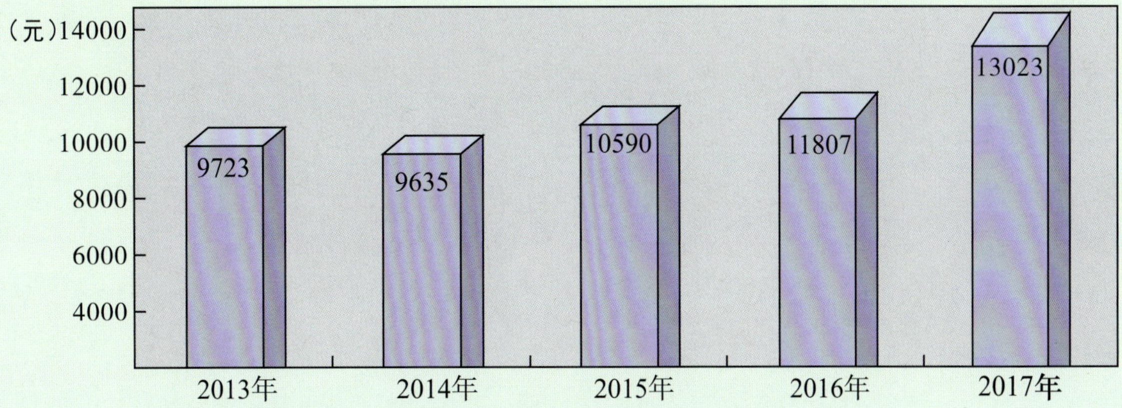

2013—2017年农村人均纯收入

1月18日，市委常委、常务副市长朱余旺（右三）带队到翁源县开展安全生产工作检查

1月19日，市委常委、市纪委书记郭健生（左二）到江尾镇连溪村开展精准扶贫工作调研

2月7日，副市长李欣（前左二）到翁源县调研高速公路建设进展情况

3月9日，市委副书记、市长骆蔚峰（左二）到翁源县开展工作调研

4月11日，市委常委、组织部长华旭初（前左二）到江尾镇东鹊村检查指导精准扶贫工作

4月25日，县委书记颜亮（右三）到新江镇进行工作调研

5月16日，省财政厅副厅长郑贤操（右四）到翁源县开展新农村建设调研

5月18日，市委书记莫高义（右三）到翁源县开展工作调研

5月24日，县委副书记、县长陈来安（右二）到龙仙镇开展工作调研

5月27日，县委副书记、县长陈来安（左二）到江尾镇开展工作调研

6月7日，市委常委、常务副市长朱余旺（中）到翁源县调研韶新高速公路建设前期工作

6月19日，县人大常委会主任温毅麟（中）到翁城调研镇人大工作情况

7月4日，副市长陈磊（中）到翁源县调研食品安全工作

7月24日，县委副书记、县长陈来安（左四）率队开展巩文工作调研

8月22日，市委副书记、市长殷焕明（右二）到翁源县开展工作调研

9月13日，市政协副主席兰茵（右三）到翁源县调研特色小镇建设工作

10月18日，市委常委、市纪委书记郭健生（右三）到翁源县开展精准扶贫和新农村建设工作调研

11月6日，县委书记黄令遥（右二）到龙仙镇青云村开展新农村建设工作情况调研

11月8日，县委书记黄令遥（左三）到县城新城区调研

11月14日，县委书记黄令遥（左三）率队到官渡开展新农村建设调研

11月16日，省委农办主任陈祖煌（左三）到翁源县开展乡村振兴战略专题调研

11月16日，由财政部国家农发办制度研究处处长朱铁辉率领调研组到翁源县开展专题调研

11月19日，县委书记黄令遥（左三）率队开展新农村建设调研

11月28日，市委常委、常务副市长朱余旺（前左二）到翁源县调研

11月29日，副市长许志新（左一）到翁源县周陂镇调研

12月6日，县政协主席陈建为（左一）到龙仙镇青山村调研指导乡村振兴“三清三拆”情况

12月16日，县委副书记、县长陈来安（左一）率队开展安全生产大检查

12月27日，县委书记黄令遥（左四）率队开展打击“两违”及新城环境整治工作调研

1月18日，中共翁源县委十三届三次全体会议在县政府小礼堂召开

2月17日，中共翁源县第十三届纪律检查委员会第二次全体会议在县政府小礼堂召开

3月30日，翁源县召开创建省推进教育现代化先进县和创建卫生强县工作会议

3月30日，翁源县委经济工作会议在县政府小礼堂召开

4月7日，韶关市县域振兴发展工作（南片）会议在翁源县召开

5月5日，翁源县政府召开十五届二次全会暨2017年一季度经济形势分析会

5月11日，厚街翁源对口帮扶工作第八次联席会议在翁源县召开

5月26日，韶关市交通重点项目现场推进会在翁源县召开

6月1日，翁源县召开全县政法信访工作会议

6月7日，翁源县部署推进“两学一做”学习教育常态化制度化工作会议

6月23日，翁源县召开省定贫困村创建新农村示范村工作推进会

7月14日，翁源县召开巩固广东省县级文明城市工作部署会议

8月9日，韶关市村“两委”干部违纪违法案例剖析现场会在翁源县召开

9月10日，翁源县召开庆祝第33个教师节暨教育工作会议

10月31日，韶关市（韶新）高速公路建设现场推进会在翁源县召开

11月8日，翁源县召开“创国卫”工作总结会议暨授牌仪式

11月13日，翁源县委十三届第35次常委（扩大）会议在龙仙镇青云村召开，县委书记黄令遥带领全体与会人员重温入党誓词

11月30日，2017年翁源县招商洽谈会在县投资企业服务中心召开

12月6日，翁源县召开“央扶贷”工作推进会暨政银企对接会

12月22日，翁源县部署筹备第28届中国（翁源）兰博会“百日冲刺”工作

2月17日，翁源县举行兰花创新博览中心开工仪式

2月27日，2017广东春季旅游赏花线路推介暨翁源桃花节启动

4月14日，“韶关好警察”事迹巡演走进翁源县

6月9日，“投桃报李最忆翁源”2017广东（翁源）桃李文化节开幕

7月5日，省政协视察团到翁源县调研县级综合性医院建设工作

7月8日，香港韶关同乡联谊总会义工团到江尾镇开展扶贫助学捐赠活动

8月10日晚上，翁源县举办“文明翁源 礼让斑马线”文明交通启动仪式

9月1日，翁源县四套班子领导参观党风廉政建设暨预防职务犯罪教育基地

9月30日，翁源县举行烈士纪念日公祭纪念活动

10月17日，第28届中国（翁源）兰花博览会推介会暨翁源兰花logo大赛颁奖活动

12月6日，翁源县举行“三减三健 迈向健康”全民健康生活方式行动第二阶段活动

12月9日，举行2017广东·翁源“平步青云 最忆翁源”户外三人团体挑战赛

9月6日，翁源县举行韶能集团生物质发电项目签约仪式

11月30日，举行2017年翁源县产业项目集中奠基动工仪式

12月11日，佛山市顺德区龙江友邦涂料制造有限公司二十周年庆典暨韶关友邦化工有限公司落成典礼在华彩新材料产业园举行

龙翔大道

县城西区德政广场

龙湖广场一角

望仙楼绿道一角

建设中的韶新高速（翁源段）

建设中的昆汕高速（翁源段）

书堂石邵谒塑像

中国（翁源）兰花博览中心

翁城镇黄塘村建设新貌一角

目　　录

特　载

大事记

全县概貌

中共翁源县委

翁源县人民代表大会

翁源县人民政府

政协翁源县委员会

民主党派·社会团体

法治·军事

经济管理

工业·商贸·招商引资

农•林•水

交通·通信

城建·环保

财税·金融

科技·教育

文化•卫生•体育

镇•场

统计资料

名　录

索引

特　载

在县委十三届三次全会上的讲话

（2017年1月22日）

县委书记　颜　亮

1月22日，翁源县委召开十三届三次全体会议

这次全会的主要任务是，深入贯彻党的十八届六中全会和习近平总书记系列重要讲话精神，全面落实省委全会、省委经济工作会、市第十二次党代会和市委工作会议精神，总结去年工作，部署今年工作，进一步认清形势、抢抓机遇、主动作为、精准发力，凝神聚力增创该县经济社会发展新优势，一心一意为建设美丽幸福翁源迈出坚实步伐。

下面，我代表县委常委会向全会作报告。

一、“十三五”实现良好开局

2016年是该县发展史上攻坚克难、奋发有为的一年，更是勇于争先、倍受关注的一年。全省粤台农业合作园区工作现场会、全省脱贫攻坚现场推进会、全市县域发展工作现场会、全市产业园区提质增效工作现场会等四个省市现场会先后在该县成功召开，该县经济社会发展的经验做法在全省、全市交流推介，一年内成功召开了四个高规格的现场会，这是该县近二十年来少有的，是对该县干部工作能力、发展实绩的一次全面肯定，是对该县干事创业氛围、对外形象的一次重要展现。过去一年，全县经济主要指标继续位居全市前列，较好实现了“十三五”经济社会发展良好开局。

“两学一做”学习教育扎实开展。县委常委会、县委中心理论组带头开展学习，召开了6次专题学习讨论会，县委常委共上党课16人（次），培训党员骨干13000多人（次），全县党员参加“考学”参考率达98.1%，满分率全市第一。开展党员党组织关系集中排查，共查找失联党员197名，做到学习教育全覆盖。开展“三个是否”思想大讨论，巩固拓展“三严三实”专题教育成果，打造了一批“两学一做”学习教育的示范点党组织。党员干部的政治意识、大局意识、核心意识、看齐意识明显增强。

三大高速公路经济增长极成效初显。2016年，县委积极推动主动融入珠三角战略实施，深入落实供给侧结构性改革，加强与东莞厚街对口帮扶工作，全年生产总值实现97亿元，增速8.3%；固定资产投资67.49亿元，增速6%；规模以上工业增加值完成26亿元，增速9%。新型工业经济增长极拉动力增强。开发区共引进5000万元以上项目6个，合同投资总额5亿元，新增企业上规6家，完成固定资产投资25.3亿元，全年实现工业产值31亿元。翁源省级产业转移工业园在全省转移起步园考核中位居第一。绿色经济增长极辐射力提升。粤台园区引进7个农业项目，合同计划投资额2亿元，完成固定资产投资1.5亿元。成功举办“中国兰花之乡”兰博会和广东（翁源）桃花节系列活动，成功创建“全国休闲农业与乡村旅游示范县”“国家农产品质量安全县”。全县接待游客人（次）同比增长22%。产城融合经济增长极集聚力拓展。龙湖、陈璘公园环境提升，滨河东路、南龙路口等路段和大街小巷等升级改造基本完成，县城新区投入建设资金4.3亿元，医院、学校等公共服务工程加快建设，德政休闲广场和龙翔大道、八泉大道等主路网初步建成，锦绣山河二期、碧桂园商住项目动工建设，新城基础条件进一步改善。重大交通基础设施建设全面推进。武深高速、汕昆高速翁源段分别完成工程量的1/2以上和1/3以上，累计完成固定资产投资28亿元，韶新高速公路已完成业主招投标等前期工作，县、乡路网建设进不断完善。

群众获得感、幸福感持续提升。2016年民生支出占财政总支出的比重提升到87.4%。城镇居民人均可支配收入、农村居民人均可支配收入增长分别为9.5%和10%。全面完成教育创强工作，全县义务教育发展均衡化通过了国家教育部的检查验收。创建国家卫生县城顺利通过省考核评估，公共卫生人均费用提高至每人每年45元。全面完成8所创建市示范性平安学校食堂建设工作。县城公交车辆已投入运营，方便了居民出行。完成了建设滃江源国家湿地公园的立项申报等前期工作和4个县镇级森林公园的总体规划。扎实推进中小河流治理等水利工程建设，灌溉排涝、防灾减灾能力大幅提升。社会保障体系进一步强化，食品药品质量安全有效保障，全县安全生产形势持续平稳。创建广东省第十届双拥模范县工作通过市的检查验收。完成3550户贫困户5500人脱贫任务，省扶贫办充分肯定了该县的经验做法。

基层社会治理创新开展。扎实开展基层党组织、村民自治、公共服务“三个重心”下移，完成仙北村、华东村等村改革试点工作，进一步调动村民自我管理的内生动力。县委常委会制定完善了四个社会平安稳定机制方案（《翁源县平安创建暨综治信访维稳工作考评办法》《翁源县社会矛盾排查化解“百日攻坚行动”实施方案》《翁源县敏感节点时期越级上访处置联动工作方案》《翁源县社会矛盾纠纷常态化排查化解制度》），有效开展社会矛盾排查化解“百日攻坚”行动，确保了社会大局和谐稳定。深入开展百警进社区活动，扎实推进“飓风2016”专项行动，从严打击违法犯罪行为，量化考评综合排名位列全市第二。大力开展社会主义核心价值观（党的十八大提出，倡导富强、民主、文明、和谐，倡导自由、平等、公正、法治，倡导爱国、敬业、诚信、友善，积极培育和践行社会主义核心价值观）宣传教育和推动文明乡风建设。开展了“爱在滃江·文明翁源”十佳道德模范选树、“好婆婆、好媳妇”、“最美家庭”推荐等活动，深入推进“平安家庭”创建，创建覆盖率达98.5%。中央电视台科教频道《味道》《文明密码》等栏目对翁源美食、历史文化、民风民俗进行宣传推介。

党的建设从严推进。坚持把加强党的领导、正确的用人导向、严把法规程序和严肃换届纪律贯穿县镇领导班子换届工作全过程，县镇两级换届风清气正，圆满完成，一批主动作为、干净干事的领导干部得到提拔重用，领导班子活力进一步增强。完成11个软弱涣散村党组织整顿，成功打造30个农村基层组织建设示范点。创新开展“公仆在线”服务型党组织创建活动，坚持县领导下村“住夜”联系群众，建立镇领导干部直接联系群众“一簿两卡五联户”（填写普遍直接联系群众驻点日志，建好困难诉求和矛盾纠纷两本档案，结交五户以上农民群众）工作机制，县党政班子成员共下村“住夜”116人次，解决基层困难和问题238个。认真开展党费清缴等工作，进一步规范党内政治生活。切实加强意识形态工作领导，以落实工作责任制为抓手，牢牢掌握舆论阵地主动权。严格落实党委（党组）主体责任和纪委监督责任，建成县党风廉政建设暨预防职务犯罪教育基地，开展党员领导干部家风建设和“把纪律和规矩挺在前面”专题教育活动，创新建立“正风速递”（县纪委运用新常态下“互联网+”的推动能力，依托社区网格，借助微信平台，创新开展的“互联网+党风廉政建设”工作模式）工作机制，驰而不息纠正“四风”，保持惩治腐败的高压态势，加大纪律审查力度，共立案77宗，结案77宗，给予党纪政纪处分77人。

民主政治建设进一步加强。县委常委会认真贯彻民主集中制，支持县人大依法监督和依法行使权力，支持县政协民主监督和参政议政。县人大常委会党组、县政协党组进一步发挥领导核心作用，确保人大、政协换届工作顺利完成。推行法律顾问制度，增强县委决策的科学性、民主性、合法性。加强司法体制改革的领导，推进“公正司法、司法为民”落实，县法院、县检察院在全市法院、检察院指标考核中均列第一。落实“四议两公开”（即农村所有村级重大事项都必须在村党组织领导下，按照“四议”、“两公开”的程序决策实施，“四议”：党支部会提议、“两委”会商议、党员大会审议、村民代表会议或村民会议决议；“两公开”：决议公开、实施结果公开）制度，深入开展一村（社区）一法律顾问活动，基层民主法治建设不断加强。同时，加强对武装、统战、工青妇等工作的领导，有效调动了各方的积极性。

过去的一年成绩来之不易，这是全县上下共同努力的结果。面对更多的肯定和荣誉我们更要保持清醒头脑，充分认识到翁源作为欠发达的山区县，仍处于加快发展的爬坡期、民生改善的提升期和全面小康的攻坚期。在新常态下，部分党员干部的思想观念和工作作风未能很好适应新常态的要求，敢于担当的勇气有所弱化，造成发展进程中一些难点、节点问题没有及时有效解决；改革创新的锐气有所退化，造成有些单位的工作年年“涛声依旧”，在全市考核中排名始终处于落后状态；公仆为民的情怀与群众的所期所盼存在差距，造成一些领域、某些地域矛盾纠纷不断增多。对此，我们要在新一年的工作中采取有力措施，沉下心来逐一解决。

二、坚定不移推进全面从严治党

党的十八届六中全会和省委十一届八次全会、市委十一届十一次全会对如何推进全面从严治党作出了部署，我们要深入学习贯彻，切实做到政治从严、思想从严、作风从严、制度从严、执纪从严、治吏从严，保持各级党组织、广大党员的先进性和纯洁性，为推动该县各项事业再掀发展新高潮，建设美丽幸福翁源提供坚强政治保证。

（一）加强思想政治建设，把牢理想信念“总开关”。针对一些领导干部存在的理想信念发生动摇，世界观、人生观、价值观这个“总开关”出现松动的问题，必须切实加强思想政治建设。要把坚定理想信念作为党内政治生活的首要任务，深化中国特色社会主义理论体系的学习教育，用马克思主义中国化最新成果武装头脑、指导实践、推动工作，不断坚定对中国特色社会主义的道路自信、理论自信、制度自信、文化自信。深入推进党的思想理论学习教育，强化党章党规意识，自觉维护以习近平同志为核心的党中央权威，坚决贯彻落实好中央、省委和市委的重大决策部署，始终做到中央、省委和市委有部署有要求，翁源第一时间有行动，确保中央、省委和市委政令在翁源畅通。落实党委（党组）意识形态工作责任制，不断创新新形势下宣传工作，巩固壮大主流思想舆论阵地，凝聚全县上下团结奋进的强大力量。

（二）严肃党内政治生活，保持党的先进性、纯洁性。针对一些党组织落实“三会一课”（支部会、党支部会议、党小组会议、党课）等组织制度不正常；一些党小组一年到头都不开一次会议；一些党员领导干部把自己看作特殊党员，很少参加党的支部生活，没有主动接受组织监督的问题，必须进一步严肃党内政治生活，重点解决党内政治生活随意化、形式化、庸俗化的问题。要认真落实《关于新形势下党内政治生活的若干准则》，严格执行组织生活制度，坚持问题导向，使党的组织生活真正成为对党员进行教育管理监督的重要形式。坚持集体领导制度，实行集体领导和个人分工负责相结合，党委（党组）主要负责同志要发扬民主、善于集中、敢于担责，支持班子成员在职责范围内独立负责开展工作；领导班子成员必须坚决执行党组织决定，不得违背集体决定自作主张、自行其是。健全党委（党组）工作规则、议事规则和决策机制，凡属“三重一大”（重大问题决策、重要干部任免、重大项目投资决策、大额资金使用)事项，必须由领导班子集体作出决定。坚持党内民主各项制度，尊重党员主体地位，保障党员权利，畅通党员参与讨论党内事务途径和表达意见渠道。

（三）全面加强党内监督，从严落实管党治党责任。针对一些党组织和党员领导干部不愿监督、不敢监督甚至抵制监督的现象，必须全面加强党内监督，重点解决党委监督主体责任落实不到位的问题。党内监督是全党的任务，各级党组织和全体党员要深入贯彻落实《中国共产党党内监督条例》，细化监督措施，以眼里揉不进沙子的认真劲儿，扎实有效地开展党内监督。党委（党组）要担负起党内监督主体责任，书记要履行第一责任人责任，切实管好班子、带好队伍。各级纪检监察机关要全面履行从严治党监督责任，全面回归党章要求，聚焦监督执纪问责主业，用纪律管住大多数、管住全体党员。从严落实县委巡察制度，充分发挥巡察“利剑”作用，加强党内民主监督，健全党内民主生活会制度，改进民主生活会方式，提高民主生活会质量，让批评和自我批评成为党内生活的常态，督促党员领导干部自觉接受监督，主动参与监督。规范运用监督执纪“四种形态”，做到“抓早抓小、从严从本”，实现惩处极少数、教育大多数的执纪效果。完善镇（场）党委和县直部门党组一把手向县纪委全会述责述廉述德制度，鼓励党员在党内监督中发挥积极作用，加强对领导干部“八小时以外”活动的监督，净化领导干部社交圈、生活圈、朋友圈，教育引导广大党员干部懂规矩、守纪律，明底线、知敬畏。

（四）严把选人用人关，建设一支忠诚干净担当的干部队伍。针对一些干部不作为、不担当的问题，要始终坚持正确的用人导向，大力提高干部队伍的整体素质。要认真做好拟提拔干部“4+6”核查工作，健全科学精准的选人识人机制。坚持从严管理干部，强化日常监督和审核把关，形成常态化监管。各级领导干部要切实发挥好标杆示范作用，率先垂范到位、学思结合到位、知行统一到位。制定和实施《县管领导干部考验性管理意见》，坚持抓早抓小抓预防，对干部存在的苗头性倾向性问题，及时提醒、函询、诫勉，进一步健全机制，推动领导干部能上能下。深入开展“为官不为”等专项治理工作，大力惩戒在翁源经济发展、群众利益中不作为、乱作为的行为。

（五）加强基层组织建设，提高党组织凝聚力、战斗力。针对基层党组织工作薄弱，党组织书记公信力不高等问题，要进一步加强基层组织建设，重点解决基层党组织凝聚力、战斗力不强的问题。要把加强各领域党组织建设作为从严管党治党的重要抓手，突出机关党组织和乡镇党委的主体责任。扎实开展“一簿两卡五联户”镇领导干部直联群众活动，提升服务型党组织建设水平。大力打造基层党建示范点，精准整顿转化软弱涣散基层党组织，坚持把基层党组织建设和基层治理结合起来，集中整治基层突出问题。严明党员纪律，规范党员行为，制定党员“八记住”(记住入党誓词、记住参加组织生活、记住交纳党费、记住完成党支部交办的工作、记住密切联系和服务群众、记住要团结互助、记住做人要诚实、记住党和人民的利益高于一切)、“九带头”(带头执行政策法规、带头帮扶贫困家庭、带头排解邻里纠纷、带头参与村务管理、带头推广科学技术、带头树立节俭新风、带头转移富余劳力、带头调整产业结构、带头实现家庭富裕)及“十不准”等行为规范。充实基层党务工作队伍，建立健全规范的基层组织工作经费保障制度。深入排查机关党建存在的突出问题，对机关党组工作不正常、不规范的现象及时纠正、限期整改，理顺社会组织、非公有制经济组织党组织的职责和职能，加快推进“两新”组织党的组织覆盖和工作覆盖，切实增强党组织在非公企业职工中的凝聚力、影响力。

（六)深入推进党风廉政建设和反腐败斗争，营造山清水秀的政治生态。针对部分党员干部消极腐败、违反中央八项规定精神等现象，必须深入推进党风廉政建设和反腐败斗争，重点解决发生在群众身边的“四风”和腐败问题。要严格落实党风廉政建设党委主体责任和纪委监督责任，着力构建不敢腐、不能腐、不想腐的有效机制。持续推行“互联网+党风廉政”模式，深化开展“正风速递”工作，加大对该县“十三五”规划重点工作、县委县政府年度重大工作任务和领导重要批示、精准扶贫工作等方面的监督检查力度。深入贯彻中央八项规定精神，坚持暗访、查处、追责、曝光“四管齐下”，紧紧围绕遏制腐败蔓延势头目标，坚决查处严重违反党的政治纪律、组织纪律、财经纪律、保密纪律等行为。深入开展纪律作风教育，坚持开展纪律教育学习月活动，办好领导干部“三纪”班，充分利用建成的廉政教育基地，加强对党员干部的党风廉政教育。

三、开创新班子开局之年新局面

今年是全面深化改革、实施“十三五”规划目标和加快主动融入珠三角的关键一年，更是新一届班子建设美丽幸福翁源开局之年，做好今年工作意义十分重大。

2017年全县工作的总体要求是：以供给侧结构性改革为主线，科学把握稳中求进工作总基调，深入实施“主动融入珠三角，加快实现绿色崛起”的总战略，紧紧围绕县第十三次党代会确定的发展思路狠抓落实，突出“四个更加”，加快融入全省一体化发展大格局，扭住“两个深入”，巩固提升积极有为、风清气正的良好政治生态，推动美丽幸福翁源建设迈出又好又快的前进步伐。综合考虑该县的发展基础、条件变化和发展趋势，县委考虑今年经济增长预期目标是生产总值增长9%，地方公共财政预算收入增长与经济增长基本同步，各项主要指标增速继续保持位居全市前列的优势。

1月22日，县委十三届三次全体会议分组讨论会

有一种清醒，是透过成绩看到不足的眼光；有一种担当，是不断背负起更加艰巨任务的自觉。当前，我们既面临省委、省政府和市委、市政府一系列政策机遇，又面临宏观经济整体疲软带来的经济下行压力加大的困难和挑战。要实现上述发展目标，新一届县委班子要科学统领，精准发力，推动新班子开局之年的各项工作有新跨越，见新成效。一方面，必须强化“输不起”的危机意识，提振“要更拼”的翁源精气神。近几年来，翁源发展呈现出良好的发展态势，省市在进一步关心、关注翁源发展的同时，也对翁源寄予了更高的期待，干部群众对继续保持较好发展势头、享受更多发展成果的期盼越来越集中，这些都对我们做好今年工作提出了更高要求。站在这样一个历史节点上，面对上级和广大干部群众的期望，面对机遇和挑战，全县上下只有强化“输不起”的危机意识，才能够激发新的激情、新的动力；只有提振“要更拼”的精气神，比别人更努力、

付出多一点，才能够完成时代赋予我们的历史使命。另一方面，必须强化“难不倒”的担当意识，提振“敢碰硬”的翁源精气神。在经济发展不断加快的进程中，历史遗留问题和发展中伴随的新问题叠加，加上外部经济整体吃紧，进一步增加了翁源加快发展的难度和挑战，面对内外的发展环境的变化，全县上下只有强化“难不倒”的担当意识，才能推动一个又一个问题的解决，扫除发展进程中一个又一个的障碍。只有提振“敢碰硬”的精气神，用改革求突破，以创新焕活力，才能在充满挑战的发展大潮中战胜困难、迎来希望。

今年必须突出抓好以下六项重点工作。

（一）更加主动参与大珠三角产业共建

主动融入珠三角，产业共建是重点，面对全省产业一体化发展大格局，必须要有更加主动的姿态，更加精准的举措，才能抢得产业共建的先机，加快三大高速公路经济增长极构建。

一是推动韶关南部（翁源）合作区建设迈出实质性步伐。抢抓省委、省政府关于加快引导珠三角企业优先向粤东西北转移，形成全省一体化产业分工布局的政策机遇，借助东莞厚街对口帮扶利好机遇，推动产业共建大会战开好头、起好步。大力实施“补链、强链”行动。发挥好华彩产业园一期新材料产业基础配套优势，加强珠三角新材料总部企业、龙头企业生产拓展需求的分析研究，立足新材料产业链条延长、产业提质增效，主动对接切合度高的珠三角企业，实施精准招商，力争引进5家以上补链、强链优质企业。加快推动融珠合作新区规划建设。围绕珠三角特别是广州主导产业拓展需求，以及省属国有企业新项目投资重点，加快确立华彩园区二期产业方向，按照“高标准规划、专业化配套，建设生态园林园区”的定位，加快5000亩“五通一平”基础设施建设，积极探索开发建设通用标准厂房等领域的合作共建，把华彩园区二期打造成为对接珠三角产业共建的合作新区。掀起项目建设新高潮。加快华彩园区一期东森、杰盛、中山优贝、南田、智淳、同美等项目动工建设，力促多柏斯、德信、文高、新悦化工等项目建成投产。抓紧广业清怡三氯蔗糖三期 2000 吨项目扩建，推进日立化成（希世比）项目建设，尽快发挥重点工业项目的拉动效应。加大与珠三角产业协同创新力度。推动园区企业与广州科研院校对接合作，加强与华南理工大学等高校及研究机构深化合作，建立产学研协同创新机制，加快园区现有企业的转型升级和创新发展。出台鼓励企业技术改造以奖代补等优惠政策，推动园区传统企业向高新技术转型。抓紧园区服务配套建设。翁城商务中心区厚源商务大厦要加快投入使用，推进华彩园区应急救援基地、消防站及商务中心区商业综合体和电源基地污水处理厂等配套项目建设，抓紧完善电子商务、物流、金融等服务性配套建设，切实降低企业生产成本。

二是推动翁北绿色经济增长极创品牌、上台阶。抓好《翁源县现代农业大会战实施方案》的组织落实，发挥粤台农业合作试验区平台优势，深化与台湾和珠三角现代农业全方位合作，推动翁北绿色经济增长极迈出更加坚实的步伐。提高粤台农业园区核心竞争力。加强与华南农业大学、北京林业大学、华南植物园和东莞农科院的合作，鼓励园区企业登记为高等院校见习基地，为本地培养农业科技人才，推动粤台试验区建设成为培育现代农业科技创新、技术推广的重要平台。加快粤台综合服务配套建设，提升电子商务、质量检测、营销网络等服务配套能力，积极构建大户引领、个户借力、大众创业、万众创新的新发展模式。加快推进巨扬公司二期工程、鸿森等大项目建设，力争粤台园区完成固定资产投资 1.3 亿元，引进农业项目6个以上，推动粤台农业合作试验区向“引领示范全省现代农业发展的标杆”迈进。鼓励扶持民营企业发展品牌农业。以国家食品安全监测示范（广州）中心翁源分中心建设为契机，出台扶持鼓励政策，助推民营企业大力发展特色农产品精深加工，实施品牌经营，做强农业实体经济。加快规划发展冷链产业，重点对接珠三角冷链物流配送、仓储物流等市场化服务，延长农业产业链条。学习借鉴台湾和珠三角在特色农业的先进经验，加强农会组织、农产品电商平台建设，做强做大兰花、三华李、九仙桃等特色农业。打造全域旅游特色名片。下大力气擦亮全国休闲农业与乡村旅游示范县金字招牌，加快规划面向珠三角市场，集生态旅游、特色餐饮、农家乐为一体的县域旅游路线，发挥粤台园区资源和特色优势，发展有机农业、健康养生等绿色产业，抓紧特色服务区、农业公园等生态农业和休闲旅游融合发展项目规划建设，着力打造翁源特色农业与休闲文化旅游“新名片”。加快完善“兰花长廊”、“文化长廊”、“冷泉滩休闲戏水”、湖心坝特色客家民居群等特色旅游项目建设，办好2017年“三花烂漫”系列节庆活动，用全域旅游理念来谋划、发展、运营旅游产业。

三是推进翁中产城融合经济增长极平台建设。学习借鉴珠三角地区城市建设管理成功经验，加强建设开发合作，全力推动城镇提升大会战开局之年取得大进展。推动兰花创新博览中心今年如期建设完工，加强第 28 届中国兰博会谋划筹备，推动翁源兰花产业由种植向研发、组培、交易、会展纵深拓展，成为产城融合的重要产业支撑，成为名副其实的中国兰花之乡。按照“集创新开发、旅游购物为一体，辐射带动农产品精深加工”的定位，完成新城广东绿色农产品创新街区规划，加快基础设施建设和项目招商，推动绿色农业产业成为县域发展的另一重要产业支撑。加强城市基础环境配套建设，加快滨江沿路绿化、滃江源国家湿地公园湿地等生态环境提升项目实施，推进县城新区医院二期、实验小学、邮政、档案馆等公建项目建设，今年9月前完成新区实验小学建成并投入使用。全力抓好新城主干道、老城道路改造和县城南出口等城市交通项目规划建设，提升城市交通便捷水平。加强城市精细化管理，大力开展城市脏、乱、差综合整治，巩固创文、创卫成果。加大县统筹和投融资力度，推动翁城镇、江尾镇两个“中心镇”走特色发展之路。翁城镇要按照城市副中心的定位，突出服务工业发展、辐射翁西片区的功能，整合工业园区和镇街中心资源，加强高起点、大视野城镇建设项目规划，努力在城市副中心建设上打开局面。江尾镇要按照特色名镇的定位，突出服务现代农业、辐射翁北片区域的功能，加快全国乡村旅游示范镇、兰花特色小镇、韶关市旅游名镇的创建，加强区域整体规划和基础设施建设，努力在美丽镇村建设上取得突破性进展。

（二）更加突出做好农村发展文章

充分把握农业供给侧结构性改革带来的发展机遇，全力组织实施农村奔康大会战，加快农业农村经济转型升级，实现农民增收致富、农村稳定发展，推动农业农村成为加快经济社会发展的新引擎。

一是推动农村基础设施建设取得新成效。一要落实好总投资 1500 万元高标准基本农田建设和农业综合开发项目建设，增加旱涝保收面积，优化农机装备结构，加快将农业科研成果推广到田间地头，变成现实生产力，提高农业综合生产能力。二要加快水利基础设施建设，积极推进中小河流治理、病险水库山塘除险加固和村村通自来水等工程，完善农业供水和灌溉工程体系，提升防灾抗灾能力。三要深入推进新一轮农村电网、光网升级改造工程。完成 1.18 亿元基建投资项目。大力实施村村通光纤工程，在全县所有村组建立通信节点和光缆接入节点，推进农村电商发展，拓宽特色农产品销售渠道。

二是推动农村综合改革取得新突破。一要加快推进以基层治理为核心的农村综合改革，有序推进 “三个重心 ”下移改革试点工作，全面完成便民服务站建设，拓展政务服务以外的农资、金融、超市等公共服务，实现真正便民利民。二要加快农村金融创新，各镇（场）选择2个以上基础条件较好的村开展普惠金融试点，将金融服务延伸到村。探索设立政策性助农融资担保平台，开展新型农业经营主体信用评价与授信，实施与社会资本合作、以奖代补、民办公助、风险补偿等措施，解决农村投融资瓶颈。三要落实好农业农村改革三年行动计划，扎实推进农村产权制度改革等工作，今年要基本完成全县土地确权颁证工作。各镇（场）选择若干个村，开展土地入股、土地托管、互换并地等流转试点，引导农村土地经营权有序向专业合作社、集体经济组织、农业龙头企业等新型农业经营主体流转。四要大力发展新型农业经营主体，鼓励和引导农民发展专业或股份合作、种养大户发展家庭农场，发挥多种形式农业适度规模经营引领作用。扶持和建成一批省市级农业龙头企业、示范合作社、示范家庭农场，下大力气培育一支以农村电商创业人员为重点的新型职业农民队伍。

三是推动农村人居环境整治见新面貌。积极创建省级新农村连片示范工程，着力打造由县领导牵头建设的18条美丽乡村示范点。将“一路一河”(一路是指沿六坝公路、官龙公路所形成的48公里环线；一河是指县城规划范围内的滃江河)沿线人居环境综合整治作为重点，利用3年时间完成整治任务，今年要取得突破性成效。突出示范点和重点工程的示范引领作用，推动全县以整治农村垃圾、水体畜禽污染、乱搭乱建和环境提升为要素的人居环境综合整治，今年要以相对贫困村为重点完成全县40%村庄人居环境综合整治任务。要将人居环境整治与美丽乡村建设结合起来，加快村庄规划编制等人居环境整治各项工作，全力推进村镇生活污水处理设施建设。严格实行“河长制”（由县镇村行政责任人担任“河长”或“河段长”，负责领导、组织、协调辖区内河流的综合治理、运行管理和维修养护工作）、探索实施“路长制”（按照突出重点、分片管理、分级负责的原则，设置县、镇（场）、村三级路长，将全县县道、乡道、村道分片区管理，县级路长由县四套班子领导担任，镇（场）级路长由镇（场）主要领导担任），确保重点区域生态环境提升工程取得实质性推进。

四是全力打好精准扶贫攻坚战。今年是三年精准扶贫攻坚任务最关键的一年，要把扶贫工作与农村工作紧密结合起来，构建农村改革与扶贫开发、现代农业发展、美丽乡村建设一体化格局。进一步压实县、镇、村各级扶贫责任，认真实施“个十百千”四个行动方案（实施5个万亩产业帮扶、51个相对贫困村生产生活环境改善、三项百万元再兜底保障、3000劳动力就近就业的“个十百千”帮扶行动）和“第一家长”责任制，加大“一村一品”推进力度，各镇（场）今年要完成5个“一村一品”示范点创建，以点带面，不断增强产业脱贫实效。进一步利用翁源“正风速递”平台，实现对精准扶贫工作全程监督。科学抓好扶贫资金的使用和管理，加快完善扶贫大数据平台，集中精力抓好扶贫政策和项目的落地，确保今年10500相对贫困人口的脱贫任务顺利完成。

（三）更加注重提升发展环境

翁源要主动融入珠三角，再创发展新优势，必须把提升发展环境作为关键，把交通改善、政务服务、生态保护、城乡文明作为重点，加快融珠交通一体化、政务一体化建设步伐。

一要抓好交通基础提升。加强交通建设大会战组织实施，一方面要全力推动重大交通基础设施建设，今年武深、昆汕高速要分别完成总工程量的4/5以上和2/3以上，韶新高速完成征地拆迁工作和县内各标段全面动工建设，推进国、省道“差、次”路段和危桥的修复改造。另一方面要着力打通高速公路连接县城、镇村的“毛细血管”，加强县城高速公路东、西出口连接线接驳城市主路网的整体规划建设，推动县城南、北进出口道路等级和景观水平实现大幅提升，加快粤台农业、六坝公路、东华山风景区、幽兰山庄、岩庄水库等旅游公路的推进步伐。

二要抓好关键性改革。学习借鉴珠三角的先进服务理念，加快推进“一门式一网式” （“一门”就是只要群众进一门，就能够得到所有的服务；“一网”就是所有的政府部门网络联合，实现数据共享，让老百姓能够进一网，就得到全程服务）政府服务模式改革，进一步简政放权、优化服务，确保取得实质性成效。深入推动双向承诺审批制、“三个零”服务（提高服务效能，对投资企业实行零距离服务、零障碍落地、零容忍跟踪“三个零”机制），进一步简化投资项目审批流程，实现提升行政效能和服务水平。优化社保险种结构，降低社保费率，减轻企业税费负担。开展中介服务机构整顿，规范行政审批中介服务和涉企经营服务性收费，降低企业经营成本。深化“先照后证”“五证合一”“一照一码”“两证整合”等改革，为大众创业、万众创新提供良好环境。加快推行电子营业执照和全程电子化登记管理，加强后续监管，确保企业申办时间大幅压缩、群众办事更加方便。深化“放管服”改革，真正把权限放给市场，把工作重心转到事中事后监管，提高服务标准化规范化透明化水平。

三要抓好生态环境保护。推动青云山省级自然保护区升级为国家级自然保护区的申报工作，加强自然保护区和森林公园建设与管理。深入开展山水林田河保护五年行动，加强饮用水源生态环境保护，抓好“三边”综合整治（城镇周边、河道边、山塘水库边综合整治）。全面推进生态公益林示范区建设，深入开展新一轮绿化翁源大行动，扎实抓好林业生态提升工程，推动生态景观林带、乡村绿化美化等重点林业生态工程建设取得新进展。加强环保监督检查，严厉打击环境违法行为。落实大气、水、土壤污染防治三大行动计划，全面治理工业污染、农业污染和生活垃圾。落实减排工作硬任务、硬指标，消除环境安全隐患，严守翁源加快发展的生态底线。

四要抓好城乡文明创建。健全县文明委领导下各专责小组各负其责的工作机制，推动城乡文明工作常态化规范化。把文明城市创建与城市提升结合起来，完善城市基础设施，增强城市功能，提升城市形象和魅力。加强统筹城乡，结合美丽乡村建设、人居环境整治，着力推进环境美、内涵美的文明县城和文明乡村创建。突出价值引领，开展核心价值观进镇村、进机关、进社区、进家庭、进祠堂、进校园等活动，使社会主义核心价值观深入人心。继续开展“爱在滃江•文明翁源”道德模范，以及“文明家庭”“最美家庭”“文明示范户”等推荐评选活动，开展志愿者活动，引导人民群众积极参与文明交通、文明旅游、文明餐桌、网络文明传播和勤俭节约教育活动，继续深化“我的中国梦”等系列主题活动，加强对未成年人的思想道德建设。

（四）更加发力增进民生福祉

以创建广东省推进教育现代化先进县和创建广东省卫生强县为重点，全力提升基本公共服务均等化水平，加快融入全省一体化步伐。

一要全力推进教育现代化先进县工作。以2018年成功创建教育现代化先进县为目标，以教育综合改革为抓手，推进教育现代化工作，落实《翁源县创建广东省推进教育现代化先进县实施方案》和《翁源教育提升五年行动计划》，推进校长职级制管理和教师“县管校聘”管理等改革工作，完善相关教育制度，培养一批有影响力的名教师、名班主任、名校长。建立和完善教育督导、教学教研体制，提升教育质量和学校管理水平。加强县城学校科学规划布局，加快新城优质教育资源建设配置，解决大班额和优质资源不足问题。在乡镇中心小学基础上，探索建立片区学校，优化配置乡村学校教育资源。完成周陂、江尾、官渡、新江4个镇创强复评工作，抓好教师学历提升、教育信息化等推进教育现代化的工作，确保创建教育现代化先进县取得阶段性进展。

二要全力推进建设卫生强县工作。以“两个一体化”（医疗卫生服务县镇一体化、镇村一体化）为抓手，2018年建成卫生强县为目标，重点抓好县级公立医院、中心卫生院能力提升，引导优质医疗资源下沉。成立筹建办公室，挂图作战，县委主要领导亲自督察推进情况，全力加快翁源县第二人民医院前期工作，确保今年4月15日前动工建设。加大力度实施全科医生培养三年计划，大幅度提高乡镇一级卫生院全科医生的配备水平。有序推动“县综合医院+镇卫生院”医联体建设，构建县镇村一体化医疗卫生格局。加快县人民医院新城院区二期工程建设，提升县人民医院综合诊疗能力水平。加快建立分级诊疗制度，促进社会办医加快发展，突出疾病防控，开展家庭医生签约式服务，逐步实行基本公共卫生服务均等化，全面提升县镇村三级医疗卫生服务能力。

三要切实抓好其他各项社会事业发展。进一步丰富“风雅翁山”“潮涌滃江”特色文化品牌内涵，擦亮“邵谒文化”“陈璘文化”等名人文化名片，启动广东省“民间文化艺术之乡”创建工作，抓好文艺精品创作，不断满足群众文化精神需求。持续推进并完善城乡低保、五保、城乡医疗和优抚对象的网络动态监控系统建设。全面落实各项惠民政策，认真开展针对贫困大学生、重度残疾和特重大病灾户等困难家庭的临时救助活动，加大对困难群众的门诊医疗救助力度，切实解决老百姓的实际问题。不折不扣落实各项优抚安置政策，积极开展“双拥模范县”创建活动，增进军民鱼水情关系，积极推进各项社会福利工作，做好推广社会化养老服务工作。规范专项社会事务管理，创新举措，强化服务，做好婚姻登记、流浪乞讨人员救助、孤残儿童救助、社会组织发展等方面工作。

（五）深入开展“双比双评”争优创先活动

2017年将召开党的十九大和省第十二次党代会，做好今年经济发展和社会平安工作至关重要。要认真组织开展“双比双评”争优创先活动，强化责任落实和作风建设，确保今年全县经济健康较快发展，社会平安和谐稳定。

一是全力实施“五大会战”，比项目推进的质量速度。要将加快发展落实到五大会战具体任务中，按照将“五大会战”（产业共建、城镇提升、现代农业、交通建设、农村奔康五大会战）今年任务项目具体化，并按照“定人员、定任务、定时间、定要求”的原则，进一步将项目细化量化到责任领导、责任单位、责任人员。实行倒逼机制，对列入大会战的项目，各有关部门要按照今年任务要求倒排工作进度，确保如期按质完成。县委、县政府督查工作组要按照大会战列出的各个项目的进度表，实行定期、全面督查。对项目推进快、质量高的责任单位进行通报表扬，对项目推进慢、任务未完成的责任单位进行批评问责。

二是着力抓好两项工程，比社会建设群众满意度。抓好社会平安建设工程。以法治翁源、平安翁源建设为统领，压实各部门各单位责任，制定严格考核问责机制，确保违法犯罪打击、社会治安、邪教防范等平安法治建设领域上新水平，切实维护社会平安；从严落实安全生产和公共食品卫生安全等责任，加大问责力度，确保公共安全全面落实。抓好基层社会治理工程。强化乡镇党委、政府基层治理和社会稳定责任，镇党委书记、镇长要加强领导，采取更有力举措抓好基层社会治理工作，扎实抓好镇领导干部直接联系群众工作，加强村两委监督管理，落实“四议两公开”等制度，注重社会组织建设，引导社会组织积极参与社会治理，提高基层治理实效，深入开展矛盾纠纷排查调处工作，及时化解各类矛盾纠纷，确保小事不出村、大事不出镇。

*三是实行县领导抓重点项目民主测评。*发挥好县领导在推动发展和改善民生中带头担当、攻坚克难作用，县委将选定10个重点发展项目、10个重点民生项目和18个美丽乡村示范点建设，实行县领导一对一挂钩直接负责、亲自推动。县领导项目推进实绩实行由所涉及镇（场）、县直单位干部和部分“两代表一委员”无记名民主测评，半年测评一次，测评结果实行一定范围内公布，接受监督。

*四是实行镇（场）和县直部门绩效“5+X”巡查考评。*在去年“5+X”巡查机制探索实践基础上，进一步完善机制，今年要在26个单位参与“5+X”巡查范围上，扩大“5+X”巡查覆盖面。参考单位要主动担当，围绕县委、县政府部署的2017年重点、难点工作，准确选定巡查事项，并对每一事项上半年和全年应完成的目标任务进行细化、量化。县委将进一步完善科学合理的考评机制，确保考评公正、规范、科学。强化考评结果运用，成绩好差直接与单位绩效奖励、干部晋升、评优评先等相挂钩。

（六）深入落实管党治党责任

进一步增强新形势下管党治党的责任感和紧迫感，切实在守纪律、讲规矩、转作风、抓落实上下功夫，为再创发展新优势，实现绿色崛起提供坚强政治保障。

*一是加强领导干部政治建设。*深入学习党的十八届六中全会精神和《准则》《条例》，认真学习贯彻省委、市委关于深入推进全面从严治党的决定、意见，坚决拥护以习近平同志为核心的党中央的权威，从政治上、思想上和党中央高度保持一致。抓好县委深入推进全面从严治党实施意见的贯彻落实，推动换届后各级领导干部进一步坚定理想信念、遵守政治纪律、政治规矩。

*二是抓好基层组织党建设。*加强督促检查，推动党委（党组）严格履行党建主体责任，压实党委（党组）书记抓党建第一责任；加强基层党支部“三会一课”的指导检查，确保每一名党员自觉履行党员义务。结合软弱涣散村党组织整顿，切实强化今年初村“两委”换届的组织领导，做好提前摸查研判，采取针对性措施，确保村“两委”换届，依法有序推进，提高“两委”干部交叉比例，进一步选优培强村“两委”班子。

*三是加强干部思想作风整治。*大力开展“两强两提”思想讨论，凝聚全县党员干部强化“输不起”的危机意识，提振要更拼的精气神；强化“难不倒”的担当意识，提振“敢碰硬”的精气神，进一步激发党员干部干事创业的热情。强化各项决策部署和重要任务的督促检查，加强对干部不作为、慢作为、乱作为现象的查处、曝光，从严落实党政问责和组织处理，维护翁源团结干事的良好局面。

*四是全面推进党风廉政建设和反腐败斗争。*认真落实《中共翁源县委巡察工作实施方案》，重点检查党的领导核心作用发挥、党的方针路线政策贯彻、中心工作和重点任务落实、全面从严治党“两个责任”落实等情况，对巡察发现的问题和线索，分类处置、限期整改。继续推进廉洁家风建设，进一步发挥党组织在家风建设中的作用。从严抓好正风肃纪，加大“四风”问题和腐败问题查处力度，保证作风建设的规范化、常态化、长效化，让风清气正、心齐事成成为党内生活新常态。

同志们，新的一年充满新的希望，让我们更加紧密地团结在以习近平同志为核心的党中央周围，在省委、市委的坚强领导下，团结带领全县广大党员群众，以争先进位的精神气魄，更加务实担当的实际行动，为建设美丽幸福翁源，实现富民强县而共同奋斗！

奋发图强　加快发展为全面建成小康社会而努力奋斗

——在县委十三届四次全会上的讲话

2017年7月21日

颜　亮

这次全会，是在该县全面建成小康社会的关键节点上召开的一次重要的会议。会议的主要任务是，深入贯彻习近平总书记对广东工作重要批示精神和省第十二次党代会精神、市委十二届四次全会精神，动员全县各级党组织和广大党员干部群众，进一步统一思想、完善思路、奋发图强、加快发展，为全面建成小康社会而努力奋斗。

下面，我代表县委常委会，重点讲六点意见。

一、迅速把思想和行动统一到省第十二次党代会精神上来

省第十二次党代会召开前夕，习近平总书记对广东工作作出重要批示，要求广东坚持党的领导、坚持中国特色社会主义、坚持新发展理念、坚持改革开放，为全国推进供给侧结构性改革、实施创新驱动发展战略、构建开放型经济新体制提供支撑，努力在全面建成小康社会、加快建设社会主义现代化新征程上走在前列。“四个坚持、三个支撑、两个走在前列”的重要批示，这是习近平总书记治国理政新理念新思想新战略在广东的具体化，是指导广东未来工作的总纲。“四个坚持”是旗帜和方向，“三个支撑”是使命担当和发展路径，“两个走在前列”是总的奋斗目标。

省第十二次党代会以习近平总书记系列重要讲话精神和治国理政新理念新思想新战略以及对广东工作重要批示精神为统领，站在全局的高度，围绕“全面建成小康社会，加快建设社会主义现代化”的战略任务，对粤东西北地区振兴发展提出了明确要求，指出“粤东西北地区正处在全面建成小康社会的关键节点上，必须奋发图强，加快发展步伐，全力补齐短板，确保如期全面建成小康社会”，这为我们今后工作指明了方向，明确了目标。大会针对区域和城乡发展不协调的问题，进一步提出了一系列具有针对性的工作举措：一是发挥珠三角辐射带动作用，加强对粤东西北科技、金融、商务、信息等领域的服务，深入推进以产业帮扶、民生帮扶为重点的对口帮扶工作；二是完善珠三角联通粤东西北的交通网络，形成以珠三角核心城市为中心的全省2小时经济圈；三是深化珠三角与粤东西北地区产业共建，把粤东西北地区打造成为珠三角产业拓展首选地和先进生产力延伸区，打牢产业基础，做大经济总量；四是推进粤东西北城市扩容提质，集中力量建好新区起步区，提高中心城区的首位度；五是加快新农村建设，集中资源、高强度投入，加快补齐农村基础设施建设短板，从根本上改变农村落后面貌。这些战略举措，是省委对我们的重大支持和明确要求，对翁源工作具有很强的指导性、针对性和操作性，对该县进一步理清发展思路，优化工作举措具有重要意义。我们必须认真领会、深入研究、掌握主动，把战略举措转化为具体行动，一项一项抓好落实，加快全面建成小康社会。

“十二五”以来，该县坚持“三大主体功能区”发展布局，着力构建三大高速公路经济增长极，经济社会取得较快发展。“十二五”期末，全县生产总值达到90.1亿元，年均增长14.8%；地方财政一般预算收入年均增长20.5 %；五年累计完成固定资产投资220亿元，年均增长24.3%，是至今为止投资规模最大、年均增长最快的五年；城镇居民人均可支配收入、农村居民人均可支配收入年均增长分别为10.4%和11.3%，两轮扶贫工作成效显著，民生事业加快发展，各项工作成绩位居全市前列，对外形象、美誉度实现了大幅提升。过去的五年，是大家团结干事、真抓实干

的五年，为我们全面建成小康社会坚定了信心。

在看到成绩的同时，也清醒地认识到我们实现全面建成小康社会存在巨大差距。经初步测算，2016 年该县全面建成小康社会总体实现程度仅为 70.5%，比全市低 9.2 个百分点、比全省低 25.5 个百分点、比全国低 18.5 个百分点，纳入评价的 42 项指标中，实现程度在 90%以下的还有 23 项。其中，人均 GDP 实现程度仅为 40.45%，城乡居民人均收入实现程度仅为 51.69%，全面建成小康社会任务非常艰巨，面临众多的困难和挑战。主要表现在：一是县域发展不足，经济总量偏小。虽然“十二五”期间该县经济得到了快速发展，但基础差、底子薄的现状并没有改变，大项目不多，投资增长空间不大，工业化、城镇化进程仍然偏慢，增长的绝对量与珠三角地区相比差距还比较大，经济总量在全省县域排名靠后，2016 年全县生产总值在全市排名第七。发展不足、经济总量小直接影响人均 GDP、城乡居民收入等关键指标，是该县全面建成小康社会总体水平较低的根本原因。二是产业支撑乏力，经济增速回落。除粤台、华彩新材料等园区产业集聚优势较为明显外，其他产业和民营经济发展仍较为滞后，农产品精深加工链条短、特色产业集群效果差。在经济下行压力大的大环境下，招商引资难度加大、项目推进缓慢，新上项目、库存项目及新开工项目不足，全县经济增速回落，在全市排名下滑。今年上半年，全县实现生产总值 42.03 亿元，增速 5.7%，排名下滑至全市第六。三是服务意识不浓，营商环境欠佳。政府主动服务的意识不强、园区发展基金、投融资体系创新、企业审批流程改革、园区管理等方面改革力度不足，社会法治诚信体系建设存在短板，导致行政效率、政策配套、公平诚信等营商要素偏弱，“开放透明、诚信包容”的营商氛围和“服务高地、成本洼地”的营商环境还没真正形成。四是城乡统筹不力，民生短板偏多。城乡差距不断扩大，尤其是城乡居民人均可支配收入差距不断扩大。基层农村经济发展不足，土地单位产出整体水平偏低，环境卫生、基础设施和基本公共服务体系落后。优质教育资源配置不均衡，基层医疗卫生事业投入不足，人才、资源欠缺。五是干部作风不实，担当锐气减弱。有的领导干部存在畏难心理，敢碰硬的精神状态下滑，怀念过去“吃好肉”的年代、不愿“啃硬骨头”，工作习惯于凭经验、按部就班；有的领导干部担当不力，对县委的决策落实存在不严不实现象，遇到问题绕着走，看到矛盾就回避，不作为、乱作为、慢作为的现象还不同程度存在。这些问题，必须引起高度重视，并采取坚决措施加以解决。

同志们！全面建成小康社会任务艰巨，针对这些问题和挑战，今后四年我们必须深入贯彻习近平总书记系列重要讲话精神和治国理政新理念新思想新战略，以及对广东工作作出的重要批示精神，认真贯彻落实省第十二次党代会和市委十二届四次全会精神，奋发图强，进一步坚定加快发展的决心，团结一致，确保全面建成小康社会目标的实现。

二、深入推动大珠三角产业共建，构建翁源加快发展新格局

省第十二次党代会提出，“必须把握好推进产业共建的窗口期，把粤东西北地区打造成为珠三角产业拓展首选地和先进生产力延伸区，打牢产业基础，做大经济总量”。我们必须深刻把握全省区域发展变化带来的重大机遇，深入主动融入珠三角，坚持三大主体功能区发展布局，深化厚街翁源对口帮扶，大力发展特色优势产业，培育发展新产业新业态，加快构建翁源三大高速公路经济增长极新格局。

（一）加快构建翁西新型工业经济增长极。认真落实市委十二届四次全会提出“坚持产业强县、特色兴县，大力发展特色经济，建设特色产业园”的要求，加快培育新材料、电源电子、食品科技三大特色产业，未来四年形成超百亿元的特色支柱产业集群，构建起翁西新型工业经济增长极新格局。加大产业园区建设力度。充分利用翁源经济开发区确定为省级产业转移园的有利契机，加大“一园多区”建设力度。推动华彩一期项目全面加快动工建设、建成投产。按照生态园林示范产业园定位，推动华彩二期 5000 亩韶关南部地区珠江东岸合作区建设。加快广业食品园区建设，争取广业清怡二期 2000 吨三氯蔗糖项目在广业基地内建设。加快电源基地建设，促进金悦通扩能增效，推动统力、日立化成项目尽快建成投产，加强与省电源协会和中国电器研究院联系，力争 2018 年建成电器研发基地或产品检测中心。加强产业项目招商。领导干部要紧紧围绕主导产业主动接触企业，亲自跑项目，既要把有规模、有质量的大项目作为招商引资的重点，也要注重引进一批具有高成长性、创新性的中小民营企业和科技类项目，把引进和培育结合起来。推动产业协调创新发展。强化与珠三角协同创新，充分利用珠三角地区在科技信息、资金市场、人才创新等方面的要素优势，推动园区企业与华南理工大学等科研院校协同创新，建立产学研协同创新机制，制定相关优惠政策，加快园区现有企业转型升级和创新发展。加快产业基础配套。加快推进综合物流基地、翁城商务中心区厚源商务大厦、商业综合体、员工公寓、应急救援基地、消防站及电源基地污水处理厂等配套项目和检验检测、设备共享等公共服务平台建设，完善园区电子商务、物流、金融等服务性配套建设。

（二）精深构建翁北绿色经济增长极。按照市委提出的“以特色农业为总抓手，大力发展观光农业、休闲农业、体验农业、循环农业、创意农业等新产业、新业态，推进现代农业和现代服务业融合发展。”的要求，大力发展现代特色农业，提升发展旅游文化产业，推动构建翁北绿色经济增长极新格局。推动粤台农业园区提质增效。发挥粤台园区的平台优势，深入开展招商引资，吸引更多效益好、规模大、带动性强、产业链长的台湾和珠三角等发达地区现代特色企业进驻园区，力争每年完成 6 个以上农业招商项目。推动巨扬公司二期、鸿森等大项目建成投产和新仲成兰业等新引进项目动工建设。加强与科研院校合作，建立高等院校见习基地和产学研基地，力争今年实现 2—3 家园区企业成为高等院校的见习基地，推动粤台农业合作试验区向“引领示范全省现代农业发展的标杆”迈进。推进与台湾等特色农业全方位合作。学习借鉴台湾和珠三角特色农业的先进经验，依托国家农产品质量安全示范县“金字招牌”，出台扶持鼓励政策，助推民营企业大力发展特色农产品精深加工。加快冷链物流配送新业态的发展，鼓励支持规模农业企业经营主体建立冷链物流配送、仓储物流体系，延长农业产业链条。加大特色农产品电商平台建设，做大做强兰花、三华李、九仙桃等特色农业，努力把翁源打造成为珠三角优质农产品生产供应基地之一。加强与珠三角旅游文化产业合作。利用好珠三角资金、市场、信息等资源优势，推动休闲农业和乡村旅游发展，擦亮“全国休闲农业与乡村旅游示范县”特色名片。深入挖掘禅宗、客家、生态等文化内涵，大力发展生态旅游、乡村旅游、文化旅游、养生健康等旅游新业态，完善规划面向珠三角市场的县域旅游路线。加快武深高速翁源特色服务区、茶叶基地生态观光园等生态农业和休闲旅游融合发展项目规划建设，推进幽兰山庄创建国家 AAA 级景区、东华山景区创建国家 AAAA 级景区和九曲水生态旅游度假村、下庄铀矿科普教育基地等旅游项目建设，形成翁源特色农业与休闲文化旅游“新名片”，把翁源打造成珠三角旅游休闲度假首选地。

（三）科学构建翁中产城融合经济增长极。加强县城和中心镇建设，以产城融合为引领，构建起以县城为中心，翁城镇、江尾镇为两翼的城镇化发展格局，推动构建翁中产城融合经济增长极新格局。加快新城产城融合建设步伐。借助 2018 年第 28 届中国兰博会在翁源举办的有利契机，深化与台湾花卉业的深度合作，整合东莞厚街会展交易服务新业态的资源优势，创建以“中国兰花第一县”为主题的新城服务业新业态，实现兰花新产品的研发、组培、会展、交易和物流等产业链条在新城集聚，打造翁源成为华南地区的兰花交易中心。以国家食品安全监测示范（广州）中心翁源分中心建设为契机，加快完善电商孵化园建设，支持苏宁易购等电商企业产业加快发展，引导优质电商企业进驻，加快新城绿色农产品创新中心规划建设，辐射带动县城周边特色农产品精深加工业快速发展。推进“互联网+”现代商贸物流业发展，支持华凯商贸物流城建设。加强特色城镇建设。将部分经济社会管理权限有序下沉到乡镇一级，增强乡镇自我发展能力。翁城镇按照打造成为县域副中心的定位，突出服务工业发展、辐射翁西片区的功能，整合工业园区和镇街中心资源，推进高起点、大视野城镇建设项目规划，加快商务中心区建设和翁城老城区改造，为工业园区提供生活、服务等各项配套，以工业集聚带动人口集聚，加快翁城镇城镇化的建设步伐。江尾镇按照特色名镇的定位，突出服务现代农业、辐射翁东北片区的功能，以省第一批农业公园江尾花果长廊建设为契机，聚焦兰花特色产业，加快创建全国乡村旅游示范镇、省级兰花特色小镇，推动农业观光、文化旅游、创新创业的深度融合，走出一条特色产业融合助推中心镇发展的新路子。

三、全力推进“五大会战”，夯实融入全省一体化发展基础

以供给侧结构性改革为主线，全力推进“五大会战”，补齐产业、基础设施、农村、城市服务等方面短板，不断提高供给体系质量和效率，为融入全省一体化发展提供基础保障。

（一）抢抓机遇，抓好产业共建大会战。强化与珠三角产业共建，是未来振兴经济、培育壮大新动能的基本路径。围绕珠三角主导产业的发展需求和消费潜力释放带来的市场需求，立足翁源的资源优势和产业基础优势，找准切入点，参与珠三角产业分工。引导珠三角核心区优势产业、龙头企业向翁源功能性转移，推动翁源产业提质发展。围绕化工新材料、食品科技园、电源工业、官渡物流等共建四大招商产业，充分利用行业信息交流、专业市场信息交流、展览推介、电子商务、以商引商等五个招商平台，加强与广晟、广业等省属国有企业和省物流协会、省涂料协会、省食品协会等行业协会的合作共建，重点分析广州主导产业拓展需求以及省属国有企业新项目投资重点，深入实施主导产业补链、强链行动，推动切合度高的珠三角产业链布局翁源，力争每年都有重大优质项目在翁源落户。借助华彩园区二期平台优势，瞄准国内、省内20家左右新材料重点优质企业开展产业共建招商，加快新材料产业向园区集聚。创新园区开发合作模式，建立工业发展成果惠民共享机制，促进共建园区加快发展。

（二）突出特色，抓好现代农业大会战。突出农业供给侧结构性改革主线，着力完善农业基础设施建设、调整优化农产品结构、提高农产品的质量安全水平，推进会展农业、创意农业和休闲农业，促进农业与二、三产业融合发展。推进高标准基本农田建设，完善农田水利基础设施。深入挖掘江尾米面、珠江源茶叶、人参红薯等翁源特色农产品优势，鼓励扶持民营企业发展品牌农业，争取创建更多省级农业品牌，提升农产品供给质量。大力开展新型农业经营主体示范创建，重点培育一批市级以上农业龙头企业、示范合作社、示范家庭农场，提高农业集约化经营水平，带动群众增收致富。全面完成农村土地承包经营权确权登记颁证、土地流转试点等工作，推动农村土地经营权向新型经营主体流转，加快推进农业适度规模化、专业化经营，降低农业生产成本。加快推进“互联网+农业”，发挥乐村淘、邮乐购、乐贝尔等电商平台作用，推动农村电商发展，拓宽农产品销售市场渠道。

（三）以人为本，抓好城镇提升大会战。坚持“基础环境先行”的城市建设理念，全力改善县城公共基础服务和配套建设，为县城产业和人口提供更多优质的公共服务。加快投融资平台建设，规范融资主体运营管理、扩宽融资渠道。抓好原有融资主体的科学运行，促进新融资主体的健康发展。以PPP模式为抓手，用活用好PSL资金，成立城市发展基金，突破政府投融资瓶颈，拓宽基础设施建设资金渠道，推进基础设施建设工作。推进碧桂园、锦绣山河、龙山水岸等房地产项目和龙仙大道升级改造、滨河西路、北环路、八泉大道等市政道路建设，加快新城区档案馆、工人文化中心、老干部活动中心、救灾指挥中心“一馆三中心”等公共服务项目建设。全力开展好德政休闲广场、陈璘公园、滃江源国家湿地公园、泛湿地公园等系列生态环境提升工程，推动县城宜居环境大提升。

（四）全域推动，抓好交通建设大会战。全力推进三大高速公路、国省道项目、农村公路和旅游公路建设，构建起“三纵一横”高速公路路网和以高速公路为骨架，以国省道干线为支撑，高密度的地方公路路网内通外联，构成四通八达的综合交通运输网络，补齐与珠三角互联互通交通基础设施的短板。今年要推动武深、昆汕高速分别完成总工程量的4/5以上和2/3以上，韶新高速完成征地拆迁工作和县内各标段全面动工建设，保障三大高速公路县内工程按时保质完工。完善高速公路主干道与产业园区、县城新区的连接，打通高速公路连接镇村“毛细血管”。升级改造国省道、修复国省道“差次”路段和危桥。加快推进农村公路和粤台农业、东华山风景区和幽兰山庄等旅游公路项目建设。抓紧韶龙铁路（韶关曲江至河源龙川）前期工作，争取早日列入规划。

（五）精准发力，抓好农村奔康大会战。重点抓好精准脱贫和农村人居环境整治两大攻坚，构建农村改革与扶贫开发、现代农业发展、美丽乡村建设一体化格局，全力补齐全面建成小康社会农村这个最大短板。坚决打赢脱贫攻坚战。严格落实精准扶贫“第一家长”帮扶机制等脱贫攻坚责任，深入实施“个十百千”精准脱贫攻坚五大行动和“两扶持两奖补”政策，大力推进“一

镇一业”、“一村一品”和“专业合作社+贫困村+贫困户”的产业脱贫模式，以点带面，不断增强产业脱贫实效。加快新农村建设。深入推进农村人居环境综合整治和农村电网、光网升级改造以及村村通光纤工程，加大卫生、休闲、文化等公共服务设施建设力度。充分发挥便民服务站作用，推进 “三个重心 ”下移改革试点、农村产权制度改革，激发农村发展内生动力。

四、敢于先行先试，优化与珠三角一体化的营商环境

良好的营商环境是实现与珠三角产业一体化的基础条件，是招商稳商的重要保障。我们必须痛下决心，加大改革创新力度，树立更强的服务意识，形成更高的行政效率，保障更低的营商成本，全面优化与珠三角一体化的营商环境。

（一）狠抓自我革命，提高营商服务水平。要学习借鉴珠三角的先进服务理念，深化“放管服”改革，进一步做好简政放权的“减法”，做强监督管理的“加法”，优化综合服务的“乘法”，真正做到审批更简、监管更强、服务更优。加快推进“一门式一网式”政府服务模式改革，确保今年年底服务平台全面建成启用。深入推动双向承诺审批制和“三个零”服务机制，加快重点项目投资审批改革。切实降低制度性交易成本，深化商事登记制度改革，加快推行电子营业执照和全程电子化登记管理。开展中介服务机构整顿，规范行政审批中介服务和涉企经营服务性收费。优化社保险种结构，降低社保费率，减轻企业税费负担，落实好省市各项税收减免优惠政策。

（二）提升城市品质，打造宜居宜业环境。依托自然山水生态优势，按照“显山露水、用好山水”的思路，塑造山水城市风貌。以滃江源国家湿地公园为纽带，大力推进“一江两岸”的美化、亮化、绿化工程，努力为投资者、创业者和各类人才提供宜居、宜业的工作生活环境。加快完善县城科技信息、金融服务、商贸物流等公共配套服务体系，增强城市综合服务功能，加强对接珠三角科技、金融、商务、信息等领域服务。深入实施“互联网+行动”计划，加快县域基础光纤网和信息商务平台建设，推动落实共享信息商业模式创新，为创客大力营造便捷、高效的商务环境。积极搭建电商等行业创业平台，强化创业培训、项目推介、创业融资等服务，为大众创业提供大平台。

（三）加大培育扶持，推进特色产业聚集发展。抓好《翁源县四套班子领导联系服务企业工作方案》落实，重点以华彩新材料、兰花创新发展、特色农产品等为主要内容，建立定期联系企业服务机制，努力提供优质综合服务。积极探索完善土地流转模式和政府奖补形式，加快启动兰花企业土地续租工作，充分整合六坝公路沿线零碎土地发展兰花等特色产业，拓展兰花发展空间，做大做强翁源兰花产业。加快制定扶持华彩新材料、兰花、特色农产品精深加工、民营企业等加快发展的相关政策和行动计划，为企业解决融资、市场、配套等方面问题，有效降低企业物流成本，把翁源打造成全省新材料、兰花、农产品精深加工企业投资置业的“成本洼地”，力争在融入珠三角一体化中赢得先机。

（四）加强法治建设，切实维护社会大局和谐稳定。以实施社会平安建设工程和基层社会治理工程为抓手，全力推进法治翁源、平安翁源建设。做好“七五”普法工作，落实“谁执法谁普法”责任制，加强中小学生、执法人员、机关干部等群体的法治教育，推动全民尊法学法守法用法。严格落实安全生产和公共食品卫生安全责任，确保社会公共安全。依法打击各类违法犯罪行为，推进平安翁源建设。加大基层社会治理力度，健全矛盾纠纷排查调处工作网络、工作机制，把信访工作纳入法治化轨道，压实镇（场）责任，重点治理涉山林土地、涉环保、涉劳资等领域不稳定因素，依法依规、合情合理化解各类矛盾纠纷，提高矛盾纠纷化解水平。推进诚信体系建设，大力倡导诚实守信、守法经营的社会风气，营造安全有序、文明法治的市场环境。

五、扎实开展“五项创建”，补齐城乡协调发展短板

要加快实现全面建成小康社会目标，必须牢固树立共享发展理念，以保障和改善民生为重点，大力发展社会民生事业，补齐生态文明建设、民生保障、“三农”工作等方面的短板，让改革发展成果更多、更公平、更实在地惠及全县人民。

（一）扎实推进教育现代化先进县创建。以2018年成功创建教育现代化先进县为目标，认真落实《翁源县创建广东省推进教育现代化先进县实施方案》和《翁源教育提升五年行动计划》，创

新教育投融资模式，补齐教育功能场所、教育信息化等短板，推进义务教育均衡化。建立完善教育督导、教学教研、教师绩效考核机制，加大人事制度、薪酬制度等改革创新力度，提升教育质量和办学水平。加强教育队伍建设，实施名教师、名班主任、名校长等工程，优化教师队伍结构，提升教学水平。加快完善优质教育资源配置总体规划，加快新城实验小学、实验中学的规划建设，推进义务教育资源均衡布局，解决大班额和优质资源不足的问题。按照乡镇人口分布，探索建立片区学校，优化配置乡村学校教育资源，深入推进基础教育均衡发展。完成周陂、江尾、官渡、新江4个镇创强复评工作，抓好教师学历提升、教育信息化等推进教育现代化的工作。

（二）扎实推进卫生强县创建。以“两个一体化”为抓手，2018年建成卫生强县为目标，重点抓好县级公立医院、乡镇中心卫生院能力提升，引导医疗服务重心下移和诊疗资源下沉。加大财政投入和医疗卫生机构改革力度，加快翁源县第二人民医院、县人民医院新城院区二期工程、县中医院综合大楼项目建设，抓好“创建广东省慢性病综合防控示范区”、“全国中医药先进单位”等工作，补齐农村医疗资源不足短板，切实为群众提供安全、有效、便利、优质的公共卫生服务。有序推动“县综合医院+镇卫生院”医联体建设，构建县镇村一体化医疗卫生格局。推进“三医”联动改革，建立完善分级诊疗制度，促进社会办医加快发展，突出疾病防控，逐步实行基本公共卫生服务均等化，全面提升县镇村三级医疗卫生服务能力。加强医疗人才队伍建设，探索建立基层医疗全科医生培养制度，实施全科医生培养三年计划，大幅度提高乡镇一级卫生院全科医生的配备比例。探索建立公立医院薪酬制度，进一步调动医疗人员特别是医疗骨干的积极性。

（三）扎实推进文明城市创建。深入巩固“省文国卫”的成果，坚持问题导向，认真抓好“巩文”复评工作，扎实推进城市提升行动计划，加快完善城市道路交通、公园绿地、农贸市场等基础设施建设。加强统筹领导，大力开展打击“两违”集中行动，重点整治南龙路口等县城主要道路进出口，实施美化、亮化、保洁管理。着力破解城市顽疾，探索建立规范化、网格化管理体系，重点开展环境卫生、广告牌匾、占道经营、乱搭乱建等专项整治，塑造整洁、文明、有序的县城形象。突出道德引领，开展道德模范推荐评选活动，培育先进典型，引领向上向善的良好社会风尚。探索建立“社工+义工”志愿服务模式，广泛开展各类有针对性的志愿服务活动。深入开展社会主义核心价值观宣传活动，加强对未成年人的思想道德建设，推进市民文明素质和道德养成教育。启动广东省“民间文化艺术之乡”创建工作，抓好文艺精品创作，满足群众文化精神需求。坚持群众路线，从解决民生实事入手，把群众的关注点作为创文工作的出发点和着力点，广泛动员群众参与、支持文明创建，形成共建共享的工作格局。

（四）积极创建社会主义新农村示范村。坚持推进城乡一体化，加强对外先进经验的学习，加快公共服务设施建设，着力解决农村生产生活的短板，将51个相对贫困村和9个国、省道沿线行政村打造成全市乃至全省社会主义新农村示范村，每个示范村按照“20%美丽村庄、30%宜居村庄、50%整洁村庄”模式建设，今年重点打造县领导牵头建设的21个新农村示范村，以此带动全县深入开展“三清四拆”人居环境整治、村庄规划编制、垃圾分类收集处理、生活污水和垃圾处理设施建设，努力构建集循环农业、创意农业、农事体验为一体的“田园综合体”农村发展新模式。创新农村建设投融资机制，整合涉农资金，加大财政投入，引导社会资金积极参与新农村建设。大力引导成立村民理事会，进一步规范完善村规民约，调动村民在新农村建设中的积极性。

（五）积极创建山水林田湖生态保护修复试点。牢固树立“绿水青山就是金山银山”的理念，坚决落实主体功能区规划，严守生态保护红线，用足用好国家山水林田湖生态保护修复试点政策，深入开展山水林田湖“铁拳行动”，切实把生态资源优势转化为发展优势。加强饮用水源、官龙公路沿线和滃江河一带生态环境的保护，抓好城镇周边、河道边、山塘水库边“三边”综合整治。加快山林承包权、水域承包权、农田承包权等审批权限的改革，积极探索建立山长、湖长、河长、路长、田长“五长制”生态环境管理体制，推动山水林田湖生态保护修复工作常态化规范化。深入开展新一轮绿化翁源大行动，大力实施林业生态提升工程，扎实抓好封山育林、森林公园和湿地公园建设工作。落实大气、水、土壤污染防治三大行动计划，实施工业污染、农业污染和生活垃圾治理等系列工程，加大力度解决历史遗留问题。全面落实生态保护主体责任，加强环保监督检查，严厉打击乱砍滥伐、非法盗采、恶意排污等违法行为。倡导群众参与绿色志愿服务，树立绿色增长、共建共享的理念。

六、动真格从严管党治党，凝聚奋发有为的精气神

全县各级党组织要切实担负起管党治党政治责任，落实全面从严治党要求，发挥好党领导经济社会发展的领导核心作用，强化使命担当，凝聚奋发有为的精气神，为全面建成小康社会、建设美丽幸福翁源提供坚强保证。

（一）牢固树立“四个意识”。坚决拥护以习近平同志为核心的党中央权威，提高政治站位，切实增强政治意识、大局意识、核心意识、看齐意识。推进“两学一做”学习教育常态化制度化，在“学”和“做”上深化拓展，深入开展“两强两提”思想讨论活动，凝聚“要更拼”、“敢碰硬”的精气神，引导党员做到政治合格、执行纪律合格、品德合格、发挥作用合格。严守政治纪律和政治规矩，认真贯彻执行各项党内法规。深入推进党的组织生活规范化、经常化，着力落实民主生活会、领导干部双重组织生活、民主评议党员、谈心谈话等制度，推动开展批评和自我批评常态化。严格落实党委（党组）意识形态工作责任制，巩固壮大主流思想舆论阵地，积极弘扬主旋律、传播正能量。

（二）强化考核提升执行力。进一步完善“5+X”巡查考评机制，严格考核考评，强化考核结果运用，制定差额化奖励措施，将考核结果与单位绩效奖励、干部评先评优等相挂钩，避免“干与不干一个样，干多干少一个样”现象，真正发挥考评机制“指挥棒”和“风向标”作用。要更加重视对工作实绩的考察，不让实干者、老实人吃亏，让肯干事、能干事的有机会，不干事、干不好的有危机，真正形成“能者上、平者让、庸者下”的干部任用机制。加强督查督办，重点纠正选择执行、消极执行、错误执行、缺位执行等行为，坚决遏止自甘平庸、回避矛盾、不敢担当等突出现象。加大“为官不为”问题的问责力度，对不作为、慢作为、乱作为及庸政懒政怠政等行为动真格、严问责。引导全县上下崇尚勤奋务实，共同培育和营造以干事为荣、以不干事为耻，以干成事论“英雄”的浓厚氛围。

（三）抓好基层筑牢基础。继续深入开展镇（场）领导干部驻点普遍联系群众制度，坚持领导干部带头落实调查研究、定点联系、下村“住夜”、结对帮扶等活动，积极创建“公仆在线”服务型党组织，进一步密切联系群众、解决群众实际困难。加强换届后村（社区）“两委”班子建设，全面推进软弱涣散村党组织整顿工作，确保村党组织的核心地位，提升凝聚力和战斗力。建立健全“镇选村培”的农村发展党员机制，优化提升党员队伍结构和素质。完善村（社区）“两委”办公经费、村干部补贴待遇定期调整和正常增长制度，提高基层工作经费和干部收入保障水平。

（四）持之以恒正风肃纪。深入贯彻作风建设永远在路上要求，坚定不移把党风廉政建设和反腐败斗争引向深入。发挥好县委巡察“利剑”作用，健全纪委派驻纪检组工作机制，构建严密的权力运行制约和监督体系，重点查处顶风违纪、不收手、不知止、规避组织监督等行为，切实防止“四风”问题隐形变异和回潮反弹。认真落实领导干部报告个人有关事项制度，规范领导干部配偶、子女及其配偶经商办企业行为，推进廉洁家风建设。优化“正风速递”微信平台建设，推动全面从严治党向基层延伸，严肃查处群众身边的不正之风和“微腐败”，推动正风肃纪工作走上常态化、制度化、长效化轨道，构建起各部门各单位齐抓共管，社会各界有序参与的正风肃纪工作格局。

各位委员、同志们，发展方向、目标任务已明确，让我们更加紧密地团结在以习近平同志为核心的党中央周围，不忘初心，咬定发展不动摇，加快发展不懈怠，以等不得、慢不得、坐不住的紧迫感，把全部的热情、精力和智慧用在谋发展、干实事、解民忧上，让人民群众享受更多的发展成果，为全面建成小康社会而努力奋斗，以更加优异成绩迎接党的十九大胜利召开！

政府工作报告

——在翁源县第十五届人民代表大会第二次会议上的讲话

2017年4月28日

县人民政府代县长　陈来安

2016年工作回顾

2016年，是“十三五”规划开局和换届之年，是翁源县主动作为，积极应对经济下行压力，实现经济稳中有进的一年。在上级党委、政府和县委的正确领导下，在县人大、县政协的监督支持下，我们团结和带领全县人民，实施百日攻坚，推动项目加快建设；以全市县域发展工作现场会在该县成功召开为契机，狠抓各项工作落实，较好完成了县第十四届人民代表大会第六次会议确定的各项目标任务。

*经济主要指标平稳增长。*生产总值实现98.2亿元，增长8.3%，增速排名全市第三。其中，第一产业增加值24亿元，增长4.5%；第二产业增加值30.5亿元，增长6.3%；第三产业增加值43.7亿元，增长11.9%。地方财政一般预算收入实现3.98亿元。全社会固定资产投资完成69.5亿元，增长9.1%。城乡居民人均可支配收入实现1.6万元，增长10.6%。

*工业经济持续壮大。*成功举办翁源主动融入珠三角投资环境推介暨第一届“中国兰花之乡（东莞）兰博会”、“中国兰花之乡（翁源）兰博会”。全市产业园区工作现场会在该县召开。翁源产业转移工业园被成功认定为省产业转移工业园、工信部产业集群区域品牌建设试点单位，在全省起步园考核中位居第一。各专业园区配套设施进一步完善，翁城商务中心区厚源商务大厦主体工程顺利封顶。重点企业和地方特色企业支撑明显，在全县71家规上企业中，产值累计超5000万元的企业有44家，其中超亿元的企业达26家。全县共引进5000万元以上项目6个，其中超亿元项目2个，新增试产或投产企业11家，培育规上企业6家。

*农业生态协调发展。*粤台农业园区完成固定资产投资1.5亿元，完成搭建温控大棚11万平方米，完成土地流转500亩，完成新签约农业招商项目7个，合同投资额2亿元，全省粤台农业合作园区工作现场会在该县召开，该县粤台园区建设经验获得肯定和推广。成功获得了2018年第28届中国兰花博览会举办权。全县现代农业发展取得新突破，成功创建国家农产品质量安全县，成为全国第一批、全市唯一、全省四个国家农产品质量安全县之一。成功创建全国休闲农业与乡村旅游示范县，成为年度全市唯一、全省两个示范县之一。新增市级农业龙头企业2家、县级示范社4家、市级示范家庭农场10家、县级示范家庭农场11家。完成高标准农田建设项目3.5万亩，耕地保有量为47.2万亩，基本农田面积42.9万亩。林业生态建设初显成效，完成了林业生态红线划定工作，完成22个乡村绿化美化示范点建设，完成滃江源国家湿地公园湿地植被恢复试验工作，完成了湿地公园详细性规划、可行性研究报告等前期相关工作。中小河流治理完成投资1.4亿元，完成梯子岭等5座小型水库除险加固工作。认真落实主要污染物减排工作，积极推进环境综合治理，严厉打击了各类环境违法行为。

*第三产业稳中向好。*全县社会消费品零售总额34.4亿元，增长9.8%。电商产业孵化园建成运营，首批进驻优质电商企业15家，成为该县电商集聚、产业孵化、“互联网+”的新地标。积极做好旅游招商推介，成功引进投资1.8亿元的藏龙生态和投资4000万元的果色瓜香等旅游项目。投资4000多万元完善东华寺、幽兰山庄、华京户外营地基础设施建设。成功举办首届广东（翁源）桃花节系列活动。全县接待游客179万人次，实

现旅游总收入13亿元，分别增长22%和21.3%。全县金融机构实现存款余额 129.2亿元，贷款余额 48.1 亿元，分别增长10.3%和5.7%。

新型城镇化加快推进。全年县城新区完成投资4.3亿元，新建项目5个。新区医院、实验小学、德政休闲广场等公共服务工程加快建设，龙翔大道一期、八泉大道等新城主路网初步建成。碧桂园商住项目开工建设，2016年完成投资3.5亿元。完成房地产开发投资 6.3亿元；销售商品房面积20. 9万平方米，增长 8.7% ；实现销售额 8.2亿元，增长 6%。南龙交叉路口、光明路、二中路、鑫源路等改造工程，农林东路、红砂路、龙滨路等道路亮化工程顺利完成。改造农村危房360户，创建省卫生村8个、市卫生镇2个、市卫生村18个，镇村面貌逐步改善。武深、汕昆高速翁源段分别完成工程量的1/2和1/3以上，累计完成固定资产投资31.6亿元。韶新高速公路已完成业主招投标、初步设计等工作。完成了县道X353等线路的路面改造工程，完成农村公路硬底化改造84公里。县城公交开通运营，城乡交通服务体系进一步完善。投入资金8000万元，加快推进新一轮农村电网升级改造工程。完善农村地区宽带基础设施，实现农村地区4G网络全覆盖。

社会民生协调发展。民生支出占财政总支出的比重提升到87.4%；10件惠民实事较好完成，人民群众获得感进一步提升。实施“个十百千”帮扶行动，打好“一扶持两奖补五保障”组合拳，全县贫困发生率由 6.14%下降到 4.19%，省精准扶贫工作推进会在该县召开，精准扶贫成绩得到认可和好评。《故园》荣获第三届广东岭南美术大展金奖，翁源客家山歌一作品荣获两岸暨港澳地区客家山歌邀请赛银奖；《翁城猫头狮》和《陈璘民间故事》成功申报列入市第六批非物质文化遗产名录。成功举办第四届县运会，全民健身活动蓬勃发展。获省、市科技部门立项项目6个，完成专利申请149件，获国家专利47件。成功创建国家义务教育均衡县，全县镇（场）通过省教育强镇创强督导验收，创建教育现代化先进县工作顺利推进。174 个村（居）人社服务平台完成建设，城镇登记失业率控制在 2.38%以下；城乡居民社会养老保险扩面任务全面完成，社会救助提标任务全面落实，结案劳动纠纷109宗，构建了和谐劳动关系。顺利通过省、市年度计生考核，免费孕前优生健康检查3140人，质间评估达省优秀等次；基层卫生院的“五个一”医疗设备配置工作全面完成，六里等卫生院的标准化建设基本完成，县中医院中医馆和镇级卫生院中医馆竣工投入使用，基本公共卫生服务覆盖面进一步扩大。商事登记制度改革持续推进。第三次全国农业普查摸底工作基本完成。气象现代化有序推进，突发事件预警信息发布平台建成投入使用。创建国家卫生县城顺利通过省考核。创建省第十届双拥模范县工作通过市级验收。社会治安和安全生产形势保持稳定。

政府建设不断加强。自觉接受县人大及其常委会的依法监督和政协的民主监督，共办理人大代表建议23 件，政协提案37 件。推进“一门式一网式”政府服务模式改革和基层公共服务平台建设，进驻网上办事大厅办理事项371 项，网上办理率75.5%。编制和公布了政府部门权责清单；进一步推进行政审批制度改革，取消非行政许可项目，公布了《翁源县行政许可事项目录》，清理规范县政府部门行政审批中介服务事项31项。办理网络问政637宗、咨询投诉274宗，办结率 100%。8个镇（场）已全面建成法律公共服务中心；全县174个村（居）已建成了公共法律服务站，形成了完整的县、镇、村三级公共法律服务体系。以开展纪检监察系统能力建设年活动为契机，加强监督执纪，坚持正风肃纪，有效优化了干事创业环境。

此外，民族宗教、外事侨务、对台、信访维稳、公共安全、审计、物价、粮食、档案、人防、质量技术监督、民兵预备役、工青妇、通讯、广播电视等工作均取得新进步。

各位代表，上述成绩的取得，离不开市委、市政府和县委的坚强领导，离不开县人大、政协的有力监督，离不开社会各界的支持，离不开全县人民的奋力拼搏。在此，我谨代表县人民政府，向全县广大干部群众，向各位人大代表、政协委员和各民主党派、无党派人士和离退休老同志，向人民解放军、武警、消防驻翁官兵、公安干警，向所有关心、支持翁源发展的社会各界人士，表示崇高的敬意和衷心的感谢！

在肯定成绩的同时，我们也清醒地认识到，该县经济社会发展中还存在许多困难和问题，主要表现在：经济总量小，生产总值增长速度回落；招商引资成效欠佳，项目建设和产业支撑不强；新型城镇化步伐不够快，城乡差距较大；财政收入增长放缓与刚性支出需求矛盾加剧；污染治理、食品安全形势严峻，基本公共服务不完善，社会建设任务繁重等等。对此，我们要高度重视，采取切实有效的措施认真加以解决。

2017年工作安排

各位代表，2017年是新一届政府的履新之年，也是决胜全面建成小康社会攻坚之年，做好全年工作意义十分重大。我们要坚定信心，鼓足干劲，深入贯彻习近平总书记系列讲话和对广东工作作出的重要批示精神，按照广东省委经济工作会议、市委全会、市十四届人大一次会议工作部署，按照县委总体要求，以供给侧结构性改革为主线，以精准扶贫和保障民生为落脚点，坚定不移全面实施主动融入珠三角总战略，乘势而上，奋力拼搏，开创翁源经济社会发展新局面。

主要预期目标：全县生产总值增长9%左右，其中一产增长4.5%以上，二产增长13%以上，三产增长9%以上；固定资产投资增长12%以上，地方公共财政预算收入增长8%以上，社会消费品零售总额增长10%以上，城乡居民人均可支配收入增长9%左右。为实现上述目标，今年要突出抓好以下七个方面工作：

（一）突出产业共建，增强融珠对接新动力

坚持把产业共建作为推进新型工业化的重要途径，积极探索工业园区融珠对接合作发展新模式，狠抓工业园区平台建设、招商引资和营商环境，推动产业共建的纵深发展。

继续夯实工业园区发展平台建设。创新政府与厚街镇、华彩园区合作开发模式，借鉴清远园区发展先进经验，采用融资和PPP模式共建华彩园区基础设施，推动园区基础设施加快建设。重点是推进华彩园区二期5000亩基础设施建设，完善各专业园区基础设施配套。在年底前建成商务中心区综合楼，完善商务中心区综合服务功能。完成征收土地2000亩。加快东森、统力等8个工业企业动工建设，促进多柏斯、德信等6个工业企业建成投产。加快广业清怡三氯蔗糖三期2000吨项目扩建，推进日立化成（希世比）项目建设。狠抓现有企业的增资扩产和新上规企业的产能释放，力争实现规上工业企业产值100亿元以上，实现工业增加值增长15%以上。

继续开展招商引资攻坚大行动。依托省深化珠三角与粤东西北全面对口帮扶政策措施，主动承接产业转移项目，实施主动融入珠三角战略，进一步完善招商信息共享平台，拓宽招商渠道，建立中介招商机制，成立专业招商团队，深入探索招商引资激励措施，切实提高招商引资工作的实效性，推动该县制造业投入的较大增长，将该县专业园区打造成为韶关市承接产业转移示范园区。力争全年引进10个投资5000万元以上项目或引进项目总投资10亿元以上。

继续优化营商环境和园区环境。加快华彩园区应急救援基地、消防站及电源基地污水处理厂等配套项目建设，加快完善电子商务、物流、金融等服务性配套建设，强化园区管理工作，以精细化管理提升园区环境。继续加大对非公有制经济的扶持力度，扶持民营企业提质增效。参照执行珠三角税收优惠政策和扶持政策，切实减轻企业负担。

（二）突出城镇提升，塑造宜居城乡新面貌

以城市提质为主题，加快新城区扩容步伐，改善老城区市政设施，狠抓镇村建设，进一步提升城乡宜居环境。

狠抓县城建设。加大政府主导项目的投资力度，拓宽融资渠道，力争投入资金10亿元以上，加快县城开发建设，完善基础设施和公共配套建设。加快推进翁江大道、滨河东路等新区路网建设。着力推进公共服务设施项目建设，建成新区实验小学，启动新区医院二期工程和新区社保服务中心建设。加快推进碧桂园地产项目和兰花创新博览中心建设，推动人气和投资向新城集聚。严格维护公共空间，加强建筑施工场所和道路扬尘整治。持续推进街巷改造和净化亮化工程，加快广场、公共绿地和街道绿化景观建设，改善县城人居生活环境质量。力争完成房地产开发投资8亿元，销售商品房1700套，实现销售额8.5亿元。推进幸福北路二巷等小街小巷提升改造；在文体广场、政府公园及部分街巷新装路灯60盏。

狠抓镇村建设。加快推进各镇（场）总体规划编制，引导各镇（场）依照规划逐步完善公共基础设施。加快启动翁西片垃圾填埋场建设。继续推进农村人居环境综合整治，加快村镇生活污水处理设施建设进度，启动官渡、翁城垃圾清运市场化管理改革。积极培育特色小镇，立足江尾镇优势产业、人文历史和资源禀赋，科学规划江

尾镇风貌特色、生态特征和产业发展，打造集人文景观、旅游休闲和生态农业于一体的特色小镇，加快创建全国乡村旅游示范镇、兰花特色小镇、韶关市旅游名镇。深入推进“两违”整治。

狠抓基础设施建设。设立公共设施建设机构，加大公共配套建设。加快推进武深、汕昆高速公路翁源段建设，启动韶新高速公路翁源段建设。加大G106线和S244、S245线等国省道和县乡道改造力度，完成60公里农村公路硬底化改造和7座县乡道危桥改造任务，不断完善各镇（场）主要道路的亮化绿化。投入1亿元以上，完成35千伏半溪、周陂输变电工程和配网改造;加快第二期农业电网改造。大力实施村村通光纤工程，推进农村电商发展。

（三）突出绿色生态，增创美丽翁源新优势

坚持绿色发展理念，依托农业特色优势，围绕绿色增长极布局，加快发展现代绿色生态农业，实现绿色产业崛起。

做大做强现代特色农业。大力发展特色农业，积极发展“一镇一品”、“一村一品”。扶持发展市级农业龙头企业，力争发展农民专业合作社示范社5家以上，培育家庭农场50家以上。大力发展特色农产品精深加工和农副产品综合利用；加快规划发展冷链产业，延长农业产业链条。加快推进农业产品质量安全体系建设，加强农产品质量安全检测和监管，推进农业“三品一标”认证，打造农产品优质品牌。

加快粤台和特色服务区建设。加快粤台综合服务平台等项目建设，力争完成园区固定资产投资1.3亿元，农业招商6家，搭建现代温控大棚15万平方米，流转土地600亩。加快高速公路翁源特色服务区建设工作，启动基本功能区和展销区主体工程建设，完善水电路基础设施，建立管理体制。

加强生态文明建设。做好滃江源湿地公园管理处办公场所的选址工作，启动湿地公园部分基础设施建设和生态修复工程建设。抓好林业生态重点工程建设，完成森林碳汇造林、石漠化造林、森林碳汇抚育等重大工程，抓好生态公益林示范区建设。做好2017年中小河流治理工作，加快推进上庙水库的立项工作，力促其早日动工建设。继续抓好2017年“村村通”农村安全饮用水工程建设。落实环境保护目标责任，狠抓农业污染源减排、工矿企业减排、环境综合治理、环境监管执法等环保工作；深入抓好中央环保督查整改工作。严厉打击非法开采稀土等矿产资源行为。严格实行河长制、探索实施路长制和山长制，全力提升重点区域生态环境水平。

（四）突出商贸流通，激发三产发展新活力

大力推进传统服务业转型升级，努力发展新兴服务业，推动现代服务业提速发展。

加快发展旅游业。以成功创建全国休闲农业与乡村旅游示范县为契机，继续举办好兰博会、桃花节等系列活动。积极参加各类旅游推介会，加大旅游项目推介。致力打造“粤台+六坝公路兰花长廊”沿线生态农业休闲旅游，主推赏花摘果、修学休闲等一批两日游路线。加快推进翁山度假村、周陂温泉等旅游项目建设。加紧筹备东华山风景区、幽兰山庄旅游公路建设，继续完善旅游公厕、旅游道路指示牌等基础设施建设。力争全年旅游接待人数实现220万人次以上，旅游总收入实现16亿元以上。

加快发展商贸服务业。引导扶持广客隆等大型便民商场发展。加快培育限上商贸主体，力争新增培育5家以上“限上”商贸企业，实现社会消费品零售总额36亿元以上。完善电商孵化基地建设，支持苏宁易购等电商企业产业加快发展，引导优质电商企业进驻。加强对重点外资企业的跟踪服务，积极营造促进外贸进出口良好环境，扩大外贸总量。

加快发展金融产业。加快启动征信中心建设，推动完善农村普惠金融体系，进一步拓宽金融业务和优化服务，力争金融机构贷款余额达到58亿元，新增贷款达到9亿元。

（五）突出幸福翁源，增进社会民生新福祉

坚持以人为本，突出共建共享，紧扣幸福翁源主题，持续加大民生投入，不断补齐补足短板，努力促进百姓福祉有新的改善。

打好精准扶贫攻坚战。认真落实三项保障，落实政府全额资助贫困人口参加城乡居民基本医疗保险政策；切实减轻贫困人口教育费用负担；加大农村危房改造推进力度，确保完成年度农村危房改造任务。认真落实产业帮扶、劳动力就业、社会保障等八项工程。深入开展五个万亩产业扶贫、51个相对贫困村生产生活环境改善、三项百

万元再兜底和3000人就近就业“个十百千”行动，争取到年底实现全县70%相对贫困人口的脱贫目标。

推动社会事业协调发展。全力做好省、市科技计划申报工作，完成市下达的专利申请任务，加快培育高新技术企业和建设企业工程技术研发中心。深入推进教育现代化先进县工作，推动县城新区实验小学实现秋季招生，加快筹建县城新区实验中学，推动教育资源均衡配置；进一步加强教师队伍建设。加快综合文化服务中心示范点建设，提高公共文化服务水平，抓好文艺精品创作，争取1—2个项目申报列入省“非遗”名录，加大文化保护力度，启动省“民间文化艺术之乡”创建工作。继续深入推进医药卫生体制改革，巩固基层医疗卫生机构综合改革成果，推进公立医院管理体制改革，完成34家村卫生站公建民营规范化建设任务。加强计划生育服务管理，提高出生人口素质。加快建设县全民健身中心、县游泳中心和开发区全民健身广场，广泛开展全民健身活动。完成气象防灾减灾科普教育用房建设，启动生态、林业和农业气象在线监测体系建设，完善突发事件预警信息发布平台功能。狠抓交通环境综合整治。扎实抓好村（居）换届工作。

大力提升社会保障水平。落实就业政策和创业扶持政策，实现新增就业2500人。继续做好续保和扩面工作，持续推进完善城乡低保、五保、城乡医疗和优抚对象的网络动态监控系统建设，实现应保尽保。开展欠薪、欠保等专项治理，努力构建和谐劳动关系。启动“七五”普法工作，推进村（居）人民调解组织规范化建设。加快构建“大应急”工作格局，进一步完善公共卫生安全事件应急处理处置流程，构建和落实最严格、覆盖全过程的食品药品监管机制，提升突发公共卫生事件的应对水平。加强信访维稳，狠抓安全生产，深入创建“平安翁源”。继续巩固提升省文、国卫工作水平，健全“两创”工作长效机制。加强质量强县工作。同时，认真做好统计、民族宗教、外事、侨务、人才、妇女儿童、供销、编制、广播电视、老龄、残联、档案等各项工作。

办好10件民生实事。一是启动县第二人民医院建设。二是深入推进教育现代化先进县工作。三是深入实施平安翁源建设，开展“飓风•2017”专项行动。四是打造21个美丽乡村示范点。五是改造农村危房400户以上。六是新建翁城新饮用水工程。七是改造县城农贸市场1个，基层农贸市场2个。八是升级改造龙仙大道。九是建设县城新区档案馆。十是巩固提升底线民生保障水平。

（六）突出改革创新，开创县域发展新局面

坚持用改革创新思维推动工作，加快推进相关领域改革，为加快经济社会发展提供制度保障。

深化行政管理改革。主动学习借鉴珠三角地区的先进理念、成功经验，深化行政审批制度改革，推动厘清部门权责清单和行政审批中介服务事项目录，实现行政审批公开、透明。推广“一门式一网式”政府服务模式，加强县镇村三级公共服务平台建设，推动管理和服务重心下移。继续实施零障碍落地审批机制，社会投资项目实行容缺受理、承诺办理和并联审批，切实减压审批时限，加快项目落地。

深化经济管理改革。改进财税收支管理，着力稳税源保增量。抓好财税收入征管，切实发挥财政资金在经济社会发展中的杠杆作用。深化商事登记制度改革，推行电子营业执照和企业登记全程电子化。制定出台扶持民营经济发展政策措施。完善“大众创业、万众创新”激励政策。落实中小微企业扶持优惠措施，鼓励有条件的企业增资扩产。

深化投融资改革。优化政府投资方向，支持社会资本参与城市开发、物流等重点领域建设，强化政府投资带动效应。健全PPP项目工作机制，打造投融资平台，拓宽社会资本投资渠道。整合盘活国有资产和财政存量资金，不断增强经济发展内在动力。

深化供给侧结构性改革。全面清查核算国有资产，完善和规范国有资产管理；采取分类处置方式，实现僵尸企业出清，完成省市下达的淘汰落后产能任务。打好去库存政策支撑组合拳，确保全县房地产库存处于合理区间。加强金融监管和监测预警，确保金融机构杠杆率控制在合理水平。全力降低生产要素成本。抓好电网改造等14项短板建设，加快补齐软硬基础设施短板。

深化人才制度改革。实施人才强县战略，优化人才创业环境。深化干部人事制度改革，建立健全实绩导向的干部选任机制。健全人才经费投入和保障机制，完善人才评价、流动、激励机制，最大限度激发和释放人才创新创业活力。充分发挥用人主体在人才培养、吸引和使用中的主导作

用，增强国有企业、学校、医院等企事业单位用人自主权。

（七）突出高效清廉，打造政府机关新形象

进一步加强政府自身建设，努力提高施政能力和服务水平，全力打造人民满意的法治政府、高效政府和廉洁政府。

*打造法治政府。*自觉接受人大及其常委会和人民政协、新闻舆论、人民群众的监督，定期向人大及其常委会报告工作。认真办理人大代表议案、建议和政协委员提案，主动听取社会各界意见建议。健全依法决策机制，加强合法性审查，推动制定重大行政决策事项目录。规范公正文明执法，深化政务公开。抓好行政复议和行政应诉工作。

*打造高效政府。*全面治理庸政懒政怠政。加强对重大决策落实的预警、协调和跟踪，建立科学高效的督查督办制度，加大激励，支持真抓实干。坚持厉行节约，继续精简文风会风。

*打造廉洁政府。*全面落实中央八项规定精神和“两个责任”，坚持把纪律和规矩挺在前面，加大监督执纪问责力度。加强对“三重一大”事项的监管，从源头预防和治理腐败。强化对财政资金分配使用、国有资产监管、政府投资、政府采购、工程建设、公共资源转让等重点领域监管。强化行政监察和审计工作，加强自然资源资产和生态环境保护责任落实情况跟踪督导。有序推进事业单位和国有企业公车制度改革。加强政府系统廉政教育和廉政文化建设，努力打造高素质公务员队伍。

各位代表！成绩来之不易，蓝图催人奋进！让我们在县委的坚强领导下，以更严更实的作风，以更强更硬的措施，凝聚力量，砥砺前行，撸起袖子加油干，为建设美丽幸福翁源而奋斗！

大 事 记

1 月

3 日 中心村与翁源农商行种养业贷款担保项目合作签约仪式在龙仙镇中心村举行，人民银行广州分行副行长丘斌、县委常委叶有昌见证签约仪式。

4 日 全县森林防火工作会议召开，总结 2016 年的森林防火工作，部署全县 2017 年森林防火工作。副县长林有成参加会议。

是日 县委书记颜亮主持召开县委十三届第九次常委会议。县党政班子领导成员，县人大、县政协主要领导，县武装部、县委办、县政府办领导参加会议，县委宣传部相关领导列席会议。县委书记颜亮在会上就如何学习贯彻会议精神，开展好全县的文明创建工作提出要求。

6 日 县政府在县政府五楼会议室召开环保督察整改工作会议。县领导林国华、张朝养、柯建忠、林有成、陈卫红、曾志华，各镇（场）、县直相关部门领导参加会议。会议由县委常委、副县长柯建忠主持。县长林国华强调：以高度的政治责任感，抓好环保工作。坚决贯彻落实中央、省、市有关环保工作的决策部署，做好宣传教育工作，建立管理机制，形成齐抓共管的工作氛围。以存在的问题为导向，抓好整改工作。以中央环保督察为契机，各单位要认真学习相关法律法规，以问题为导向，制订工作方案，协调好经济发展与环境保护关系。以高度的社会责任心，来抓好常态化管理。各单位要及时传达会议精神，按照责任书要求，认真履行工作职责。

9 日 县领导谭晓健、陈福环、林有成、李翠红及各科局相关领导及业务骨干 20 多人到坝仔镇，对该镇 2016 年“5+X”巡查事项完成情况进行检查考核。党委书记刘恒及各分管巡查事项的班子成员陪同检查，并作工作汇报。

是日 县委常委、开发区工委书记叶有昌、工委副书记温永基带领开发区驻村工作队成员，到开发区的挂钩村翁城镇泉岭村开展精准扶贫工作。与村委干部座谈会，叶有昌首先了解扶贫工作的进展情况，提出产业帮扶意见，要求驻村工作组做好帮扶工作。

11 日 县委常委、副县长柯建忠带领财政局、地税局领导到县国税局调研组织税收收入工作。县委常委、副县长柯建忠就如何做好下一步工作提出要求。

12 日 县委县政府召开会议研究部署 2017 年春运工作。会议传达国家、省、市有关春运工作精神，分析该县春运工作面临的形势和困难，提出该县 2017 年春运工作要求。副县长陈卫红参加会议。

13 日 全县各镇（场）和县直党（工）委书记抓基层党建工作述职评议会在县财政局会议室召开。铁龙林场、翁源经济开发区、县财税系统、龙仙镇、县公安局、林业局等 8 个镇（场）党委和 14 个县直党（工）委的书记，围绕履行抓基层党建工作责任情况、推进落实基层党建重点工作情况、2015 年度述职评议考核中查摆问题的整改情况以及对策等方面依次述职。就如何抓好基层党建工作，颜亮提出工作要求，切切实实把党委书记抓基层党建工作，把解决基层突出问题作为重点。

是日 由市民宗局、市农业局、市文广新局等部门相关领导组成的检查组一行到翁源县开展安全生产检查。副县长肖俊青，县安监、农业、文广新局、民宗局等部门领导陪同检查。

是日 省委政策研究室扶贫的黄塘居家养老服务站正式揭牌。省委政策研究室学副厅长陈文、省委改革办副厅长李周发、省委政策研究室处长周雨霖、县副县长曾志华、县民政局社会事务股工作人员、翁城镇涂清华镇长、黄塘村村“两委”干部、黄塘村五保户代表等 50 多人出席黄塘居家养老服务站的揭幕仪式。

16 日 全县人感染 H7N9 禽流感疫情防控工作会在县政府召开。副县长肖俊青参加会议。肖俊青从领导、预防、督查、宣传等方面对该县的人感染 H7N9 禽流感防控工作做部署。

17 日 县委书记颜亮主持召开县委十三届第十一次常委会。会议传达学习市委工作会议和市“两会”精神，就如何学习贯彻好市相关会议精神作部署。

是日 县长林国华以普通党员身份参加县政府办党支部“两学一做”学习教育专题组织生活会。县长林国华结合自身实际从组织上、工作上、生活上作深刻的对照检查，并诚恳地接受大家的建议和批评。林国华还对今后如何开展好支部生活，落实好党员的义务和权利提出意见：要扎扎实实抓好“三会一课”制度的落实，尤其是党员领导干部要率先垂范，发挥表率作用；要认真组织好支部生活，通过开好支部生活会来提升党员的党性和集体意识；要加强党性修养，坚定理想信念，提振发展信心，为翁源的发展作出应有的贡献。

18 日 中共翁源县委十三届三次全体会议在县政府小礼堂召开，会议深入贯彻落实中央、省、市有关会议精神，总结去年工作，部署今年工作。会议由县委书记颜亮主持。十三届县委委员、候补委员，原县四套班子“一把手”，老联会会长，武装部政委，县纪委委员，县直副科以上单位主要领导参加会议。

是日 韶关市常务副市长朱余旺率市经信局、工商局、安监局领导到县气象局开展调研。县委常委、副县长柯建忠，韶关市气象局副局长曾运东陪同调研。

是日 由市委常委、常务副市长朱余旺带领的检查组到该县开展春节前的安全生产工作大检查。县委常委、副县长柯建忠培育检查。

19 日 县委召开县委常委班子 2016 年度民主生活会，县委常委参加会议，县人大常委会主要领导列席会议。市委常委、组织部长华旭初到会指导。会议由县委书记颜亮主持。会议通报 2015 年县委常委班子“三严三实”专题教育整改方案落实情况，汇报民主生活会会前准备情况，并代表县委班子作对照检查发言。华旭初强调，要从严抓好《准则》《条例》的学习贯彻，从严抓各级班子，从严抓队伍，从严抓基层组织建设，从严抓好作风建设，从严抓党风廉政建设。

是日 县政府召开县政府班子 2016 年度民主生活会，县政府班子成员参加会议，并邀请县纪委、县委组织部有关领导列席会议。会议由县委副书记、县长林国华主持。会议通报 2015 年县政府班子“三严三实”专题教育整改落实情况。

是日 省发改委副主任余云洲带领慰问组到翁城镇沾坑村开展送温暖扶贫慰问活动，向贫困户送去党和政府的关怀和温暖。县长林国华、县发改局领导和翁城镇主要领导等陪同慰问。

是日 市委常委、市纪委书记郭健生带领市纪委、市卫计局、粤北人民医院等单位的主要领导到江尾镇连溪村开展精准扶贫工作调研和春节慰问。县领导颜亮、杜奇立、李金桓及相关部门领导陪同调研和慰问。

是日 由市委常委、常务副市长朱余旺，市政协副主席周伟源带领的市慰问组到翁源县慰问困难党员和贫困户及敬老院老人，为他们送去节日的问候和祝福。县领导阮炳溪、赖展锋及市、县有关部门领导陪同慰问活动。

20 日 县长林国华带队到煤气站、客运站、加油站开展安全生产大检查，副县长陈卫红以及县政府办、住建、交通、安监等部门领导陪同检查。

22 日 副县长林有成带领县供销社有关领导，到县吉源烟花爆竹有限公司蓝李下山爆竹仓库进行节前安全大检查。

是日 县四套班子领导分成多个慰问组，深入基层、相关单位开展春节慰问，为特困老党员、基层党组织、单位干部职工以及驻翁部队官兵送去节日的问候和祝福。

是日 副县长肖俊青到官渡镇新陂村、龙船村走访慰问结对帮扶的 5 户贫困户。

23 日 县长林国华带领县政府办主要领导到官渡镇检查指导工作，为镇村干部送去新春的问候和祝福。

24 日 全县公安工作会议在县公安局会议室召开，县领导林国华、陈路生、县公安局全体干警、驻翁武警、消防官兵及协警代表参加会议。会议总结回顾 2016 年的公安工作，分析当前的形势，对 2017 年的工作进行部署。会议对先进集体和个人进行表彰。林国华强调，新常态、新理念，今年的公安工作挑战更大、责任更重，全县公安机关一定要振奋精神、凝心聚力、真抓实干，不断开创公安工作新局面，为建设和谐翁源、幸福翁源作出新的、更大贡献。

24 日 县委十三届第十三次常委（扩大）会在县委五楼会议室举行，县四套班子领导成员、县武装部领导、县人民法院院长、县人民检察院检察长，各镇（场）党委书记、镇（场）长，以及县委办、人大办、政府办、政协办领导参加会议。开发区、农办、发改局、经信局等县直相关部门主要领导列席会议。县委书记颜亮主持会议，会议传达市委十二届第五次常委会会议精神，部署春节期间和第一季度经济社会主要工作，要求要认真做好节日安全生产和节日值班工作，围绕省委、市委工作要求以及县委提出的工作目标，积极谋划、抓好第一季度经济“开门红”的工作。

25 日 县长林国华到翁城镇墨岭村及县投资企业服务中心开展工作调研，副县长林有成、肖俊青及县政府办、开发区等相关职能部门领导参加调研。

26日 县长林国华、县委常委、副县长柯建忠带领县政府办、住建局、文广新局、公共资产管理中心等部门领导检查县城环境整治、节日氛围营造等工作情况，并强调，一定要注意安全，确保人民群众过上一个平安祥和的春节。

26日 县长林国华、副县长林有成带领县公安局相关领导到基层派出所和春运执勤点，看望、慰问一线公安干警。林国华代表县委、县政府祝全县的公安干警春节愉快、家庭幸福，并亲切地叮嘱公安干警在工作中，一定要注意自身的安全，把工作做好。

2月

4日 县长林国华带领县委常委、副县长柯建忠带领县政府办、县住建局等部门领导到粤台管委会进行调研，了解特色镇建设、兰花博览中心展馆建设、农村人居工程建设进展情况，并为新一年的工作提出指导意见。

是日 县委书记颜亮到县高速公路办、县委农办、县扶贫办调研指导工作，为工作人员送去新春的祝福。县领导温毅麟、谭晓健、阮炳溪、林有成、陈卫红参加调研。参加调研的县领导谭晓健、阮炳溪、林有成就金融扶持、落实工作机制、加快相关工作的推进等提出工作意见。

是日 县长林国华在县政府三楼常务会议室主持召开县长办公会议，会议安排部署2017年重点工作。县领导叶有昌、柯建忠、连卫、林有成、陈卫红、肖俊青、曾志华和县政府办中层以上干部参加会议。会议就县政府近期主要工作和各分管领导近期重点工作进行部署。

是日 县领导颜亮、林国华、温毅麟、陈建为、张朝养、阮炳溪到县公安局开展新春慰问活动。县公安局班子成员、指挥中心、刑侦、经侦、治安、交警领导参加慰问活动。

6日 县长林国华带领副县长肖俊青，县政府办领导等开展教育工作调研，了解推进教育现代化、教育改革等工作情况，以及教育工作面临的问题和困难。

7日 县长林国华、副县长柯建忠和县财政局领导等一行 5 人到县国税局开展新春慰问活动。

是日 副市长李欣一行到翁源县调研高速公路建设进展情况，县领导林国华、甘志初、陈卫红以及市、县交通部门有关领导陪同调研。

是日 县委常委、副县长柯建忠带领财政局领导到县地税局开展税收工作调研。

8日 县领导林国华、叶有昌，副县长、连卫到县消防大队调研指导消防工作，县公安局副局长林发贵、县政府办主任许奕堂及消防大队有关领导参加座谈会。

是日 县长林国华带领县府办主任许奕堂到县残联调研指导工作，为残疾人工作者送去新春的问候和祝福，并寄予新年愿望。

9日 省粤东西北办专职副主任白井文一行到华彩新材料产业园调研，详细了解该县工业园区开发建设情况。县领导林国华、叶有昌、陈向宗，市委副秘书长、东莞韶关对口帮扶指挥部办公室主任蔡国威，以及市县有关部门领导等陪同研。

是日 县长林国华率县政府班子成员到县公安局慰问指导并召开座谈会，县公安班子参加慰问。

是日 县委书记颜亮、县长林国华分别率队深入开发区部分企业进行走访调研和慰问，了解企业新一年的发展计划，聆听企业建设生产过程中需要解决的困难和问题，共商新年发展大计。县领导叶有昌、阮炳溪，以及政府办、开发区、发改、经信、安监、环保等相关部门领导参加调研。参加走访慰问的县领导和相关部门领导分别就园区和企业的管理、建设、生产等方面的问题提出工作意见建议，并表示会继续加大服务力度，加快园区和入园企业的发展速度。

10日 由县委宣传部主办、县文广新局承办的“翁源县2017年元宵节民间艺术大游演”活动在县城举行。省文化厅、市文化馆相关部门领导，县四套班子领导、县直科局和镇（场）领导等，以及广大群众观看演出，享受一场大型的民间艺术文化大餐。副县长肖俊青代表县政府致辞，县委常委、宣传部长、统战部长丘雪媚宣布活动正式开始。参加游演活动的有各镇（场）代表队、县城艺术团代表队、文广新局和文化馆代表队。近10万名群众观看演出。

14日 县委县政府在分会场组织收听收看市纪委十二届二次全会电视电话会议，县四套班子领导成员，县武装部、法院、检察院主要领导，县纪委常委、县直党委及有关单位领导，各镇(场)党委书记、纪委书记参加会议。

是日 县长林国华带领副县长陈卫红,县政府办、龙仙镇、交通运输局、高速办等单位主要领导到汕昆高速公路施工现场开展工作调研，分析研究营造高速公路建设良好施工环境的具体措施。

15 日 副市长王伟阳带领市档案局局长卢春燕到翁源县督查档案馆建设情况，了解新档案馆建设相关工作的进展情况，并为新档案馆建设工作提出指导意见。

是日 县领导林国、杜奇立，陈卫红带领县政府办、县财政、国土、住建、交通等部门主要领导到周陂镇，围绕周陂镇如何利用好高速公路带来的基层设施优势抓好旅游第三产业发展，做强镇域经济等内容开展工作调研。

16 日 县领导林国华、林有成带领县政府办、扶贫办主要领导到翁城镇调研精准扶贫工作，指导做好 2017 年精准扶贫精准脱贫工作。

17 日 第十三届纪委第二次全体会议在县政府小礼堂召开，会议学习贯彻中共十八届六中全会和中央、省、市纪委全会精神，总结回顾 2016 年全县党风廉政建设和反腐败工作，研究部署 2017 年全县推进全面从严治党、加强党风廉政建设和反腐败工作。会议由县委副书记、县长林国华主持。

21 日 县委书记颜亮带领开发区、林业局等部门领导到铁龙林场,重点围绕如何在 2017 年稳中求进，实现加快发展开展工作调研。县委常委叶有昌、阮炳溪，副县长林有成参加调研。

21 日 县人大常委会主任温毅麟相关工委领导到县公安局调研指导工作。副县长、公安局局长连卫，县公安局全体党委成员及相关部门领导参加会议。

23 日 韶关市人民政府地方志办公室副主任邓培雄一行 4 人到县史志办开展工作调研，全面了解自然村落历史人文普查表的完成情况、录入系统的进展情况，并对下一步普查工作提出指导意见。

24 日 县政府召开 2017 年 H7N9 禽流感疫情防控工作再部署再安排再落实会议。会议通报 H7N9 禽流感疫情情况。针对当前的 H7N9 禽流感疫情防控形势，部署布防工作。

是日 县委县政府翁源县分会场组织收听收看 市委召开中心组学习（扩大）会暨第一期韶关学习论坛电视电话会议，县四套班子领导、相关单位、部门主要领导，以及各镇（场）宣传委员在县分会场参加会议。

是日 县委县政府组织有关部门人员召开会议，对加快推进农业普查工作加温鼓劲，部署打击非采工作。

27 日 省旅游局局长曾颖如和省核工业地质局局长顾青波到翁源县调研指导旅游工作。县领导颜亮、温毅麟、陈建为、肖俊青，以及省、市、县旅游部门有关人员陪同调研。

3 月

1 日 在县城文体广场，公安民警在广场周边拉起警戒线，认真做好周边环境安保工作。林业、消防等部门也积极做好围观群众的秩序管理及消防等工作。副县长林有成和县林业局相关部门领导登上森林航空消防直升机，航空考察县城周边的森林资源状况、森林防火基础设施和野外火源管理情况。

2 日 韶关市政协副主席张文铭带领市政协、市食药监局到广东青云山药业有限公司就企业发展问题进行调研，落实《关于建立联系帮扶企业三项制度的实施方案》。县政协副主席赖展峰、县食药监局局长刘宏伟陪同调研。

是日 县委县政府召开农村人居环境整治和美丽乡村建设座谈会，浙江大学顾益康教授一行与县领导干部面对面进行交流，为该县农村人居环境整治和美丽乡村建设出谋划策。县领导颜亮、柯建忠、谭晓健、甘志初，以及各镇（场）党委书记和县直相关职能部门主要领导参加座谈会。座谈会由县委书记颜亮主持。各镇（场）党委书记分别围绕本镇开展农村人居环境整治和美丽乡村建设的思路、特色资源、目标、定位，以及工作开展中遇到的困惑、难题作了发言。相关职能部门主要领导也结合本部门的工作实际谈各自的看法。

是日 省卫计委副主任刘冠贤带领省卫计委基层医疗卫生服务能力建设督导组成员一行 6 人，到翁源县开展督导工作，副市长高冬瑞，以及县领导林国华、肖俊青和市、县、镇相关部门领导的陪同督查。

是日 县委县政府组织收听收看全省农村工作暨扶贫开发工作电视电话会议。县领导林国华、张朝养、陈志峰、林有成、刘少青，以及各镇（场）长、相关单位主要领导等参加会议。会议由省长马兴瑞主持。省委书记胡春华在会上作重要讲话。

是日 省科学院院长廖兵一行，到县华彩新材料园开展工作调研，并与县领导叶有昌、陈向宗及相关职能部门负责任人进行座谈，探讨如何加强合作、加快产业发展。省科学院院长廖兵对华彩新材料园的发展给予肯定，对于该县工业园区接下来的发展，他希望从更专业的角度进行谋划，使园区既符合省委、省政府的政策又切合当地实际，既有利于地方发展，又不影响生态发展功能区建设。对于座谈中大家提出的问题，廖兵表示会认真梳理，回去后尽快将调研的情况反映给省委、省政府。市相关部门领导的陪同调研。

3 日 县长林国华带领县政府办、县环保、水务、投资企业服务中心等部门领导到翁城镇，就综治工作和当前的中心工作开展调研。

4 日 陈璘后裔、在韩“广东陈氏宗亲会会长”陈贤模一行到涂志伟美术馆、陈璘史迹陈列馆、陈璘公园等地参观考察。县文广新局等相关部门领导陪同考察。

7 日 县委在县委五楼会议室召开2017年安全生产暨第一季度防范生产安全事故工作会议，县领导林国华、柯建忠、连卫、陈卫红、肖俊青，以及各镇（场）领导、县直有关部门领导等参加会议。会议总结2016年全县安全生产保持总体平稳的态势，部署贯彻落实好省、市关于安全生产工作，促进全县安全生产工作迈上一个新的台阶。

9 日 市长骆蔚峰率队到翁源县开展工作调研，市委常委、常务副市长朱余旺，以及市相关部门主要领导参加调研。县领导颜亮、林国华、叶有昌、柯建忠、肖俊青和相关部门领导陪同调研。

10 日 县委组织县四套班子领导、县直正科以上单位主要领导，以及县委办、人大办、政府办、政协办全体人员共100多人到龙仙镇联群村竹子坑开展义务植树活动，拉开全县春季植树造林序幕。

10 日 县委县政府县召开迎接全省脱贫攻坚年度考核工作会议，县领导林国华、陈向宗、林有成以及各镇（场）党委书记、分管领导、扶贫办主任、县扶贫开发领导小组成员单位的分管领导、东莞驻翁工作组和县扶贫办全体人员参加会议。

15 日至 16 日 省考核组一行5人对该县2016年度精准扶贫成效进行考核。市委常委、统战部长黄劲东，市委副秘书长、东莞驻韶工作组组长林映鹏，县领导颜亮、林国华、温毅麟、陈建为，以及在家的县党政班子成员，各镇（场）党委书记，有关部门主要领导等参加当日召开的考核汇报会。县长林国华主持考核汇报会。省考核组一行听取汇报后，省考核组还通过查阅资料、看现场、满意度调查、召开座谈会等形式，对该县2016年度扶贫工作减贫成效、精准识别情况、精准帮扶情况、帮扶资金到位情况等进行细致的考核。

16 日 省委召开广东省传达贯彻十二届全国人大五次会议、全国政协十二届五次会议精神大会。会议以电视电话会的形式进行，县四套班子领导、各镇（场）党委书记以及相关单位主要领导集中收听收看。

17 日 市委常委、市纪委书记郭健生带领市纪委、市财政局有关领导到翁源县开展工作调研。该县领导林国华、杜奇立、柯建忠、连卫、陈卫红、赖展锋、李金桓等陪同调研。

是日 县人大常委会主任温毅麟主持召开县十五届人大常委会第六次会议。县委常委、副县长柯建忠，县人民检察院检察长列席会议。会议审议通过代表资格审查报告。柯建忠代表县长林国华向大会提请陈向宗挂职的意见，依照有关法律规定，陈向宗拟挂任翁源县人民政府副县长。县人民检察院检察长沈晖向会议提请，拟任命沈勇明为县人民检察院副检察长，甘幸灵、林勇为县人民检察院检察员。与会的县人大常委会组成人员以投票的方式通过以上人事任免事项。温毅麟分别为上述四位人员颁发任命证书。

是日 全县基层公共服务平台建设迎检工作会议召开，总结该县开展基层公共服务平台建设工作情况，查找分析工作中遇到的困难问题，部署下一阶段迎接市、省级基层公共服务平台建设考核验收工作。县委常委、副县长柯建忠希望各相关单位对此项工作高度重视，统一思想，进一步细化工作措施，倒排时间进度，全面压实责任，按照相关的要求，建立工作进度台账，以目标倒逼工作落实，有序推进基层公共服务平台建设实施，按时保质保量完成工作任务，确保顺利通过市、省的考核验收。

22日 市纪委常委谢志铎率市纪委、粤北人民医院一行到江尾镇开展工作调研，县委常委、纪委书记杜奇立、江尾镇党委书记钟敏梅，市纪委、粤北人民医院驻连溪村扶贫工作队长，江尾镇驻连溪村领导等陪同调研。

23日 副县长曾志华到县气象探测基地开展气象工作调研，指出要努力提高气象服务能力，继续为翁源社会经济发展做出贡献。

25日 在举行的中国花卉协会兰花分会理事会2017年会暨成立30周年庆祝大会上，县长林国华从长沙市领导手中接过兰博会会旗，该县将举办第28届中国（翁源）兰花博览会。县长林国华在会上汇报第28届中国（翁源）兰花博览会筹备工作情况。会议最后举行会旗交接仪式，县长林国华从长沙市有关领导手中接过兰博会会旗。

28日 县政府召开创建广东省慢性病综合防控示范区工作会议，对相关工作进行安排、部署。副县长肖俊青参加会议，并作动员讲话。会议明确省级慢性病综合防控示范区创建工作目标、工作内容、实施步骤、保障措施和各成员单位的工作职责。落实责任到人，确保完成工作目标任务。

29日 县委县政府在县政府小礼堂集中收听收看全市农村工作暨扶贫开发工作电视电话会议。县领导谭晓健、陈向宗、陈志峰、甘志初、林有成、刘少青，各镇场党委、政府主要领导及分管领导，省直、东莞市、韶关市帮扶51个相对贫困村驻村工作队队长，东莞驻翁源扶贫工作组组长，韶关市驻翁源指导组组长、相关部门领导及各村支书、主任参加会议。

29日至30日 市基层公共服务综合平台建设考核验收组到龙仙、坝仔、周陂、翁城等镇，对该县的基层公共服务综合平台建设工作进行考核验收。

30日 省政府汛前防汛备汛督查组一行5人到翁源县检查相关工作，要求该县严格落实各项防汛责任制，细化分工，加强预警，确保安全度汛。

是日 县委召开经济工作会议，会议学习贯彻落实习近平总书记系列重要讲话精神、全国和省“两会”精神，以及中央、省、市一系列经济工作会议精神，部署落实该县的经济发展目标任务，坚持稳中求进的总基调，以供给侧结构性改革为主线，明晰新一届领导班子推进县域发展的思路、重点和抓手，凝聚共识，推动翁源经济社会发展继续保持在全市的前列。会议由县委书记颜亮主持。

是日 全县创建省推进教育现代化先进县和创建卫生强县工作会议在县政府小礼堂召开。会议贯彻上级推进教育现代化和省、市卫生工作会议精神，顺利创建省教育现代化先进县和卫生强县。会议由县委常委、副县长柯建忠主持。

31日 县委在县委五楼会议室召开全县宣传统战工作会议，县领导张朝养、丘雪媚、肖俊青和各党(工)委副书记、县直宣传文化系统、统战系统单位领导，各镇(场)宣传、统战委员及部分县直正科以上单位分管领导参加会议。会议传达学习市宣传思想工作会议精神，以及全国、省、市统战部长会议精神，全面总结2016年全县宣传统战工作，安排部署2017年工作。

是日 县长林国华带领政府办、水务局、安监局等相关部门领导，到跃进水库开展防汛工作调研。林国华通过现场视察和听取情况汇报后，对水库的管理工作和防汛意识给予充分肯定，并提出高要求。

4月

是日 副县长林有成率检查组对该县七镇一场敬老院开展内部管理情况检查，县民政局局长许会昌、社会事务股股长涂永玉等陪同检查。

是日 县委召开十三届第十八次常委会。县党政班子领导成员、县人大、县政协主要领导，县委办、县政府办、县委县政府督办工作组领导参加会议。县委组织部、人社局、扶贫办等有关单位领导列席会议。会议由县委书记颜亮主持。会议传达全市组工会议精神，并就2017年全县组织工作要点和村（社区）“两委”换届工作做说明。会议还讨论2016年度最美驻村干部人选和2017年县领导挂钩重点项目安排作说明。

是日 县政府召开2017年全县消防安全工作暨火灾隐患重点地区整治工作动员部署会。副县长连卫、各镇(场)、县公安局、县消防大队、县消防安全委员会成员单位有关领导，以及各公安派出所所长参加会议。会议传达市消防工作会议精神，总结 2016 年全县消防安全工作，并部署 2017 年全县消防安全及火灾隐患重点地区整治工作。

7 日　市委副书记、市长骆蔚峰在翁源县主持召开县域振兴发展工作（南片）会议，要求各县（区）和各有关部门高度重视县域发展，切实改进工作作风，积极研究解决制约地方发展的瓶颈问题，推动县域经济发展取得更大进展和成效。曲江、翁源、新丰 3 个县（区）分别汇报需市政府支持协调的重大事项，市政府分管领导和市直相关单位领导就相关问题现场作出回应。针对会上 3 个县（区）提出的用地问题，骆蔚峰强调：要盘活好现有土地资源，梳理好历史用地，做好挖潜工作，把有限的用地指标放到项目上来；要把为基层服务、为基层解决问题作为今年的重点工作，罗列项目清单，明确责任单位，切实加强项目督办。

是日　县政府在县水务局召开全县“村村通”工程建设工作推进会议。副县长曾志华、县水务局分管农水副局长及农水股长、各镇（场）负责“村村通”自来水工程建设分管领导及水管所长参加会议。会议由县水务局局长王有龙主持。曾志华副县长提出工作要求，确保该县“村村通”工程建设按省市要求的时间节点完成。

11 日　省中医药局局长徐庆锋一行 4 人到翁源县基层中医药服务能力提升工作情况进行督导调研。督导组一行实地调研和现场了解，徐庆锋认为，县委县政府对中医药服务能力提升工作高度重视，对专项资金管理严格，用在实处。并针对工作中存在的问题，提出意见和建议。县委常委、副县长柯建忠及县卫计局等相关部门领导员的陪同调研。

是日　市委常委、组织部长华旭初率领市调研组到翁源县，对该县村（社区）“两委”换届选举工作进行调研和指导。县领导颜亮、杜奇立、谭晓健、陈福环、甘志初、连卫等参加调研和座谈会。通过听取汇报，市调研组对该县的村（社区）“两委”换届选举工作给予肯定，并提出工作建议。市委常委、组织部长华旭初在肯定成绩的同时，寄语该县：要完成该届村（社区）“两委”换届选举工作，总结一套行之有效的工作经验，争当村（社区）“两委”换届选举工作示范县。

是日　市委常委、组织部长华旭初一行到江尾镇东鹊村，检查指导该村的精准扶贫工作。县领导颜亮、谭晓健，以及相关部门领导陪同调研。

13 日　省经信委副主任何荣一行到该县华彩新材料产业园调研，通过实地调研，何荣对华彩新材料产业园的建设规模给予肯定，认为园区具有专业化产业共建、规模大、建设速度快等特色，希望今后更好地实施产业共建，把园区做强做大；调研中，何荣还叮嘱企业的领导，一定要重视安全生产，确保企业、园区的安全。

14 日　晚上，由韶关市委宣传部、市文明办、市公安局联合举办的“警民携手•共创平安”“韶关好警察”事迹巡演在该县龙湖广场上演，自全市公安机关的 10 名优秀民警与市民分享他们感人的事迹和酸甜苦辣。县领导温毅麟、陈建为、张朝养、陈路生、连卫、林有成，以及各镇（场）、县直单位代表、市民群众和市公安局有关领导到场观看巡演。

18 日　县委书记颜亮主持召开县委十三届第十九次常委会，会议传达学习贯彻习近平总书记对广东工作重要批示精神，研究部署下一阶段的村（社区）“两委”换届工作。县党政班子领导成员、县人大、县政协主要领导，县武装部、县委办、县政府办领导参加会议，各镇（场）党委书记、宣传部、组织部、民政局等单位有关领导列席会议。

20 日　县委书记颜亮率队到龙仙镇蓝青村开展石灰生产行业现状专题调研时要求，要态度坚决，依法依规关停、取缔非法经营的石灰生产企业，通过政府出台相关政策，引导该县的石灰生产走向集约化、规范化。县领导柯建忠、阮炳溪、陈志峰、曾志华，以及县环保、安监、住建等部门和龙仙镇主要领导陪同调研。现场调研后，县委书记颜亮主持召开专项问题整治会。与会县领导和相关部门领导，围绕如何尽快解决省道 S244 线蓝青村路段粉尘满天、脏乱差的现象，如何依法关停取缔非法石灰生产企业、促使石灰生产经营走向集约化、规范化等方面的问题，分别发表个人看法并提出工作措施。

21 日　县人大常委会主任温毅麟主持召开县十五届人大常委会第七次会议，会议听取和审议县政府关于精准扶贫、精准脱贫工作情况的汇报。县委常委、副县长柯建忠，县人民法院院长，县人民检察院检察长，以及县人大办、县政府办、县扶贫办的有关领导列席会议。会议以投票表决的方式决定任命陈来安为翁源县人民政府副县长、代理县长；以举手表决的方式同意林国华辞去翁源县人民政府县长职务，同意黎松峰辞去翁源县人民检察院副检察长职务。温毅麟为陈来安颁发任命证书。

23 日 县委副书记、代县长、副县长陈来安率队到县城新区兰花创新博览中心项目现场调研工程建设进度，副县长林有成、政府办主任许奕堂陪同调研。陈来安一行通过听取汇报后，他指出，第 28 届中国（翁源）兰花博览会初定于 2018 年春季举行，兰花创新博览中心作为兰博会的举办场馆，必须于 2018 年 1 月底前完成建设并投入使用；建设单位必须加快推进项目建设进程，要保证工程质量，确保安全生产；粤台管委会作为项目负责单位，要高度重视项目建设工作，及时了解和解决建设进程中所遇到的困难和问题，保证兰花创新博览中心按时完成建设，确保第 28 届中国（翁源）兰花博览会的顺利召开。

24 日 副县长、公安局长连卫带领副局长林发贵，党委委员、政工办主任陈水养等人到坝仔镇调研指导工作。

25 日 县委副书记、代县长陈来安带领国资委、公安、交通、住建、龙仙镇等部门主要领导到南龙站交叉口现场调研升级改造工程。县委常委、常务副县长柯建忠，副县长连卫、陈卫红陪同调研工作。

25 日至 26 日 县委县政府组织在收听收看市委学习贯彻习近平总书记重要批示精神集中培训会。县四套班子领导成员，县武装部主要领导，县人民法院院长、人民检察院检察长，开发区管委会主任，以及各镇（场）党委书记、镇（场）长等领导干部在分会场参加会议。

25 日至 26 日 佛山市翁源商会投资考察团一行 23 人回乡考察投资环境。县领导丘雪媚、林有成、曾志华，以及县政府办、开发区等相关部门领导陪同考察。考察团一行通过地实地参观考察，并与相关部门领导交流洽谈，详细了解该县的重点项目建设，经济发展和投资环境等情况。副县长林有成简要介绍翁源经济社会发展情况、招商环境和有关项目情况等。讨论中，商会的企业家们纷纷发言，结合企业自身实际，畅谈想法与意见，表达情系桑梓，回报故里的心声。并表示要把商会打造成翁源在佛山的窗口和平台，为翁源经济社会发展贡献力量。

26 日 省发改委副主任余云州一行到翁城镇沾坑村开展扶贫活动，走访慰问困难群众，与县镇村领导共商帮扶大计。县委书记颜亮，县委常委、副县长柯建忠，以及省、市、县相关部门领导参加活动。

27 日 县政协九届二次会议开幕大会结束后，县政协副主席李翠红主持召开委员发言大会。会上，县政协委员们踊跃发言，为该县经济社会又快又好发展建言献策。县委常委、副县长柯建忠在会上表示，委员们的发言充满家乡情怀，体现“爱翁源、为翁源”的主人翁精神，能站在为翁源老百姓谋福祉和为翁源发展的角度，提出许多切实可行的建议，县政府将认真听取、积极采纳各位委员的意见和建议。

是日 市安全生产综合督查组第一组到翁源县开展五一国际劳动节前安全生产检查。副县长曾志华、县安监局相关领导等陪同检查。督查组一行实地进行检查。目的是加强促进该县相关部门落实好上级有关安全生产工作的决策部署，切实做好 2017 年五一国际劳动节前后及省第十二届党代会期间的安全生产工作，及时发现工作中的薄弱环节，采取有效措施，完善安全生产管理体制，落实企业安全生产主体责任，切实加强安全生产各项工作。

28 日至 29 日 翁源县第十五届人民代表大会第二次会议在县政府小礼堂开幕。会议由县人大常委会主任温毅麟主持。出席此次大会的县人大代表 199 人，实到会代表 190 人。出席和列席县政协九届二次会议的全体人员以及其他列席人员列席会议。会议回顾总结 2016 年工作，部署 2017 年工作。2017 年该县的主要预期目标：全县生产总值增长 9%左右，其中一产增长 4.5%以上，二产增长 13%以上，三产增长 9%以上；固定资产投资增长 12%以上；地方公共财政预算收入增长 8%以上；社会消费品零售总额增长 10%以上；城乡居民人均可支配收入增长 9%左右。与会代表采取举手表决的方式，一致通过《关于政府工作报告决议（草案）》《关于县计划工作报告决议草案》《关于县财政工作报告决议草案》《关于县人大常委会工作报告决议（草案）》《关于县人民法院工作报告决议（草案）》和《关于县人民检察院工作报告决议（草案）》。会议补选县人民政府县长 1 名。

5 月

1 日　县长陈来安到粤台农业试验区开展工作调研，县政协副主席、粤台管委会主任李金桓、县政府办主任许奕堂等领导陪同调研。陈来安听取汇报现场考察后，详细了解企业生产经营状况、市场销售、发展规划，以及当前企业发展中面临的主要困难和问题。

2 日　县委常委、副县长柯建忠来到挂钩贫困村新江镇渔溪村指导精准扶贫工作，柯建忠一行现场察看和听取汇报，详细了解扶贫工作的具体情况。并提出工作要求。他要求帮扶单位要加大扶贫力度，加快帮扶产业建设进展，让贫困村民共享产业带来效益。

3 日　县委在县委五楼会议室召开 2016 年度新闻报道工作表彰暨通讯员培训会，县领导丘雪媚、阮炳溪、县委办、县政府、县委宣传部有关领导以及各党（工）委分管宣传工作的领导、各镇（场）宣传委员、全县的新闻工作者、通讯员参加会议。会议表彰 2016 年度新闻报道工作先进单位和先进个人的通报。会议要求全县广大新闻工作者和通讯员要注重实践、努力提高做好新闻报道工作的本领，要打实理论基础、把握工作大局、多写稿写好稿；不辱使命、抓好本职工作的落实，要加强与上级媒体的沟通合作、善于捕捉工作亮点、充分发挥好舆论引导作用；要认真学习、深入交流，提高做好新闻报道工作的能力。

是日　由市政协副主席、民革市委主委、市发展研究中心主任张文铭率领的专题调研组，到该县就农业“一镇一业、一村一品”工作发展情况进行专题调研。市政协专题调研组通过实地察看和听取汇报了解专业镇的发展情况。张文铭希望该县要认真总结经验，解放思想，在“一镇一业、一村一品”发展步伐上迈得更快，在“一镇一业、一村一品”发展上走在全市前列；要以市场需求为主导，以科学技术为支撑，谋划“一镇一业、一村一品”；大力培育、引进新型农业经营主体，重视农业招商引资，吸引返乡创业，通过加强农业招商引资和引进农业技术人才，推动现代农业“一镇一业、一村一品”发展。

是日　县委书记颜亮主持召开县委十三届第 20 次常委会。县党政班子领导成员、县人大、县政协主要领导，以及县武装部、县委办、县政府办、县委县政府督办工作组的领导等参加会议。会议听取《中国共产党翁源县委员会工作制度》《关于严格执行重大问题请示报告制度的实施意见》等文件的说明，并进行审议，部分领导就上述文件提出意见建议。

4 日　县委县政府组织领导干部开展学习贯彻习近平总书记重要批示精神集中培训，县委书记颜亮作专题辅导。县四套班子领导成员、武装部、法院、检察院主要领导、开发区管委会主任、各镇（场）党委书记以及相关单位主要领导参加培训。培训会由县委副书记张朝养主持。县委书记颜亮作学习贯彻习近平总书记对广东工作重要批示精神专题辅导。

5 日　县政府十五届二次全体会议暨 2017 年一季度经济形势分析会召开。会议传达贯彻全市经济形势分析会精神，分析总结一季度经济工作，部署下阶段工作，动员全县上下，确保完成全年目标任务。县委书记颜亮、县政府领导班子成员、县人大常委会、县政协有关领导，以及各镇（场）长、县政府组成部门、县直相关部门主要领导参加会议。会议由县委常委、副县长柯建忠主持。县政府班子成员围绕下一步如何抓好各自分管工作作发言，

是日　县长陈来安在翁城镇开展工作调研时要求，要坚持县委县政府对翁城发展的定位，抓住机遇、认真谋划，为全县的发展大局多做贡献。县政府办主要领导参加调研活动。

8 日　市档案局局长卢春燕一行到该县督查、指导、了解该县新档案馆建设相关工作的进展情况，并对新档案馆建设工作提出指导意见。副县长肖俊青、县档案局相关人员陪同督查指导。卢春燕一行到县档案局、县档案馆进行参观、考察，了解现在档案馆的基本运作情况，听取副县长肖俊青对新档案馆建设工作情况的汇报，市档案局局长卢春燕充分肯定该县的做法并要求：该县的档案馆建设必须要加快推进建设进程，该县主要领导要亲自抓这项工作，市、县档案局要与相关的部门协调、沟通、配合，力争下半年开工建设，2018 年前把该县的档案馆建设成为面积达标、设施完善、功能齐全、安全保密、服务便捷、节能环保的档案保管基地。

是日　晚上，县委书记颜亮主持召开村（社区）“两委”换届选举工作推进会。会议组织学习

市委书记莫高义到县（市、区）调研村级换届指示精神。部署下一阶段工作。县领导陈来安、张朝养、杜奇立、谭晓健、阮炳溪、陈福环、林有成分别就如何更好地推进换届选举工作提出意见建议。县换届领导小组成员单位领导、县督导组组长、县"两委"换届办部分工作人员参加会议。

9 日 县委书记颜亮主持召开县委全面深化改革领导小组第六次会议。会议在传达省委、市委全面深化改革领导小组相关会议精神，审议和讨论《中共翁源县委全面深化改革领导小组会议工作规程》《中共翁源县委全面深化改革领导小组运作制度（试行）》《翁源县全面深化改革 2017 年工作要点》等文件。

是日 县长陈来安带领县直相关部门人员到县经济开发区开展工作调研，对经济开发区今后的工作提出要求，希望开发区要抓住机遇，坚定发展信心，提高服务和管理能力，用更高的工作热情和工作干劲，更好、更快推进产业转移园的发展，为全县经济社会发展做出更大贡献。

是日 省委第六巡视组一行到翁源县，对县委巡察工作进行调研督导。市委常委、组织部长华旭初，县委书记颜亮，县委常委、纪委书记杜奇立，县委常委、组织部长谭晓健，以及市、县纪委主要领导的陪同，省巡视组通过实地察看、查阅相关资料和座谈会后，巡视组组长张健生对该县党委巡察工作给予肯定。他说，该县巡察工作起步早、动作快，统筹安排及时，措施有力，巡察工作局面已形成。接下来要把首轮巡察做实做好，总结经验教训，整改解决发现的问题，强化巡察成果的运用；要普遍提高认识，深刻理解巡察的要求和精神；要全面完善机构、人员、制度等方面的工作，选好配强队伍。

10 日 县长陈来安带领县教育、林业、住建、人社等部门的主要领导到韶关电台直播间，上线《民声热线》节目，现场接听热线电话，倾听群众呼声，解答百姓难题。在节目中，共接听 6 位听众的来电，他们反映的问题涉及土地、住房、社保、市政建设等方面，上线领导和分会场的人员对每一个问题都给予了耐心的解答，能够现场答复的立即答复，现场不能解决也明确表示，回去后会尽快派出相关职能部门的人员跟踪解决。节目中，陈来安还就该县"主动融入珠三角，加快实现绿色崛起"发展战略和明年将在该县举办的第 28 届中国兰花博览会筹备情况，以及县第二人民医院建设等民生事业话题接受主持人的专访。

11 日 厚街翁源对口帮扶工作第八次联席会议在县投资企业服务中心召开。厚街镇党委书记詹文光等镇领导，县领导陈来安、张朝养、谭晓健、陈向宗，以及两地相关单位领导、厚街翁源对口帮扶指挥部第一轮、第二轮工作人员参加会议，东莞海关和黄埔海关相关领导应邀列席会议。厚街镇党委书记詹文光对第一轮的对口帮扶工作成绩给予肯定，要求在第二轮的工作中要持续用力、构建对口帮扶工作的新格局，对口帮扶指挥部要认真谋划、统筹协调，创新和完善对口帮扶工作机制；要抓好项目建设，以园区为主战场，推进园区开发建设步入快车道，为翁源加快发展注入新的动力；务求实效、深入推进全面帮扶工作，确保按时按质完成对口帮扶工作。

12 日 县委县政府召开第二季度防范安全生产事故暨消防工作会议。会议总结第一季度防范安全生产，部署第二季度防范安全生产工作。县领导陈来安、柯建忠，以及各镇（场）、有关单位主要领导参加会议。会议由县委常委、副县长柯建忠主持。铁龙林场、县国土资源局、县水务局三个单位主要领导分别在会上作发言，陈来安强调：安全生产事关全县发展大局、事关全县人民的生命财产安全，必须时时抓、天天抓、全方位抓、全领域抓，各镇（场）、各部门要切实负起责任、共同参与，构建安全生产和消防工作大格局，保持稳定的安全生产态势。

14 日 翁源县部署防御近期强降雨工作会议召开。副县长林有成主持会议，会议要求要高度重视、防患于未然，责任到位、按照职能落实好工作，认真细致做好排查工作，加强值班备勤、确保应急处置及时，做好分析研判、加强信息的及时对接。林有成强调，各镇（场）和相关职能部门一定要高度重视，认认真真、扎扎实实、落实责任，按照各自的职能做好防御工作；对重点区域、薄弱环节要认真排查，发现隐患要采取措施坚决、及时处理。

15 日 副市长、市公安局长李安平一行到官渡镇坪田村督导村"两委"换届工作，县领导颜亮、杜奇立以及相关部门主要领导参加督导活动。通过听取汇报和座谈会，李安平对该县的村（社区）"两委"换届工作给予肯定，认为该县在工作中超强领导、依法依规、进展顺利、工作扎实到位。对于坪田村下一步的工作，李安平要求要按计划、按程序、按目标任务扎实做好支委的换届选举；“两委”换届结束后，要加强村两委干部的培训，加强团结，加强队伍建设、提高战斗力，多为村民办好事、实事，努力改善村容村貌。

16 日 省发展改革委党组书记魏宏广带领有关人员一行来到挂钩帮扶的翁城镇沾坑村开展精准扶贫工作调研。市委常委、统战部长黄劲东、县长陈来安、副县长林有成，以及市、县相关部门领导陪同调研。通过现场察看和听取汇报，魏宏广认为，沾坑村的帮扶工作已取得初步成效。对今后的扶贫工作，魏宏广指出，要下更大的力气，在精准识别的基础之上，精准施策，确保脱贫目标实现；要以最高标准将沾坑村建设成为全省社会主义新农村的标杆村；要采取切实可行的措施，确保各项工作落实到位。

是日 市委常委、统战部长黄劲东带领市扶贫办有关人员来到翁城镇黄塘村，指导精准扶贫和新村建设工作。通过现场了解和听取汇报，黄劲东对黄塘村扶贫工作所取得的成绩给予充分肯定。黄劲东要求当地政府和驻村干部，要结合当前的帮扶工作，在发展产业项目的同时，引导企业参与到新村建设上来，特别是在村庄的规划、整治和建设等方面，尝试通过激励机制，采取奖补等各种方法，推动一、二、三产业的发展，实现稳定脱贫的同时把村庄建设得更美。

是日 省财政厅副厅长郑贤操一行到翁源县开展新农村建设专题调研。县领导陈来安、谭晓健、林有成和县政府办、财政局、县委农办、住建局、扶贫办等主要领导陪同调研。郑贤操一行通过实地察看和听取情况介绍，详细了解农房改造情况。对该县领导重视、早谋划、早启动、有标准、有依据开展农村人居环境综合整治工作给予较高的评价，根据省委省政府决定在全省加大力度开展农村人居环境综合整治的精神，就如何推进新农村建设与该县领导进行商讨。

18 日 市委书记、市人大常委会主任莫高义到该县开展工作调研，市委常委黄劲东、孔云龙、县委书记颜亮、县长陈来安及市县相关部门领导陪同调研。

19 日 东莞市民政局杜江副局长带队一行 7 人到铁龙林场龙化工区调研督导扶贫工作并慰问困难群众。副县长曾志华、厚街翁源对口帮扶指挥部办公室主任陈炳坤、县扶贫办主任郑永久、铁龙林场书记池建人等陪同调研。调研结束后，调研组在龙化工区会议室召开座谈会。

是日 县委书记颜亮在县委四楼会议室主持召开县委十三届第二十一次常委会。会议传达市委书记莫高义在该县调研的情况和讲话精神。审议《关于 2017 年推进“两学一做”学习教育常态化制度化的实施方案》。颜亮要求，在推进“两学一做”学习教育常态化制度化方面，思想认识、组织落实和联系实际要到位，确保学习教育取得实实在在的成效。党校工作要加强党的领导，从严落实党校的办学方向和主业主课，加大改善党校师资和办学条件的力度。

22 日至 24 日 市委村级换届风气专项巡察工作组到该县，通过听取工作汇报、个别访谈了解、查阅相关资料、深入基层走访、受理信访举报等形式，对该县的村级换届风气进行巡察。县领导陈来安、杜奇立、谭晓健、林有成和县纪委、县委组织部有关领导，以及县换届督导组组长参加 22 日召开的巡察见面会。县长陈来安向巡察组一行汇报该县关于加强村级换届风气监督工作情况。县委常委、县纪委书记杜奇立，县委常委、组织部长谭晓健分别对有关工作作补充汇报。

24 日 县长陈来安带领有关人员到龙仙镇开展工作调研，了解该镇 2017 年工作推进情况，存在问题和困难，以及下一步工作计划。

是日 曲江区区长伍文率领曲江区政府考察团到该县考察工业园区建设情况。县领导陈来安、叶有昌、柯建忠、陈向宗、陈卫红，以及经济开发区、县政府办、发改、财政等相关部门领导陪同考察。通过实地考察和听取汇报，曲江区考察团一行对该县工业园区建设情况给予高度赞赏，认为该县加快发展意识强、园区配套完善、打造产业园区力度大、企业服务到位、产业特色鲜明、发展态势好，规划布局、共建模式、服务理念值得借鉴。希望以这次考察为契机，进一步加强交流与合作，在主动融入珠三角，加快县域经济发展和城市提升方面互相学习、取长补短。

25 日 始兴县政协主席雷雨明一行 10 多人到该县考察有关项目建设情况，加强两地经济发展、文化建设、城区规划建设等方面的经验交流。县领导陈建为、李金桓、张从真陪同考察。雷雨明一行就有关项目与当地领导进行交流，认为翁源的发展经验对促进本地的发展具有很强的借鉴意义，表示要充分利用本地优势资源，发展适合本地实际的特色产业，有效拉动当地经济社会加快发展。

26 日 全市交通重点项目现场推进会在该县召开。副市长李欣、县长陈来安、副县长陈卫红参加会议。各县（市、区）政府、市直有关单位、项目公司结合《交通重点项目进展情况和责任分解表》，围绕如何解决项目建设中的困难问题及工作建议依次发言。李欣代表市政府分别与韶新高速公路有限公司、翁源县人民政府签订《韶关市翁源至新丰高速公路翁源县境内先行工程段征地拆迁框架协议》《韶关市翁源至新丰高速公路韶关市境内先行工程段征地拆迁框架协议》。

27 日 县长陈来安带领有关人员到江尾镇开展工作调研，了解该镇今年工作推进情况、存在的主要问题及下一步工作计划。

是日 县委书记颜亮主持召开县委十三届第二十二次常委（扩大）会，传达学习省第十二次党代会精神,研究部署相关工作。县四套班子领导成员、法院、检察院主要领导、县委办、县政府办、县委县政府督办工作组领导参加会议。各镇（场）党委领导、县纪委、宣传部等相关部门领导列席会议。县长陈来安提出，对于“两扶持”“两奖补”的实施方案，要加大宣传，做好贫困户的鼓励引导和相关服务，加强审核，确保资金既发挥作用又安全使用；对于农村土地确权工作，各镇（场）各部门要深化认识、做好培训、及时调处解决矛盾纠纷。颜亮强调，要在“两扶持”（产业扶贫 、就业扶贫）“两奖补”（产业扶贫奖补、就业扶贫奖补）实施方案的基础上，做好具体的操作办法；一定要建档立卡、精准扶持奖补；及时跟踪、完善相关的配套措施；加强宣传培训，确保奖补措施真正让贫困户受益。在推进农村土地承包经营权确权工作中，思想上要高度重视，既正视工作的难度又要树立信心，做到“一把手”亲自抓、把责任压到实处，认真抓好学习培训和分类试点，形成工作经验，以点带面推进，要提前谋划，把土地确权与农村改革紧密结合起来。

6月

1 日 县委县政府在县委四楼会议室召开农村人居环境整治与美丽乡村建设战略规划座谈会，县领导陈来安、丘雪媚、谭晓健、陈志峰、甘志初、肖俊青、刘少青，以及县直各有关部门领导、各镇（场）领导参加座谈会。会上，来自浙江大学中国农村发展研究院及浙江省特色小镇研究会有关领导详细介绍为该县量身定做的农村人居环境整治与美丽乡村建设战略规划。与会人员结合工作实际，对该规划提出意见和建议。县长陈来安表示，该规划是一个高质量、高水平的规划，立意高、视野广、理念新，对翁源的认识很到位，是一个很好的规划。接下来，各镇各部门要认真学习该规划，严格按照该规划里的总体思路和发展目标，大力开展当地的农村人居环境整治与美丽乡村建设，在实践过程中，不断完善规划，突出翁源的文化与生态特色，把该县建设成“乐居、乐业、乐游、乐养”的美丽新翁源。

是日 全县政法信访工作会议、全县禁毒工作会议在县政府小礼堂召开。县领导颜亮、陈来安、张朝养、陈路生、阮炳溪、甘志初、刘少青，各镇（场）党委书记、副书记、综治委员、司法所所长、社会事务办主任，以及县直副科以上单位主要领导、政法各单位中层以上干部、各村(居）支书共 400 多人参加会议。会议由县长陈来安主持。会议总结分析 2016 年全县政法信访、禁毒形势,部署 2017 年阵法信访、禁毒工作。会议还表彰工作先进工作单位和个人。

2 日 县委县政府在县委四楼会议室召开迎接省 2017 年脱贫攻坚巡查工作会议，各镇（场）党委书记和部分县扶贫开发领导小组成员单位领导参加会议，会议部署迎接省 2017 年脱贫攻坚巡查工作。会议由副县长林有成主持，县委常委、组织部长谭晓健参加会议并讲话。

是日 共青团翁源县第十八次代表大会在县政府小礼堂开幕，出席代表大会的青年代表 132 名。县领导颜亮、谭晓健、陈福环、肖俊青、刘少青出席会议。会议回顾县第十七次团代会以来的工作，并提出今后三年的工作。县委书记颜亮代表县委对团代会的召开表示祝贺，对与会代表并通过他们向全县广大团员青年和青少年工作者致以亲切的问候。希望全县广大团员青年坚定理想信念，做永远跟党走的进步青年，坚持勤学苦练，做紧跟时代的才干青年，始终敢为人先，做创新创业奋斗青年，注重品格锤炼，做求实进取的担当青年。

是日 县委书记颜亮率队到翁源中学检查高考备考工作，县领导阮炳溪、肖俊青以及相关部门领导参加检查。颜亮一行首先来到翁源中学视频主控室，了解视频监控、网络等相关系统的考前准备情况，随后在翁源中学会议室召开座谈会，听取汇报后。副县长肖俊青以及相关部门领导分别针对考前备考工作中存在的问题作回应，提出解决的方法和工作措施。

是日 县委书记颜亮一行到县教育局开展创建教育现代化先进县工作推进情况专题调研，与县教育、财政、人社、国土、新城办等相关部门领导，以及县城中、小学校长代表进行座谈，共商翁源教育发展大计。县委常委阮炳溪、副县长肖俊青参加调研。调研座谈会由县委书记颜亮主持。

6 日 东莞市长安镇党委书记何绍田一行到江尾镇开展精准扶贫调研，走访慰问贫困户。县领导颜亮、陈向宗、林有成以成县扶贫办、江尾镇等相关部门领导陪同调研。

是日 县政府在寿星康乐服务中心举行“健康饮水进万家”公益慈善捐赠仪式，广州储力集团、广州储力电器股份有限公司为该县的养老机构捐赠 80 台净水器，价值 30 多万元。副县长林有成对广州储力集团、广州储力电器股份有限公司热心参与社会公益、扶危济困、倾情奉献的爱心义举善行表示感谢，并代表县委、县政府为他们送上“大爱人间，功德无量”的牌匾。林有成希望社会各界积极为该县慈善公益事业添砖加瓦、奉献爱心、扶贫济困，为构建和谐翁源，加快建设幸福翁源做出新贡献。

是日 县长陈来安带领县政府办有关人员到坝仔镇开展工作调研，了解该镇今年各项工作推进情况、存在问题和困难及下一步工作计划，镇党委书记温敏麟，镇长陈思佑陪同调研。

是日 县政府召开农业大会战工作推进会，会议由副县长林有成主持。县农业局领导对现代农业大会战四年行动计划方案作说明，通报工作推进情况、存在问题及下一步工作打算。县水务局、林业局、粤台等农业大会战涉及的部门分别汇报各项目推进过程中遇到的问题和困难，并提出意见建议。针对各部门在项目推进过程中遇到的问题和困难，林有成要求，相关部门要高度重视，借助中央出台的农业农村工作利好政策，谋划该县农业大会战的项目，做强农业农村工作；明确责任，抓好落实，针对问题，制定工作推进措施，采取强有力措施及时解决问题；明晰排期，加强督促检查，做到一周一碰头，一月一通报，一季一点评。

7 日 县领导颜亮、陈来安、阮炳溪、肖俊青一行先后到翁源中学和龙仙中学两个考点巡视，了解该县高考第一天的相关情况。每到一个考点，县领导都巡视校园环境，向有关人员询问各考点考生、监考老师、试卷保密、考风考纪等方面的情况，并详细了解考点的饮食住宿、水电供应、考生护送、道路交通管制、噪音控制等工作，随后，到考点监控中心，察看视频监控系统运行情况，要求学校领导一定要高度重视安全问题，叮嘱工作人员一定要确保高考期间各项设备运行正常，给广大考生创造一个良好、安全的考试环境。

是日 市委常委、常务副市长朱余旺带领市政府办、市高速办、市公路局等部门相关领导到该县，调研韶新高速公路建设前期工作进展情况。朱余旺一行通过听取汇报，了解先行工程段控制性工程点的用地、规划等。在韶新高速公路工程指挥部主持召开项目推进会，翁源、新丰两县政府主要领导及两县交通部门领导等参加推进会。朱余旺对翁源、新丰两县和交通、设计、建设等部门所做的大量前期工作表示充分肯定，认为前期工作推进快，为项目的动工开了好头。朱余旺指出，要充分认识建设韶新高速公路的重大意义。朱余旺强调，做好当前的重点工作对于项目的顺利开工非常重要，新丰、翁源两县政府要抓好落实。

是日 翁源县召开十五届人大二次会议代表建议和县政协九届二次会议委员提案交办会。明确办理建议和提案的责任单位，确保完成今年的办理任务。县委常委、副县长柯建忠对 2017 年建议和提案的办理工作提出具体要求，要求承办单位提高认识，增强办理工作的自觉性，要坚持原则，明确责任分工，努力提高办理质量，要积极主动，按程序办理，加强与代表、委员的联系和沟通，提高建议、提案的办理满意率；要加强督办，确保全面完成各项承办工作。

8 日 县委书记颜亮主持召开县委十三届第 23 次常委会。会议传达学习胡春华在听取十一届省委第十五轮巡视情况汇报时的讲话精神，听取“五大会战”推进情况汇报；审议《翁源县关于学习宣传贯彻省第十二次党代会精神的工作方案》《深入学习贯彻落实习近平总书记重要批示精神县领导牵头调研工作方案》《翁源县四套班子领导联系服务企业工作方案》《翁源县2017年县领导抓重点项目民主测评办法》,并对当前社会主义新农村建设工作进行研究。

是日 县政府在中铁四局项目指挥部召开推进武深高速公路翁源特色服务区工作现场会，县领导陈来安、陈建为、柯建忠、李金桓以及县政府办、县交通、国土、水务、财政等相关部门领导参加推进会。陈来安充分肯定该服务区的前期建设所作的工作和取得的成绩，他要求各级各部门一定要高度重视,坚定项目建设的信心和决心，加大力度推进项目实施;各相关部门要联动起来，完善工作机制，切实解决好项目建设中遇到的困难和问题；要做好责任的落实，各尽其责，形成工作合力，共同努力，共同支持，以强烈的责任心、主动作为的精神来做好谋划，群策群力，确保项目按时按质顺利完成，给翁源人民交出一份满意的答卷。

是日 中国人民解放军粤赣湘边纵队北江一支队的40多名后代相聚在翁源县,重走父辈革命路，缅怀父辈丰功伟绩。县委常委、副县长柯建忠代表县委、县政府对革命后代一行的到来表示热烈欢迎，向他们简要介绍该县的基本概况和各项事业发展情况，感谢粤赣湘边纵队北江一支队的革命先辈们为翁源解放战争做出的贡献，感谢在座的革命后代对翁源事业发展的关心和关注。

9日 县长陈来安到翁城镇胜利村、明星村调研精准扶贫工作，县府办主任许奕堂、翁城镇党委书记陈德道、镇长涂清华陪同调研。

是日 是日晚，由县人民政府主办的“2017广东（翁源）桃李文化节”活动在县城龙湖广场开幕，此次活动的主题为“投桃报李 最忆翁源”，是该县在2017年度的“春之韵”“夏之爽”“秋之食”“冬之兰”四大主题旅游节庆活动之一。一场“投桃报李 最忆翁源”专场晚会拉开此次桃李文化节系列活动的序幕。县长陈来安、县政协主席陈建为等在家的县四套班子领导成员与县城数千名群众一起观看晚会。副县长肖俊青代表县委、县政府致辞。向前来参加晚会的来宾、朋友表示热烈欢迎，向关心、支持翁源旅游事业的领导和社会各界人士表示衷心感谢，并预祝活动圆满成功。

12日 中央电视台科教频道节目部宣传管理组组长洪丽娟一行4人到该县开展调研，县领导颜亮、丘雪媚、李金桓，以及县委宣传部、县广播电视台等相关部门领导陪同调研。洪丽娟一行通过实地调研，该县的风土人情、优美风光、特色产业等给洪丽娟一行留下深刻的印象，他们认为该县生态环境好、民风淳朴、群众热情、有着深厚的历史文化底蕴、产业特色明显，表示回去后将尽快把调研的情况向台领导进行汇报，并根据该县的特色，制定宣传方案，加大对翁源这个千年古邑的宣传、推介力度，希望今后继续加强与该县的沟通、交流，加深了解、加强宣传，让更多的人了解翁源、认识翁源、走进翁源。

是日 国家防总召开视频会议，对防御2017年第2号台风“苗柏”进行部署。副县长林有成及三防职能部门领导收听收看了视频会议。会上，中国气象局、国家海洋局、水利部水文局等相关部门对这次强台风“苗柏”最新动态进行分析研判。随后，省、市分别召开视频会议，对台风防御工作进行具体部署。视频会议后，该县继续召开会议，针对台风“苗柏”现状进行分析研判，并对接下来的防御工作进行部署。副县长林有成在会上作讲话，要求全县各级各部门要严格按照国家、省、市的要求进行防御台风的部署工作，高度重视，严格执行，确保防御工作安全有序；启动防台风工作机制，加强宣传，做好联防联控信息发布；着重做好建筑工地、学校、敬老院等地的防御工作，切实消除安全隐患；要做好山洪等地质灾害的排查。

是日 晚上，县第三届“安全杯”男子篮球赛在县体育馆拉开帷幕。县领导陈建为、张朝养、叶有昌、肖俊青、谢少龙及县政府办、安监局、体育局、篮球协会等相关领导出席开幕式。县政协主席陈建为宣布开幕。副县长肖俊青在开幕式作讲话，举办此次篮球赛，主要目的是通过开展广大人民群众喜闻乐见的赛事来营造社会各界共同关注安全，注重安全的良好氛围，大力宣传安全生产，以人为本，安全发展的理念，切实保护好人民群众的生命财产安全，为建设平安幸福翁源提供强有力的安全生产保障，并希望全体运动员公正竞赛，赛出风格，赛出水平，为该县全面发展做出新的贡献。

13日 由市人大常委会副秘书长陈忠旭和市人大机关、市禁毒办、文广新局、司法局等部门相关领导组成的调研组，到该县调研《中华人民共和国禁毒法》和《广东省禁毒条例》的贯彻实施情况。县领导王迅东、曾志华及相关部门领导参加汇报会。汇报会由县人大常委会副主任王迅东主持。调研组一行通过听取情况汇报，了解该县贯彻实施《中华人民共和国禁毒法》和《广东省禁毒条例》的情况和碰到的问题与困难。调研组对该县贯彻实施《中华人民共和国禁毒法》和《广东省禁毒条例》的情况给予较高评价。希望该县加大宣传普及力度，继续把《中华人民共和国禁毒法》贯彻实施好，重点加强对中小学校的宣传普及，从基层抓起，达到全民禁毒的效果，全面推动该县的全民禁毒工作。

是日 县委书记颜亮在开展兰花产业专题调研时要求：认真反思兰花产业发展过程中存在的问题，在加强服务、提前谋划、政策扶持上下功夫，巩固品牌、扩大优势，把翁源的兰花产业做大做强。县领导阮炳溪、林有成、李金桓，以及县经信、财政、农业、花卉办等相关部门领导和兰花协会、企业代表参加了调研座谈。县领导阮炳溪、林有成、李金桓分别从加强服务意识、打造品牌、延伸兰花产业链等方面提出意见和建议。县委书记颜亮在会上要求：要以强烈的危机意识、重新审视翁源兰花产业的优势，要以超强的服务意识、主动解决翁源兰花创新发展问题，要以超前的谋划、推动翁源兰花跨越发展，要以“输不起”的意识、加快兰博会的筹办工作。

14 日 广东省工商联（总商会）会员工作部部长闪洁一行到该县，通过座谈会、实地查看的等形式，对该县工商联基层组织建设工作展开调研，全面了解基层工商联组织建设情况和问题。副县长曾志华、县工商联领导等陪同调研。闪洁对该县工商联基层组织建设工作给予肯定，认为县委、县政府对工商联工作高度重视，工商联自身所做的工作很实在，特点突出，发展潜力大，创建“五好”工商联工作卓有成效，希望该县以问题为导向，高标准严要求，进一步探索工商联工作新机制、新模式和新方法，精准发力，健全和落实好各项规章制度，提高凝聚力和影响力，积极发挥民间商会作用，加强工商联和商会组织的建设工作，更好地服务于地方经济发展。

15 日 县委书记颜亮率队开展产业共建调研，并在投资企业服务中心主持召开调研座谈会。县领导叶有昌、阮炳溪、陈向宗，以及翁城、官渡、新江、开发区、发改、财政、经信等相关镇、部门主要领导陪同调研。

15 日 该县召开聘任第二届督学暨督学责任区挂牌督导工作会议，总结近年来教育督导改革取得的成绩，分析面临的形势任务，部署落实下一阶段督导改革重点工作，聘任第二届政府督学，为提高教育治理能力、推进教育现代化提供有力保障。副县长、县政府教育督导委员会主任肖俊青要求，要认清工作形势，增强深化教育督导改革的责任感；要抓住重点难点工作，提升教育督导水平；结合新指标，补齐该县教育督导工作的短板；要增强责任心，强化教育督学队伍建设，真抓实干，努力开创该县教育督导工作新局面，为加快推进教育现代化提供有力保障。

16 日 县委理论学习中心组召开第二季度学习会。会议深化学习、凝聚共识，迅速掀起加快翁源绿色振兴发展的新高潮。县委中心组成员、各镇（场）党委书记、县直有关单位领导参加了会议。会议由县委书记颜亮主持。

20 日 县长陈来安到官渡镇开展工作调研，县府办主任许奕堂、官渡镇党委书记赖永兴、镇长叶米昌陪同调研。

是日 广州市海珠区委常委、统战部部长卢兆华率领区台办、区台协一行 10 多人，到该县考察交流。县委常委、宣传部长、统战部长丘雪媚、县政协副主席李金桓，县委统战部、粤台等部门人员陪同调研。考察团通过实地调研好听取汇报后，考察团认为，该县分功能区发展农业的做法非常好，发展空间广阔，这次考察留下深刻的印象。县领导表示，将一如既往地关心和支持台资企业的发展，为台资企业创造良好的投资环境，同时希望有更多的台商关注翁源、钟情翁源，到翁源联谊交流，深化两地台商文化经贸合作，推动共赢发展。

是日 省发改委副主任蔡木灵率队到翁城镇沾坑村开展扶贫工作调研。韶关市发改局相关领导，县委常委叶有昌以及县发改局领导陪同调研。蔡木灵一行到省发改委对口帮扶沾坑村发展特色产业“集装箱水产养殖”项目基地，实地查看帮扶项目的进展情况，并与该县领导和驻村工作队进行座谈，听取驻村工作队的简要情况介绍，并就如何加快沾坑村精准扶贫工作进行商讨。

23 日 全县省定贫困村创建新农村示范村工作推进会在翁城镇召开。县领导颜亮、阮炳溪、甘志初、林有成以及相关单位领导、各镇（场）党委书记、分管党群副书记、51 个省定贫困村驻村工作队长参加会议。会议首先组织与会人员来到翁城沾坑村和黄塘村，现场参观两个村的新农村建设推进情况，听取经验介绍。翁城镇和驻村工作队代表分别作经验介绍。副县长林有成传达全市农村人居环境整治工作现场会精神，并对该县的工作作部署。颜亮指出：县委召开此次会议的主要目的是结合贯彻落实省第十二次党代会精神，正式吹响社会主义新农村示范村建设的号角，形成合力行动起来，夯实工作基础，在全省社会主义新农村建设和农村人居环境整治工作攻坚战中开好头。

26日 县长陈来安到翁城开展工作调研，县政府办、住建、环保、农办等有关部门领导陪同调研。陈来安希望翁城镇认真抓好群众的宣传发动工作，调动村民的建设热情，全面推开人居环境整治工作；抓好村级机构作用的发挥，推进村理事会的成立和完善；做好规划，尽快实施，行动迅速，善于创新工作方式方法，抓好该项工作的组织推进。

27日 县委书记颜亮到龙仙镇镇政府调研，与该镇党政领导班子成员、部分示范村的村干部和驻村工作队员一同座谈，听汇报、谈看法、提要求。县委常委、组织部长谭晓健、副县长陈卫红，以及县委县政府督办工作组、县委农办、县住建局的主要领导参加会议。颜亮对龙仙镇当前的农村人居环境综合整治和社会主义新农村建设给予充分肯定，认为镇党委政府高度重视，措施有力，工作取得初步成效。

是日 翁源经济开发区举行翰唐环保（广东）装备有限公司和韶关鹏瑞环保科技有限公司二期项目签约仪式，县委常委、翁源经济开发区工委书记叶有昌见证签约，开发区管委会主任张洪代表开发区与两企业领导签约。

是日 县人大常委会主任温毅麟主持召开县十五届人大常委会第九次会议。县人大常委会组成人员、县长陈来安、县委常委、副县长柯建忠出席会议，县法院、检察院、人大办、政府办、审计局、财政局、农业局等单位有关领导列席会议。会议由县长陈来安提请有关人事任命事项，与会人员以投票表决的方式通过任命事项；听取和审议县政府关于2016年预算执行和其他财政收支的审计报告、县政府关于2016年财政决算情况报告，并做出相应决议。还听取和审议县政府关于该县农产品质量安全生产监督体系建设情况的汇报、审议代表资格审查报告等有关方面的内容。

27日至28日 省人大教科文卫委副主任温捷香一行到该县，通过走访、座谈等形式，开展基层医疗卫生工作情况调研。县领导余小英、肖俊青、张从真和市县人大、卫计等有关部门领导，以及县发改、财政、民政等部门领导、部分人大代表和医务人员代表陪同调研。

28日 翁源县举办2017年安全生产业务培训班。参加此次培训的有各镇(场)、开发区分管领导、各安监站站长、安全员、县安委会成员单位的分管领导和从事安全生产监管的人员县委常委、副县长柯建忠要求参训人员通过培训，提高对安全生产重要性的全新认识，明确安全生产责任体系，提高安全生产监管工作水平和预防事故发生，以及应急救援的能力，促进该县安全生产监管工作发展。

29日 县政府召开农村土地承包经营权确权登记颁证工作推进现场会。县长陈来安、副县长林有成，以及各镇（场）分管领导和相关单位领导参加现场会。与会人员通过现场观摩和听取经验介绍全面了解解农村土地承包经营权确权登记颁证工作步骤和流程，以及村干部的工作。副县长林有成要求，各镇(场)作为确权登记颁证工作的责任主体，要在思想认识上再提升、工作上再鼓劲，强化组织领导；创新工作方法，加快工作进度；规范操作程序，把握政策原则；重视问题解决，维护和谐稳定；做好协调配合，提升工作成效，确保如期完成目标任务。

是日 市政协主席王青西带领市政协机关、市广播电视台相关人员到龙仙镇桂竹村开展七一中国共产党建党日慰问活动。走访困难老党员沈仁权和贫困户沈仲雄家中走访慰问，了解他们的家庭生活状况和身体情况，送上节日的祝福。随后，慰问组察看桂竹村文体广场和优质南瓜种植产业项目。座谈会上，慰问组为桂竹村困难党员送上节日慰问金。并听取驻村工作队员关于该村的新时期精准扶贫工作进展情况汇报和下一步工作打算。

是日 县委书记颜亮主持召开县委十三届第二十五次常委（扩大）会议。在家的县四套班子领导、各镇（场）党委书记和县直有关部门领导参加会议。会议传达市委十二届四次全会精神。就如何抓好市委全会精神的学习，听取县纪委工作汇报、研究党风廉政建设和反腐败工作，审议通过县委全面开展巡察工作实施意见和五年规划，研究调整党（工）委设置有关事宜。颜亮要求，要迅速掀起学习高潮，把思想和行动统一到市委全会精神上来，要抓好学习讨论，在统一思想、把握精神实质上下功夫；要认真对标调表，在运用全会精神指导翁源全面建成小康社会上下功夫；要做到学以致用，在全面完成上半年目标任务上下功夫。

是日 县委县政府举行2017年“广东扶贫济困日”捐款活动，县领导颜亮、陈来安、温毅麟等带头捐款，县四套班子领导踊跃参与，纷纷献上自己的一份爱心，共捐得爱心善款14600元。从2010年起，每年6月30日为“广东扶贫济困日”。该县高度重视，县领导每年坚持带头开展捐款活动，以实际行动带动全县干部群众积极参与，在全县上下掀起献爱心、做善事的高潮。

是日 翁源县新一轮农村电网改造升级工程工作会议在翁源供电局召开。会议通报该县2017年新一轮农村电网改造升级工程工作推进情况。当前农网建设推进中存在的问题，并对如何推进工作提出意见和建议。县政府还与各镇（场）签订农村电网改造升级工作责任书。供电局与各镇（场）签订2017年度加快推进农村电网改造升级工作协议书。

是日 省文化厅党组书记汪一洋带领市文广新局等部门相关人员到涂志伟美术馆参观调研，市长殷焕明、县委书记颜亮、副县长肖俊青，以及县文广新局领导的陪同调研。在参观过程中，涂志伟向汪一洋介绍展出作品的创作过程、创作心得。汪一洋对涂志伟的作品给予高度评价，盛赞他的作品能将中西方文化融合得恰好之处，认为涂志伟是翁源的骄傲。汪一洋对涂志伟美术馆的建设给予高度评价，对该县近年来文化事业的发展给予充分肯定。他指出，翁源有着厚重的文化底蕴，希望该县能充分挖掘丰富的历史文化财富，将翁源文化产业做大做强，齐心协力推动广东的文化事业再上新台阶。

30日 黄埔海关党组书记、关长陈小颖带领单位相关部门领导一行，到挂钩帮扶的翁城镇富陂村，走访调研精准扶贫工作。副市长陈磊、县领导陈来安、叶有昌，以及县扶贫办、翁城镇等相关部门人员陪同调研。调研中，陈小颖一行察看村委旁的综合服务楼、学校爱心图书馆和幸福厨房、道路硬底化、排水渠等帮扶项目的建设情况。县长陈来安代表县委县政府对黄埔海关的帮扶表示感谢。陈来安希望黄埔海关在今后的帮扶工作中，能一如既往的大力支持，特别是在产业发展、公共设施建设、人居环境改善等方面给予更大扶持，确保精准扶贫工作任务顺利完成。

是日 省文化厅党组书记汪一洋在县委常委、副县长柯建忠，副县长肖俊青，以及市、县文广新局领导的陪同下，到周陂镇陈村村开展精准扶贫工作调研。调研中，汪一洋一行到贫困户家中走访慰问，与贫困户亲切座谈，关心询问他们的家庭生活情况和身体状况，送上食品和慰问金。并实地察看周陂文化站建设进展情况，听取工作汇报。汪一洋对陈村村的精准扶贫工作给予肯定。要求驻村工作队抓紧落实好产业扶贫项目，帮助贫困户顺利完成危房改造，加快推动光伏发电、文体广场等项目建设，求真务实的把各项工作做好。柯建忠代表县委县政府感谢省文化厅对陈村的支持与帮助，并表示会按照上级部门的要求，把各项工作落到实处。

7月

3日 副县长林有成带领县政府办、三防办、水务部门领导检查防汛工作，重点检查防汛物资的储备落实情况。林有成实地检查详细了解防汛物资的管理、技术操作等问题。林有成要求，各镇村要加强防汛物资的储备管理和落实，加强防汛抢险救灾队伍的管理，做到常态化管理，组织好实战演练，不断提高应急救援能力。要落实防汛责任，及时掌握汛情、雨情、水情变化，严格执行汛期值班制，确保全县安全度汛。

是日 副市长高冬瑞到坝仔镇梅村开展扶贫慰问活动，副县长肖俊青及市、县、镇相关单位领导参加慰问活动。调研中，她希望驻村工作队在今后的帮扶工作中，还要着重抓好产业帮扶，使帮扶工作能够取得更大的成效；还要与美丽乡村建设结合起来，打造具有地方特色的新农村示范村。

是日 县委书记颜亮主持召开县委十三届第二十六次常委会。会议传达学习习近平总书记对廖俊波先进事迹的重要指示精神，讨论《中共翁源县委关于认真学习贯彻习近平总书记重要指示精神广泛开展向廖俊波同志学习的通知》。

颜亮指出，要把学习习近平总书记对廖俊波先进事迹的重要指示精神纳入 2017 年“两学一做”的重要内容、学习贯彻习近平总书记对广东工作重要批示精神、与学习贯彻省第十二次党代会精神相结合，与“两强两提”（强化‘输不起’的危机意识，提振‘要更拼’的精气神；强化‘难不倒’的担当意识，提振‘敢碰硬’的精气神”）思想讨论相结合，在充分认识习近平总书记重要指示的深刻意义上下功夫。要采取多种形式，广泛宣传廖俊波先进事迹，善于发现该县具有廖俊波精神品质的优秀领导干部，并做好宣传报道。

4 日 全市打击非法开采矿产资源现场会在该县召开，会议要求全市各地要统一思想，坚定信心，落实责任，采取强有力的措施，做到“真打、严打、狠打、彻底打”，坚决完成打击整治非法开采专项行动任务。副县长陈卫红及各县市区国土部门相关人员参加会议。会议通报 2017 年全市打击非法开采专项行动情况，并提出下一步工作意见。翁源、始兴、乳源分别介绍当地打击非法开采的做法和经验，并观看该县打击非法开采的专题片。与会人员认为，该县县委政府对打击非法开采高度重视，打击力度大，清理彻底，没有死灰复燃的迹象，效果显著，很值得大家的学习。副县长陈卫红表示该县将以此次现场会为契机，积极学习借鉴其他县市区的好经验、好做法，采取更加有效的措施和方法，全力做好打击非采工作，确保国家矿产资源不受破坏。

是日 副县长肖俊青来到所挂钩的官渡新陂村、龙船村开展七一中国共产党建党日走访慰问活动，慰问生活困难党员。

是日 县委县政府组织收听收看全市防汛防台风工作视频会议，县长陈来安及县三防成员单位领导在县水务局收听收看视频电话会议。会议传达省主要领导及市委书记、市人大常委会主任莫高义及市委常委会关于三防、防灾减灾工作的批示精神，分析当前三防形势，部署下一步防灾减灾工作。全市视频会议结束后，县气象局、水务局等相关部门对近期天气变化情况做分析，并对防汛工作提出建议。县长陈来安对该县防汛工作提出具体要求。万无一失，确保该县安全度汛。

是日 县委召开精准扶贫暨人居环境综合整治工作座谈会，县领导颜亮、谭晓健、林有成与东莞市驻翁代表、51 个相对贫困村驻村工作队长及相关部门分管领导共聚一堂、共商该县精准扶贫暨人居环境综合整治工作大计。座谈会由副县长林有成主持。驻村工作队长代表先后在会上发言，介绍所驻村的精准扶贫、精准脱贫工作经验，并就如何开展好社会主义新农村示范村建设和人居环境整治工作提出宝贵的意见和建议。县扶贫办主任郑永久就精准扶贫工作当前要注意的事项进行分析和强调。县委常委、组织部长谭晓健在会上解读农村人居环境整治相关政策，对资金保障等事项作说明，同时提出工作要求。

是日 副市长陈磊带领市食药监局等相关部门领导到该县开展食品安全工作调研，副县长曾志华和县食药监局领导陪同调研。陈磊实地检查食品安全检测情况。陈磊希望市场管理者要加强管理，把好农产品质量安全，在批发环节保障食品安全，严把检测关，发现问题要及时向监管部门反馈，确保食品安全。

5 日 由省政协提案委员会主任陈元胜带领的省政协视察团一行莅临该县，开展“我省 45 家县级综合性医院建设工作情况”专题调研，副市长高冬瑞、市政协副主席吴春腾，县领导陈来安、陈建为、肖俊青，以及市、县政协，县财政、人社、住建、卫计、县第二人民医院等有关部门领导陪同调研。当天，省政协视察团一行通过实地察看，听取汇报后，陈元胜对该县第二人民医院目前的建设进展表示肯定，他说，翁源严格按照省委省政府的要求，抓紧落实县级综合性医院建设工作，各项工作进度较快，成效明显，规划设计符合地区的实际情况，可以满足当地人民群众对医疗服务的需求。他希望该县各级各部门要加强协调，抓紧建设不放松，并提前做好医务人员的招聘和培训工作，争取早日建成投入使用，为翁源百姓服务。

是日 副县长、公安局长连卫在副局长郑文芳和党委委员、政工办主任陈水养的陪同下，到坝仔镇开展七一中国共产党建党日走访慰问活动。连卫副县长先后来到坝仔镇梅村村、珍珠村、群辉村，察看各村村容村貌，与各村委班子座谈，深入体察党员群众生活的困难，察看农村发展情况与农民生产生活的现状和困难，了解精准扶贫工作的进展及美丽乡村建设的开展情况。通过现场走访和座谈，连卫肯定了各村委的工作，希望各村委新班子团结一致、搞好班子建设，把精准扶贫和美丽乡村等工作抓紧、抓实，放心大胆地干，党委政府会做他们坚强的后盾。

是日 中国花卉协会兰花分会常务副会长肖更生一行到该县开展兰博会筹建工作调研,详细了解兰博会筹建项目推进情况,以确保第 28 届中国（翁源）兰花博览会在该县举办。县领导陈来安、陈建为、柯建忠、林有成、李金桓及县委办、政府办、粤台管委会、县兰花协会等相关部门领导陪同调研。肖更生一行首先到县城西区察看正在建设中的兰花创新博览中心。随后还参观第28届中国（翁源）兰博会筹建办公室，了解筹备工作的运作情况。

6 日 在县委四楼会议室召开座谈会，肖更生一行听取该县第 28 届兰博会筹备工作推进情况汇报。中国花卉协会兰花分会领导通过到现场察看和听取汇报后，认为该县对兰博会的筹备工作高度重视，各项筹备工作扎实有序推进。为办好第28届中国（翁源）兰花博览会，他们提出宝贵的指导性意见，希望该县要明确突出这次兰博会的主题，特色要鲜明，同时要抓好展馆的布展，结合地方文化、农特产品、旅游景点等丰富展出的内容，加大宣传力度，吸引社会各界人士的关注和参与，将此次兰博会办成一次规模大、规格高、有特色、有影响力的盛会。

是日 国家土地督察广州局副局长关文荣一行到该县开展土地使用情况调研，指导该县用好用活土地，加快地方经济发展。县长陈来安、副县长陈卫红，以及市、县国土部门领导参加调研活动。在座谈会上，县长陈来安汇报该县近年来经济社会发展情况。通过听取汇报和现场的了解，关文荣认为，该县近年来的经济社会发展确实取得了较大的成绩，能够充分利用好现有的土地资源，支持产业项目建设，加快了地方经济的快速发展，百姓得到了实惠。他表示今后继续为该县地方经济发展积极做好协调，盘活现有的土地资源，依法依规用好用活每寸土地，加快翁源经济社会又好又快发展，为百姓造福。

8 日 香港韶关同乡联谊总会会长官锦堃带领联谊总会义工团到江尾镇开展捐资助学活动，共发放助学金 10 万元。市政协副主席王德雄、市政协党组成员何伟青、林嘉和该县领导陈来安、陈建为、丘雪媚，以及市、县政协机关、县教育局等相关部门领导参加捐资助学仪式。县长陈来安代表县委、县政府向香港韶关同乡联谊总会会长官锦堃赠送感谢牌匾。香港韶关同乡联谊总会义工团的乡贤们在县委常委、宣传部部长、统战部部长丘雪媚的陪同下，到位于仙鹤兰花长廊的德芳兰园参观，听取台商种植户关于兰花的种植、管理、销售等情况介绍，详细了解该县的兰花种植规模等。

是日 中国涂料工业协会会长孙莲英及其他协会领导一行到该县华彩新材料产业园，参观考察涂料产业发展情况。市委常委、副市长、莞韶指挥部总指挥万卓培，县委书记颜亮，县委常委、副县长、厚翁指挥部总指挥陈向宗，以及经济开发区、厚街翁源对口帮扶指挥部、投资企业服务中心领导陪同考察。考察中，孙莲英一行首先到产业园的产品展示厅参观，听取有关人员介绍，了解园区规划、建设、招商、环保、安全生产等情况。孙莲英在认真听取情况介绍后对翁源的涂料产业发展表示肯定。她说，此次到访翁源，实地参观、现场感受、深入交流，发现园区建设起点高，入园企业质量好，厂区建设规范，看到当地政府的决心和用心。

9 至 11 日 县长陈来安率队赴贵州水城县考察学习。在考察、学习中，陈来安一行在水城县政协主席谢如宪等领导的陪同下深入到该县蟠龙镇百车河温泉度假小镇、米箩镇润永恒猕猴桃基地、玉舍乡野玉海户外运动基地和玉舍海坪彝族风情小镇及土司庄园等地，每到一处，考察团成员都认真看、仔细问、详细记、深入了解水城县“三变”（资源变资产、资金变股金、农民变股东）改革、精准扶贫、易地扶贫搬迁、山地特色农业、旅游发展等方面的情况。实地参观、学习后，陈来安一行与水城县有关领导及相关部门领导进行座谈，听取水城县“三变”改革工作和农业产业发展工作的情况介绍。双方与会人员就农业产业帮扶、农村基层党组织建设，山地特色农业发展等方面的问题进行交流。

12 日 副县长林有成到江尾镇新生村调研美丽乡村建设工作，该镇党委书记钟敏梅和镇挂钩领导陪同调研。在新生村刘罗新村，林有成实地察看了该村美丽乡村建设成效，详细查看周边卫生保持情况。林有成要求镇村干部要高度重视，迅速行动，按照打造示范村庄、宜居村庄、整洁村庄的要求，要有时间节点意识，在规定时间内完成各阶段的工作目标；分解任务，包片负责，确保工作全程有专人跟进；形成合力，要充分发挥村民理事会的作用，充分调动村民建设美丽乡村的积极性，把美丽乡村建设推向高潮。

14 日 仁化县政协主席李秀荣带领该县各镇镇长及县委农办的有关人员一行 24 人来到该县开展精准扶贫和新农村建设交流学习活动。李秀荣一行在县政协主席陈建为、副县长肖俊青的陪同下，首先到江尾镇连溪村，实地参观该村民生工程帮扶项目连溪桥新建工程、村文体广场、养老服务广场、光伏发电等项目，详细了解该村的帮扶项目。随后，他们还前往新江镇渔溪村、翁城镇沾坑村参观考察，学习产业帮扶项目、新农村建设方面的经验做法。

是日 县委县政府召开会议，对广东省县级文明城市复评工作进行动员部署。县领导陈来安、丘雪媚、连卫、陈卫红、肖俊青及相关单位主要领导参加会议。会议由副县长肖俊青主持。县长陈来安在会上要求：要高度重视、统一认识，以强烈的责任感组织好“巩文”复评工作；要落实责任、各负其责，全力打好“巩文”攻坚战和守卫战；要强化措施、突出成效，确保“巩文”工作顺利通过复评。

15 日 中国人民银行广州分行党委委员、副行长、外汇局广东省分局副局长李升高一行到挂钩帮扶的龙仙镇中心村开展精准扶贫活动。活动中，李升高一行首先到村里新建成的龙门桥察看，并与该县副县长林有成共同为龙门桥揭幕。随后，大家走进食用菌生产基地参观，了解产业扶贫项目推进情况。座谈中，李升高指出，金融扶贫关键要选准产业，突出特色，驻村工作队要将扶贫工作抓在手上，扛在肩上，落实在行动上，通过创新金融扶贫模式，既有效解决贫困村扶贫产业项目建设资金问题，又最大程度的降低贫困户发展产业风险。希望工作队、村委、贫困户共同努力，顺利完成三年扶贫工作任务。

18 日 县长陈来安带领有关人员到该县重点行业、重点领域、重点项目，开展安全生产检查。陈来安一行首先到韶关粤联民用爆破器材销售有限公司翁源分公司民爆器材仓库，对该县民用爆破器材行业的存放、经营等方面的安全隐患进行专项排查和治理。督促企业要强化安全生产第一意识，加强安全生产基础能力建设，坚决遏制重特大安全生产事故发生。检查中，陈来安强调，安全生产工作是事关人民群众生命财产安全的大事，相关部门和经营企业要通过自查，进一步提高安全生产重要性的认识，形成安全第一的共识，营造全社会共同抓安全生产的氛围，彻底消除安全隐患，营造一个安全稳定的社会环境。

是日 韶关市人大常委会副主任、市总工会主席邓小杰带领市总工会有关人员到该县开展夏日清凉慰问一线员工活动，为高速公路建设工人送去慰问品。邓小杰一行通过实地察看高速公路建设情况，听取建设单位领导的介绍，走访慰问高温天气下仍坚守岗位的一线工人，及时为他们送去防暑降温的清凉饮品一批，鼓励工人们加把劲，保质保量按时完成建设任务。

19 日 县委常委、副县长柯建忠带领县安监部门领导一行到企业，开展安全生产检查，敦促各企业认真做好安全生产工作

20 日 全国安全生产电视电话会议召开，县长陈来安，各镇（场）长和县安监局、县政府办、县委组织部等相关部门主要领导，以及相关企业领导在该县分会场收听收看电视电话会。会议首先分析上半年全国安全生产形势，对下半年的安全生产工作做部署。会议要求，要认真贯彻落实习近平总书记和李克强总理关于安全生产工作的重要指示批示精神，认清形势，明确工作目标，压实措施任务，以贯彻落实《中共中央　国务院关于推进安全生产领域改革发展的意见》为主线，以坚决防止和遏制重特大事故发生为重中之重的重点，深入开展安全生产大检查，扎实做好汛期和下半年安全生产工作，坚决防范遏制重特大事故，为中共十九大胜利召开营造稳定的安全生产环境。

21 日 中国共产党翁源县第十三届委员会第四次全体会议在县政府小礼堂召开，会议深入贯彻习近平总书记对广东工作重要批示精神和省第十二次党代会精神、市委十二届四次全会精神，动员全县各级党组织和广大党员干部群众，统一思想、完善思路、奋发图强、加快发展，为全面建成小康社会而努力奋斗。县委书记颜亮主持会议。县长陈来安分析全县 2017 年上半年经济形势，并提出做好下半年经济工作的意见。针对上半年经济工作中面临的困难和挑战，为完成全年经济增长目标，陈来安提出：咬定目标不放松，压实责任、细化分工，坚持用结果说话；坚持问题导向，找准着力点、精准发力，务求实效，要全力抓好工业发展、补齐规上工业增加值增速慢的短板，全力抓好企业挖潜和新增培育、增强经济内生动力，全力抓好重点项目建设、实现持续较快

的固投增长，全力抓好融资工作、改善建设资金短缺局面，全力抓好企业跟踪服务、助推企业加快发展，全力抓好经济运行监测和统计服务;认真贯彻落实县委全会精神，以更坚决、更有效的行动确保如期完成全年经济增长目标任务。

是日 县委书记颜亮主持召开县委常委会，会议听取颜亮代表县委常委会所作的讲话，县委委员举手表决一致通过《中共翁源县委十三届四次全体会议决议（草案）》。就如何学习宣传好全会精神，颜亮要求，要理清全会报告的主题、主线和整体框架，通过学习宣传，让广大党员干部实现“三个有”，即“有自知之明、有自信自强、有走自己的路的决心信心”,凝聚党员干部群众的共识，形成全县上下的合力，把县委确定的发展方向、工作举措落到实处。

是日 县考察团到浙江、贵州调研交流会在县委四楼会议室召开，县四套班子成员、华南理工大学叶红教授一行及该县各镇（场）党委书记、镇（场）长等相关部门领导参加会议。会议由县委书记颜亮主持。相关县领导、部门领导和各镇（场）党、政领导先后围绕到浙江、贵州考察学习的情况，谈了个人的学习感受和接下来的工作思路。颜亮强调，各级领导干部要敢于担当、敢于改革、敢于创新，扎实推进农村人居环境综合整治和社会主义新农村建设。

24日 县领导陈来安、丘雪媚、柯建忠、陈卫红带领县政府办、督办工作组、卫计、住建、交通、文明办、两创办、交警大队等有关部门领导到县城各路段实地开展巩文工作调研。陈来安一行首先到县城青年路、光明路、中心市场、城北市场等地，重点查看道路两旁及市场周边管理情况和存在问题；随后到县城客运站和县人民医院，重点查看单位宣传氛围、环境卫生、公共秩序、文明服务等情况；接着到县城主干道、南龙出入口、龙仙大道，重点查看道路设施、文明秩序、新城区建设、建筑工地管理等情况。陈来安要求，全县上下一定要马上行动起来，掀起全民参与的巩文工作高潮；各单位各部门要切实落实好部门责任和行业管理责任，对照工作任务，切切实实抓好巩文工作的开展;加强督导督查力度，对不行动或行动不力的单位给予通报批评，责令整改，集中精力抓整治，每天要有不同的改变，每天要有新进步。陈来安强调，巩文工作是一场攻坚战，各单位各部门一定要同心协力，互相配合，对已存在的问题马上进行整改，加大执行力度，确保该县巩文工作顺利通过考核验收。

25日 县委县政府召开2017年征兵工作会议，县领导陈来安、连卫，县武装部全体人员、各镇（场）长、县直属机关工委书记及各镇（场）专武干部、派出所有关领导和县直相关单位领导参加会议。会议首先传达上级征兵工作会议精神，总结2016年的征兵工作，并署今年的征兵工作。副县长连卫在会上宣读2016年征兵工作先进单位和个人的表彰通报。陈来安强调，要进一步提高认识，做好基础工作，有针对性地开展宣传，在兵员质量上严格把关，确保高标准、高质量完成2017年的征兵工作任务。

是日 由县四套班子领导和相关部门领导组成的三个慰问团，赴韶关开展慰问活动，向韶关军分区、市消防支队、市武警支队及驻韶关部队官兵送去节日的问候和祝福，与官兵们共叙军民鱼水情。由县领导陈来安、杜奇立、谭晓健、陈志峰、林有成、刘少青及县政府办、民政局等相关部门领导组成的慰问组分别走访慰问韶关军分区和韶关市公安消防支队,带着40多万翁源人民的深情厚谊，向广大官兵致以节日的问候。每到一处，县长陈来安都向部队官兵汇报该县的经济社会发展情况，对过去一年部队对地方经济社会发展、精准扶贫工作、国防武装建设，特别是在保障人民群众生命财产安全等急难险重任务中发挥的重要作用和支持表示感谢，希望军分区今后继续关心关注翁源经济社会发展，表示将一如既往地全力支持部队建设，并祝愿军分区在强军目标方面做得更好。

26日 县长陈来安率队先后到县武装部、消防大队开展八一中国人民解放军建军日慰问活动,代表县委县政府和40多万翁源人民向驻翁部队官兵致以节日的问候和祝福。县领导柯建忠、雷展发、刘少青以及县政府办、县民政局主要领导陪同慰问。县长陈来安代表县委县政府对武装部全体官兵一直以来在做好本职工作的同时，积极参与该县的经济建设表示感谢，希望县武装部在接下来的工作中，按照要求抓好改革、国防动员和安全检查等工作，当务之急是高质量完成好2017年的征兵工作任务。陈来安表示，武装工作是县委县政府工作的重要组成部分，县委县政府将一如既往地给予大力支持。

27日 贵州省黔南布依族苗族自治州人大

常委会原副主任逄焕华带领的调研组一行14人，到该县调研兰花产业发展情况和第28届中国（翁源）兰花博览会筹备情况。县领导温毅麟、林有成、李金桓以及相关部门领导参加调研活动和座谈会。调研组一行实地参观考察后，在县委四楼会议室召开座谈会。县政协副主席、粤台农业合作试验区管委会主任李金桓主持会议。副县长林有成向黔南州调研组介绍该县的兰花产业发展情况和第28届兰博会筹备工作进展情况。座谈中，两地兰协和相关部门的人员就兰花栽培技术、扶持政策等方面的情况和兰博会筹备工作进行交流。

是日 由市气象、林业、环保、安监等部门组成的督查组到该县开展汛期灾害防范和安全生产综合督查。县委常委、副县长柯建忠，副县长林有成和县安监、气象等部门领导陪同督查。市督查组分别到青云山药业有限公司生产车间、碧桂园豪园建筑施工工地和翁源汽车站等地开展检查。在召开的座谈会上，柯建忠汇报全县开展汛期灾害防范和安全生产综合督查工作情况。市督查组对该县根据上级指示精神，加强工作部署，狠抓汛期灾害防范和安全生产隐患大排查工作给予充分肯定，认为该县行动迅速，及时贯彻有关文件精神，布置周密，攻坚治理有成效，平安度过前汛期，没有出现大面积、大范围灾害。市督查组希望该县强化责任，加强监测和预警、预报，各部门根据实际情况完善应急预案，针对存在问题抓好整改，及时排除隐患，加强督促检查，确保生产安全。

是日 县人大常委会组织县的市、县人大代表考察教育卫生工作，县人大常委会副主任余小英、陈福环，副县长曾志华及相关部门领导陪同考察活动。代表们首先到正在紧锣密鼓筹建中的实验小学，了解学校建设进展情况。随后，代表们又到位于翁城镇中心商务区的县第二人民医院项目施工现场，认真听取项目建设推进情况介绍。视察结束后，市、县人大代表在县投资服务中心会议室召开座谈会。副县长曾志华首先向市、县人大代表汇报县第二人民医院和实验小学建设推进情况，以及建设中遇到的困难和存在的问题。代表们通过实地考察和听取汇报后，就如何解决工程中存在的问题，纷纷畅所欲言，提出许多宝贵意见和建议。

28日 广发银行行长刘家德、纪委书记符凤云带领该行90多名党员，到挂钩帮扶的新江镇渔溪村，开展党员“一对一”帮扶慰问暨党性教育活动。市人大常委会副主任、市总工会主席邓小杰、县领导张朝养、柯建忠，以及县政府办、国土资源局、扶贫办、新江镇的领导陪同慰问活动。活动中，首先举行渔溪村党员活动室、广发银行扶贫培训室启用仪式。随后，举行农业产业园落成揭幕仪式。接着，参加活动的人员参观产业园、旧军营，以及上年落成投入使用的广发希望幼儿园，对渔溪村的自然和人文环境进行考察。在村委会召开的座谈会上，渔溪村干部介绍该村的基本情况。驻村扶贫工作队介绍精准扶贫精准脱贫工作进展情况。贫困户代表、村民代表谈了工作队驻村以来渔溪村发生的变化和自我感受。张朝养、柯建忠代表县委、县政府对广发银行领导员工一行的到来表示欢迎，对广发银行给予翁源精准扶贫工作的支持与帮助表示感谢。并希望广发银行能一如既往地关心支持翁源，打赢脱贫致富攻坚战。

是日 人民银行广州分行副行长丘斌一行到挂钩村龙仙镇中心村开展精准扶贫工作调研。市人行行长刘志嘉，以及县领导叶有昌、刘少青和相关部门领导陪同调研活动。县委常委叶有昌对人行广州分行一年多来对中心村的帮扶表示感谢，要求镇、村干部要配合驻村工作队，按照打造先进村的目标要求，把中心村的精准扶贫工作做好。人行广州分行副行长丘斌对驻村工作队取得的成绩表示肯定，要求驻村工作队在今后的工作中，要形成可持续的“造血”功能，规划好、使用好扶贫资金，创新帮扶模式、树立标杆，把各项工作做好。

8月

1日 副县长、公安局长连卫在局党委副书记、纪委书记曾桓那，党委委员、政工办主任陈水养的陪同下，到官渡镇东三村开展精准扶贫工作。连卫副县长到东三村委后，通过开座谈会汇报会。了解扶贫工作组的上半年的精准扶贫工作的开展情况。之后，连卫副县长查看该村的扶贫工作台账，察看扶贫工作的具体落实情况。通过听取汇报和查看台账，连卫肯定扶贫工作组的工作，要求下一步要理清工作思路，落实工作措施，强化工作责任，加强沟通协调，全力打好脱贫的攻坚战。

2日 省委省政府召开全省贫困村创建社会主义新农村示范村工作会议，会议以电视电话会议的形式开至各县（市、区）。县长陈来安、县委副书记张朝养、韶关市脱贫攻坚上半年工作督查组第五组组长苏国强，以及该县相关县领导、各镇（场）党委书记，省直、东莞市、韶关市帮扶51个相对贫困村驻村工作队队长，相关单位主要领导在该县分会场参加会议。中央政治局委员、省委书记胡春华参加会议并作重要讲话，要求要把社会主义新农村建设摆上全省各级党委政府的重要议事日程，大力推进农村基础设施建设，充分发挥农民的主体作用，加强项目组织和资金管理，强化组织领导、落实工作责任；并强调，省、市、县要高度重视，严格落实分级负责的制度，突出省级的指导作用、市级统筹抓总的责任和县级的主体责任，真抓实干、攻坚克难，全面推进社会主义新农村建设，补齐发展短板、提升发展水平，努力在全面建成小康社会、加快建设社会主义现代化新征程上走在前列。

3日 县长陈来安主持召开县委十三届第二十九次常委会，县党政班子领导参加会议，县政协主要领导及相关部门领导列席会议。陈来安首先传达市2017年上半年经济形势分析会议精神并研究全县经济工作。陈来安在会上要求有关部门要高度重视经济增长工作，认真研究经济运行情况，特别要找准短板，采取有针对性的措施，促进经济增长。要细化目标任务分解，围绕目标把任务落实到具体部门。要抓项目促增长，保证有新项目源源不断地引进，创造条件加快项目动工建设。要通过加强服务促进项目加快推进，及时解决企业发展中遇到的问题。要加强督导，确保责任任务的落实。

是日 县委常委、副县长柯建忠到县地税局开展税收工作调研。在与县地税局班子举行的调研座谈会上，柯建忠认真听取地税局是年1—7月组织收入情况工作汇报。对地税局上半年组织收入工作取得的成绩、存在的问题和困难，柯建忠同地税局班子进行认真的分析、交流和总结。针对下半年的组织收入工作任务，柯建忠同大家分析了县经济发展形势以及县委县政府有关工作目标，要求增强信心，鼓足干劲，积极落实目标责任，深挖增收潜力，加强税源管理，既要抓好重点行业、重点企业、重点税种的征收管理，又要抓细零散小税源的日常管理，做到应收尽收，确保完成收入工作目标。同时要加强部门协调，采取有效措施做好社保费征收管理，按时完成扩面征缴工作任务。

4日 全县安全生产工作暨第三季度防范生产安全事故工作会议在县消防大队召开，县领导柯建忠、连卫，以及各镇（场）、县直有关部门的领导参加会议。会议首先组织与会人员进行现场观摩，了解消防装备的配备、干粉灭火器的正确使用方法和注意事项、消防应急逃生时的注意事项等方面的知识。随后，副县长、公安局长连卫主持召开会议。柯建忠强调，各镇（场）和各相关单位，要切实提高安全生产责任意识，加强对安全生产工作的政策法规、责任体系、专业知识的学习，抓住校车、建筑工地、交通安全、人员密集场所等重点领域、重点行业，认真开展安全生产攻坚治理行动；要加强队伍建设和业务培训，提升基层安全监管人员的业务素质和履职能力。

7日 全县精神文明建设工作会议召开。县领导陈来安、温毅麟、陈建为及县党政领导班子成员，各镇（场）党委书记、宣传委员，县直有关单位领导，县“两创”办专职人员以及县城四个社区领导等参加会议。县委常委、宣传部长、统战部长丘雪媚总结全县“巩文”工作进展情况，并针对省文明城市复评工作，尤其是近期迎检工作进行重点部署。陈来安强调，精神文明建设责任重大、使命光荣，全县上下要克服厌战情绪，进一步坚定信心，攻坚克难，扎实工作，确保顺利通过“省检”，向全县人民交出一份满意的答卷。

8日 县委县政府召开创建社会主义新农村示范村暨山水林田湖保护修复铁拳行动动员大会。县四套班子领导、县人民法院院长、县人民检察院检察长、县武装部长、开发区管委会主任、各镇（场）党委书记、县直副科以上单位主要领导、各村（社区）支书、主任，相关单位班子成员和51个相对贫困村工作队队长参加会议。会议由县委副书记张朝养主持。县委常委、副县长柯建忠解读《翁源县山水林田湖保护修复铁拳行动实施方案》。县长陈来安与各镇（场）签订翁源县贫困村创建社会主义新农村示范村责任书，并在会上作重要讲话，对创建社会主义新农村示范村和山水林田湖保护修复铁拳行动两项工作提出要求。

9 日 由韶关市纪委和市检察院联合主办的涉农职务犯罪典型案例剖析会暨警惕村干部变“村霸”警示教育活动在翁源举行。市委常委、市纪委书记郭健生，市检察院检察长曾伊山，县领导陈来安、杜奇立，以及市直有关领导，各县（市、区）纪委书记，各基层检察院检察长，该县各镇（场）党委书记、纪委书记，各村支书、主任参加会议。会议由市纪委副书记颜玉明主持。会议首先组织全体与会人员聆听由县检察机关所作的村“两委”干部职务犯罪案例剖析讲课。江尾镇、县检察院主要领导分别就江尾镇改进村委管理的整改措施和检察机关下一步如何开展村“两委”干部预防职务犯罪工作作发言。市委常委、市纪委书记郭健生要求：各级党委、纪委，特别是村“两委”干部要切实担起责任，着力解决基层不正之风和腐败问题，维护人民群众的合法权益，以良好的党风政风带好社风民风；村“两委”干部要切实摆正位置，增强敬畏之心，自觉做到敬畏法纪、重视修身养德，敬畏权力、严格恪守规矩，敬畏群众、做到公道正派，增强服务意识，脚踏实地为群众办好事办实事。

10 日 晚上，县文明办、县公安局、县两创办在县城文体广场联合举办“文明翁源 礼让斑马线”文明交通活动启动仪式晚会。县领导、县直机关单位、各镇场相关人员，社会各界代表，公安干警，市民共 2000 多人参加晚会。启动仪式上，县委常委、宣传部长、统战部长丘雪媚为活动致辞。县公安局政委陈永才宣读《文明礼让斑马线倡议书》，号召全县市民积极主动参与活动，让斑马线真正成为城市的交通安全线、生命保护线、文明风景线。县交通大队民警现场教学“如何礼让斑马线”，针对七种需要礼让斑马线的情景，采取形象生动的 PPT 进行讲解，引起观众的强烈反应，将活动推向高潮。

13 日 市安委办安全生产检查组在市安监局洪益林副局长的带领下一行 3 人到翁源县开展安全生产大检查。县委常委、副县长柯建忠以及县安监局的领导陪同检查，检查组一行通过查阅资料、听汇报、实地检查等方式，对该县的安全生产工作给予肯定，希望该县时刻绷紧安全生产这根弦，做到警钟长鸣，督促各行各业一如既往做好安全生产工作。

14 日 翁源县境外非政府组织管理工作协调小组召开全体成员单位第一次会议及境外非政府组织管理工作协调小组成员单位业务培训班。县委宣传部、县委统战部、县委政法委、县教育局等 26 个协调小组成员单位领导及联络员参加会议。副县长、公安局长、县境外非政府组织管理工作协调小组组长连卫出席会议并作重要讲话。会议由县委政法委副书记、县境外非政府组织管理工作协调小组副组长李天生主持。副县长、公安局长、县境外非政府组织管理工作协调小组组长连卫在会上强调，加强和规范县的境外非政府组织活动，扎实做好非境外组织的管理服务工作，是当今及今后政府相关职能部门的一项重要工作内容，各成员单位一定要在县协调小组的领导和统一协调下，充分发挥本部门的优势和作用，切实开展好该县境外非政府组织各个领域和环节工作，全面提升该县境外非政府组织的管理和服务水平。

15 日 市人大常委会副主任梁韶灵带领市人大机关、中国农业银行韶关分行、市城乡规划局、交通局、水务局等部门领导，到该县开展人大工作和扶贫工作调研。县人大常委会主任温毅麟，副主任陈志峰、陈福环，以及相关单位领导等陪同调研。梁韶灵一行先后到坝仔镇半溪村下湾组人参红薯种植基地、郭屋组社会主义新农村建设示范点、张屋组中华鲟养殖基地，以及坝仔镇政府人大代表联络室，通过实地调研、查阅资料、召开座谈会等形式，了解半溪村的精准扶贫精准脱贫暨新农村示范村建设工作和镇人大代表联络室的人员配备、制度建设及代表活动开展、代表履职等情况。

是日 副县长、公安局长连卫带领公安、消防等部门相关人员开展消防安全检查。在龙仙二中，连卫认真查看学生宿舍消防设施维护保养、消防器材装备配备等。针对检查发现的消防水泵压力不足、消防设施陈旧破损等隐患，检查组提出具体的整改意见。在大润发惠民超市，连卫一行详细检查超市的安全标志、消防通道、安全出口等，现场提问企业相关领导关于应急处置的相关程序和措施，并询问超市工作人员对消防基本知识等，并要求企业责任人要高度重视消防安全工作，切实增强消防安全意识，加强安全防范措施，营造安全的购物环境。

17 日 晚上 翁源县第一届“邵谒杯”桃花诗词大赛颁奖晚会在县文体广场隆重举行。县委常委、县委宣传部长、统战部长丘雪媚，县委宣传部副部长何学军等领导，翁源县书堂诗社社员、诗友及市民近千人参加颁奖晚会。晚会还上演古诗朗诵、男声独唱《在那桃花盛开的地方》、女生二重唱《月满西楼》和二胡独奏、拉丁舞、古筝独奏、葫芦丝独奏等节目。晚会现场欢歌笑语、诗声朗朗、舞美翩翩，洋溢着浓浓的书香和桃花香。

18 日 受县长陈来安的委托，副县长曾志华主持召开全县社保扩面征缴工作推进会。各镇（场）长、有关单位领导等参加会议。县人力资源与社会保障局领导传达上级有关会议精神，总结 1—7 月城乡居保及企业职工社保扩面征缴工作开展情况，安排下一阶段社保工作。曾志华要求，要统一认识，理清难点，扎实开展社保扩面征缴工作。2017 年的社保扩面征缴工作时间紧、任务重、考核奖惩力度大，各镇各单位部门要明确责任，强化协作，凝心聚力打好扩面攻坚战；要抓重点、破难点，切实落实城乡居民养老保险持续参保缴费工作；要精准施策，提高效率，做好城乡医保参、续保工作；要加强督查督办力度，强化问责机制，确保全县社保扩面征缴工作扎实推进，取得实效。

22 日 县第十五届人大常委会召开第十次会议，县人大常委会全体组成人员参加会议，副县长林有成、县人民法院、县人民检察院、县人大机关、县政府办、县发改局、县财政局、县交通运输局的有关领导及部分镇人大主席和人大代表列席会议。会议听取和审议县政府关于 2017 年上半年国民经济和社会发展计划执行情况的报告、县政府关于 2017 年上半年预算执行情况的报告、县政府关于以高速公路建设为重点的交通大会战工作情况的汇报；并通过举手表决的方式一致通过王健南辞去县第十五届人民代表大会代表职务。

23 日 由华南理工大学广东省村镇可持续发展研究中心规划二所所长陈可、建筑所所长李腾带领的调研团队一行 25 人，对该县的村庄整治规划编制工作进行调研。2017 年上半年该县与华南理工大学广东省村镇可持续发展研究中心团队建立合作关系，由该团队对该县的人居环境综合整治和社会主义新农村建设进行规划、设计。拟定于今年底完成 52 条行政村庄的规划编制。通过首轮调研，完成首批推进规划编制村庄，并从中选定 16 条自然村，作为率先完成示范村创建工作的示范点。此次调研，调研团队深入村庄现场踏勘、和镇村部门访谈及收集基础资料。

是日 市委常委、纪委书记郭健生带领市纪委、粤北人民医院和市卫计、农业等市直单位主要领导到江尾镇连溪村开展精准扶贫和新农村建设工作调研，县领导陈来安、杜奇立、谭晓健以及相关部门领导陪同调研。当天，郭健生一行实地考察调研连溪河中小河流治理、新连溪大桥、养老服务站、光伏发电、家庭服务中心、污水处理系统、危旧房拆除等扶贫项目的建设推进情况。郭健生一路走一路看，认真听取施工单位、设计单位和驻村工作队的情况介绍。在召开的精准扶贫暨推进连溪村创建社会主义新农村示范村工作座谈会上，郭健生听取驻村工作队扶贫工作进展情况汇报，并就逐个扶贫项目推进过程中碰到的问题和困难，围绕创建社会主义新农村示范村的规划、设计等，与该县领导及市、县相关部门进行商讨，提出解决问题的办法、建议和要求。

是日 县委常委、宣传部长、统战部长丘雪媚，县委常委、副县长柯建忠带领县委督查组、县纪委、县交警大队、县城监部门等单位有关领导到县城督查“巩文”工作开展情况。针对检查中发现的问题，丘雪媚要求相关领导马上进行整改，加强保洁工作，做好社会主义核心价值观、文明县城等方面的宣传工作，加大宣传力度，营造浓厚的宣传氛围，提高群众知晓率，巩固好创建成果，使“巩文”工作进入常态化管理，为市民营造良好的生活环境。

是日 县政府召开防御第 13 号台风“天鸽”工作会议。县长陈来安在会上要求，各镇（场）、各部门要高度重视，坚持预防为主，做好相关工作。副县长林有成主持会议，并就如何做好“天鸽”的防御工作提出具体要求。县长陈来安强调，虽然“天鸽”登录后已经迅速减弱，但台风不可预见性较大，仍需重视，按照市委市政府的要求切实做好防御工作，气象部门要加强观测和预报，及时掌握台风的动态并做好信息的发布；各职能部门不能有所疏忽，要高度重视，做好防范工作，切实保护人民群众的生命、财产安全。

24 日 县长陈来安主持召开县委十三届第三十次常委（扩大）会。县四套班子领导成员和有关部门领导等参加会议。县领导林有成、柯建忠，县委常委、谭晓健先后汇报第 28 届中国（翁源）兰花博览会筹备工作情况、经济与项目建设推进工作情况、创建社会主义新农村示范村的情况。陈来安指出，2018 年 3 月底到 4 月初在该县举办的第 28 届中国（翁源）兰花博览会是提升翁源整体形象，展现翁源文化内涵的一次重大盛会，现在距离兰博会还有 7 个月时间，要高标准加快推进场馆和周边环境建设，整个城市面貌和管理水平也要上一个新台阶。要加强与省、市的联系沟通，抓好会务准备和对外联络；要切实加强宣传，营造浓厚的兰博会氛围。

是日 县委县政府召开巩文实地考察点位检查情况通报会，县领导丘雪媚、柯建忠，县县直有关单位领导参加会议。丘雪媚在会上表示，虽然目前“巩文”工作取得初步的成效，但离目标任务还有一定的距离，希望在接下来的工作中，各单位各部门提高认识，全力以赴，把各项工作落到实处；明确重点，对督查发现的问题马上进行整改；明确责任，抓好责任的落实，出真招，下决心，把县城的环境整治好，要把“巩文”工作常态化，让“巩文”成果继续巩固下去，给市民一个靓丽的县城环境。

28 日 县政府召开新一轮森林资源二类调查工作动员会。会议总结回顾全县森林资源二类调查前期工作，查找困难问题，研究推进举措，加快森林资源二类调查进度，确保全县森林资源二类调查工作任务按时按质完成。副县长林有成指出，森林资源二类调查是一项专业性强、技术要求高、意义重大、影响深远的林业工作，中标单位、林业部门、各镇场以及相关部门都要进一步统一思想，充分认识开展森林资源二类调查工作的重要性，在工作中协调配合、成果共享。目前，前期工作已经完成，接下来将开展外业调查，时间紧、任务重，要以更加有力的措施、更加扎实的作风抓牢组织领导、时间进度、质量管理、纪律执行，以高效的工作、规范的操作、科学的依据圆满完成森林资源二类调查任务。

30 日 市政协副主席兰茵到龙仙镇桂竹村调研指导精准扶贫及美丽乡村建设工作。市政协党组成员林嘉、市政协港澳联络委员会主任孙斌，县政协主席陈建为陪同调研。刚到桂竹村，兰茵一行到贫困户家中，与贫困户亲切交谈，详细了解贫困户的家庭状况、致贫原因及当前遇到的困难等，随后，兰茵一行实地察看桂竹村卫生站、文体广场建设情况，还到自然村调研美丽乡村建设进展情况。座谈会上，镇、村干部介绍桂竹村的基本情况，市政协、市广播电视台扶贫驻村工作队汇报帮扶工作情况。兰茵强调，镇、村两级和扶贫工作队要认真履行好相应的责任，牢牢抓住两大主线，要以老百姓的长远利益，因地制宜地谋划该村适合发展的产业，要着力提高村级公共服务水平；要认真研究、落实扶贫的相关政策，确保贫困户、贫困村如期实现脱贫目标；要注重加强扶贫资金的管理和使用，确保资金使用规范、安全、高效。

是日 2017 年县政协重点提案推进会在县委四楼会议室召开。县长陈来安现场督办，县政协副主席李金桓及部分县政协委员和县政协机关相关人员参加会议。在督办推进会上，县发改局领导汇报重点提案的办理落实情况。陈来安指出：《紧抓纳入国家重点生态功能区新机遇 加快推进翁源绿色崛起》的提案切合该县今后的发展方向，并要求该县在今后的发展中，要把生态文明摆在战略位置，守住生态底线。认真研究、谋划好实现绿色崛起的方向和路径。按照相关要求，严把生态主体功能区产业准入关。要坚决执行该县已确定的三大主体功能区的战略和定位。立足翁源的生态优势，大力培植绿色产业。陈来安希望政协委员继续关注翁源生态发展，为县委县政府多提决策性意见。主办单位要与提案者多沟通联系 ，以积极态度办理落实好提案。

是日 县委县政府在县委五楼会议室召开全县村(社区)“两委”换届工作总结会，县领导张朝养、杜奇立、谭晓健、阮炳溪、陈福环、甘志初、连卫以及县村(社区)“两委”换届选举工作领导小组成员，各镇(场)党委书记、分管党建副书记及组织委员、县村(社区)“两委”换届风气专项巡察组、选举工作督导组成员和县换届办工作人员，各镇(场)选派支书主任代表共约 90 多人参加会议。县委常委、组织部部长谭晓健对全县村(社区)“两委”换届选举工作进行总结。县委副书记张朝养强调，抓基层打基础，责任重大、使命光荣。全体人员要以高度的政治责任感、创新的改革举措，扎扎实实加强基层组织建设，全面提升基层党建水平，以优异的成绩迎接中共十九大胜利召开，为全面建成小康社会夯实基层基础。

31 日 县长陈来安实地调研县城部分重点城建项目建设情况。县领导柯建忠、陈志峰、甘志初、连卫、陈卫红、曾志华及政府办、龙仙镇、经信、公安、住建、公共资产管理中心、交警、土储中心、城建办等相关部门领导陪同调研。陈来安一行通过实地调研，并查阅规划图纸，详细了解工程项目建设情况，协调解决项目推进过程中遇到的困难和问题。陈来安要求各级各部门要提高认识，增强突破瓶颈的信心和决心。明确分工，落实责任。各部门要加强协调，对重点建设项目定期进行研究，加大工作推进力度，确保重点城建项目建设工作按时间节点快速推进。

9月

1 日 县长陈来安、县人大常委会主任温毅麟、县政协主席陈建为等县四套班子领导成员到县党风廉政建设暨预防职务犯罪教育基地参观，接受廉政警示教育。陈来安等县领导在教育展厅，边走边看，认真听取讲解，并不时地在展板前驻足观看。陈来安等县四套班子领导还参观党风廉政建设暨预防职务犯罪教育基地廉政书画展，并观看《走向牢狱的“规划”》中山市城乡规划局原党委书记、局长张珂案件警示片。

4 日 县委县政府召开县（镇）场和行业部门十九大消防安保工作会议。县委常委、副县长柯建忠参加会议。龙仙镇、教育、住建、财政、公安、纪委等相关部门领导结合单位实际，并针对存在问题，就如何落实消防工作责任作发言。县委常委、副县长柯建忠要求全县各（镇）场各部门切实做好消防工作实施计划，明确工作重点和难点。加强组织领导，多措并举,压实责任,全力确保各项火灾防控措施落地生效。定期开展消防安全工作检查。从实锤炼灭火救援能力，从细开展消防社会宣传教育培训，提升宣传实效，全力维护消防安全形势稳定，为党的十九大胜利召开创造良好的消防安全环境。

6 日 韶能集团翁源生物质发电工程项目举行签约仪式，韶能集团董事长陈来泉、总经理肖南贵，韶关市国土资源局局长黄宣剑和县领导陈来安、温毅麟、陈建为、叶有昌、柯建忠、陈向宗，以及经济开发区、发改、经信等相关部门领导参加签约仪式。县委常委、开发区工委书记叶有昌代表县人民政府与韶能集团总经理肖南贵签约，参加仪式的相关领导见证签约。县长陈来安表示，生物质发电项目落户该县，将对该县社会经济发展产生起到积极的推动作用，该项目不仅是市委、市政府的重点发展项目，也符合该县坚持主体功能区布局、构建三大高速公路经济增长极的发展方向。陈来安要求该县相关部门以高度的责任心和担当意识，加强协调配合，把服务生物质发电项目作为全面改进服务、优化营商环境的工作来抓，主动提供优质高效服务，建立全过程、全天候服务机制，力促项目早日开工、早日建成、早日对翁源的经济社会发挥作用。

是日 翁源县 2017 年审批定兵大会在县公安局举行,对征集的 95 名新兵任务名额以现场电脑随机派号的方式确定入伍对象及去向。韶关市军分区副司令员吴楚峰大校、副县长曾志华、县征兵工作领导小组相关成员、县纪委、公安局、司法局等部门人员和应征青年及家长代表等参加审批定兵大会。

7 日 全县住户调查样本轮换工作部署暨培训会议在县委五楼会议室召开，县委常委、副县长柯建忠，各镇(场)有关领导，以及抽中为调查点的 12 个村(居)委主任、县统计局有关领导等参加会议。会议通报该县住户调查工作开展情况，并布置新一轮全县住户调查样本轮换工作。柯建忠指出，此次住户调查样本轮换工作时间紧、任务重、项目复杂、技术要求高，各镇（场）、村（居）委要高度重视，精心组织，明确好工作任务，密切配合，落实责任；要依法调查，确保质量，严格遵守样本轮换工作规定，规范运作程序，科学抽选调查样本，确保调查样本的代表性；要掌握好工作的内容、要求和方法，加强相关人员的学习和培训，确保城乡住户调查各项工作顺利开展。

8 日 县长陈来安主持召开县委十三届第三十一次常委会，县党政班子领导参加会议，县人大、县政协主要领导，以及相关部门领导列席会议。会议听取关于贯彻落实中央 18 号文件和省委 4 号文件精神，加强县镇人大工作和建设的情况汇报。就如何贯彻落实好中央 18 号文件和省委 4 号文件精神，解决有关实际问题，加强全县县镇人大工作和建设工作，陈来安要求，县委、县人大要组织牵头,抓好中央 18 号文件和省委 4 号文件精神的贯彻落实，针对该县存在的具体问题进行研究、并解决好，加强县镇人大工作，使县镇人大工作能按照省和中央的要求贯彻落实好；要加强对乡镇人大的指导，使镇级人大正常开展工作，发挥应有的职能作用。

9日 由全国政协委员、国务院发展研究中心原副主任，研究员卢中原率领的国务院发展研究中心调研组一行6人，到翁源县开展“粤港澳大湾区城市群建设”调研。国家兰科植物种质资源保护中心主任、教授、首席科学家刘仲健，省政府发展研究中心相关领导，市政协副主席、民革市委主委、市发展研究中心主任张文铭，县政协主席陈建为，副县长林有成，县政协副主席李金桓陪同调研。调研组一行分别参观位于粤台农业合作试验区翁源核心区的臻香兰业有限公司、巨扬花卉有限公司两家台商企业，听取该县的基本情况和兰花产业发展情况介绍，实地了解该县的兰花、小盆栽等特色花卉产业的发展情况。调研组一行对该县兰花产业集培育、种植、展示、经营于一体表示赞赏，认为该县有得天独厚的地缘优势，气候、生态十分适宜兰花的种植，兰花种植规模大、水平高，特别是国兰洋兰并进、科研生产并举、精品大众并存、外商农民并种的生产格局值得肯定。

10日 县政府在县政府小礼堂召开庆祝第33个教师节暨教育工作会议，对全县涌现出的60名教书育人优秀教师、20名优秀班主任、15名优秀乡村教师、6名优秀校长予以表彰奖励。县四套班子领导成员出席会议。会议由县委副书记张朝养主持。副县长肖俊青宣读《关于表彰2016—2017学年度教育工作先进个人的通报》。县长陈来安代表县委、县政府向全县广大教师和教育工作者，致以崇高的敬意和节日的问候，向受表彰的先进个人表示热烈祝贺，向长期以来关心支持该县教育事业的社会各界人士表示衷心感谢。陈来安对全县教育工作给予肯定，并对今后该县的教育工作提出要求和希望。

11日 县委县政府在县城文体广场举行新兵入伍欢送仪式，热烈欢送应征入伍的新兵奔赴火热军营，履行保家卫国的神圣使命。县委常委、副县长柯建忠代表县委、县政府和全县人民向光荣入伍的全体新战士表示祝贺，向关心支持国防建设、积极送子参军的家长表示敬意。希望新兵战士们到部队以后，认真学习思想政治理论，努力提高军事素质，服从命令、听党指挥、苦练本领，培养和锻炼优良的品质和作风，争当标兵，圆满完成党和人民交给的各项任务，不辜负家乡人民的重托。

12日 市档案局局长卢春燕，副局长申爱平和监督指导科的领导一行4人，到翁源县检查指导农村土地确权颁证档案工作，并进行现场指导。副县长肖俊青，农业局局长张尾福，档案局局长邓国伟，官渡镇领导等陪同。市档案局领导到位于官渡镇的县农村土地承包确权项目部，认真对该项目部承包的农村土地确权档案的收集、整理、归档等进行检查指导。然后，在官渡镇政府听取分管县领导，官渡镇领导，农业局、档案局领导介绍确权颁证档案工作进展情况以及下一步工作打算。对项目部承包的农村土地确权档案的收集、整理、归档工作和乡镇主动服务土地确权档案工作表示肯定，对存在的问题及时地提出反馈意见。

是日 市交通运输局局长唐明强带领局领导班子成员和各科室领导，到挂钩帮扶的龙仙镇马古塘村检查指导精准扶贫工作。通过实地察看和听取汇报，唐明强对驻村工作队所做的工作给予充分肯定，并对接下来的工作提出要求。他说，要按照“轻重缓急，扎实推进”的原则，加快推进各项工作，尤其是美丽乡村建设，要做好规划，并落到实处；同时要抓好党建工作和制度建设，确保顺利完成年度工作目标任务。

14日 县委县政府县在县卫计局五楼会议室召开计划生育工作综合治理责任单位联席会议。县直24个计划生育综治责任单位的分管领导和县卫计局班子成员、相关股室领导参加会议。会议由县卫计局局长黄恩联主持，副县长肖俊青到会并作重要讲话。肖副县长希望全县上下要认清形势，始终绷紧计生工作这根弦，认真落实“党政主要领导亲自抓负总责、分管领导具体抓负专责、班子成员合力抓都负责”的要求；县直计生综治责任单位要扎实履行好自身职责，坚持齐抓共管不动摇，通过大家的努力，圆满完成2017年的计生工作任务，并在省、市年度考核中获得优异的成绩，不断提高该县计生工作服务和管理水平。

15日 省卫生和计划生育委员会副主任黄飞带领省卫计委相关人员一行4人，到翁源县调研基层医疗卫生服务能力建设工作情况。韶关市政府副厅级干部王伟阳、该县领导陈来安、肖俊青以及市、县相关部门领导陪同调研。黄飞一行通过现场了解和座谈，黄飞对该县基层医疗卫生服务能力建设工作给予高度肯定，认为准备工作充分，县领导非常重视，牢牢抓住了机遇，方向正确，措施得力。他要求该县要继续高度重视，加快重点项目的进程，抓好项目资金和配套资金的落实和管理；要及时提出需求，加快妇幼保健系统的建设。黄飞表示，市、县提出的意见和建议会向省政府反映，共同推进韶关市基层医疗卫生服务体系建设。

是日 民革广东省委会副主委、珠海市委会主委、珠海市政协副主席潘明一行10人到县开展“以特色小镇带动粤东西北地区精准扶贫工作的建议”为主题的课题调研。县领导王迅东、林有成、李金桓以及粤台管委会、发改、农办等相关部门领导陪同调研。通过实地调研和听介绍，潘明一行对该县兰花特色产业表示赞赏，认为该县有得天独厚的地缘优势，兰花发展规模大、水平高。潘明希望该县通过兰花特色小镇带动精准扶贫工作；大力挖掘兰花产业与文化底蕴的内涵，深入挖掘兰花文化旅游特色，使江尾镇越来越美；通过特色小镇文化旅游活动带动精准扶贫；在特色小镇建设过程中，要提高规划、设计、建设水平，尤其是在村容村貌改造方面要提高规划设计和建设管理水平。潘明表示，民革广东省委会将加强与江尾镇的联系沟通，在“三农”（农业、农村、农民）方面，发挥民革的作用，争取上级的支持，为江尾兰花特色小镇的建设、发展出力。

是日 韶关日立化成能源科技有限公司举行开工仪式，县委常委叶有昌及翁源经济开发区、县住建、环保、国土局等有关部门领导参加开工仪式。县委常委叶有昌代表县委、县政府对韶关日立化成能源科技有限公司的正式开工表示热烈的祝贺，并表示，该县将按照省委、市委提出的“主动融入珠三角，加快实现绿色崛起”的总战略要求，主动服务好日立化成项目。叶有昌要求开发区及有关单位要全力支持项目建设，积极帮助解决工程施工过程中可能遇到的问题，确保项目早日建成投产。

18日 县长陈来安率队开展“巩文”工作检查，要求全县各部门要高度重视、认真做好查漏补缺，把工作做细、做实，全力做好冲刺前的各项准备工作。县领导柯建忠、阮炳溪、陈卫红以及相关部门领导陪同检查。陈来安一行先后到城东全民健身广场、城东市场、公共服务中心等实地考察点进行检查，了解“巩文”工作的推进情况。实地检查结束后，县长陈来安在县委四楼会议室主持召开会议，对迎检工作进行部署。陈来安强调，各单位、各部门要高度重视，组织本单位人员行动起来，认真做好查漏补缺，把工作做细、把准备工作做充分，全力做好冲刺准备，确保顺利通过复评。

19日 县政府召开2017年全县打假工作暨卷烟打假工作联席会议。副县长曾志华参加会议并讲话。会议总结2016年以来打假工作和卷烟打假工作成效，部署2017年打假工作重点。副县长曾志华充分肯定2016年以来全县打假工作成效，并要求，要认清形势，保持对打假工作的高压态势，要充分发挥联合打假机制的作用，加大卷烟打假力度，深入持久开展下去。要加强源头治理，狠抓企业主体责任，继续巩固重点市场的整治成效。落实责任，营造氛围，确保全年打假工作任务的完成。加强打假工作的组织领导，把打假工作落实到人，要加强宣传教育，落实企业主体责任，加强督查考核，提高打假成效，使打假工作取得实实在在的效果，为推动该县经济持续健康稳定发展做出新的贡献。

是日 省安监局应急办主任章云龙一行到省危险化学品应急救援韶关（翁源）基地开展专题调研，县委常委、副县长柯建忠及市、县安监部门和该县相关部门领导陪同调研。章云龙一行首先到广东（韶关）华彩危险化学品应急救援基地施工现场，实地察看基地的建设进展情况。实地调研结束后，在华彩办公楼会议室召开省级危险化学品应急救援韶关（翁源）基地调研汇报会。章云龙在会上对基地的建设进度给予肯定，希望开发商和地方政府采取有效措施，加快项目进度，使基地尽快建成投入使用；要注重学习借鉴外地的先进经验，创新模式、制订一套切实可行的运营管理方案，确保基地的正常运营和维护；要加强队伍建设，既要考虑长远、又要立足实际，做好队伍的规划建设，做好队伍的协作和分工，使队伍更好地发挥各自的优势，保障粤北地区化工企业生产安全。

20日 县政府召开2017年整治虚假违法广告联席会议，副县长曾志华及联席会议各成员单位领导参加会议。会议总结县整治虚假违法广告工作，提出下半年的工作要点，同时对《翁源县整治虚假违法广告联席会议工作制度》作说明。副县长曾志华在会上要求，统一思想、提高打假意识；强化整治、加大监管力度，主要是突出重点、加大执法力度，明确目标要求、形成监管常态化，对虚假违法广告“零容忍”，一经发现从严查处。曾志华强调，各部门要主动作为，各司其职、各负其责，全力整治虚假违法广告，净化广告市场，以健康文明的广告市场环境，迎接兰博会的召开。

是日 县领导陈来安、柯建忠、曾志华，带领县政府办、县安监、经信、国土、环保等相关部门领导到翁源红岭矿业有限责任公司调研，了解该公司日常生产情况及需要政府帮助协调解决的问题。陈来安一行通过实地察看听取汇报，详细了解该公司的安全生产和经营管理等情况。陈来安表示，县政府将继续大力支持企业的发展，希望企业抓好安全生产，落实企业安全生产主体责任，加强安全规范操作，确保生产安全。加强环保设施设备建设和加强日常管理，按照环保管理要求做好污水排放，确保公司正常生产和稳步发展，不断做强做大，为地方经济发展做出更大的贡献。

21 日 县长陈来安带领相关部门人员到韶新高速公路沿线的官渡、翁城、新江等镇调研高速公路建设进展情况。在翁城企业投资中心会议室，县长陈来安主持召开座谈会，听取相关职能部门和韶新高速公路沿线各镇对韶新高速公路建设推进情况汇报，了解建设推进过程中遇到的困难和问题。县长陈来安对相关职能部门和韶新高速公路沿线各镇所做的前期工作给予充分肯定。针对韶新高速公路在建设推进过程中遇到的困难和问题，陈来安要求韶新高速公路沿线各镇要进一步提高认识，积极做好群众的宣传工作，让沿线群众理解和支持高速公路建设；要加强组织领导，做好巡查、监管工作，确保高速公路建设推进顺利。相关职能部门要做好上下级部门的沟通、协调工作，及时化解在高速公路建设推进过程中的各类矛盾，确保高速公路建设如期顺利推进。

22 日 由英德市委常委、常务副市长张光带领的考察组到该县考察学习高速公路建设工作经验和做法。在县领导张朝养、林有成及政府办、交通局、龙仙镇、高速办等相关领导陪同下，张光一行先后实地考察县内武深高速公路、汕昆高速公路建设现场，对该县城市交通发展、重点项目打造等相关工作进行详细了解，他们一致认为，该县高起点、高标准规划和建设高速公路互通连接线，既发展县城的交通、又大大提升城市的档次和品位，希望加深对该县高速公路建设项目的了解，借鉴更多关于高速公路规划、设计、建设等领域的经验和做法。

是日 全县“谁执法谁普法”责任制落实推进会在县政府小礼堂召开。县领导张朝养、陈路生、王迅东、连卫、刘少青参加会议。副县长、县普法领导小组副组长连卫对翁源县实行“谁执法谁普法”工作责任制进行部署，从四个方面对该县下一步开展普法工作提出要求：要明确“谁执法谁普法”工作责任主体 ；要明晰“谁执法谁普法”主要工作任务；要明确“谁执法谁普法”工作原则；要强化好工作机制，落实好普法工作要求。连卫指出，落实“谁执法谁普法”和“谁主管谁普法”责任制，是实施依法治国方略的要求，也是建设法治翁源的举措，各级各单位要构建分工负责、各司其职、齐抓共管的“大普法”工作格局，努力营造“自觉守法、遇事找法、解决问题靠法”社会风尚，教育引导全民增强法治观念，树立法治信仰，为推进翁源加快振兴发展创造良好的法治环境。

是日 由市人大常委会副主任林岚带领的市食品安全监督工作组一行，到该县开展食品安全监督工作专项调研。县领导陈福环、肖俊青以及相关部门领导陪同调研，县长陈来安参加了调研座谈会。县长陈来安在座谈中指出，食品安全是一项非常重要的工作，关系到地方的稳定、关系到老百姓的身体健康，县委县政府一直以来重视做好食品安全监管工作，认真落实各项监管措施，近几年全县食品安全保持平稳的态势，被国家农业部命名为“国家农产品质量安全县”。陈来安表示，接下来该县将着重加强农产品品牌的建设，加强农业投入品的监管，加强食品生产全过程的监管，完善工作机制，保障人民群众饮食安全。

26 日 市委常委、常务副市长朱余旺带领市政府办、市统计局、市财政局、市发改局、市经信局等相关部门领导到该县开展工作调研。县领导陈来安、叶有昌、柯建忠等陪同调研。实地调研后，朱余旺一行在县委四楼会议室主持召开经济工作座谈会。县委常委、副县长柯建忠汇报该县经济工作情况。县长陈来安总结该县 1—8 月经济社会发展工作情况及下一步的工作措施。朱余旺充分肯定该县 2017 年以来取得的工作成效，但仍需认清形势，保持清醒，克服各种困难，充分调动干部积极性，采取过硬措施，确保完成今年的各项任务。要求该县要继续坚持三大主体功能区的发展思路，坚持抓投资、抓重点项目，以工业园区为载体，抓好工业发展，紧紧扭住县域发展的牛鼻子，加快翁源经济社会发展。

是日 由市工商局、市食药监局、市质监局联合组成的安全生产综合督查组对该县国庆节前安全生产工作开展情况进行督查。副县长林有成及县安监、质监等相关单位领导参加督查行动。市督查组要求该县相关企业必须高度重视抓好安全生产工作，规范生产经营，落实防范措施，认真排查安全隐患，加强节日值班，加大安全生产教育培训；安监部门要加强监督检查，坚决消除安全隐患，杜绝安全生产事故发生，为广大人民群众欢度节日营造良好的安全氛围。

28 日 该县在县政府小礼堂召开县委理论学习中心组学习(扩大)会议暨翁源县2017年领导干部党纪政纪法纪教育培训班，县委中心组成员，县武装部主要领导，经济开发区管委会主任，各镇(场)书记、镇(场)长、纪委书记，县直副科以上单位主要领导共170多人参加会议。县委副书记、县长陈来安主持会议。

30 日 县委、县政府在烈士陵园举行“9•30”烈士纪念日公祭活动。在家的县四套班子领导成员，在县城居住的老干部、老联会、老促会、关工委代表，县直各党（工）委代表，驻翁各部队代表、退伍军人代表，县城学生代表共600多人在烈士陵园集聚一起，参加“9•30”烈士公祭活动暨向烈士纪念碑敬献花篮仪式。县委副书记张朝养主持烈士纪念日公祭活动仪式。最后，参加纪念革命烈士活动的全体人员，围绕烈士纪念碑行走一圈，向烈士敬献鲜花，悼念为翁源的解放和新中国的诞生而英勇牺牲的革命先烈。

是日 省委组织部副厅级组织员欧阳贵有一行3人到该县调研抓党建促扶贫工作。市委组织部副部长涂为群、县领导陈来安、谭晓健和县委组织部、县委农办、县扶贫办及相关镇等领导陪同调研。

是日 省发改委副主任陈志清一行来到翁城镇沾坑村调研指导精准扶贫工作，走访慰问贫困户，为贫困户和当地群众送上节日关怀和祝福。市发改局局长郭先桂、县委常委、副县长柯建忠，以及市、县发改部门、翁城镇领导陪同调研。

10月

1 日 副县长、县公安局长连卫带领局班子其他成员深入各个公共场所巡查指导民警的执勤情况。每到一处，连卫一行通过听取汇报和实地察看，希望工作人员要以优质的服务，服务好群众，让群众满意，让百姓安心。

10 日 由省委农办副主任刘洪盛率领的省委农办调研督导组一行4人到翁源县调研督导省定贫困村创建新农村示范村工作。

11 日 县委常委、常务副县长柯建忠、县财政局局长李红学和农发办主任张昌洪，在韶关市财政局副局长胡列峰、农发办主任朱光仁的指导下，参加全省2018年农业综合开发田园综合体试点项目PK。在全省11个县（市、区）申报中，不负众望，进入省财政厅项目库三个名额之一，并在下阶段进行第二轮 PK，争取唯一一名报中央项目资金。

是日 县委县政府在翁源县分会场，组织领导干部集中收听收看“百名法学家百场报告会”韶关市委理论学习中心组专场暨南粤法治报告会第三十九讲，邀请广东外语外贸大学教授陈小君作“《中华人民共和国民法总则》的制度特色和时代精神”的专题报告电视电话视频会议。

12 日 县政府在县政府三楼会议室召开由各乡镇分管领导与资料员参加的工作会议，部署2017年申报卫生村的迎接检查考核有关工作，副县长肖俊青出席会议。

是日 由市人大常委会财经工委主任潘穗担任组长的市人大代表考察组，到县华彩新材料产业园考察园区建设情况。市人大常委会副主任张平、邓小杰，县领导叶有昌、陈志峰，以及市、县相关部门领导等陪同考察。代表们通过察看，对该县园区建设情况有全面的了解，他们认为，该县领导对园区发展高度重视，指导有方，各职能部门能够积极协助配合企业的建设，使整个园区的发展取得可喜成绩。代表们还希望该县政府部门继续加强指导园区的发展，加大发展后劲，通过园区的加快发展，推进地方经济增长。

是日 省地税局局长吴紫骊率领省地税局有关领导一行到县地税局调研指导工作。吴紫骊一行听取汇报、与地税干部面对面交流，听取县地税局在税收征管过程中碰到的问题和困难及工作意见建议。

13日 市城乡规划局、市旅游局在该县组织召开关于《韶关市翁源县江尾镇旅游名镇旅游发展总体规划》《韶关市翁源县龙仙镇青云村旅游名村旅游发展总体规划》的专家评审会。华南师范大学旅游研究所所长徐颂军一行五名专家评委对规划方案进行评审。专家组通过听取汇报、审阅资料，专家评委能对该县的旅游发展、镇村规划等提出宝贵的意见建议。

是日 县委县政府召开全县领导干部会议。市委常委、组织部长华旭初，市委组织部常务副部长蓝振云，及该县四套班子成员，县人民法院院长，县人民检察院检察长，县直正科级以上单位、镇（场）党政正职，省市驻县正科级以上单位正职等人员参加会议。市委组织部副部长蓝振云受市委委派宣读省委、市委关于翁源县主要领导任免的决定。根据决定，黄令遥任翁源县委书记。县长陈来安代表班子成员作表态发言，表示坚决拥护省委、市委的决定。他说，县四套班子成员和各级党员干部必须把思想和行动统一到市委的决定中来，继续发扬精诚团结、奋力拼搏、开拓创新、争创一流的优良传统，坚决服从县委的领导，全力支持县委的工作。

16日 广东省全域旅游暨旅游扶贫调研活动第七组一行5人到江尾镇湖心坝考察调研，副县长肖俊青及市、县旅游部门工作人员陪同调研。调研组一行通过实地调研和听汇报后，对江尾湖心坝极具旅游开发利用提出建议和对策

17日 第28届中国兰花博览会组委会在广州文化公园举行推介会，组委会宣布第28届中国兰花博览会将于2018年3月23日至4月7日在翁源兰花创新博览中心举办，这是中国规模最大、影响最广的国家级兰花盛会30年来第一次在县级城市办展。该届中国兰花博览会由中国花卉协会兰花分会、广东省（韶关）粤台农业合作试验区翁源核心区管理委员会主办，以“兰乡情•产业梦”为主题，面积共20000平方米，此次兰博会共有参展精品兰花10000盆，为历届规模之最。

18日 县委县政府组织广大党员干部在县委五楼会议室收听收看中国共产党第十九次全国代表大会。县长陈来安，县人大常委会主任温毅麟，县政协主席陈建为等在家的县四套班子领导成员，县人民法院院长，县人民检察院检察长，以及县政府院内的各部门单位领导出席会议，仔细聆听习近平代表第十八届中央委员会向大会所作的报告。

是日 该县在县委五楼召开全县安全生产暨第四季度防范较大以上生产安全事故工作会议。会议由县委常委、副县长柯建忠主持，各镇（场）、县有关单位主要领导及分管领导共50多人参加会议。会议总结今年前三季度安全生产工作，部署今后安全生产工作，全面落实党委、政府领导责任，把事故防范和安全生产隐患排查责任落到实处。扎实推进安全生产各项重点工作，确保中共十九大期间全县安全生产形势继续保持稳定。

19日 市依法打击和预防农村“村霸”和宗族势力犯罪工作调研组一行9人到该县调研。县领导王迅东、连卫以及该县的2名市人大代表和相关部门领导参加调研座谈会。座谈会由县人大常委会副主任王迅东主持。通过听汇报，市调研组对该县依法打击和预防农村“村霸”和宗族恶势力犯罪工作给予充分肯定，认为该县县委县政府及各职能部门高度重视，宣传到位，思想认识到位，工作措施到位，希望该县加强宣传，完善机制，加强综合治理，让社会更和谐。

是日 县长陈来安一行到县公安局调研公安工作，慰问奋战在十九大安保维稳一线的全体公安民警和辅警。

24日 由市民政局局长邢丽率领的督查组到该县开展民政服务机构安全隐患整改落实专项督查。副县长林有成陪同督查。市督查组通过实地检查和听取汇报，对该县贯彻落实全省民政服务机构普查和安全隐患排查整治专项行动的工作要求表示充分肯定，同时要求该县加大工作力度，对排查出的安全隐患抓实抓细工作措施，做好整改，完善安全管理长效机制，坚决堵塞安全漏洞。

25日 省发展改革委主任何宁卡率队到对口帮扶的翁城镇沾坑村调研指导精准扶贫和社会主义新农村建设工作，并走访看望挂钩贫困户。市长殷焕明、县长陈来安，以及市、县发改部门主要领导陪同调研。

27日 县长陈来安率领县民政局、龙仙镇等单位领导走访慰问该县部分百岁老人，为他们送去了慰问金，并向全县老年人致以节日祝福和问候。在“敬老月”期间，该县将开展百岁老人慰问活动，并分成4个慰问组分别看望慰问各镇场最年长的百岁老人及敬老院老人，并为他们送上节日慰问金。

28日 省委召开广东省传达贯彻中共十九

大精神大会，县委县政府在县电信局五楼视频会议室设立分会场，县四套班子领导成员，法院、检察院主要领导，翁源经济开发区管委会主任，县纪委副书记，各镇（场）党委书记，各单位领导在分会场收听收看会议。

29 至 30 日 港区全国政协委员、粤港青年交流促进联会主席龙子明和香港韶关同乡联谊总会主席官锦堃先生，率领香港青少年文化交流团共 41 人，到该县开展文化交流和扶贫助学活动，加强两地学生交流联谊，助力翁源教育事业发展。韶关市政协党组成员何伟青，县政协主席陈建为、副县长肖俊青和县政协副主席刘少青，以及当地相关部门领导出席参加有关活动。

30 日 东莞市长安镇挂点帮扶该县 12 个相对贫困村座谈会在坝仔镇召开。该县与长安镇领导就如何做好下一步精准扶贫工作进行探讨，并希望两地进一步加强交流、通力合作，把十九大的精神贯彻到扶贫工作中去，确保如期完成脱贫任务。县领导谭晓健、陈向宗、连卫和坝仔镇、扶贫办有关人员，以及长安镇有关部门、单位、集团公司、12 个社区的领导干部等参加座谈。

31 日 韶关市翁源至新丰（韶新）高速公路建设现场推进会在该县官渡镇韶新高速公路滃江大桥工地召开，副市长李欣、翁源、新丰两县有关领导以及市、县交通、高指办、发改、国土等部门领导参加现场推进会。市交通局有关领导介绍韶新高速公路项目的基本情况，翁源、新丰两县有关领导分别作表态发言。副县长陈卫红在会上作表态发言，确保高速公路建设顺利推进。

是日 全县新农村建设和人居生态环境综合整治暨扶贫开发工作推进会在县政府小礼堂召开。县领导陈来安、谭晓健、阮炳溪、陈向宗，以及相关单位主要领导、各镇（场）党委书记、镇（场）长、分管领导、扶贫办主任，省直、东莞市、韶关市、县直帮扶 53 个示范村驻村工作队长及村支书参加会议。会议由县委常委阮炳溪主持。会议总结全县的精准扶贫和新农村建设工作，部署今后精准扶贫工作并提出新要求。

11 月

1 日 由市人防办副主任黄庆红带领的市检查组到该县开展人防工程建设联合执法检查工作，对该县 2015 年以来落实结合民用建筑修建防空地下室和人民防空工程“易地建设费”收支管理工作进行专项检查。县委常委、副县长柯建忠陪同检查。

是日 副县长肖俊青带领政府办副主任张治平、中医院主任张文风、官渡镇副镇长彭聪等相关领导，到官渡镇龙船村开展领导干部下村住夜直接联系群众活动，了解社情民意，解决实际问题。

3 日 市委常委、组织部长华旭初带领市委组织部全体干部，到对口帮扶的江尾镇东鹊村开展“党建+扶贫”市、县、镇、村工作推进暨“党建对接、帮扶共建”捐赠活动。华旭初一行通过实地察看参观、与敢工作人员交流，全面了解农村人居环境综合整治和社会主义新农村建设推进情况。活动中，华旭初还走走访慰问贫困户，送上慰问金，鼓励他们发展生产，战胜贫困，争取早日脱贫。还叮嘱驻村工作队员和村干部，要多关心多走访，切实帮助贫困户解决实际困难。

6 日 副县长曾志华到坝仔镇中洞村开展领导干部下村住夜直接联系群众活动，专题调研社会主义新农村建设，听取社情民意，解决群众实际困难。政府办副主任刘志良、坝仔镇镇长陈思佑、镇武装部长丘友全陪同调研。在村“两委”干部、村小组长座谈会上，曾副县长认真听取村干部对中洞村发展提出的意见、建议，并进行研究讨论。针对村干部提出的生活用水等问题，曾副县长表示将协调相关部门尽快解决。

7 日 县委召开县委理论学习中心组学习（扩大）会议，县委理论学习中心组成员，县武装部、开发区、相关单位主要领导以及各镇（场）书记、镇（场）长共 100 多人参加会议。会议由县委书记黄令遥主持。会议学习贯彻中共十九大精神，动员全县干部切实加强组织领导，迅速掀起学习贯彻中共十九大精神热潮，推动全县各项工作扎实有效开展，在新的起点上开创翁源振兴发展新局面。县领导陈来安、温毅麟、陈建为、杜奇立、谭晓健分别结合自己的学习体会，先后作专题学习发言，对党的十九大报告进行学习交流。

是日 省发改委副主任吕成蹊率队到对口帮扶的翁城镇沾坑村开展精准扶贫工作调研，走访慰问贫困户。县委常委、副县长柯建忠及市县发改部门主要领导陪同调研。

8 日 该县召开“创国卫”工作总结会议，举行授牌仪式。副县长肖俊青主持会议，并总结“创国卫”工作。市爱卫办主任彭爱莲宣读《全国爱卫会关于命名 2014—2016 周期国家卫生县城（乡镇）的决定》，并为该县成功创建为“国家卫生县城”授牌。县长陈来安在讲话中说：“接过国家级卫生县城的金字招牌，标志着该县三年来创“国卫”工作取得阶段性的成绩，但这只是一个新的起点，我们要在新的起点上继续巩固和发扬创卫工作，把创建国家卫生县城的工作巩固和提升，在全社会形成文明习惯、保洁治理机制，创造良好的生活工作环境，推进美丽幸福翁源的建设。”

是日 副市长、市公安局长刘清生率队到该县开展公安工作调研。副县长、县公安局长连卫的陪同调研，

是日 县委书记黄令遥率队到新城区调研，县领导柯建忠、阮炳溪、甘志初、陈卫红及相关单位主要领导陪同调研。通过实地调研听取汇报后，在新城办会议室召开调研座谈会。会议由县委常委阮炳溪主持。县委书记黄令遥对新城区目前的推进情况给予肯定，针对新城建设过程中面临的困难和问题，就如何做好新城区工作提出要求。

9 日 县委书记黄令遥率队到江尾镇连溪村、粤台农业合作试验区翁源核心区调研，县领导阮炳溪、林有成、李金桓及相关单位领导等陪同调研。调研中，黄令遥对全县农业产业化建设工作情况提出新要求，确保第 28 届中国兰花博览会顺利举行。

是日 县公安消防大队在翁源碧桂园组织开展主题为“关注消防，平安你我”的宣传活动，正式启动该县 2017 年“119 消防安全宣传月”活动。目的在于，在全社会广泛深入地开展消防宣传教育活动，让更多的人接触消防、认识消防，从中了解更多的消防安全知识，掌握基本的火场逃生技能，真正形成“人人了解消防、人人关心消防、人人参与消防”的良好氛围，齐心协力共同维护该县消防形势持续稳定。

10 日 县委书记黄令遥主持召开县委十三届第三十四次常委会议。县人大常委会主任、县政协主席和县委督查组、县政府相关领导及县委办、县政府办有关人员列席会议。会议强调，要切实增强党委对法治建设的领导，将法治建设纳入本地发展规划和常委会工作要点。相关单位部门履行职责，定期听取法治建设相关工作汇报；深入推进法治宣传教育，要加强学习相关法律法规，要按照市委的要求落实到位。

13 日 县委十三届第三十五次常委（扩大）会议在龙仙镇青云村委会召开，县委书记黄令遥、县委常委班子成员、县人大常委会主任、县政协主席，以及龙仙镇、青云村有关领导和部分党员代表参加会议，共同学习中共十九大精神，探讨如何让十九大精神在基层落地生根。在青云村委，县委书记黄令遥带领全体与会人员重温入党誓词，要求大家不忘初心，牢记使命，扎牢全心全意为人民服务的宗旨，牢记共产党员的职责和光荣使命。会议要求，全县各级党组织、各位党员干部要更加牢固树立不忘初心，牢记使命，全心全意为人民服务的意识，结合自身工作实际，推动中共十九大精神深入基层，把基层党组织建设成为宣传党的主张、贯彻党的决定、推动改革发展的坚强战斗堡垒、推动全县社会经济各方面的发展，让翁源在新时代有新的气象，取得新的成绩。

15 日 县长陈来安参加在深圳举行由韶关市人民政府主办的 2017 年“湾区创新 韶关加速”招商推介会。并代表翁源作华彩新材料产业园招商推介。他在推介中介绍翁源基本县情、华彩新材料产业园概况，并对华彩新材料产业园二期开发与招商，以及园区优势作重点推介。

是日 县委县政府在县政府小礼堂集中收听收看韶关市召开全市实施乡村振兴战略、加快社会主义新农村建设规划培训视频会议，县领导黄令遥、谭晓健、甘志初、林有成，以及各镇场党政主要领导、相关部门领导、全县 156 个行政村支书、省定 51 个相对贫困村驻村工作队长、第一书记会议。

16 日 省委农办主任陈祖煌到该县开展乡村振兴战略专题调研，市委常委、统战部部长黄劲东、县领导黄令遥、谭晓健、甘志初、李金桓，以及市、县农办、县扶贫办领导陪同调研。

是日 县委县政府组织相关人员在县政府小礼堂分会场，收看韶关市领导干部学习贯彻中共十九大精神专题研讨班开班式和省委宣讲团中共十九大精神宣讲报告会视频会议。县委理论学习中心组成员、县武装部主要领导、经济开发区主

要领导、各镇（场）党委书记、镇（场）长、县直副科以上单位主要领导观看视频会议。

是日 县委县政府召开第四季度消防安全责任人暨2017冬2018春消防工作会议，分析研判该县当前消防安全形势，部署近期消防安全管理重点工作。副县长、县公安局长连卫及各镇（场）、相关部门领导参加会议。会议要求，各镇场、各单位、各部门要认清形势，提高认识，扎实做好冬季火灾防控工作；要突出重点，把握关键，全面开展排查整治火灾隐患，打好冬防工作的主动仗；要明确责任，狠抓落实，确保该县2017冬2018春火灾形势稳定；充分利用各种宣传媒体进行宣传，提高广大人民群众自防自救能力；加大消防人员配备、基础设施等救援保障建设，提高救援能力和水平,确保该县广大人民群众的生命财产安全。

是日 由财政部国家农发办制度研究处处长朱铁辉、广东省财政厅农发办主任彭琳等组成的调研组莅临该县调研。市财政局局长凌振伟、县委常委、副县长柯建忠以及市、县财政部门相关负责人陪同调研。

20日 县政府十五届三次全体会议暨前三季度经济形势分析会召开，会议贯彻落实中共十九大精神和市前三季度经济形势分析会精神，分析该县当前经济形势，部署安排下一阶段经济工作及政府近期重点工作。县领导黄令遥、陈来安、叶有昌、柯建忠、陈向宗、陈志峰、连卫、林有成、陈卫红、肖俊青、曾志华、刘少青，以及各镇（场）长、县政府组成部门和相关部门的主要领导等参加会议。

21日 县食品安全监管工作会议在县食药监局三楼会议室召开。副县长肖俊青、县食药监局局长刘宏伟、县食安委成员单位分管领导及县食安办全体人员共31人参加会议。

22日 县委书记黄令遥到县国税局、地税局调研全县财税工作情况。县领导柯建忠、阮炳溪以及县财政局、国税局和地税局领导陪同调研。

是日 市行政服务中心副主任林中强一行到该县调研指导“一门式一网式”政务服务改革和“12345”政府服务热线管理工作。副县长曾志华、县行政服务中心主任陈思才陪同调研。

24日 翁源县广电网络改革重组签约仪式在县委四楼会议室举行，标志着翁源县广电网络正式加入广东省广电网络大家庭。参加签约仪式的有广东省广播电视网络股份有限公司党委委员、副总经理李继光，县领导陈来安、阮炳溪，省市网络公司、市委宣传部有关领导，县广电网络改革重组工作领导小组成员单位领导，县广播电视台班子成员等。签约仪式由县委常委阮炳溪主持。县长陈来安对协议的签订表示祝贺，希望县广播电视台严格按照省市网络公司的工作部署和要求，把人员安置、资产移交等各项后续工作抓紧抓好抓实，实现改革重组的顺利实施；要以这次改革为契机，继续深化体制改革，做大做强传媒业，巩固和发展党的宣传舆论阵地，为弘扬社会正能量传播好声音做出更大的贡献；进入省网络公司的同志要有大局意识，服从工作安排，创新思路、挖掘潜力，力促分公司实现跨越式发展。陈来安希望省广电网络公司今后一如既往地关心、支持该县的经济社会发展，让更多的人民群众享受到文化体制改革带来的成果。

28日 县政府办系统党委召开学习贯彻中共十九大精神宣讲报告会。报告会专门邀请县委宣讲团团长、县委宣传部副部长何学军主讲。何学军紧扣中共十九大报告原文，理论联系实际，从中共十九大主题和主要成果、习近平新时代中国特色社会主义思想、过去5年的历史性成就和历史性变革、中国特色社会主义进入新时代、中国社会主要矛盾的变化、“两个一百年”奋斗目标的战略部署、中国经济社会发展重大战略部署和坚定不移推进全面从严治党等8个方面，对中共十九大提出的新思想、新论断、新要求、新任务作全面深刻阐述。参加学习人员通过学习后表示，在今后还要深刻领会精神实质，努力将中共十九精神贯彻落实到实际工作中，统一思想，形成共识，凝聚力量，为翁源的发展做出更大的贡献。

是日 市委常委、常务副市长朱余旺到翁城镇开展工作调研，县领导叶有昌、柯建忠以及市、县相关部门领导陪同调研。

29日 副市长许志新带领市农业局、市扶贫办、以及省农科院相关人员到周陂镇开展工作调研，副县长林有成及政府办、县委农办、农业局、扶贫办等有关部门领导陪同调研。

是日 副市长高冬瑞到该县调研河长制工作开展情况，副县长曾志华及市县环保、水务部门等有关单位领导陪同调研。

29—30日 县总工会在县府小礼堂召开第十四次代表大会,全县各条战线169名代表以及县妇联、团县委、县工商联、县文联、县科协、县侨联、县残联等群团组织参加会议。大会听取和审议通过县人大常务会主任、县总工会主席雷展发所作的《坚定政治性，增强先进性，保持群众性，为建设美丽幸福的新翁源作出新贡献》的翁源县工会第十三届委员会工作报告以及黄旭、蔡狄强分别所作的财务和经审工作报告及其相关决议，选举产生新一届工会委员会和经费审查委员会，雷展发当选为县工会第十四届委员会主席，蔡狄强当选为县工会第十四届经费审查委员会主任。市总工会副主席傅勇、县委副书记张朝养 、副县长林有成、政协副主席李翠红等领导参加会议，县委副书记张朝养、市总工会副主席傅勇分别致辞，并希望县总工会在围绕经济社会发展大局，团结动员广大职工在服务翁源经济和社会发展中所做的贡献。

30 日 县委县政府在华彩新材料产业园举行 2017 年翁源县产业项目集中奠基动工仪式。县领导黄令遥、陈来安、温毅麟、陈建为、叶有昌、陈向宗，以及翁源、东莞两地的相关部门领导、动工企业代表等参加活动。县长陈来安代表县委、县政府对 9 家企业的开工建设表示热烈祝贺。

是日 2017 年翁源县招商洽谈会在县投资企业服务中心召开。县领导陈来安、叶有昌、陈向宗，以及相关部门主要领导、东莞市安监局领导和企业代表、东莞市各行业协会企业代表等参加会议。县委常委叶有昌对翁源产业转移园的规划、建设、投资等情况作详细介绍。县长陈来安在洽谈会上对东莞的企业、协会给予翁源的支持表示感谢，希望翁源、东莞两地不仅在工业，而且还可以在旅游、文化等多方面寻找合适的合作发展机会。翁源将着力为企业提供力所能及的优惠政策，加大服务力度，为企业营造良好投资环境。

12 月

5 日 市交通运输局副局长谭建强带领该局机关总支部、交投公司党支部的党员一行 30 多人，到精准扶贫挂钩点龙仙镇马古塘村开展党日活动。市局机关总支部和交投公司党支部的相关领导为该村送上《习近平谈治国理政》《党的十九大报告学习辅导》等党章书籍。并为 19 户贫困户送上食用油、大米等物资，详细了解他们的生产、生活等情况，为贫困户出谋划策，鼓励他们树立信心，克服困难，早日脱贫致富。

6 日 市安全生产第一考核组到该县，对县党政领导班子 2017 年度安全生产工作进行考核。县领导柯建忠、连卫、陈卫红，以及相关部门领导参加考核汇报会。

是日 县委县政府召开“央扶贷”工作推进会暨政银企对接会，县委常委叶有昌、人民银行韶关市中心支行、韶关市三家涉农金融机构有关领导，以及县政府有关部门、县金融机构相关领导、企业代表和农户代表等参加会议。

是日 “三减三健，迈向健康”全民健康生活方式行动第二阶段启动仪式在县城朝阳广场举行。活动旨在推动该县创建慢性病综合防控示范区工作，倡导全民健康生活方式，为建设美好新翁源，创造幸福新生活做出新的更大贡献。

是日 幽兰谷风景区举行国家 AAA 级旅游景区揭牌仪式，市旅游局副局长朱伙新、副县长肖俊青、县旅游局局长邬国锋及景区领导朱火旺共同为幽兰谷风景区国家 AAA 级旅游景区揭牌。市旅游局副局长朱伙新对幽兰谷风景区荣膺国家 AAA 级旅游景区表示祝贺，对该县一直以来对旅游产业发展的高度重视给予肯定。朱伙新指出，当前韶关正在创建国家级全域旅游示范区，希望该县以此次揭牌为契机，继续按照全域旅游的有关要求，做好规划，强化基础设施的完善，推动全域旅游发展。

7 日 副县长林有成带领相关单位责任人员，到县级河九仙水开展河道巡查,以实际行动全面推进“河长制”工作落实。林有成要求各相关责任单位、责任人员，要有强烈的责任心，对河道流域范围的环境、绿化、净化等工作，通过“河长制”度管理，实行分段综合整治，层层抓好落实。同时要加大宣传力度，动员干群积极参与，齐心合力彻底改变农村环境面貌，让母亲河流变得更加靓丽，造福子孙后代。

8 日 县委县政府在翁源县分会场组织收听收看国务院安委会办公室召开消防安全专题视频会议，县领导陈来安、柯建忠，以及县安委会成员单位、县粮食购销有限公司、中石化翁源分公司的分管领导收听收看会议。广东分会场会议结束后，该县接着召开会议，陈来安指出，要深刻吸取近期重大火灾事故教训，在元旦和春节来临之际，该县要更加重视抓好安全生产和火灾防范工作，突出重点，明确目标，开展全面大排查，大整治，特别是建筑工地、高层地下建筑、三合一场所、人员密集场所，对发现的安全隐患要马上整治处理。相关主管部门要及时加强宣传，提高市民的消防安全意识，在全社会营造安全生产人人有责的氛围，保证全县人民生命财产安全。

9 日　中国花卉协会兰花分会副会长朱根发率领的考察团到该县考察指导第 28 届中国（翁源）兰花博览会筹备工作情况。县领导柯建忠、林有成、李金桓以及粤台管委会、县兰花协会等相关部门领导陪同考察。中国兰协考察团一行通过实地调研考察和听取汇报，中国兰协考察团充分肯定该县兰博会的筹备工作推进情况，认为领导重视、协调有力、内容丰富、重点突出、工作到位，各项筹备工作扎实有序推进。就如何办好第 28 届中国（翁源）兰花博览会，中国兰协考察团提出了宝贵的指导性意见，希望该县要在兰博会的特色上下功夫，使之更丰富、更具影响力；在兰花产业发展上下功夫，弘扬兰花文化，以兰博会为契机，迈出新的步伐，迈上新的台阶；在招商引资、推动当地经济社会发展上下功夫；要细致做好接待工作，树立翁源的良好形象；要加快推进兰博会场馆建设工程进度，确保兰博会顺利召开。

是日　2017 广东（翁源）“平步青云 最忆翁源”户外三人团体挑战赛在该县青云山麓举行。本次赛事共有来自珠三角及安徽、四川、新疆等省和韶关本地的选手 501 人参加。县领导陈来安、连卫、李翠红也组队参赛。

11 日　佛山市顺德区龙江友邦涂料制造有限公司 20 周年庆典暨韶关友邦化工有限公司落成典礼在华彩新材料产业园举行。县委常委叶有昌、企业领导、园区开发商等相关领导和嘉宾共同为韶关友邦化工有限公司落成剪彩。叶有昌代表县委、县政府和翁源经济开发区对友邦的开业表示热烈祝贺，同时祝愿友邦公司在翁源华彩园区越做越大，越做越强。

是日　县长陈来安带领县政府办、县环境保护局有关人员到横石水开展巡查河道工作，切实落实河长责任长效机制，充分发挥县级河长在常态化治河中的重要作用。对巡查中发现的存在问题，陈来安当即要求所涉及的镇、村及时处理整改。

12 日　县委书记黄令遥深入该县政法各部门调研，县领导张朝养、陈路生、连卫，及县委政法委、县公安局等部门领导陪同调研。并在县公安局二楼会议室召开座谈会。会议由县委常委、政法委书记陈路生主持，政法各部门领导班子成员参加会议。政法各部门领导就 2017 年工作及今后工作思路进行详细汇报。县领导张朝养、陈路生、连卫参加座谈会，并在会上对该县的政法工作提出具体意见。

16 日　县长陈来安率队开展安全生产大检查，县政府办、县安监局等相关部门领导陪同检查。对检查中发现的安全生产隐患，陈来安要求要立即进行整改，确保安全。在施工现场，陈来安边走边看，并不时地向相关人员询问项目的进展情况和各项安全生产措施的落实情况，要求施工单位要重视做好安全生产工作，相关职能部门要履行好监管职责，加强巡查监管，敦促施工单位做好安全生产工作。

18 日　国家林业局驻广州专员办与省林业厅组成的联合检查组一行莅临该县，开展林地保护管理情况监督检查。副市长许志新、县长陈来安、副县长林有成、县政协副主席谢少龙，以及市、县林业部门领导参加当天的检查汇报会。县长陈来安首先向检查组一行汇报该县林地保护管理情况。检查组一行对该县及韶关市在林地保护管理方面所做的工作给予肯定，接下来，还将通过查阅相关资料、实地检查等方式，对该县的林地保护管理工作进行客观的评价。

是日　副县长曾志华带领相关单位责任人员，到县级河贵东水开展河道巡查。通过现场巡查，曾志华指出，要高度重视，认真负责，将河长工作落到实处，要加大排查力度，对发现的问题，尽快制定出切实可行的实施方案；要强化宣传，要结合中共十九大对环境保护工作的要求，大力宣传“河长制”工作，引导广大群众积极支持、参与河长治河行动，共同打造生态文明品牌，把河长制工作不断引向深入。

19 日　全县河长培训班在县政府小礼堂举办。各镇（场）长、分管领导及“河长制”办公室工作人员；各镇（场）村级河流河长；县级河长助理和联络员；县全面推行“河长制”工作领导小组成员单位分管领导共 200 多人参加培训。副县长林有成在开班仪式上作动员讲话，

是日 省安全生产考核组莅临该县进行省对市党政领导班子2017年度安全生产责任制考核的县级延伸考核工作。县领导陈来安柯建忠，市直有关领导陪同考核。

是日 市考核组一行到，对该县2017年度开展食品安全工作进行考评。副县长肖俊青，各镇（场）及食安委成员单位领导参加现场考评汇报会。

20日 市考核组到该县考核2017年度综治暨平安建设和法治建设工作。县领导张朝养、陈路生、阮炳溪、连卫及县综治创平成员单位主要领导参加汇报会。县委副书记张朝养向市考核组汇报该县2017年综治暨平安建设工作情况。2017年，该县综治暨平安建设工作，得到中央、省、市的充分肯定和高度评价，被省、市确定为2017年度法治建设“四级同创”创建示范点，并推荐为“2017年度全国法治县（市、区）创建活动先进单位”，报全国普法办表彰。考核组将通过听取汇报、查看档案台账资料、实地抽查、明察暗访的方式对该县2017年度综治暨平安建设和法治工作进行考核。

20日 副县长陈卫红带领县政府办、县住建局和龙仙镇等相关部门人员到龙仙河开展巡查河道工作。针对巡查中发现的河道有垃圾物、有村民擅自在河道种菜等存在问题，陈卫红当即要求所涉及的镇、村及时处理整改。

是日 县林地保护管理监督检查反馈会在县委四楼召开。国家林业局驻广州专员办与省林业厅组成的联合检查组通报县林地保护管理工作监督检查结果，市林业局局长邹文军、县领导柯建忠、林有成、谢少龙，以及县相关单位、各镇场相关领导参加反馈会。

21日 市考核组到翁源县开展河长制验收工作，副县长林有成及相关部门领导陪同验收。市检查组通过听取汇报、检查资料和现场查看，对该县全面推进“河长制”各项工作给予充分肯定，认为该县河长制工作相关方案、制度出台到位；“一河一策”编策进度较快；县镇村三级河长体系建立基本建成；河长巡河基本落到实处。验收组还就镇一级层面没有形成好的宣传氛围等存在问题提出建议。

是日 韶关军分区司令员盖长利到该县宣布翁源县人武部党委第一书记任职决定，县领导黄令遥、陈来安、张朝养、连卫，县人武部部长陆魁员以及县国防动员委员会成员单位领导、各镇（场）、县直机关工委党委书记、武装部长、人武部党委委员等参加会议。盖长利宣读任职命令，并颁发任职证书，县委书记黄令遥被任命为翁源县人武部党委第一书记。

22日 县委县政府召开筹备第28届中国(翁源）兰博会“百日冲刺”动员会。县四套班子领导、各镇（场）党委书记及相关单位主要领导参加会议。会议由县委副书记张朝养主持。会议部署筹备兰博会“百日冲刺”工作，明确办会目标、工作任务、责任分工。县委书记黄令遥作讲话，要求全县上下要统一思想、提高认识、集中精力，把兰博会办成高水平、高质量的盛会。

是日 副县长曾志华到坝仔镇中洞村看望慰问五户挂钩贫困户，履行精准扶贫“第一家长”职责。

24日 副县长林有成到江尾镇指导相关工作。林有成先听取江尾镇准备迎接巡视工作的落实情况，就迎接专项巡视工作提出要求。

是日 县领导黄令遥、叶有昌、阮炳溪带领翁源经济开发区、县投资服务中心、翁城镇有关领导到翁源经济开发区开展工作调研。通过实地调研和听取汇报，黄令遥对该县各园区的发展情况给予肯定，并结合园区发展过程中存在的问题和困难，提出意见和建议。

25日 市督查组到翁源县开展元旦前安全生产及消防安全大检查工作进行综合督查。副县长陈卫红，县安监、消防、民政、气象等相关部门领导陪同督查。

26日 中信特色小镇产融投资联盟秘书长侯竑炤一行到该县开展特色小镇投资调研，县长陈来安、县政协副主席、粤台管委会主任李金桓以及政府办、粤台、发改、财政、江尾镇等相关单位领导参加调研座谈会。座谈会由县长陈来安主持。

27日 副县长、县公安局长连卫带领县消防大队领导到官渡镇检查专职消防队建设情况。通过实地调研和座谈后，连卫对官渡镇消防工作的开展及推进工作给予肯定。同时就加强镇级专职消防队建设工作、推进镇政府专职消防力量体系建设提出要求。

是日 县委书记黄令遥率队到县城周边开展打击“两违”及新城环境整治工作调研，县领导柯建忠、阮炳溪、甘志初、陈卫红以及县政府办、国土资源局、住建局等相关部门领导陪同调研。

28 日 县人大常委会主任温毅麟主持召开县十五届人大常委会第十三次会议，县人大常委会组成人员出席会议，县委常委、副县长柯建忠，县法院、检察院、人大办、政府办、发改局、财政局、环保局、住建局的有关领导列席会议。会议听取和审议县人民政府关于调整 2017 年经济增长目标的报告、县政府关于调整 2017 年翁源县财政收支四本预算的报告，采取举手表决的方式通过以上两个报告的决议草案、县政府关于 2017 年环境保护工作情况的汇报和城市化建设工作情况的汇报，以及县人民法院关于执行工作情况的汇报，以及相关工作的调研情况。审议通过人事任免事项。采取投票表决的方式选出县人大常委会法制工作委员会主任、副主任，财政经济工作委员会主任、副主任，以及城乡建设环境与资源保护工作委员会主任、副主任，温毅麟为上述被任命的六位人员颁发任命证书。

是日 副县长肖俊青带领供销社主任涂干中与副主任杨茂才到官渡镇新陂村开展下村住夜活动，通过召开村“两委”干部、村小组长座谈会，走访群众等方式听取社情民意，解决群众实际困难。

29 日 省政府召开全省安全生产电视电话会议，县委常委、副县长柯建忠以及县安监局、各镇（场）分管领导以及各有关部门领导和有关企业领导在分会场收听收看会议。会议传达省委书记李希对安全生产工作的批示精神，并通报今年以来全省安全生产工作形势，部署今后安全生产工作。

是日 县委召开十三届五次全会报告及人民政府工作报告征求党外人士意见座谈会。县领导张朝养、肖俊青及相关党外人士参加会议。会议由县委副书记张朝养主持。与会人员就《黄令遥同志在翁源县十三届五次全会上的讲话》和《政府工作报告（征求意见稿）》各抒己见，畅所欲言。张朝养在听取发言后表示，各位党外人士代表本着对该县发展认真负责的态度，提出很多有见地有深度的意见和建议，县委、县政府将认真研究，积极吸收，力图把集体智慧的结晶真正体现到报告中去。并希望各位党外人士代表继续发扬与县委、县政府风雨同舟、肝胆相照、荣辱与共的好传统，充分发挥各民主党派的自身优势，多建睿智之言，多献务实之策，形成民主协商、参政议政的浓厚氛围。

全县概貌

历史 地理 人文

【建置沿革】 秦及以前 新石器时代，翁源就有人类活动。春秋时期，翁源之地属百越地。战国时期，属楚地。秦时属南海郡。

两汉、三国、两晋、南朝时期 两汉、三国、两晋及南朝宋齐时期，翁源均属浈阳县地。梁承圣三年（554年），析浈阳县地置翁源县，属东衡州始兴郡。南陈初废东衡州，翁源县改属衡州始兴郡。陈天嘉元年（560年），在翁源县地设立清远郡，翁源属清远郡。

隋、唐、五代十国时期 隋开皇九年（589年）平陈废郡，翁源隶属广州总管府。唐初，在曲江设立番州，县属番州。唐高祖武德四年（621年），翁源自广州析隶韶州。五代时期，翁源县属韶州。

宋、元、明、清时期 北宋宣和三年（1121年），析翁源太平乡及曲江县廉平、福建两乡设立建福县（治在岑水场附近），与翁源县同属韶州管辖。南宋建炎三年（1129年），废建福县，辖地各归原建制。元至元十五年（1278年），翁源县并入曲江县。大德五年（1301年），翁源复县，改属英德路。至大元年（1308年）英德路降为州，翁源仍属英德州。明洪武元年（1368年）翁源县易名岑水县，不久复名，转隶韶州府。明清时期，翁源县建制未变，均属韶州府管辖。

民国时期 翁源县建置沿袭清制。民国元年（1911年）至民国38年（1949年）9月，翁源县先后属广东省南韶连绥靖区、南韶连道、岭南道、南韶连行政区、南韶连政务区、北区、西北区绥靖区、第二行政督察区、第三行政督察区管辖。

中华人民共和国时期 1949年9月15日，翁源县城解放。翁源县初隶属北江临时人民行政委员会，后先后隶属北江人民行政督察专员公署、北江区行政督察专员公署、北江区专员公署、粤北行政公署、韶关专员公署、韶关专区革命委员会、韶关地区革命委员会、韶关地方行政公署、韶关市。

翁源其名，系因山水而得。据嘉靖《翁源县志》记载：县境之东有名山，高耸秀拔，顶有灵池，古名灵池山（今南浦桂竹翁山），池中有泉水八处，谓之八泉，曰：涌泉、温泉、香泉、甘泉、震泉、龙泉、玉泉、乳泉。泉水四时不涸，昔有二仙翁游息于此，居民饮其水者多寿。泉水汇而成河。故山名翁山，水名翁水。县也以此起名，意为翁水之源。

【行政区划】 元、明、清时期 元时，县设四乡十七里。明初，设三乡（长安、宜阳、怀德）五里。明永乐二十年（1422年），怀德并入宜阳乡。明成化年间增设六个里，共十一里。

清初沿袭旧制，设二乡（长安、宜阳）十一里。康熙年间行政区划改为乡铺制。全县设二乡二十八铺，上乡二十二铺：龙头、九龙、利陂、龙仙、南浦、英村、蓝青、李村、周陂、藤山、昆山、礤头、陈礤、茶园、芙蓉、上庄、岩头、贵塘、茶潭、九牛、牛岗、钟南。下乡设六铺：县前、岩前、江镇、新塘、太平、铁场。光绪末年至宣统年间，由于时局动荡，以铺合组保卫团，实行民间自治。全县设7个保卫团29个铺。龙仙五凤社保卫团辖龙仙、李村、蓝青、南浦、英村五铺；坝仔保卫团辖茶园、芙蓉、上庄、岩头、贵塘五铺；江尾保卫团辖茶潭、九仙、牛岗、南塘四铺；周陂保卫团辖周陂、藤山、昆山、礤头、陈礤五铺；新江保卫团辖江镇、新塘、太平、铁场四铺；翁城保卫团辖附城、县前、岩前三铺；六里保卫团辖龙头、九龙、利陂三铺。

民国时期 民国初年，县行政区划仍延清制，全县设7个保卫团，辖29个铺。民国5年（1916年）保卫团改称区公所，设翁城、周陂、坝仔、新江、龙仙、江尾、六里7个区公所（依次为第一至第七区公所），下辖29个铺。民国26年（1937年）春，撤区公所，成立乡公所，改铺为乡。全县设29个乡公所。民国27年（1938年）秋成立联乡办事处，原一区、四区为第一联乡办事处，原二区、七区为第二联乡办事处，原三区、六区为第三联乡办事处，原五区为第四联乡办事处。民国28年（1939年）3月撤销联乡办事处，改设4个区，原联乡办事处依次改为第一、二、三、四区，仍29个乡。民国29年（1940年），实行新县制，行政区划为区乡制，全县划为7个区（翁城、周陂、坝仔、新江、龙仙、江尾、六里）29个乡。民国30年（1941年），改设翁东、翁南、翁北、翁西四个区，下辖29个乡，2个镇（龙仙镇、附城镇），268个保。民国37年（1948年）8月至民国38（1949年）年9月15日，全县重新划为 15 个乡（附城、南浦、蓝李、英村、周陂、昆华、利龙、新塘、展旗、江镇、茶园、岩庄、江尾、仙潭、陈礤）1 个镇（龙仙镇），162 个保。

中华人民共和国时期　1949 年 9 月 15 日翁源县解放，建立翁源县人民政府，全县设 2 个镇、14 个乡、176 个自然村。1950 年 5 月 1 日，调整行政区域，全县划为 4 个区 18 个乡、2 个镇。1951 年 9 月 15 日，全县调整为 5 个区 98 个乡、2 个镇：第一区辖 26 个乡和龙仙镇，区公所驻南浦街；第二区辖 14 个乡，区公所驻周陂街；第三区辖 13 个乡，区公所驻六里街；第四区辖 22 个乡和翁城镇，区公所驻翁城街；第五区辖 23 个乡，区公所驻坝子街。

1956 年 12 月 18 日，广东省人民委员会批复，将新丰县梁坝乡划归翁源县管辖，隶属第二区。1957 年 2 月 20 日合区并乡，全县并为 4 个区、2 个镇、22 个乡。同年 9 月 14 日，全县撤区并乡，并为 14 个乡、1 个镇（龙仙镇）和牛屎坜矿办事处。

1958 年 7 月 3 日，英德东片的渔湾、大镇、桥头、青塘、白沙 5 个乡并入翁源。同年 10 月（文件批复时间为 12 月 14 日）新丰县并入翁源县。成立 9 个人民公社：新江、翁城、大镇、渔湾、翁江、周陂、龙仙、坝子、红旗（原新丰县），168 个大队，2200 个生产小队，另设牛屎坜矿山办事处。

1959 年 4 月，红旗公社改称新丰公社，翁江公社改称利龙公社，增划水上公社和桥头、青塘、沙田、梅坑、营盘 6 个公社，全县共 15 个公社和牛屎坜矿山办事处。同年 11 月 6 日，除新丰梁坝仍属周陂外，新丰划回复县；英德东片除青塘、横石外，其余划回英德，同时连平县的陂头公社划入翁源，此外，岩庄与坝子、南浦与龙仙、陈礤与周陂合并。全县为 11 个公社：坝子、江尾、龙仙、陂头、周陂、利龙、翁城、新江、水上、青塘、龙仙镇公社。

1960 年 1 月 14 日，增设横石公社和 5 个场 1 个所，即三华国营农场、黄陂畜牧场、铁龙林场、罗坑水畜牧场、九曲水林场和河口农业科学研究所。龙仙镇公社于 10 月改为城市公社。

1961 年 10 月，全县调整为 13 个公社、4 个场、1 个所，即坝子公社、江尾公社、陂头公社、周陂公社、利龙公社、翁城公社、新江公社、水上公社、青塘公社、横石公社，原城市公社改称为城镇公社，龙仙公社改称为南浦公社，三华农场改为三华公社。4 个场 1 个所是国营黄陂畜牧场、国营铁龙林场、罗坑水畜牧场、九曲水林场、河口农科所，另设牛屎坜矿山办事处。

1962 年下半年增设官渡公社，横石、青塘、黄陂划回英德县，梁坝划回新丰县，全县仍有 12 个公社和 1 个社级场，151 个大队，1950 个小队。

1964 年 7 月 10 日，广东省人委批复设立龙仙镇、蒲竹镇（原牛屎坜矿山办事处）2 个镇。1966 年 3 月 15 日，城镇公社划出龙仙镇。

1967 年 6 月，陂头公社划回连平县；原城镇公社改称附城公社。1968 年冬，水上公社改称为水上运输社，隶属交通局管理。

1971 年 6 月，全县共有南浦、三华、坝子、江尾、附城、周陂、官渡、翁城、新江 10 个公社和龙仙镇、蒲竹镇及铁龙林场。

1974 年 1 月，从周陂划出陈礤片成立礤下公社；从江尾划出松塘、仙北、仙南、九仙 4 个大队和坝子的松岗、蓝坑、鹤仔 3 个大队及六里的中村大队成立松塘公社。

1977 年 1 月，从新江划出东鹊、黄洞、梅斜、热水 4 个大队成立红岭公社；从坝子划出岩庄片 9 个大队成立岩庄公社；12 月将原官渡的庙墩片和六里的新陂、东三大队划出成立庙墩公社；原官渡的五四、河边、下榕角、坪田、官渡 5 个大队划入六里公社，官渡公社同时取消。

1978 年 3 月，将原划入六里公社 5 个大队和原六里的突水大队划出恢复官渡公社。

1980 年 11 月，全县共有 2 个镇、15 个公社、1 个林场和 1 个大队级（贵联）农林场，152 个大队。1981 年 8 月，蒲竹镇定为大队级镇，同年经韶关专署批准撤销。

1983 年 7 月至 1984 年 1 月，改公社为区公所，改大队为乡，改生产队为村委会，全县设立 16 个区，1 个区级镇，136 个乡，2 个管理区，1847 个村民委员会。

1986 年 11 月 8 日，翁源县撤区并乡，全县设 9 个乡 8 个镇。9 个乡为岩庄、松塘、三华、官渡、庙墩、礤下、铁龙、红岭、贵联，8 个镇为坝仔、江尾、南浦、龙仙、周陂、六里、翁城、新江。原乡政府改为村民委员会，原村民委员会改为村民小组。下设 151 个村委会，1907 个村民小组。

1989 年 11 月 3 日，从新江析出连心、阳河、塘新、凉桥、渔溪 5 个村民委员会设置连新乡。1993 年 3 月 10 日，官渡乡改为镇建制。同年 9

月 6 日，三华、庙墩、礤下、贵联、铁龙、岩庄 6 个乡改为镇建制。1994 年 5 月 24 日，松塘乡改为镇建制。同年 6 月 3 日，连新、红岭 2 个乡改为镇建制。此后至 2000 年，全县设 18 个镇，156 个村委，1952 个村民小组。

2001 年，贵联镇并入南浦镇，庙墩镇并入官渡镇，连新镇并入新江镇。全县由 18 个乡镇合并为 15 个镇。2004 年，南浦、三华 2 个镇并入龙仙镇；岩庄镇并入坝仔镇；红岭、仙鹤 2 个镇并入江尾镇；六里镇并入官渡镇；礤下镇并入周陂镇；保留翁城镇、新江镇，铁龙镇改为铁龙林场。此后至 2017 年，全县行政区划设 7 个镇 1 个场，7 个镇为龙仙、周陂、翁城、新江、江尾、坝子、官渡，1 个场为铁龙林场；共 156 个村委会，18 个社区居委会，1982 个村小组。

2017 年翁源县各镇（场）村委会、居委会名称一览表

表 1

镇（场）	村（居）委会名称	村委（个）	居委（个）
官渡镇	官渡、河边、突水、下榕角、坪田、五四、新南、新北、东三、新陂、坑尾、镇仔、下陂、新跃、华东、龙船、联盟、利龙、社背、官渡居委、六里居委	19	2
龙仙镇	青山、青云、蓝青、石背、田心、良洞、民主、陂下、长潭、河口、联群、李洞、岭头、罗坑水、石寨、高陈、三华、新尧、中坝、会联、群陂、新东、新岭、贵联、水口、沙坪、中心、桂竹、新坪、马东、丰山、马山、蓊口、马牯塘、城东居委、城南居委、城西居委、城北居委会、南浦居委、三华居委	34	6
翁城镇	五一、明星、泉坑、泉岭、富陂、胜利、墨岭、定南、马东、桂湖、星光、沾坑、腊岭、黄塘、秀丰、群益、了坑、翁城居委	17	1
新江镇	小镇、上坝、新江、民光、新益、新展、东方、双石、双星、西锦、太坪、民治、油溪、双塘、连心、阳河、塘心、凉桥、渔溪、新江居委	19	1
周陂镇	光明、阳东、阳西、高一、高二、昆山、双联、双青、龙田、新安、洪兰、藤山、哈水、陈村、黄河、集义、礤下、礤头、周陂居委、礤下居委	18	2
江尾镇	长江、白莲、联益、联光、联明、新生、蒽岭、南塘、径丰、径群、江尾、连溪、中村、仙南、仙北、松塘、鹤子、九仙、松岗、蓝坑、梅斜、热水、黄洞、东鹊、江尾居委、仙鹤居委、红岭居委	24	3
坝仔镇	辉星、梅村、三坑、新梅、芙蓉、上爱、辉岭、金星、珍田、上洞、蓝河、珍珠、良星、一心、金鸡、笋洞、半溪、饶村、礼岭、群辉、中洞、鲁溪、坝仔居委、岩庄居委	22	2
铁龙林场	龙集、龙体、龙化、铁龙居委	3	1

【位置面积】 翁源位于广东省北部，韶关市东南部，北江支流滃江上游。东靠连平，南邻新丰，西接英德、曲江，北依始兴、江西。北纬 24° 07′ 30″ —24° 37′ 15″，东经 113° 39′ 2″ —114° 18′ 5″。东西极端长 66.5 公里，南北宽 55 公里，总面积 2175 平方公里。

【地形】 县内属半山区丘陵地带，群山环抱，连绵起伏，山脉多为自东北—西南走向，地势自东北向西南倾斜。境内千米以上山峰有 13 座。最高峰为北部的七星墩，海拔 1300 米；次为南部青云山，海拔 1246 米；最低点是官渡，海拔 100 米。中部多为中低山脉及零散土丘。山地面积约占全县总面积的 80%。山脉之间多为中小型盆地及河流冲积的阶地，盆地方圆几十公里或几公里不等。中上石炭系壶天群灰岩广泛分布于全县各地，由溶蚀作用下形成的喀斯特溶洞很多，全县已发现较大溶洞 107 个。地貌表现千姿百态，地形较为复杂。

【气候】 县域属中亚热带季风气候，2017年总体气候特点是：县内气温偏高，降水偏少。年平均气温21.1℃，较常年偏高0.4℃。月平均气温4月和6月较常年持平、1—3月、8—10月较常年偏高，5月、7月、11月较常年偏低；年极端最低气温为3℃（2月13日），极端最高气温38℃（8月21日）。年累积降水量1580.2毫米，较常年偏少8%，月降水量1月、3—4月、8—11月较常年偏多，其余月份降水较常年偏少。年日照时数1722.2小时，较常年偏多104.1小时。全年3月23—26日出现一次低温阴雨过程，10月13—21日一次寒露风天气过程。

【河流】 滃江　翁源县境内主要河流滃江，是北江水四大支流之一，发源于县内船肚东，流经岩庄、坝仔、江尾、龙仙、三华、六里、官渡，入英德汇入北江。全长173公里，集雨面积4847平方公里，其中县内河长92公里，集雨面积2058平方公里。滃江河床稳定，河宽100—150米。沿河两岸为丘陵台地，河岸高于河床3—6米，河床多为岩石及砂卵石，河道坡降1.7%，水位暴涨暴落，具有山区河流特征。滃江流域年平均雨量1750毫米，每年4—8月为丰水期，降水量约占全年的70%，10月至次年2月为枯水期，降雨量约占全年的14%，植被较好，年平均含沙量0.11公斤/立方米，年平均径流系数0.54，年径流总量1908亿立方米（官渡以上）。

滃江支流　全县集雨面积100平方公里以上的支流有九仙水、贵东水、龙仙水、周陂水、涂屋水、横石水六条，形成以滃江为主干流的扇形河网。

九仙水　发源于柑子山，流经径群、蒽岭、江尾、南塘石灰潭汇合滃江。河长23公里，集雨面积127平方公里，河床比降11.2%。

贵东水　发源于葫芦洞，流经南浦至张背汇入滃江。集雨面积463平方公里，河长49公里，其中翁源集雨面积152.3平方公里，河长31公里，河床比降5.86%。支流太坪水，发源于大吉山，于南浦汇入贵东水，集雨面积164平方公里，河长33公里，其中县境集雨面积80.3平方公里，河长10.6公里，河床比降5.79%。

龙仙水　发源于勒离岭，流经蓝李至龙仙牛鼻沟汇入滃江。集雨面积217平方公里，河长36公里，其中县内集雨面积162平方公里，河长25.6公里，河床比降13.1%。支流深渡水，建有跃进水库，控制面积28.8平方公里。

周陂水　发源于新丰县长塘，经礤下、周陂至三华流入滃江。集雨面积314平方公里，河长38公里，其中县内集雨面积213.3平方公里，河长29.7公里，河床比降6.01%。

涂屋水　旧称镇子水。发源于翁源凹，至六里涂屋流入滃江，集雨面积252平方公里，河长44公里，河床比降8.47%。

横石水　发源于始兴县黄茅嶂，至翁城象嘴朱屋流入英德，于龙口汇入滃江。集雨面积642平方公里，河长54公里，其中县内集雨面积478平方公里，河长41公里，河床比降3.88%。支流有矾洞水，集雨面积119平方公里，河长25公里，其中县内集雨面积76.3平方公里，河长11.9公里，河床比降15%。

【土壤】 土壤　翁源县自然土191283公顷，占全县土地总面积215792公顷（2157.9平方公里）的88.7%。由于自然环境复杂，成土母质多样，对土壤形成和土壤特性类型具有重要影响，土壤类型及分布如下：

黄壤　14754.8公顷，占全县自然土的7.7%，分布于海拔700米以上的中山中上部和低山上部。黄壤湿度大，盐基饱和低，富铝化作用较弱，酸性较强pH酸碱度4.9－5.8，土体呈黄色，有机质层厚16—30厘米（个别7厘米），有机质含量0.73%—8.51%，土层厚40—130厘米。

红壤　11464.6公顷，占全县自然土的6%。分布于北部红壤区海拔700米以下和南部赤红壤区海拔400—700米的山区，土体呈红至红棕色，表土层暗棕色，多含铁、铝成分，酸性强。

赤土壤　51607.93公顷，占全县自然土的27%，主要分布于县东南部的丘陵和中低山海拔400米以下的山脚部分，土层深厚，有机质层中层，疏松，速效磷钾缺乏，酸性。

红色石灰土　6322.4公顷，占全县自然土的3.3%。主要分布在翁城、周陂、南浦、六里、官渡等地区的石灰岩山地上，有机质厚度中等，疏松，质地为中壤，碱性，缺磷钾。

黑色石灰土　1265.87公顷，占全县自然土的0.7%，分布于南浦、附城的石灰岩山地上的石隙间低洼处。土种由石灰岩风化发育而成，剖面为ad型。有机质层厚，暗棕色，有效土层不深，疏松肥沃，除速效磷钾缺乏外，其他养分均为丰富，pH酸碱度为7.0。

紫色土　2719.93公顷，占全县自然土的1.4%，主要分布于江尾、附城、庙墩、翁城、南浦、坝仔等地，由紫色土砂页岩风化发育而成。其中分酸性和碱性两类，酸性有机质层浅薄，土层较深厚，养分含量低；碱性有机质层浅，养分含量低，但土壤疏松易耕，适种性广。

水稻土　有机质、氮、磷含量较高，但耕层浅薄，缺钾，偏酸、对水稻生产有重要影响。

【植被】　翁源县山地植被属亚热带常绿季风雨带，由于地形、母质和人为活动的影响，形成植被多样性。山地植被有3种类型：

草本植被　主要有各种类蕨植被和大芒、硬骨草、画眉草等，分布于海拔700米以上的中山地区。

针阔叶混交林　主要分布于海拔300—700米的山坑峡谷及山坡上，在山窝山谷中主要生长阔叶林，在山坡山脊处主要生长针叶林。

疏林草坡　主要分布于低山丘陵的缓坡上，由于靠近村庄，人为活动多，砍木割草频繁，植被生长较差。多数坡地被开垦种植蔬菜、果木和各种经济作物。

【野生资源】　境内野生动植物资源丰富，据不完全统计，全县有乔木灌木树种75科318种。其中用材林树种有41科107种，木本油料及叶用树种有5科9种，木本粮果树有14科30种，药用树种有20科35种，竹类品种主要是禾本科的竹亚科，有13种，面积1万公顷。源拥有野生脊椎动物29目81科183属258种，其中国家一级保护动物有云豹、豹、蟒蛇、黄腹角雉4种；国家二级保护动物有穿山甲、水獭、大灵虎纹蛙、三线闭壳龟等24种；广东省重点保护动物豪猪、大白鹭、白鹭、黑水鸡、刺胸蛙、沼蛙等15种，IUCN受威胁物种金猫、云豹、黄腹角雉、平胸龟、眼斑水龟等10种，CITES附录物种穿山甲、水獭、豹猫、金猫、云豹、蟒蛇等31种。

【旅游资源】　翁源地处粤北山区，境内山峦起伏，名山秀川。古老的历史文化和特殊的地理位置，为后人留下很多瞻仰凭吊的历史遗迹。不少古刹、古塔、古道、古关、古楼，负有盛名。变幻莫测的山石景色，引人入胜的洞府奇观，迂回曲折的江河流水，出没于山林的珍禽异兽。大大小小的水库湖泊，很多早已成为旅游胜地，吸引不少游客。

东华山风景区　东华山风景区位于县城东北3公里处，总面积6.2平方公里。它由风景秀丽的东华山和历史悠久的东华寺构成。东华山属喀斯特地貌，遍布鬼斧神工的奇峰怪石，景色迷人，风光秀丽。有雄伟挺拔的五指山，文人墨客赞叹不已的笔架山、金龟望月山、玉兔峰、狮子山、卧佛山、天王山、骆驼峰、鸡冠石等。令人流连忘返，美不胜收。东华寺是东华山风景区内的寺庙。东华寺香火鼎盛时期住有数百名僧侣。民国初期寺毁僧散，仅剩遗址。

1997年毕业于闽南佛学院的释万行来到翁源县东华山，并在此山的三圣洞闭关修炼三年，于2000年出关复建东华寺。东华山风景区集山美、峰奇、水秀、洞幽于一体。经过近几年的发展，东华寺建设已初具规模，已建成山门、客房、大雄宝殿、藏经阁、禅堂、放生池等项目及相配套的别墅。名刹、别墅、自然风光组成东华山风景区得天独厚的旅游胜境。2016年，东华寺正以崭新的面貌，迎接四方游客。

书堂石　书堂石位于官龙公路旁滃江（旧称罗江）河中，北距县城15公里，因翁源晚唐著名诗人邵谒在此截髻悬门筑室攻书而得名。

书堂石，地形独特，得天独厚，巍巍巨石屹立江中。巨石上修筑书院，书院下江水悠悠，这里山环水抱，河江山色浑然一体，和两岸的三华李园相映相辉。每当三华李花盛开，便形成了历史上醉人心扉的“罗江霜雪”这一大自然美景。

旧时，书堂石为翁源十六景之一。据考查，书堂石遗址占地700平方米，分三道建筑。一是门洞，正门坐西向东，门宽1.7米，高2.5米，墙厚0.4米，用花岗岩石条制门（已废），大门入处，有长6米、宽4米的二层棚门洞，棚上有通门。二是空旷地，面积350平方米，周围用板石岩块和沙质石砌结围墙，靠南端大部分已倒塌，靠西端仍有残墙高5米。三是书房，门洞尽头靠东，有石级至5米高往北拐入，有一个220平方米的建筑，靠东西方向有两排房子，中间有一条1.1米宽的行人道，每排有房9间，最大9平方米，最小 7 平方米，各房设有 30 厘米×45 厘米或 50 厘米×50 厘米门窗。房间有围墙环绕，安全牢靠，至今只有高 4 米左右的残墙。现存遗址为残墙断壁。其独特的地理环境和远古的晚唐遗风构成了不可多得的旅游胜地。书堂石遗址是翁源县重要的历史文化遗产和文物保护单位。

八卦围　葸岭八卦围地处在翁源县江尾镇，是一座鲜为人知的神秘宏伟村落，建于明弘治八年（1495 年），总占地面积达 23000 多平方米，大围的房屋构造及规划完全按罗盘八卦样式设计建造。建筑群以祠堂为中心，左右和中后房屋按八卦层层加串，向外伸延，共有 1653 间房，89 条街巷。房屋从外至内由高到低排列，屋形怪异，有的似折扇，有的似镰刀，几乎没有一间是方形。房屋虽大都是黄土泥砖，但坚固如铁，数百年不倒。作为围中交通要害的街巷由鹅卵石铺砌，纵横交错，扑朔迷离，神秘莫测，进入其中仿如迷宫，分不清东西南北，宛如闯入诸葛亮布下的八卦阵。在八卦围中央的阴阳交汇中点上，原有一口由开基者开凿的古井，水质清甜爽口，据说已供全围近 2000 人使用数百年而不枯绝，后来在 1993 年由于一次地震导致的塌方而彻底报废。八卦大围，虽然已经日渐退出寻常人家的生活，但却作为一种古代建筑的标本走进游人与专家的视野，每年都有大量的专家学者到此寻访考察。

湖心坝客家群楼　位于翁源县江尾镇南塘村，始建于明朝正统年间，占地 150 公顷，共有 59 座围楼。群楼坐落别致，视野开阔，集古、奇、朴、幽于一体，千姿百态，形成楼外有楼、楼中有楼，仙阁群楼，前呼后应。群楼小巷连大街，纵横有序，红麻石砌井，鹅卵石铺巷，流水拱桥，鲤鱼吐水，大门屏风，龙凤呈祥，雕梁画栋，相互辉映。

兰花长廊　长廊主要位于翁源江尾镇松岗至中村沿省道 245 线 15 公里两旁，由 70 多家兰园组成。2016 年，长廊兰花种植面积已发展到 8000 多亩，培植国兰和洋兰品种达 1000 多个，兰花远销国内外，并在全国兰花博会获得 100 多个奖项，形成全国最大的国兰生产基地，被中国野生植物保护协会授予“中国兰花之乡”称号。

三华李观光园　三华李观光园位于翁源龙仙镇三华村。省道官龙公路贯穿通过，距 106 国道约 15 公里，县城 15 公里。是粤北地区富有特色的农业观光园之一。观光园已开展农业观光，花果采摘，农家乐等活动。滃江河贯穿通过，可竹筏、漂流等水上娱乐活动。书堂石是本县著名景点之一，晚唐杰出诗人邵谒潜心苦读遗址（有 32 首诗入选《全唐诗》），位于翁江河中。因而三华李观光园是集农业观光、休闲度假、修学教育为一体的生态旅游区。

九曲水生态旅游度假村　度假村位于翁源县九曲水林场下经区，距县城七公里，依山傍水，风景秀丽，绿树荫郁，碧湖环绕；主要由主楼和四栋豪华别墅组成，设有豪华套房、标准双人房、餐饮包房、特产台和可容纳 20—150 人的中、高档会议室，并建有乒乓球、爬山、高尔夫球练习场、篮球场、羽毛球、脚踏船、烧烤台车等配套娱乐活动设施，可同时接待 200 人会议和宴会，是一家集餐饮、客房、商务、会议、休闲于一体的综合型度假村。

仙湖度假村（跃进水库）　位于县城东南 13 公里处，省道 S244 线从中通过。度假村属森林山谷型自然风景区，水库发源于海拔 1200 多米的青云山，位于崇山峻岭的峡谷中，库容量近 2000 万立方米，周边是 100 平方公里的茂密森林，非常幽静。这里是碧水蓝天，鸟语花香，亭台阁榭，可供游客烧烤、垂钓、泛舟游览、登山观光、采摘奇花野果等。度假村拥有豪华客房，风味餐厅，可品尝山地鸡、大头鱼、山水豆腐等农家菜，这里还是翁源县自驾车旅游者协会接待基地，是休闲消暑、自驾游的好去处。

【人口】　2017 年末，全县户籍人口 41.65 万人，比上年增长 1.1%。其中农业人口 29.45 万人，同比增长 1.17%，占全县总人口的 70.7%；非农业人口 12.2 万人，占全县总人口的 29.3%。年末常住人口 34.89 万人，比上年增长 0.78%。全年出生人口 8001 人，出生率 18.7‰；死亡人口 2668 人，死亡率 6.24‰；人口自然增长率 12.47‰。

【语言】　翁源语言以客家话为主，少数民族普遍双语兼顾，既讲母语又讲客家话或者普通话。讲客家话的人数占全县总人口的 99.55%，分布在全县 7 个镇 1 个场。县域土话以瑶族方言为主，以当地母语为主兼顾客家话或者普通话。瑶族话主要分布在龙仙镇青云村委会瑶族村小组、贵联村委会泉洞村小组、石背村委会葱仔头小组、九曲水林场青山下村小组和黄屋村小组，江尾镇蓝坑村委会瑶族村小组、梅斜村委会瑶族村小组，坝仔镇上洞林场坞坭坑村小组，官渡镇下陂村委会河坎围村小组、镇仔娥坑村小组，翁城镇了坑瑶族村委会一、二村小组，新江镇东方村委会庙仔角一、二、三瑶族村小组、太坪村委会老蟹岭和水口山瑶族村小组，铁龙林场龙化村委老蕉坑和冷水径等地。

【民族】 翁源县是韶关市多个民族散居地之一。除汉族外，其他还有瑶族、壮族、满族、回族、蒙古族、黎族、苗族、土家族、侗族、藏族等21个民族。2017年末，全县少数民族户籍人口约为1884人。比上年年末人口1841人增加43人，增长2.34%。县域世居的少数民族主要有瑶族，有1个瑶族村委会，19个瑶族自然村小组。分别居住在5个镇1个场：龙仙镇青云村委会瑶族村小组、贵联村委会泉洞村小组、石背村委会葱仔头小组、九曲水林场青山下村小组和黄屋村小组；江尾镇蓝坑村委会瑶族村小组、梅斜村委会瑶族村小组；坝仔镇上洞林场乌坭坑村小组；官渡镇下陂村委会河坎围村小组、镇仔娥坑村小组；翁城镇了坑瑶族村委会一、二村小组。新江镇东方村委会庙仔角一、二、三瑶族村小组、太坪村委会老蟹岭和水口山瑶族村小组；铁龙林场龙化村委老蕉坑和冷水径。大多居住在偏远的山区，生活比汉族贫困，主要以耕山、种养业为主，服饰和生活习俗与汉族无异，保留瑶族语言和部分传统习俗，供奉盘瓠为始祖。其他少数民族主要通过婚姻、劳务、经商、工作调动、参军等迁入，部分居住县城，大多居住在各镇村。

【宗教】 境内主要有佛教、基督教。有2个宗教团体，依法登记的宗教活动场所5处（其中佛教场所1处东华禅寺，基督教5处：龙仙基督教福音堂、翁城基督教福音堂、新江基督教福音堂、三华基督教福音堂、周陂基督教福音堂）。全县现有教职人员16人，其中佛教教职人员13人，基督教长老2人、传道1人。全县现有宗教教徒3952人，其中佛教教徒2300人，基督教教徒1652人。

【人文风貌】 “龙僻灵池梅岩书堂皆胜地，仙开翁水双腊如珠尽韶天”，尽可概括翁源钟灵毓秀之气象。东华禅寺地处县城东北东华山风景区内，原名东华院，建于明朝天顺年间（1457—1464年），嘉靖年间重修，民国年间被毁。2001年，由万行上师筹集巨资复建，成为集禅修疗养、休闲观光、礼佛祈福于一体的宗教活动场所。客家民居独具特色，有广东客家围屋中独一无二的按周易八卦文化和客家文化融合的古建筑蒽岭“八卦围”；有明清时建造的，由59座客家围楼组成的湖心坝民居群；有仿如罗盘形状的罗盘围。生态资源丰富独特，有青云山省级自然保护区、半溪市级自然保护区等丰富农林资源和全国最大的兰花基地，以及三华李、九仙桃、蚕桑等特色农业产业基地。文化底蕴深厚，千百年来，孕育出不少名人志士，有晚唐诗人邵谒，明朝抗倭名将陈璘，当代旅美华人、全美油画家协会原主席、油画大师涂志伟等。

【名优品牌】 翁源是“中国三华李之乡”“中国九仙桃之乡”“中国兰花之乡”、全国最大的国兰生产基地和“国家级黎蒴丰产林标准化示范区”。三华李获地理标志产品保护。六里柑、九仙桃、黑皮蔗、马古塘莲等名优特产久负盛名，江尾米面、周陂冰花饼等客家小食别具特色，溪黄草茶、白糖、缫丝、户外家具等名牌产品享誉国内外。

经济和社会发展概况

【2017年经济发展实现新突破】 2017年实现生产总值104.8亿元，首次突破百亿元大关，增长7%，全县三次产业比重优化为23∶30.2∶46.8。财政总收入实现29.7亿元，增长8.47%；地方一般公共预算收入完成4.2亿元，增长8.87%；全社会固定资产投资完成72亿元，增长4.8%；社会消费品零售总额完成36.9亿元，增长7.5%；城乡居民人均可支配收入增长9%。经济发展保持稳中向好的基本面。

农业经济保持稳定增长　特色农业发展势头更为强劲。该县作为全市的农业大县，2017年农业产业继续保持稳定发展的态势，已成为保障该县经济增长的稳定器。全年实现农业增加值24.3亿元，增长4.5%，增速排名全市前列。大宗农产品产量保持稳定增长态势，水稻产量增长4.4%，蔬菜产量增长3%，水果产量增长1.7%，生猪出栏量增长 5.4%，“三鸟”产量增长 7%，水产产量增长 2.7%。深化农村经营体制改革，农村土地承包经营权确权登记颁证工作进展顺利，全县完成实测面积 45 万亩，实测率达 100%，颁证率达 97.6%，如期完成省、市下达的确权颁证任务。农产品质量安全工作取得重大进展，被评为全国农产品质量安全县。农业品牌战略顺利实施，坝仔胜龙名茶等被省农业厅评为 2017 年广东省（农业类）名牌产品，三华李、马牯塘莲等 13 个品牌列入广东省第二届名特优新农产品目录。兰花特色产业发展势头更为强劲，呈现量价齐升的良好局面。粤台农业园区完成固定资产投资 2.7 亿元，增长 125%；搭建大棚 15.5 万平方米；全县新增兰花种植面积 860 亩，兰花销售收入达 8.9 亿元，增长 11.2%。新签约农业招商项目 6 个，合同投资额达 2.1 亿元，与 2 家高等院校合作设立专业见习基地，园区科技创新能力有效增强。成功申报为广东省农业公园。

工业经济实现稳步增长　2017 年该县积极响应国家调结构、去产能的号召，坚决淘汰落后产能企业，造成短时间内工业产值下滑，形势严峻。对此，县委县政府把握全局，积极作为，坚持挖潜与培新并举，努力实现工业经济稳步回升。全年工业增加值 27 亿元，增长 5%，其中规上工业增加值 23 亿元，增长 6%。产业转移园的经济增长更为有力，完成工业增加值 17.8 亿元，增长 17.6%，占全县工业增加值的 78.2%，成为全县工业经济增长的压舱石。完成固定资产投资 21 亿元，增长 16.7%，实现税收 2.1 亿元，增长 16.7%，全年新签企业项目 9 个，总投资 17.1 亿元，新动工项目 9 个，新投产项目 6 个，新增规上工业企业 5 个。高度重视改善营商环境，建立四套班子联系企业制度，全面开展暖企助企活动；建立对负增长企业领导分工负责制度，每月跟踪、协助企业止跌回升。加大招商引资力度。县主要领导亲自抓招商，亲自跟踪招商项目，亲自参加项目推介；分管县领导把招商工作常态化，树立强烈的项目意识；厚街翁源对口帮扶指挥部充分发挥资源优势，开展形式多样的招商洽谈活动，形成聚焦发展、齐抓共管的良好局面。

建筑业快速增长　全县基础设施建设和城市建设进入快速增长阶段。全县资质建筑企业完成产值 5.6 亿元，增长 10%，尤其是该县房地产建设和销售较为旺盛，销售面积和销售收入均创历史新高。全县房地产总投入 10.3 亿元，增长 64%；商品房销售面积 35.5 万平方米，增长 41%；销售收入 19.2 亿元，增长 54%。全年建筑业和房地产业两项税收预计可完成 2.4 亿元，增长 14%，占全县税收的 35%。

第三产业增长加快　擦亮全国休闲农业与乡村旅游示范县招牌，做活做旺以旅游、商贸为重点的第三产业，全年实现第三产业增加值 49.5 亿元，增长 8.7%，其中限上零售业增长 5%；限上住宿业增长 60%；限上餐饮业增长 15%。全年接待游客总人数 240 万人次，增长 28%；实现旅游收入 17.5 亿元，增长 32%。全县金融机构实现存款余额 137.9 亿元，贷款余额 54.8 亿元，分别增长 6.7%和 13.9%。“水墨桃花、投桃报李、央视曾寻味、平步青云•最忆翁源”等旅游系列活动成功举办。东华山风景区创建国家 AAAA 级景区通过市级初评，幽兰谷成功创建国家 AAA 级景区，实现翁源国家级旅游景区“零的突破”。电子商务等新业态加快发展，电商孵化园新引进“邮乐购”“乐村淘”“苏宁易购”等 10 家优势企业及团体入驻。电子商务进农村服务点建设全面铺开，农特产品电商渠道销售收入达 9195 万元。

【基础设施建设】　城镇基础设施进一步改善。新城建设加快，县城新增建筑面积近 30 万平方米，扩容提质有实质性进展。新城主干道龙翔大道一期路面、绿化、亮化工程基本完成；德政休闲广场建成投入使用，投资 1.7 亿元的兰博馆主体建筑工程基本完工。乡镇建设也有新的进展，新江镇政府干部周转房建成使用，翁城镇主街道升级改造基本完成。开发区厚源商务大厦全面完成主体工程建设，预计 2018 年初可交付使用。交通基础设施建设加快。武深、汕昆高速翁源段全面进入路面铺设阶段，韶新高速翁源段 3 个控制性先行工程顺利开工，沿线征地工作顺利推进。完成对省道 S244 线、S341 线和龙仙一号桥等五座桥梁维修和养护。县城滨河东路、南龙路段、幸福路升级改造，文体广场路段路面拓宽和红绿灯安装工程有望春节前完工。国道 G106 示范样板工程顺利推进，翁城至官渡国道 G106 路灯已完成安装并交付使用。农田水利设施完善。全年新建高标准农田 1393.3 公顷；完成九仙水、涂屋水等中小河流治理工程 95 公里；完成“村村通”安全饮用水工程13宗，解决2.9万人饮水问题。公共服务设施夯实。行政服务大厅“一门式一网式”服务平台基本建成，县镇村183个公共服务中心（站）全面完成建设，政府网上办公系统全面推广应用。信息化基础设施建设完成投资8500万元，新建通信基站11个，铺设光缆873公里。全县20户以上自然村100%实现光纤网络全覆盖。

【生态文明建设】 生态环境质量提高。全县集中式饮用水水源水质全部达到或优于Ⅲ类；县城城市环境空气质量达到国家二级标准，城市环境空气质量优良率达到96%以上。生态保护力度加大。投入土壤污染防治环保专项资金3975万元，扎实推进污染农田改变种植结构工程、农田土壤修复示范工程和典型污染地块风险管控示范工程。强力开展山水林田湖生态保护修复铁拳行动，协同推进乱砍滥伐、非法开采矿产资源、非法开采河沙、规模畜禽养殖场违规建设打击活动，立案76宗，拘留70人。科学划定畜禽养殖三区，清理禁养区畜禽养殖场46家，形成保护生态环境、打击破坏生态行为的高压态势。完成森林碳汇造林1.5万亩，森林抚育0.91万公顷，森林覆盖率达71.8%，19个乡村绿化美化示范点建设全面完成。制定实施《翁源县森林火险区和森林火险期规定》，增强森林保护法制保障。

【精准扶贫和新农村建设】 精准扶贫工作扎实推进，全面完成年度脱贫任务。投入资金5200万元实施“两扶持、两奖补”，投入资金5000万元用于扶贫资产性投资，全县贫困发生率由4.2%下降到1.67%。深入开展“个十百千”扶贫工程和就业创业扶贫，实现6400人如期脱贫。出台扶贫开发村级集体项目管理办法和补充规定，规范扶贫专项资金使用管理。全面完成年度精准扶贫工作任务。社会主义新农村建设成为全省试点县，建设模式和成效被省市推广。成功申报为省住建厅全省唯一的社会主义新农村示范村规划设计建设运营一体化试点县。与华南理工大学合作整体推进新农村建设，受到省委农办和市委、市政府的充分肯定。实现新农村建设四个100%：即省定贫困村100%完成规划、100%完成“三清三拆”任务、100%成立村民理事会、100%实行垃圾清运处理。共清理旧房屋面积61万平方米，拆除危旧房1.08万间，完成农村危房改造1087户。新建公共服务所（站）165栋、新建文化广场119个、新安装太阳能路灯4210盏、新铺设乡村道路94公里，全县156个行政村全部建有文化室、电子阅览室和农家书屋。引进碧桂园集团社会资金2000万元直接参与新农村建设。连溪村被评为全国“环境整治示范村”，青云村、黄塘村成为全县新农村建设示范村。

【社会民生事业发展】 加大社会民生事业领域投入。全年民生支出23.6亿元，占全县财政支出的86.7%，其中，精准扶贫、教育、卫生三大民生项目投入强度和建设强度是历史上最大的一年。教育发展有新的转变。以重建教育教学秩序为首要任务，加强教师队伍建设，学风师风全面好转，教学成绩大幅提高，社会满意度明显提升。隆重举行庆祝第33个教师节暨教育工作大会，表彰优秀校长和优秀教师，弘扬尊师重教风气，广大教师倍受鼓舞；改革教师绩效工资，加大教师招聘补充力度，教师队伍增添活力。投资8000万元的实验小学建成投入使用，有效缓解学位紧张局面。卫生健康事业长足发展。总投资2.5亿元的县第二人民医院建设顺利推进。投资1.2亿元的县中医院综合大楼进入施工阶段。县人民医院投资3.6亿元的新城院区完成总工程量的60%。全县45个村级卫生站建设基本完成。分级诊疗和全省异地就医直接结算制度顺利实施。人口计生工作稳步推进，免费孕前优生健康检查提前超额完成任务。文明建设亮点纷呈。成功创建“国家卫生县城”，“巩文”工作顺利通过省复评。坝仔镇辉星村被评为全国文明村、省文明村。江尾镇南塘村被国家农业部评为中国美丽休闲乡村。江尾兰花小镇成功入选第一批省级特色小镇创建示范点，成为韶关市唯一的特色小镇示范点。加强社会保障。机关事业单位养老保险制度改革工作顺利推进，个人缴费清退工作走在全市前列，并轨试点不断扩大。职工养老保险待遇连续13年上调，退休人员养老金待遇进一步提高，城镇低保标准由原来的每月485元调至580元，农村低保标准由原来的每月335元调至400元，城乡居保基础养老金由原来的每月110元调至120元。对全县10家敬老院进行升级改造。投资800万元动工兴建社保分局服务大厅。科技文化体育工作成绩显著。2

个项目获省科技厅立项，1 项科技成果荣获省科学技术进步奖一等奖，主营业收入 5 亿元以上的工业企业实现研发机构全覆盖。“风雅翁山”“潮涌滃江”等特色文化品牌活动丰富多彩，“客家山歌”“翁城猫头狮”列入省级非物质文化遗产名录，打破该县省级非遗项目零的记录。涂文安荣获“2017 全球华人摄影年度成就奖”。广电网络改革重组顺利完成。参加韶关市第十五届运动会，获得金牌 46 枚，团体总分位居全市前列；县体育局被评为全国群众体育工作先进单位。社会大局和谐稳定。“飓风 •2017”专项打击行动考评全市领先，严打整治成效显著提升。社会治安和安全生产形势持续稳定。

【政府自身建设】 加强作风建设。深入开展“两学一做”常态化制度化学习教育和“两强两提”思想大讨论活动、纪律教育月活动。提高干部队伍忠诚、干净、担当的意识，形成全县思发展、谋发展、促发展、助发展的干事创业氛围。注重规范政府工作。修订《关于加强县政府常务会议议题材料审核和规范向县政府报送请示工作的通知》，完善县直部门权责清单，强化财政预决算制度，规范政府及各部门工作。注重加强工作的组织与考核。全县以“五大会战”为工作总布局，分别成立专项工作指挥部扎实推进。建立“5+X”巡查考核工作制度，提高工作的计划性和科学性。坚持正确的激励导向。坚持实行干部政绩档案制度、干部考验性交流制度；坚持干部年度考核与工作实绩挂钩制度，坚持干部有为有位，坚持评优重绩的激励导向机制，引导干部奋发有为。坚持工作督查机制。成立县工作督查小组，对全县“五大会战”和重点项目开展常态化工作督查，注重督查情况通报，督查已成为推动工作的重要手段。

【存在问题】 主要表现在全县经济社会发展不平衡不充分，经济总量偏小，全面建成小康社会实现程度低；产业创新发展能力不强，产业形态单一，产业链延伸和要素组合不足；项目征地拆迁和信访维稳压力仍然较大，已成为影响重点项目推进的障碍；干部队伍改革创新，勇于担当的精神不足等。对此要下更大的决心、采取更有力的措施在今后工作中认真克服和解决。

兰花产业

【自然气候条件优越】 兰花对自然环境有着较高的要求。兰花喜阴，怕阳光直射；喜湿润，忌干燥；喜肥沃、富含大量腐殖质；宜空气流通的环境。翁源县地处粤北山区，属中亚热带季风气候，平均气温 20.4℃，年降雨量 1778 毫米，无霜期 312 天，森林覆盖率 71.81%，昼夜温差大，境内没有污染企业，空气清新，水质优良，自然气候条件非常适宜兰花等植物生长。翁源野生兰花资源非常丰富。根据调查，翁源现有野生兰科植物 22 种，如：拟兰、苞舌兰、大序隔距兰、兔耳兰、春兰、建兰、石斛等，特珍稀濒危种有拟兰，珍稀濒危种有 8 种，如：石斛、钩状石斛、花叶开唇兰等。

【兰花产业发展概况】 改革开放后，兰花产业在大陆得到了飞速的发展，不少台商纷纷来到珠三角经营兰花。1998 年，台商张建邦到翁源江尾镇仙北村试种兰花，一举获得成功，在翁源种植的兰花，树形飘逸，叶有油光，花大色艳，香气纯正，远销全国各地和日本、韩国、新加坡等国家。在他的带动下，许多种植户纷纷来到翁源考察。2002 年，大型花卉企业绿科环球有限公司进入翁源，其后台湾九翁企业集团、长春兰蕙公司、广州华力园艺有限公司等多家花卉企业接踵而来。台商到翁源后，带来的不仅仅是种植兰花的技术，还将兰花发展模式带到该县，从而在翁源县形成一种可示范、可复制、可推广的发展模式，带动当地不少农民也开始投资种植兰花。21 世纪初，翁源县种植兰花已渐成规模，仅江尾镇 10 公里“仙鹤兰花长廊”兰花种植面积就有 1 万亩，2005 年该镇被广东省科技厅授予为“兰花专业镇”称号。2017 年，全县以粤台农业合作试验区为平台，打造长 10 公里，面积 1.3 万亩的“仙鹤兰花长廊”。引进台商等外资企业 48 家，带动本地兰花企业 200 多家；种植兰花品种 1200 多个，实现兰花年销售额 12 亿元；兰花企业自产自销，从事兰花贸易的企业 200 多家；带动周边快递运输业、餐饮住宿业发展以及水、电、路、有线无线网络、照明等基础设施的完善；带动周边 7500 多名农村劳动力实现了家门口就业，户均增收

15000 多元。

【培育扶持做大产业集群】 为打响“翁源兰花”品牌，翁源县把兰花产业作为五大农业主导产业来抓，成立翁源县花卉产业发展协调领导小组及办公室，专门制定《关于加快花卉产业发展的决定》和《翁源县兰花发展五年行动计划》等一系列兰花产业扶持政策，积极推动该县兰花产业的快速健康发展。2009 年，韶关粤台农业合作试验区翁源核心区成立后，将花卉产业尤其是兰花产业作为主导产业来抓，园区发展模式更是推动当地的兰花产业实现了新的飞跃。近年来，翁源县政府在财政困难的情况下，每年还从县本级财政拿出 1000 万元专用于配套园区的基础设施建设。园区累计投入近 30 亿元，集中解决园区的道路、供电、供水、通信等问题，受到种植户的高度好评。园区按规划逐年加大土地流转力度，掌握发展主动权，共流转土地 3 万多亩，带动周边地区流转土地 25 万多亩，土地流转比例达 80%以上。在推广台湾兰花企业的种植技术和管理经验的同时，翁源县与中国林业大学、华南农业大学、广东省农科院等科研单位合作，长年提供技术支持，建立了农业科技创新团队和博士后工作站。对当地的兰花产品，严把质量关。通过统一生产技术标准，配备现代设施农业，采取智能化温室大棚、喷滴灌设施等，实行规范化管理，提高兰花种植管理水平，减少病虫害发生，使以往以经验为主的种植模式转换成以科学为基础的标准化生产模式，实现兰花产业化经营，并将兰花进行统一包装，提升“翁源兰花”产品形象，将“翁源兰花”打造成为高端、特色、高附加值商品。

【品牌打造成就兰花第一县】 为进一步打响翁源兰花的品牌，该县注重“抱团”谋发展，成立翁源县兰花协会，一方面通过行业协会来指导兰花种植和交易，努力为种植兰花的当地农民解决资金、技术、销路问题，为“翁源兰花”品牌的长久发展奠定坚实基础。另一方面通过整合兰花企业个体电商，把兰花电商由“各自为战”转向“拳头效应”，确保翁源兰花的整体品质，推动形成“翁源兰花”品牌。通过举办或参与各种兰花博览会、评比，推动翁源兰花“走出去”，逐渐扩大翁源兰花的知名度。2007 年 3 月，翁源就成功举办“2007 海峡两岸（翁源）暨第五届广东省兰花博览会”，其后又在广州举行了兰博会等活动，得到兰界专家和兰花爱好者的一致好评。翁源兰花多次参加国内外举办的兰展，荣获金银铜等各类奖项 300 多个。翁源兰花已经成为一张响当当的名片。翁源县已形成兰花品种的引进、新品组培繁育、集中育苗供苗、分散种植、农资配送、花盆和介质的团购、销售信息共享等产业体系，兰花种植面积达到 1.5 万亩，在仙鹤形成长 10 多公里的兰花长廊，品种有 1000 多个，年销售兰花近亿株，销售额达 12 亿元，翁源已成为全国最大的兰花产业基地和全国最大的兰花供应基地。

中共翁源县委

中共翁源县委领导名单

书　记： 颜亮（—2017 年 8 月）
黄令遥（2017 年 9 月—）

副书记： 林国华（—2017 年 4 月）
陈来安（2017 年 4 月—）
张朝养

常　委： 杜奇立　丘雪媚　叶有昌
王树生（—2017 年 2 月）
陈路生　柯建忠　谭晓健
阮炳溪　陈向宗（2017 年 3 月—）

综　述

【概况】 2017 年，县委认真学习贯彻中共十九大精神及习近平总书记对广东工作的重要批示精神，按照县第十三次党代会确定的发展思路和目标，以供给侧结构性改革为主线，科学把握稳中求进工作总基调，深入实施“主动融入珠三角，加快实现绿色崛起”的总战略，加快推进翁西新型工业、翁中产城融合、翁北绿色产业三大高速公路经济增长极建设，大力开展“五大会战”、“两大攻坚”和“五项创建”工作，着力推进改革创新，全面加强从严治党，确保全县经济稳中有进、社会和谐稳定。

【深入学习贯彻十九大精神】 中共十九大胜利闭幕后，县委高度重视，迅速行动，把学习宣传贯彻中共十九大精神作为首要政治任务，积极开展“大学习、大宣传、大培训”活动，掀起了学习宣传贯彻的热潮。县委班子带头学、带头讲、带头干，先后召开 4 次县委常委会（扩大）会议、县委理论学习中心组学习（扩大）会议传达学习和研究贯彻中共十九大精神，深入基层开展讲党课和督学活动。在全县范围内扎实开展学习十九大考学、培训、宣讲和访谈活动，举办各类十九大专题培训班，培训党员骨干 2950 人次。推进十九大精神进企业、进农村、进机关、进校园、进社区、进网络，推动学习宣传贯彻全覆盖。

【经济社会实现新发展】 是年，县委认真学习贯彻中共十九大及习近平总书记对广东工作作出的重要批示精神，全面落实省市工作部署，按照县第十三次党代会确定的发展思路和目标，以供给侧结构性改革为主线，大力开展“五大会战”、“两大攻坚”和“五项创建”活动，经济社会实现平稳健康发展。全年实现生产总值 104.9 亿元，首次突破百亿元大关，增长 6.1%；地方一般公共预算收入完成 4.2 亿元，增长 6.5%；固定资产投资完成 72.7 亿元，增长 4.8%。

【“三大经济”增长】 翁源经济开发区全年完成固定资产投资 21 亿元，培育 5 家规上企业，工业产值达 79 亿元，同比增长 13%。成功举办“2017 年产业共建项目集中奠基动工暨招商洽谈会”，全年新动工项目 9 个，新建成投产 6 个，引进项目 9 个，合同投资总额 17.1 亿元。华彩园区一期入园的 41 个项目已有 22 个建成投产，其中 15 个项目已上规入库；二期工程规划环评及控制性详细规划已完成，翁城商务中心区综合楼即将交付使用。粤台园区全年完成固定资产投资 2.7 亿元，引进农业招商项目 6 个，合同投资额 2.1 亿元，成功申报广东省农业公园。兰花小镇入选广东省首批特色小镇创建示范点，成为韶关市唯一一个特色小镇创建工作示范点。大力开展城市脏、乱、差综合整治，顺利通过省文明城市复审测评，成功获得“国家卫生县城”荣誉称号。新城区德政休闲广场已建成使用，兰花创新博览中心、广东华凯商贸物流中心、龙翔大道一期、滨河东路等工程加快建设；碧桂园、锦绣山河、龙山水岸等房地产项目进展顺利，全年完成房地产投资超 10 亿元。幽兰谷成功创建国家 AAA 级景区，东华山风景区创建国家 AAAA 级景区通过市级初评。成功举办“水墨桃花、投桃报李、央视曾寻味、平步青云•最忆翁源”等旅游系列活动，全年接待游客总人数 240 万人次，增长 28%。

【社会民生事业全面发展】 是年，全县用于教育、医疗、卫生等社会民生支出 23.6 亿元，占全县财政支出的 80%以上。“翁源客家山歌”、“翁城猫头狮”成功申报为省级非遗名录项目，实现省级非遗项目零的突破。新城区实验小学如期建成并投入使用，有效缓解县城小学“大班额”问题。县第二人民医院、县人民医院新城院区二期工程及县中医院升级改造等项目加快建设。县城及乡镇主要街道光纤实现全覆盖。完成农村危房改造 1250 户，完成“村村通”安全饮用水工程 13 宗，解决 2.9 万人饮水问题。城镇登记失业率控制在 3.5%以下。全面推行“河长制”，中小河流治理工程有序推进。全力推进新一轮绿化翁源大行动，扎实开展山水林田湖保护修复“铁拳行动”，不断加大对破坏环境违法犯罪行为的打击力度，有效保护县内生态环境。

【“三农”工作】 农业供给侧结构性改革有效推进，产品产业结构不断优化，“一镇一业”“一村一品”的生产格局基本形成。翁源三华李、马牯塘莲等 13 个品牌被列入广东省第二届名特优新农产品目录。农村土地确权登记颁证工作加快推进。扶贫攻坚取得阶段性成果，“个十百千”帮扶行动全面实施，全县贫困发生率由 6.14%下降到 1.67%，6621 人实现预脱贫。社会主义新农村建设取得初步成效，全县 53 个示范村“三清三拆”和村庄整治规划编制全面完成，村民（乡贤）理事会实现全覆盖。坝仔镇辉星村被评为全国文明村。江尾镇南塘村入选中国美丽乡村特色民俗村推荐名单，连溪村被评为全国农村人居环境重点整治示范村。翁源被省住建厅确定为全省唯一的省级社会主义新农村示范村规划设计建设运营一体化试点县。

【基础建设】 全面开展“暖企行动”、“三个零”服务机制深入推进。深化行政审批制度改革，清理规范行政审批中介服务事项，修订行政许可目录，推进“放管服”改革，行政服务大厅“一门式一网式”服务平台基本建成，县镇村 183 个公共服务中心（站）全面建成投入使用。工业园区配套设施建设稳步推进，企业生产经营环境得到有效改善。武深、汕昆高速翁源段全面进入路面铺设阶段，韶新高速翁源段 3 个控制性工程顺利开工，沿线征地工作顺利推进。新建高标准农田 2.09 万亩，完成中小河流治理 95 公里，提升农业生产能力和防洪减灾能力。

【党的建设】 严格落实从严管党治党政治责任，严把选人用人关，圆满完成村（居）“两委”换届选举，“两委”干部交叉任职和“一肩挑”比例达 90.7%，提升整体素质。完成 10 个软弱涣散村党组织整顿，规范培育 5 个市级“两新”（新经济组织和新社会组织）组织党建示范点。积极探索“村党支部+村民理事会”基层治理模式，全面贯彻落实党内政治生活准则和党内监督条例，规范落实“三会一课”党内组织生活制度。持续推行“住夜访亲”联系群众制度，县四套班子成员及法检“两长”“住夜访亲”共 128 人次，形成专题调研报告 60 多份，为群众解决实际问题 70 多个。加强党对意识形态工作的领导，以落实工作责任制为抓手，加强阵地建设和管理。扎实开展“两强两提”思想大讨论活动，党员干部攻坚克难意识明显增强。推进监察体制改革，挂牌成立翁源县监察委员会，严格落实党风廉政建设责任制，深入推进惩防体系建设，在全市率先启动县委巡察工作，完成派驻监督全覆盖。始终保持惩治腐败的高压态势，加大纪律审查力度，共立案 100 宗，结案 95 宗，给予党纪政纪处分 95 人。深入推进作风建设，查处违反中央“八项规定”案件 7 宗，处分 7 人，查处“为官不为”案件 4 宗，处分 7 人。

【社会和谐】 聚焦关键点，防范风险点，严格执行重点信访案件包案制度，有效排查和调处化解一批矛盾纠纷，全面实现十九大期间“四个不发生”的目标。健全完善立体化治安防控体系，持续加强社会治安综合治理，强力打击各类违法犯罪，“飓风•2017”专项行动考评全市领先。深入开展安全隐患排查整治行动，扎实推进法治宣传教育，法治翁源、平安翁源建设不断深化，社会大局保持和谐稳定。认真贯彻民主集中制，支持县人大依法监督和依法行使权力，支持县政协民主监督和参政议政。加强对武装、统战、工青妇、工商联等工作的领导，有效调动各方的积极性。

重要会议

【县委十三届三次全体会议】 1 月 18 日上午，县委书记颜亮主持召开中共翁源县委十三届三次全体会议，十三届县委委员、候补委员，原县四套班子“一把手”，老联会会长，不是县委委员、候补委员的县四套班子领导成员，武装部政委，县纪委委员，县直副科以上单位主要领导参加会议。会议首先传达市十二次党代会和市人大十四届一次会议、市政协十二届一次会议及市委工作会议精神，县委书记颜亮代表县委常委会向大会作工作报告。颜亮提出，要坚定不移推进全面从严治党。必须加强思想政治建设，把牢理想信念“总开关”；必须全面加强党内监督，从严落实管党治党责任，建设一支忠诚干净担当的干部队伍；必须加强基层组织建设，提高党组织凝聚力、战斗力；必须深入推进党风廉政建设和反腐败斗争，营造山清水秀的政治生态。颜亮要求，（一）要更加主动参与大珠三角产业共建。推动韶关南部（翁源）合作区建设迈出实质性步伐，大力实施“补链、强链”行动，加快推动融珠合作新区规划建设，掀起项目建设新高潮，加大与珠三角产业协同创新力度，抓紧园区服务配套建设；推动翁北绿色经济增长极创品牌、上台阶，提高粤台农业园区核心竞争力，鼓励扶持民营企业发展品牌农业，打造全域旅游特色名片；推进翁中产城融合经济增长极平台建设；（二）要更加突出做好农村发展文章。重点是推动农村基础设施建设取得新成效，推动农村综合改革取得新突破，推动农村人居环境整治见新面貌，全力打好精准扶贫攻坚战；（三）要更加注重提升发展环境。要抓好交通基础提升，一方面要全力推动重大交通基础设施建设，另一方面要着力打通高速公路连接县城、镇村的“毛细血管”；要抓好关键性改革，简政放权、优化服务，提升行政效能和服务水平；要抓好生态环境保护；要抓好城乡文明创建；要更加发力增进民生福祉。要全力推进教育现代化先进县工作，全力推进建设卫生强县工作，切实抓好其他各项社会事业发展；要深入开展“双比双评”（项目推进建设、比社会建设群众满意度；实行领导抓重点项目建设民主测评、实行镇场和县直部门绩效 5+x 巡查考评）争优创先活动。全力实施“五大会战”，比项目推进的质量速度；着力抓好社会平安建设和基层社会治理两项工程，比社会建设群众满意度；实行县领导抓重点项目民主测评；实行镇（场）和县直部门绩效“5+X”巡查考评机制；要深入落实管党治党责任。加强领导干部政治建设；抓好基层组织党的建设；加强干部思想作风整治，大力开展以“强化‘输不起’的危机意识，提振‘更要拼’的精气神；强化‘难不倒’的担当意识，提振‘敢碰硬’的精气神”为主题的“两强两提”思想讨论；全面推进党风廉政建设和反腐败斗争。会上，颜亮还就《中共翁源县委关于深入推进全面从严治党的实施意见（稿）》作说明。

【县委经济工作会议】 3月30日上午，县委书记颜亮主持召开县委经济工作会议。十三届县委委员、候补委员，原四套班子一把手，老联会会长，不是县委委员、候补委员的县四套班子领导成员，县武装部主要领导，不是县委委员、候补委员的镇党委书记、镇长，县直副科以上单位主要领导，各村（社、居）支书、主任等参加会议。会议传达学习习近平总书记系列重要讲话精神、全国和省“两会”精神及中央、省、市系列经济工作会议精神，部署2017年翁源经济发展目标任务，明晰新一届领导班子推进县域发展的思路、重点和抓手，推动翁源经济社会发展继续保持全市前列。颜亮要求，（一）要解放思想，坚定在全省大格局中谋划翁源发展的信心和决心。全县各级领导干部要坚定主动融入珠三角、在全省大格局谋划翁源发展的决心，走改革创新之路、敢于面对困难和解决困难的决心，赶超进位、在全省发展格局中创造优势的决心。（二）要明确方向，扭住加快融入全省发展大格局的抓手和重点。紧紧围绕“五大会战”、加快县域协调发展，突出决胜“两大攻坚”、加快推进全面建成小康步伐；全力推动对口帮扶、加快形成融入全省发展大格局的竞争优势。（三）要狠抓落实，用好在推动经济发展中论英雄的指挥棒。强化“两强两提”在抓落实中的思想意识作用、强化党组织在抓落实中的领导核心作用、强化领导干部在抓落实中的身先士卒作用、强化督查考评在抓落实中的激励鞭策作用。

【教育创先、卫生创强工作会议】 3月30日下午，翁源县在小礼堂召开全县创建广东省推进教育现代化先进县、创建卫生强县工作会议。县领导颜亮、余小英、甘志初、柯建忠、肖俊青、李翠红，各镇（场）书记、镇（场）长，分管教育、卫生的领导，县直副科以上单位主要领导，县教育局班子成员及相关股（室）领导，全县中小学校校长，县卫计局班子成员及相关股（室）领导，各镇（场）卫生院院长参加会议。县委书记颜亮就如何在 2018 年成功创建省推进教育现代化先进县和卫生强县提出要求，（一）要正确认识两项创建。创建工作既是贯彻落实省、市关于创建工作会议精神的要求，也是提高该县教育卫生质量的需求，更是擦亮翁源名片，提升全县教育卫生整体水平的内在需要，是对该教育医疗事业提出的新的、更高的要求；（二）要把准两项创建的重点和难点。坚持以问题为导向，突出工作重点，狠抓薄弱环节攻坚，聚集资源和力量，补齐发展短板，促进教育创先和卫生创强工作取得实效，让翁源老百姓得到更多实惠；（三）要迅速铺开两项创建的年度工作。抓住发展机遇，以强烈的责任担当继续争资金争项目，以紧抓不放的工作态度加快推进重点工程建设，充分运用各种融资模式，解决好项目建设资金瓶颈问题，通过加大投入，提升教育现代化和医疗卫生公共服务保障水平；（四）要协同形成两项创建的工作合力。强化分管领导亲自抓、牵头单位具体抓的责任体系，牢固树立“一盘棋”思想，做到目标同向、工作同步、落实同力，营造党政主导、部门配合、全社会参与的良好工作格局和氛围。

【全县组织工作暨村（社区）“两委”换届选举工作会议】 4月7日上午，翁源县召开全县组织工作暨村（社区）“两委”换届选举工作会议，传达贯彻省、市组织工作和村（社区）“两委”换届选举工作会议精神，部署全县组织工作和村（社区）“两委”换届选举工作，会议由县委副书记张朝养主持。县委常委、组织部长谭晓健在会上对全县2016年的组织工作进行总结，并部署2017年的组织工作和村（社区）“两委”换届选举工作。县委书记颜亮在会上就做好2017年的组织工作和村级换届选举工作分别提出要求。对于组织工作，颜亮要求，要坚持党要管党、从严从实推动组织工作上台阶。全县的组织工作要落实党要管党从严治党要求，聚焦主责主业、强化责任担当，全力抓好各项任务工作的落实，在工作中要紧紧把握一条主线、始终突出工作重点、坚持务实创新的方向。对于村级换届选举工作，颜亮要求有坚持依法依规、从严从紧做好村级换届选举工作；要统一思想、凝聚共识，充分认识做好村级换届工作的重要性；把握重点、突破难点，扎实有序推进村（社区）换届选举工作；加强教育、严肃纪律，确保村级换届风清气正；明确职责、落实任务，加强村级换届工作领导。颜亮强调，村级换届工作时间紧、任务重，做好村级换届工作事关党在基层的执政基础、事关全县的改革发展稳定大局、事关翁源的对外形象；要加强党的领导、牢牢掌握换届工作的主动权，严把人选标准、重点选优配强党组织书记，突出重点难点、抓好软弱涣散村和贫困村的换届，落实“守土有责”、抓好换届期间的信访工作；要严明政治纪律和政治规矩、坚持正面教育和反面警示、严肃查处违纪违法行为和落实责任追究；从严落实领导责任，加强统筹协作、强化督促检查。会上，颜亮与镇（场）党委书记代表签订《翁源县2017年村（社区）“两委”换届选举工作目标责任书》；县、镇领导干部代表及村（社区）党支部书记代表分别签订了《翁源县2017年村（社区）“两委”换届选举工作承诺书》。与会领导为获得2016年度“最美驻村干部”称号的驻村干部进行了颁奖。县领导杜奇立、陈路生、阮炳溪、陈福环、连卫、林有成，以及县法检“两长”、县村（社区）“两委”换届领导小组成员、县直副科以上单位一把手，各镇（场）党委书记、副书记、组织委员、派出所所长、村（社区）支书、主任参加会议。

【“两强两提”思想讨论会】 4月12日上午，县委书记颜亮主持召开县委理论学习中心组学习会暨“两强两提”思想讨论会。县委中心组成员、各镇（场）党委书记以及县直相关单位主要领导参加会议。县委常委、宣传部长、统战部长丘雪媚就关于加强理论学习中心组学习工作的有关意见和开展“两强两提”思想讨论作相关说明。县委常委、纪委书记杜奇立组织全体与会人员学习《中共广东省委办公厅印发〈关于贯彻“三个区分开来”治理为官不为的意见〉的通知》。县委书记颜亮作“两强两提”思想讨论专题发言。颜亮在专题发言中深入剖析县委开展“两强两提”思想讨论的必要性和重要性。在谈到为什么要开展“两强两提”思想讨论时指出，大好的形势翁源输不起、大好的机遇翁源输不起，全县党员干部首先要强化“输不起”的危机意识，提振“要更拼”的精气神；这几年，部分党员干部身上存在着畏难的心态和情绪，怀念过去“吃好肉”的年代、不愿“啃硬骨头”，习惯于凭经验按部就班、找不到改变、突破的办法，影响制约相关工作的推进，在当前的大好机遇面前，如果畏难情绪继续持续下去，将影响翁源的加快发展，因此必须要强化“难不倒”的担当意识，提振“敢碰硬”的精气神，并要求各级党组、党委要通过组织党员干部认真开展学习讨论，增强工作的政治敏锐性、主动性和创造性，通过深入的学习讨论，增强全县“啃硬骨头”的坚定性。随后，全体与会人员分成三个讨论组，以“两强两提”思想大讨论为主题开展热烈的讨论。在讨论中，与会人员联系工作实际，结合“双比双评”争先创优等活动，畅谈了自己对“两强两提”的认识体会，提出了本单位的工作措施和个人今后的努力方向。分组讨论结束后，三个讨论组的代表分别通报了本组的讨论情况，并作“两强两提”思想讨论专题发言。颜亮在会议小结提出“两强两提”思想讨论的主题是：共创新一届领导班子积极向上的新局面；主线是：重点解决畏难情绪；目标是通过认真开展好“两强两提”思想讨论，解决思想问题、凝聚共识，实现翁源发展更好、社会更顺、亮点更多的目的。颜亮要求，要组织好、带好头，领导干部要把“两强两提”作为2017年党建工作主体责任的一项重要内容，扎实抓好，带头解决思想问题、带头真抓实干；要联系实际边学边改；统筹结合“双比双评”和当前的主要工作任务，上下联动、形成合力，确保“两强两提”真正取得实效。

【全县政法信访工作和禁毒工作会议】 6月1日下午，全县政法信访工作会议、全县禁毒工作会议先后在县政府小礼堂召开。县领导颜亮、陈来安、张朝养、陈路生、阮炳溪、甘志初、刘少青，各镇（场）党委书记、副书记、综治委员、司法所所长、社会事务办主任，以及县直副科以上单位主要领导、政法各单位中层以上干部、各村（居）支书共400多人参加会议。会议由县长陈来安主持。在全县政法信访工作会议上，县委常委阮炳溪总结分析2016年全县信访形势，部署2017年信访工作。县委常委、政法委书记陈路生结合传达贯彻省、市政法工作会议精神作全县政法工作报告。县委副书记张朝养宣读2016年度综治信访维稳暨平安创建工作考评结果。参加会议的县领导分别为2016年度综治信访维稳暨平安创建工作先进单位和先进个人进行颁奖。县委书记颜亮与各镇（场）、县直有关单位签订了综治与平安建设责任书，并在会上作讲话，充分肯定过去一年的成绩，深入剖析当前面临的形势，提出2017年的工作要求。就如何抓好全县政法信访工作，颜亮要求，要抓好总结分析，增强工作的信心和决心。要通过总结成绩，鼓舞信心，正视问题，增强责任心，分析形势，坚定工作决心；要抓好关键要务，推动工作见实效、上台阶。主要抓住五个关键要务，即坚决维护好国家的政治安全、全力保障社会平安有序、下真功夫预防和化解各类矛盾纠纷、提升法治翁源建设的实效性、狠抓政法队伍形象提升；要抓好组织落实，深化工作齐抓共管的良好氛围，在工作中做到真正重视、真抓实干。全县政法信访工作结束后，接着召开全县禁毒工作会议，全面总结2013年以来“雷霆扫毒”工作情况，部署2017—2019年为期三年的全民禁毒工程工作。县委书记颜亮在会上强调，要提高认识，重视到位。各级各部门要高度重视全民禁毒工作，深入认识毒品的危害性、破坏性，按照县禁毒委的部署，落实好责任，把禁毒工作摆在重要位置从严从实抓好；要抓住关键、打好基础。从严从快打击涉毒犯罪，加强对吸毒人员的管控，夯实戒毒康复基础，强化禁毒宣传教育工作，形成全社会反对吸毒、远离毒品的良好氛围；要加强统筹、齐抓共管。县禁毒委要发挥统筹指导、协调各方的工作职责，各成员单位要切实做到领导亲自抓、责任要落实、保障要到位。

【创建新农村示范村工作推进会】 6月23日上午，全县省定贫困村创建新农村示范村工作推进会在翁城镇召开。县领导颜亮、阮炳溪、甘志初、林有成，以及相关单位领导、各镇（场）党委书记、分管党群副书记、51个省定贫困村驻村工作队长参加会议。会议首先组织与会人员到翁城沾坑村和黄塘村，现场参观两个村的新农村建设推进情况，听取经验介绍。随后，在翁城镇政府会议室召开会议，由县委常委阮炳溪主持。翁城镇和驻村工作队代表分别作经验介绍。副县长林有成传达全市农村人居环境整治工作现场会精神，并作全县省定贫困村创建新农村示范村工作部署。全县156个村1982个村小组都要开展社会主义新农村建设和农村人居环境综合整治工作，根据省工作安排，翁源将51个省定贫困村和9个国道、省道沿线行政村列为创建新农村示范村。县委书记颜亮做会议小结时强调，要结合贯彻落实省第十二次党代会精神，正式吹响社会主义新农村示范村建设的号角，形成合力行动起来，夯实工作基础，在全省社会主义新农村建设和农村人居环境整治工作攻坚战中开好头。颜亮要求，下定攻坚的决心、切实把政治责任扛起来，要敢于面对困难、战胜困难，敢于下创建示范点的决心；铲除“等靠要”思想、迅速把基础性工作做起来，摸清情况、理清思路、组建团队，在做好群众思想工作、调动群众积极性的同时，把“三清四拆”工作做好，在工作中一定要和农村改革结合起来；扭住关键要素、真正地把工作合力聚起来，关键是要发挥好县联席会议的统筹组织作用、各镇（场）党委一线指挥的作用、县直部门的支撑服务作用、帮扶单位外引内联作用、群众的主体作用和督查的利剑作用。

【县委十三届四次全体会议】 7月21日上午，中国共产党翁源县第十三届委员会第四次全体会议在县政府小礼堂召开，会议由县委书记颜亮主持。十三届县委委员、候补委员，原县四套班子“一把手”，老联会会长，不是县委委员、候补委员的县四套班子领导成员，武装部政委，县纪委委员，不是县委委员、候补委员的各镇（场）党委书记、镇（场）长，县直副科以上单位主要负责同志等参加会议。在第一次全体会议上，颜亮代表县委常委会作题为《奋发图强、加快发展，为全面建成小康社会而努力奋斗》的工作报告。颜亮要求，要迅速把思想和行动统一到省第十二次党代会精神上来。深入贯彻习近平总书记系列重要讲话精神和治国理政新理念新思想新战略以及对广东工作作出的重要批示精神，认真贯彻落实省第十二次党代会和市委十二届四次全会精神，奋发图强，坚定加快发展的决心；要深入推动大珠三角产业共建，构建翁源加快发展新格局。要深刻把握全省区域发展变化带来的重大机遇，深入主动融入珠三角，坚持三大主体功能区发展布局，大力发展特色优势产业，培育发展新产业新业态，加快构建翁源三大高速公路经济增长极新格局。即加快构建翁西新型工业经济增长极、精深构建翁北绿色经济增长极、科学构建翁中产城融合经济增长极；要全力推进“五大会战”，夯实融入全省一体化发展基础。以供给侧结构性改革为主线，抢抓机遇、抓好产业共建大会战，突出特色、抓好现代农业大会战，以人为本、抓好城镇提升大会战，全域推动、抓好交通建设大会战，精准发力、抓好农村奔康大会战，补齐产业、基础设施、农村、城市服务等方面短板，不断提高供给体系质量和效率，为融入全省一体化发展提供基础保障；要敢于先行先试，优化与珠三角一体化的营商环境。狠抓自我革命、提高营商服务水平，提升城市品质、打造宜居宜业环境，加大培育扶持、推进特色产业聚集发展，加强法治建设、切实维护社会大局和谐稳定，树立更强的服务意识，形成更高的行政效率，保障更低的营商成本，全面优化与珠三角一体化的营商环境；要扎实开展“五项创建”，补齐城乡协调发展短板。牢固树立共享发展理念，以保障和改善民生为重点，大力发展社会民生事业，扎实推进教育现代化先进县创建、卫生强县创建、文明城市创建，积极创建社会主义新农村示范村和山水林田湖生态保护修复试点，补齐生态文明建设、民生保障、“三农”工作等方面的短板，让改革发展成果更多、更公平、更实在地惠及全县人民；要动真格从严管党治党，凝聚奋发有为的精气神。全县各级党组织要切实担负起管党治党政治责任，落实全面从严治党要求，发挥好党领导经济社会发展的领导核心作用，牢固树立“四个意识”、强化考核提升执行力、抓好基层筑牢基础、持之以恒正风肃纪，为全面建成小康社会、建设美丽幸福翁源提供坚强保证。在分组讨论和县委常委会议结束后，颜亮主持召开第二次全体会议。县委委员举手表决一致通过《中共翁源县委十三届四次全体会议决议（草案）》。颜亮作会议小结，就如何学习宣传好全会精神，要求各镇（场）、各部门要抓紧组织学习，按照全会精神理清本单位、本部门工作思路、工作抓手，理清全会报告的主题、主线和整体框架，让广大党员干部实现“三个有”，即有自知之明、有自信自强、有走自己的路的决心信心，凝聚党员干部群众共识，形成合力，把县委确定的发展方向、工作举措落到实处。

【兰博会“百日冲刺”动员大会】 12月22日上午，翁源县召开筹备第28届中国（翁源）兰博会“百日冲刺”动员会。县四套班子领导、各镇（场）党委书记以及相关单位主要领导参加会议。与会人员首先观看“六乱”现象视频。县委常委、副县长柯建忠部署筹备兰博会“百日冲刺”工作，明确办会目标、工作任务、责任分工。粤台管委会、县住建局、交警大队三个单位领导分别在会上作表态性发言，表示将按照县委县政府的工作部署和安排，根据本单位的工作职责和任务，全民动员、全力以赴做好各项筹备工作。县委书记黄令遥作总结讲话，强调在县一级举办中国兰博会是首次，意义重大，全县上下要进一步统一思想、提高认识、集中精力，把兰博会办成高水平、高质量的盛会。黄令遥要求，要动员全县干群支持、配合，集中人力、物力、财力、时间，把各项筹备工作做好；要抢抓机遇，重点把握好产业发展的机遇、宣传推介翁源的机遇和提振信心的机遇；要明确任务，主要是做好场内场外的工作任务、县内县外的宣传任务、业内业外的招商任务；要抓好落实，做到全体动员、全程跟进、全力保障；通过举办兰博会促进翁源兰花产业的发展，让外界了解翁源、认识翁源、喜欢翁源，以兰花为依托，"一花带百花、一业兴百业"，促进翁源经济社会的发展。

重要活动

【市委领导到翁源调研】

开展经济社会发展工作调研 5 月 18 日下午，市委书记、市人大常委会主任莫高义到翁源开展工作调研，进企业、入车间、下田头，了解工业、现代农业、精准扶贫、农村人居环境综合整治等方面的情况。调研中，莫高义一行首先到华彩新材料产业园展示厅，调研园区的规划、建设发展情况。随后，莫高义一行深入到广东彤德新材料有限公司和广州五羊油漆（翁源）有限公司，与企业负责人进行交谈，询问了解企业的生产、销售、用工、生活等方面的情况。当了解到企业存在招工难、员工业余娱乐生活欠缺时，莫高义要求翁源要结合扶贫工作，做好人才的培育，既解决企业的招工难又解决当地群众的就业问题；政府部门和园区开发商要完善生活配套设施，加强园区文化建设。在粤台农业合作试验区的德芳兰园和巨扬园艺公司，莫高义深入到企业的生产基地，实地调研现代农业产业情况，并与企业负责人进行交谈，询问了解兰花、红掌等花卉的品种、栽培、销售等方面的情况，还就如何打造新的经营模式、加强对消费者的售后服务与企业负责人进行探讨。在翁城镇黄塘村和龙仙镇的青云村，莫高义对新时期精准扶贫、人居环境综合整治等工作进行调研。莫高义要求，在精准扶贫方面，对贫困户的扶贫要有产业作支撑，要通过专业合作社的带动，规范种植技术，保证产品的品质，解决销售问题，努力打造品牌，提升产品的价值；在农村人居环境综合整治方面，要尊重村民的意愿，充分调动村民共同参与的积极性，结合实际做好整体规划，完善生产生活基础设施，让村民有实在的、直接的、长期的获得感。在黄塘村调研时，莫高义还来到居家养老服务站，看望慰问生活在这里的孤寡老人，关切地询问老人的生活、身体等情况。市委常委黄劲东、孔云龙、县委书记颜亮、县长陈来安及市县相关部门负责人陪同调研。

市委书记莫高义到翁源开展精准扶贫和社会主义新农村建设调研 9 月 14 日，市委书记莫高义率市委农办、市农业局等部门有关领导赴翁源县沾坑村开展精准扶贫工作调研，考察新村建设和旧村改造等精准扶贫和创建社会主义新农村示范村有关工作。莫高义一行首先参观省发展改革委帮扶沾坑村的特色产业扶贫项目"集装箱水产养殖"基地，听取驻村工作队长对项目整体情况介绍，重点询问其运营模式、技术支撑、贫困户参与及收益等等情况，莫高义对省发展改革委开展的产业帮扶项目给予充分肯定，认为省发展改革委创新产业帮扶思路，引入的"集装箱水产养殖"项目是真正充分发掘并利用当地自然资源优势、结合新技术的一项优质、可持续发展的产业扶贫项目，具有示范效应。随后，莫高义书记边走边问，边听边看，实地考察沾坑村社会主义新农村建设情况，详细了解新村规划，认真察看沾坑村正在推进的农畜分离农具房建设、贫困户危房改造等以及开展"三清"、"三拆"、"三整治"的工作进度，听取驻村工作队推进精准扶贫和创建社会主义新农村的总体情况介绍。莫高义书记强调，要立足实际做好新农村规划设计，社会主义新农村是村民的新农村，新村规划不能追求'高大上'，既要做细做好、切合实际，又要充分征求村民意见，既要考虑方便生活，也要照顾生产需要；要将社会主义新农村建设与精准扶贫精准脱贫密切结合起来，两者是'两位一体'，在实施脱贫攻坚中，要将社会主义新农村建设融入到精准扶贫工作中去，综合考虑、统筹推进，确保完成各项目标任务；要树立示范健全奖励机制，省、市、县对开展新农村建设进度快的贫困村将实行奖励，沾坑村已树立一个特色鲜明、村容整洁、文明和谐、宜居宜业的社会主义新农村建设示范村的样板，希望翁源县其他村借鉴沾坑村新农村建设经验，拿出开创精神，干出新名堂、做出新成果。县委副书记、县长陈来安，县委农办、扶

贫办及翁城镇等有关同志陪同调研活动。

市委副书记、市长骆蔚峰到翁源调研 3月4日，市委副书记、市长骆蔚峰率队到翁源开展重点工程项目检查调研，市政府秘书长朱裕华，市发改局、市交通运输局、市水务局，以及县委书记颜亮、县长林国华等相关县领导和部门负责人参加了调研活动。骆蔚峰一行先后来到翁源县黄竹溪河治理工程、广东彤德新材料有限公司、广州秀珀（翁源）化工有限公司、翁城镇上庙水库、龙仙镇南浦互通枢纽，以及县城新区县人民医院、实验小学、龙翔大道等项目建设现场，实地了解翁源中小河流治理、群众生产生活安全用水、企业生产经营和招商引资，以及工业园区、高速公路、新城区等建设情况，现场研究解决问题。骆蔚峰认为，翁源县围绕主动融入珠三角总战略，积极谋划，主动作为，取得明显成效。骆蔚峰要求，要抓机遇，翁源正处于良好的发展机遇期，要转变观念，加强对接珠三角，争做韶关主动融入珠三角的排头兵；要打基础，努力打造高速公路经济增长极，加强电子信息、精细化工、休闲旅游等产业建设，谋划推进产城融合的配套设施建设，积极完善产业配套，营造良好发展环境；要上水平，要学习借鉴先进地区城镇建设经验，推动城市建设上水平；要建立健全检验检测等公共服务体系，着力引进优质项目，发展科技含量和研发水平高的创新型企业，推动产业发展上档次；要重视农业与电商、与休闲旅游结合，提升农业发展水平，实现经济社会稳步发展。

市委副书记、市长骆蔚峰到翁源调研 3月9日上午，市委副书记、市长骆蔚峰率队到翁源开展工作调研。骆蔚峰一行首先来到涂志伟美术馆进行调研，参观涂志伟不同时期创作的作品，认真听取油画大师涂志伟就作品创作过程、近期的创作计划等方面的情况介绍，了解美术馆的运作情况和存在的困难。骆蔚峰在调研座谈中感谢涂志伟一直以来对韶关文化事业的支持，赞扬他情系家乡、回到家乡建设美术馆的举动，认为涂志伟美术馆的投入使用对韶关的文化建设起到很大的推动作用；骆蔚峰要求，各级政府部门要大力支持涂志伟美术馆，多渠道筹集资金解决运作过程中存在的经费困难等问题。随后，骆蔚峰一行来到华彩新材料产业园，深入广东彤德新材料有限公司和宏源防水科技有限公司，了解企业的建设情况。每到一家企业，骆蔚峰都与企业负责人进行亲切地交谈，了解企业的建设情况和面临的困难。骆蔚峰要求当地党委政府在服务好企业、加快园区发展的同时，要做好规划，完善城镇的生活配套建设，吸引更多的企业进驻。在调研中，骆蔚峰还实地察看、了解华彩二期和县第二人民医院筹建工作的推进情况。市委常委、常务副市长朱余旺以及市相关部门主要负责人参加了调研。县领导颜亮、林国华、叶有昌、柯建忠、肖俊青和相关部门负责人陪同调研。

【元宵节民间艺术大游演】 2月10日上午，翁源县2017年元宵节民间艺术大游演在县城举行，旨在大力弘扬传统优秀文化，保护和传承民间艺术，丰富广大人民群众的精神文化生活。省文化厅、市文化馆相关部门领导，县四套班子领导、县直科局和镇（场）负责人等以及广大群众观看演出。活动首先在县城文体广场开演，由节目《雄狮震鼓耀翁源》拉开活动序幕，随后是陈璘花车、邵谒花车、飘色、花灯队、鹤蚌舞、舞春牛、调王舞、舞雄鸡、舞龙、舞狮等15个节目依次登台表演。文体广场表演结束后，表演队沿县城建设一路、二路巡演，再到朝阳广场表演。参加游演活动的有各镇（场）代表队、县城艺术团代表队、文广新局和文化馆代表队。

【第二届桃花节启动】 2月27日，“向春天出发”2017广东春季旅游赏花线路推介暨翁源桃花节在广州正式启动，活动由广东省旅游局牵头主办，着力推介韶关翁源的桃花、肇庆九龙湖的山茶花、梅州大埔的油菜花、广州越秀的木棉花、清远牛鱼嘴的禾雀花6条赏花路线，将广东的“春光烂漫”尽收眼底。推介仪式上，翁源重点推介在当地举办的翁源桃花节，桃花节的主题为“水墨桃花•最忆翁源”。与上一届桃花节相比，第二届桃花节增添许多精彩有趣的互动项目，主要有“人面桃花相映红，最美妈妈花丛中”摄影活动、“桃花朵朵开，红包滚滚来”手机扫描桃树上红包二维码领取红包、“赏花寻宝桃花源，扫码积分拿大奖”、“共享单车快乐行，见证翁源桃花节”等活动。

【广东（翁源）桃李文化节】 6月9日晚，广东（翁源）桃李文化节活动在县城龙湖广场开幕，活动主题为“投桃报李•最忆翁源”，县长陈来安、县政协主席陈建为等县四套班子领导成员参加活动。副县长肖俊青代表县委、县政府致辞。县委副书记张朝养和县委常委、宣传部长丘雪媚共同为在场的18位“最美妈妈”颁奖。桃李文化节活动时间从开幕后至7月，除专场晚会外，还有美食节、名优特产品推介展销、啤酒音乐节、亲子欢乐采摘、“摘九仙寿桃，献百岁老人”等活动。旨在通过桃李文化节系列活动，以佳果为媒充分展示翁源本土文化、名优特产品和客家美食，提升翁源旅游对外知名度和影响力，促进乡村旅游和休闲农业快速发展。

重大决策

【建设卫生强县】 3月30日，县委、县政府印发《中共翁源关于建设卫生强县的决定》，提出到2018年，率先建立基本医疗卫生制度，人民群众健康水平明显提升，综合实力和主要健康指标达到省的要求；2020年，基本医疗卫生制度完善，整合型医疗卫生服务体系基本建成，总体实现基本医疗卫生服务均等化，主要健康指标达到全市平均水平，卫生强县建设成效显著；2025年，基本医疗卫生制度完善，医疗卫生服务体系健全，卫生资源配置合理，医疗设施和技术先进，疾病控制科学高效，人才队伍结构优化，主要健康指标达到或接近发达地区水平，全面建成卫生强县。决定明确要求建设卫生强县要着力完成九项工作任务，即推进全县医疗卫生事业协调发展，力争到2017年，翁源医疗卫生服务能力达到全国县域先进水平，县域内住院率提高到90%左右，基本实现大病不出县；健全完善城乡三级医疗服务网络，促进公共卫生服务均等化，是年，分级诊疗政策体系全面推开，医疗卫生机构分工协作机制基本形成，2018年底，县级2所医院要全面达到二级甲等标准，在每个镇(场)办好1所标准化建设的乡镇卫生院，2020年，分级诊疗服务能力全面提升，保障机制逐步健全，基层首诊、双向转诊、急慢分治、上下联动的分级诊疗制度全面建立；加强公共卫生安全体系建设，全面提升突发公共事件卫生应急能力，到2018年，全县疾病预防控制综合水平位居全市县级前列，2018年底，建成一所综合性医院有病床的精神专科，2020年底，依托翁源县人民医院挂靠建立县级精神卫生中心，统筹精神卫生防治管理、技术指导、人员培训、信息管理、流行病学监测等工作；加快推进中医药强县建设，加强中医药管理和行业指导，完善中医药服务体系，推进中医药进农村、进社区，建设特色浓厚、技术适宜的“中医馆”，打造中医药品牌，加强中医药科技创新平台建设，开展中药资源普查，保护和促进中药资源开发利用，推动中药新药创新；建立健全城乡医疗保障制度，提高重大疾病患者保障水平，完善城乡居民医疗救助制度，到2020年，全县医疗救助水平达到全省平均水平，深化医保支付方式改革，提高基本医保管理服务能力；提升药品供应保障水平，健全药品供应保障机制，加强药品配送管理，提高配送集中度，深化药品注册审批制度改革，推动医药产业结构优化和转型升级，完善药品风险监测网络，加强药品检验检测体系建设；加强医药卫生科技创新和人才队伍建设，推动医药领域科技创新，加大高层次卫生人才培养力度，完善医学人才教育培训体系，到2018年，全科医生每万人口达2名以上，全县本科以上卫生技术人员占比40%以上，乡镇卫生院专科以上学历比例提高到45%以上，到2020年，全科医生每万人口达3名以上；加快推进医疗卫生信息化建设，建设全县卫生信息数据中心，组建覆盖县、镇、村三级卫生网络，实现区域内医疗机构之间，以及与上级部门的信息共享和互联互通，推进卫生应用系统建设；着力提升医疗卫生法治化水平，强化医疗卫生法治，建立协调统一的医疗卫生管理体制，加强医患纠纷人民调解制度和医疗责任保险制度建设，到2018年，医疗责任险基本覆盖全县二级以上公立医院，构建和谐医患关系。

【全面开展巡察工作】 7月5日，县委印发《中共翁源县委关于全面开展巡察工作的实施意见》，意见根据中央和省委、市委的有关部署要求，结合翁源实际，认真把握巡察工作的定位，突出政治巡察，紧盯基层党的领导弱化、党的建设缺失、全面从严治党不力，以及党的观念淡化、组织涣散、纪律松弛等问题，建立县委履行主体责任，县委巡察工作领导小组组织实施，纪检监察机关、组织部门及相关部门共同参与的巡察工作机制。巡察分为全面巡察和专项巡察。全面巡察，即对各镇（场），县委工作部门，县政府部门和直属单位、人民团体党组（党委、党工委），县属国有企业、事业单位党委（党组）开展全面巡察。原则上每届县委任期内至少巡察一次，每次集中巡察时间为1个月左右。专项巡察，即根据工作需要和县委要求，对各镇（场）、各部门、企事业单位的重点人、重点事、重点问题或者上级巡视巡察、县委巡察整改情况，开展灵活机动的专项巡察。巡察结束后，县委巡察组在10天内形成巡察报告，如实向县委巡察工作领导小组报告了解的重要情况和问题，并提出处理建议；县委巡察工作领导小组及时听取县委巡察组的巡察情况汇报，研究提出处理意见，报县委决定。同时，建立健全巡察成果共享互通机制，县委及组织人事部门要将巡察结果和整改情况作为干部考核评价、选拔任用的重要依据。

【“十百千”干部驻村方案】 9月20日，县委办、县政府办印发《翁源县“十、百、千”干部驻村推动农村人居环境综合整治建设社会主义新农村工作方案》，方案按照“生产发展、生活宽裕、乡风文明、村容整洁、管理民主”建设社会主义新农村总体要求，以加快补齐农村基础设施短板、提高农民生活质量和促进农村社会文明进步为目标，创新新农村示范村创建工作体制机制，组建“十百千”新农村建设驻村帮扶工作队。“十”是指29名县领导班子成员，负责挂点镇村的新农村建设工作，依托“下村住夜”联系群众活动，扎实开展“四个一”活动，即召开一次村“两委”干部、村小组长座谈会、开展一次走访活动、开展一个整治创建工作专题调研、至少解决一个实际问题，全面了解掌握村情民意，广泛征求群众对新农村建设方面的意见建议，指导示范村的创建工作。“百”是指200多名县直帮扶单位干部及省、市、东莞帮扶干部，负责履行挂村（行政村）责任，明确1—3名干部包干挂钩村新农村建设工作，围绕挂钩村新农村建设目标任务，结合部门职能，制定具体的、操作性强的驻村帮扶工作实施方案，精心挑选一批年轻后备干部驻村帮扶新农村建设，办好拓展职能优势的好事实事，采取强有力措施，帮助、指导、督促各村做好新农村建设工作。“千”是指1000多名镇村干部，负责一线指挥，协调处理各种矛盾，镇（场）要以村小组为单位，将全体干部职工下沉到村小组，与村干部共同抓好各村小组的建设任务，积极动员本地企业、乡贤及社会各界人士参与支持新农村建设。通过整合县领导班子成员和县直单位、镇村及省、市、东莞帮扶干部等工作力量，构建“十、百、千”干部驻村推动农村人居环境综合整治建设社会主义新农村的工作格局，实现全县156个行政村人居环境综合整治建设新农村工作县镇村三级干部定点结对全覆盖，深入推进翁源农村人居环境综合整治建设社会主义新农村工作。

县委办日常工作

【概况】 县委办公室为县委常设机构,内设秘书股、调研综合股、新闻股、信息股、督办室、值班室、改革规划协调股、法规股、信访室、保密室10个股室,下设机要局。机构改革定编27人,其中行政编23人,工勤编4人。县绩效考核办、县委党内规范性文件备案和清理办2个临时机构设在县委办。是年末,在编行政人员19人(其中主任1人、副主任4人),后勤人员4人。2017年,县委办围绕县委决策部署，充分发挥参谋辅政、统筹协调、督促检查、综合服务、后勤保障等职能作用，自觉服从服务于全县改革发展大局，不断强化管理，开拓创新，转变作风，锐意进取，提升“三服务”水平，圆满完成各项目标任务。

【办文办会】 坚持公文从起草到修改,再到校对印发,严把各环节审核关,力求文稿准确到位；印发的文件均没出现歧义差错,传阅上级文件没有发生丢失、泄密事件；严格控制会议数量和规模,会前加强预见性和计划性,为上级领导调研、县委全会、县委经济工作会议、创建新农村示范村工作推进会、“教育创先卫生创强”、桃花节等重大会议活动提供到位的谋划协调、后勤保障、后续跟踪等优质服务,确保重大会议活动的圆满成功。全年,共发文158份，机要、保密渠道收到文件并办理785份,收到县级文件1810份。组织县委常委会、书记专题会及其他工作协调会议69次。

【调研综合工作】 围绕全县经济社会发展中的重大问题，把握社会经济方面的热点难点，深入基层调研党的建设、精准扶贫、文化教育、人居环境整治等工作，形成一批有情况、有问题、有分析、有建议的调研材料，向县委提出建设性的意见和建议，并得到采纳实施，撰写的《单位“资深”干部的边缘化趋势、原因及对策》《浅谈如何改善农村人居环境促新农村建设》等10篇调研文章在《韶关调研》刊登。加强与省委政研室的沟通协调，成功申请为省委政研室调查研究工作的联系点，为及时了解掌握各项政策、当好县委参谋助手提供了重要途径。韶关改革工作简报专刊介绍翁源以创建“满意中心”为目标，着力“精、广、畅、新”四字深化政务服务平台改革的经验做法。深入调查研究，认真思谋策划，加强县委重要政策性文件及综合文稿撰写起草工作，组织起草了县委经济工作会议讲话、全县性汇报材料以及县委领导在有关会议的重要讲话，为贯彻县委意图和工作思路发挥“以文辅政”作用。

【新闻信息报道】 紧紧围绕全县大局和中心工作，抓住县委决策的焦点问题和关注点，捕捉社会经济热点和亮点，积极采写大量反映经济社会发展变化和民生的稿件。注重加强与主流媒体的沟通联系和交流合作，积极邀请主流媒体来宣传报道，借助媒体的力量，对全县经济社会发展情况、新农村建设、生态文明建设、党的建设等方面进行多角度、全方位推介。全年共在《韶关日报》发稿105篇、在《小康》杂志、《南方日报》、《南方》杂志等省级以上媒体发稿19篇，产生较强的社会影响力，为全县经济社会加快发展提供良好舆论氛围。围绕党的方针政策、上级党委的工作部署和全县的中心工作,注重加强信息员队伍建设,形成一个覆盖全县、反应快捷的信息网络,切切实加强信息报送工作,做到不漏报、不退报、不错报,为县委决策提供及时、准确的信息参考。全年撰写信息报送上级信息部门，被《中办信息》《广东信息》《韶关信息》采用刊登28篇。

【督查督办】 围绕省、市委重大部署或重要会议及县领导批示和交办事项，及时督促检查县各级各部门贯彻落实情况，确保上级转办或县领导交办的事项件件有落实，事事有反馈。围绕县域发展大局和县委中心工作，出台责任明确的《关于开展2017年经济社会发展“5+X”巡查考评方案》，对全县68个单位实行全面巡查考评，巡查内容主要是县委县政府部署的中心任务、重点工作。12月采取“听、看、评”相结合的方式对全县68个单位开展巡查和打分评定,考评结果作为评优评先、年终绩效奖励的主要依据，有效提升部门工作执行力，加快项目的建设推进。同时明确对不作为、慢作为、乱作为的单位和领导干部严格追责，大大提高全县上下抓落实的主动性和积极性，有力促进各项重点工作的顺利开展。

【干部队伍建设】 围绕建设学习型、效能型、文明型机关的目标，致力完善学习制度，始终坚持把学习作为重要工作抓紧抓好，组织开展理论和业务学习活动，不断提高干部的素质和能力，着力建设一支政治强、业务精、作风硬的工作队伍，营造积极向上、和谐共事的工作氛围，提高决策落实的效率。同时，积极创造条件，接收部门和镇（场）后备干部的跟班学习，切实帮助提高部门和镇（场）的办公室工作水平。认真履行“一岗双责”制，加强党员日常教育管理，开展内容丰富的党支部组织活动，严格执行党风廉政建设有关规定，党风廉政建设取得新成效。

（何晓红）

县委办领导班子成员名单

主　任：阮炳溪

副主任：邬国锋（—2017年1月）　张会民
陈大双（—2017年4月）　冯桂林
骆小珍（2017年3月—）
王海燕（2017年4月—）

中共翁源县纪律检查委员会

【概况】 2017年，县纪委以党的十九大精神和习近平新时代中国特色社会主义思想为指导，以开展落实“两学一做”学习教育常态化制度化、“两强两提”思想大讨论活动为契机，牢固树立“四个意识”（政治意识、大局意识、核心意识、看齐意识），坚定“四个自信”，认真履行职责，把纪律挺在前面，实践运用“四种形态”，强化监督执纪问责，党风廉政建设和反腐败工作取得新成效，为加快翁源经济社会发展提供坚强有力的纪律保证。

【县纪委十三届二次全会】 2月17日，中国共产党翁源县第十三届纪律检查委员会第二次全体会议在县政府小礼堂召开。会议审议通过县委常委、纪委书记杜奇立代表县纪委常委会作的题为《加强监督执纪问责推动全面从严治党 坚定不移把党风廉政建设和反腐败斗争引向深入》的工作报告。全会要求，做好2017年的工作，严格落实“两个责任”，深入推进全面从严治党；发挥派驻巡察利器，补齐基层党内监督短板；加强纪律作风建设，营造干净担当的良好氛围；践行运用“四种形态”，抓早抓小；突出纪律审查重点，继续保持惩治腐败高压态势；全力推进标本兼治，营造风清气正的政治生态；打铁还需自身硬，建设让党放心、人民信赖的纪检监察队伍。全会号召，全县各级党组织、纪检监察机关和广大党员干部要在县委和市纪委的坚强领导下，不忘初心、继续前进，忠于职守、奋发有为，取得党风廉政建设和反腐败工作新成效，为建设美丽幸福翁源做出更大的贡献。

【管党治党责任有效落实】 县委高度重视党风廉政建设，准确把握落实党风廉政建设“两个责任”，积极履行主体责任，出台《关于深入推进全面从严治党的实施意见》，要求全县各级党组织切实履行好全面从严治党的主体责任和政治责任；县委常委会多次研究、部署党风廉政建设和反腐败工作，及时解决反腐倡廉建设中的重点、难点问题。县纪委切实履行好监督责任，协助县委推进全面从严治党、加强党风廉政建设和组织协调反腐败工作。制定《县直有关单位落实2017年党风廉政建设和反腐败工作任务分工》，对照主体责任清单，督促各部门落实党风廉政建设和反腐败工作任务。认真贯彻落实《关于新形势下党内政治生活的若干准则》，加强对各级党组织和党员领导干部落实准则情况的监督检查，使党内政治生活严起来实起来。把“四个意识”作为政治标杆，推动党员干部遵守党的政治纪律和政治规矩，提高政治站位和政治觉悟。加强对各级党组织和领导干部落实精准扶贫、污染防治、意识形态和执法监管部门在巩文创卫、重大项目、打击“非采”、打击“两违”、环保整治等领域工作责任制落实情况的监督检查，严肃整治“为官不为”和失职、渎职行为，促进县委、县政府中心工作任务的落实。加强对村（社区）“两委”换届纪律的监督检查，确保村（社区）“两委”换届按要求如期完成。坚持下级党组织主要负责人向上级纪委述责述廉述德制度，结合召开县纪委全会，组织周陂镇、发改局、统计局、地税局等4个单位党委（党组）主要负责人和各镇（场）纪委书记向县纪委述责述廉述德，县纪委委员进行现场询问和评议，增强监督实效。

【纪律作风建设】 准确运用监督执纪“四种形态”，始终把纪律挺在前面。坚持抓早抓小，充分运用第一种形态，让“咬耳扯袖、红脸出汗”成为常态，发现错误苗头及时谈话提醒、函询诫勉，注重发挥后三种形态的惩戒震慑作用，切实用纪律管住大多数，把问题解决在萌芽阶段。是年，全县各级干部共1710人次接受谈话提醒，其中，县处级开展不同形式的谈话提醒342人次，乡科级及以下干部1368人次。持续深化作风建设。坚持纠建并举，积极构建加强作风建设长效机制，推动作风建设常态化。督促推进权力清单、责任清单等制度，层层传导责任压力，推动党员干部工作作风转变，促进各项工作落实。强化行政问责，坚决查处“为官不为”问题。是年，共查处“为官不为”案件4宗，党纪政纪处分7人，其中科级干部3人。持之以恒落实中央八项规定精神。紧盯关键少数、重点领域、重要节点，坚持暗访、查处、追责、曝光“四管齐下”，做到标准不降、要求不松、力度不减，严肃查处顶风违纪和隐形变异的“四风”（形式主义、官僚主义、享乐主义和奢靡之风）问题。2017年，共查处“四风”方面案件7起，查处涉案人员7人，其中科级干部3人。开展明察暗访20多次，下发通报文件2个，对会议迟到、缺席等违反工作纪律的10多个单位或个人进行通报批评。深化“正风速递”工作的开展，优化微信公众号平台建设，加大宣传力度，提高群众对“正风速递”的知晓度和参与度，把“正风速递”打造成反腐倡廉重要的宣传和监督平台。

【高压惩治腐败】 紧紧围绕减存量、遏增量的目标，坚持有案必查、有贪必肃、有腐必反，保持惩治腐败的强劲势头，重点查处十八大后、中央“八项规定”出台后、党的群众路线教育实践活动开展后的顶风违纪行为。是年，全县纪检监察机关全年共收到信访举报件203件，立案100宗，结案95宗，给予党纪政纪处分95人，与上年同期相比增加29.9%。通过加大惩处力度，释放反腐败一刻不放松的强烈信号。强化案件监督管理，坚持依纪依规、安全文明办案，做到办案零事故。严格把握政策界限，认真落实容错免责制度。坚持实事求是原则，共为16名受到诬告、错告的党员干部澄清事实，保护干事创业积极性。认真落实县镇村三级线索排查工作机制和领导包片包案督导制度，持续开展农村基层党员干部违纪违法问题线索排查，严肃查处农村基层党员、干部在执行上级决策部署中的“为官不为”、土地领域的官商勾结、财政资金的贪污挪用、执法监管领域的徇私枉法等侵害群众利益的突出问题。是年，全县共排查出农村基层党员、干部违纪违法线索260条，核查260条，核查率100%。坚决整治群众身边不正之风和腐败问题，扎实开展扶贫领域问题线索入户核查、督办直查，强化扶贫领域的监督执纪问责，严厉查处把手伸向扶贫资金财物的行为。组织开展扶贫领域作风暗访和专项巡察，对工作被动落后的单位和个人进行约谈问责，排查出扶贫领域中优亲厚友、虚报冒领、截留私分、挥霍浪费等问题线索40条，立案9宗，结案7宗，党纪政纪处分7人。

【巡察派驻补齐监督短板】 巩固和深化“三转”，聚焦主责主业，强化监督执纪问责，加强派驻机构建设，制定《关于加强翁源县纪委派驻机构建设的实施意见》，新增设了两个派驻纪检组，调整了派驻监督的对象和范围，实现了派驻监督的触角全覆盖。6月13日，省纪委调研组到翁源县开展派驻机构建设专题调研时，对翁源县的派驻机构建设和派驻全覆盖工作给予充分肯定。率先在全市开展县委巡察工作。县委高度重视巡察工作，迅速落实省《关于建立市县党委巡察制度的指导意见（试行）》，制定《关于全面开展巡察工作的实施意见》《巡察工作五年规划（2017—2021年）》等制度，组建巡察工作机构，并于3月底在全市率先启动首轮巡察工作。在对江尾镇开展的巡察中，共发现问题线索13条，立案2宗，查处副科级干部1人，得到来翁源调研的省委第六巡视组领导的充分肯定和赞赏。9月中旬，派出两个专项巡察组分别对翁城镇、坝仔镇开展为期半个月的扶贫领域专项巡察，共发现问题线索39条。

【教育预防】 坚持抓好纪律作风教育，组织全县党员干部深入学习新修订的《中国共产党章程》、《关于新形势下党内政治生活的若干准则》、和《中国共产党纪律检查机关监督执纪工作规则（试行）》等党内法规，增强“四个意识”和严守纪律规矩的自觉性。突出抓好关键少数，坚持拟提拔县处级领导干部任前廉政法规考试制度，共组织30名干部参加廉政考试，对30名新提拔县管干部进行任前集中廉政谈话教育。持续开展纪律教育学习月活动，举办领导干部党纪政纪法纪教育培训班；组织各镇（场）、县直各单位及174个村（社区）共5300多名党员干部，到县党风廉政建设暨预防职务犯罪教育基地参观学习，接受廉政熏陶与洗礼；组织参加市纪委开展的廉政小品创作评选、廉政书画作品评展、党规党纪知识竞赛等活动，其中党规党纪知识竞赛在全市18个参赛队中获得第四名；廉政书画作品评选，一人获书法组一等奖，一人获美术组三等奖，一人获入展奖。会同县检察院组织承办全市农村“两委”干部违纪违法案例剖析现场会和违纪违法案例图片展。监督预防工作扎实推进。建立党风廉政建设和同步预防工作联席会议制度，在县第二人民医院，组织开展建设项目进行廉政风险同步防控工作。做好纪检监察新闻和信息撰写工作。是年，共有183篇信息稿件被上级新闻媒体采用，其中《中国纪检监察网》1篇、《宣讲家网》1篇、“南粤清风网”41篇、《韶关日报》55篇、“韶关廉政网”85篇。

【国家监察体制改革试点工作】 县委带头担负改革试点工作主体责任，成立县深化监察体制改革试点工作领导小组和办公室，积极稳妥推进监察体制改革各项工作。县委主要负责同志认真履行“施工队长”职责，在县委十三届五次全会和县委常委会会议、工作小组会议上进行动员部署，强调要提高政治站位、按时完成改革试点任务。县纪委认真履行牵头抓总的专责职责，协助县委抓好改革试点工作的组织实施和任务落实。围绕改革目标任务，深入调研摸底，抓好思想政治工作，对检察院转隶人员进行谈心谈话，广泛征求意见建议，圆满完成人员转隶工作。做好监察委班子成员提名考察、检察机关有关案件线索移交和资产划转、监察委办公场所安排等工作。围绕纪法衔接、法法衔接和规范监督执纪监察工作等关键性问题，初步建立起相关工作机制。

【干部队伍建设】 坚持把思想政治建设摆在首位，组织纪检监察干部深入学习贯彻中共十九大精神，认真学习领会习近平总书记系列重要讲话精神和对广东工作重要批示精神，增强“四个意识”和“四个自信”。建立健全县纪委常委会集体学习制度，扎实开展系列学习教育活动，深入开展“两学一做”学习教育，落实中心组理论学习、民主生活会、“三会一课”等制度。是年，组织全县纪检监察干部20余人次参加省市纪委组织的纪检监察业务培训班。将县纪委党支部分成5个党小组，定期开展党小组学习教育活动。按照省纪委“五个坚持、五个决不”要求，加强各级纪检监察机关和组织领导班子和干部队伍建设，培养严实深细的工作作风。发挥纪检监察机关内务监督委员会监督作用，推动纪检监察干部廉洁自律，打造忠诚干净担当的纪检监察干部队伍。

（汤润芝）

县纪委领导班子成员名单

县委常委、纪委书记：杜奇立

县纪委副书记：江汉洪　朱振如

县纪委常委：张美秋　李敏华

郭伟洪　赖燕英

县监察局局长：江汉洪

监察局副局长：张美秋　郭伟洪(2017年3月—)

陈大双(2017年5月—)

组织工作

【概况】 2017年，全县组织工作紧紧围绕中央“四个全面”(全面进入小康社会、全面深化改革、全面依法作用）战略布局和习近平总书记对广东作出的重要批示精神，以全面从严治党要求为主线，突出重点、聚焦主业，科学谋划、精准施策，改革创新、狠抓落实，为该县主动融入珠三角，实现全面建成小康社会总目标提供坚强组织保证。

是年，全县共有22个基层党（工）委。其中8个镇（场）党委、2个工委、11个县直部门党委和1个非公有制经济企业党委，共46个党总支、583个党支部，其中，村（工区）党支部193个、社区党支部20个。全县共有党员19049名，其中女党员4531名，农村党员8527名，35岁以下党员共3368名，大专以上学历党员共6496名。

【全县“两学一做”学习教育】 坚持把“两学一做”学习教育作为党建工作的重点任务，超前谋划，主动作为。坚持“两来两去”，以上率下以学促知。通过请进来“授业”、 走出去“取经”、住下来“服务”、 沉下去“调研”， 引领各级党组织和广大党员扎实开展学习教育。全县广大机关、农村、企业等各基层党支部结合自身实际开展集中学习、主题演讲、正反典型研讨等各类活动8000多次。围绕规范落实“三会一课”，严格党内组织生活。坚持把规范落实“三会一课”等制度作为开展“两学一做”学习教育的重中之重，严格抓好“三会一课”、组织生活会、民主评议党员等制度的不折不扣落实，切实发挥基层党组织的主体作用。制定《关于进一步落实好“三会一课”制度的通知》，为各支部如何规范做好“三会一课”提供有力的指导。为全县637个党（总）支部统一印了“三会一课”会议记录本，全县19036名党员统一发放“三会一课”学习笔记本。将此项工作的落实情况纳入党建工作年度考评和党组织书记述职评议考核内容。

【村（居）“两委”换届选举】 紧紧围绕“换强班子、换好风气、换清思路”的总体要求和“一平稳、一配强、一提高”的目标，以争当村（社区）“两委”换届选举工作示范县的决心，切实加强领导，压实责任，统筹谋划，周密部署，完成了村级组织换届选举。全县共选出“两委”干部815名，其中村委委员700人，支委委员459人。18个社区共选出“两委”干部78人，其中居委委员78人，支委委员62人。全县村（社区）书记、主任“一肩挑”155个，占90.7%，交叉任职人数484个，占92.9%，比市下达任务分别提高近5个和10个百分点。大专以上学历的83名，比上一届增加7.8%；35岁左右年轻“两委”干部人数116名，比上一届增加17.3%；选拔妇女“两委”干部232名，比上一届增加11名，实现每村（居）委至少有一名女干部；选拔女主任13名，占7.6%，比上一届增加5名，村女主任9个，占5.9%，比上一届增加4名。村级换届工作整体进展平稳有序，没有发生突发性、群体性事件。

【领导班子和干部队伍建设】 严格执行《党政

领导干部选拔任用工作》条例和党委（党组）讨论决定干部任免事项守则，落实“凡提四必”（对拟提拔或进一步使用人选的干部档案必审、个人有关事项报告必核、纪检监察机关意见必听、线索具体的信访举报必查）要求，突出抓好拟选拔任用干部的档案审核；定期编制空缺职位表，结合空缺职位科学盘活资源，积极推进干部能上能下，及时做好有关干部的交流轮岗和调整工作。目前，共召开8次县委常委会讨论干部任免事项，调整干部121人次，其中提拔28人，交流轮岗37人，机构改革或更名16人，到龄免职2人，辞去公职1人，不适宜担任现职1人，其他36人。

【干部日常管理监督】 开展2016年度“一报告两评议”工作，2016年该（县）县共提拔中层正职58人，大部分单位选人用人工作评议各项指标满意率达到95%以上，干部个人民主评议满意率都在85%以上。采用届中、离任等经济责任审计的方式对领导干部进行经济责任审计，并将审计结果作为调整干部的依据。开展领导干部违规兼职清理、干部因私出国（境）违规办理持有因私出国境证件、裸官整治等工作。从严抓好出国（境）管理工作。完善工作机制，明确县管干部出国（境）管理职责，明确新提拔、交流的领导干部报备案和审批流程，从严从实抓好通行证等证件的借还、保管，共办理出国（境）手续25人（次）。做好干部信访工作，高度重视来信来访和举报，并及时调查核实，该（县）部共受理信访件14件，办理完结14件。

【干部人事制度改革】 坚决贯彻落实十九大精神，构建约束与激励并重的机制，结合该（县）县实际，出台《翁源县干部政绩档案管理意见（试行）》《翁源县县管领导干部考验性管理意见（试行）》，通过用好政绩档案和考验性管理两个有效抓手，激发干部干事创业热情，清除为官不为土壤，有效激励约束该（县）县的干部。

【干部教育培训】 根据本县实际，继续加大干部教育培训的力度，提高干部教育培训的覆盖率，增强针对性和实效性，采用“请进来的”形式从市委党校及高校请专家教授开展各类课程的专题授课，抓好培训质量，培养造就高素质干部队伍，提高该县干部教育培训科学化水平，为翁源主动融入珠三角，加快实现绿色崛起提供坚强的人才保证。是年，该县共选派36名领导干部参加省委党校及市委党校各主体班次；共举办科级干部培训班、自主选学培训班、网络在线学习培训、公务员全员培训等班次，共培训全县领导干部8000多人次；开展六期习近平重要批示精神专题培训及十九大精神专题培训，共培训各级各类领导干部4098人次。

【最美驻村干部评选表彰】 2016年该县“精准扶贫、精准脱贫”工作得到省、市的充分肯定。全省、全市精准扶贫精准脱贫工作现场推进会均在该县召开。2016年全县贫困户脱贫3015户5607人，脱贫户人均可支配收入达7353.75元，精准扶贫工作取得阶段性成果。为进一步弘扬先进，树立榜样，经基层推荐、镇党委把关、公示等程序，确定周霖雨等32人为2016年度“最美驻村干部”并进行表彰。积极营造“精准扶贫、精准脱贫”的正能量。

【软弱涣散基层党组织整顿】 按6%倒查方式，确定10个农村党组织为整顿对象。软弱涣散村党组织由市、县党政领导班子成员，乡镇党委书记、挂钩县直单位挂点整顿，同时，由挂钩单位选派一名“第一书记”和党建指导员，专门负责整顿指导转化工作。是年，县财政发放整顿资金50万元，全面完成10个村党组织的整顿工作。

【创建“互联网+党建”】 运用“互联网+党建”思维创新党建工作，大力发展以互联网为载体、线上线下互动的新兴服务工作模式，构建了县、镇、村、组四级线上线下服务新平台，畅通服务群众渠道，全县7个镇1个场建立微信群81个，微信公众号81个，配备管理员301名，是年，收到群众反映事项366个，已办结360个事项，直接办理的214个，移交办理的146个，办结率97%，群众评价满意度为95%。全县共有14013人关注“公仆在线”公众号，共推送图文432次，推送信息1235条，共有阅读人次98536人，分享人次2853人。

【实施青苗工程培养计划】 按照1:3的比例，科学选出一支政治素质好、综合素质好、带头作用好、工作作风好、群众评价好的“五好”后备人选队伍，共 475 人。其中 35 岁以下 362 人，占总人数的 76.2%；大专以上 257 人，占总人数的 54.1%；女性村村委会主任 57 人，占总人数 12%。通过集中办班、以会代训、主题教育、外出考察等形式，开展经常性培训。围绕“两学一做”学习教育，加强实践锻炼，提升后备人选适应新形势、解决问题的能力。把政治素质好、工作能力强、成绩突出、群众公认的后备人选，在村级组织换届时，依法依规把他们推选到村级组织班子岗位上来。村干部岗位在届期内出现空缺时，拟任人选优先从后备人选中推选。

【党员队伍建设】 严把党员发展“入口关”，按照“控制总量、优化结构、提高质量、发挥作用”的要求，是年，全县共发展党员 207 名，其中农村党员 70 名，35 岁以下党员 137 名，大专以上学历党员 88 名。实施农村党员（青年）创业示范工程，县财政安排 50 万元提供贴息，为缺乏创业资金的农村党员、青年，每人发放 2 万—5 万元的政府贴息贷款，实现“帮一户、带一村、兴一业、富一方”的目标。是年，全县共帮扶党员创业示范户 144 户，发放贴息贷款 614 万元。

【“两新”组织建设】 紧紧围绕省市有关要求开展“两新”党建工作，重点扎实做好非公有制和社会组织党的组织“两个覆盖”巩固提升工作。是年，已建立“两新”组织党组织 84 个，党员 985 名，成立党组织 84 个，单独组建 80 个，联合组建 4 个，其中非公有制企业党组织 77 个，社会组织党组织 7 个，党组织覆盖率 100%。组织各“两新”组织党组织书记进行为期两天的集中培训，提升理论素养、提升业务能力。树典型、抓宣传，进一步释放正能量。翁城镇德财蔬菜专业合作社、金悦通公司党组织被评为成全市“两新”组织党建示范点。

【村级经费保障】 贯彻落实《翁源县保障村（居）基层组织工作经费的实施意见》和省、市关于村级经费提标的文件精神，将村（居）工作经费列入财政预算。是年，每个村委办公经费已达到 8 万元，村“两委”干部月人均补贴达到 2400 元以上，其中支书、主任“一肩挑”的每月 2500 元，分设的每月 2450 元，其他“两委”干部 2350 元每月。根据《关于调整离任村“两委”干部生活补助的实施方案》，全面提高离任村“两委”干部生活补助，全年共为 1099 名离任村干部发放补贴 211.7 万元。现任村（社区）“两委”干部，由财政按照 120 元/年的标准统一购买城乡居民基本医疗保险；所有社区干部和新当选的村“两委”干部，由财政按照支书主任 1200 元/年、一般干部 960 元/年的标准统一购买城乡居民养老保险，是年，累计投入 33.57 万元。对全县 65 岁以上农村老党员发放生活补贴，全年共发放 1598 人共 43.24 万元。另外，还对 59 名符合市老党员补贴人员发放 9.9 万元。

【推行“村党支部+村民理事会”基层治理模式】 制定《关于推行“村党支部+村民理事会”基层治理模式的通知》，积极探索“村党支部+村民理事会”，创新基层治理模式，加强农村基层组织建设，巩固党在城乡基层的执政基础，促进农村改革发展稳定，建设社会主义和谐新农村。在推进农村人居环境综合整治和社会主义新农村建设中，依靠“村党支部+村民理事会”基层治理模式，工作成效显著。如翁城黄塘村、沾坑村，周陂镇光明村在开展“三清、三拆、三整治”工作中，凡是“要清要拆要整治”的，依靠党支部的领导下，党员以身作则、率先垂范，以此带动村民的自发行动。

【人才工作】 出台《翁源县人才目标管理考核制度》，把人才发展列入县经济社会发展情况“5+X”事项巡查考核的重要指标。建立《翁源县人才工作重要事项报告制度》，明确党委直接联系专家、听取专家意见和重大决策专家咨询机制。营造尊重劳动、尊重知识、尊重人才、尊重创造的良好氛围，县委书记、组织部长分别在韶关日报发表署名文章宣传翁源人才工作，人才办联合县广播电视台、信达公司拍摄“优秀人才工作者典型”访谈短片。人才引进与培育有较大突破，青云山制药厂顺利引进中药创新团队，三人入选“韶关市首期享受市政府特殊津贴人才”。是年，全县共有各类人才 71175 人，其中党政人才 2366 人，企业经营管理人才 5945 人，专业技术人才 9893 人，高技能人才 1242 人，农村实用人才 51564 人，社工人才 165 人；全县现有国家千人计划 1 人，13 名博士、45 名硕士、3476 名本科生，正高职称 1 人，副高职称 45 人。

【组织部门自身建设】 坚持把加强组织部门自身建设与服务党委、政府中心工作结合起来，深化拓展“讲党性、重品行、作表率”活动，以“政治坚定、公道正派、勤奋敬业、清正廉洁、甘于奉献”为标准，着力在思想建设、能力建设、作风建设、业务建设、廉政建设方面做到“五个领先一步”，着力加强组织部门自身建设，争当创先争优表率部门；结合“两强两提”思想大讨论，健全了组织部门集中学习、组工讲坛、组工干部直接联系服务党员、干部、人才和群众制度。坚持突出理论武装、突出问题导向、突出领导带头、突出开门整风、突出边学边查边改，在反对歪“四风”，大兴好“四风”上走在前列、作出表率；建立完善各项管理制度，规范部机关和组工干部的工作程序和行为，建立部机关关爱制度，营造和谐融洽的工作环境，形成推动工作的合力，促进部机关全体干部高标准、高质量地完成各项工作任务。

（杨浩）

县委组织部领导班子成员名单

部　长：谭晓健

副部长：陈水晶　陈红线　许德群

宣传工作

【概况】 2017年，宣传工作深入学习宣传贯彻习近平总书记系列重要讲话精神和十九大报告精神，坚持围绕中心、服务大局，坚持团结稳定鼓劲、正面宣传，不断改进宣传方式方法，巩固壮大主流思想舆论；始终把培育和弘扬社会主义核心价值观与精神文明建设相结合，全力做好文明城市复审测评工作；持续推动宣传文化工作与县委中心工作、与全县各项事业同步同向、向上向好；意识形态工作积极主动，主体责任意识明显提升，主旋律更响亮，正能量更强劲。

【理论宣传教育】 深入扎实推进中共十九大精神学习宣讲活动，广布宣传牌，在国道（高速公路）路口、县城、镇（场）全面布设十九大宣传标语200多块，确保宣传横到边、纵到底，全区域覆盖；深入开展宣讲活动，率先在扶贫挂钩村开展支部党课活动，组建县委宣讲团、百姓宣讲团，深入各党（工）委、企业、农村、校园、社区，开展了20多场针对性强的宣讲活动；组织系列访谈活动，邀请20多个党（工）委、县直单位主要负责人开展系列访谈，充分宣传各部门学习贯彻中共十九大精神的具体举措和实际行动，把全县学习宣传贯彻活动引向深入，推动中共十九大精神在翁源落地生根、开花结果。加强理论学习中心组制度建设，制定《中共翁源县委关于进一步加强理论学习中心组学习工作的意见》，把理论学习中心组学习列入重要议事日程，安排全年专题学习重点内容，严格落实集体学习研讨、个人自学、专题调研要求，推进了该县党委（党组）理论学习中心组学习制度化、规范化；县委中心组开展四次集中学习，同步学习省委宣讲团中共十九大精神报告会、“百名法学家百场报告会”暨“南粤法治（韶关）报告会”，县委常委会、县政府常务会议常态开展政治理论学习，理论学习有个人笔记、心得体会，提高中心组成员理论水平，增强工作实践能力。积极实施“两强两提”思想大讨论活动，根据县委十三届三次全会提出“两强两提”思想讨论部署，迅速制定《翁源县开展“两强两提”思想讨论实施方案》，全面开展学习讨论、撰写心得体会、深入调研督导、微宣讲比赛、征文比赛、专场文艺演出等活动，收集心得体会130多篇，专题调研报告19篇，宣讲稿37篇、均已编辑印发，举办“两强两提”文艺专演10场，做到各镇均开演。其中微宣讲比赛经过全面初赛，选拔37名选手进入决赛，各选手结合工作经历、身边的人和事，在台上各抒己见，有力推动“两强两提”思想讨论与工作实践相结合，优秀宣讲人员纳入全县宣讲十九大百姓宣讲团，做到以学促干，知行合一。

【坚持责任落实】 强化组织管理，建立县委常委会意识形态工作专题汇报制度，并要求党政班子领导成员把意识形态工作纳入到业务工作中同部署、同检查、同考核，认真落实党委（党组）书记意识形态工作述职制度，形成一把手负总责，班子成员各负其责的工作机制。常委会多次召开意识形态专题会议，学习习近平总书记意识形态工作系列重要讲话精神，研究重大舆情、重点情况、重要社情民意中的倾向性苗头性问题，有针对性地提出指导意见，及时作出工作安排，是年10月份，常委会审议通过《翁源县意识形态工作考核评价实施方案》，完善日常检查考核机制，加强对意识形态工作的管理。强化制度落实，全年召开4次联席工作会议，及时通报工作情况，认真做好交流信息，分析形势，研判动向，统筹协调部门间的重大意识形态工作，全面排查风险点，维护意识形态领域安全有序。根据上级要求组织10多次专项检查，全面组织开展风险点排查；11月联合开展全县意识形态工作检查，对36个党（工）委、职能单位责任落实情况进行考核评价，召开检查考核工作汇报会，及时通报检查情况。强化阵地管理，深入排查重点环节和风险隐患，加强思想文化阵地、网络新兴媒体、社科联等阵地管控，加强全县网站、论坛、微信公众号的清理整治，指导4个违规网站进行有效整改，对25个微信公众号和6家重点自媒体网站全面引导和管控，不断加强信息的审核和发布工作，有效筑牢网络安全防火墙，确保网络舆论环境风清气正。强化网络舆情引导，成立网络舆情中心，建立健全新闻应急机制，选拔13人组成网评员队伍，及时做好舆情收集、研判、上报和处置工作，准确发布权威信息，积极主动回应公众关切。网络舆情引导化解有效落实，各类舆情事件得到化解和有效控制，最大限度抑制负面影响的蔓延。

【宣传报道】 加强主题宣传，制订《关于进一步加强新闻报道工作实施方案》，积极开展党的十九大、省第十二次党代会、学习贯彻习近平总书记重要批示精神系列报道、“五大会战”、“两强两提”等主题宣传，认真做好旅游产业、兰花产业、气象、生态建设等专题宣传报道。优化政务宣传，2017年，全县在市级以上主流媒体用稿267篇，其中省级22篇，如《党建之于发展　犹如车之引擎》在南方杂志第9期刊发，《加快构建三大高速增长极》《海峡两岸四地兰花展举行　翁源兰花获金奖》《翁源全力开展“5+2”行动　上半年固定资产投资增长23%》等在南方日报刊登，《推动基层文化繁荣发展的实践与思考》在广东宣传发表，韶关日报用稿234篇，其中头版头条3篇，翁源专版11期，有力宣传推介了翁源发展成果。加强外宣策划，拓展新闻宣传阵地，统筹线上线下，讲好翁源故事，大力提升翁源形象。认真开展第二届桃花节系列宣传报道工作，创新开展预热宣传，前期组织大批媒体前来翁源竞相报道，启动期间，更是吸引了中央、省、市各级媒体的目光，中央电视台第十三套新闻频道在3月5日6次播放翁源水墨桃花的视频，作为庆祝两会的献礼，让全国人民领略翁源桃花的魅力。同时，主动邀请、积极配合央视十套科教频道到翁源调研、拍摄，翁源民风民俗、美食等多次在央视科教频道的《味道》《文明密码》《多彩华夏》《大江大河端午情》等栏目播放，树立翁源文明形象，使文化传承更加出彩。

【文化惠民】 擦亮文化名片，打造文化品牌，以涂志伟美术馆、翁山诗书画院、文安摄影艺术馆三个艺术场馆为龙头，深入打造“风雅翁山”文化品牌，积极开展展览、培训等活动，全年接待国内外观众四十多万人次，提升翁源文化知名度。深入开展“我们的节日”活动，举办了春节系列文娱活动、“元宵节民间艺术大游演”、“三八”国际妇女节、“五四”青年节、“六一少儿才艺大赛”“迎国庆贺中秋采茶戏大赛”等文艺晚会，营造喜庆的节日氛围，丰富群众文娱生活，大力弘扬和培育社会主义核心价值观。其中“元宵节民间艺术大游演”是针对民间艺术日渐衰落、后继乏人现状，采取“以奖代补”方式挖掘保护、传承弘扬民间艺术的一次大型活动，深受群众和文艺人士的好评。大力弘扬传统国学，以书堂诗社为平台，开展采风活动，出版《书堂石》，举办“邵谒杯”诗词大赛及颁奖晚会等，打造“邵谒文化”。以居仁书院为基地，开展国学讲堂10多次，推进优秀传统文化教育，打造美丽乡村文化品牌。全面落实文化惠民工程，以文化馆、采茶剧团、民间艺术团体、农村公益电影为支撑，全面开展“潮涌滃江”文化惠民活动，举办广场文艺演出50多场次，送戏下乡300多场，送农村公益电影1836场、广场电影100场。有序推进文物非遗保护工作，完成《广东省翁源县第一次全国可移动文物普查名录》编制和翁源县第一次全国可移动文物普查《馆藏精品图录》编纂定稿，挂牌保护不可移动文物191处，征集濒临消失民间民俗文物数百套（份），至年底，珍藏物品已达5600余件（套），完成“翁源客家山歌”“翁城猫头狮”申报省级非遗名录项目及湖心坝民居群（8座）和书堂石遗址等两处省级文物保护单位申报材料报送。

【精神文明建设】 加强文明创建工作领导，调整文明委组成人员，成立六个专责小组推动各项工作高效落实；制定2017年城乡文明创建工作实施方案，量化创建工作目标；做好“省文”复评工作，印发工作方案，明确责任分工，多次召开资料收集报送工作培训会议，建立督查督办销号机制、问责机制，组成四个督查组进行督查和不定期回头核查，做到压实责任、重心下移，常态化推进文明创建工作。围绕县委“如何创新自我管理机制体制，推动城乡文明水平的提高”课题，专门组织调研组深入各镇（场）进行调研，全面掌握基层自我管理、文明创建等基本情况，为县委县政府科学决策提供依据。大力开展模范选树宣传活动，线上线下齐发力，积极开展道德模范、韶关好人等推荐评选，选送6人参加韶关市道德模范评选，有5名成功进入候选审核环节；第三届“爱在滃江•文明翁源”十佳道德模范推荐评选及“文明家庭”评比活动蓬勃开展，全县共推出人（次）；结合第二届“桃花节”旅游推介，大力开展“最美妈妈”评选表彰及宣传学习活动，评选出10位“最美妈妈”，社会反响良好，不断掀起见贤思齐学习热潮。丰富活动载体融入核心价值观，组织各镇（场）文体广场建设融入核心价值观宣传，指导21个美丽乡村示范点融入“中国梦”及民风民俗文化元素，翁城镇、坝仔镇示范点打造成效明显；在县城全面布设公益广告宣传2000多块，继续完善教育路核心价值观墙绘；牵头组织“中国梦，我的梦”少儿才艺大赛、“中国梦，民族魂”全县中小学生舞蹈比赛、“文明伴我成长•争当小小梦想家”青少年绘画比赛等活动；大力开展“文明校园”评比、“文明交通进校园”、“善美校园”建设、“礼让斑马线”、“9 • 20”公民道德宣传日等文明创建活动。全域打造通过省文复审测评，县委、县政府高度重视创文工作，把文明城市创建作为一项重要的民生工程，着眼于转变观念，建立机制，加强管理，巩固成果，通过持续不断地深化创建，创建理念深入民心，广大市民得到实惠，文明创建成效明显。在省文复审测评中，该县综合得分为80.76分（其中实地考察34.36分，材料审核27.88分，问卷调查18.51分）。未成年人工作得分为68.78分，群众满意度为90.80%。四级联创成效明显，是年，坝仔镇辉星村被评为全国文明村，青云山药业有限公司被评为市文明单位，官渡镇、铁龙林场评为市文明镇，龙仙镇联群村、江尾镇松岗村、周陂镇阳东村评为市文明村，新江社区评为市文明社区，县青少宫评为市级未成年人思想道德建设工作先进活动基地，龙仙三小“开展善美活动促教育教学工作”申报创建市级精神文明建设创新项目，城乡各级、各行各业文明创建全面开花。

【自身建设】 加强政治学习，深入学习中共十九大文件精神及《准则》《条例》，贯彻落实县委深入推进全面从严治党实施意见，坚定信念、遵守政治纪律、整治规矩。积极开展培训，加强宣传思想队伍建设。积极开展业务培训工作，分别举办全县通讯员培训班、文艺创作培训班、摄影培训班等，积极选派人员参与省市组织的舆情信息员培训班、乡镇宣传委员培训班等，努力提高思想政治和作风建设。大力培育基层宣传文化能人，该县文化馆编辑黄影祥被评为广东省基层宣传文化能人。

（李演雄）

县委宣传部领导班子成员名单

部　长：丘雪媚

副部长、文明办主任：何学军

副部长：龙晓华（2017年3月—）

机构编制

【概况】 2017年，县机构编制委员会办公室为单独设置，既是县委工作部门，又是县政府工作部门，列县委机构序列；内设综合股、机构编制股和县行政审批制度改革办公室3个内设机构；直属单位翁源县事业单位登记管理局，为副科级行政机构。

【深化权责清单制度】 按照省、市对权责清单动态调整工作部署，11月，邀请市编办人员对该县各单位权责清单编制人员开展业务培训，全面做好全县政府部门权责清单编制更新完善工作。截至12月，全县31个政府部门和依法承担行政职能的单位对照权责清单更新的要求对职权进行梳理，对体例进行规范，共梳理出各类职权事项共6631项，其中行政许可225项、行政处罚3941项、行政强制268项、行政征收24项、行政给付37项、行政检查482 项、行政确认74项、行政奖励 34 项、行政裁决 6 项、其他 1540 项。

【清理规范行政审批中介服务事项】 根据国家和省、市有关行政审批中介服务事项最新清理结果，开展全面清理规范政府部门行政审批中介服务事项工作，1 月和 11 月，分别公布《翁源人民政府关于第一批清理规范县政府部门行政审批中介服务事项的决定》和《翁源人民政府关于第二批清理规范县政府部门行政审批中介服务事项的决定》，共 44 项行政审批中介服务事项不再作为行政审批的受理条件；11 月，公布《翁源县人民政府办公室关于印发翁源县保留的县政府部门行政审批中介服务事项清单的通知》，16 个部门保留的行政审批中介服务事项 44 项。清单公布后，凡未纳入此清单的中介服务事项，一律不得作为行政审批受理条件实施，并且在推行行政审批标准化过程中，一律不得在申请材料和审批条件中提出相关中介服务要求。

【更新行政许可事项目录】 根据法律法规废改和行政许可调整情况，对照《广东省行政许可事项通用目录》（2017 年版），制定并公布《翁源县县级行政许可调整事项目录》（2017 年版）和《翁源县县级行政许可事项目录》（2017 年版），清理后取消许可事项 38 项涉及部门 19 个；纳入县级目录的许可事项涉及 29 个部门，共 225 项，对比 2016 年版 248 项总数量减少 23 项。

【行政审批标准化】 按照行政许可标准化的要求，组织各有关部门编制办事指南、业务手册，并录入省行政审批目录管理系统。3 月，全县行政许可标准化录入工作，全部通过合规性及合法性审核，完成行政许可事项标准化赋码发布，入驻广东省网上办事大厅。10 月到 12 月，按照省市网上政务服务信息整改工作有关要求对该县网上政务服务工作开展全面清查和整改，提高行政许可标准化程度。全县共完成联系电话和监督电话准确性整改 293 个；规范材料名称 191 个，其中清除其他材料、相关材料等兜底条款 140 个；补充完善办理流程 144 个上传空表及样表 226 个；整改办理结果支持物流快递事项 414 项。

【食盐监管体制改革】 根据《广东省机构编制委员会办公室关于印发广东省食盐监管体制改革方案的通知》，于 2017 年 6 月 30 日印发《翁源县食盐监管体制改革实施方案》。调整食盐安全监管职责。将县经济和信息化局承担的食盐质量安全管理与监督职能，移交县食品药品监督管理局承担。县经济和信息化局为县政府盐业主管机构，主管全县盐业工作；县食品药品监督管理局为县政府食盐安全监管机构；县发展和改革局负责全县食盐价格监管工作，维护食盐市场价格稳定。撤销韶关市盐务局翁源分局，剥离广东省盐业集团韶关有限公司翁源分公司承担的盐业行政管理和执法职能。广东省盐业集团韶关有限公司翁源分公司不再加挂韶关市盐务局翁源分局牌子，实行政企分开、市场化运营。明确食盐安全监管机构可以通过充实用于食盐监管执法的人员编制和政府购买服务的方式，强化执法力量配置。

【人大工作机构调整】 根据《关于大力推进县乡人大工作和建设的若干意见》精神，对县、镇人大工作机构进行调整，县人大常委会增设城乡建设环境与资源保护工作委员会、经济工作委员会更名为财政经济工作委员会、内务司法工作委员会更名为法制工作委员会；各镇人大办公室由在镇党政办挂牌调整为单独设置。

【加强事业单位管理】 继续做好事业单位法人登记工作。是年共办理事业单位法人设立登记 7 项，注销登记 1 项，变更登记 42 项。做好事业单位法人年度报告工作，认真检查各单位提交的法人年度报告，并在广东省事业单位登记管理网对全县 118 个事业单位法人进行年报公开。建立事业单位法人公示信息抽查制度。加强对事业单位法人的监督管理，按照“双随机、一公开”的原则，会同市编办从年度报告公示单位中随机抽取该县环境卫生管理所等 5 家事业单位进行法人公示信息抽查，该办工作人员全程陪同检查，并根据抽查情况督促被抽查单位对存在问题进行及时整改。

（黄思华）

县编委办领导班子成员名单

主任、党支部书记：叶东藩

副主任、事业单位登记管理局局长：杨坚

副主任：朱友娇（—2017 年 4 月）

黄根香（2017 年 4 月—）

统一战线

【概况】 2017年，全县统一战线工作坚持以中共十八大及十八届历次全会精神和习近平新时代中国特色社会主义思想为指导，全面贯彻落实中央和省、市、县委统战工作会议精神，以及《中国共产党统一战线工作条例（试行）》精神，围绕县第十三次党代会的决策部署，紧扣大团结大联合主题，充分发挥统战工作的特殊优势，突出“落实、创新”的工作理念，为努力建设美丽和谐幸福翁源凝聚更广泛的人心和力量。

【思想政治建设】 将贯彻统一战线工作条例重点任务进行分解，扎实有效抓好中央和省、市、县委统战工作会议精神和《条例》的贯彻落实。通过党外代表人士培训班、党派季度学习会、宗教团体负责人季度学习会、新生代青年企业家座谈会等形式，深入学习贯彻习近平总书记系列重要讲话精神和中共十九大精神，以及县党代会和县“两会”精神，增强“四个意识”，夯实思想政治基础。开展非公有制经济人士梅州理想信念教育行、红色革命教育等形式多样的理想信念教育实践活动，将新生代企业家教育培训活动纳入工商联主体培训班，组织新生代企业家参加电商培训班等，教育引导青年企业家健康成长。发挥民主党派、工商联和无党派人士的优势，围绕县党代会提出深入实施“主动融入珠三角，加快实现绿色崛起”总战略的各项目标任务和县委县政府中心工作，为振兴实体经济、建设美丽乡村、创新社会治理、教育医疗双提升等重点工作加强调研，献计出力，形成含金量高的调研成果，在建言献策中凝心聚力共谋发展，在社会服务活动中提升统战工作影响力，凝聚统战代表人士服务经济社会发展的思想共识。

【参政议政】 加强民主协商，做好多党合作工作。协助民盟做好届中补选工作，以顺利完成政治交接。指导民盟加强组织建设，积极创造条件，促进民盟工作全面发展，被省民盟评选为坚持和发展中国特色社会主义学习实践活动“先进集体”。及时研究解决民盟自身建设和履行职能等方面遇到的困难和问题。支持民盟围绕开展关于美丽乡村建设、民营经济发展、翁山旅游开发和全县重点工程、重点项目、生态建设等等一系列调查研究，做到建言有方、献策有效。

【助推非公经济“两个健康”发展】 深入贯彻落实习近平总书记关于非公经济重要讲话精神，积极构建亲、清新型政商关系，深入实施非公经济人士关心关爱行动。深化商会建设和“五好”工商联创建活动，上半年被评定通过为省“五好”工商联，下半年又按照省、市工商联的要求，积极做好创全国“五好”工商联申报工作。推进珠三角商会组建，力争年内完成清远、珠海两市的异地商会组建工作。全面推进“五好”基层商会建设，指导县青年商会创建和申报省“优秀基层示范商会”工作。探索深化会员服务平台建设，继续深化税收、融资、信息、法律服务进企业活动，着力推动实体+互联网、优质企业对接资本市场、税企交流恳谈会等工作，让商会会员更好地享受到政策红利、制度红利和服务红利。大力弘扬“光彩事业”，动员企业界捐款15万元开展“扶贫助学”活动，扶持帮助贫困学生90多名，持续开展非公经济人士基层行惠民生活动，帮扶贫困村、贫困家庭资金20多万元。抓好新生代企业家工作，加强县青年商会组织建设，帮助年轻一代树立发展信心，消除思想困惑，实现健康成长。加强与兄弟工商联的沟通和联系，全年组织各商协会负责人到清远、梅州借鉴学习基层商会建设经验，进一步做好新时期工商联工作，为非公经济的“两个健康”（非公有经济人士健康成长、非公有经济健康发展）发展发挥更大的作用。

【维护民族宗教领域和谐稳定】 深入推进宗教事务规范化管理，切实加强巡查和专项检查工作，维护宗教场所和民间信仰场所活动的安全有序，提升对宗教管理的法治化水平。支持和帮助东华寺风景区打造AAAA级景区，加强与省、市民宗部门和旅游部门的联系与沟通，在项目规划、工程推进、创建申报等方面积极作为。协助东华寺充分发挥中国社会科学院佛教研究中心“禅宗文化调研基地”的作用，深入开展以“规范•安全”为主题的和谐寺观教堂创建活动，提升民族宗教工作影响力和工作水平。深入少数民族村开展调研，加强对建设项目的跟踪和指导，注重提升特色产业培育、民族村寨建设、民族文化挖掘等方面的实效，在交通部门村村通道路建设资金的配套下，共投入60多万元，圆满完成铁龙龙化工区冷水径瑶族村小组1.62公里道路的硬底化改造。

【港澳与海外统一战线工作】 积极支持香港翁源同乡会工作，指导同乡会做好2017年换届工作，组团参加香港翁源同乡会就职庆典活动。搭建香港翁源两地交流合作平台，重点促进两地青年的互动交流。加强对侨界人士的联系和服务，指导好侨联做好2017年换届前各项准备工作，发挥侨界人士在宣传翁源、建设翁源中的积极作用，为翁源创新发展凝聚更多智慧力量，争取海内外的广泛支持。

【党外知识分子和新的社会阶层人士统战工作】加强无党派知识分子联谊会建设，选好配优骨干力量，完善考核评优机制，强化知联会凝聚广大党外知识分子的主平台功能。继续开展精准扶贫、送医送药、文化下乡等多种社会服务活动，收到良好的社会效果。指导县青年商会加强组织建设，强化青年企业家的联系交流和引导服务工作，探索制定走访制度，搭建创业平台，服务青年人才创新创业。加强电商协会建设，引导网络界人士发挥正能量。

【“大统战”工作】 切实推动“大统战”落地生根。强化各级领导干部统战工作意识，建立健全党委统一领导、统战部牵头协调、有关方面各负其责的工作机制，形成政令畅通、高效务实的统战工作布局。加强在统筹推进各领域统战工作、与党外代表人士联谊交友、协调沟通联动、综合保障方面的探索，构建内容完备、结构合理、功能健全的运行机制。以互联网思维，创新统战工作宣传，讲好统战故事，宣传统战政策，提高统战工作关注度和影响力；加强党外代表人士队伍建设，抓牢发现环节，不断拓宽党外代表人士的发现渠道，积极吸纳优秀党外人才，不断充实蓄水池。夯实培养环节，加强对党外干部及其所在单位的走访，重点完善党外后备干部人才库，注重党外干部的梯队培养。坚持组织部、统战部两部联席会议制度，在党外干部的使用管理上加强沟通合作。创新党外代表人士联系机制和交流平台，采取集中走访和谈心谈话相结合的方式，加强与党外代表人士的联络沟通。

（邓庚金）

县委统战部领导班子成员

部　长：丘雪媚

副部长：胡可清

民族宗教事务

【概况】 2017年，县民宗局以贯彻中共十八大、十八届三中、四中、五中、六中全会精神和习近平总书记系列重要讲话精神，贯彻落实党的民族宗教方针政策和法律法规，切实履行部门职能，围绕中央、省、市、县关于民族宗教工作的决策部署，紧紧围绕“宗教和谐，民族团结”的工作理念，大力推进民族团结进步事业，依法加强宗教事务管理，全县民族宗教工作取得一定成效。

【慈善公益活动】 2月15日上午，县民宗局领导到翁城镇了坑瑶族村委会开展向贫困户、低保户送温暖活动。翁城镇了坑瑶族村委是县民宗局的挂钩帮扶点，经精准扶贫模底有1贫困户和1低保户。在慰问中，县民宗局领导勉励村民要树立信心，积极发展生产，争取早日脱贫，并向2户困难户发放慰问金和慰问品。1月9日上午，市民宗局调研员赵才金、宗教科长林光民到翁源慰问宗教困难人士，在县民宗领导陪同下到基督教和佛教场所慰问。

在东华寺慰问时，调研员赵才金对东华寺建设和管理给予肯定，鼓励宗教困难人士要克服困难，愉快生活，遵守寺规，爱国爱教。

【东华禅寺动态】 4月6日，东华禅寺僧人和县城热心居士在县民宗局和龙仙镇相关人员的陪同下到龙仙镇敬老院慰问孤寡老人。东华禅寺僧人和热心居士一行十多人带着日常生活用品等慰问品来到龙仙镇敬老院慰问孤寡老人，与敬老院老人们亲切交谈，询问老人生活和健康状况，给行动不便的老人洗头、理发、洗澡。东华禅寺僧人和居士们亲切的慰问和近距离关怀，受到老人们称赞。

同时，东华禅寺通过民宗局了解到一名少数民族学生在读高中，由于家庭困难，交不起学杂费后，出资8000元解决该学生学杂费。

【帮助少数民族地区改善居住环境】 民宗局积极争取上级资金，推动少数民族地区通村通镇道路硬底化建设。在市民宗局、市交通局的关心支持下，追加县内少数民族地区建设资金 23 万元，在交通部门村村通道路建设资金的配套下，共投入 60 多万元，完成铁龙龙化工区冷水径瑶族村小组 1.62 公里道路的硬底化改造。

【安全检查】 是年，根据上级民宗部门要求开展生产安全大检查工作要求和消防安全大检查精神，县民宗局在重要节假日深入各宗教活动场所进行安全隐患排查，要求各场所高度重视，把安全生产工作放在重中之重的位置，不能麻痹大意；坚决落实上级有关安全生产文件精神，不折不扣地执行落实；开展自我排查， 消除隐患，做到防患于未然。

【信访维稳】 积极开展安全隐患和矛盾纠纷排查化解工作，确保民族宗教领域安全稳定。该局多次联合政法委、统战部、公安、国保、属地政府等部门，深入各宗教活动场所、临时聚会点等开展调研调处、检查指导工作。积极开展安全生产隐患和矛盾纠纷排查，发现苗头性、倾向性问题及时化解和处理。及时解决群体实际困难；协助人社局调查处理东华禅寺临聘财会人员有关劳资纠纷问题。

【宗教政策法规学习】 开展“宗教政策法规学习月”活动。6 月份，按照省、市的统一部署，采取成立领导机构、制定活动方案、加强检查指导等工作措施，深入开展“宗教政策法规学习月”活动，有效增强宗教界人士和信教群众的国家意识、公民意识、法律意识，推动宗教界形成自觉学法、用法、守法的良好氛围，

【专项工作】 根据工作要求，该局通过深入细致的调查摸排，结合各方面的客观需要，制定切合实际的工作方案，认真细致地开展治理工作。按“三个一批”（甄别一批不廉洁的干部、退出一批不作为的干部、掌握一批善作为的好干部）工作方法，采取“以堂带点”的模式，按时完成基督教私设临时聚会点治理工作

【开展民族宗教工作调研活动】 1 月 10 日上午，县民宗局长张慧霞到龙仙镇青云村大水坑少数民族村小组对少数民族群众生产生活进行调研。张局长通过听取汇报、实地走访座谈，了解他们生产生活、子女上学就业等情况。该村小组基础建设有很大改善，瑶民思想观念转变，已经脱离以往那种等靠要观念。村中道路户与户之间建成水泥路。村民自发在山上种植水果，每年收入可观，生活大为改善。

【省市领导到东华寺调研】 5 月 23 日，广东省民族宗教委宗教工作一处处长符永培一行 4 人到翁源县佛教活动场所调研宗教工作。市民宗局副局长向志强、副县长肖俊青、县民宗局长张慧霞等陪同调研。

符永培处长一行参观东华禅寺的大雄宝殿、五百罗汉堂、书画院等建筑。东华禅寺住持释万行陪同参观并在座谈会中介绍寺庙的建设和管理情况，包括东华禅寺的历史沿革、建筑规模、人员结构、内部管理及财务状况等。符永培处长还询问东华寺网络信息化建设、人员培训、服务社会相关情况，同时要求东华寺要依法依规管理好宗教事务，发扬佛教优良传统，加强自身建设，不断提高管理水平；财务方面要按制度管理，按月向当地民宗部门报送财务报表；要继续积极参与社会公益事业。

6 月 27 日上午，市民宗局局长文清年、办公室主任邓红梅、宗教科副科长龙晖等一行 5 人在翁源县民宗局长张慧霞等人陪同下，先后到翁源东华寺和基督教龙仙礼拜堂进行调研。

文清年局长一行在东华寺住持万行法师陪同下参观寺院近期建设情况并进行座谈，座谈中询问东华寺在日常管理、宗教政策法规学习等方面情况，万行法师作详细的介绍和汇报。文局长对东华寺的各项工作给予充分肯定，并提出要求：要组织宗教教职人员学习宗教历史、宗教政策法规。积极与政府相关部门沟通，搞好东华寺的建设；加强内部管理，走规范化发展道路；加强自身建设，积极培养后备人才。随后，文清年局长一行来到基督教龙仙礼拜堂，和龙仙堂负责人就教堂的发展历史、现状、活动开展、日常管理等情况进行座谈，文清年局长对基督教龙仙堂各方面工作表示满意，并勉励教堂各项工作要再上新台阶。

（黄静练）

县民宗局领导班子成员
局　长：张慧霞
副局长：熊育华

县直工委工作

【概况】 2017年，县直工委始终坚持全面贯彻中共十九大精神，深入贯彻习近平总书记系列重要讲话精神和治国理政新理念新思想新战略，把握时代大势，回应实践要求，开展“两学一做”“两强两提”等学习教育，落实从严治党要求，全面提升机关党建科学水平。以加强党的执政能力建设和先进性建设为主线，以建设为民、务实、清廉机关为目标，以加强和改进机关作风建设为重点，以提高机关党员干部队伍素质为关键，以加强机关党的基层组织建设为基础，以创新机关党的工作机制为动力，以开展组工干部教育实践活动和严在身心实在行动主题实践活动为载体，围绕县委、县政府中心、服务大局、拓宽领域、强化功能，不断开创机关党建工作新局面，使机关党建工作始终走在全县基层组织建设的前头，为翁源县经济社会的科学发展与跨越发展提供思想动力和组织保证。加强对财税系统党委、经贸系统党委等11个机关党委机关党建工作及其辖属“两新”组织党建工作的业务指导，加强对系统党委的联系和沟通，直辖县委办、县委组织线、县委宣传线、县发展和改革局、县人民法院、县人民检察院、县民政局、县国土资源局、县工商局、县委党校、县公路局、中国电信翁源分公司、县供销社等13个党总支部，85个党支部，党员1461名。

【组织信息】 年初，根据县委组织部的指示精神，制定《县直工委2017年组织工作要点》和《县直工委2017年组织调研信息宣传工作目标责任制》，组建一支组织调研信息员队伍，调研信息主要围绕干部队伍建设、基层党建和人才工作等组织工作，针对当前组织工作的热点难点问题进行深入研究分析、并提出有效对策建议。为探索该委机关党建的新情况、新问题，该委开展了“两强两提”微宣讲比赛及征文比赛。内容突出“强化‘输不起’的危机意识，提振‘要更拼’的精气神；强化‘难不倒’的担当意识，提振‘敢碰硬’的精气神”主题，结合工作实际，挖掘和讲述我们身边的“两强两提”典型故事。各党（总）支部高度重视，积极动员各党员参加比赛。在“两强两提”微宣讲比赛中，该委自选两名优秀选手参加县微宣讲决赛，均荣获三等奖的好成绩；“两强两提”征文比赛中，该委选手荣获一等奖一名、二等奖两个名额，优秀奖三名的优异成绩。激发党员的干事热情，激励全县党员干部群众积极投身县委部署的“五大会战”“两大攻坚”建设中。

【组织建设】

加强组织管理 针对个别机关党组织存在的设置不合理、到期不换届、委员不健全等问题，建立县直机关基层党组织换届选举时间统计表，每月及时提醒和督促到期应换届的单位党组织按时进行换届选举，对屡经提醒仍不换届的单位进行通报。实行选派指导员监督各单位换届选举工作的做法，并对班子人选、组织架构、换届程序提出具体的书面指导意见。全年撤并党总支1个，党支部3个，撤销党支部1个，新建党支部11个，换届选13个，增补选委员30人。

开通信访渠道 通过座谈走访、发征求意见函、设置意见箱、热线电话、电子邮箱、微信等多种方式方便党员群众联系党代表，畅通党员群众表达诉求渠道，深入党员群众收集民情民意、为党员群众排忧解难。

加强发展党员 按照发展党员“控制总量、优化结构、提高质量、发挥作用”的十六字方针，专门召开县直机关发展党员计划工作会议，建立发展党员工作定期分析和报告制度、逐级审核把关制度、民主评议和党性分析制度，严格落实“五榜公示制”，对县直机关各单位发展党员数量和结构进行调控。注重对发展党员的培养教育，加强入党积极分子和党员发展对象的思想教育，注重从思想上入党。我工委全年共举办1期入党积极分子和党员发展对象培训班，共有63名学员参加培训。全年县直机关工委吸收新发展预备党员8名，按期转正党员10名。

支部生活 本年民主生活会以学习贯彻中共十九大精神为主题，围绕“两学一做”学习教育制度化常态化要求，重点对照《关于新形势下党内政治生活的若干准则》和《中共中央关于印发〈中国共产党工作机关条例〉（试行）》，结合该委

思想和工作实际，进行党性分析，深入查摆问题，主要从政治、执行纪律、品德和发挥作用等方面是否合格，严肃认真开展批评和自我批评。做到了会前有充分准备、会上积极开展批评与自我批评、查摆工作中遇到的问题和不足、会后努力整改有行动，把党内民主生活会开成凝聚力量，扬长避短，改进作风，团结奋进的会议。本次会议共发出35份征求意见函，收回35份，评价为“好”的有30份，收集到意见建议20条。

年度书记述职评议考核会议　按照比例抽取20%的党支部书记16人进行集中述职。各党支部书记认真总结全年抓基层党建工作的做法和成绩，全面排查，建立台账，分类分析存在问题，提出整改措施，并实时督导跟进，不定期抽查，综合考评。会上由各党组织组织委员、工委班子成员、部分“两代表一委员”（中共党代表、人民代表、政协委员）对述职人员进行评议打分，会后工委综合考核成绩及时通报。

【党费收缴管理】　根据中央和省委的部署要求，在“两学一做”（学党章、学党规、学系列讲话、）学习教育中对党费收缴工作进行一次专项检查，发现问题，立行立改。严格执行《关于在“两学一做”学习教育中开展党费收缴工作专项检查的通知》精神，以党支部为基本单位，以自查自改为主要形式，确保专项检查稳妥有序推进，不出偏差。督促各党（总）支部按时按额收缴补缴党费，建立起专人管、足额收、及时缴、定期查的工作机制，不断提高党费工作规范化、制度化水平。把党费收缴、使用和管理作为党务公开的一项重要内容。全年共缴纳党费37.62万元，2008—2016年共补缴党费41.98万元，合计79.61万元，已全数上缴县委组织部。

【两新组织党建】　工委下属有翁山诗书画院、青年商会、妇女儿童服务中心、个私协会等四个社会组织。2017年工委加大指导力度，为打造好个私协会党支部这一示范点，工委领导自出席个私协会揭牌仪式后，多次到个私协会党支部指导党建工作。开展党员活动按照有坚强有力的领导班子，有本领过硬的骨干队伍、有功能实用的活动场所、有形式多样的党建载体、有健全完善的制度机制、有群众满意的工作业绩的“六有”标准抓好党支部“硬件”建设；围绕领导班子好、党员队伍好、工作机制好、工作业绩好、群众反映好的“五好”创建标准抓好党支部“软件”建设，引导规范管理，加强党建指导，积极开展党员活动，加强学习培训，健全各项工作制度，挖掘党建特色亮点，发挥示范作用，结合个私协会的服务宗旨和互动商贸合作平台，实现资源共享，优势互补，互利共赢，共同发展，探索党建新思路，挖掘新特色，个私协会党支部开展了“共产党员经营户”和“积极分子经营户”创建活动，自5月起宣传发动所辖各商户参与创建活动，至7月底活动结束，选出“共产党员经营户”2户，“积极分子经营户”30户。

【“两学一做”常态化制度化教育活动】　6月19日，县直工委召开领导班子干部职工会议，结合直工委工作实际，动员部署县直工委“两学一做”学习教育常态化制度化主题教育活动，成立单位“两学一做”学习教育常态化制度化工作领导机构并组织学习讨论“两学一做”有关知识，县直工委书记刘定江同志主持召开会议。会议传达学习中共翁源县委办公室《关于2017年推进“两学一做”学习教育常态化制度化的实施方案的通知》，结合该委实际制定县直工委实施方案，明确活动目的、活动时间、参加对象、活动安排和具体要求等内容，要求不断提高思想认识和改进工作作风，推进直工委学习教育活动深入开展。根据活动要求，会议还组织学习《中国共产党章程》《中国共产党党内监督条例》《中国共产党纪律处罚条例》（简称“两个条例”）及习近平总书记重要系列讲话等。强调要充分认识开展“两学一做”学习教育常态化制度化活动，联系思想实际，加强学习讨论，认真查摆、整改思想认识的不足和问题，树立以翁源发展为己任的主人翁精神，奠定加快发展的思想基础，从思想上主动适应发展新常态，忠于职守，争先创优，务实工作，自觉维护翁源发展大局，推进直工委工作创新发展，为翁源加快发展作出应有的努力。

【民兵和武装工作】

做好年度征兵工作　从3月份起，县直工委武装部通过发放文件通知，张贴宣传彩图，悬挂征兵横幅等方式，宣传发动机关干部子女踊跃参军。通过广泛宣传，严格挑选把关，经过报名、体检、政审等环节的筛选，为部队选送高素质兵员。

抓好民兵整组、训练工作　该部2月份召开民兵整组工作专题会议，总结上年民兵工作，组织学习有关文件精神，并对今年整组提出几点要求：一要求各相关单位负责人根据在册民兵平时表现进行严格的政治审查；二于3月底前把基干民兵花名册报县直机关武装部；三根据情况组织该单位民兵进行必要的政治学习及义务劳动。该部部分民兵干部因年龄偏大、身体状况不好，经与所在单位协商后进行调配。根据各单位上报材料和反映情况，对各队建设配备政治思想好、敏感性强、业务精、身体壮、年龄小、文化高、爱祖国、爱武装的人员担任重要职务，对同等条件优选选配专业、退伍军人尽量调到领导岗位上来，为该部今后民兵预备工作的开展打下良好的基础。按照“四基”建设标准，认真抓好民兵分队软、硬建设，对县直民兵各队进行出队入队调整，保持民兵队伍的稳定，并做好退役军人预备役登记和兵役登记统计工作。

（县直工委）

县直工委领导班子成员名单

书　记：刘定江

副书记：李先德　华富清

工委委员、武装部长：朱佑望

老干部工作

【概况】　2017年，县委老干局以政治上尊重、思想上关心、生活上照顾、精神上关怀老干部为工作原则，贯彻党和国家有关离（退）休干部的方针政策，负责落实老干部的政治、生活待遇，着力支持老干部团体组织的发展，组织老干部开展为党和人民事业增添正能量活动，调动老干部为促进翁源经济发展和社会稳定发挥余热，再做贡献。至年底，全县有离退休干部约3900人，其中离休干部54人（包括享受正处待遇1人，副处级12人，科级41人；最高龄96岁，最低龄81岁，平均年龄88岁）；退休干部中含正处级9人，副处级28人，正科级241人，副科级285人。

【落实老干部通报工作制度】　结合县委县政府工作安排和部署，坚持落实不定期召开老干部通报工作制度。1月20日上午，县委、县政府在龙翔酒店召开2016年工作情况通报会，由县委常委、组织部部长谭晓健主持，全县老干部党支部书记及老干小组组长约100人参加了会议，县委副书记张朝养通报2016年全县经济社会运行情况及2017年主要工作安排。1月20日下午，县委、县政府在龙翔酒店召开全县副处以上老干部2016年春节座谈会，由县委副书记张朝养主持，老干部、在家四套班子成员、四大办主任一共63人参加座谈会，县长林国华向各位老领导、老同志通报2016年全县经济社会发展情况及2017年主要工作安排，县委书记颜亮作重要讲话。

【落实老干部走访慰问工作制度】　切实关心照顾好离退休干部，重点做好独居、重病、大病离休干部和困难遗属的关爱帮扶工作，为参加革命时间早、家庭负担重，身患重病等有特殊困难的老干部及遗属解决实际困难。是年，春节前夕，该局分两个小组代表县委、县政府给老干部及部分遗属（共63人）送上慰问金和慰问品；看望患病住院老干部70多人次。

【思想建设】全县有离退休老干部党员1750人，共设有离退休干部党支部45个，做到组织机构健全，学习活动和思想教育常抓不懈，确保老干部思想平稳和谐。4月14日，组织老干局全体干部职工开展“两强两提”思想讨论动员会。会议讨论通过《中共翁源县委老干部局开展“两强两提”思想讨论活动方案》。会议强调要紧紧围绕县委县政府关于开展“两强两提”思想讨论活动的要求，立足工作职责，从讨论中学，从学中做，学做互促，把活动开展好。9月30日，组织老干部（30名）参加县委县政府在烈士陵园举行的烈士公祭活动暨向烈士纪念碑敬献花篮仪式，缅怀革命烈士，发扬优良传统，弘扬爱国教育。10月18日，组织离退休干部代表及老干局全体干部职工收看中国共产党第十九次全国代表大会开幕式，全程听取习近平总书记代表十八届中央委员会向大会作的报告。12月13日，召集老干局全体干部职工召开学习贯彻中共十九大精神专题会议。局长何云山组织学习中共十九大会议的一些新提法新思想，强调要加强学习领会，并用于贯穿指导实践。

【落实老干部待遇政策】　审核报销该县63名离

休干部的医药费，共支出约270万元，人均约4.4万元。全年按照要求审核通过9名患重病生活完全不能自理的离休干部提高护理费的申请。按照企业离休干部与机关事业离休干部的生活费基本持平的工作原则，按月为参保企业单位的18名离休干部增加生活补贴的补差发放工作。按时按标准发放符合建国初期参加革命工作在生活上给予适当照顾5名退休干部的医疗费和生活补助。坚持为老干部征订学习资料。是年，为全县2800多位离退休干部统一征订学习资料，确保离休干部每人享受“两报一刊”，退休干部每人享受“一报一刊”（《人民日报》、《解放军报》、《红旗》），为老干部征订《中国老年报》《老人报》《家庭文摘报》《秋光》等学习资料6000多份。

【文娱活动】 该局组织以“庆祝十九大，欢乐重阳节”为主题的系列活动。10月25日重阳节，组织老人节文娱活动。此次庆祝活动结合老干部活动能力所及，既有麻将、象棋等比赛项目，又有盲人击鼓、快乐套圈、丢沙包等趣味性游园活动，吸引600多名老干部的踊跃参与。比赛项目：麻将设一等奖1名，二等奖2名，三等奖3名；象棋设一、二、三等奖各1名。10月27日，在该县文化馆举办翁源县第五届重阳节书画展。市老干书法协会、县有关单位领导，以及县老干诗书画学会会员、书画爱好者近百人参加开幕式。画展主题为“庆十九大，墨韵重阳”为主题，20多位老干诗书画会作者参展，共展出50多件优秀老干诗书画会会员作品。是日，在县烈士陵园文体小广场举办庆祝中共十九大暨庆重阳文体活动表演活动，围绕庆祝中共十九大和重阳敬老共精心编排表演扇子舞、小品等10多个节目。

【参加市第六届老年人运动会】 该县派出老年运动代表团，包括太极拳、广场舞、乒乓球、象棋、门球等5支运动队，45名运动员，参加韶关市第六届老年人运动会。代表团由老干局局长何云山任团长，县政协原副主席曾桓有、体育局局长康旭仁任副团长，体育局副局长张志强、民政局副局长许先彩、老年体协副主席黄壁添任成员。9月15日，在老干局会议室召开参加韶关市第六届老年人运动会全体动员大会，60多名参赛队员参加会议。9月18至27日，经过角逐，翁源县代表团获得优秀组织奖和团体总分二等奖。其中在太极拳（剑）项目共设的10个类别比赛中，集体42式太极拳、女子42式太极剑胡美英、男子42式太极剑龙伟斌、24式太极拳罗碧珍分别名列第一，获一等奖；广场舞自选套路、规定套路分别名列第八、第九，获二等奖、三等奖；乒乓球男子团体、女子团体均名列第四获二等奖，男子单打获1个一等奖、3个三等奖，女子单打获1个二等奖、3个三等奖；象棋团体赛获二等奖，女子个人获1个一等奖，男子个人获3个三等奖；门球名列第四，获二等奖。

【关心下一代工作】 该县关工委由县委副书记张朝养兼任主任，县委常委、组织部长谭晓健兼任第二主任，退休干部刘跃通任执行主任，退休干部包开东、吴建平、朱家春任副主任，老干部局局长何云山兼任常务副主任。全年为青少年作辅导报告55场次，为青少年健康成长写有意义的文章40篇，为营造良好育人环境提出合理化建议50条，为保护青少年合法权益做了43件实事，就青少年教育问题做了5次专题调研，与青少年谈心谈话120人次，向青少年传授科学技术17项，帮教失足、失学青少年10人次，为7名贫困青少年学生申领爱心企业帮扶助学金共7000元，为16位贫困生发放市关工委爱心扶贫助学金2万元。开展“中华魂”主题系列活动，联合老干部诗书画学会在中小学举办中国现代英模人物事迹书画展，联合县妇联、团县委等举办2017年翁源县少儿才艺大赛决赛文艺晚会，联合县宣传部、教育局等举行“文明伴我成长、争当小小梦想家——翁源县青少年绘画书法比赛颁奖仪式暨文艺晚会”，进行中国特色社会主义核心价值观宣传教育5000多人次。该县关工委副主任吴建平创作的现代采茶小戏《悬崖勒马》代表韶关市政法委参加广东省（粤东片区）反邪教文艺会演获优秀奖。

【促进老区建设工作】 该县老区建设促进会成立老区宣传报道小组，在省市主流媒体发表有关老区作品共20篇，联合老干部诗书画学会出版宣传板报专栏4期。作为革命老区县，启动《全国革命老区县发展史》翁源部分的编纂工作，由县委书记、县长任编纂委员会主任。围绕精准扶贫工作，共筹措帮扶资金85万元，其中省、市、县老促会专项资金各10万元、25万元、50万元，支持帮扶完成道路建设、安全饮水、文化设施建设等 24 项民生工程。围绕老区兰花产业建设开展调研，向省、市老促会上报 2 篇“发展兰花产业，加快老区脱贫致富”主题调研报告，助力 2018 年在该县举办的第 28 届中国兰花博览会。给就读于大学的 25 名烈士（解放前）后裔发放助学金共 15 万元，其中省、市下拨助学金 7.5 万元，县配套助学金 7.5 万元。

（罗细英）

县委老干局领导班子成员名单

局　长：何云山

副局长：朱美花　林元满

中共翁源县委党校

【概况】　中共翁源县委党校（翁源县行政干部学校)与翁源县开放大学（原翁源县电大)、翁源县教师进修学校是翁源县集党员干部培训、成人学历教育、在职教师继续教育培训为一体的教育基地。学校实行 4 块牌子，一套班子人员，财产共享账目分开，师资力量合一的办学模式。学校以党员干部思想政治教育、成人学历教育、在职教师继续教育为办学宗旨。学校占地面积 5 公顷，建筑面积 13972 平方米，现有行政办公楼、教学大楼、艺术教学楼、信息中心大楼、礼堂还设有先进的多媒体室、计算机操作室、图书室等设施设备，功能齐全。2017 年在职在编 40 人，专任教师 28 人。

【干部培训】　是年，翁源县委党校（翁源县行政干部学校)认真学习十九大会议精神，结合该校的实际贯彻执行县委县政府制定的 2017 年党员干部培训计划，先后与中共韶关市委党校、中共翁源县委组织部、翁源县纪委、翁源县人社局等部门联合开办“2017 年干部自主选学培训班”“新招聘专技人员公需科目培训班”“公务员学习习近平总书记重要批示精神培训班”“科级干部培训班”“党员干部廉政教育专题学习”“专技人员公需科目培训班”，以及县教师进修学校与县教育局联合开办“小学教师专业科目培训班”等。全年开展各类培训班 128 期，共培训学员 19424 人。

【开大教育与远程网络教育】　翁源开放大学（原翁源县广播电视大学）是根据韶机编办《韶关市机构编制委员会办公室关于广播电视大学更名等问题的通知》的文件通知精神于 2017 年 8 月 9 日更换挂牌的。更名后，翁源开放大学教学业务接受韶关开放大学指导，功能定为服务全民，终身学习，面向基层、面向行业、面向社区、面向农村，开展职工教育、社区教育、老年教育、新农村教育和各类培训。是年，根据文件精神广东开放大学与地方开放大学加强教学管理，实行绩效考评机制考核，促进各地方开放大学教育水平的提高。同时结合远程网络教育的特点，开创远程网络教育体制相结合，与奥鹏远程网络学习中心联合招收本科、专科学历教育。2017 年，开放大学招收行政管理专业本科班和学前教育、法律事务、行政管理专业专科共 4 各专业班，在校学生 112 人。翁源奥鹏远程网络学习中心与东北财经大学、福建师范大学联合开办工商企业管理、人力资源管理、会计、建设工程管理、小学教育、学前教育、汉语言文学、英语、数学与应用数学、生物科学等专业，在校本科学生 447 人，专科学生 276 人。

【基础设施建设】　学校围绕新时期新任务，加大学校环境的整治，升级改造学校礼堂、一间多媒体课室、一间会议报告厅，安装了一批现代化先进设备和教学设施，改善党校培训环境。促进学校教学和办公自动化、无纸化网络科技水平的提高。努力把学校建设成为美化绿化花园式校园。

【内部管理】　学校在深入学习十九大会议精神，围绕新时期新任务，加强内部管理，开拓管理新思路，特别是对办公室、培训处和教务处等处室职能管理，建章立制，完善规章制度，制订和完善绩效考评方案，提高工作效率。学校加强年轻教师队伍建设，开展“走出去，请进来”的办法选派年轻教师到外地培训学习，使他们能早日挑大梁，并邀请省市党校专家教授来我校授课。

（县委党校）

县委党校领导班子成员名单：

县委党校校长：谭晓健

县委党校常务副校长：甘可柱

开放大学、进修学校副校长：甘可柱　龙勇军　袁榕方　赖伟强　刘秋源

信访工作

【概况】 2017年，县信访部门以十八届四中全会、五中全会、六中全会和十九大精神及习近平总书记系列重要讲话为指导，认真贯彻落实中央、省、市、县信访工作会议的有关精神和部署，以宣传贯彻《广东省信访条例》为抓手，深入开展信访法治建设活动，推进“阳光信访”、“责任信访”、“法治信访”，全力以赴做好十九大防护期信访维稳安保工作，确保该县不发生到省进京大规模上访，确保不发生因信访问题处置不当引发的群体性、恶性事件，确保不发生因信访问题处置不当引发新闻媒体的负面炒作，确保到省进京非访有效得到控制，全县社会大局持续稳定，为该县主动融入珠三角，实现该县经济持续发展营造良好的社会环境。

【群众信访】 2017年，县级信访部门累计受理群众来信来访366宗，比去年同期295宗上升24.1%。其中群众来信88件，比去年同期100件下降12%；到县上访236批1163人次，比去年同期155批1398人次，分别上升52.3%和下降16.8%；其中集体访78批862人次，比去年同期72批1246人次，分别上升8.3%和下降30.8%；到市上访15批101人次，比去年同期16批90人次分别下降6.3%和上升12.2%，其中集体访7批79人次，对比去年同期6批79人次，批次上升16.7%，人次持平；到省访25批58人次，比去年同期22批61人次分别上升13.6%和下降5%，其中集体访3批15人次，同比批次持平，人次减少4人次，下降21%；进京访2批2人次，对比去年同期2批2人次，批次和人次持平。受理、办理上级交办网信63宗，对比去年同期27宗，上升133.3%；依法对3宗重点信访事项进行复查复核。

【领导重视信访工作】 县委、县政府领导高度重视信访工作，主要领导亲自主持召开县委常委会、党政班子会、书记专题会、信访维稳形势研判会等各种会议24次，研究部署信访维稳工作，传达中央、省、市信访维稳工作会议精神，分析该县信访维稳形势，并对做好省十二次党代会、中共十九大等期间的信访维稳安保工作进行全面部署，要求全县上下要把做好当前信访维稳安保工作摆在第一位，当作重大政治任务认真对待，树立“输不起”的危机意识，把责任抓实抓严。同时，印发《进一步落实领导干部2017年信访工作责任的意见》，全面压实该县领导干部信访维稳工作责任，确保中央、省、市各项决策部署的贯彻落实。县党政领导亲自参与专题接访、约访群众，包案调处稳控重大疑难案件。县委、县政府把信访维稳工作列入各单位落实科学发展观绩效考评体系，加强对信访维稳工作的考核。各级党政主要领导深入基层，亲自接待群众来访，亲自动手解决信访问题。

【畅通诉求渠道】 坚持县四套班子及镇（场）领导干部接待群众来访工作制度，切实做好接待群众来访工作。从3月1日开始，每天安排两名县领导（一名党政领导与一名人大或政协领导）到信访局值班接访，各镇（场）每天也安排领导班子成员到镇（场）综治信访维稳中心接访群众，认真解决群众诉求，理顺群众情绪，化解信访问题。特殊防护期每天有领导在综治信访维稳中心值班接待来访群众。县领导对自身挂钩镇（场）、分管业务范围的信访案件及自己所包信访案件，平时能做到定期约访、下访，对重大信访案件在重要节点积极约访、下访。全年，县四套班子到县信访局参与接待群众来访298人次，接待群众来访122批646人次；镇（场）领导班子成员在镇（场）综治信访维稳中心参与接待群众来访1852人次，接待群众603批1696人次。在十九大防护期冲刺阶段，县领导到信访局值班接待群众来访11批67人次；镇（场）领导班子成员在镇（场）综治信访维稳中心参与接待群众来访52批143人次，确保防护期的关键时刻每天都有领导把握信访维稳态势，有效减少群众越级上访；规范网上信访受理、办理、督办等程序，积极引导群众通过网上信访渠道解决自己的信访诉求，有效节约信访成本。

【矛盾排查化解】 按照《翁源县社会矛盾纠纷常态化排查化解制度》要求，村（居）每天排查一次、镇（场）每周排查一次、县直单位每半个月排查一次，县信访局每月排查一次，重点期要求各单位对本单位的矛盾隐患开展横到边、纵到底的地毯式排查，切实掌握本单位本辖区信访维稳隐患。对排查出的问题，按照“属地管理、分级负责”和“谁主管、谁负责”的原则，层层落实责任，逐案建立工作台账，及时分析研判，制定方案，全力化解。全年全县组织排查14次，共排查出矛盾纠纷1841宗，调处化解1694宗，化解率达92%。通过滚动排查，不断确定重点群群体和重点人员，在十九大期间，全县共排查出185位重点信访人员，重点信访人员的信息都录入信息采集表并报市备案，采取票控、技侦等手段促进稳控工作。相关单位逐个制订工作预案，落实稳控措施，实行专人盯防，确保把重点人员、重点群体稳控在当地。按照《翁源县信访维稳工作责任方案和县领导重点信访事项季度包案方案》的要求。落实信访维稳工作责任和县领导重点信访事项季度包案责任。在做好初信初访的矛盾纠纷化解的同时，继续落实每季度县党政领导班子成员包案化解重点信访事项，全年分4次安排县领导包案化解稳控77宗重点信访事项，在县领导亲自协调、亲自研究、亲自约访下，大部分重点信访问题都取得突破性进展，省市交办信访积案全部化解。抓好信访突出问题和重复信访事项专项治理工作。将信访突出问题的排查化解任务分解到相关职能部门，明确牵头责任单位，各单位对本单位存在的突出信访问题进行滚动排查，对排查出来的突出问题做好化解工作，同时逐一登记造册，建立台账。对市交办给该县的11宗重复信访事项进行全面复核。

【重要时期工作】 坚持做好各重要时期信访维稳工作，不厌战、不松懈，扎实做好工作，及时有效解决群众的合理诉求。在全国、省、市“两会”、清明、省党代会、十九大期间等重要时期，建立大信访信息的收集、研判和报告机制，加强信息搜集、研判和报送工作，及时准确和全面掌握可能到省进京上访人员的动态信息，密切关注大规模到省集体上访、进京非访及跨地区、跨部门组织串联的动向。对有可能到省进京上访的重点人物，制定稳控责任方案和应急劝返预案，强化重点人员稳控工作，实行专人看管和稳控，时刻掌握其思想动态和活动情况，确保不发生越级上访。实行24小时值班制度，整合资源开展省党代会和十九大期间的信访维稳信息报送工作，每天由县信访维稳突出问题处置化解工作专班向市信访维稳突问题处置化解专班报送该县信访纷维稳动态情况；对涉军人员、原民办教师和对“华夏传承”受骗人员和其他领域重点人员的稳控情况进行排查跟踪稳控。做到有事报情况，无事报平安，确保信访信息畅通。确保各个敏感期该县社会的稳定，实现无大规模越级上访、无进京非正常上访、无群体性事件的目标。

【规范信访秩序】 3月31日，该县人民法院、人民检察院、公安局、司法局联合印发《关于依法处置非正常上访行为的通告》并印刷3000份张贴到全县所有村（社区）、县直所有单位、各重点场所，对信访行为规范作了明确细致的要求。印刷6000份《信访知识宣传手册》发放到村（社区）、村小组，各接访场所都有存放，随时发放给信访群众。全县各级领导干部和党员认真消化通告精神，积极宣传解释通告的内容，积极引导群众依法进行信访，推动全社会形成办事依法、遇事找法、解决问题用法、化解矛盾靠法的意识，规范该县的信访秩序，努力为该县营造一个信访秩序规范的环境。自从通告实施以来，未再发生打横幅标语堵政府大门非正常上访的情况。

【组建维稳专班】 按照省、市的要求，县委县政府组建信访维稳突出问题处置化解工作专班，全力做好信访维稳安保工作；强组织机构。成立翁源县信访维稳突出问题处置化解工作领导小组，由县委副书记张朝养任组长，领导小组下设综合协调、信息研判和劝返稳控三个功能组，并明确各功能组的工作职责。出台《翁源县信访维稳突出问题处置化解工作专班组建运行方案》，从政法委、信访局、公安局、人社局、民政局、县直工委等单位抽调人员，充实工作力量，并按照“五统一”（领导班子和工作机构、党支部、人事管理制度、财务管理制度、办公场所）要求，制定日常值班制度和专班集中办公人员岗位工作职责，确保工作专班左右互动、上下联动高效运作；加强情报搜集研判。专班实行每日召开研判会，对研判认为有可能到省进京上访的隐患苗头，制定相关稳控措施并要求责任单位落实稳控；每周召开工作例会，总结工作经验，及时改进存在问题；每月由县领导主持召开小结通报会，贯彻落实省市工作要求，通报当月信访维稳工作情况，对下一步工作提出明确要求。共召开20多次信访维稳形势研判会商会议，在攻坚决战阶段研判核查重大涉稳线索42条540人次。专班还建立两个工作小组，每周深入到镇（村）指导排查化解信访维稳案件，并形成研判分析报告，以《信访维稳动态》的方式上报给相关领导，分发给相关部门落实，共编发17期《信访维稳动态信息》，动态分析当前维稳工作形势，全面掌握全县的信访维稳动态，明确每一阶段信访维稳工作的任务和要求；加强劝返应急处置，成立由县委常委、政法委书记任总指挥，县委政法委常务副书记、县信访局长、县公安局副局长任副总指挥的劝返稳控指挥中心，制定《党的十九大维稳安保特别防护期翁源县信访维稳劝返应急工作预案》。该县在应急劝返处置上设立市内、省级、京外三道劝返稳控防线，明确劝返稳控工作职责和任务、人力组织及处置程序，配备充足车辆及装备，为劝返稳控工作提供强有力的后勤服务保障；按照上级劝返稳控工作纪律，完成现场处置快速高效的目标。在工作中发现重点人员失控，或接到上级情报线索掌握重点信访人员到省进京上访信息后，立即启动应急预案，第一时间将相关情报信息报送劝返稳控指挥中心，采取高效措施落实劝返稳控，同时请求省、市专班协助劝返稳控拟到省进京上访人员。十九大期间，全县成功劝返进京上访人员 17 批 26 人次，到省上访人员 3 批 3 人次，协助阳江、肇庆、清远劝返稳控拟进京上访人员 1 批 12 人次。

【督查督办工作】 年初，县委县政府制定《翁源县十九大防护期信访维稳工作督查方案》，8 月底至 9 月初，县委、县政府组建四个督查工作组，采取“一听二查三抽”（听取汇报，随时查、定期抽查）的方式，对全县七镇一场和 29 个重点县直单位及部分村委在十九大防护期间的维稳安保工作情况进行实地督查。通过督查，各相关单位都能按照县委、县政府的部署和要求，完善工作制度，创新方式方法，多措并举，认真落实责任，扎实推动信访维稳工作的落实，有效促进全县社会大局的稳定有序，为推动全县经济社会又好又快发展营造良好的社会环境。

（李仲社）

县信访局领导班子成员名单

局　长：温琼美（—2017 年 4 月）
　　　　王海燕（2017 年 5 月—）

副局长：李仲社　吕足添

保密工作

【概况】 2017 年，深入贯彻落实中共十九大精神，坚持以习近平总书记关于保密工作重要讲话精神为指导，强化新时代党对保密工作的领导，以县委、县政府和县委保密委名义出台若干保密工作重要文件；积极推进依法治密工作；实行领导干部保密工作责任制，压实责任，推动保密工作落到实处；着力突破保密科技瓶颈，强化保密科技支撑；不断加强保密干部队伍建设，增强责任意识和使命担当。较好完成全年的工作任务。

【保密会议】 5 月，在县委常委会会议上，县委常委、县委保密委副主任阮炳溪传达市委保密委全体会议暨全市保密工作会议精神，会议研究保密工作，提出要求，要强化思想认识，时刻绷紧保密这根弦，各级党委、党组要站在从严治党的高度，履行好保密工作主体责任；要以问题为导向，认真加强制度建设；要抓常抓细，确保制度全面落实。县委保密委多次召开会议，听取保密工作情况汇报，并提出要求，指导开展各项保密工作。

【保密宣传】 认真开展保密宣传教育活动。举办了全县定密责任人培训班；把保密法纪列入全县纪律教育学习月的重要内容，组织全县各级各部门学习保密方面的重要文件精神；积极组织全县各单位征订保密法纪宣传教育最新学习教育资料和《保密工作》《保密科学技术》杂志。

【保密检查】 积极协助配合有关部门做好高考、中考等各类考试各个环节的安全保密工作与服务工作，确保全县重大考试的保密安全。下发通知要求各单位进行保密自查，各单位主动查找问题，解决问题；对机关单位开展随机、突击保密检查；加强对涉密计算机和非涉密计算机的检查。

【保密管理】 督导有关单位规范定密、解密、变更，协助相关单位制定、更新并督促落实保密管理制度，规范涉密载体和保密员管理制度。

（胡洪富）

县保密局领导班子成员名单

局长：涂少华

翁源县人民代表大会

翁源县人大常委会主任、副主任名单

主　任： 温毅麟

副主任： 余小英　陈志峰　雷展发
陈福环　甘志初　王迅东

综　述

【概况】　2017年，在中共翁源县委的正确领导下，县人大常委会深入贯彻落实中共十八届五中、六中全会和十九大精神及习近平总书记对广东工作的重要批示精神，紧紧围绕县委决策部署，忠实履行宪法和法律赋予的职责，先后听取和审议“一府两院”（县政府、县人民法院、县人民检察院）专项工作报告14项，组织代表开展专项考察活动4次，备案审查规范性文件9件，开展执法检查2项，作出决议决定8项，任免国家机关工作人员23人次。12月18日，根据《韶关市机构编制委员会办公室关于县级人大常委会增设城乡建设环境与资源保护工作委员会等问题的通知》（韶机编办发〔2017〕140号）精神，县机构编制委员会印发了《翁源县机构编制委员会关于调整翁源县人大常委会工作机构设置的通知》，对县人大常委会工作机构作出相应调整：增设城乡建设环境与资源保护工作委员会；经济工作委员会更名为财政经济工作委员会；内务司法工作委员会更名为法制工作委员会。据此，调整后的县人大常委会机关设办公室、法制工作委员会、财政经济工作委员会、教育科学文化卫生工作委员会（县人大常委会来信来访接待室）、选举联络人事任免工作委员会、城乡建设环境与资源保护工作委员会等“一室五委”6个办事机构和工作机构，核定行政编制16名，其中主任6名、副主任7名；后勤服务人员数2名。

【党内活动】　2017年，县人大常委会以习近平总书记系列重要讲话和对广东工作的重要指示精神为指针，全面认真贯彻执行县委的决议决定，充分发挥人大党组的核心领导作用，狠抓党的建设，积极开展党的各项活动。切实抓好县人大常委会党组成员的学习，制定年度学习计划，突出习近平总书记系列重要讲话精神和治国理政新理念新思想新战略的学习，特别是把习近平总书记对广东工作重要批示精神、省第十二次党代会精神及市委十二届五次会议、县委十三届五次会议精神列入党组学习的重中之重，通过学深学透，提升党组成员的“四个意识”和依法履职水平。按照“三会一课”制度的要求，认真抓好机关党员干部的学习教育，重点抓好“讲政治、重信念”、“讲规矩、守纪律”和“讲奉献、有作为”三个专题的学习讨论，认真学习党章、习近平总书记系列重点讲话读本和文章选篇、《中国共产党廉洁自律准则》、《中国共产党纪律处分条例》，以及有关警示教育典型案例等，全面加强机关党支部领导班子思想政治建设、作风建设、能力建设，促进班子成员树立敢于担责、奉献有为的精神。开展主题实践活动，发挥党员先锋模范作用。以“两学一做”、“两强两提”和纪律教育学习月活动为契机，常委会领导扎实开展下村住夜活动，机关领导深入到挂钩联系村南塘村、江尾村开展结对帮扶活动，与村委党员干部开展“七一”中国共产党建党日交流活动。要求全体党员佩戴党徽上岗，增强党员的政治意识、大局意识、核心意识、看齐意识，树立党员的良好形象。常委会党组成员和支部委员以“学党章党规习总书记系列讲话”为主题，轮流给党员干部上党课，教育党员干部做人为官干事，做一名合格党员。按照县委和县直机关党工委的部署安排，认真开好县人大常委会和机关领导班子专题民主生活会，严肃开展批评与自我批评，切实抓好思想作风建设，增强领导干部的党性修养，推动对存在问题立行立改。

【机关建设】　县人大常委会把加强自身建设放在突出位置，认真抓好机关建设。加强思想建设，在学习教育中增强政治定力。县人大常委会充分认识推进“两学一做”学习教育常态化制度化的重要性和必要性，结合县委“两强两提”学习教育，强化党组和机关集中学习，提高政治站位、增强政治自觉；组织县人大常委会组成人员、镇人大主席及县人大机关干部参加专题培训和省人大在线交流平台的学习，以学习贯彻十九大精神和习近平治国理政新理念新思想新战略为重要内容，始终把政治理论学习作为重中之重，不断增强人大干部的政治意识、大局意识、核心意识、看齐意识。加强作风建设，在务实为民中展示良好形象。县人大常委会始终把正风肃纪摆到重要的工作位置，严格执行党规党纪，认真落实中央

“八项规定”精神，积极开展纪律教育学习月活动，严格按要求办文办会，保证人大风清气正、务实高效。班子成员沉下身子搞调研、亲赴挂点上党课、深入农村抓帮扶，为重点项目的发展、贫困村脱贫步伐的加快、新农村建设的深入推进问诊把脉开良方，人大干部与基层的联系更加密切，为人民服务的意识和本领明显增强。加强组织建设，在贯彻落实中提升县镇人大工作水平。县人大常委会认真贯彻落实中共中央转发《中共全国人大常委会党组关于加强县乡人大工作和建设的若干意见》、广东省委《关于加强新形势下人大工作的决定》)及省人大办公厅等五部门联合下发的《关于大力推进县乡人大工作和建设的若干意见》，按照相关工作要求和全省工作部署，县人大常委会机关工作机构进行相应调整，增加人员编制，提升了县级人大的活力；单独设立了各镇人大办公室，配备镇人大办公室主任，充实镇级人大干部力量；以县委文件下发《关于进一步规范镇级人大工作的意见》，落实镇级人大一年二会机制和镇人大主席待遇，并召开全县镇级人大工作会议，加强工作规范，全面提高镇级人大工作的整体水平。

县人大常委会按照县委工作部署，认真落实“5+X”、“五大会战”工作，积极开展“融入全省一体化城镇交通公路建设”和“推进优质医疗资源向基层延伸”等课题的调研。积极参与村(居)“两委”换届工作，派出精干力量加强对全县换届工作的监督和指导，确保换届工作依法依规进行；落实县委工作安排，县人大常委会领导和机关委室负责人深入挂点村，认真抓好换届各个环节工作的指导，保证所有挂点村换届工作任务的高质量完成。抓好机关挂钩镇村“精准扶贫、精准脱贫、美丽乡村建设、信访维稳”等各项中心工作，为翁源全面发展发挥积极作用。加强人大宣传工作，激励广大通讯员积极宣传该县人大工作亮点和代表的先进典型事迹，县人大办被市人大评为“韶关市人大宣传工作先进单位”。

重要会议

【十五届人大常委会第四次会议】 1月5日，县第十五届人大常委会第四次会议召开，县人大常委会主任温毅麟主持会议。此次会议应到会常委会组成人员29人，实到会25人。常务副县长柯建忠及县人大办、县政府办、县发改局、县财政局的有关负责人列席会议。此次会议听取和审议县发改局局长黄建德受县人民政府委托所作的《关于调整 2016 年国民经济和社会发展计划部分指标增长目标的报告》，并作出批准报告的决定；听取和审议县财政局副局长李红学受县人民政府的委托所作的《关于调整翁源县2016年四本预算的报告》，并作出相应的决定；会议审议决定免去蔡铁鹰的翁源县人民政府副县长职务；会议审议通过翁源县第十五届人大常委会代表资格审查委员会组成人员名单：主任委员陈福环，副主任委员龙大清，委员徐琰雄、张新华、冯炬、曾繁荣、郭式球、许德群、朱振如；会议审议并原则通过县人大常委会副主任陈福环所作的关于翁源县第十五届人民代表大会第二次会议有关事项的说明；讨论拟提交县十五届人大二次会议审议的县人大常委会工作报告稿，提出修改意见。

【十五届人大常委会第五次会议】 1月20日，县第十五届人大常委会第五次会议召开，县人大常委会主任温毅麟主持会议。此次会议应到会常委会组成人员29人，实到会26人。根据会议议程的需要，常务副县长柯建忠及县人大办、县政府办、县财政局、县卫计局、县公共资产管理中心的有关负责人列席了会议。会议听取和审议县人民政府常务副县长柯建忠代表县政府所作的《关于变更龙翔大道一期工程和翁江大道、八泉大道（一期)、德政路北段工程款支付方式的情况报告》，并作出了相应的决和县人民政府常务副县长柯建忠代表县政府所作的《关于提请审议调整翁源县第二人民医院建设工程项目政府购买服务相关事宜的报告》，并作出相应的决定；会议审议通过县人大常委会主任会议提出的《关于调整个别选区代表名额的意见》，决定将政法委线选区县人大代表名额由3名调整为2名，财、税、审系统选区县人大代表名额由2名调整为3名；经审议，会议决定接受刘恒、王有龙两人辞去翁源县第十五届人民代表大会代表职务的请求；决定任命何振新为翁源县教育局局长、丘培忠为翁源县住房和城乡规划建设局局长、王有龙为翁源县水务局局长、甘仕明为翁源县林业局局长；决定免去甘仕明的翁源县水务局局长职务、甘可柱的翁源县教育局局长职务；县人大常委会主任温毅麟为新任命人员颁发任命证书，并举行宪法宣誓仪式。

【十五届人大常委会第六次会议】 3月17日，县第十五届人大常委会第六次会议召开，县人大常委会主任温毅麟主持会议。此次会议应到会常委会组成人员29人，实到会25人。常务副县长柯建忠、县人民检察院检察长沈晖及县人大办、县政府办的有关负责人列席会议。会议审议通过县第十五届人大常委会代表资格审查委员会关于个别代表的代表资格审查报告，确认补选的池建人、陈德道、温敏麟、李红学等四人的县十五届人大代表资格有效。经审议，会议决定任命陈向宗为翁源县人民政府副县长；任命沈勇明为翁源县人民检察院检察委员会委员、副检察长，甘幸灵、林勇为翁源县人民检察院检察员。县人大常委会主任温毅麟为新任命人员颁发任命证书，并举行宪法宣誓仪式。

【十五届人大常委会第七次会议】 4月21日，县第十五届人大常委会第七次会议召开，县人大常委会主任温毅麟主持会议。此次会议应到会常委会组成人员29人，实到会28人。根据会议议程的需要，常务副县长柯建忠、县人民法院院长肖裕忠、县人民检察院检察长沈晖及县人大办、县政府办、县扶贫办的有关负责人列席会议。经审议，会议决定任命陈来安为县人民政府副县长、代理县长；决定接受林国华辞去县人民政府县长职务、黎松峰辞去县人民检察院副检察长职务的请求；县人大常委会主任温毅麟为新任命人员颁发任命证书。会议还听取审议县扶贫办主任郑永久代表县政府所作的《关于精准扶贫、精准脱贫工作情况的汇报》。

【十五届人大二次会议】 4月27日至29日，翁源县第十五届人民代表大会第二次会议在县城龙仙召开。此次会议应到会代表199名，实到会199名。大会听取和审议代县长陈来安所作的政府工作报告、县人大常委会主任温毅麟所作的县人大常委会工作报告、县人民法院院长肖裕忠所作的县人民法院工作报告、县人民检察院检察长沈晖所作的县人民检察院工作报告，审查和批准县发展和改革局局长黄建德受县人民政府委托提交的翁源县2016年国民经济和社会发展计划执行情况和2017年计划草案报告及县财政局副局长李红学受县人民政府委托提交的翁源县2016年预算执行情况和2017年预算草案的报告，并表决通过各项工作报告决议。本次大会依法补选陈来安同志为翁源县人民政府县长。本次会议代表10人以上联名提出议案共19件，建议、批评和意见5件，共24件；经大会主席团第三次会议审议通过，对19件议案均作为代表建议、批评和意见一并交县人民政府处理和答复。

【十五届人大常委会第八次会议】 5月13日，县第十五届人大常委会第八次会议召开，县人大常委会主任温毅麟主持会议。本次会议应到会常委会组成人员29人，实到会24人。会议根据中共韶关市委组织部《关于下达市提名的韶关市第十四届人大代表候选人名单的通知》精神，以无记名投票的方式，投票选举莫高义、陈来安为韶关市第十四届人民代表大会代表，他们的当选资格按法律规定程序报韶关市人大常委会审查确认。

【十五届人大常委会第九次会议】 6月27日，县第十五届人大常委会第九次会议召开，县人大常委会主任温毅麟主持会议。此次会议应到会常委会组成人员29人，实到会25人。根据会议议程的需要，县长陈来安、常务副县长柯建忠、县人民法院院长肖裕忠、县人民检察院副检察长朱永平及县人大办、县政府办、县财政局、县审计局、县农业局的有关负责人列席会议。经审议，会议决定任命李红学为县财政局局长、郑国锋为县人民检察院副检察长；决定免去高献宝的县人民法院审判委员会委员职务。县人大常委会主任温毅麟为新任命人员颁发任命证书，并举行宪法宣誓仪式。会议听取和审议县审计局局长林灵受县政府的委托所作的《关于2016年预算执行和其它财政收支的审计报告》、县农业局局长张尾福受县政府的委托所作的《关于翁源县农产品质量安全生产体系建设情况的报告》和县财政局局长李红学所作的《关于翁源县2016年财政总决算报告》以及县人大常委会经济工作委员会冯炬所作的《关于2016年县财政决算审查意见的报告》，并作出《关于批准翁源县2016年财政决算的决议》；会议审议通过翁源县第十五届人大常委会代表资格审查委员会关于个别代表的代表资格审查报告，确认陈来安的县十五届人大代表资格有效。

【十五届人大常委会第十次会议】 8月22日，县第十五届人大常委会第十次会议召开，县人大常委会主任温毅麟主持会议。此次会议应到会常委会组成人员29名，实到会24名。根据会议议程需要，副县长林有成，县人民法院院长肖裕忠，县人民检察院副检察长沈勇明，县人大机关、县政府办、县发改局、县财政局、县交通运输局的有关负责人及部分县人大代表和部分镇人大主席列席会议。会议听取和审议县发展和改革局局长黄建德受县人民政府委托所作的《关于2017年上半年国民经济和社会发展计划执行情况的报告》，县财政局局长李红学受县人民政府委托所作的《关于2017年上半年预算执行情况的报告》，以及县交通运输局局长刘雪强受县人民政府委托所作的《翁源县交通大会战工作情况报告》。经审议，会议决定接受王健南辞去翁源县第十五届人民代表大会代表职务的请求。

【十五届人大常委会第十一次会议】 10月25日，县第十五届人大常委会第十一次会议召开，县人大常委会主任温毅麟主持会议。此次会议应到会常委会组成人员29名，实到会23名。根据会议议程需要，县人民政府常务副县长柯建忠，县人民法院院长肖裕忠，县人民检察院检察长沈晖，县人大办、县政府办、县法制局、翁源开发区、县经信局、县发改局、县林业局、县国土资源局、县水务局、县环保局、县畜牧水产局、县公安局的有关领导及部分县人大代表和部分镇人大副主席列席会议。会议听取和审议县人民政府常务副县长柯建忠代表县政府所作的《关于县十五届人大二次会议代表议案、建议和审议意见办理情况的报告》《关于2017年十件惠民实事完成情况的报告》和《关于招商引资工作情况报告》以及县林业局、县国土资源局、县水务局、县环保局、县公安局等五个牵头单位负责人关于开展山水林田湖保护修复铁拳行动五个专项行动组（打击破坏森林资源、打击非法开采矿产资源、打击非法采砂和污染水资源、清理整治畜禽养殖污染、打击破坏山水林田湖案件查处的工作情况汇报。

【十五届人大常委会第十二次会议】 12月5日，县第十五届人大常委会第十二次会议召开，县人大常委会主任温毅麟主持会议。此次会议应到会常委会组成人员29名，实到会22名。会议审议并原则通过县人大常委会副主任陈福环所作的关于翁源县第十五届人民代表大会第三次会议有关事项的说明；讨论拟提交县十五届人大三次会议审议的县人大常委会工作报告稿，提出修改意见；审议通过翁源县第十五届人大常委会代表资格审查委员会关于个别代表的代表资格审查报告，确认黄令遥的县十五届人大代表资格有效。

【十五届人大常委会第十三次会议】 12月28日，县第十五届人大常委会第十三次会议召开，县人大常委会主任温毅麟主持会议。此次会议应到会常委会组成人员29名，实到会29名。根据会议议程需要，县人民政府常务副县长柯建忠，县人民法院院长肖裕忠，县人民检察院副检察长朱永平，县人大办、县政府办、县发改局、县财政局、县环保局、县住建局的有关负责人列席会议。会议听取和审议县发改局局长黄建德受县人民政府委托所作的《关于调研2017年经济增长目标的报告》，作出《关于批准2017年经济增长目标调整方案的决议》；听取和审议县财政局局长李红学受县人民政府委托所作的《关于调整2017年翁源县财政收支四本预算的报告》，作出《关于批准2017年翁源县财政收支四本预算调整方案的决议》；听取和审议了县环保局局长官国添受县人民政府委托所作的《翁源县环境保护工作情况报告》；听取和审议县住建局局长丘培忠受县人民政府委托所作的《翁源县城建工作情况报告》；听取和审议县人民法院院长肖裕忠所作的《翁源县人民法院关于执行工作情况的汇报》；审议县政府提交的《翁源县人民政府对〈关于翁源县2016年度县级预算执行和其他财政收支审计工作报告〉中反映的存在问题整改落实情况的报告》；会议决定任命曾繁荣为县人大常委会法制工作委员会主任，冯炬为县人大常委会财政经济工作委员会主任，徐琰雄为县人大常委会城乡建设环境与资源保护工作委员会主任，李达兴为县人大常委会法制工作委员会副主任，何先文为县人大常委会财政经济工作委员会副主任，陈翠珍为县人大常委会城乡建设环境与资源保护工作委员会副主任。

重要活动和主要工作

【决定重大事项】 2017 年，县人大常委会会议共作出决议、决定 8 项，分别是接受王有龙、刘恒辞去县第十五届人民代表大会代表职务的决定、林国华等辞职的决定和王健南辞去县第十五届人民代表大会代表职务的决定；同意变更龙翔大道一期工程和翁江大道、八泉大道（一期）、德政路北段工程款支付方式及其合同相关条款的决定；和调整翁源县第二人民医院建设工程项目政府购买服务相关事宜的决定；批准翁源县 2016 年县级财政决算的决议和 2017 年翁源县财政收支四本预算调整方案的决议，以及调整 2017 年经济增长目标的决议。

【调研活动】 4 月 12 日，韶关市人大常委会副主任邓小杰一行到坝仔镇半溪村开展精准扶贫工作调研，并走访在翁源工作的部分市人大代表，县人大常委会主任温毅麟，副主任陈福环陪同参加调研走访活动。4 月 16 日，全国人大环资委主任委员陆浩一行到翁源县粤北危险废物处置中心调研工业废物无害化处理工作，县人大常委会副主任陈志峰陪同调研。6 月 27 日至 28 日，省人大教科文卫委副主任温捷香一行到翁源开展基层医疗卫生工作调研，县人大常委会副主任余小英陪同参加调研。8 月 15 日，市人大常委会副主任梁韶灵一行到翁源开展人大工作和扶贫工作调研，县人大常委会主任温毅麟及副主任陈志峰、陈福环陪同调研。10 月 12 日，市人大常委会副主任张平、邓小杰等市人大代表一行，到翁源华彩新材料产业园视察工业园区建设情况，县人大常委会副主任陈志峰陪同考察。同时，县人大常委会还结合年度监督工作安排，组织机关工作人员组成调研组，有计划地开展相关工作的专题调研，形成调研报告 21 份，为开展审议、视察、执法检查提供相关依据，增强监督工作实效。

6 月 27 日至 28 日，省人大教科文卫委副主任温捷香到翁源开展基层医疗卫生工作调研

【法治建设】 县人大常委会始终坚持推进民主法治，有效保障宪法和法律的全面正确实施，不断推进依法治县进程。对《中华人民共和国水土保持法》贯彻实施情况进行检查，要求县政府加强对开发建设项目的监督管理，督促开发建设项目业主落实项目立项、编制、报批水土保持方案，依法查处水土保持违法案件，积极探索建立水土保持多元化投入机制，加快水土保持治理步伐。对《中华人民共和国人民调解法》贯彻实施情况进行检查，要求县政府着力解决单位部门对调解

工作认识不足、调解组织不健全、调解队伍整体专业水平不高及调解补助经费发放不规范等问题。听取和审议“两院”专项工作报告。听取县人民法院关于执行工作情况的报告，督促县法院紧紧围绕“努力让人民群众在每一个司法案件中都感受到公平正义”工作目标，牢牢把握司法为民、公正司法工作主线，切实保障当事人的胜诉权益；听取县人民检察院《关于按照最高人民检察院工作部署，积极开展公益诉讼的情况报告》，推动和促进依法行政，切实维护司法权威和社会公平正义。按照“职权法定”原则和“权责一致”要求，积极开展备案审查工作，对县政府报送的9件规范性文件进行备案审查。

【信访监督】 县人大常委会积极履行信访职责，坚持领导阅批重要信访件制度，不断加大信访督办落实力度，及时交办、转办群众信访案件，督促有关部门尽力解决群众反映的实际困难和问题，切实保护公民的合法权益。全年共受理群众来信来访34件次、230人次，做到事事有回音，件件有着落。按照县委的安排，县人大常委会领导积极主动到信访局轮值接访，认真听取来访群众的意见诉求，积极做好社会矛盾的化解工作，维护社会和谐稳定。

【人事任免】 县人大常委会坚持党管干部和人大依法任免相结合的原则，严格按照法定程序，认真开展人事任免工作。坚持实行任前法律考试、任后颁发任命书、进行宪法宣誓制度，增强任命人员法律意识、责任意识和公仆意识。全年共任免国家机关工作人员23人次。严格依法按程序完成翁源县出席广东省第十三届人民代表大会代表人选的推荐考察工作。

【代表工作】 县人大常委会始终坚持代表主体地位，创新创优代表工作机制，不断激发代表依法履职的活力。强化代表履职服务。坚持常委会组成人员联系代表和代表联系群众、人大各工作委员会联系不驻会组成人员制度，并适时邀请县人大代表列席县人大常委会会议、参加县人大常委会组织的调研和执法检查，密切代表和县人大常委会不驻会委员与县人大常委会的沟通联系，拓宽代表的履职渠道，提高代表工作质量和工作效率。规范代表履职行为。把常委会组成人员在县人大常委会会议上的审议发言列入考核内容，促进组成人员对审议工作的高度重视，为“一府两院”改进工作提出更多的良策诤言，提升县人大常委会会议质量。切实抓好代表联络室（点）工作的开展，通过检查指导，促进作用发挥。全县14个代表联络室（点）共开放226次，接待群众708人次，提出代表建议163件，化解基层群众矛盾136宗，较好地发挥联络室（点）的桥梁纽带作用。认真组织代表小组开展视察和网络问政活动，组织市、县、镇三级代表视察4次，代表通过网络平台向县政府领导提交建议113件，丰富了代表活动内容，提升代表的履职水平。加大建议督办力度。始终把代表建议的办理工作放在工作的重要位置，采用郑重交办、领导挂案、重点跟踪、全程跟进和专门听取政府的办理情况汇报、组织代表开展专项考察的督办措施，提高建议的办理质量。至10月止，县十五届人大二次会议代表提出的24件建议已办理答复完毕，会议期间代表审议相关工作报告时提出的10件建议已办理8件，其他2件已作出相应的解释说明，答复率、反馈率和满意率均达到100%。

（郭式球）

翁源县人大及其常委会机构领导成员名单

县人大常委会办公室主任： 阮万水

县人大常委会办公室副主任： 郭式球　刘小彬

县人大常委会内务司法工作委员会主任：

曾繁荣（—2017年12月）

县人大常委会内务司法工作委员会副主任：

李达兴（—2017年12月）

县人大常委会法制工作委员会主任：

曾繁荣（2017年12月—）

县人大常委会法制工作委员会副主任：

李达兴（2017年12月—）

县人大财政经济委员会主任委员： 徐琰雄

县人大财政经济委员会副主任委员： 冯　炬

陈翠珍

县人大常委会经济工作委员会主任：

冯　炬（—2017年1月）

县人大常委会经济工作委员会副主任：

何先文（—2017年12月）

县人大常委会财政经济工作委员会主任：

冯　炬（2017年12月—）

县人大常委会财政经济工作委员会副主任：

何先文（2017年12月—）

县人大常委会教科文卫工作委员会主任：张新华
县人大常委会教科文卫工作委员会副主任：
陈建成
县人大常委会选举联络人事任免工作委员会主任：龙大清
县人大常委会选举联络人事任免工作委员会副主任：黄昌林
县人大常委会城乡建设环境与资源保护工作委员会主任：徐琰雄（2017年12月—）
县人大常委会城乡建设环境与资源保护工作委员会副主任：陈翠珍（2017年12月—）

10月12日，市人大常委会副主任张平、邓小杰等市人大代表到翁源华彩新材料产业园考察工业园区建设情况

翁源县人民政府

翁源县人民政府领导名单
县　长：林国华（—2017 年 4 月）
　　　　陈来安（2017 年 4 月—）
县委常委、县政府党组副书记：叶有昌
县委常委、县政府党组副书记、副县长：柯建忠
县委常委、副县长：陈向宗（2017 年 3 月—）
副县长：连　卫　林有成　陈卫红
　　　　肖俊青（女）　曾志华

重要会议

【县政府常务会议概况】全年共召开县政府常务会议 17 次。主要研究讨论以下事项：

有关区域安全生产管辖范围的意见、安全生产督查检查制度和安全生产工作报告述职制度、第一批规范县政府部门行政审批中介服务事项目录、机关事业单位工作人员养老制度改革和核定机关事业单位工作人员住房公积金计算基数的请示、东华山风景区等六条旅游公路建设项目采购实施方案的请示、精准扶贫资金二次分配方案、研究部署 2017 年春节前后有关工作、加强复退军人服务管理工作事宜、国有企业清产核资和财务审计工作方案、国有林场改革工作方案、县第二人民医院建设工程项目相关事宜、财政收支“四本预算”编制的请示、变更龙翔大道一期工程等项目工程款支付方式的请示、金融工作、组织学习市委相关文件和会议精神、调整退休人员基本养老金的请示、法检两院工资福利待遇核定意见、法检两院配备合同制审判辅助人员事宜、政府工作报告和政府为民办实事项目、听取 2016 年环境保护工作情况报告、学习中共中央办公厅文件、政府系统党风廉政有关情况、水污染防治目标责任工作方案、落实生态环境责任工作任务分解、拨款解决龙仙派出所业务用房建设经费请示、2016 年基本工资标准调整相关事宜，听取全县旱情及抗旱工作、全县森林防火工作情况、落实安全生产情况、疾病预防控制工作、农业普查统计工作和 2016 年开发区企业家座谈会反映问题整改工作情况汇报、传达全市经济会议精神并研究相关工作、妥善解决乡镇（公社）老放映员历史遗留问题的实施方案、建设卫生强县实施方案、创建广东省推进教育现代化先进县实施方案、“五大会战”相关工作方案、2017 年经济任务分解及投资建设项目相关事宜、2017 年度商务工作目标任务责任分解事宜等事项，研究打击非法开采工作和人才工作、突发环境事件应急预案、环境保护督察整改工作领导小组工作方案、深化供销合作社综合改革实施意见、危险化学品安全综合治理实施方案、2017 年政府工作要点及经济任务分解等事项，听取防汛工作情况汇报、高速公路房屋拆迁补偿事宜、气象发展“十三五”规划、采取购买服务方式解决该县小型汽车驾驶人考试场地事宜、消防基础建设“三年补短板”行动计划、消防用地相关事宜及消防工作“十三五”规划、加快推进农村土地承包经营权确权登记颁证工作实施方案、“两扶持”、“两奖补”实施方案及实施细则、机关事业单位津补贴发放相关事宜，传达确保 2017 年全市上半年经济指标平稳增长工作会议精神并研究全县上半年经济工作、耕地提质改造（旱改水）实施方案、计划生育目标管理责任制考评实施意见、金融扶贫有关事宜、县政府常务会议议题材料审核和规范向县政府报送请示相关事宜、小额贷款风险补偿基金管理办法，研究完成上半年经济增长目标工作、县“十三五”生态环境保护规划、成立生态与环境工作委员会、小型水利工程管理体制改革实施方案、招商引资项目、中医院综合楼扩建项目、对该县部分军队退役人员给予住院困难补助的请示，研究规范地方政府举债融资行为工作、拨给县法检两院有关经费的请示、全面推行“河长制”工作方案、处置县水利水电工程队龙源路 12 号土地的请示、保护修复山水林田湖铁拳行动实施方案、成立国林林业发展有限公司的请示、盐业体制改革实施方案、食盐监管体制改革实施方案、韶新高速公路翁源段建设征地拆迁补偿标准的请示，传达全市 2017 年上半年经济形势分析会议精神并研究全县经济工作、贫困户金融扶贫工作实施方案（2017—2018）、文化事业发展“十三五”规划、妇幼保健计划生育服务中心新院区建设相关事宜、生物质能源发电项目相关事宜，听取 2017 年政府惠民实事推进情况汇报、学习《中华人民共和国国家安全法》，讨论滃江源国家湿地公园试点建设工作实施方案、畜禽养殖禁养区、限养区和适养区划定方案、畜禽养殖禁养区关闭补偿奖励方案、土壤污染防治工作方案、落实县第二人民医院建设项目县级配套资金的请示，听取跃进水库库容及

县城供水保障和土地确权工作情况汇报，研究该县下半年人才工作、组织学习相关会议精神，讨论住宅小区配套幼儿园建设与管理方案、生活垃圾处理市场化运营方案、困难群众医疗救助方案、2017年安全生产责任考核方案、食品安全事故应急预案、新时期精准扶贫精准脱贫资产性收益项目实施方案、韶新高速公路翁源段土地与房屋征收资金管理方案、第二批清理规范和保留县政府部门行政审批中介服务事项、2016年度计划生育目标管理责任考评情况通报，落实2017年度山区中小河流治理项目配套资金的请示、广电网络改革重组工作方案、深化医药卫生体制综合改革实施方案、厚源商务大厦工程建设有关问题的请示、公布2016年城镇基准地价更新成果的请示、兰博会筹备情况、打击“两违”、“河长制”相关配套制度、兰花创新博览中心建设项目、森林火险区和森林火险期规定、建筑垃圾收纳场建设工作方案、农村生活垃圾延伸至村小组服务采购需求和垃圾分类减量、农村生活污水处理、解决收购耕地指标款、市政消火栓管理规定、撤销新型环保砖厂设置工作意见的请示、政府工作报告起草等相关事宜、社会主义新农村示范村创建工作、县级行政许可调整事项、消防安全工作、解决房产交易中心财务运行的请示、推进基层综合性文化服务中心建设实施方案、促进电子商务发展暂行办法、全民科学素质行动计划纲要实施方案（2016—2020年）、贯彻落实韶关市人民政府关于进一步优化韶关投资营商环境的具体措施（试行）、2017年经济社会发展情况预测及2018年计划安排初步建议、2017年国民经济和社会发展计划执行情况及2018年计划草案的报告、2018年重点建设项目计划、政府工作报告等重要事项。

【县政府十五届第六次常务会议】 1月3日晚上，县长林国华主持召开县政府十五届第6次常务会议，讨论重新明确该县有关区域安全生产管辖范围的意见、安全生产督查检查制度和安全生产工作报告述职制度、第一批规范县政府部门行政审批中介服务事项目录、机关事业单位工作人员养老制度改革和核定机关事业单位工作人员住房公积金计算基数的请示、东华山风景区等六条旅游公路建设项目采购实施方案的请示、精准扶贫资金二次分配方案，研究部署2017年春节前后有关工作。

【县政府十五届第七次常务会议】 1月16日晚上，县长林国华主持召开县政府十五届第七次常务会议，讨论加强复退军人服务管理工作事宜、国有企业清产核资和财务审计工作方案、国有林场改革工作方案、县第二人民医院建设工程项目相关事宜、财政收支“四本预算”编制的请示、变更龙翔大道一期工程等项目工程款支付方式的请示，听取相关工作情况汇报，研究金融工作，组织学习市委相关文件和会议精神。

【县政府十五届第八次常务会议】 1月23日下午，县长林国华主持召开县政府十五届第八次常务会议，讨论关于调整退休人员基本养老金的请示、法检两院工资福利待遇核定意见、法检两院配备合同制审判辅助人员事宜、政府工作报告和政府为民办实事项目，听取2016年环境保护工作情况报告，学习中共中央办公厅文件，通报政府系统党风廉政有关情况等事项。

【县政府十五届第九次常务会议】 2月28日下午，县长林国华主持召开县政府十五届第九次常务会议，讨论水污染防治目标责任工作方案、落实生态环境责任工作任务分解、拨款解决龙仙派出所业务用房建设经费请示、2016年基本工资标准调整相关事宜，听取全县旱情及抗旱工作、全县森林防火工作情况、落实安全生产情况、疾病预防控制工作、农业普查统计工作和2016年开发区企业家座谈会反映问题整改工作情况汇报，传达全市经济会议精神并研究相关工作。会议讨论并原则通过《翁源县水污染防治目标责任分解工作方案》；会议要求：环保局作为责任主体单位，按照韶关市制定的工作责任分解组织实施，明确相关单位责任；统筹抓好目标责任机制的落实和考核工作，按照谁分管、谁负责及属地管理的原则落实主体责任；常态化抓好工作落实，确保水污染防治工作落实到位；定期召开会议研判，每半年进行一次工作督导小结，每年进行一次督导考核，并制定出相关考核方案。会议听取全县旱情及抗旱、森林防火工作情况汇报。会议要求，各相关部门要正确认识当前防火抗旱工作的严峻性，由林有成牵头，成立县防火抗旱工作领导小组，统筹负责全县防火抗旱工作；水务局负责小山塘水库除险加固工作，制定相应的工作方案；各镇（场）要高度重视，加强小山塘水库的管理，对水资源进行合理调配，优先满足春耕用水，并加强护林员的管理，认真倒查，补齐短板；各相关单位加大工作力度，各相关职能单位要把管理工作重心下移，完善相关工作机制，落实责任，保民生、保运作、保安全。

【县政府十五届第十次常务会议】 3 月 24 日下午，县长林国华主持召开县政府十五届第十次常务会议，讨论妥善解决乡镇（公社）老放映员历史遗留问题的实施方案、建设卫生强县实施方案、创建广东省推进教育现代化先进县实施方案、“五大会战”相关工作方案、2017 年经济任务分解及投资建设项目相关事宜、2017 年度商务工作目标任务责任分解事宜等事项，研究打击非法开采工作和人才工作。会议听取龙仙镇贵联村打击非法开采工作情况汇报，会议要求：国土资源局、龙仙镇、林业局、森林公安分局等相关部门要按照省国土资源厅的时限要求对位于龙仙镇贵联村非法开采行为进行全力打击，确保打击成效立竿见影；县打非领导小组成员单位要以高度责任感，与连平县形成联动，部门之间强力配合落实监管主体责任机制共同做好打击非采工作；国土资源局牵头制定长效管理机制，并会同林业局做好复绿方案；龙仙镇充实打非人员力量，加大巡查打击力度。

【县政府十五届第十一次常务会议】 5 月 3 日上午，县长陈来安主持召开县政府十五届第十一次常务会议，讨论突发环境事件应急预案、环境保护督察整改工作领导小组工作方案、深化供销合作社综合改革实施意见、危险化学品安全综合治理实施方案、2017 年政府工作要点及经济任务分解等事项，听取防汛工作情况汇报。会议讨论并原则通过《翁源县环境保护督察整改工作领导小组工作方案》。为切实抓好中央环保督察反馈意见的整改落实，会议要求：环保局要结合工作实际对方案进一步修改完善后报县委审定；工作领导小组要严格履行监管职责，加大该县四宗涉中央环保督察案件整改工作的组织协调和督促落建设“三年补短板”行动计划、消防用地相关事宜及消防工作“十三五”规划、加快推进农村土地承包经营权确权登记颁证工作实施方案、“两扶持”、“两奖补”实施方案及实施细则、机关事业单位津补贴发放相关事宜。会议传达确保 2017 实；工作领导小组要着眼于全县工作大局和长远发展，对全县面上的环境安全隐患加大排查力度，做到早行动、早处理，致力于营造良好的发展环境。会议讨论 2017 年政府工作要点及经济任务分解等相关事项。会议指出，2017 年该县经济发展任务重、压力大，各级各部门要咬定目标不放松，狠抓各项经济工作落实。为全力做好全年经济工作，会议要求，分管县领导要主动对号入座，对照各自承担的经济任务，组织分管部门统筹谋划，细化任务分解，明确时间节点，确保全年经济目标的实现；相关经济部门要压实责任，克服畏难情绪，围绕县委、县政府的要求抓好各项经济工作的落实；统计局要与相关部门对接做好经济任务指标的合理分解，并加强对相关部门的统计业务指导；相关经济部门统计员要加强与企业统计员的对接沟通，创新工作方式方法，提高统计质量。会议听取防汛工作情况汇报，会议指出，安全防汛、安全度汛关乎群众生命财产安全，事关社会大局和谐稳定，各级各部门务必要提高思想认识，高度重视防汛工作。会议要求，水务局、各镇（场）要分别按照工作职责、属地管理要求，切实增强三防责任意识，严格落实三防工作责任，切实做好当前汛期防灾减灾各项工作；三防办要加强与气象局、水文站的对接联系，及时对水情、汛情作出精准分析研判，做好实时监测和预警预报；三防办、各镇（场）要及时做好安全隐患排查，尤其要加强对重点防护对象的排查，并建立完善防汛备汛安全检查台账；三防办、各镇（场）要切实加强三防能力建设和应急救援队伍建设，进一步提高三防责任人的履职能力；建立责任追究制度。对在汛期因责任不落实、工作不到位、处置不得力造成重大财产损失或人员伤亡的，由纪检监察部门依法追究有关人员的责任。

【县政府十五届第十二次常务会议】 5 月 26 日晚上，县长陈来安主持召开县政府十五届第十二次常务会议，讨论高速公路房屋拆迁补偿事宜、气象发展“十三五”规划、采取购买服务方式解决该县小型汽车驾驶人考试场地事宜、消防基础年全市上半年经济指标平稳增长工作会议精神，并研究全县上半年经济工作。会议指出，4 月份该县部分经济指标有所回升，但总体形势不容乐观。会议要求：各级各部门要引起高度重视，充分认识到目前该县经济形势的严峻性，强化责任意识;关经济部门要加强对经济运行的分析研判,对所存在问题要具体、逐一梳理分析,并制定相应措施;各级各部门要强化工作措施,确保目标任务完成。要狠抓项目攻坚,加大项目引进和动工建设力度;要做好企业跟踪服务,提高行政效率,大力帮助企业解决生产经营中遇到的困难和问题;要做好统计监测,提高统计质量,做到应统尽统。

【县政府十五届第十三次常务会议】 6月15日下午,县长陈来安主持召开县政府十五届第十三次常务会议,讨论耕地提质改造(旱改水)实施方案、计划生育目标管理责任制考评实施意见、金融扶贫有关事宜、县政府常务会议议题材料审核和规范向县政府报送请示相关事宜、小额贷款风险补偿基金管理办法,研究完成上半年经济增长目标工作。会议讨论并原则通过《翁源县耕地提质改造(旱改水)实施方案》。会议指出,为进一步做好该县耕地占补平衡工作,相关部门要高度重视,抓好组织协调,抓紧落实耕地改造任务。会议要求:由副县长陈卫红牵头,统筹相关部门,抓好该县耕地提质改造方案的落实。国土资源局要认真研究,因地制宜,充分考虑自然条件和生态建设要求,科学合理地做好规划,并按照相关规定和流程尽快制定详细的招投标方案,依法依规组织工程招投标;要确保耕地提质改造成效,依法与原土地承包者签订相关书面协议,确保耕地提质改造后要严格按要求进行管理和耕作,发挥应有的效益。此项工作拟报县委常委会研究。会议通报该县5月份的主要经济指标完成情况,并研究全县上半年的经济工作。会议指出:5月份该县发展趋势较好,GDP实现增长6%,全市排名第三;地方财政预算收入实现增长18.9%,全市排名第一;规上工业增加值负增长逐步收窄,经济发展稳步向好。但总体形势依然严峻,各有关部门要引起高度重视,增强工作紧迫感和责任感,全力完成上半年经济增长目标。会议要求:坚持目标导向,力求实现上半年GDP增长7%,规上工业增加值实现正增长,固定资产投资增长24%左右,地方财政预算收入增长10%以上;有关经济部门要加强对经济运行的分析研判,制定详细工作方案;统计部门要将上半年经济增长目标任务分解,各级各部门要切实对照分解任务狠抓项目攻坚,加大项目引进和动工建设力度,确保如期实现上半年主要经济指标增长任务。

6月15日,县长陈来安主持召开县政府十五届第十三次常务会议

【县政府十五届第十四次常务会议】 7月4日上午,县长陈来安主持召开县政府十五届第十四次常务会议,讨论县"十三五"生态环境保护规划、成立生态与环境工作委员会、小型水利工程管理体制改革实施方案、招商引资项目、中医院综合楼扩建项目等相关事宜。会议讨论《关于请求将"翁源县中医院综合楼扩建项目"进行设计勘察施工一体化工程总承包的请示》原则同意采

用EPC模式进行扩建。会议要求：成立项目建设领导小组，由肖俊青任组长，卫计、中医院、财政、住建、国土、消防等部门为成员单位。加强工作研究与协调,做好各项前期工作，确保该项目于2017年10月前动工。领导小组要与代理公司就土建工程招标充分磋商，将招标前期工作做实做细。拟好招标文件提交县政府专题会议讨论研究。此项工作拟报县委常委会研究。

【县政府十五届第十五次常务会议】 7月31日上午，县长陈来安主持召开县政府十五届第十五次常务会议，讨论拨给县法检两院有关经费的请示、全面推行“河长制”工作方案、处置县水利水电工程队龙源路12号土地的请示、保护修复山水林田湖铁拳行动实施方案、成立国林林业发展有限公司的请示、盐业体制改革实施方案、食盐监管体制改革实施方案、韶新高速公路翁源段建设征地拆迁补偿标准的请示,传达全市2017年上半年经济形势分析会议精神并研究全县经济工作。会议讨论并原则通过《翁源县全面推行河长制工作方案》。会议指出，全面推行“河长制”，有利于推进该县生态文明建设，促进经济社会与生态环境协调发展。会议要求：水务局要对方案进行修改完善，并提交上级有关部门；要着手建立该县水系治理长效管理机制，做好资金测算；要指导各镇（场）完善管理制度，确保工作落实到位。该事项拟报县委常委会研究。会议讨论并原则通过《翁源县保护修复山水林田湖铁拳行动实施方案》以下简称“方案”。会议指出，出台方案有利于切实保护该县生态环境,厚植生态优势，全力构建山水林田湖生命共同体。会议要求：相关分管县领导和职能部门要结合工作实际，完善行动方案，明确职责，抓好工作的落实；由县委常委、副县长柯建忠牵头，组织相关部门做好全县动员大会的各项准备工作。该事项拟报县委常委会研究。会议传达全市2017年上半年经济形势分析会议精神并研究该县经济工作。会议指出，该县当前经济形势较为严峻，完成任务的时间较为紧迫，第三季度要加大工作力度，确保完成市下达的目标任务。会议要求：统计局要做好目标任务的细化分解工作，把生产总值的增长、固定资产投资的增长、规上企业的增资扩产、“四上”企业的培育，以及各方面的税收增长等各项指标按月进行分解，每月要求实现的增长换算成绝对值分解细化压实到各经济部门；相关部门要切实抓好重点项目和“四上”企业的跟踪服务工作；县委县政府督办工作组要强化督查工作，按时间对照结果，对未按时完成工作任务的部门进行通报；发改、经信、统计等主要经济部门要做好企业的运行监测和统计服务工作，对企业生产情况要全面掌握，对出现异常情况的企业进行研究分析，采取有效措施进行指导服务。该事项拟报县委常委会研究。

【县政府十五届第十六次常务会议】 8月31日上午，县长陈来安主持召开县政府十五届第十六次常务会议，讨论贫困户金融扶贫工作实施方案（2017—2018）、文化事业发展“十三五”规划、妇幼保健计划生育服务中心新院区建设相关事宜、生物质能源发电项目相关事宜，听取2017年政府惠民实事推进情况汇报。会议讨论并原则通过《翁源县贫困户金融扶贫工作实施方案（2017—2018)》。会议指出：金融扶贫是打赢脱贫攻坚战的重大举措和关键支撑，要充分发挥金融扶贫在助推精准扶贫和新农村建设中的重要作用。会议要求：由县委常委、组织部长谭晓健统筹，扶贫办根据会议讨论意见对实施方案进行修改，明确今后具体实施的步骤和模式，加强对贫困户的宣传引导，鼓励贫困户发展生产，并强化与金融部门的沟通，对贫困户贷款申请进行把关审核，确保金融扶贫政策落实到位；县委农办、扶贫办要加快扶贫资金的使用进度，抓紧落实“两扶持两奖补”政策；县委县政府督办工作组要加强对各镇（场）开展“三清三拆”工作的督查，并建立台账，对进度滞后的单位进行通报。该事项拟报县委常委会研究。会议听取2017年政府惠民实事推进情况汇报。会议要求：县卫计局、第二人民医院要加快县第二人民医院的建设进度，并尽快与县人社局协调沟通,组织开展人员招聘工作；县教育局要会同住建、国土等部门马上启动县实验中学的选址、土地审批等前期工作；县住建局要与县扶贫办进行沟通协调，确保顺利完成今年的危房改造任务；县住建局和相关镇要马上启动农贸市场改造工作。会议强调，各责任县领导、责任单位要加快工作推进，确保今年的十件惠民实事如期完成。

【县政府十五届第十七次常务会议】 9月29日

下午，县长陈来安主持召开县政府十五届第十七次常务会议，组织学习《中华人民共和国国家安全法》，讨论滃江源国家湿地公园试点建设工作实施方案、畜禽养殖禁养区、限养区和适养区划定方案、畜禽养殖禁养区关闭补偿奖励方案、土壤污染防治工作方案、落实县第二人民医院建设项目县级配套资金的请示，听取跃进水库库容及县城供水保障和土地确权工作情况汇报，研究该县下半年人才工作。会议讨论并原则通过《翁源滃江源国家湿地公园试点建设工作实施方案》。会议指出，滃江源国家湿地公园的建设，对改善该县生态环境有重要的意义，将带来巨大的生态、社会和经济效益。会议要求，林业部门要抢抓时间，尽快完善方案报省林业厅审批。依据总体建设方案会同发改、财政、审计等部门做好具体试点建设的论证和规划工作，制订年度计划报县政府审定后实施。此项工作由县委常委、副县长柯建忠统筹，副县长林有成具体负责。会议听取该县上半年人才队伍建设的情况汇报。会议指出，加强人才队伍建设，有利于推动该县经济社会快速发展，是实现该县“十三五”目标不可缺少的必要条件。会议要求：人社部门要大力开创该县人才工作的新局面，认真做好人才考核工作和六类人才库建设，积极探索各类人才创业创新的新路子，带动大众创业，促进该县经济社会可持续发展。

【县政府十五届第十八次常务会议】 11月2日上午，县长陈来安主持召开县政府十五届第十八次常务会议，组织学习相关会议精神，讨论住宅小区配套幼儿园建设与管理方案、生活垃圾处理市场化运营方案、困难群众医疗救助方案、2017年安全生产责任考核方案、食品安全事故应急预案、新时期精准扶贫精准脱贫资产性收益项目实施方案、韶新高速公路翁源段土地与房屋征收资金管理方案、第二批清理规范和保留县政府部门行政审批中介服务事项、2016年度计划生育目标管理责任考评情况通报，落实2017年度山区中小河流治理项目配套资金的请示。组织学习十九大会议精神。会议指出，中共十九大是在全面建成小康社会决胜阶段、中国特色社会主义进入新时代的关键时期召开的一次十分重要的大会，在我们党和国家发展进程中具有极其重大的历史意义，要把十九大会议报告作为今后该县发展的行动纲领。会议要求，县政府班子成员要采用多种形式进行带头学习。同时，要结合各自分管工作贯彻落实十九大会议精神，确保完成年初工作目标任务，并谋划好明年该县社会经济新的增长点和各项工作的新目标。会议讨论并原则通过《翁源县生活垃圾处理市场化运营采购需求方案》。会议要求：南龙生活垃圾卫生填埋场市场化运营，由住建局依法依规进行公开采购，财政局做好项目价格审核和采购指导工作；由住建局牵头，翁城镇、官渡镇协助，做好翁城、官渡两镇生活垃圾处理统一纳入市场化管理的相关工作；住建局要谋划好如何加强全县垃圾分类减量资源化利用市场化运营后的日常监管，确保生活垃圾处理符合国家标准；财政局做好垃圾分类减量资源化利用市场化价格的审核把关，并做好资金预算，确保资金拨付到位。着手做好翁西片垃圾填埋场的选址，尽快缓解南龙垃圾填埋场的压力。翁城、官渡两镇生活垃圾处理及全县垃圾分类减量资源化利用市场化运营完善方案后，拟报县委常委会审定。

【县政府十五届第十九次常务会议】 11月15日上午，受县长陈来安委托，县委常委、副县长柯建忠主持召开县政府十五届第十九次常务会议，讨论广电网络改革重组工作方案、深化医药卫生体制综合改革实施方案、厚源商务大厦工程建设有关问题的请示、公布2016年城镇基准地价更新成果的请示。会议讨论并原则通过《翁源县广电网络改革重组工作方案》和《翁源县广电网络改革重组人员安置方案》。会议要求：广播电视台要加强与法制、人社、编办等部门沟通对接，按照会议要求共同研究完善方案的具体细则，确保转制过程中的各项事宜符合法律法规；由财政局牵头，会同公共资产管理中心、审计等部门，做好资产核算、评估、处置等相关工作，确保资产入股最大化、债务处置最优化。此项工作由副县长肖俊青牵头统筹，广播电视台具体负责。该事项拟报县委常委会审定。

【县政府十五届第二十次常务会议】 12月5日上午，县长陈来安主持召开县政府十五届第二十次常务会议。会议听取兰博会筹备、打击“两违”等相关工作情况汇报；讨论“河长制”相关配套制度、兰花创新博览中心建设项目、森林火险区和森林火险期规定、建筑垃圾收纳场建设工作方案、农村生活垃圾延伸至村小组服务采购需求和垃圾分类减量、农村生活污水处理、解决收购耕地指标款、市政消火栓管理规定、撤销新型环保砖厂设置工作意见的请示、政府工作报告起草等相关事宜。会议听取筹备兰博会的相关工作情况汇报。会议指出，举办兰博会意义非凡，不单是翁源的大事，更是韶关的盛事，对推动该县特色农业和特色文化发展有重要的作用。会议要求，增设城市综合整治功能组，由副县长陈卫红任组长，丘培忠、刘雪强为副组长，住建局、交通局、工商局、食品药品监督局、交警大队、两创办等为成员单位，负责兰博馆周边环境和设施的完善，做好县城的环境和秩序的综合整治提升，创造良好的环境和秩序；健全机制，强化综合协调。各级各部门围绕如期高质量办出一个有特色的兰博会制订工作计划，全力冲刺100天，超常规解决当前面临的问题，加快各项工作的进程。原则上七个功能组每周召开一次例会，组委会每两周召开一次专题会，并以简报的形式每半月对筹备进展情况进行通报，日常统筹协调工作由县委常委、副县长柯建忠负责；组委会要积极做好宣传工作，抓住元旦、春节有利宣传节点，充分发挥南方报业、县广播电视台、三爱网等媒体的作用，营造办会的良好氛围。此项工作由副县长林有成牵头统筹，宣传部、粤台具体负责。会议听取关于打击“两违”的相关工作情况汇报。会议指出，开展打击“两违”专项行动，是整顿城市建设、规范土地管理秩序，促进社会公平有序、维护广大人民群众根本利益的现实需要。会议认为，要深刻认识到“两违”的严重性和危害性，必须确定一个工作目标：坚决遏制“两违”蔓延的势头，严格控制增量，不得再出现新的违建。会议要求，相关部门要统一思想，提高认识，切实增强开展严厉打击“两违”行为专项行动的紧迫感和责任感；加强组织领导，成立由县委常委、副县长柯建忠为组长，副县长连卫、陈卫红为副组长，纪委、公安、检察院、法院、住建、国土、供电、供水等部门为成员单位的工作领导小组，负责统筹打击行动；加强执法队伍建设，成立城市综合执法大队，深入开展综合整治。四是近期组织几次有声势有力度的集中打击“两违”行动，形成高压的打击态势。会议讨论并原则通过《翁源县全面推行河长县级河长会议制度》等六项“河长制”配套制度。会议指出，全面推行“河长制”，是落实生态文明建设的重大举措，有利于促进该县经济社会与生态环境协调发展。会议要求，各相关部门必须提高认识，严格执行六个工作制度，坚持一把手亲自抓、负总责，分管领导具体抓、抓具体的原则，按照保护与治理的工作思路，切实把工作落实到位。要建立县、镇、村河长日常巡查制度，落实工作机制，形成长抓、常抓的管理机制，切实把河流生态环境保护好。水务局要加强日常工作检查，及时通报工作情况。

【县政府十五届第二十一次常务会议】 12月14日，县长陈来安主持召开县政府十五届第二十一次常务会议，讨论社会主义新农村示范村创建工作、调整财政收支“四本预算”工作、县级行政许可调整事项、消防安全工作、解决房产交易中心财务运行的请示、调整2017年主要经济指标、推进基层综合性文化服务中心建设实施方案、促进电子商务发展暂行办法等事宜。会议传达全市省定贫困村创建社会主义新农村示范村工作现场会的相关会议精神；讨论创建社会主义新农村52条示范村整治提升项目、造价咨询服务、监理服务三个事项的招标工作方案。会议指出，该县要抓住机遇、奋发有为，通过新农村建设推进乡村振兴发展战略，实现创建社会主义新农村示范村建设工作走在全省前列。会议要求，由县委农办牵头，会同财政、扶贫办等相关部门做好以下几个方面工作：对今年该县社会主义新农村示范村创建工作进行全面梳理，认真总结工作亮点和经验，以良好的工作成效迎接检查考核；县农办和财政局完善社会主义新农村52条示范村整治提升项目、造价咨询服务、监理服务的招标方案，严格审核招标方案，依法依规进行项目公开招投标；健全监督机制，严格审核把关，规避垄断风险，杜绝三个项目同一公司报名和中标，确保规划、设计、建设运营一体化项目招标公开透明、合法规范；认真谋划，坚持点面结合，以省定贫困村为突破口，加快推进社会主义新农村建设，确保到2018年底前实现全县行政村村庄规划覆盖率达到80%，80%以上20户以上自然村基本完成“三清三拆三整治”任务，52个贫困村要100%达到新农村示范村整治标准。

【县政府十五届第二十二次常务会议】 12月29日上午，县长陈来安主持召开县政府十五届第二十二次常务会议，传达学习有关文件及会议精神，讨论全民科学素质行动计划纲要实施方案（2016—2020 年）、贯彻落实韶关市人民政府关于进一步优化韶关投资营商环境的具体措施（试行）、2017 年经济社会发展情况预测及 2018 年计划安排初步建议、2017 年国民经济和社会发展计划执行情况及 2018 年计划草案的报告、2018 年重点建设项目计划、政府工作报告等。会议传达学习《中共中央办公厅、国务院办公厅关于做好 2018 年元旦春节期间有关工作的通知》精神。会议强调：各级各部门要深入宣传贯彻中共十九大精神，以习近平新时代中国特色社会主义思想为指引，牢固树立“四个意识”，认真部署落实好元旦、春节期间有关工作，确保通知精神落到实处。会议要求：县政府班子成员要深入基层走访，做好关心困难群众生活工作；相关职能部门要做好节日市场的管理，加强食品药品安全监管，抓好安全生产责任落实，全力维护社会治安稳定；各级党员干部要廉洁从政，落实好中央八项规定，倡导勤俭文明过节新风尚。会议讨论并原则通过《翁源县全民科学素质行动计划纲要实施方案（2016—2020）》。会议认为，提升全民科学素质，对于深入实施创新驱动发展战略，增强自主创新能力，推动该县振兴发展具有重要战略意义。会议要求：提高认识，把提升全民科学素质摆在重要位置，全力提升全民科学素质；加强组织领导，注重工作实效，避免走过场，相关部门要定期讨论研究并制定年度工作方案，有序推进全民科学素质工作；做好考核评价工作，认真总结经验，为今后工作打下良好基础。

【翁源县第一季度经济形势分析会】 5 月 5 日上午，翁源县召开第一季度经济形势分析会，总结分析一季度经济运行情况，全面部署接下来的经济工作，确保顺利完成全年目标任务。县委书记颜亮、县人大副主任陈志峰、县政府班子成员、县政协刘少青、各镇（场）长、县政府组成部门一把手，直属单位和相关单位主要负责人参加会议。县委常委、副县长柯建忠主持会议。县委副书记、县长陈来安在会上针对第一季度落后的状况，提出要设法确保生产总值增速高于全市平均水平，即增长 7%以上，凡排名第 6 以后的指标都要实现进位的工作要求。为实现要求，主要做好以下工作：狠抓工业经济。要加快华彩园区彤德、中瀚民福、宏源等企业早日投产，争取秀珀、赛力克、锦威等二期工程尽快动工；促广业园区、电源基地企业动工建成投产。力促日立化成、食品工业园等 5 个在谈项目早日落地。力促上年新增 5 家规上企业加快释放产能，挖掘新的经济增长点。抓好招商引资工作，力争在二季度实现招商引资有新突破；狠抓项目投资。重点抓好 1 个省重点项目、4 个市重点项目和 57 个县重点项目的建设。加快推进武深、汕昆高速公路翁源段建设。抓好农村基础设施建设。抓好卫生医疗、教育等基础配套设施建设，加快推进新区项目建设，力争上半年完成房地产投资 3.2 亿元；狠抓第三产业。力争上半年旅游收入增长 16%以上，住宿餐饮业增长 5%以上。大力开展农业“政银保”、小额贷款等业务，促进上半年金融存贷比有所提升。抓好电商和商贸消费拉动，确保上半年社会消费零售总额增长 9%以上；狠抓现代农业。积极推进农业产业化经营，设法提高农产品附加值。加快粤台综合服务配套建设，确保上半年完成搭建温控大棚 3 万平方米以上，完成固投 1.1 亿元以上；狠抓财税工作。加大税收征管力度，用好协税护税机制，全面挖掘企业税收潜力，提高财政增长质量。财政局要每月对支出情况进行分析，督促按季度完成支出进度任务；狠抓“四上”培育。各主管部门务必高度重视“四上”企业的培育和发展，对从规上转规下的，要尽快补齐短板，加强服务，力促其早日转为规上。同时，要积极扩充资质建筑企业资质，新增一批建筑企业提升资质；要更有针对性地做好商贸服务和住宿餐饮业上限工作；狠抓跟踪服务。落实领导挂点联系企业制度，密切跟踪重点企业每月经营动态，特别是 5 月和 6 月份这两个月县领导要下去走访企业，重点抓好源水泥、宝狮电子、金悦诚、金悦通等重点企业跟踪服务。督促指导红岭矿业等停产减产企业落实整改，争取早日达标复工，推动回落大的企业早日止跌回升；狠抓经济运行监测。从这个月开始以后每个月要召集主要经济部门召开一次经济形势分析会，针对每个月的经济运行情况进行全面分析，切实掌握经济工作主动权。职能部门要强化对企业的监测分析，密切关注企业运行情况。九是狠抓统计工作。要建立企业预报制度，统计局要充分发挥统计监测职能，加强统筹指导和协调服务，促进数据足额填报、及时规范统计入库。要创新工作方式方法，提高统计质量，要抓住关键环节和关键时间节点，加强对企业的统计业务指导和积极引导。当前，要全力抓好这两个月的统计工作，分条线、分部门对主要指标进行分析，深入研判对策，争取上半年经济指标有所回升。

【翁源县上半年经济形势分析会】 7月21日上午，翁源县召开上半年经济形势分析会，主要是全面总结上半年经济工作，深入分析当前经济形势，对下半年经济工作进行安排部署，确保完成全年目标任务。县委书记颜亮、县政府领导班子成员、翁源经济开发区管委会主任、粤台农业合作试验区翁源核心区管委会主任、青云山省级自然保护区管委会主任、各镇（场）长、县政府组成部门一把手、直属单位和相关单位主要负责人参加会议。县委常委、副县长柯建忠主持会议。县委副书记、县长陈来安在会上对上半年经济形势提出三点意见。

发展势头总体平稳，必须要坚定信心；存在问题不容忽视，必须要攻坚克难；完成目标压力很大，必须要奋力赶超。既要清醒地认识到目前所面临的严峻形势，又要看到经济运行中的有利因素，切实采取有针对性措施推动经济加快回升。为扭转下半年经济形势发展严峻局面，县长陈来安进行具体细致的安排部署：一、全力抓好工业发展。由开发区主要领导带队抓好招商引资，主动对接省市经信委、省市商务局、海关、省国资委等相关部门，获取珠三角地区产业转移项目库信息，力争下半年引进投资5000万元以上项目5个以上。同时，大力抓好园区基础设施和服务配套建设，做好电源基地污水处理厂及主干道铺设的前期工作，力争年底前启动主干道铺设和绿化工程建设；做好华彩二期主干道铺设前期工作，确保年底前启动建设；加快翁城商务中心区、县第二人民医院、消防站与应急救援中心等服务配套设施建设进度，完善园区基础设施。二、全力补齐经济运行短板。财政局、公共资产管理中心要抓好银行对接，认真研究各家银行的信贷投向政策，争取更多的项目建设资金，大力改善该县目前建设资金短缺的局面。分管县领导要召集相关经济部门，不定期召开经济工作专题会议，针对全县的经济运行情况进行分析研究，切实掌握经济工作主动权，确保稳增长工作有效推进。进一步加强统计工作，引导企业强化依法统计意识，促进数据足额填报，及时、规范入库统计，实现应统尽统。统计局要把统计工作和企业培育紧密结合起来，对一些新开工、新投产或者“四上”目标企业，逐户摸清企业状况，把符合标准的企业尽快纳入统计。三、全力抓好项目建设。要加快项目推进，抓紧排查分析，加快解决制约项目动工建设的瓶颈问题，积极协调解决征地拆迁、供电供水、资金等方面的问题，推动一批项目立项、开工，形成投资。对已开工建设的项目，要加快建设进度。四、全力抓好城镇提升。大力推进实验小学及周边道路、新城区医院二期、兰花创新博览中心等重点项目建设，确保如期投入使用。加快完成中医院综合楼扩建项目建设前期工作，确保10月底动工建设。完成县城总体规划修编和周陂镇、官渡镇总体规划编制，加快实施各镇（场）乡村规划编制。推进村镇污水处理设施建设，启动PPP项目模式整县推进全县域生活污水处理，加快可研性调查和立项，力争今年底项目动工建设。完善农村生活垃圾收运处理体系，落实南龙填埋场旧场治理工作，确保农村生活垃圾治理顺利通过省验收。加大农村危房改造力度，确保完成符合条件有能力改造的1533户的改造任务。五、全力抓好生态农业。加快粤台综合服务平台等项目建设，力争下半年完成固定资产投资1.2亿元以上，搭建温控大棚8.3万平方米以上，流转土地200亩以上。抓紧推进特色服务区基本功能区、展销区主体工程建设和水电路等基础设施建设。以推进农业供给侧结构性改革为抓手，进一步加快农业产业结构调整，加快出台“一镇一业、一村一品”建设指导意见和实施细则，做大做强特色优势产业。巩固生态公益林资源保护成果，加强森林资源管理，严防乱砍滥伐行为。继续抓好林业生态重点工程建设，全面完成森林碳汇造林、中央森林抚育、石漠化造林等生态工程建设任务。加快推进滃江源国家湿地公园管理处办公场所的建设步伐，尽快启动实施湿地公园部分基础设施建设和生态修复工程建设。六、全力抓好商贸旅游。继续围绕综合物流招商，做好物流重点项目的跟踪服务工作，加快推进华凯商贸物流中心建设，积极协助解决项目建设中存在的征地拆迁等问题，以物流的快速推进实现流通业的全面发展。促进现有“限上”企业增产增效，积极培育新增“限上”企业，特别是做好批发零售和住宿餐饮“限上”企业的培育，确保社会消费品零售总额增长10%以上，力争全年新增培育5家以上“限上”商贸企业。要继续挖掘新的进出口企业，培育新的外贸经济增长点。加快推进粤台农业旅游公路、六坝公路等旅游交通农村公路项目建设，加快景区基础设施和配套设施建设，重点发展生态旅游、乡村旅游，力争全年旅游接待人数实现220万人次以上，旅游总收入实现16亿元以上。七、全力抓好民生改善。各级各部门要严格落实责任，敢于啃硬骨头，善于破解难题题，全力办好民生实事。对于县城和基层农贸市场改造、龙仙大道升级改造等进展较慢的项目，各责任单位要紧盯时间节点，想方设法加快实施进度，切实将任务量化到岗、细化到人，确保在年内民生实事件件落地。加快推进精准扶贫精准脱贫各项工作，大力实施产业就业扶持和奖补力度，不断增强产业、就业脱贫实效，确保今年6400贫困人口脱贫任务顺利完成。加快财政专项扶贫资金使用，完善专项扶贫资金用于促进贫困户种养殖等项目增收、技能培训等方面的操作细则或实施办法。加快金融扶贫进程，结合农村普惠金融试点建设工作，加大金融扶持产业力度。要严格按照县委的部署要求，全力抓好社会主义新农村示范村建设、创建省教育现代化先进县、卫生强县创建、城乡文明县城创建、山水林田湖整治等重点工作，补齐城乡发展短板

【翁源县前三季度经济形势分析会】 11月20日，翁源县召开前三季度经济形势分析会。主要目的总结分析前三季度全县经济运行情况，研究部署第四季度经济工作。县委书记黄令遥、县政府领导班子成员、翁源经济开发区管委会主任、粤台农业合作试验区翁源核心区管委会主任、青云山省级自然保护区管委会主任、各镇（场）长、县政府组成部门一把手、直属单位和相关单位主要负责人参加会议。县委副书记、县长陈来安主持会议。县长陈来安提出要从六个方面抓好落实，抓责任落实。县政府领导和有关部门“一把手”要做好表率，压实抓经济工作的主体责任，对各自负责的目标任务亲自过问、亲自落实，把每项促经济增长工作都落实到具体事项上。发改、经信、财政、统计等部门要根据底线目标，分解细化目标，明晰责任，压实任务。要把目标分解到剩下的两个月，落实到余下的七周里，把投资、重点项目建设、工业企业发展、“四上”企业培育等重点指标任务分别落实到责任人，倒排时序，确保取得成效。县政府各位分管领导与各相关部门要坚持目标导向，切实采取有效措施补齐短板。分管领导和各责任单位“一把手”要深入挂点重点项目、重点企业，主动上门服务，全面开展“暖企”活动，及时协调解决项目建设和企业发展中存在的各类困难和问题。抓工业增效。做好重点企业跟踪服务，要落实好县领导联系重点企业制度，对全县66家规上工业企业进行全面分析，找出有扩产增效潜力的企业重点服务针对重点企业提出目标要求，列出清单，提交给县领导跟踪服务，上门协调解决。抓项目攻坚。要集中精力加快推动66个重点项目顺利实施，确保完成年度计划投资57.47亿元。对进度滞后的重点项目，要对症下药，倒逼时间。县重点办要密切跟进重点项目建设进展情况，及时报告县政府分管领导。重点抓好兰花创新博览中心、县第二人民医院、县中医院综合大楼及其他政府性投资项目。抓招商引资。落实好招商引资联席会议制度，开发区、发改、经信、国土、住建、环保等部门，要各司其责、通力合作，加强在项目储备、签约、审批、开工、建设、投产等各个环节的协同配合，形成联动工作机制。加强与厚源指挥部的联动，利用好厚街对口帮扶的机制，有效掌握珠三角产业转移项目库信息。认真筹备好11月中旬在深圳举办的招商引资推介会，做好该县特色产业园区的推荐招商。重点围绕兰花特色小镇开展精准招商，着力引进一批增长潜力大、成长性好的行业龙头企业。抓民生实事。十件惠民实事不仅是民生工程，也是县委县政府对全县人民的庄重承诺，是必须不折不扣完成的政治任务。要制定奋战两个月的工作计划，倒排工期，倒逼责任，加大协调力度，以最快的速度推动项目实施，确保年底能向全县人民交差，努力实现中共十九大报告提出的“人民对美好生活的向往”的要求。抓督查督办。县委县政府督办工作组要加大督办力度，重点要围绕企业投产达效、项目开工建设等工作进行督查督办，做到一周一督办，半月一通报，尤其是对工作进展缓慢的要查找原因、重点督查。县委县政府将对落实工作力度大的单位和干部及时通报表扬，对工作敷衍、推进不力的将坚决予以问责，确保督办有力有效。

重大决议

【关于在韶关市翁源至新丰高速公路翁源段用地范围内禁止抢种抢搭抢建等行为的通告】 韶关市翁源至新丰高速公路(以下称“韶新高速公路”)途经该县新江镇的上坝村、小镇村、新江村、新益村、东方村、新展村，翁城镇的泉坑村、泉岭村、沾坑村、群益村、马东村、定南村、星光村，官渡镇的官渡村、利龙村、河边村、突水村、东三村、新陂村，周陂镇的藤山村、高一村、高二村、陈村村、哈水村、黄河村。高速公路设计单位和县职能部门已对穿行路线的地形、地貌、地上物进行拍照留存。为确保韶新高速公路翁源段工程建设的顺利进行，根据《中华人民共和国土地管理法》《广东省公路条例》等法律法规的有关规定，现就禁止抢种抢搭抢建的有关事项通告如下：一、自本通告发布之日起，禁止在韶新高速公路翁源段中线左右两边各100米范围内抢种花草果木、抢搭厂棚和抢建房屋、养殖场、花木场（园）等，违者，按照有关法律法规严肃处理，不予任何补偿。二、自本通告发布之日起，在韶新高速公路翁源段中线左右两边各100米范围内的一切建设用地、林业用地必须经所在镇人民政府、县国土资源局和县林业局办理合法手续后方可用地。三、县直有关部门和沿线各镇政府将派出人员对穿行路线范围进行巡查，对抢种抢搭抢建行为进行打击；切实做好用地范围内的用地控制工作，严厉打击违法违规用地。四、本通告自发布之日起施行。

【关于印发《翁源县住宅小区配套幼儿园建设与管理实施办法》的通知】 为科学规划和合理布局城镇住宅小区配套幼儿园，建立住宅小区配套幼儿园建设、管理和使用长效机制，促进该县学前教育事业科学发展，根据省政府《关于加快我省学前教育发展的实施意见》和广东省教育厅、广东省发展和改革委员会、广东省财厅《关于印发〈广东省加强住宅小区配套幼儿园建设和管理工作的指导意见〉的通知》精神，结合该县实际，制定本办法。本办法规定适用范围、规划和建设标准、建设与移交、使用和管理、工作职责。

本办法自公布之日起施行，有效期为5年。

【关于印发《翁源县森林火险区和森林火险期规定》的通知】 根据《中华人民共和国森林法》、国务院《森林防火条例》及《广东省森林防火工作责任制实施办法》的有关规定，结合该县森林资源分布状况及森林火灾发生规律，特制定本规定。本规定适用于本行政区域内所有林地、森林火险区的划分、森林高火险期和森林火险期内的各项规定对于违法行为，按照《中华人民共和国森林法》国务院《森林防火条例》《中华人民共和国治安管理处罚法》《广东省森林防火条例》等法律法规，依法追究法律责任。本规定自公布之日起施行。本规定的实施有效预防和遏制森林火灾的发生，保障人民群众生命财产和森林资源安全。

【关于印发《翁源县市政消火栓管理规定》的通知】 根据《中华人民共和国消防法》《广东省实施〈中华人民共和国消防法〉办法》《GB50974—2014消防给水及消火栓系统技术规范》等有关法律、法规的规定，结合该县实际，制定本规定。规定：凡县内公共消火栓的设置标准、使用、维护和管理办法。对消火栓有维护保养。确定消火栓所在位置的单位或个人对消火栓的监护责任。负有监护责任的单位或个人有维护和检规定单位和个人有违反本办法处于以警告或者罚款处罚。对于火栓工作中玩忽职守，滥用职权的，由主管部门给予行政处分，构成犯罪的，依法追究刑事责任。本办法由翁源县消防安全委员会负责解释，本办法自2017年12月1日起施行，有效期5年。本办法的实施有效加强县内公共消火栓管理，充分发挥公共消火栓在灭火、抢险救援中的作用，保护公民人身、公共财产和公民财产的安全。

【关于印发《翁源县困难群众医疗救助暂行办法》的通知】 有效完善该县困难群众医疗救助制度，根据《广东省城乡医疗救助基金管理办法》《韶关市困难群众医疗救助暂行办法》精神，结合该县实际，制定本办法。本办法规定救助对象标准和条件、医疗救助工作基本原则、医疗救助责任、申请医疗救助的对象和条件与申请程序、报销标准取消医疗救助定点医疗机构资格，并对违反规定者依法追究责任。本办法自2018年1月1日起施行，有效期二年。《翁源县城乡医疗救助实施办法》同时废止。本办法由县民政局负责解释。

重要活动

【举行民间艺术大游演】 2月10日，元宵节前夕，为大力弘扬传统优秀文化，保护和传承民间艺术，丰富广大人民群众的精神文化生活，由县委宣传部主办、县文广新局承办的“翁源县2017年元宵节民间艺术大游演”活动在县城举行。省、市相关部门领导，县四套班子领导、县直科局和镇（场）负责人等及广大群众观看演出，享受一场大型的民间艺术文化大餐。当天上午，活动首先在县城文体广场开演，《雄狮震鼓耀翁源》节目拉开活动序幕，七条雄狮在鼓声中登场。随后是陈璘花车、邵谒花车闪耀亮相。陈璘出生于该县周陂镇龙田村，是我国明朝抗倭名将、民族英雄，花车以露梁海战为题材，设计成一所战舰，威武雄壮。出生于翁源的邵谒，是中国晚唐著名诗人，“岭南五才子”之一，《全唐诗》收录其诗32首。花车上载着一部巨大的《全唐诗》书卷模型。随后，飘色、花灯队、鹤蚌舞、舞春牛、调王舞、舞雄鸡、舞龙、舞狮等15个节目依次登台表演，其中包括“鹤蚌舞”等多个市级非遗项目。集雕塑、杂技、美术、戏曲等熔于一炉的飘色表演，以及象征着“风调雨顺，五谷丰登，百业兴旺”的舞龙表演等节目精彩纷呈，令人目不暇接，2002年曾荣获“韶关市醒狮比赛”第一名有“狮王”称号的翁城狮队的舞狮表演，让人叹为观止。其扑腾、翻滚、游转的高难度造型表演，在喧天的锣鼓乐中表达着“驱邪避害”“祈求安康”的良好愿望。一文一武的两个历史名人花车造型和丰富多彩的民间艺术，展示千年古县——翁源人文荟萃和深厚文化底蕴。文体广场表演结束后，表演队沿着县城建设一路、二路巡演，再到朝阳广场表演。参加游演活动的有各镇（场）代表队、县城艺术团代表队、文广新局和文化馆代表队。近10万名群众兴致勃勃观看演出，观看演出场面火爆、万人空巷。“龙腾虎跃，盛世欢歌”，富有深厚文化底蕴和感人艺术魅力的民间艺术大游演，展示该县干群上下同心、群策群力，在共谋发展的道路上，各项事业欣欣向荣，文化事业蒸蒸日上。

【“水墨桃花•最忆翁源”广东（翁源）第二届桃花节】 “向春天出发”2017广东春季旅游赏花线路推介暨翁源桃花节2月27日上午在广州正式启动后，第一个周末就迎来了客流高峰，前来赏桃花游客达4万多人（次）。3月4—5日是该县举办“水墨桃花•最忆翁源”广东（翁源）第二届桃花节的第一个周末，天气晴暖，桃花怒放。4日下午记者在龙仙镇李洞村桃花谷看到，在桃花景区内游人如织，他们看花海、闻花香，大家一边观赏桃林盛景，一边感叹生长在大石之间，像盆景一样的桃树，别具特色，就像一幅山水画，“水墨桃花”名副其实。翁源的桃花有着岭南最美之称，“桃树高大有型、桃花特别红艳”，加上生长在大石之间，远远看上去像“水墨画”。目前正是赏桃花的最好时节，前来该县赏桃花的游客络绎不绝，自“向春天出发”2017广东春季旅游赏花线路推介暨翁源桃花节2月27日上午在广州启动至今，全县共接待来赏桃花游客达8万多人次。

【俄罗斯列兵美院素描作品展开展】 由翁山诗书画院、红缨枪教育共同主办的俄罗斯列兵美院素描作品展于6月10日上午在翁山诗书画院隆重开展。本次作品展展出列兵美术学院的优秀素描作品60余件，展览时间至6月30日。列宾美术学院的素描材料技法包含欧洲古典素描传统，强调对“几何体构造”、“大体块”及“形体穿插”的理解，是一套以结构为目标，以简洁、概括的光影为表现手法的教学方法。当前，中国的高、中等美术院校在基础素描教学中也一直沿用“苏派”的教学体系和方法。此次展览是翁山诗书画院与红缨枪教育借助列宾美术学院的优秀作品举办的一次具有重要教育意义和传承意义的展览。作品体现列宾美术学院素描教学的精神和脉络，充分展现“理性教学、融合创新”的素描教学理念。通过展览，可以让广大师生及美术爱好者更近距离地了解传统学院派的教学模式和教学进程，使该县的美术教育因此得到更多启发。

【“投桃报李 最忆翁源”2017广东（翁源）桃李文化节开幕】 6月9日晚，由县人民政府主办的“2017广东（翁源）桃李文化节”活动在县城龙湖广场隆重开幕，本次活动的主题为“投桃报李 最忆翁源”，是该县在2017年度的“春之韵”、“夏之爽”、“秋之食”、“冬之兰”四大主题旅游节庆活动之一。一场“投桃报李　最忆翁源”专场晚会拉开本次桃李文化节系列活动的序幕。县长陈来安、县政协主席陈建为等在家的县四套班子领导成员与县城数千名群众一起观看晚会。晚会在主题沙画《投桃报李 最忆翁源》表演中开始。表演者用沙子作画，将该县在城市建设、生态环境、农业发展等方面的场景结合音乐，通过投影展现在电子屏幕上，使现场观众进入梦幻般的感觉，带来前所未有的视觉享受。随后，举行“最美妈妈颁奖仪式”，县委副书记张朝养、县委常委、宣传部长丘雪媚共同为到场的18位“最美妈妈”颁奖。接着，鼓舞表演、女高音独唱、翁源非物质文化遗产节目《鹤蚌舞》《舞春牛》，以及摇滚乐、舞蹈、采茶戏、杂技武艺等精彩节目轮番上演，引得现场观众欢呼喝彩、掌声不断。本次桃李文化节活动内容丰富多彩，时间从开幕后到7月。除专场晚会外，还有美食节、名优特产品推介展销、啤酒音乐节、亲子欢乐采摘、“摘九仙寿桃，献百岁老人”等活动。旨在通过桃李文化节系列活动，以佳果为媒充分展示翁源本土文化、名优特产品和客家美食，提升翁源旅游对外知名度和影响力，促进乡村旅游和休闲农业快速发展。

县政府办公室工作

【概况】 2017年，翁源县人民政府办公室为协助县人民政府领导处理日常工作的机构，挂翁源县外事侨务局、翁源县法制局、翁源县人民防空办公室牌子。县人民政府办公室内设秘书股、调研股、综合股、督办股、县应急管理办公室、人防股、外事侨务股和法制股8个内设机构。机关行政编制人员26名，其中：主任（局长）1名，副主任（副局长）3名，应急管理办公室主任1名，正股级领导职数8名，副股级领导职数6名。后勤服务人员数4名。

【提升文稿质量】 以“压缩数量、提高质量”为原则，严把政策法律关、程序关、文字关、体式关，强化过错追究，确保了政府机关各类公文的规范性和权威性，有效发挥了以文辅政作用。积极倡导简洁、明快的文风，围绕全县各阶段中心任务，深入调研，掌握实情，紧贴上级精神和领导意图，认真做好文字工作，文稿质量和整体水平有了较大提高。认真撰写《政府工作报告》和起草各种会议材料、领导讲话稿、调研文章等政府材料700多篇，为县政府领导科学决策提供有建设性意见和建议。

【增强办文办会能力】 认真执行机关公文审批相关制度，对发文内容、规格和篇幅进行严格把关，确保公文格式规范、用词准确、逻辑严谨，提高公文的规范性、权威性。一年来，共起草（审核）和印发政府文件145件，政府办文件106件；收到和协调处理报送县政府的请示、报告801份；群众来信来访116份；处理国家、省、市及各级来文、来电4200份，确保了政务工作的正常运转。按照高标准、高质量、高效率的要求，规范有序组织协调好县政府召开的各种会议和各种活动，全年共承办了17次政府常务会议，6次县长办公会议，3次经济形势分析会，2次政府全体会议，主办和协办县政府工作会议10余次。

【督查督办】 采取实地督查、联合督查等方式，定期组织开展决策督查和专项督查，推动各项决策和工作事项落实到位。全年共下发督办通知635份，督查督办事项841份；共受理群众来信来访113宗，办复率100%；办理人大代表建议24宗，政协提案41宗，办复率均达100%；回复人大代表、政协委员互动平台来信24件；市网络问政平台受理623件群众来信，办复率100%；县咨询投诉平台受理248件，办复率100%。同时积极协助、配合县委、县政府督办工作组开展督查督办，并加强与县委办督查室、县重点办的沟通联系，共同推动重点项目加快建设及各项重点工作的落实。

【完善应急管理机制】 严格按照《翁源县应急信息报送制度》、《广东省突发事件应对条例》、《翁源县突发事件总体应急预案》和《翁源县突发公共事件信息报送流程图》的有关要求，加强应急信息报送工作，确保突发事件信息收集“横向到边，纵向到底”。制定下发《翁源县2017年度突发事件风险隐患排查和整改工作方案》，认真做好该县2017年度突发事件风险隐患排查和整改工作，全县共排查出各类风险隐患数量18项，全部完成整改，整改率100%，通过认真细致地排查整改，消除一大批风险隐患，各类突发事件全面下降。

【加强法治工作】 严格履行县政府法制机构职能，促进该县依法行政，建设法治政府，积极为该县经济社会的发展营造良好的法制环境。共审核行政复议答辩书9份，审核行政诉讼答辩状18份，行政应诉案件12宗，行政复议案件9宗，审结7宗，均在法定期限内审结。同时，为确保行政执法主体规范、文明的执法，该办认真审核各执法单位提供的办证材料，积极上报执法单位提交的年审和换证人员名单及证件逾期锁定身份证号码解锁申请表。新办网上办证平台1个，注销3本。

【全面推动农村普惠金融建设】 成立农村普惠金融试点工作领导小组，制定并下发《翁源县农村普惠金融试点工作方案》《翁源县征信中心建设工作方案》，完成农村普惠金融“四个平台”、“四项业务”建设任务。对60%符合条件行政村建成信用村，乡村金融（保险）服务站、助农取款点实现行政村全覆盖；开展农村产权抵押担保、“政银保”合作、妇女小额担保、金融扶贫等贷款服务。

【全力抓好外事侨务工作】 按照因公临时出入境相关申报审批程序，确保该县因公出访工作顺利进行。把好在翁企业邀请境外人员送审资料的送审关，确保企业涉外工作正常开展；及时了解和掌握因公出访人员的情况，严格执行应邀出访规定，控制出访人数，除专项工作人员外，注重加强国家安全教育和外事纪律教育工作，有效地杜绝了出访人员违犯国家安全和外事纪律现象；严格执行中央《“三公”经费管理办法（试行）》，按照因公出国（境）经费报销规定。

【做好意识形态风险点的分析与研判】 结合县委宣传部《关于印发〈意识形态工作各职能部门责任清单〉的通知》，重点做好该县涉外文化交流活动、对外学术交流合作及境外非政府组织活动情况和意识形态活动情况。加强对涉外意识形态分析与研判，尤其是为做好迎接十九大胜利召开，定期排查本单位意识形态风险点，按程序办理对外交流和因公临时出入境证件的送审，意识形态方面未出现任何异常情况。

【落实人防工作】 注重人防警报和应急设施建设，定期检查固定防空警报器、移动车载防空警报器，城区防空警报覆盖率达到100%。加强县突发事件预警发布中心的日常管理，增强人防应急指挥能力。积极开展试鸣和防空袭演练，取得较好的效果。全年共参加由市和片区组织的人防拉练5次，8人次掌握车载防空警报器的操作使用。

（李龙珍）

县政府办领导班子成员名单

主任、县政府办系统党委书记：许奕堂

副 主 任：张治平 刘志良 刘新如

党组成员：廖国旺

机关事务

【概况】 翁源县机关事务管理局是参照公务员管理事业单位，是县委、县政府机关事务管理和后勤保障工作的机构，2008年纳入参公管理后，原翁源县接待科更名为“翁源县接待办公室”并入机关事务管理局。2017年8月2日县编委重新核定编制为23人，实有30人。局内设办公室、接待股、财会股、物业管理股、保卫股、车队、公共机构节能办公室等7个股室。主要负责县级四套班子及县委、县政府等部门的公务接待工作，安排中央及省级市级领导在翁源县进行公务活动的前期联络及后勤服务等事宜，负责翁源县党政领导及代表团外出公务活动的后勤联络及服务，配合有关部门完成各种大型会议、大型活动的接待工作。

【会务工作】 是年，誊写、剪割、悬挂、拆除各种会议的标语横额230多条(幅、次)。并对每次在基层召开的各种现场会以及县委、县政府各项重大活动（含招商引资洽谈会、签约仪式），均亲临现场，做好各项准备和后勤工作，省市有关领导及有关专家教授莅临该县调研工作会等后勤服务工作。为县四套班子及有关部门在重要节日期间慰问有关单位和有关人员，做了大量的后勤准备工作。

【后勤保障】 认真做好县委、县政府各种重大活动的后勤保障和服务工作。积极协助做好县第十五届人民代表大会第二次会议，县政协九届二次会议，全县三级干部会议，全县组织宣传政法信访工作会议，县精准扶贫精准脱贫工作会议等。到目前为止共提供各种会议服务230多场次，参会人员4000余人次，实现场场无差错、步步都到位；做好院内水、电等公共设施维护工作。加强电力、供水、消防等系统的设备运行管理，确保大院内水电正常；做好政府机关公务用车经费等专项经费的管理、车辆的购置更新、调配使用、维修年审、办理车辆保险、路费上缴以及事故处理等工作；做好县政府机关大院的治安保卫工作，通过公开招标将县政府办公区保安服务由专业保安公司管理，不断完善监控设施，加强治安防范，确保大院平安；做好大院内环境卫生、绿化工作，营造洁净、美化、舒适的工作环境。

【完善各项规章制度】 是年在原定规章制度基础上，结合当前接待形势发展，完善《翁源县接待办工作制度汇编》手册，详细修订《翁源县接待办车辆管理制度》《翁源县公务接待管理办法》《县政府大院办公区车辆出入管理办法》《翁源县机关事务管理局财务管理制度》等，明确干部职工的工作准则，确保各项工作有章可循。

【接待工作】 接待来翁源调研的全国人大环境委员会主任际陆浩、副主任黄献中，省旅游局局长，华南地矿局局长，省发改委党委书记魏宏广、副主任余云洲、市委书记、市长等中央、省、市领导，严格执行中央“八项规定”，从实际出发，根据不同任务、不同层次、不同规格的接待对象适用相应的接待标准；协调好县委、县政府班子的各种日常政务接待工作。认真落实“接待无小事”的要求。确保接待工作“零失误”；致力打造政务接待的地方品牌，突出翁源的自然特色、人文特色、饮食特色。五是勤俭节约，坚持有利公务、简化礼仪、务实节俭、杜绝浪费的原则；完善管理制度，建立工作认真、服务周到的接待队伍。

【干部队伍建设】 注重加强领导班子自身建设，优化班子结构，坚持发扬民主集中制，严格落实集体领导与个人分工负责制。注重学习培训，全方位提高干部职工综合素养。通过召开接待理论研讨会、年中（末）接待工作座谈会、组织人员参加省市干部培训班、观看礼仪专家专题讲座、开展业务知识培训、参加县委党校干部信息能力培训课程等，提高广大干部职工的综合素质。注重人才梯次配置，合理调整接待队伍结构。

（县机关事务中心）

县机关事务局领导班子成员名单

局　长：刘宗仁

副局长：黄益明（—2017年12月）　许国恒

行政服务

【概况】 2017年，县行政服务中心秉着“便民、规范、优质、高效”服务群众的宗旨，协助投资者办理需报经各行政主管机关审批、核发的批准文件、证照、建设工程及政府招标采购等业务，受理企业和群众对行政服务工作的投诉和投资政策及证照申领的咨询、信息发布，对各窗口进行协调、管理，招商引资项目推介宣传活动。

【干部队伍建设】 加强干部职工学习教育，深入开展“两学一做”学习教育活动和开展“两强两提”思想大讨论，扎实开展2017年纪律教育学习月活动，采取集中学习和个人自学相结合的方式，加强干部职工党风廉政政建设教育，加强干部职工纪律教育。重管理、强服务，始终以“便民、规范、优质、高效”的服务宗旨，热情为群众提供优质服务。是年，服务大厅各窗口共办理业务46993件，接受群众咨询42641次，收到锦旗、书面、口头等各种形式的表扬共676次，各窗口单位领导亲临窗口上班共405次。

【推进“一门式一网式”政府服务模式改革和三级政务服务建设】 扎实有序推进“一门式一网式”政府服务模式改革。按照《翁源县人民政府办公室关于印发翁源县推行一门式一网式政府服务模式改革工作实施方案的通知》文件精神，高度重视、精心组织，扎实推进一门一网式政府服务模式改革工作。是年，已完成印制工作方案、编制服务事项目录、汇编办事指南和业务手册、综合服务窗口工作方案的印发、升级县公共服务大厅硬件设施、启动翁源县公共服务中心“一门式一网式”综合服务窗口工作人员招聘工作及“一门式一网式”业务人员的电脑操作培训等工作。同时依据《关于印发翁源县推进基层公共服务综合平台建设工作方案的通知》文件精神，按照“机构人员统一、场所标识统一、流程内容统一、信息系统统一、经费保障统一”等“五个统一”的要求，推进镇（场）、村（社区）公共服务平台建设。该县已建设完成了7个镇1个场公共服务中心、174个村（社区）公共服务站。通过将公共服务平台建设工作与“一门式一网式”政府服务模式改革工作相结合，有效推进政府服务向基层延伸，取得一定实效。

【信息政务公开】 通过下发《关于报送2017年上半年政府信息公开统计表的通知》，是年该县主动公开政府信息总数1438条，制发规范性文件总数86条，政府网站公开政府信息数2289条。收到申请数（书面形式或数据电文形式）491件，依申请办结数491件，无投诉举报及行政复议数。与此同时，印发《关于要求及时更新政府信息公开平台和重点领域信息公开平台专栏信息的通知》，督促各单位及时在政府信息公开平台网站及重点领域信息公开平台专栏公布政务信息，确保政府信息公开的真实性、权威性、及时性。印发《翁源县贯彻落实市政府办公室2017年政务公开工作要点分工方案》，明确政务公开各项工作任务及其责任落实单位，并提出具体要求，跟踪落实。

【社会维稳】 扎实做好“12345”政府热线转办承办工作。是年，共受理解决韶关市“12345”政府服务热线咨询投诉282件，282件事项均按时分流、跟踪、处理、督办和反馈。“12345”热线反映较多的问题是：消费维权类116件，主要集中在网购异地产品纠纷、产品质量等问题；环境保护类122件，主要集中在乡镇养殖场污染、油烟气味等问题；干部村委工作作风类32件，主要集中在工作态度、工作不作为等问题；市容市貌类12件。

【招商引资和规模以上营利性服务业跟踪服务工作】 积极主动与相关部门沟通，做好招商引资和规模以上营利性服务业跟踪服务工作。是年，1000万元以上招商引资新签约项目25个，总投资额19.68亿元；新登记注册项目20个，注册资本3.998亿元；新动工项目6个，实际到位资金0.185亿元。新旧项目（内联）合计实际到位资金17.7亿元。年初规模以上营利性服务业任务2家以上，已完成2家：翁源县殡葬服务中心和翁源县惜福环保科技有限公司。其营业收入达1.09156亿元，我们将继续与企业沟通，做好上规企业细致工作，力争全面完成任务。

（雷德其）

县服务行政服务中心领导班子成员名单

主　任：陈思才

副主任：刘金和　王莎

法治工作

【概况】 2017年，县人民政府办公室法制部门各项工作齐头并进，依法行政工作扎实推进、规范性文件工作成效显著、行政复议公信力明显提高、政府层级监督机制不断健全、政府法律服务作用更加突出，为推动全县科学发展、促进社会和谐提供了良好法制保障。是年，根据翁府办文《翁源县人民政府办公室关于印发〈翁源县人民政府办公室主要职责内设机构和人员编制规定〉的通知》，设立翁源县人民政府办公室内设法制股。

【法治宣传和培训】 继续完善县政府常务会议学法制度，制定并出台《2017年度县政府常务会议学法计划》。7月，聘请韶关学院教授解读《中华人民共和国行政诉讼法》。11月，聘请省法制办领导讲解《广东省行政应诉工作规定》，为依法行政奠定良好的法律基础。

【行政复议与行政应诉】 坚持以事实和法律作为办案的唯一客观标准，全年，共收到行政复议申请14宗，符合条件受理的11宗，其中林业1宗，行政处罚1宗，行政强制1宗，合同纠纷3宗，土地行政登记3宗，劳动社会保障确认2宗，均在法定期限内审结。县政府行政行为引发的行政复议案件有10宗，其中林业9宗，信息公开1宗，维持4宗，撤销3宗，中止1宗，2宗未审结。行政复议申请人共 95 人。均在法定期限内审结，未发现因复议上访事件。受理以政府及部门作为被告的一审案件 12 宗，其中驳回原告诉讼请求 5 宗，原行政行为机关单独应诉被撤销 6 宗，未审结 1 宗。

【执法监督】 新办网上办证平台 1 个，注销行政执法证 3 本，对领证人员均实行执法培训和考试，并严把办、换证关。9 月 1 日以后，广东省行政执法人员综合法律知识网上考试系统正式上线运行，12 月，翁源县第一批报名考试的行政执法人员在韶关市电大进行网上法律知识考试。对行政执法项目较多的部门通过明察暗访、查看执法现场、查阅执法案卷等方式进行执法质量抽查；组织人大代表、政协委员、法律工作者、法制督察人员在全县范围内开展行政执法大检查，促进翁源县行政执法监督工作的开展。使执法行为日趋规范，行政处罚决定认定事实清楚，适用法律依据准确，程序合法，从源头上减少行政矛盾纠纷。

【规范政府抽象行政行为】 加强规范性文件备案审查和清理。严格实施规范性文件统一合法性审查制度、统一编号制度和统一公布制度，明确规范性文件制定主体和报送审查程序，确保出台规范性文件合法、科学。全年共审核规范性文件 4 件，对县政府和部门工作实施意见提出建议 46 件，审核各种涉及法律法规方面的文件 20 余件。出台的规范性文件基本符合上位法规定，县政府及政府法制部门未收到过公民、法人或其他组织对政府出台的规范性文件提出异议，也未出现被上级行政机关、同级人大常委会责令改正或撤销情形，并及时向市政府备案报告。

【建议、提案督办】 全年共收到县人大代表建议 24 件、政协委员提案 41 件，为做好此项工作，对全部建议、提案认真登记并分类，讨论研究后逐件确定承办单位；加强跟踪督办。不定期对承办单位的每件建议、提案的办理进行跟踪督办，通过不懈的努力，各承办单位均能按照要求严格落实，认真办理，按时按质完成承办工作，办复率、满意率均达 100%。

【依法行政考评】 切实加强对全县各级行政机关依法行政工作的指导检查，组织对全县依法行政状况进行考评。12 月下发《翁源县人民政府办公室关于印发翁源县 2017 年度依法行政考评方案的通知》，3 月，下发《翁源县人民政府办公室关于开展 2017 年度依法行政考评的通知》，全县 39 个单位开展依法行政自查工作并提交自查报告及自查表。并成立 4 个依法行政考评小组，考评组通过听取汇报、查阅资料、实地检查等方式对相关责任单位的依法行政情况进行检查。通过检查，明确具体要求，量化考评标准，规范翁源县依法行政工作，促进全县依法行政工作再上新台阶。注重拓宽指导检查思路，结合法治县创建、人大、政协考察活动，借力推进依法行政工作。

【行政裁决的审核】 全年共审核权属纠纷裁决书 23 件。其中山林权属纠纷行政裁决书 15 件，国土权属纠纷行政裁决书 4 件，林业行政登记 4 宗。办理上级交办的法规征求意见稿 21 件。

【法律服务】 根据《广东省政府法律顾问工作规定》和《翁源县政府法律顾问工作方案》的要求，11 月，县委、县政府与广东天行健律师事务所签订《常年法律顾问聘任合同》，聘请 9 位专业律师担任政府常年法律顾问，常年法律顾问人数 9 人。

（王建文）

外事侨务

【概况】 2017 年，县外事侨务局认真开展“两学一做”学习教育活动，紧紧围绕市委、市政府和县委、县政府中心工作任务，充分发挥外事侨务部门协调、服务职能，不断拓展对外交流渠道，重点加强因公临时出国(境)管理，做好为侨服务工作。

【外事工作】 加强与旅美画家涂志伟的联系，促进中美艺术文化交流。做好韩国海南郡陈璘将军后裔和荣州市国际交流协会的来访接洽工作，增进彼此情谊，促进中韩友好往来。开展意识形态风险点的分析与研判工作，尤其是在十九大召开前，注意掌握翁源县涉外文化交流活动、对外学术交流合作及境外非政府组织在翁源的活动情况。

【侨务工作】 积极争取上级归侨临时救助项目资金，加大对归侨的扶助力度。是年，争取省市归侨临时救助项目资金1.9万元；县政府下拨1.4万元作为2018年春节归侨侨眷慰问资金。积极开展亲侨活动，组织人员对生病的归侨进行探望，对困难的侨属进行慰问。春节期间，组织归侨侨眷召开茶话座谈会，宣传为侨政策，让归侨侨眷感受政府的温暖。

【因公赴港澳审核呈批工作】加强对因公赴港澳人员的管理，及时了解和掌握因公出访人员的情况，严格执行应邀出访规定，控制出访人数，除专项工作人员外，凡不符合国家关于因公临时赴港澳管理意见的，一律不予办理因公临时赴港澳申报；注重加强国家安全教育和外事纪律教育工作，有效地杜绝出访人员违犯国家安全和外事纪律现象；按照“三公”经费的相关规定，认真审核把关，做好因公赴港澳经费核报工作。2017年全县办理因公赴港澳通行证共8批次14人。

【韶关市侨联慰问翁源归侨侨眷】 1月22日上午，韶关市侨联主席廖凤英一行3人到翁源，对翁源县归侨侨眷进行迎新春慰问。廖主席嘘寒问暖，仔细了解归侨侨眷的生活情况，并送上慰问品和慰问金。翁源县外事侨务、侨联等部门领导陪同慰问。

【韩国陈璘将军后裔来访】 3月2—4日，韩国海南郡陈璘将军后裔一行4人访问翁源。其间，该访问团到陈璘将军出生地周陂镇龙田村祭拜陈璘将军，与周陂镇政府磋商蔬菜种植合作项目，参观陈璘公园、陈璘将军史迹馆和涂志伟美术馆等地方。

【韶关市外事侨务局在翁源开展调研】 7月5日，市外事侨务局局长周新秀率队一行5人深入翁源县开展调研。是日上午，周新秀先后走访该县港资企业金悦通电子有限公司和万成塑胶制品有限公司，详细了解这两家公司的生产规模、经营状况、产品销售及出口贸易等情况，并认真向企业负责人征询有关外事等工作的意见建议。是日下午，周新秀一行参观涂志伟美术馆，拜访著名旅美油画大师涂志伟，并进行文化交流探讨。副县长曾志华，县政府办公室、翁城镇政府、投资企业服务中心等有关领导陪同调研。

【韩国荣州市国际交流协会来访】 12月22日上午，韩国荣州市国际交流协会会长金晋荣先生一行2人，在市外事侨务局副局长华明的陪同下，到翁源县就明代陈璘将军史迹进行调研。金晋荣先后深入陈璘将军故居周陂镇龙田村和陈璘将军史迹馆进行调研，了解陈璘将军在明代援朝抗倭的历史事迹。

（李斌）

信息工作

【概况】 翁源县信息中心成立于2004年5月，为副科级事业单位，主管单位是县人民政府办公室。事业编制9名，至年底有在编在职人员8人。县信息中心内设综合股、网络技术股、信息采编股三个内设机构，均为副股级。主要职能是实施该县政府上网工程及政府信息平台建设和管理，做好县政府门户网站和其他新媒体的信息采集、发布工作，做好电子政务和其他信息化平台的建设、管理和维护工作。

【新媒体建设和信息发布】 2017年，该中心在政府门户网站的政务新闻方面共发布图片、文字、视频信息约3300条，网站访问总量超过792万人次。对政府网各栏目内容推陈出新，及时公开政府各类公告通告，收集更新政府文件、人事任命、工作报告、领导重要讲话等政府信息公开信息。及时在新媒体平台微信公众号、政务微博、魅力翁源APP、今日头条发布该县政务信息。全年，政府网推出专题栏目：《2017两会专题》《学习贯彻习近平总书记重要批示精神》《学习贯彻省第十二次党代会精神》《“两强两提”思想讨论会》《学习贯彻党的十九大精神》。2017年，按省市有关要求，进行网站集约化建设工作，除可保留网站外，全县党政机关、事业单位网站均按省市要求完成关停，并完成相关网站的数据迁移工作。自2004年翁以来，先后六次对政府门户网站进行升级改版。经过不断的改版完善，政府门户网站的内容更加充实丰富，做到日日有更新，天天有新闻，重要新闻适时更新，版面更加生动美观，使政府门户网站成为沟通政府与百姓、企业的一座重要桥梁。4月，该中心刘卫添还被县委评为新闻报道工作积极分子。多年，该中心每年都被县委评为新闻报道工作先进单位。

【电子政务平台建设】 该中心结合实际情况，加强该县政务基础平台建设和管理，有力保障政务网络系统的正常运转，认真开展应用推广工作，并取得初步成效。办公OA系统日渐完善，办公OA系统自2010年12月1日正式启用以来，经过努力，现已实现全县副科以上一百多个单位的“同台”协同办公。实现政令的高效传达与跟踪，节约办公成本、提高政府机关工作效率和服务水平。9月份完成全县“一门式一网式”政务服务信息系统行政许可和公共服务事项配置工作，共发布414项行政许可事项，217项公共服务事项。积极推进基层公共服务平台项目建设，完成网络建设及设备安装工作。全县的公共服务平台网络连接，视频监控及其他设备安装调试已完成。10月份完成全县“一门式一网式”政务服务信息系统操作和基层公共服务平台操作人员培训，分批分次培训管理员和操作员共479人。做好政务网络维护工作，保障政府机关办公和业务系统正常运转，对网络流量和业务进行监控分析，保证各网络软硬件的正常使用。

【网络问政】 开展好党和政府的“网络问计”，促进交流与理解，形成良性互动的局面。依托翁源县政府门户网站开设书记信箱、县长信箱、咨询投诉等政民互动栏目，2017年，根据县委网络问政管理分工要求，该中心切实加强各项管理工作，规范办理流程及制订工作措施，市网络问政平台共受理534条，受理率和回复率达100%。近年来，逐步完善网络问政功能，加强政民互动栏目建设和管理，提高政府的执行力和公信力。

（刘卫添）

县信息中心领导班子成员名单

主　任：李国锋

副主任：张国怀　许丽妃

卫生与计划生育管理

【概况】 2017年，县的卫生和计划生育工作紧紧围绕县委、县政府的工作中心，以打造“卫生强县”为目标，以“强基创优”活动为载体，深入推进医疗卫生体制改革，凝心聚力，积极作为，扎实抓好卫生和计划生育各项工作的落实，基本完成省、市、县下达的各项目标任务，并取得喜人的成绩。慢性病防治、结核病防治规划、严重精神障碍疾病管治、性病和麻风病防治工作在全市年度考核中名列前茅，是年，被韶关市卫生和计划生育局授予“年度韶关市慢性病防治工作先进单位”“年度韶关市性病麻风病防治工作先进单位”“年度韶关市严重精神障碍疾病管治工作先进单位”“年度韶关市结核病防治规划工作先进单位”荣誉称号；6月份组织人员参加韶关市卫计局举办的“2017年韶关市健康教育技能竞赛”，荣获竞赛团体、“新媒体健康传播方案设计”、“生活方式与健康”演讲3个一等奖的好成绩；在7月份召开的“广东省全面推开公立医院综合改革专题研讨班”上，该局作“翁源‘123’举措加快县第二人民医院建设”的经验介绍，是全省唯一县级作经验交流发言的；8月份组织人员参加韶关市卫计局、韶关市总工会举办的2017年韶关市卫生应急技能竞赛暨全国卫生应急技能竞赛韶关市选拔赛荣获优秀组织奖和团体三等奖；争创“广东省妇幼健康优质服务示范区”已于9月份通过了省的考核评估；在推进“五大会战”工作中狠抓落实，被县委、县政府督办工作组通报表扬；在2017年的全县经济社会发展“5+X”巡查事项考核中，荣获县直职能部门中总分排名第6的好成绩。党组书记、局长黄恩联被县委、县政府授予“2017年度平安创建暨综治信访维稳工作先进个人”荣誉称号。

2017年，全县户籍人口出生8001人，其中一孩2719人、二孩4758人、三孩及以上524人，政策生育率96.90%，政策外多孩率2.25%，出生人口性别比100∶106.48；全县常住人口出生5468人，其中：一孩1856人、二孩3252人、三孩及以上360人，政策生育率96.96%；政策外多孩率2.08%；性别比106.03。

【医疗服务体系建设】

县第二人民医院建设加快推进　县第二人民医院项目建设是2017年省委、省政府的重点民生工程,该项目于2017年4月10日动工建设，全年累计投入资金7613万元，完成地下结构施工、行政后勤楼主体混凝土工程封顶和四层砌砖工程，医技综合楼三层楼面的混凝土浇筑50%，住院楼七层楼面梁、板钢筋绑扎。

县人民医院新城院区建设　该项目一期工程已于2016年5月初封顶,全年完成装修收尾及电梯设备安装工作。二期工程于7月11日正式动工建设，2号外科医技楼六层板的浇筑和3号外科住院楼、4号内科医技楼主体结构封顶及5号门诊楼三层板的浇筑已完成；三期后勤保障区工程也已完成招标控制价审核,进入挂网招标阶段。

县中医院升级改造项目　该项目总投资1.18亿元,建筑面积1.95万平方米,规划床位130张；2017年已经完成地质勘查、设计平面图、“三通一平”（水通、路通、电通和场地平整）、地基大板图等工作，优化后即可进行施工。

县妇幼保健升级改造项目　该项目总投资1.2亿元，建设用地约2公顷，力争在2018年7月份动工建设。此项目省财政2017—2019年安排资金2400万元，是年已到位700万元；已完成项目的可研，已出红线图，正在办理环评、用地等相关手续。

【村卫生站规范化建设】　是年，根据省、市有关村卫生站规范化建设要求,该县完成45间村卫生站的规范化建设任务，并且都通过市验收。

【医药卫生体制机制建设】　印发《翁源县控制公立医院医疗费用不合理增长实施方案》,明确各医疗机构医疗费用的增长幅度，2017年7月8日起全面取消挂号费，切实减轻群众的就医负担，增强深化医改的综合成效。出台《翁源县医疗卫生服务体系规划（2016—2020年）》和《翁源县深化医药卫生体制改革总体方案（2016—2020年）》，优化医疗卫生资源配置，为全面深化该县医药卫生体制改革指明方向。

【创建全国基层中医药工作先进单位建设】　及时健全完善领导机构，抽调3人专门负责创建全国基层中医药工作先进单位的具体工作；通过开展义诊、发放宣传资料、电视宣传等方式向群众宣传中医药的“简、便、验、廉”知识，提高广大群众对中医药的知晓率;引导群众接受中医药，营造中医药发展的良好氛围。充分发挥青云山药业公司的中药生产优势，采取“公司+基地+农户”的订单农业方式，大力发展中草药种植，至年底，全县自种中草药品种达100多种，有山药、蚕桑、五指毛桃、溪黄草、金银花、牛大力等中草药种植基地近1万公顷。

【创建广东省慢性病综合防控示范区建设】　不定期召开29个成员单位联络员会议,举办相关工作培训班，对创建工作进度进行检查督导，指出存在问题，并限期整改；对下一步工作的开展提出指导性意见，扎实推进该县的省慢性病综合防控示范区创建工作。根据不同时期疾病流行趋势和群众健康需求，面向社会、面向不同人群，广泛宣传疾病预防、控制等各类健康知识。印制彩色宣传折页《灭蚊防病预防登革热》7万张、《预防艾滋病健康全家人》5万张、《水痘防治》6万张和《清除家居环境积水预防登革热》海报13000张，分发到全县各镇、村（居）委、中小学校、幼儿园、医疗卫生单位、村卫生站、工矿企业、建筑工地、大型商场等。在县政府门户网站《健康教育专栏》不定期发布健康养生知识，与县视台合作播放健康教育、卫生保健等知识，利用微信公众号发布预防慢性病信息；坚持每2个月统一更新全县各医疗卫生单位和县城朝阳广场、天天广场、农贸市场、县汽车站、各居委会等健康教育宣传栏的内容一期以上。是年，全县更新健康教育宣传栏版面1348期次。

【医疗服务能力建设】　指导全县医疗单位多形式、多渠道提高医疗服务能力，重点是县级公立医院。县人民医院通过走出去、请进来的方法不断提升医务人员的服务能力，经常派出学科带头人到省三甲医院学习，并邀请上级医院的专家、教授来院带教手术、会诊，与暨南大学第一附属医院建立技术协作关系，实行各专业、各学科的无缝对接，提升医疗服务水平；还设立特聘岗位，聘请三甲医院的专家来院执业，起到传、帮、带的作用,多渠道提高各专业医生服务群众的技能。县人民医院还启动远程医学平台建设，与广州华侨医院建立医疗远程会诊平台，较好地解决临床上碰到有些疑难问题；并同时开通北京蓝卫通远程医学平台，充分利用该平台医学资源，组织远程会诊、病理诊断、影像诊断和远程教育、培训等，让县域内的人民群众在家门口就能享受便捷优质的医疗服务。县中医院不断加强“治未病”中心建设，积极开展创建“治未病”服务示范单位活动，至年底，正在建设2个省级重点专科、4个市级重点专科。县妇幼保健计划生育技术服务中心积；极开展妇幼健康优质服务示范工程和争创省级妇幼健康优质服务示范县活动，实施出生缺陷综合防控项目，“出生缺陷综合防控工作干预中心”建设县已通过市卫计局验收。

【提高医疗质量管理水平】 9、10月分别举办来自全县各医疗单位100多人参加的医院感染、处方点评培训班；通过培训，提高他们对医院感染和处方点评工作的认识。根据广东省卫生计生委广东省中医药局《关于广东省当年度医疗质量巡查工作方案的通知》精神，10月18—30日，组织5位医疗专家对县人民医院、中医院、妇幼保健3家县级公立医院和龙仙、坝仔、翁城、新江4家镇级卫生院的医疗管理、临床质量、医院感染、护理质量、药品管理等医疗质量管理工作进行巡查。

【医联体建设】 继续抓好由县人民医院和新江镇卫生院共同组成医疗联合体工作，县人民医院派出经验丰富的医生到新江镇卫生院驻点工作，专家团队经常深入新江卫生院指导医院管理、诊疗技术规范、医疗质量安全、专科能力培育、人才队伍培养培训等方面工作，全面帮扶新江卫生院提高医疗服务能力。新江镇卫生院还与东莞市厚街医院建立帮扶关系，上半年派出2名医务人员到厚街进修学习，提升医疗服务能力和水平。

【基本公共卫生服务项目工作】

压实责任　建立“专业指导+行政管理”的工作模式，要求各公共卫生机构要充分发挥专业机构的专业作用，按照职责分工，履行好督导、培训、评估等相关职能，每个月组织公共卫生相关机构深入各基层卫生院检查指导一次，有效地指导基层卫生院规范开展工作，善于发现和解决基层“不会干、干不好”等实际问题，确保全县基本公共卫生服务项目的各项工作得到落实。

强化督查　制定《翁源县2017年基本公共卫生服务项目督导方案》，建立长效的督导检查机制，形成“季度督查+半年、年终考核”的督查模式；在每个季度、半年、年终定期对全县基层卫生院开展基本公共卫生服务项目工作的情况进行督查，并将督导情况在全县进行排名和通报，对考核排名较后的卫生院纳入重点管理。对年度考核得分在75分以下的，按比例扣减当年的公共卫生经费，院长当年不能评先评优；连续两年年度考核得分在75分以下的卫生院，对院长作出组织处理。从每季度的督查情况看，各基层卫生院对基本公共卫生工作的重视程度和服务质量都有较大提高。是年，该县累计建立居民健康档案276705份，建档率达80.48%；其中电子健康档案273401份，电子建档率80.06%，健康档案有动态使用171993份，动态使用率为62.16%。

【家庭医生签约服务】 全县共组建60个以家庭医生为核心、专科医师提供技术支持的家庭医生签约服务团队，向居民提供连续的基本医疗、基本公共卫生服务和健康管理服务；据统计，11家基层卫生院为全县168348名群众提供家庭医生式签约服务，全县家庭医生签约服务覆盖率占常住人口的48.97%；其中重点人群签约61529人，签约服务覆盖率达64.75%，超额完成上级下达的年度工作任务。

【“两癌”免费筛查】 年初，印发《翁源县农村妇女“两癌”免费检查项目实施方案（2017—2019年）》；为有效提高农村妇女宫颈癌和乳腺癌的早诊早治率，从11月份起启动“两癌”免费检查项目，对全县贫困村35—64岁的农村妇女进行“两癌”筛查，并在年底前完成51个相对贫困村妇女的“两癌”筛查工作。

【基层人才队伍建设】 7月，为18名符合条件的助理医师办理了纳编手续，有效地缓解基层医疗卫生人才留不住的问题；年底向社会公开招聘基层卫生院的各类医疗卫生专业技术人员40名，将逐步缓解基层卫生院卫生人才短缺的问题。

【全科医生培训】 积极组织开展全科医生培训工作，共派出25名医生参加2017年的全科医生培训，其中11名医生参加了转岗培训、12名医生参加岗位培训、2 名医生参加助理全科培训；至年底，该县共有现有全科医生 41 名，实现 7 个镇级卫生院均有全科医生。

【出生缺陷综合防控工作】 根据上级的部署安排，该县从 2016 年起开展创建“出生缺陷综合防控工作干预中心”建设县工作，制定《翁源县出生缺陷综合防控项目管理方案》，并把县妇幼保健院和计划生育服务中心列为干预中心，如期开展相关防控工作；是年 9 月中旬，市卫计局对干预中心进行验收，并已通过。是年，干预中心共开展产前唐氏筛查 1087 人，筛查阳性 182 人；进行产前诊断 130 人，确诊染色体异常 8 人，终止妊娠 8 人；产前结构畸形超声筛查 5888 人，筛查阳性 19 人，确诊六大结构畸形 1 人，终止妊娠 14 人；新生儿代谢疾病筛查 1958 人，筛查阳性 113 人；新生儿听力筛查 2478 人，筛查阳性 16 人。

【安全生产监管】 该局安全生产涉及下属医疗卫生单位 18 个、重点项目建设单位 2 个，压力容器、电梯、车辆、危险化学品等较多；在日常工作中，该局注重把握好重点部门、重要风险点、重点危险源，建好台账，做到底数清、目标明，并坚持每季度至少组织 2 次以上的安全生产督导检查，重点对全县各医疗单位的车队、电梯、压力容器、放射科、化验室、药房和县人民医院新城院区、第二人民医院施工现场等进行安全生产和消防安全检查。同时，积极开展第十六个“安全生产月”和“安全生产万里行”活动、消防火灾和危险化学品的综合治理工作、“平安医院”创建、特种设备督查等工作，实现“安全责任明确、制度建设完善、应急措施有力、安全管理规范、医患关系和谐”的目标，全县平安医院的覆盖率达到 100%。

【“平安医院”创建】 全县各医疗单位强化医疗管理水平，着力提升医疗服务质量和能力，建立医患纠纷第三方调解机制。6 月 14 日，广东韶关和谐医患纠纷人民调解委员会翁源工作站挂牌成立，工作站是独立于卫生行政部门和司法行政部门之外专业的第三方调解机构，至今受理了医疗纠纷 3 宗。为扎实推进平安医院创建工作，印发《翁源县卫计系统平安医院建设工作方案》到各医疗卫生单位，平安医院覆盖率达到 95%以上，达标率达到 90%以上。

【结核病分级诊疗工作】 该县被确定为开展结核病分级诊疗和综合防治服务模式试点地区，为做好该项工作，制定《翁源县结核病分级诊疗和综合防治服务模式试点工作方案》，并于 3 月 13 日举办翁源县结核病分级诊疗和综合防治服务模式试点工作启动仪式；之后，严格按试点工作方案要求开展各项工作，在 3 月中下旬开展结核病分级诊疗和综合防治服务模式试点基线调查工作，对结核病情况进行摸底，认真落实市“十三五”结核病防治规划，对照省考核指标做实做细各项工作，确保在 2018 年通过省考核。

【重性精神病救治救助工作】 积极主动联系市精神专科医院，对该县范围内评估 3 级及以上的严重精神障碍患者进行住院救治，提高精神病患者的治疗率；是年，全县送市精神专科医院住院治疗的严重精神障碍病人共 65 人。对全县在管评估 3 级以下的严重精神障碍患者在县慢病站门诊就诊用药治疗，除医保报销的 90%外，个人自付费用全部由政府兜底，患者实行免费服药。

【出生医学证明专项督查】 根据市卫计局《转发国家卫生计生委办公厅关于印发 2017 年出生医学证明管理专项督查工作方案的通知》要求，该县对全县医疗机构的出生医学证明管理工作进行督查，主要查看出生证的出入库管理和首次签发、补发、安全管理等工作。通过督查，未发现该县助产机构有违法违规发放出生证的事件。

【医师护士电子化注册】 9 月 14 日，在卫计局五楼会议室举办医师电子化注册信息系统管理工作培训班，全县医疗机构负责医师电子化注册信息系统管理工作的人员共 60 多人参加学习培训，培训班由县妇幼保健计划生育服务中心的网络工程师吴小志采用多媒体进行授课，吴小志详细讲解医师电子化注册信息系统的具体操作流程、业务办理程序及常见问题解答等；通过学习培训，标志着该县医师注册进入电子化时代，并将规范该县医师电子化注册信息系统管理工作，加快电子化注册进程。

【“全面两孩”政策宣传】 认真落实贯彻《中共

中央、国务院关于实施“全面两孩”政策改革和完善计划生育服务管理的决定》，大力宣传“全面两孩”政策和新修订的《广东省人口与计划生育条例》。在全县主要交通要道的大型 T 型牌设立宣传标语 30 条,印发宣传手册和各种宣传资料 3 万多份，并指导各镇(场)、村(社区) 更新完善计生“三栏”（公示栏、宣传栏、公告栏）的内容；采取广播电视、公众网络传媒、县政府信息网络平台、县卫计局微信公众号进行宣传；利用元旦、春节、“5•29”、“7•11” 等节日开展“全面两孩”政策宣传咨询活动；组织民间文化艺术团在县城及各镇（场）开展计生政策宣传文艺会演活动，让群众明晰现行人口计生政策。利用手机短信、微信、QQ 群、网络等新兴媒体和开展咨询活动、发放宣传品等多渠道、多形式营造舆论氛围。举办家庭发展能力建设培训班、出生人口性别比和计生奖扶政策咨询等活动。

【“全面两孩”政策的实施】 为确保“全面两孩”政策的顺利实施，严格按照《广东省卫生和计划生育委员关于生育登记和再生育审批的暂行管理办法》规定和要求，对生育登记材料齐全、经核实婚育情况无误的，要求各镇（场）计生办自受理之日起 7 个工作日内办理完生育登记，同时并要求登记人户籍地计生办配合现居住地做好信息核实工作，自接到现居住地核实请求起 5 个工作日内予以反馈。其次是坚持再生育审批实行备案审查制度。要求各镇（场）在每季的第一个星期内，将上季度批准的申请人基本情况和批准理由等信息汇总报该局备案。

【计生经常性工作】 重点抓好对各镇（场）经常性工作的指导和督促，加强对计生报表各项指标监控，确保全县按时、高质完成计生月报及实时报等统计任务,确保人口计生上报数据的全面、真实、准确。分片区举办镇（场）、村（社区）计生干部培训班，提升全县计生干部队伍的政策水平和综合素质，为全面做好新时期计划生育工作打下坚实的基础。积极做好计生药具的发放工作，健全完善县、镇、村三级计生药具的发放网络，最大限度地满足育龄群众的需求。

【流动人口的服务管理】 加强对基层流动人口工作的业务指导，特别是流动人口日常工作，做到统一部署要求，规范工作程序。坚持每天查阅流动人口系统通报和反馈信息，每月评估流动人口有关数据，对流出、流入的计划生育重点对象落实专人负责联系和督促；及时做好流动人口的信息采集、造册登记，摸清流动人群的计划生育情况。加强流动人口信息的通报接收和反馈。是年，全县共接收流动人口通报信息 5540 条，接收及时率 100%；接收协查信息 283 条，协查信息反馈率 100%；网络化信息通报 8 条，接收及时率 100%。采取多种形式积极开展“农村留守儿童健康关爱”工作、“关注流动人口职业病防治”为主题的流动人口健康服务年宣传活动。按照省、市要求，扎实开展流动人口集中服务管理专项活动，召开专项活动动员会议，印发专项活动实施方案，对社区出租屋、企业厂区宿舍、住宅小区、商铺、市场等重点地段，进行一次全面调查摸底，对流入人口的信息进行采集、更新，摸清流出人口具体去向和结婚、生育、孕检以及避孕节育情况，通过清理清查，准确掌握人口流动和婚育信息变动情况，及时更新全员人口信息数据库，确保数据的准确性、完整性和鲜活性。

【计生技术服务】 积极开展免费孕前优生健康检查工作，向计划怀孕的夫妇进行优生科普知识普及，指导他们建立健康文明的生活方式，在身体、心理和环境最佳的状态下孕育下一代，全面提高育龄群众的优生意识；全年全县完成免费孕前优生健康检查 2922 人，占全年目标任务的 104.36%，超额完成年度目标任务。室间质量评估达到优秀等次。加强高龄孕产妇、再生育和不孕不育人群的服务和指导。多渠道、多形式宣传“地贫”筛查知识，积极开展地中海贫血初筛服务，防控新生儿先天性疾病，减少出生缺陷，提高出生人口素质。

【落实计生奖励扶助政策】 按照“老人老办法，新人新办法”的原则，认真落实《广东省城镇独生子女父母计划生育奖励办法》《广东省农村部分计划生育家庭奖励办法》《广东省计划生育家庭特别扶助制度实施方案》《广东省农村计划生育节育奖励办法》计划生育奖励扶助政策，各项奖励扶助金均列入财政预算，按标准及时发放。是年全县享受计划生育四项奖扶人数为 76372 人次，共发放奖扶资金 563.7734 万元，受惠对象的准确率、落实率达 100%，切实保障计划生育家庭的合法权益。同时，给予秋季考取高等院校的 169 名农村独生子女、纯生二女户子女发放奖励金 28.9 万元；投入资金 44.29 万元为 6715 户农村独生子女、纯生二女户家庭购买意外伤害保险，得到广大人民群众的好评。

【幸福家庭创建活动】 按照国家和省、市通知精神，结合本县实际，深入开展以“文明、健康、优生、致富、奉献”为主题的幸福家庭创建活动。是年 5 月份和 8 月份，分别在铁龙林场、龙仙镇部分村举办家庭发展能力建设专题培训班，在县城朝阳广场举行出生人口性别比、计划生育奖扶等政策咨询活动，深受广大人民群众的好评。

【打击“两非”专项行动】 坚持把打击“两非”（非医学需要的胎儿性别鉴定；非医学需要的选择性别的人工终止妊娠）作为综合治理出生人口性别比的重要手段之一。结合该县实际，制定集中整治“两非”的专项行动实施方案，主动牵头联合公安、食品药品监督管理、卫监等部门多次开展专项整治行动；通过全面查阅 B 超检查单、引产机构的病历和对育龄对象孕情消失个案和终止妊娠药品使用流向的追踪等方面入手，找准突破口，从中发现嫌疑案例，采取有力措施，做到发现一例查处一例；全年共立案 3 宗，查处涉案人员 3 人，处以罚款 2.1 万元，依法查封药品、器械一批，案件查处率 100%。

【病残儿初审和“四术”并发症鉴定管理】 根据国家《病残儿医学鉴定管理办法》《广东省病残儿医学鉴定管理办法实施细则》和《计划生育手术并发症鉴定管理办法（试行）》等有关规定，为提高鉴定结论的公正性和科学性，在组织（初审）鉴定过程中，坚持申报条件、申报程序、鉴定（初审）标准，鉴定结果“四公开”（党务、村务、财务、事务），真正做到“公平、公正、公开”。是年共受理病残儿初审 16 人、计划生育节育手术并发症鉴定 9 人。

【计划生育协会工作】 围绕计生协的工作任务，扎实开展生育关怀、计生基层群众自治、宣传教育等工作。在元旦、春节和“5•29”期间，积极开展送温暖活动，走访慰问计生困难家庭 437 户，送去慰问金 42 万多元；在巩固金悦通电子翁源有限公司全国先进企业计生协成果的基础上，又在云门家具厂开展“青春健康”进企业活动，先后投入 2 万多元用于改善企业计生协的办公环境、完善娱乐室、购置图书等，帮助其建立机制、加强管理，促进流动人口的服务与管理；做好龙仙镇石寨村蚕桑养殖计划生育协会“三结合”（与发展经济、帮助公民勤劳致富建设文明幸福家庭相结合）项目申报等工作。

（何英娥）

县卫生和计划生育局领导班子成员名单

党组书记、局　长：黄恩联

党组成员、副局长：何石养　黄清永

副局长：陈六太（—2017 年 6 月）

李烟柱（—2017 年 3 月）

人力资源和社会保障

【概况】 2017 年，该局以保障和改善民生为重点，深入贯彻县委县政府工作要点，围绕“5+X”巡查事项和“五大会战”，扎实推进各项工作落实。

【公务员队伍建设】 承办县人民政府任免干部的具体工作，其中任职 14 人，免职 11 人，聘任 14 人，解聘 18 人；办理全县各机关（含参公）单位新录用公务员 66 名；办理事业单位工作人员调动 71 人，退休 7 人；组织 20 人到东莞行政学院参加培训；组织 70 名新招录公务员（含上管单位 4 名）开展初任培训。

【事业单位人事管理】 协助完成该县教师公开招聘工作，办理完成新招教师的聘用手续；完成全县机关事业单位“吃空饷”自查自纠工作和长效机制专项督查工作；组织开展事业单位公开招聘工作。

【专技人员管理】 完成全县员级 2 人，助理级 18 人，中级 62 人和高级 36 人的资格评审和 48 人认定的最后审核和发证。审核上报助理级 8 人、中级 5 人、高级 5 人的评审手续。

【人才管理】 完善人才、劳动力资源库，积极做好人力资源服务进园区工作，开展校企合作招聘会，打造招聘和就业中介平台，为产业园区及个人求职建立“直通车”式服务。举办夏季高校毕业生专场招聘会，推荐就业 115 人。完成当年 12 名“三支一扶”（支农、支教、支医、扶贫）大学生的派遣工作。启动高校毕业生网上报到及审核系统，回到该县报到的高校毕业生共 1300 人，初次就业率达 91%。

【落实工资福利】 完成2014年10月1日至2017年 6 月 30 日退休人员近 600 人的退休金重核工作；推进养老保险改革并轨工作，分步实施机关事业单位养老保险费征缴及待遇发放工作；做好 2016 年度全县机关事业单位正常晋升，职务（岗位）变动、基本工资调整的审批；做好工资补发和养老金、职业年金的补缴等相关工作；会同财政部门拟定法检两院在职在编工作人员岗位津贴及出勤补助，核定司法辅助人员的工资福利待遇，作为司法体制改革地方财政保障的必要补充；提高行政人员月均奖标准及教育卫生事业人员的绩效奖励，人均增加 400 元；完成全县事业单位年度考核合格以上等次工作人员 4500 余人正常晋升薪级工资；机关单位在职人员 400 余人正常晋升级别工资。

【规范劳动管理】 印发《翁源县人力资源和社会保障局全面落实信访工作责任制实施办法》《翁源县人社局预防化解社会矛盾总体工作方案》等文件，规范信访维稳工作制度。定期向市人社局和县信访专班汇报舆情近况，做好日常舆情监测和研判预警，在发生劳资纠纷群体性事件时，及时向县信访专班汇报具体情况，有效地协调处理群体性事件，化解矛盾纠纷，做到劳资纠纷不出县。处理信访投诉案件 61 宗，其中来访 23 宗，网络问政 38 宗，结案率 100%。开展农民工工资支付情况专项检查，清理整顿人力资源市场秩序专项行动。及时处理劳动监察举报、投诉案件及劳动人事争议纠纷案件。共受理劳动保障监察投诉（举报）案件 85 宗，其中立案处理 3 宗（移送公安处理 1 宗）；指导协调处理案件 82 宗。结案率 100%。共处理劳动人事争议纠纷案件 108 宗，其中上年结转 1 宗，涉及经济标的 382.41 万多元，涉及劳动者 306 人，结案 107 宗，法定审限结案率 100%,累计结案率 93.33%，其中以调解方式结案 96 宗，调解成功率为 89.72%。加强和谐劳动关系创建。在翁城鹏辉工业园开展和谐劳动关系创建工作，宣传规范用工知识；组织县中小企业局、县工商联等单位相关人员召开县协调劳动关系三方联席会，协商发挥协调劳动关系三方作用，做好和谐劳动关系创建工作事宜，同时分析近期到县相关部门上访的信访案件，探讨就涉及三方联席会成员单位的职责和具体引导措施；就用工形式、劳动合同签订情况、工资支付等情况开展快递业劳动用工情况调查；开展最低工资标准评估工作，对该县 17 户企业通过座谈交流、派发问卷等形式开展评估工作，为合理调整最低工资标准提供决策参考；指导韶关绿然再生资源有限公司、翁源县鼎源金属制品有限公司等用人单位实行经济性裁员和转制工作，确保企业规范用工行为，保障职工权益；办理滃江人力资源服务有限公司、翁源昌达劳务派遣有限公司劳务派遣经营许可审批工作。敦促劳务派遣企业开展 2016 年度劳务派遣经营情况报告工作。根据《韶关市建设领域施工企业工人工资支付保证金管理办法》的要求，组织召开翁源县建设领域施工企业工人工资支付保证金管理办法的座谈会议，要求各单位落实相关职责，确保施工企业按承包合同工程造价 5%的比例一次性将工资保证金存入银行专用存款账户，该专项资金用于保障施工企业依法应急支付工人工资。

【促进就业再就业】 实现城镇新增就业 2977 人，完成考核指标任务的 129.43%；城镇失业人员再就业人数 2256 人，完成考核指标任务的 107.43%；就业困难人员再就业 187 人，完成考核指标任务的 124.67%；促进创业人数 149 人，完成考核指标任务的 106.43%；城镇登记失业率控制在 3.5%以下。在县城及各镇（场）共举办 22 场就业政策暨劳动招聘活动，完成考核指标任务的 110%，其中精准扶贫专场 10 场，完成考核指标任务的 100%。招聘活动中共 1617 人与企业签订用工协议。开展 5 次校企对接招聘活动：邀请广东省石油化工学院相关专家到华彩化工涂料城进行实地调研考察，并建立广东石油化工学院学生就业实习基地；组织该县企业到广东石油化工学院、市中等职业技术学校开展招聘活动；组织县中职学校到东莞人力资源厚街分局开展校企合作活动，实地考察当地企业情况，达成人才供需合作的初步意向。

【社会保障体系建设】

实现参保情况　城乡居民社会养老保险参保135010人，完成考核指标任务的102.37%；城镇职工基本养老保险参保48811人，完成考核指标任务的112.88%，其中企业职工33870人，完成考核指标任务的134.4%，机关事业职工5980人，完成考核指标任务的100.67；城乡居民基本医疗保险参保370283，完成考核指标任务的104.07%，职工医疗保险参保30909人，完成考核指标任务的107.32%。实现基金征缴情况：企业职工养老保险基金征缴11753万元，完成考核指标任务的109.59%；城镇职工医疗保险基金征缴8604万元，完成考核指标任务的104.48%。生育保险、工伤保险、失业保险参保及基金征缴工作均完成。

机关事业单位社保并轨工作　该县纳入此次机关养老保险改革范围参保单位数，共300个；其中有17个无在编人员或已撤销的单位，128个下属单位和主管单位合并登记，实际能独立申报参保登记的单位有155个。至年底，已成功上传到登记系统的单位，共156个，在职人员共6940人，退休人员共3660人；已有6个单位完成机关事业单位养老保险费征缴，征缴人数共64人；11个单位完成退休人员待遇发放，发放人数共70人；共20个单位数据迁移到省正式系统。

完善被征地农民养老保障工作　是年完成五个批次被征地农民社会保障报批工作，共计提纳入保障范围人数16人，计提养老保障费用31.68万元，近期在社保系统中落实到个人账户。完成被征地农民养老保障资金清欠任务，全部清欠74.58万元。全面完成当年度征地社保预存资金分配任务，将2001.78万元社保资金转入各镇（场）财政专户。

提高城乡居保基础养老金最低标准　6月12日市人社局与市财政局联合发文《转发关于2017年调整城乡居民基本养老保险基础养老金最低标准的通知》，此次城乡居保基础养老金最低标准调整到每人每月120元。经与财政局沟通，能按照文件要求从7月起按新标准发放，1—6月份调整提高的部分于7月底前发放完毕。

【就业扶贫行动】　开展3000人就业扶贫工作不但是该局“5+X”巡查事项之一，更是县“五大会战”中农村奔康大会战的重要内容，该局高度重视成立就业技能社保精准扶贫办公室，落实责任分工，认真分析当前的就业帮扶的形势，找重点，抓难点，在原有成绩的基础上，积极推进就业精准扶贫精准脱贫工作。利用电视、移动网络、微信公众号、网络平台大力宣传就业扶贫政策，大学生就业创业政策，积极营造就业脱贫氛围。建立贫困家庭中有就业意愿和技能晋升培训意愿的人员台账，开展免费的劳动力技能培训，提高贫困家庭的就业能力。引导有就业意向、无技能特长的贫困劳动力就近参加家庭服务业有关技能培训，加强与东莞等珠三角地区家庭服务业合作对接，帮助掌握技能的贫困劳动力实现就业；共举办14场初级育婴员培训班，共培训学员544多人，513人通过考试；强化人力资源合作。收集整理县内外企业的招聘信息，做好就业信息宣传，实施转移就业和就近就业。建立与帮扶该县的东莞厚街、寮步挂钩镇的区域劳务合作，组织3次区域劳务交流会，并实地考察挂钩镇的企业，建立人力资源供需信息匹配对接机制，每月定期向贫困人员发布企业岗位信息；全年举办2场区域联动专场招聘活动，各村和驻村工作队结合当地的产业发展实际，采取多种形式组织贫困劳动力就近灵活就业；开发公益性岗位，安置特殊贫困人员，共安置22名特殊贫困人员就业；推进就业援助全覆盖，进镇入村举办专项公共就业服务招聘活动，共举办22场，有针对性地推荐贫困劳动力就业；做好高校毕业生报到时贫困家庭毕业生的实名制登记工作，建立登记服务台账，优先推荐就业岗位，大力宣传和落实高校毕业生求职、创业补贴政策，“三支一扶”大学生助学贷款代偿等政策，积极指导贫困家庭高校毕业生申请相关补贴，贫困家庭高校毕业生实现23人就业。鼓励贫困人员自主创业脱贫，对有创业意愿并具备一定创业条件的贫困人员，给予免费创业指导，宣传创业政策扶持，发放创业带动就业小额担保贷款40笔，共计661万元。广东省扶贫云的数据统计显示该县今年农村贫困劳动力正在实施就业帮扶项目（含就近就业、转移性就业、自主创业及公益性岗位安置、短工、零工）人数为3617人。

（王敏）

县人社局领导班子成员名单

局　长：丘景科

副局长：林国球　黄　斌　甘建民　陈艳娟

社　保

【概况】 韶关市社会保险服务管理局翁源分局，下设人秘股、职工医疗工伤生育待遇核发股、养老失业保险待遇核发股、社会保险关系股、城乡居民基本医疗保险管理股、社会保险稽核监督股、机关事业养老股、计划财务股8个股室。在编在职工作人员24名，其中公务员19人，职工5人。2017年，该局紧紧围绕省委、省政府提出的工作目标，以习近平总书记重要讲话精神为指导，以科学发展观为统领，贯彻省局和市局文件要求，开展社会保险工作。社保各项业务顺利开展，各项基金运行平稳，为该县深化改革、促进发展、社会稳定发挥重要的作用。

【社保政策的宣传和培训】 该局与县人社局到各乡镇宣传社会保险政策7次，发放社保宣传资料8千余份；及时在翁源县政府信息公开平台上公开有关的社会保险政策、社会保险经办信息；开展社会保险政策法规培训，该局领导组织相关稽核人员于3月23日到县人民医院进行医保政策的培训，共培训550多人次。

【社会保险扩面征缴】 该局通过及时准确为县地税局、县人社局提供企业参保缴费信息，为参保企业参保人提供优质社保经办工作，加大社会保险政策的宣传力度，加强基金管理等大力协助县地税局、县人社局做好社会保险扩面和基金征缴工作。是年，全县参加城镇职工基本养老保险人数46445人（含退休人员），任务完成率107.41%。企业职工养老保险人数为31504人（不含退休人员），任务完成率125.02%；城乡居民养老保险参保人数为：135010人，任务完成率102.37%，其中60周岁以上城乡居民养老保险参保人数为55544人；基本医疗保险参保人数为370002人，全年任务完成率103.99%；其中城镇职工基本医疗保险参保人数为30909人，全年任务完成率107.32%，城乡居民医保参保人次339374人，全年任务完成率103.78%；参加失业保险人数为14606人，全年任务完成率97.90%；参加工伤保险人数为19847人，全年任务完成率82.87%；参加生育保险人数为10938人，全年任务完成率106.19%。

社保基金征缴情况：是年企业职工养老保险基金征收17753万元，任务完成率109.59%；城乡居民养老保险基金征收8459万元，其中个人征缴1848万元，财政补助收入6611万元；职工医疗保险基金征收8604万元，全年任务完成率104.48%；城乡居民医保基金征收20480万元，其中个人征缴5611万元，财政补助收入14869万元；失业保险基金征收400万元，全年任务完成率102.56%；工伤保险基金征收584万元，全年任务完成率119.18%；生育保险基金征收246万元，全年任务完成率88.49%。

【待遇核发】 按政策要求做好待遇调整工作，优化业务流程，加强内外协作，提高工作效率，确保各项社会保险待遇按时足额发放。全县城镇职工基本养老保险退休人员为月均8612人，从是年1月1日起调整企业退休人员基本养老金，月人均养老金增加5.5%左右，调整后全县企业退休人员月人均基本养老金达1965.13元；于6月30日前满75周岁的退休人员，给予每人一次性1200元的补助，满70周岁不满75周岁的，给予每人一次性600元的补助；缴费年限（含视同缴费年限）超过15年的，每满一年（不满一年的按一年计算）养老金月标准增加1元；领取城乡居民养老保险长期待遇的人员共49194人，同比增加981人，是年1月起调整城乡居保基础养老金，从110元/月增加到120元/月；已完成门诊特殊疾病申请2662人，全年共核发医保住院待遇50745人次，普通门诊就诊人次为81945人次，门诊就诊人次为146565人次，门诊待遇191686人次，办理门诊特定项目审批1142人，门诊特殊病种享受待遇36824人次；生育享受待遇人数为819人；工伤享受待遇人数为149人；领取失业保险金为2009人次。

【社保稽核】 该局加强社会保险稽核工作，加强对定点医疗机构监督检查，在日常监管力度基础上，增加突击检查、晚间检查，全年共至到各定点医院核查77次，发出整改通知3份，拒付违规收费960元；通过对100例可疑案例的稽查共发现15例患者的治疗不属于基本医疗保险报销范畴，15例案例拒付金额约48万多元；共核实重复领取职工待遇与城乡居民养老待遇48人，涉及金额12.78万元，城乡居民养老死亡冒领人员7人，涉及金额6299元。经努力，以上涉及金额均已全额追回养老基金专户，避免养老基金的流失；分别对城乡居民养老保险和城乡居民医疗保险经办业务进行内控检查，对发现的问题进行及时整改。

【社会保险关系转移接续工作】 全年共办理社会保险关系转移2265人次，其中企业职工基本养老保险转移接续1278人次，办理医疗保险转移接续471人次，办理失业保险转移接续247人次，办理城乡居民养老保险转移接续7人次，办理退伍军人基本养老保险与职工养老保险制度衔接262人次。

【社保卡申领发放及应用工作】 全县共有369334人次申请，已发放二代卡人数为365591人。二代社保卡遗失补办971人次（张）。办理临时卡972人次。已将部分社会保险各种待遇通过二代卡进行发放，开通全省异地就医平台，参保人可在该省大部分地区的定点医疗医院享受就医即时结算服务。

【机关事业单位养老保险制度改革】 该局共完成参保登记单位共156个，完成100%；成功上传到登记系统的在职人员共6940人、退休人员共3660人，完成100%。至年底，已完成机关事业单位养老保险费征缴单位共69个，完成48.94%；其中征缴人数共3383人，完成48.75%。全年完成退休人员待遇发放单位共11个，退休待遇发放人数共69人，已启动退休中人待遇重核。至年底，全县改革前机关事业单位养老保险个人缴费本息退费情况如下：已退费204个单位，5394人次，退费金额1.12亿元。

【灵活就业人员养老保险补缴工作】 该局认真贯彻《关于完善灵活就业人员参加企业职工基本养老保险有关规定的通知》的精神，做好灵活就业人员养老保险补缴工作。为符合补缴条件的637人进行了补缴，补缴资金1898万元，扩大我县的养老保险覆盖面。

【整合经办场所、优化服务环境】 该局继续推进社会保险经办服务大厅标准化建设工作，努力争取县委政府及各相关单位的支持工程项目建设有序推进。3月相继完成建设项目选址意见书、建设用地手续、项目立项等，4—6月完成项目建设招投标工作，7—10月完成建设用地前道路平整及建设用地的土方平整，至年底已完成勘探、设计工作和大楼基础建设。

（社保翁源分局）

市社保翁源分局领导班子成员名单

分局局长：陈水初

分局副局长：梁建辉　康志成

民　政

【概况】 2017年，县民政局负责优抚安置、减灾救灾、低保、特困、社会救助、社会组织、基层政权、区划地名、婚姻登记、殡葬管理等民生工作，是县人民政府工作部门。内设办公室、婚姻登记办公室、优抚安置股、社会事务股、救灾和社会救助股5个职能股室，行政编制10个，截至2017年末，在职公务员8人，工勤人员1人；下设县烈士陵园管理所、县殡葬管理所、县殡葬管理执法队、县福利院、县民政局社会事务服务中心、县流浪乞讨人员救助安置中心6个所属事业单位，事业编制27个，在职参照公务员管理人员3人，事业人员17人。是年，该局以“两学一做”学习教育、“两强两提”思想大讨论活动为契机，以民政“5+X”巡查事项为工作重心，以提高基本民生保障水平、创新社会治理为动力，坚持稳中求进，重点突破和整体推进相结合，不断推动全县民政工作科学化、信息化、便民化。

【救灾救济】 积极推动全国综合减灾示范社区创建工作，下拨给龙仙镇城东社区减灾示范社区创建经费5万元；做好自然灾害灾后重建工作，拨付2016年下半年因灾全倒户重建家园补助共73万元。

【低保救助】 按照省、市底线民生保障工作方案要求，及时调整该县低保标准和补差水平，从2017年1月1日起，低保标准调整为城镇580元/人月，农村400元/人月，城乡低保对象月人均城乡低保补差水平分别为城镇457元/人月、农村206元/人月，至年底，全县享受低保救济4012

户 8522 人，其中城镇 363 户 621 人，农村 3649 户 7901 人，支出低保资金 2458.7084 万元；继续为全县低保对象购买城乡合作医疗保险。首次开展低保家庭收入财产状况信息比对工作，推动该县城乡居民最低生活保障制度规范运行，促进精准扶贫社会保障兜底工作良性开展，从源头上遏制“骗保”“错保”，确保该县城乡低保做到公开、公平、公正，精准救助，根据国务院《社会救助暂行办法》《广东省最低生活保障申请家庭经济状况核对及认定暂行办法》、市民政局《关于开展全市低保和特困供养家庭收入财产状况信息核查比对工作的通知》等文件精神，该县迅速行动，于 5 月初开展全县低保和特困供养家庭收入财产状况信息核查比对工作，通过一个月时间的努力，各相关职能部门的密切配合，全县低保家庭收入财产状况信息核查比对工作取得显著成效。此次专项工作，制定《翁源县开展低保和特困供养家庭收入财产状况信息核查比对工作实施方案》，成立低保和特困供养家庭收入财产状况信息核查比对工作领导小组，由副县长林有成担任组长，县政府办副主任刘新如、县民政局局长许会昌，县民政副局长许先彩、黄秋红担任副组长，成员单位有县公安局、县人社局、县住建局、县国税局、县地税局、县工商局、县教育局、市住房公积金中心翁源办事处。明确具体步骤、措施和时限，召开相关工作会议，落实必要保障，确保信息核查比对工作顺利开展。通过比对，发现身份证错误、地址错误等 213 户，有小车 39 户，领取养老金 23 人，缴纳个体所得税 6 人，缴纳个人所得税 30 人，缴纳增值税 3 人，有房产 55 户；积极推进网络平台建设，推进建立健全跨部门、多层次、信息共享的救助申请家庭核对及认定信息平台，实现通过全省联网的信息核对系统，对申请低保的家庭经济状况自动进行身份、收入、财产信息的查询、比对，切实提高低保救助的准确性和公信力。信息核对系统于 9 月 1 日正式开通启用。

【五保敬老】 全县 10 间公办乡镇敬老院撤并为 8 家，至年底，共有五保对象 1517 人，其中集中供养对象 195 人，分散供养对象 1322 人，全部均由政府出资购买城乡合作医疗保险，另外其供养标准提高至每人每月 674 元，全年支出五保供养经费 1180.59 万元。为进一步加强五保供养资金管理，要求每个老院开设一个银行账户，敬老院所有资金收入均要拨入敬老院的银行账户，支出实行备用金制度。

【医疗救助】 全年共支出医疗救助资金 661 万元，全县实施医疗救助 3237 人次，其中“一站式”住院医疗救助 1609 人次，住院救助 151 万元。精准扶贫户和其他对象救助 3237 人次，住院救助 661 万元。

【建档扶贫】 全县建档立卡无劳动能力贫困户有 444 户。由于资料不齐全、手续不齐备等原因造成未能及时纳入低保或五保，为坚决完成省、市下达该县脱贫攻坚任务，全力做好兜底保障工作，经县民政局、县扶贫开发领导小组办公室研究决定，针对该县建档立卡无劳动能力贫困户由于资料不齐全、手续不齐备等原因造成未能及时纳入低保或五保情况，开展一次全面复查审核工作，确保做到应保尽保。县民政局、县扶贫开发领导小组办公室联合下发文件《关于落实符合条件的无劳动能力贫困户应保尽保的通知》，通过县、镇、村民政及扶贫工作队的努力，是年，该县建档立卡无劳动能力贫困户 227 户 365 人纳入低保。做到符合条件的无劳动能力贫困户应保尽保。

【临时救助】 2017 年，全县共受理临时救助 1534 人次，拨出临时救助资金 139 万元。

【扶贫济困】 是年“广东扶贫济困日”活动，县委、县政府高度重视，各部门、工区（社区）积极开展捐赠活动，发动广大党员干部以及社会热心人士踊跃捐款。全县干部职工纷纷慷慨解囊，奉献爱心，共收到捐款 78.7603 万元，定向捐出 54.751 万元，用实际行动参与和支持扶贫济困工作。

【残疾人补贴发放】 认真做好重度残疾人护理补贴和困难残疾人生活补贴发放工作。全年共计发放度残疾人护理补贴 1128.48 万元、困难残疾人生活补贴 451.08 万元。根据民政部、财政部、总政治部、总后勤部（军政老民政部、财政部、总政治部、总后勤部《关于调整移交政府安置的军队离退休干部、退休志愿兵军人职业津贴标准的通知》的文件规定，对该县军休干部的退休费、生活补贴进行调整；由于该县退伍军人档案年份已久，部分退伍档案已残旧，为保护好该县退伍军人档案，完善档案管理，对该县现存的历年来的退伍军人档案进行修缮，并通过验收。六是在10月份，为帮助退伍军人解决就业问题，联合县人社局等相关部门，举办一场退伍军人招聘会；根据《中共广东省委办公厅　广东省政府办公厅印发〈关于建立和完善我省复退军人服务体系的意见〉的通知》要求，扎实推进复退军人体系建设各项前期工作，至年底，已制定《翁源县复退军人服务体系实施方案》，明确指导思想、工作目标和任务，并在全县建立县镇村三级服务组织（县成立复退军人服务中心、镇成立复退军人服务工作站、村成立复退军人服务联络点），至年底，复退军人服务中心办公场所设在县烈士陵园内，办公场所面积100多平方米。

【涉军信访维稳】　面对该县退伍军人群体信访严峻的形势，为化解矛盾、构建和谐，切实把工作落到实处，做好政策解释工作，对前来上访的退伍军人，耐心做好政策解释工作，对他们来信材料，按政策及时给予书面回复。在平时的接访中，以认真负责的态度与对象沟通，耐心地给上访对象解释相关的政策法规，做好日常的排查工作，及时掌握各群体牵头人、骨干人员的动态情况，发现新情况新问题，及时向领导及相关部门汇报；积极开展走访活动，为更好地掌握该县退伍军人的有关情况，了解他们目前思想动态，采取走访慰问方式，对集访的组织者、重点人员进行走访，了解他们的家庭情况、思想动态，同时对现行政策进行解释宣传，正确引导他们，通过走访慰问，加强与各群体老兵的沟通，积极听取老兵的意见和建议，建立政府与退役军人的和谐关系。

【“双拥”工作】　印发《关于做好春节期间拥军优属工作的通知》和《关于八一期间开展拥军优属活动的通知》至全县，要求各镇、各单位要广泛深入地开展拥军优属慰问活动，切实做好该县双拥工作。“春节”和“八一”中国人民解放军建军期间，县委、县政府组成慰问团，分别到驻韶、驻翁部队进行慰问，送上节日祝福及慰问物资，慰问经费累计36万元。“八一”中国人民解放军建军期间，由居委会负责组织安排节日活动，召集所在辖区内的无工作单位的退伍军人召开座谈会，悉心听取退伍军人的意见和建议，积极营造浓厚的节日氛围。9月30日，该县在烈士陵园开展烈士纪念日公祭纪念活动，县委副书记、县长陈来安，县委副书记张朝养和县人大常委会主任温毅麟等在家的四套班子领导成员，县直各党（工）委代表、老促会、驻翁各部队代表、学生代表和社会各界代表约600多人参加活动，宣扬爱国主义精神。

【社会组织登记管理】　做好社会组织年审工作，特别是民办教育类和培训类方面，认真抓好社会组织内部财务管理，检查落实社会组织是否聘请有资质的人担任会计、财务，年检时抓好提交有资质的会计师事务所出具的财务审计报告；针对社会组织内部存在的问题，认真抓好整改工作，加强和规范社会组织成立登记审批程序；继续推进社会组织诚信和行业自律“两建”（社会组织信用体系、行业自律体系）工作；做好社会组织党建工作，指导有条件的社会组织建立党支部。是年，全县已登记的社会组织有141家，年检率70％。

【社会福利】　该局对全县养老服务机构全面进行排查整治，通过排查全县的养老机构均未发现有站外托养情况。至年底，该县共有养老机构10间（其中乡镇敬老院8间，民办养老机构有2间），乡镇敬老院收住的服务对象都是本辖区内的五保对象，2间民办养老机构收住的服务对象是该辖区内的“三无”人员和自费老人。是年，该局认真做好全县孤儿生活补助资金的发放，全年共发放补助资金569840元；认真做好城市流浪乞讨人员的救助工作，全年共救助1150人次，445443.6元。流浪乞讨人员是目前民政系统里较为难的一项工作，需耐心、细心做好解劝工作，根据其本人情况分别对求助者作出救助，对个别需要医治的流浪病人，尽最大能力救治。

【基层政权和社区建设】　做好第七届村民委员会和第六届社区居委会换届工作；全县153个村共选出“两委”干部737人，其中村委委员394人，支委委员306人。18个社区共选出“两委”干部78人，其中居委委员42人，支委委员40人。村“两委”交叉163人，交叉率53％；社区“两委”干部交叉25人，交叉率62.5%；村支书、主任“一肩挑”的有137人，比例达到89.5％；社区“一肩挑”18人，比例达到100%；按照工作规划做好“双强双促”建设项目的申报和建设工作，全年申报1项，已完成建设工作1项。

【行政区划和地名管理服务】 该局按照国家和省、市关于第二次全国地名普查工作规程和要求，完成了7050条地名信息普查，已按省市检查发现的存在问题紧锣密鼓地做好整改工作，等待上级验收。

【殡葬管理】 继续全面落实基本殡葬公共服务均等化工作，落实城乡居民殡葬基本服务由政府免费提供的惠民政策，至年底，全县已减免2334具（含异地火化），每具1400元，共减免服务费用326.76万元；会同财政、发改、工商等部门对殡葬服务单位进行检查，对检查发现的存在问题下发限期整改通知书进行整改。

【平安建设】 该局在平安边界创建工作方面，以维护边界地区长期和谐稳定为宗旨，切实履行界线管理工作职责，逐步建立团结、稳定、和谐的边界关系，使边界地区干部群众的法律意识明显提高，涉及边界的各类纠纷及时妥善化解、隐患及时消除，边界地区居民和睦相处，生产生活秩序正常，没有发生因边界纠纷而引发恶性刑事案件、群体性械斗事件和集体上访事件。在平安社区创建工作方面，以服务群众为重点，以增强社区自治和维护社区稳定为目标，推进居民自治、加强社区管理、拓展社区服务、维护社区治安、改善人居环境、实现文明祥和的良好社区环境。

【婚姻登记】 该局婚姻登记工作人员秉公执法，严把审核手续关，共办理结婚登记3207对，离婚登记1077对，补发结婚证557对，补发离婚登记52人，登记合格率达到100%。

6月1日，该县正式开通涉外婚姻登记办理窗口，至年底，共办理涉外婚姻登记3对。

【老龄工作】 翁源县60岁以上老年人已达5.3万人，老年人口占户籍总人口的13.25%。该县按照《广东省老年人优待办法》，落实便民、惠民政策。县内户籍60周岁以上老年人凭韶关市老年人优待证可到公交车公司办理免费乘坐县城公交车卡；认真做好80岁以上老年人高龄老人津贴发放工作，本年度享受80周岁以上高龄老人津贴的有96723人次，共发放津贴2116910元，具体标准为80—89周岁20元/月，90—99周岁30元/月，100周岁以上200元/月。积极开展“敬老月”活动，在“敬老月”期间（10月26—27日），翁源县老龄办分成四组分别慰问部分镇敬老院及部分百岁老人，每个敬老院慰问金2000元、百岁老人慰问金300元，共发放慰问金13000元；开展“银龄安康行动”的活动，为60岁以上的低保、五保对象及80岁以上老年人共11450人购买10元/人/年的老年人意外伤害保险，并积极动员各镇（场）购买老年人意外伤害保险，至年底，各镇（场）有4000多人购买老年人意外伤害保险。

【社会工作及社工人才队伍建设】 全县共成立四个社工站（龙仙镇社会工作服务站、周陂镇社会工作服务站、官渡镇社会工作服务站、翁城镇社会工作服务站）站内共计工作人员21名，这是该县首次成立社会工作站。该局联合县委组织部继续积极做好全国社会工作者职业水平考试组织动员工作，全县参考人员179人，通过考试并取得证书人员15人。是年，该局认真做好社会工作者职业水平证书登记工作，全县参加登记共49人，均为初次登记。

（钟定胜　杨晓鸿）

县民政局领导班子成员名单

局　长：许会昌

副局长：许先彩　黄秋红　袁榕兵

政协翁源县委员会

政协翁源县委员会主席、副主席名单

主　席：陈建为

副主席：赖展锋（—2017 年 9 月）　刘少青

　　　　李翠红　　谢少龙

　　　　李金桓　　张从真

综　述

【概况】 2017 年，县政协深入学习党的十八大、十九大及习近平总书记对广东工作作出的重要批示精神，围绕县委提出的“主动融入珠三角，加快实现绿色崛起”的总战略，牢牢把握团结和民主两大主题，认真履行政治协商、民主监督、参政议政职能，取得较好成绩。全年共召开常委会 5 次，专题调研 10 次，形成调研报告 10 份；视察 7 次，形成视察报告 7 份；2016—2017 年度，县政协被市政协评为“反映社情民意信息工作先进单位”。

【党的建设】 按政协章程，积极加强和改善中国共产党领导的多党合作和政治协商制度，加强党对政协工作的领导，加强政协党组的核心作用，完善《翁源县政协党组工作制度》，从制度上保证党对政协工作的领导地位。在工作中，凡是重大事项和重要工作，都必须经过党组会议讨论研究决定，每月召开党组会议一次以上，全年共召开政协党组主席会议 15 次，研究决定政协重要工作 20 项，为县政协工作顺利开展发挥核心领导作用。

【思想建设】 坚持以理论武装头脑，制定《县政协党组 2017 年理论学习计划》。每次党组会议、主席会议和常委会议，都首先安排半小时的理论学习，政协班子成员轮流作学习辅导。按照上级和县委的要求：抓党的规章制度学习，学习贯彻《中国共产党党组工作条例》《关于新形势下党内政治生活的若干准则》《中国共产党廉洁自律准则》等；学习习近平总书记对广东工作作出的重要批示，全面准确领会批示精神实质，核心是把握好“四个坚持、三个支撑、两个走在前列”的要求。通过学习增强党对政协工作领导的重要性认识，强化“四个意识”和政治敏锐性，更加自觉地团结在以习近平总书记认为核心的党中央周围，在政治上、思想上、行动上与党中央保持态度一致；认真学习政协理论。作为县政协党组和班子的一员，必须熟悉政协的历史和理论业务，才能在政协的岗位上履好职。四是开展好“两强两提”的思想学习讨论活动，提振干部创业的“精、气、神”。

【提案工作】 12 月 15 日，聘请省政协提案工作有丰富经验的刘国贤到该县授课。参加提案工作骨干培训的委员学到很多知识，开阔眼界，增强做好提案工作信心。县政协九届二次会议期间，共收到委员提案 109 件，其中立案并办复 41 件，其余提案转县直有关部门作来信来访处理，实现办复率和委员满意率 100%。坚持县领导挂钩督办重点提案制度，从立案的提案中筛选 8 个作为重点提案，分别由县党政主要领导和政协班子成员挂钩督办。其中县委书记颜亮挂钩督办“关于打造县城西区实验小学品牌学校的建议”，多次莅临实验学校建设现场，督促工程的建设进度和质量，保证学校于当年 9 月 1 日开始正式启用，解决县城学校班额过大、学生入学难等“燃眉之急”，为打造品牌学校奠定基础。为做好提案撰写、收集整理和办理工作，树立先进，推动工作落实，发挥提案服务经济社会发展的作用，县政府和县政协联合表彰 2017 年办理提案先进单位、优秀提案和提案工作先进个人，其中，县教育局等七个单位为先进单位，《紧抓纳入国家级重点生态功能区新机遇、加快推进翁源绿色崛起》等 7 件为优秀提案、范俊红等 7 人为提案工作先进个人。

【联谊沟通】 发挥政协联系广的优势，广泛开展联谊活动。是年是香港回归祖国 20 周年，香港举行盛大的庆祝大会，县政协主席陈建为、组织联络科长肖志毅等人前往香港出席庆祝大会。在香港期间协助香港（翁源）同乡会做好换届工作。通过召开茶话会和登门拜访等多种方式，了解台商的意见建议，特别是针对该县兰花产业发展的看法，2017 年 11 月，县政协组织工商联领导和部分从事经济的政协常委，集中走访在珠三角地区的翁源政协委员，参观乡贤创办的企业、学校；另一方面，向他们宣传推介翁源，为该县主动融入珠三角战略顺利实施凝聚力量。协调指导清远、中山、珠海、佛山地区翁源商会成立筹备工作，为翁源“融珠”筑起桥头堡。积极加强与民盟、工商联以及社会各团体组织的联系。全年，县政协分别与江西、河南，以及该市各兄弟县的政协互动，加强在经济发展、文化事业、城市规划与管理、现代农业、提案办理等方面进行经验交流。

【民主监督】 积极开展民主监督，发挥政协委员联络室的作用，收集反映基层的社情民意。一批政协委员、政协机关干部分别被相关部门单位聘请为行风监督员、特约检察员、人民陪审员及教育督导员，参加相关行业的监督活动。积极开展委员视察活动，政协常委会和各专委会开展对高速公路建设、县城西区学校建设等项目7次视察活动，通过看、听、评、议等方式，对考察的项目进行分析讨论，并提出许多具有建设性的意见和建议。县政协机关收集委员们的意见建议，分别整理提出8份视察报告交县政府及其有关部门。

重要会议和活动

【县政协九届二次会议】 4月27日，县政协召开九届二次会议，会议在县城召开。此次会议应到会委员189人，实到会委员186人，大会听取和审议陈建为主席所作的县政协常委会工作报告、审议李金金恒副主席所作的提案工作报告，表彰2016年办理提案工作先进单位、优秀提案和提案工作先进个人，有八位委员分别代表六个专委会和民盟、工商联作大会发言，审议通过九届二次会议决议。会议期间，政协委员还列席县人大十五届二次会议，听取和审议县政府工作报告和其他报告。

【县政协常务委员会议】 2017年，县政协共召开五次常委会议：

县政协九届常委会第二次会议 1月23日下午，县政协九届常委会第二次会议在政协会议室召开，县政协全体常委和政协党组成员参加会议，陈建为主席主持会议，主要讨论九届二次会议筹备工作，包括大会的日程和议程、两个工作报告、委员履职考核规则、委员大会发言等，并讨论委员增补情况。

县政协第九届常委第三次会议 4月26日下午，县政协九届常委会第三次会议在县政协会议室召开，全体县政协常委和各组召集人参加会议，县政协主席陈建为主持会议，主要通报大会的筹备情况，强调大会注意事项、商议如何多写提案的问题。

县政协第九届常委第四次会议 4月28日下午，政协第九届常委会第四次会议在政协会议室召开，全体政协常委和各组召集人参加会议，县政协李金恒副主席主持会议，会议听取收集各讨论组对县政协常委会工作报告、提案工作报告和县政府工作报告的讨论的情况。

县政协第九届常委会第五次会议 9月30日，县政协第九届常委会第五次会议在县政协会议室召开，全体政协常委出席会议，会议由主席陈建为主持。副主席刘少青传达了市委书记莫高义在市政协的讲话精神，主席李金恒传达《广东省委员会提案办理协商办法》，会议还宣读县委组织部转发市委组织部关于同意免去赖展锋县政协副主席职务的文件，根据9月29日县政协党组会议和主席会议意见，全体参会人员一致同意免去赖展锋县政协副主席、委员的职务。

县政协第九届常委会第六次会议 11月14日。县政协九届常委会第六次会议在县政协会议室召开，全体政协常委参加，陈建为主席主持会议。李翠红副主席传达中共十九大报告精神，主要围绕十九大的主题以及新时代中国特色社会主义思想方面作专题学习辅导，接着常委们进行热烈讨论和交流，先后有八位常委作发言。会议还就政协九届三次会议的二个报告和各专委会、民盟、工商联作大会发言进行布置。陈主席作总结讲话，要求全体政协常委做好“三带头”，带头学习、带头宣传、带头践行中共十九大精神；每个专委会要按年初计划查漏补缺；同时要做好县政协九届三次会议各项准备工作。

【“两强两提”思想讨论】 4月28日，县政协召开会议领导班子和机关干部职工会议，动员部署县政协开展“两强两提”思想讨论活动，组织大家学习县委关于开展“两强两提”思想讨论的文件精神，及县委颜书记4月12日在县委中心组第一季度学习暨“两强两提”思想讨论会上的讲话。会议由秘书长何聪主持，县协主席陈建为作讲话。结合政协工作实际，制定县政协机关关于开展“两强两提”思想讨论的方案。用一年的时间，切实强化“输不起”的危机意识，提振“要更拼”的“精气神”；强化“难不倒”的担当意识，提振“敢碰硬”的“精气神”。会议明确机关开展活动的时间、参加对象和内容等要求。陈主席强调县里开展这项活动非常及时、有针对性，政协工作中也存在有畏难情绪和担当精神不够的现象，要通过开展深入的学习讨论，增强对翁源发展的信心和决心，增强大局观和辩证观，增强工作的主动性。要开展好这项活动，领导要带头，要联系思想工作实际，发现问题，立行立改，要把思想讨论活动与政协工作结合起来，做到两提高，两促进。

【慰问困难群众】 县政协领导分别各自挂钩村慰问群众，完成挂钩联系户的对接工作，每到一处，都详细了解贫困户的家庭生产生活情况，为其出谋献策，鼓励贫困户树立信心，按好生产和生活，摆脱贫困。政协机关的干部职工也按对接贫困户的要求，入村到户，帮助他们解决一些生产和生活中的困难。在中秋、春节给贫困户送上节日慰问金，同时，政协班子成员和机关为蓊口村为卫生站装修资金和村办公经费缺口提供4万多元资金的帮扶。

【调查研究】 3月7日县政协主席陈建为带领新一届政协班子和全体机关干部到粤台农业试验区（翁源）核心区调研，首先到鹤仔岗园区实地了解情况，接着在核心区召开座谈会。政协副主席、管委会主任李金桓作情况介绍。陈建为主席作讲话，肯定该区取得成绩来之不易，认为要转变经营理念，优化管理服务，结合乡村休闲农业与乡村旅游示范县的创建，加大投资力度，加快土地流转，努力打造“珠江之源、花果之乡”特色生态品牌。5月16日县政协主席，县“现代农业大会战”总指挥陈建为到粤台（翁源）核心区调研指导工作，深入到武深高速特色服务区了解情况，强调该项目是广东首个半开放式的服务区，有非常好的前景，要重视做好，以“难不倒”担当意识和“敢碰硬”的精神，克服一切困难，不折不扣完成2017年“五大会战”目标任务。6月6日贺11月1日，县政协陈建为主席先后两次到桂竹村和蓊口村开展精准扶贫和新农村建设情况调研，到桂竹村第二、三、四、六小组“三清三拆”现场及桂竹村碧桂园文体广场、蓊口村卫生站等检查地指导工作。是年县政协各位副主席先后带领专委会开展调研工作并形成调研报告，县政协常委会也先后开展兰花产业发展、县城第二备用饮用水源和美丽乡村建设等专题开展调研，撰写《关于加快该县兰花产业发展调研》《县城第二饮水源选址的建议》《该县新农村建设的调研报告》等，为县委县政府决策提供依据。

7月5日，省政协委员会考察团到翁城镇考察县第二人民医院筹建工作推进情况

7月5日，广东省政协委员会考察团一行14人，在省政协提案委主任陈元胜带领下，到翁城镇考察县第二人民医院筹建工作推进情况。这次考察是落实2014年11月广东省委书记胡春华在翁源调研时要求加强县级以下医疗卫生机构的统筹规划，在人口集中的中心镇谋划新的县级水平的综合医院。该院是全省45个升级改造的基层医院之一，总投资2.5亿元，建筑面积3.8万平方米。考察团充分肯定翁源县第二人民医院筹建工作取得的成绩。5月25日，始兴县政协主席雷雨明一行10多人到翁源考察，雷雨明一行先后到涂志伟美术馆、碧桂园和粤台（翁源）核心区了解情况，特别是对涂志伟美术馆运营和粤台农业项目建设尤感兴趣，雷雨明对翁源县项目建设取得的成绩给予高度评价，充分肯定粤台农业试验区抓土地流转和集约经营、引入台湾现代农业技术和先进管理经验等做法和成效。9月6日市政协副主席刘大济率市政协机关人员和市工商局等部门负责人，到挂钩的金悦通（翁源）电子有限公司、翁源凯通纤维板有限公司和翁源县青云山药业有限公司等企业调研，深入了解各企业的经营现状，特别是遇到的困难和问题，听取意见和建议。9月8日，市政协副主席吴春藤带领市政协机关和市民党派机关、市广播电视台等单位人员，到精准扶贫挂钩点桂竹村，调研指导精准扶贫和美丽乡村建设工作。是年市政协吴春藤、兰茵副主席，陶学权秘书长，何新文、黄颂华副秘书长及各专委会先后10多次到桂竹村指导精准扶贫、美丽乡村建设等工作。市内各县乐昌、始兴、新丰、浈江等兄弟单位也先后到翁源就现代农业、旅游、文化产业发展等开展调研学习交流。

【香港青少年到翁源交流助学】 10月26日，港区全国政协委员、粤港青年交流促进会主席龙子明和香港韶关同乡联谊总会主席官锦堃先生，率领香港青少年文化交流团共41人到翁源开展文化交流和扶贫助学活动，市政协党组成员何伟青陪同。交流团成员首先到翁山诗书画院参观书画展，听取诗、书、画家刘国玉的专题讲座，并在诗书画院老师的指导下练习书法。交流团还参观涂志伟美术馆、东华禅寺、仙鹤兰花长廊。第二天交流团到周陂中心小学，为该校捐赠学习和体育用品一批。粤港青年交流促进联合会理事李浩杨先生作讲话，勉励周陂中心小学同学认真学习，成为国家和社会有用之才。副县长肖俊青向交流团授予“情系翁源，乐善好施”牌匾。当晚，市政协王青西主席专程从韶关赶来会见龙子明、官锦堃先生。

【全国政协委员调研翁源兰花产业】 9月9日，全国政协委员、国务院发展研究中心原副主任卢中原一行6人，根据粤港澳大湾区城市群在全国区域发展和“一带一路”建设中的地位及作用的课题，莅临该县开展兰花产业发展情况专题调研，在兰花长廊参观臻香兰园和巨扬园艺等企业。调研组充分肯定该县兰花产业发展的成绩，并希望翁源现代农业和兰花产业助推粤港澳在世界湾区中综合竞争力中发挥独特作用。

【“兰乡情”咏兰诗、词、赋征文】 为助力2018年3月在该县举办的第28届中国兰花博览会，根据县委、县政府安排，2017年10月，由县政协牵头组织、翁源书堂诗社主办，在全国开展广东翁源“兰乡情”咏兰诗、词、赋有奖征文活动，征文以“兰花”或“翁源兰花”为主题，作品必须是原创，征文题材分诗、词、赋三部分进行。征文活动共收到2000多件作品，有130件作品入围获奖，其中诗55首、词45首、赋30篇。

【重点提案督办】 7月20日，县政协副主席李金桓带领政协提案委部分政协委员和提案人，到县旅游局督办《关于完善翁源县旅游线路的建议》的重点提案，九届二次会议期间，肖志毅等6名政协委员认为翁源即将开通武深、汕昆两条高速公路，将掀起沿线地区的旅游热潮，因此有必要推出“翁源两日游”、“翁源三日游”等旅游路线，此次提案列入重点提案后，县旅游局十分重视，经充分调研，已推出比较成熟的翁源一日游、两日游、三日游的旅游线路。李副主席肯定旅游部门办理提案的工作成绩，认为要不断对旅游线路进行调整规划和完善，线路推出后，关键在于抓好落实，使翁源旅游走向更大的发展空间。8月10日，县政协主席陈建为带领提案委工作人员及提案委员、承办单位负责人，就《关于打造县城西区实验小学品牌学校的建议》和《关于加强校园周边环境整治的建议》两件重点提案进行现场督办。九届二次会议期间，政协委员积极为教育建言，认为翁源教育近年来影响力下降，为解决县城小学班额过大、就学难及提高教学质量等问题，很有必要打造品牌学校，要加大县城校园周边的环境整治，为教育事业保驾护航，重现翁源教育辉煌。8月30日，县长陈来安在县政府办召开县政协重点提案推进会，督办《紧抓纳入国家级重点生态功能区新机遇，加快推进翁源绿色崛起》的重点提案，县政协李金桓副主席主持会议，陈来安县长在会上充分肯定县政协委员对翁源经济社会发展的关注和参政议政的热情。认为该提案切合翁源的实际和方向，要求在今后的发展中，要坚持实行主体功能区的战略定位，把生态功能摆在更加重要的位置。县发改局汇报提案办理的情况，并与委员们进行沟通，形成提案办理的共识。是年县九届二次会议共挑选8件重点提案，分别由县党政主要领导和政协领导挂钩督办，从7月下旬起，县领导对重点提案都进行督办。

【宣传工作】 坚持正确舆论导向，2017年在人民网、《人民政协报》、《韶关日报》等媒体，发表政协工作论文、信息、新闻报道70多篇，编印《翁源政协》简报7期。

（何聪）

政协翁源县委机关班子成员名单

秘书长、办公室主任：何　聪

办公室副主任：赵冬秀

组织联络科科长：肖志毅

提案科科长、宣传科科长：张多添

宣传科副科长：丘先菊

9月13日，市政协副主席兰茵到翁源县开展工作调研

民主党派·社会团体

民盟翁源县委

【概况】 是年，盟县委内设办公室，下设文化支部、科技支部、机关支部、翁中支部、龙中支部、教育基层支部、人民医院支部、中医院支部共 8 个支部。是年。盟县委紧紧围绕县委、县政府的中心工作，努力加强自身建设，积极参政议政，切实履行监督职能，热心服务社会，为建设美丽幸福新翁源作出应有的贡献。

【届中调整】 是年，顺利召开民盟翁源县第五届委员（扩大）会议，选举出 4 位县委领导班子成员（1 正 3 副），实现组织交接。通过届中调整，产生政治坚定、结构合理、团结合作、工作高效的盟县委新领导班子，加强组织领导班子建设，提高政治素质和水平，提高接受中国共产党领导、贯彻党的原则和路线的自觉性，夯实多党合作的政治基础。新的领导班子有朝气、有活力，其中 80 后的郭晓燕高票当选为盟县委副主委，使年龄结构更优化，也为民盟的发展注入新鲜血液，增强后备力量和发展后劲。

【组织建设】 是年，盟县委考察、培养、谈话、讨论发展盟员若干名，正式吸收盟员 12 名。至年底，全县共有盟员 138 名，平均年龄 49 岁。现全县盟员中 40 岁以下 28 名，占 20%；高学历高职称人数有增加，中级职称 86 人，副高职称 24 人；担任副处级领导职务的 3 名，正科级领导职务的 3 名，副科级领导职务的 6 人。为增强对后备干部的针对性和目的性，盟县委对 40 岁以下盟员实行了动态管理。积极参与干部培训，选派 6 位同志参加盟中央和省、市社会主义学院等干部培训班的学习。

【参政议政】 是年，“两会”期间，盟县委组织盟员人大代表、政协委员为翁源的建设和发展出主意、想办法、献良策，扎扎实实地开展参政议政工作。政协九届二次会议上，盟员提案质量高。盟员郭晓燕的《抓紧纳入国家级重点生态功能区新机遇，加快推进翁源绿色崛起》、丘吉华的《关于加强该县农产品品牌保护与发展的建议》被评为优秀提案，占优秀提案 29%。郭晓燕委员的《抓紧纳入国家级重点生态功能区新机遇，加快推进翁源绿色崛起》、范俊红委员的《关于打造县城西区实验小学为品牌学校的建议》，张圣堂委员的《关于重新规划建设仙湖的建议》、肖建明、何婧子委员的《关于设置该县城市雕塑的建议》等 4 件提案被列为县领导督办的重点提案，占重点提案的 50%，参政热情高涨。盟员范俊红、张圣堂、范俊红、肖建明被评为提案工作先进个人，占先进个人 43%，盟员政协委员向政协大会提交的原始提案 37 件，其中立案 15 件，占全县提案总数的 36.6%。大会发言表现突出。盟员何高志、郭晓燕、肖建明在政协大会上分别作关于弘扬中医文化打造中医药强县、加快推进翁源绿色崛起、全域旅游发展等方面的大会发言，受到与会人员的热烈讨论，反响良好。部分盟员委员提出的提案得到县委县政府主要领导的高度重视，亲自挂案督办，效果明显。

【专项调研】 是年，盟县委围绕中心，结合自身优势，深入开展调查研究。盟县委把“党委出题、党派调研”的传统模式和“自己找题，自己调研”的主动创新模式结合起来，参出水平，议出效果，切实为翁源的经济社会发展建睿智之言。与县政协、县委统战部门开展联合调研和专题考察，加强合作共事能力。是年，盟县委精心选题，组织各专委会、各支部，联合县政协、县委统战部门共同开展关于美丽乡村建设、民营经济发展、翁山旅游开发等一系列调查研究，并向中共县委、县政府、县政协等提出具有前瞻性、建设性、可行性的意见和建议。

【社会服务】 是年，继续开展各种社会服务活动，收到良好的社会效果。1 月份，经中国民主同盟盟员、广州著名画家陈师苏先生介绍，广州热心人士温华访佘伟伟伉俪捐赠价值 43290 元的书包给翁源县官渡镇新陂村。中医院支部在各个乡镇开展“关爱老人 巡回医疗”活动。文化支部到官渡镇开展了“四送六进”（送演出、送图书、送培训、送电影，进农村、进社区、进校园、进军营、进工地、进特殊教育场所）下乡活动等。

（肖建明）

民盟翁源县委领导班子成员名单

主 委：王迅东

副主委：谢少龙 刘红兰 郭晓燕

总工会

【简述】 2017年，县总工会机关行政编制5名，实有5人，其中主席1名、副主席2名；后勤服务人员编制1名，实有1人。内设机构包括办公室、维权工作部。是年县总工会认真贯彻落实中共十八届六中全会及县委第十三届三次、四次、五次全会精神，以维权维稳、入会建会、服务职工为重点，以深化工会改革创新为动力，以推进工会系统全面从严治党为保证，在围绕县委、县政府中心工作中忠诚履职，团结动员全县广大职工为促进经济平稳健康发展和社会和谐稳定建功立业，唱响“咱们工人有力量、咱们工会有作为”的铿锵奋进曲。

【帮扶慰问困难职工】 开展“春节送温暖”和困难职工帮扶活动。春节“送温暖”活动共慰问困难职工650人，特困职工63人，困难劳模58人，慰问特困企业5家，共发放慰问救济金41万元。7月份，对全县20家企业480余名高温一线工人进行慰问，发放慰问物资5万余元。8月份开展金秋助学活动，共筹集助学金16.1万元，资助困难大学生60名。11月开展生活医疗救助108人，帮扶资金22.05万元。是年做好职工互助保障工作，年内完成职工医疗参保761份，女职工安康参保151份，住院医疗参保1019份，住院津贴参保420份。年内共理赔补偿76人次，发放理赔保障金5.63万元。

【维护职工合法权益】 是年，利用“七五”普法、“安全生产月”等宣传活动，宣传并发放《中华人民共和国职业病防治法》《中华人民共和国工会法》《中华人民共和国劳动合同法》《女职工劳动保护特别规定》等法律法规和政策2000余份，为农民工提供现场咨询300余人次。对职工来电来信来访所反映问题、困难逐一登记备案、调查走访。年内共接待和处理职工、农民工来信来访来电36人次，调处率100%。针对职工反映的问题我们积极开展深入调查，据理力争，使职工合法权益得到有效维护。

【文体活动】 是年，县总工会在“五一”国际劳动节期间与县体育局、县篮球协会联合举办“庆五一”职工篮球邀请赛活动，全面展示该县广大职工奋勇争先、积极向上的精神面貌。县总女工委与县妇联联合开展“三八”国际妇女节徒步活动和“三八”国际妇女节健美操表演等文体项目活动，各级女工组织也开展了形式多样的节日活动。11月份，县总组建排舞团队，参加市总举办的首届职工“风行体育杯”排舞展示大赛，荣获三等奖。

【开展“暖流”行动】 是年春运期间，在县装卸运输公司，设立翁源县“暖流行动”服务点，免费为返乡过年及年后前往珠三角地区打工的农民工派送热茶、暖粥、面包等食品，使农民工感受到工会及有关部门的关爱。

【工会自身建设】 是年新建工会组织5家单位，吸收会员600余名；做好法人资格证换证工作。加强和规范基层工会民主推荐和选举（换届）制度，健全工会干部管理；入厂调查抓好非公企业工会主席工作津贴发放的信息采集、资料审核、监督检查、人员更替等工作。

【十三届九次全体（扩大）会议】 4月26日，县总工会召开十三届九次全体（扩大）会议。会议介绍县总工会工作情况，听取和讨论县总工会十三届常委会2016年度工作报告。县人大常委会副主任、总工会主席雷展发出席会议并作题为《为建设美丽幸福的新翁源建功立业》工作报告。

【服务劳模】 上半年，县总工会共推荐三位同志参加韶关工匠的评选活动。“五一”国际劳动节期间，通过专栏专版、图片展示、网站微信等方式，大力宣传劳模事迹、劳模精神，组织各级劳模体检身体，在全县形成尊重劳模、关心劳模、学习劳模、争当劳模的良好氛围。

【创新群众性劳动竞赛】 县总工会带领全县各级工会组织和广大工会干部，紧紧围绕超常发展目标，深入开展以“创业创新创优”为主要内容的群众性技术创新和“践行新理念，建功十三五”劳动竞赛活动。在县医院、供电、经信、烟草等单位开展职工技能大赛，并参加市重点工程竞赛。通过技术操作比赛、才艺展示、优质服务竞赛等活动，引导和激励职工不断提高技术技能水平，创造丰硕的竞赛成果。各级工会大力宣传选树先进，在广大职工中营造崇尚先进、争先创优的良好氛围。

【厂务公开 民主管理】 完善厂务公开，巩固、深化和规范厂务公开工作，深入企事业单位进行督促指导，督促企业做到企业资产和生产经营、企业重大决策事项、重大工程建设、安全事故、职工利益、业务招待费使用等情况及时公开，内容全面真实，做到民主决策、民主管理、民主监督，同时做到资料齐全，整理规范。全县国有、集体及其非公有制企业单位职代会和厂务公开建制率为96%。县医院、供电局、信达茧丝绸公司等成为全县厂务公开的示范点，通过市的考核验收。

【工会法律顾问进企业】 县总聘请4律师建立律师顾问团。法律顾问律师积极采取有效应对措施，防止引发企业大规模的矛盾纠纷，真正做到为企业排忧解难，受到企业领导和员工的一致好评。除为企业干部职工工作中遇到的实际案例，讲解《中华人民共和国合同法》《中华人民共和国会计法》《中华人民共和国税法》《中华人民共和国安全生产法》《工伤保险条例》等相关知识外，广大进企律师还利用担任法律顾问的有利条件，为企业排忧解难。全年，法律顾问团队共为企业审核、修改规章制度、法律文书、劳动合同等共计67份（件）；协助或提供法律意见妥善处理劳资纠纷8宗；协助企业妥善解决员工因交通事故而涉及的工伤及人身损害赔偿案件3宗；为企业急需解决的劳动用工从招工广告、录用到解除等各个环节的法律风险及防范进行四场专场法律讲座；通过微信、短信、邮件等形式接受企业或企业员工法律咨询等115人次，有效地防范和降低企业法律风险。

【工会经费税务代收】 该会积极探索非公企业工会经费收缴办法，认真贯彻落实上级有关文件精神，加强与地税部门的密切配合，完善工会经费委托代收代扣机制，加大收缴力度。是年1—11月份地税代收工会经费为481万元，比上年同期增长12.6%，上解市总工会经费20.7万元，完成市总下达的任务数的118.17%；重视加强工会资产和专项资金管理，自觉接受市总经审会的审计监督。健全工会经审组织，切实加强经费审查、监督，促进收、管、用好工会经费。

【工资集体协商】 是年，该会开展新一轮工资集体协商“集中要约行动”，全面推行集体合同与工资集体协商制度。发挥工会与政府联席会议制度、协调劳动关系三方机制作用，做好源头参与，督促企业建立职工工资共决、正常增长和支付保障机制，对于因经济下行压力需降薪的企业倡导通过职代会的形式提交职工代表审议，促进企业职工特别是一线职工收入与经济发展同步。全县建会企业工资集体协商建制率达88%。

【开展困难职工解困脱困建档立卡】 是年，县总对各基层工会困难职工进行逐户摸底核查，进行精准识别，了解困难状况，分析致困原因，摸清帮扶需求，明确帮扶主体，落实帮扶措施，实施动态管理。对于已经纳入帮扶系统的困难职工进行重新识别认定，对于系统外确实困难的职工查遗补缺，及时将其纳入帮扶范畴。通过摸排工作，为县总工会组织实现精准识别帮扶对象，精准建立帮扶对象档案，精准帮扶工作打下良好基础。

【慰问特困职工】 3月中下旬，县总工会正副主席分成三个组，每个领导带一组到特困职工家中慰问走访，半个多月来，走遍全县建档立卡63户特困职工家庭，了解特困职工家庭的情况和实际困难，使特困职工真正体会到党和政府的温暖。

【开展“不忘初心、牢记使命”主题党日活动】 11月24日，县总工会党组、党支部开展深入学习贯彻“中共十九大精神”暨“不忘初心、牢记使命”主题党日活动。佩戴党徽，面对党旗，县总工会全体党员举起右拳，重温宣誓。这是每一名共产党员入党初心的真实写照和庄严许下的铮铮誓言。最后全体党员就学习中共十九大精神，围绕“不忘初心、牢记使命”主题畅谈学习体会。

【市总工会领导到翁源调研】 5月18日，市总工会副主席钟山红带领市总工会组织部有关人员到翁源开展“三个一批”工作调研。钟山红一行首先到官渡开发区，听取县总工会领导和官渡开发区工会负责人对“三个一批”工作开展情况的介绍。询问了解基层工会组织建设、制度建设、企业文化、教育培训、民主管理、劳资关系、服务职工等方面的情况。并实地察看官渡开发区园区工会联合会选址情况。钟山红对官渡开发区工会的工作给予充分肯定。她要求县总工会要积极打造样板示范点，要坚持“统一部署、整合资源、规范运作、分步实施”的原则，按照“三个一批”的要求，通过创新组织形式，在全县范围内构建源头治理劳资纠纷示范点，以点带面，打造好服务职工的综合平台，促进全县工会工作的全面落实，通过做好工会工作促进企业更好地发展，为促进社会的全面和谐发挥工会应有的作用。

【“三个一批”试点工作】 全力以赴抓好“三个一批”试点建设。即建立一批“会(工会)、站(服务站点)、家(职工之家)”一体化的工会工作基地。县总把非公有制企业比较集中的县经济开发区作为建设“三个一批”试点单位；成立机构。制定建设“三个一批”工作实施方案，工联会民主选举实施意见和社会化工会工作者实施办法等配套文件措施。公平公开选好翁源县经济开发区工联会的班子，同时公开招聘二名社会化工作者。建章立制，发挥作用。做好“三个一批”建设，关键的是做优职工服务。为此，县总积极发挥工会联合会作用，尽全力为工业园区的职工们排忧解难。要加大宣传力度，充分发挥基层工会的作用，使基层工会建起来、转起来、活起来，让职工们对工会联合会的职能有所知、有所用。“三个一批”试点建设工作已全部完成，并通过省、市考核验收。

【翁源县工会第十四次代表大会】 11 月 29 日至 30 日，翁源县总工会在县府小礼堂召开翁源县工会第十四次代表大会,全县各条战线 169 名代表以及县妇联、团县委、县工商联、县文联、县科协、县侨联、县残联等群团组织参加会议，县妇联代表向大会作贺词。

会议听取和审议通过县人大常务会副主任、县总工会主席雷展发所作的《坚定政治性，增强先进性 ，保持群众性，为建设美丽幸福的新翁源做出新贡献》的县工会第十三届委员会工作报告以及黄旭、蔡狄强分别所作的财务和经审工作报告及其相关决议，选举产生新一届工会委员会和经费审查委员会，雷展发当选为翁源县工会第十四届委员会主席，黄旭、蔡狄强当选为县工会第十四届委员会副主席。雷展发、黄旭、蔡狄强、谭志忠、郑兰花、叶保青、温永基等 7 位当选为县总工会第十四届委员常务委员；叶保青、付泽生、冯如忠、朱振如、刘小英、刘洪明、刘清香、沈炳华、张治平、张浩铎、何石养、何志勇、陈仲伙、陈红线、陈建林、罗发平、郑兰花、骆小珍、徐国新、高海锋、涂永玉、黄　旭、梁耀明、温永基、雷展发、蔡狄强、谭志忠（以姓氏笔画为序)等 27 位当选为县总工会第十四届委员会委员。蔡狄强当选为县工会第十四届经费审查委员会主任。宋伊媚为经费审查委员会副主任。肖秀雯、沈伟华、宋伊媚、郑兰花、蔡狄强（以姓氏笔画为序）等 5 位当选为县总工会第十四届经费审查委员会委员。

此次代表大会代表中，有工会干部、一线会员代表、私营和外商企业代表、各条战线先进模范人物和劳模代表，有妇女代表，年龄在 35 岁以下的年轻代表，中共党员代表，非党、团员代表，有大专以上学历代表，有专业技术人员代表，充分体现代表的先进性、广泛性、代表性。市总工会副主席傅勇、县委副书记张朝养、副县长林有成、政协副主席李翠红等领导出席会议。

【省总工会领导到翁源调研督导工作】 12 月 12 日，省总工会党组成员、经审会主任冯建华赴翁源开展深入学习宣传贯彻中共十九大精神推进当前重点工作调研督导，强调要以中共十九大精神统领工作指导实践，并落实到具体行动中，切实抓好当前各项工作，确保完成全年目标任务。省总工会经审办主任杨谷清和研究室副主任吴国璋参加调研督导。冯建华一行先后来到翁源县青云山制药有限公司对翁源基层工会学习贯彻中共十九大精神等情况进行调研督导，并向企业一线的党员干部群众宣讲中共十九大精神。冯建华还听取县人大常委会副主任、总工会主席雷展发关于县总工会关于学习宣传贯彻十九大精神的工作情况汇报。

【工人文化宫建设】 根据 2016 年省总工会 36 号文件精神，鉴于目前该县工人文化宫的现状，在原址拆旧建新可能性不大，考虑到文化宫的功能配置，综合各方面的要求，争取县委、县政府在县城西区重新划拨土地作文化宫建设用地。占地面积为 5328 平方米，县工人文化宫建筑以多层为主，建筑面积为 5000 平方米，总投资约 2000

万元。目前县政府在县城西区已无偿划拨 0.53 公顷土地用于新建翁源县工人文化宫，已办理土地使用证，工人文化宫可行性报告和立项工作正在编制中。为筹集工人文化宫的建设资金及充分发手上资源应有作用，县总决定将位于县城朝阳路一块住宅建设用地 0.53 公顷，委托县国土部门对该地块进行置换处置，所得的款项用于新建工人文化宫建设。经省总报全总资产监督管理部审批后，原则同意县总工会关于翁源县工人文化宫资产置换的意见，目前县国土部门正在处置过程中。

（张会玲）

县总工会领导班子成员名单

主　席：雷展发

副主席：黄　旭　蔡狄强

共青团工作

【概况】 2017 年，共青团翁源县委员会下设办公室，编制 4 人，在职 3 人。是年，团县委坚持立足本职、创新载体、完善服务的工作思路，以中共十九大精神和县委第十三届全会精神为指引，着力推进共青团改革工作，不断扩大联系青年的覆盖面和影响力，在思想政治教育、服务青年成长成才、加强团的自身建设等领域取得一定成效。

【自身建设】 积极推进，强化思想建团。扎实推进“一学一做”教育活动。五四期间举办“一学一做”教育实践推进会，各基层团干部就如何开展好该县共青团工作、引领和带动全县团员青年在推动该县主动融入珠三角、全面建成小康社会中争当排头兵进行广泛、深入、热烈地交流与讨论。在全县各中学团员中开展“我的青春我的梦——学习总书记讲话，做合格共青团员”为主题的“一学一做”征文活动，收到文章 31 篇，营造“一学一做”教育实践良好氛围；狠抓落实，配合做好共青团改革工作。以中央、省、市改革为纲，统筹推进团县委和中学共青团改革。根据省市文件精神，结合该县实际，明确重点落实任务，认真落实好改革的相关要求；加强团组织建设，增强团的先进性，扩大团组织的网络覆盖和规范化建设。依托“党建带团建”，新建 10 个县直机关团支部。继续强化“两新”组织的团建工作，在县青年商会和 3i 网分别建立“两新”组织团支部，努力形成“有青年人的地方就有团组织存在”的目标；加强团员和团干部队伍建设。根据团中央要求，严格入团程序，合理控制团青比例，根据初中、高中毕业生团青比例分别控制在 30%、60%的要求，严格分配中学新入团名额。强化对镇（场）共青团工作的指导和考核，出台《翁源县各镇（场）团委工作考核暂行办法》，通过奖惩机制调动基层团干部的工作积极性和创造性；高质量筹备召开共青团翁源县第十八次代表大会，以团代会的召开为契机，充分发挥该县各级团组织联系、指导、教育广大团员青年的作用，不断加强和提升团组织的影响力和号召力。此次团代会共选举产生新一届委员会委员 23 人，候补委员 14 人。

【聚焦共青团核心主业】 评选先进，加强典型带动作用。开展翁源县第一届“十大杰出青年”、“最美南粤少年”系列典型评选活动，拍摄制作杰出青年事迹视频，在“青春翁源”、3i 网、“翁源在线”等新媒体进行宣传，用榜样的力量激发广大青年的激情和动力，形成示范带动效应；扎实依托“线上+线下”平台开展各类青年活动。“线下”团县委举办五四青年干部座谈会、“青年的名义•畅想未来”五四主题晚会，联合相关部门组织针对县城四所公立小学的“卫生小标兵”评选活动，“六一”少儿才艺大赛、“文明伴我成长争当小小梦想家”青少年绘画比赛等；各基层团组织结合自身实际，开展重温入团仪式、读书分享、交流会、户外拓展等形式多样的活动。“线上”团县委依托“青春翁源”平台积极开展“我眼中的翁源”摄影征文比赛、“清明•思亲”征文活动，“韶华里的光影”五四主题摄影比赛等活动，培养青年兴趣爱好，为青年展现才华提供平台；密切与青年企业家、青年农民、青年创业人才的沟通联系，建立全县青年人才的动态信息库。加强对全县各青年社会组织的指导，依托县青商会、青年摄影协会、青年志愿者协会建立起联系和调动广大青年的平台。举荐 1 名优秀青年作为省青联联合会委员、市青联联合会常委；10 位农业系统的优秀创业青年加入市青农会，担任副会长、理事、会员等职务；深化“网上共青团”建设，加强团属微信公众号“青春翁源”的建设，开设了《一学一做》《青听》《青唱》等专栏，并结合各重要节庆日开展相关主题活动。努力打造宣传政策、传播知识、凝聚沟通青年的“网上青年之家”。

【围绕中心服务社会】 带领青年助力精准脱贫。深化教育扶贫，拓展“希望工程•圆梦行动”等活动，加大助学资金募集发放力度。依托广州乐助会，争取助学资金全面覆盖该县3所高中，扩大精准扶贫在读学生的帮扶面积。是年，通过联系爱心人士资助180多名建档立卡贫困学生。加强公益扶贫，发挥青年志愿者协会作用，为扶贫户青少年提供“生活照料、支教助学、文体活动”等志愿服务，关爱留守少年儿童、争取“希望家园”和“幸福厨房”工程，改善村小办学条件等。提升青年志愿服务工作水平，助力该县“两创”工作。加强对该县青年志愿者协会、县义工联的指导，推动各行业青年专业人士加入志愿者队伍，增强志愿服务感染力和影响力。继续大力推广“广东志愿者”信息管理服务平台，推动所有志愿者在平台注册，并做好参与志愿活动的志愿者服务时长登记。继续加强与珠三角志愿者联合组织的“公益旅行”活动，争取引进更多的爱心团体到翁源开展送爱心、送温暖活动，加强该县青年志愿者与珠三角志愿者的沟通交流，学习珠三角志愿服务的先进理念、优秀方法，丰富该县志愿服务形式，提升青年志愿服务水平。是年上半年，团县委共组织“公益旅行”2次，县级关爱儿童志愿服务4次，“桃花节”、“雷锋日”、“拥抱春天绿动翁源”百人植树、“禁毒徒步”等大型志愿服务6场。优化“展翅计划”，大力发动该县各行政企事业单位为大学生提供101个实习、见习岗位，提升他们的就业创业能力。

（邝振书）

共青团翁源县委领导班子成员名单

书　记：罗　媚

副书记：阙志明

妇女联合会

【概况】 2017年，全县妇联的工作部署，以群团工作改革为契机，深入推进妇联组织和妇联工作的改革创新，围绕中心，服务大局，着力实施推进妇女儿童工作项目，引领妇女投身“美丽幸福翁源”建设贡献巾帼力量。

【提升妇女发展能力】 实施妇女创业就业项目。联合人社等部门开展“春风行动”，发动妇女参加就业专场招聘会，实现再就业，发放妇女创业就业宣传资料500份；举办妇女创业培训班2期，推动妇女创业创新；做好普惠金融妇女创业贷款免息工作，为78名农村妇女实现免息贷款409万元，解决妇女发展创业资金难问题。深化“巾帼建功”活动。在窗口服务部门，抓好13个省、市级“巾帼文明岗”创建，促进服务水平的提升。在农村，加强4个“巾帼种养示范基地”的培育发展，提升妇女就业技能，实现增收致富。

【妇女维权】 加强信访案件调处。全县各级妇联组织及时介入和妥善处理婚姻家庭、劳动和社会保障、财产权益、人身权益等矛盾纠纷信访案件263宗。县妇联陪审员参与法院的离婚、出嫁女土地权益、征地补偿等纠纷案件陪审55宗，有效维护妇女合法权益。加强法制宣传教育。全县各级妇联组织利用“三八”国际妇女节妇女维权周、“六一”国际儿童节、“6•26”国际禁毒日、“11•25”国际反家暴日、“12•1”预防艾滋病宣传日、“12•4”全国法制宣传日等重要时机，举办“反对家庭暴力，构建和谐家园”“留守儿童家庭教育”“儿童防拐”“未成年人禁毒”“巾帼普法乡村行”等普法宣传活动29场，举办讲座36场，参加活动群众9222人次，派发各类宣传资料近万份。

【推进家庭文明建设】 开展提升文明家庭系列活动。举办大型“庆三八徒步行”“妇女健身操展示”“‘巾帼心向党. 喜迎十九大’家庭文明建设文艺晚会”“家风家训家教知识讲座”等活动，以及挖掘、树立和宣传一批“最美家庭”“最美妈妈”“优秀书香之家”等时代典型。深入推进“平安家庭”创建活动。重点抓好连溪、辉星、阳西三个村示范点工作，并以点带面，推动全县深入开展，以家庭的平安促进社会的和谐。

【办好民生实事】 组织实施“巾帼精准脱贫行动”，开展“妇女创业贷款贴息”“妇女创业培训”“妇女两癌保险”“51个贫困村妇女两癌筛查”“单亲母亲优先建房”“爱心父母帮扶困境儿童”

等公益项目。开展关爱行动。利用春节、“三八”国际妇女节、“六一”国际儿童节等节日，组织相关部门、爱心团体、志愿者深入学校、家庭，走访慰问贫困母亲、留守儿童、特殊儿童和孤贫儿童，送去慰问金及慰问品，以实际行动传递正能量，传送社会关爱。

【基层组织建设】 加强“妇女之家”“儿童之家”建设。新增3个省级、3个市级、2个县级“妇女之家”示范点及“儿童之家”38个、“家庭教育服务点”30个，为村居妇女儿童提供教育培训、心理辅导、娱乐健身、扶贫帮困等志愿服务活动。组织对部分省市级“妇女之家”“儿童之家”示范点进行检查督导，对示范点妇女儿童基本情况、活动场所、硬件设施、宣传栏、活动开展情况、档案资料以及财务收支管理情况等进行检查，及时发现问题，提出完善和改进的意见建议。落实妇联换届及村（社区）妇代会改建妇联工作。全县基层妇联及县妇联全面完成换届，全县村（居）也于10月全面完成妇代会改建妇联工作。落实妇联改革工作。围绕群团工作改革要求，多次召会研究及深入基层调研，征集妇联改革意见，为妇联改革方案的出台提供决策。

【妇女儿童发展规划实施】 加大组织、协调、指导和督促力度，全面推进该县两个规划有效实施。召开两纲工作业务培训会，提升业务水平。利用村“两委”换届契机，做好推荐女性候选人，加大政策及典型宣传力度，推进村级女性一把手比例提高。做好《两规划》落实情况的监测统计预警工作，加强与规划主要指标单位的沟通联系，进一步解决妇女儿童事业发展中的突出问题，努力推进重、难点指标如期达标。

（王素娟）

县妇联领导班子成员名单

主　席：龚碧珊

副主席：郑冬妹

翁源县科学技术协会

【概况】 2017年，县科学技术协会是独立设置的群团组织。机构由科协委员会、常委会、学会组织和基层科协组成，内设秘书处，科普部、学会部。至年底，科协机关有编制2名，实有在职人员2人，退休1人，联系学会有16个，是年，县科协围绕县委、县政府的中心工作，积极开展科普宣传，团结带领广大科技工作者开拓创新，锐意进取，为建设美好新翁源做出积极的贡献。

【县科协八届二次会议】 按照《中国科协章程》的要求，于2017年2月16日在万源酒店会议室召开县科协八届二次会议，这次代表会应到会代表31人，实到会代表26人，符合《中国科学技术协会章程》规定的应到会人数。会议选举陈初华为县科学技术协会主席。

【自身建设】 加强科协组织的建设。认真学习十九大精神，在思想上政治上行动上与党中央保持高度一致，团结在以习近平为总书记的党中央周围，做政治上的明白人，践行党的宗旨，保持公仆意识，密切联系群众，全心全意为人民服务，始终保持干事创业，开拓进取的精神，努力建设新时期开放型、枢纽型、平台型的科协组织。

【思想建设】 积极参加县委组织的“两强两提”学习讨论，强化“输不起”的危机意识，提振“更要拼”的精气神，强化“难不倒”的担当意识，提振“敢碰硬”的精气神。增强“爱翁源、为翁源”的主人翁意识，自觉把思想统一到“为翁源建设甘于奉献”的精神状态上来；自觉坚持“两学一做”学习教育的常态化、制度化，把学习贯彻习近平总书记重要批示精神作为推进“两学一做”学习教育重要内容，坚持融入日常、抓在经常，在真学、实做上深化拓展。学深悟透习近平总书记重要批示精神，用习近平总书记重要批示精神谋划推动科协各项工作，积极践行“四个坚持、三个支撑、两个走在前列”要求，坚决维护以习近平同志为核心的党中央权威和集中统一领导。

【科普宣传】 向科技工作者宣传省科协八大和中国科协九大会议精神和中共中央《关于深化科协系统改革》的文件精神，收集全县科技工作者的意见、建议，反映基层科技工作者的利益与诉求；拓展科普服务形式，全年，该会联合妇幼保健院、农技推广中心和气象局等单位，在广播电视台制作和播放24期“科普园地”，从而拓宽科普活动形式，丰富科普活动的形式和内容；举办县城学生科普益智科普竞赛系列活动，在5月30日，该会委托科普志愿者会同青少年宫及县城各中小学校组织有160名学生参加的科技知识问答，组装益智玩具和启智车模竞赛等活动。通过此类活动，不仅促进校际交流，普及科学知识，提高动手能力，而且还培养学习兴趣，增强钻研意识，激发创新思维；积极配合该县新时期精准扶贫工作，该会根据农村种养技术基本要点编辑印制10000多本《科普知识手册》，负责派送到全县各镇、村及农户；切实办好网上科普专栏，为适应互联网时代、创新科普平台，该会在政府网上建立二个科普主题专栏，即《科普专栏》和《健康教育专栏》，全年共制作54期科普知识专题。

【学会工作】 是年，16个学会根据自身学会的特性和工作要求，不断开展各种类型的科普活动。农学学会：积极开展农业新技术的推广，开展农业技术应用培训等，为农民增收脱贫致富提供有力的技术支持。兰花协会协助县委、县政府成功举办中国（翁源）第28届兰花博览会，使翁源的“国”字号招牌更加响亮。医学学会：为学会会员提供各种帮助，使会员在工作上、生活上有了更好的条件，更安心地做好本职工作等等。一些学会还积极承担政府有关部门委托的阶段性工作任务，学会在为社会提供服务，扩大学会的社会影响力和加强自身建设。

【全民科学素质】 健全和完善县全民科学素质纲要实施工作领导小组。组长由副县长曾志华同志担任，副组长由政府办副主任刘志良和科协主席陈初华担任，成员由相关的28个单位分管领导担任。下设办公室，由陈初华兼任办公室主任；制订《翁源县全民科学素质行动计划纲要实施方案（2016—2020）》。该实施方案经县人民政府十五届第22次常务会议通过，并发至相关单位依照贯彻执行。方案明确今后五年的工作目标及相关要求，为该县开展全民科学素质教育明确方向和努力目标；各相关单位依照方案，积极开展全民科学素质教育行动。如教育局积极开展科普进校园，努力落实中小学生开设科普课等工作。电视台开设科普园地，积极宣传科普知识。农技推广中心送科普下乡等。通过一系列的科普活动，有效提高全县公民的科学素质，科普意识有较大的促进，为全县的科技创新工作提供大力的支持，为促进全县经济的快速发展做出贡献。

（刁琳珠）

县科协领导班子成员名单

主　席：陈初华

秘书长：阮汉先

侨　联

【概况】 是年，翁源县归国华侨联合会（以下简称“县侨联”）是该县党委和政府联系归侨侨眷的桥梁和纽带。县侨联全面贯彻落实十九大精神及习近平总书记关于群团改革重要讲话精神，坚持以人为本、为侨服务宗旨，充分发挥侨联的特点和优势，团结和带领全县归侨侨眷，紧紧围绕县委、县政府的中心工作履行职能、开拓创新、不忘初心、锐意进取，为翁源经济社会发展做出贡献。

【为侨服务】 1月17日，县侨联和县侨办在雅圆大酒店举行归侨侨眷迎新春茶话会，县政协有关领导、县侨联和县外事办的领导等参加茶话会。全县归侨侨眷代表50多人欢聚一堂共迎新春。茶话会上，县侨联主席林天生主席向与会者通报翁源的经济和社会发展情况。归侨侨眷畅所欲言、共度佳节、气氛热烈，大家真切感受到改革开放带来的巨大成就。

1月22日上午，县侨联林天生主席、县侨办李斌等陪同市侨联领导廖凤英主席、曾缓副主席到部分年老归侨侨眷家中进行春节前的慰问。慰问组一行分别到归侨侨眷吴亚京、饶耿卿、何顺昌等家中，详细了解他们的生活情况，嘘寒问暖、真切关怀，代表党委、政府向他们致以新春的祝福，并送去节日慰问金和御寒棉衣，真诚感谢他们为翁源经济社会发展做出的贡献。

11月下旬，县侨联对该县各镇（场）听力有障碍的患者进行摸底调查，其中听力残疾等级二级以上（含二级）的患者约50人，并帮助他们免费申请热心人士捐赠的助听器。

【联谊交流】 3月14日，市侨联领导廖凤英主席、县侨联林天生主席陪同中山市林东基金会、澳门东井圆佛会会长林东先生一行 20 人赴东华禅寺交流了解慈善事业、禅文化的发展情况。林东先生与万行法师共商善事、共叙佛缘。中山市林东基金会、澳门东井圆佛会的客人兴致甚高地参观东华禅寺。客人对东华禅寺的宏伟布局、精美建筑和万行法师的弘法事迹纷纷赞不绝口。

5 月下旬，应台湾有关方的邀请，市侨联因公组团赴台湾开展工作交流访问。县侨联林天生主席亦随团赴台进行交流访问。行程一周的交流访问，领略祖国宝岛的旖旎风光、风土人情、社会经济发展现况，促进两岸同胞的交流与融合。

【参政议政】 是年，县政协林天生委员积极履行职责、深入基层、广泛调研，撰写、提交改善民生的工作提案《关于完善龙仙公园的相关管理工作的建议》。

【自身建设】 是年，按照国家、省、市侨联的统一部署，结合县侨联的实际，做好翁源县侨联改革的相关配套工作。年底，着手做好召开翁源县第五次归侨侨眷代表大会的前期筹备工作。

（黄德胜）

县侨联领导班子成员名单

主　席：林天生

工 商 联

【概况】 2017 年底，全县有镇级商会 4 个、直属商会 1 个、行业协会 2 个，共有会员 406 人。异地商会 3 个，会员 398 人。是年，县工商联坚持以马列主义、毛泽东思想、邓小平理论、“三个代表”重要思想、科学发展观、习总书记系列重要讲话精神、对广东工作重要批示精神和习近平新时代中国特色社会主义理论为指导，坚持“团结、引导、教育、服务”的工作方针，紧紧围绕非公有制经济健康发展和非公有制经济人士健康成长“两个健康”目标，以巩固省“五好”工商联建设成果为主线，抓好会员政治思想工作，组织会员积极参政议政，创造性地开展基层组织建设工作，围绕中心，服务大局。翁源县青年商会被省工商联授予“广东省优秀商会示范点暨‘四好’商会”荣誉称号，县工商联被全国工商联认定为“五好”县级工商联。

【思想建设】 工商联党组和工商联机关始终把做好会员政治思想工作作为重点来抓。在换届前做好综合评价工作，严把执委班子成员政治关；坚持抓好非公有制经济代表人士理想信念教育实践活动，增强其对中国特色社会主义道路的信念、对党和政府领导的信任、对社会的信誉和对企业发展的信心；引导会员践行社会主义核心价值观，教育会员听党话，跟党走；认真学习贯彻中共十九大精神，组织执委和商（协）会负责人专题学习贯彻中共十九大精神，并把学习贯彻中共十九大精神作为当前和今后一个时期会员思想政治工作的重点来抓紧抓好抓实，重点在“学懂弄通做实”上下功夫。

【参政议政】 如何做好参政议政工作是工商联工作的重要课题，也是发挥工商联会员积极作用的充分体现。

做好会员政治安排　在市和县人大、政协换届前夕，县工商联未雨绸缪，积极争取县委、县人大、县政协领导的重视和支持，把会员中有实力、有影响力、社会信誉好、有参政议政能力和意愿的，尽量做好政治安排，为工商联会员参政议政提供良好平台。至年底，会员中有市人大代表 3 人，县委候补委员 1 人、县人大常委 3 人、县人大代表 2 人、县政协常委 10 人、县政协委员 27 人，异地商会会员和正在筹备的异地商会代表人士中安排县政协委员 9 人。

代表、委员业务培训　在 2017 年县“两会”召开期间，县工商联组织工商联届别中的市县人大代表、政协委员召开参政议政培训座谈会，总结去年参政议政工作中的成绩，指出存在的不足，明确努力方向。通过培训和座谈提高代表委员参政议政的热情，调动参政议政的积极性，提高参政议政的能力和水平。“两会”召开后共提交代表意见建议 3 条、提案 21 篇，有的已立案移交相关部门办理，有的并案或作来信处理。

深入调研，撰写大会发言材料　为在政协翁源县九届三次会议上做好大会委员发言准备，县工商联机关深入开展调查研究，对全县 2015 年以来的创业创新工作情况进行了解和分析，形成《关于加快推进翁源县大众创业万众创新工作的建议》提交县政协大会秘书处，作为政协翁源县九届三次会议委员发言材料。

【组织建设】 自3月省工商联组织工作会议后，县工商联党组和县工商联机关领导专门召开会议，传达贯彻省工商联组织工作会议精神，认真对照创建工作要求和存在问题进行剖析，4月份提出整改方案，报韶关市工商联审定后，逐项抓好整改落实，努力向全国“五好”县级工商联标准冲刺。

以换届为契机抓好班子建设 2016年10月，县工商联第十一届执行委员会任期届满，根据中央、省、市关于工商联换届的有关要求，县工商联党组认真做好排查摸底工作，做好换届工作方案，对十一届执委会成员的进退去留问题做好周密安排，重点把平时不参加活动、不发挥作用、不履行职责的副主席、执委不再安排参加执委会，做好综合评价工作，把有实力、有影响力、热心工商联工作的会员安排到新一届执委会中来。换届后，共有执委会成员50人，其中专职主席1人、常务副主席1人、专职副主席兼秘书长1人、兼职副主席19人、执行委员28人。新一届执行委员会年龄结构合理、综合实力较强、社会信誉较好，成为团结带领广大会员的战斗集体。

打造省优秀商会示范点和全国“五好”县级工商联 是年，市工商联先后把县青年商会和县工商联推荐为广东省优秀商会示范点和全国“五好”县级工商联创建单位。县工商联党组和机关面对压力，迎难而上，以大无畏精神化压力为动力，加强对各级商（协会）创建“四好”商会的指导力度，积极创造条件，把县青年商会打造成省优秀商会示范点，县工商联被全国工商联认定为“五好”县级工商联。

【商会建设】 全县共有商会组织7个，其中镇级商会4个、园区商会2个（外来投资企业协会、电子商务行业协会）、青年商会 1 个，会员人数406人。

镇级商会建设 是年着重推进周陂镇商会的筹建工作，县工商联与周陂镇党委一道，认真贯彻落实县委办精神，着力推进镇级商会组建工作。着重物色好会长人选，选好筹备工作牵头人；搭好筹备班子，使筹备工作有人抓落实；抓好会员发展工作，使筹备工作有坚实的基础；做好会议材料准备工作，使筹备工作有序进行；把好入口关，确保会员质量。

行业商(协)会建设 本着先易后难的原则，努力推进行业商（协）会建设。通过县工商联与县兰花协会的沟通协调，县兰花协会已经同意整体加入工商联，成为工商联的团体会员。继续努力与县小水电行业协会、建筑行业协会沟通协调，争取他们加入工商联。对有条件农业生产加工行业指导成立行业商（协）会。

异地商会建设 全县已建立的异地商会有佛山翁源商会、韶关翁江商会等，正在筹备的异地商会有清远翁源商会、珠海翁源商会和中山翁源商会。至年底，珠海翁源商会和清远翁源商会的注册登记筹备工作已经完成，正在筹备成立大会；中山翁源商会筹备班子已经成立，正在着手筹备注册登记工作。下一步，县工商联将加大指导力度，全力推进正在筹备的异地商会建设，力争早日完成筹备中的异地商会组建工作，以顺应翁源主动融入珠三角的要求，把异地商会建设成为主动融入珠三角的先行军和桥头堡。

优秀商会示范点建设 该联把青年商会作为全省优秀商会示范点，青年商会作为全县青年创业者和企业管理者交流互动平台，有健全的领导班子、有广泛的会员基础、有规范的动作模式、有正常的组织活动和健全的工作制度，虽然成立时间较短，但是已经具备优秀商会的基本条件，通过市、县工商联的精心指导，加大对硬件设施的投入，至年底，完成优秀商会示范点创建任务。

【省工商联（总商会）领导到翁源县调研】 6月13—14日，省工商联（总商会）基层组织建设调研组一行5人，在省工商联会员工作部部长闪洁带领下，到县工商联开展工作调研，市工商联副主席祝雄辉，会员工作部部长胡安平等市工商联领导，副县长曾志华，县委统战部副部长、工商联党组书记胡可清，工商联主席高新强，副主席张石铭、陈胜华，工商联党组成员邓庚金等陪同调研。在座谈会上，调研组首先听取县工商联主席高新强就县工商联关于巩固创建“五好”县级工商联成果，加强基层商会组织建设的情况汇报和韶关市工商联副主席祝雄辉关于全市创建“五好”县级工商联、基层商会组织建设工作情况汇报，充分肯定市工商联和县工商联的创建工作和基层组织建设工作所取得的成绩，指出工作中的不足和存在问题，对今后工作提出希望和要求。随后，调研组一行到县青年商会、县电子商务行业协会进行实地调研；走访县三爱传媒文化有限公司、县乐淘村电子商务有限公司等代表人士企业；参观县电子商务孵化园。县委副书记张朝养会见调研组一行。

【组织异地商会会员回乡进行投资考察】 为充分发挥异地商会作用，激发外出乡贤中的成功人士回报家乡、建设家乡的热情，全县经济社会发展贡献力量。4月25日，县工商联组织佛山翁源商会会员进行回乡投资考察，得到县委、县政府领导的高度重视，县委常委丘雪媚、常务副县长柯建忠、副县长曾志华、副县长林有成亲自陪同考察，通过考察让会员们了解家乡的投资政策和投资环境，有不少会员当即表示投资意愿，其中何广平先生投资400万元兴办木青装饰设计有限公司；阮恩通先生等投资500万元举办尚福养老院并已成功开业。

【异地商会建设与交流】 8月下旬工商联党组和机关领导亲自带领各商会负责人到清远市指导清远翁源商会的筹备工作，与筹备工作组成员深入交换了筹备工作意见，指出筹备工作中的不足和处理方法，使筹备工作有序进行。10月下旬利用出席中山韶关商会成立庆典之机，指导中山翁源商会筹备工作，与筹备组的部分成员沟通协调，努力推进筹备工作的进程。

5月下旬和9月下旬党组书记和主席先后参加韶关到揭阳、东莞学习交流活动；8月下旬组织部分商会领导到清城区工商联学习交流；10月下旬参加市工商联到江门韶关商会学习交流活动和中山韶关商会成立庆典；11月下旬组织执委和各商（协）会领导赴梅州学习交流。12月28日与清远市清城区工商联缔结友好工商联签约仪式在翁源县举行。全年接待新丰曲江、始兴、武江的龙归商会等兄弟县（市、区）工商联和商会组织学习交流共13次288人。

（张石铭）

县工商联领导班子成员

中共翁源县工商业联合会党组

书记： 胡可清（县委统战部副部长、县工商联常务副主席）

成员： 张石铭（县工商联副主席兼秘书长）

邓庚金（县委统战部办公室主任）

翁源县工商业联合会（总商会）

专职主席（会　长）： 高新强

常务副主席（副会长）： 胡可清

专职副主席（副会长）： 张石铭

兼职副主席（副会长）： 罗定胜　蔡雪映　何群辉　罗展勇　刘汉文　曾石永　梁国雄　陈　军　徐汉明　卢钧章　丘建东　涂家龙　黄汉明　刘伟平　吴乐辉　曹　赏　陈胜华　江伟斌　陈东群

秘书长： 张石铭（兼）

文　联

【概况】 2017年，翁源县文学艺术工作者联合会认真贯彻落实党的文艺工作方针，积极开展对县级文艺协会的联络、协调、指导、服务工作，贯彻习近平在文艺工作座谈会上的讲话精神，围绕县委、县政府的中心工作开展各项文艺工作，为弘扬祖国优秀传统文化、建设“文化翁源”发挥着重要作用。是年翁源县有县翁山诗书画院、县涂志伟美术馆、县书法协会、县老干部诗书画学会、县赏石盆景根艺协会、县摄影协会、县青年摄影协会、县舞蹈协会、县滃江观赏石协会、县采茶戏协会、县书堂诗社、县作家协会、县音乐协会等文艺团体。

【协会文艺活动】 是年，全年文艺协会有翁山诗书画院、县摄影协会、涂志伟美术馆、县文联、县摄影协会、县作家协会和翁源县老干部诗书画学会分别举办各种形式的活动，共举办书画展览8次，举行各种艺术交流活动17次，出版艺术书籍7种（期），翁山诗书画院是该县的文化名片。分别举办水墨桃花摄影展。涂志伟油画肖像特训班师生展、结对子摄影文化下基层活动（韶关市摄影家协会、县文联、县摄影协会联合举办）、第五届墨韵重阳书画展和县音乐协会成立文艺晚会。

【送文艺进机关】 3月，县文联组织翁山诗书画院书画师6人，到县气象局指导文艺创作，并现场挥毫，为该局创作书画作品20多件。

【客家风 · 广府情——越秀翁源两地书画联展】 11 月，县文联与广州越秀区文联在翁山诗书画院联合举办“客家风 • 广府情——越秀翁源两地书画联展（第二回）”。该展览共展出两地书画作品 120 多件，并将于 2018 年 6 月到广州展出。

【春联评比活动】 举办一年一度的县城春节“门前美”新春联评比活动，邀请县内知名楹联专家对县城 40 多个单位（行政机关、事业、企业、民办机构等）的新春联进行评比，县财政局等 12 个单位获奖。此项活动从 1985 年开始由县文联主办，至 2017 年已连续举办 33 次。

（吴怀想）

县文联领导班子成员名单

主　席：官立中

副主席：吴怀想

残　联

【概况】 翁源县残疾人联合会内设办公室、康复股、教育就业股 3 个职能股室和一个直属残疾人综合服务中心。正科级参公单位，现有干部职工 8 人、其中理事长 1 人，副理事长 2 人，副科级干部 1 人，一般干部 3 人，工勤人员 1 人。是年，县残联以习近平新时代中国特色社会主义思想为指导，深入贯彻习近平总书记对广东重要批示精神，主动作为、攻坚克难，重点抓好精准扶贫、精准康复、动态更新与成果运用、残联换届工作和康园中心建设，帮助广大残疾人更加充分地共享经济社会发展成果，为实现“全面建成小康社会，残疾人一个也不能少”的目标奋力前行。

【加强残疾人康复】 认真落实《翁源县人民政府关于加快推进残疾人小康进程的实施意见》和翁源县残工委关于印发《翁源县残疾人事业发展“十三五”规划纲要》等文件精神，切实加强残疾人康复工作。做好康园中心建设。严格按照《2017 年省十件民生实事社区康园中心项目实施方案》的有关要求，迅速落实社区康园中心建设用地和配套资金，建成南区社区康园中心，按时完成上级下达的任务。为落实省十件民生实事社区康园中心建设，11 月 15 日，省残联党组书记、理事长张永安亲自带队莅临该县督导此项工作，市政府副市长高冬瑞和县委黄令遥书记等领导陪同视察。张永安对县委县政府的重视和项目的建设情况给予充分的肯定和高度评价，希望该会继续加快康园中心建设步伐，争取到 2020 年每个街道（乡镇）至少建立一所社区康园中心，完善残疾人服务体系，为更多残疾人提供优质的康复服务；二是做好残疾儿童康复工作。不断完善康复功能和儿童个人档案，从“患儿无法出门康复”发展到每月“送康复上门”，体现残联为残疾人服务更加到位；积极争取市辅具器具中心的关心支持，为符合条件的 9 名残疾儿童免费进行矫形鞋的适配；为贫困残疾人发放轮椅 137 部，单拐、四脚拐、沐浴椅等 66 件，安装假肢 5 人，为更多的残疾人走向社会提供精准的康复服务。

【残联组织建设】 根据自下而上的原则，对全县 174 个村（居）残疾人专职委员进行重新的调整，从知识化、年轻化出发，共更换 38 名村（居）残疾人专职委员，并组织他们进行多次的业务培训；11 月 10 日前，全面完成七镇一场残联的换届工作，把一批年轻优秀的干部选拔到残疾人工作岗位上，夯实残疾人基层组织；12 月 13 日，县残疾人联合会第六次代表大会在恒胜湖景客家文化酒店会议室召开，县四套班子有关领导及代表共 90 多人参加会议，县委常委、纪委书记杜奇立致贺词，副县长肖俊青主持会议并作重要讲话。代表们认真听取和审议翁源县第五届残联理事会理事长丘有忠所作的工作报告，会议总结过去五年来翁源县残疾人联合会在残疾人“两个体系”建设中所取得的成绩，明确今后五年翁源县残疾人联合会工作的奋斗目标和任务，会议还选举产生新一届主席团成员、县残联主席、副主席；县残联第六届主席团理事会理事长、副理事长，换届工作取得圆满成功。

【全国残疾人家庭收入状况调查】 根据中国残联关于开展 2017 年全国残疾人家庭收入状况调查工作的通知精神，该县作为韶关市唯一指定被调查的县，该会积极应对于 7 月 1 日按时启动此项工作，全县残疾人家庭收入状况调查底册共需调查的残疾人 73 人。7 月 31 日全面完成所有入户调查登记工作。完成率为 100%，其中入户调查登记 69 人，电话调查登记 0 人，入户登记率为 100%，完成登记率 94.27%，未完成登记 4 人（其中 1 人死亡、3 人外出）未完成登记率为 5.78%，顺利圆满完成该县全国残疾人家庭收入状况调查工作。8 月 10 日接受省残联督查组一行来翁源实地检查，并得到省残联督查组的肯定；扎实做好全国残疾人基本服务状况和需求信息数据动态更新工作。积极主动工作，认真谋划，走村入户，精准地完成了该县残疾人基本服务状况和需求信息数据动态更新的各项工作，精准将信息录入系统，顺利完成残疾人基本服务状况和需求信息数据动态更新工作，为残疾人“十三五”规划提供充足的依据。

【残疾人就业培训】 2月6日与县人社局在龙湖广场联合举办翁源县2017年“南粤春暖”“精准扶贫”“残疾人就业援助”企业用工大型现场招聘会。招聘会现场，发放残疾人就业的相关政策宣传资料和企业岗位信息，开展残疾人就业政策咨询和就业意向登记；做好残疾人实用技能培训工作。是年对121名残疾人进行养鸡技术培训；盲人定向行走培训64名，还选送20多名残疾人到广东省粤北培训基地进行养蜂、网络运营、SYB创业、初级电脑、盲人按摩和糕点制作等培训，部分残疾人培训后，自己主动创业促就业，走自谋职业的出路；按比例安排残疾人就业140多人，集中就业10人，分散就业130多人。

【残疾人就业保障金征收】 5月3日，该会与县地方税务局联合下发年审通知，对全县300多户各类型企业等用人单位开展年度劳动就业年审工作，大力推进残疾人就业保障金的征收力度，全年共征收保障金92万多元，为残疾人的就业和培训提供有力的经费支持。

【残疾人的权益保障】 做好残疾人两项补贴审核报送工作。加强与民政部门的沟通协调，保证按时发放两项补贴，维护残疾人的合法权益，全年发放重度护理补贴4776人、生活津贴2439人，让符合条件的残疾人享受到党和政府的温暖；落实残疾人的养老保险和医疗保险。以政府出资的方式为全县 5600 名重度残疾人及精神残疾人购买医疗保险，为 2956 名重度残疾人购买养老保险，并做好动态管理工作。

【宣传文体工作】 为提升残疾人的生活品质，该会在不同节日时期均开展相适应的残疾人精神文化活动。5月21日全国助残日，该会在残疾人康复中心广场举行以“推进残疾预防，健康成就小康”为主题的第二十七次全国助残日系列活动，為残疾人送上特别的祝福；与智诚文化合作，开展热心助残活动，为10名贫困残疾人送上5000元的“温暖包”；10月16日上午，为庆祝第三十四届国际盲人节，该会组织盲协、智协、精协等三个残疾人专门协会的残疾人及其亲友畅游省级自然保护区——青云山。

【信访维稳】 按照县委、县政府和综治信访维稳的有关精神，继续做好创建“平安翁源”信访维稳，重点做好残疾人信访维权工作，做到热情接访、及时受理、及时调处、及时救助、及时化解。全年共接待残疾人来信、来访11人次，有效地处理来信2件，实现“五无”的综治信访维稳工作目标。

【依法办证】 依据中华人民共和国残疾人证管理办法，加大宣传力度，严格核发残疾人证程序，依法依规发放残疾人证，让符合条件的残疾人享受应有的权益。8月22日，县扶贫办、县卫计局、县残联联合组织县人民医院专家深入到各镇（场）开展未评残的残疾（肢体、视力残疾）贫困人口残疾等次现场鉴定工作，即方便了群众，又提高了办事效率，对需要到县外进行残疾鉴定的，督促镇（场）、村、和驻村工作队，派车、派人协助评残工作，大大加快残疾人评残工作进度。是年新增核发残疾人证1593人，全县累计核发残疾人证10648人。

【慈善济贫】 是年，开展残疾人扶贫和慰问工作，慰问贫困残疾人家庭350户，为他们送去慰问品和慰问金共80000万元；为全县174名村（居）残疾人专职委员发放工作补助共208800元；1月10号上午，壹基金和韶关市立德会会同翁源县爱心志愿者来到翁源县残疾人康复中心给残疾儿童送温暖，共有30名残疾儿童受助得到壹基金温暖包；为57名下肢残疾人发放机动轮椅车燃油补贴15100元；为23名在校中、高等学校就读的贫困残疾学生每人给予600—800元的扶残助学金。

（赖鲜红）

县残联领导班子成员名单

理 事 长： 丘有忠

副理事长： 李学东　张俊富

法治 · 军事

政法委及综治

【概况】 是年，全县政法机关以中央、省委、市委政法工作会议精神为指导，以确保“四个不发生”为目标，增强责任感和紧迫感，充分履行职责，创新工作方式，为增创该县经济社会发展新优势，建设美丽幸福翁源提供安全保障。公安机关以“四个专项”和“三项重点工作”为抓手，深入开展“飓风2017”等专项行动，始终保持对各类犯罪的高压严打态势，遏制刑事案件的高发势头，维护全县社会治安稳定，群众安全感和满意度稳步提升，实现“发案少、秩序好、社会稳定、群众满意”的目标。全年全县共立刑事案件1317宗，破刑事案件611宗,刑事拘留593人、逮捕282人、起诉557人；受理治安案件1967起，抓获治安违法人员847人，治安拘留486人，强制戒毒74人。“飓风2017”专项行动年度考核排名全市第2名，执法质量考核全市第一名。检察机关共受理批捕案件198件277人，批准逮捕148件206人；受理审查起诉案件297件430人，起诉235件294人，不起诉50人；立案侦查贪污贿赂职务犯罪案件5件13人，均为涉农、扶贫领域职务犯罪，净化农村基层风气，该类立案位列全市基层院首位。审判机关贯彻宽严相济刑事政策，依法惩处各类刑事犯罪。共受理各类案件2549件，办结2172件，结案率为85.21%。其中，受理刑事案件260件，审结260件，判处罪犯344人；受理民商事案件1607件，审结1309件，其中调解、撤诉473件；受理执行案件674件，执结596件。“一审判决案件改判发回重审率”、“民事一审服判息诉率”及“实际执行率”三项指标均居全市法院前列。

【平安翁源建设】 制定《翁源县2017年平安创建重点工作任务责任落实方案》《翁源县2017年度平安创建暨综治信访维稳工作考评办法》等机制性文件，实行县领导联系镇（场）和分管条线包干责任制，与县直部门及各镇（场）、村（居）逐级签订责任书，将平安创建各项重点工作任务及社会治安综合治理责任分解落实到责任领导和具体责任单位，并把完成落实情况列入党政主要领导干部年度政绩内容。出台《翁源县2017年“平安细胞”建设工作方案》及验收考核办法，重点抓好平安村居、平安家庭、平安医院、平安学校、平安企业、平安宗教活动场所等“平安细胞”的建设。制定出台《翁源县2017年度学校及周边环境综合整治专项行动工作方案》，在全县范围开展“护校安园”联合整治大行动，确保校园及周边环境的安全、有序。加强严重精神障碍患者救治救助。组织公安、卫计、民政、残联等部门组建联席会议，落实监护人和协助监护人的主体责任，投入资金300万元，加大对全县2563名严重精神障碍患者的救治救助，并为每位监护人购买监护责任险，防止肇事肇祸事件发生。扎实推进“中心+网格化+信息化”建设。推进县镇综治中心实体化运作，以县城、镇（场）、村居（社区）和村民小组等为区域分级划分2007个综治信息网格，由网格员实行网格包干，巡查处理网格事务。加快全县综治信息化建设，投入160多万元开通固定终端198套、移动终端397部，建成启用视联网终端9套，并将移动终端配备到各级管理员、专干和网格员，基本实现县、镇（场）、村居（社区）和综治网格员业务工作流程一体化及线上线下无缝衔接。

【维护社会稳定】 印发《进一步落实领导干部2017年信访工作责任的意见》，全面压实领导干部信访维稳工作责任，县委主要领导亲自主持召开县委常委会、党政班子会、书记专题会、信访维稳形势研判会等各种会议23次，专题研究部署信访维稳工作，分析该县维稳安保形势，把做好维稳安保工作摆在第一位抓实抓严。专门制定《翁源县关于迎接党的十九大胜利召开确保政治安全的总体工作实施方案》及《翁源县十九大防护期信访维稳工作督查方案》，对全县七镇一场和29个重点县直单位及部分村委十九大防护期的维稳安保工作情况进行实地督查，有效推动矛盾纠纷和信访案件的排查化解。组建信访维稳突出问题处置化解工作专班，抽调人员集中办公，高效运作，共召开20多次信访维稳形势研判会商会议，研判核查重大涉稳线索42条540人次。成功劝返进京上访人员17批26人次，到省上访人员3批3人次，协助阳江、肇庆、清远劝返稳控拟进京上访人员1批12人次，确保全县实现“四个不发生”目标，社会持续稳定。

【社会矛盾化解】 狠抓源头化解，制定《2017年翁源县预防和化解社会矛盾总体工作方案》，建立12个专责小组，并按照社会矛盾纠纷常态化排查化解制度要求，重点期村（居）每天一次、镇（场）每周一次、县直单位每半个月一次开展横到边、纵到底的地毯式排查。对排查出的矛盾隐患，按照“属地管理、分级负责”和“谁主管、谁负责”的原则，层层落实责任，逐案建立工作台账，及时分析研判，制定方案，全力化解。全县共排查出矛盾纠纷1361宗，调处化解1252宗，化解率达92%。在十九大等重要时期，实行24小时值班制度，建立重大维稳信息的收集、研判和报告机制，及时准确全面掌握可能到省进京上访人员的动态信息，密切关注大规模到省集体上访、进京非访，以及跨地区、跨部门组织串联的动向。对全县185名重点人员，制定稳控责任方案和应急劝返预案，做到一人（事）一档案，实行专人看管和稳控，确保把重点人员、重点群体稳控在当地。

【邪教防范】 坚决打击“法轮功”等邪教组织活动。选定官渡镇及每个镇选定一个村，开展创建无邪教“三个一”示范工程活动。围绕“破大案、抓现行、挖团伙”三个环节，坚决遏制“法轮功”等邪教有组织的地下活动。破获一宗“法轮功”邪教组织人员案件，抓获犯罪嫌疑人1名。

【依法治县】 紧紧围绕法治县创建工作目标，全面推进依法治县，提高党委的依法执政能力和政府的依法行政能力，增强公民的法治意识和法治观念，法治建设工作取得明显成效。是年，该县被省委依法治省办和省普法办推荐为第四批全国“法治县（市、区）创建活动先进单位”。全面落实党政主要负责人履行推进法治建设第一责任人职责规定，建立健全各级党委定期听取法治建设工作汇报、研究法治建设重大事项制度，将法治镇（场）创建活动作为党委、政府和有关部门任期和年度责任目标的重要内容，纳入平安建设考核体系、县绩效考评内容。2017年，坝仔镇、官渡镇、周陂镇、新江镇、铁龙林场法治创建工作验收达标。推行党委政府法律顾问制度。在全市率先实行律师与县委、县政府班子成员“一对一”的法律顾问制度，提供优质、高效、及时、准确的法律服务，增强决策的科学性、民主性、合法性。推进一村（社区）一法律顾问工作，组织48名驻村律师和司法所签订法律顾问工作合同，确保174个村居都有律师进驻。印制法律顾问便民卡，组织顾问律师开展法治宣传、人民调解、法律援助等工作，积极维护社会和谐稳定。法律顾问共为该县群众出具法律意见3份、提供法律咨询1785人次、参与法治宣传573场次、参与调解案件6宗、法律援助案件8宗，其他法律事务94件。

【社区矫正工作】 加强基层基础建设，规范基层社区矫正执法工作，定期对全县社区矫正执法工作进行全面检查，查找问题，及时整改。加强社区矫正信息化工作，充分运用广东省社区矫正管理信息系统和手机定位管理，对需要重点监管的社区服刑人员进行实时监控，提高执法效能。召集全县司法所所长召开社区矫正工作推进会议，通报全县社区矫正执法工作检查情况，总结了成绩，分析了不足和问题，提出了整改措施，并对下一阶段工作作部署和要求。加强社区矫正业务培训，落实分级培训计划和任务，加强基层社区矫正工作人员法规政策、基础执法业务培训，提升社矫工作人员的业务水平。切实加强教育矫正、监督管理，强化安全防范措施，强化撤缓收监管理，确保社区矫正工作安全持续稳定。至11月25日，全县在册人员数为210人，累计接收社区服刑人员737人，解除矫正527人，再犯罪率控制在全省的平均数之内，没有发生再犯罪的个案。

【政法队伍建设】 推进司法体制改革。县法院完成法官及司法辅助人员遴选工作，遴选出入额法官18名，并公开招考19名司法辅助人员。围绕“让审理者裁判，由裁判者负责”的目标，构建权责统一的审判权力运行机制，完善院庭长办案机制，改革审判委员会工作机制，建立审委会讨论案件过滤机制，组建“法官+法官助理+书记员”（1+1+1）的新型审判团队。县检察院完成2批17名入额检察官的遴选，招录16名司法辅助人员，按新模式组建17个办案组织，制定检察官办案责任制、检察官职权划分等规定，确保检察工作顺利开展。强化理论学习，坚定理想信念。全县政法各单位采取党组（党委）理论中心组学习、集中培训、辅导报告、巡回宣讲等形式，创新方式开展思想政治和纪律作风教育，促进学习教育常态化制度化，增强广大政法干警的政治意识、大局意识、核心意识、看齐意识。充分发挥先进典型的教育、激励和引导作用，用先进典型引领核心价值观建设，通过报告会、研讨会、主题演讲等形式，引导广大干警学习先进事迹和崇高精神，对党忠诚、恪尽职守，做忠诚使命的典范。加强专业技能培训，推进队伍正规化、专业化、职业化建设，增强基层一线干警应急处突、化解矛盾和群众工作能力，推进科技创新应用，提升舆情引导和新媒体应用能力，学习运用大数据分析和解决问题，提高办案预测预防和服务群众的能力和水平。

（何喜添）

县政法委领导班子成员名单

书　　记： 陈路生

常务副书记： 李天生（2017 年 04 月—）

专职副书记： 廖家炉（2017 年 04 月—）

叶俊桓（2017 年 04 月—）

专职委员： 官永辉（2017 年 04 月—）

黄学文（2017 年 04 月—）

李金添（2017 年 04 月—）

何小敏（2017 年 04 月—）

公　安

【概况】 2017 年，县公安局紧紧围绕“确保党的十九大顺利召开”这一主题主线，以“四个专项”和“三项重点工作”等重点工作为抓手，以争创一流为目标，以改革创新为动力，以提升群众安全感满意度为重点，主动适应治安维稳新常态，扎实有效地开展“飓风 2017”专项打击整治工作，有力维护全县政治和治安大局持续稳定。是年，全县共立刑事案件 1317 宗，破刑事案件 611 宗，刑事拘留 593 人、逮捕 282 人、起诉 557 人；实现命案全破，全县命案现案发 1 破 1，命案发案率处于较低水平、破案率保持 100%；受理治安案件 1967 起，抓获治安违法人员 847 人，治安拘留 486 人。全局有 4 个单位被评为全省先进单位，2 个单位荣立集体三等功，2 名民警荣立个人二等功，14 名民警荣立个人三等功，6 名民警被评为省、市先进个人，21 名民警受到县、市局嘉奖。

【党风廉政建设】 大力治理为警不为激励干事创业，严格开展纪律教育学习月活动，深入推进党风廉政建设，狠抓中央“八项规定”、公安部“三项纪律”等纪律条令的贯彻落实，增强全体民警党性观念，转变工作作风，提升履职能力和服务水平。成立了党风建设目标管理责任领导小组，局长与局领导班子成员，局领导班子与分管部门“一把手”，部门“一把手”与民警签订《党风廉政建设责任书》，做到一级抓一级，确保党风建设工作落到实处。年内共开展现场、暗访督察 101 批次，督导检查内部单位、部门 225 个次，网上执法督察、视频督察累计 401 小时，共受理上级转办、群众来信来访 44 件，移送县纪委违纪线索 7 条，移送处理 4 起。

【队伍正规化建设】 坚持政治建警，从严治警，素质强警，从优待警，文化育警，大力加强队伍正规化建设力度，努力打造一支政治坚定、业务精通、作风优良、执法公正的过硬队伍。安排 2 名民警参加省厅组织的基层所队长警衔晋升训练班学习，安排 12 名民警参加市局 2017 年实战训练班培训学习，安排全局 323 名公务员分 6 期参加《习近平总书记重要批示精神学习》培训学习，提升队伍政治理论素养和职业操守；以十九大安保维稳为主线，大力推行“轮训轮值、战训合一”训练模式，抽调基层派出所、机关单位 80 名民警（辅警）开展维稳处突演练集训，认真抓好民警、辅警人员实用知识和实战技能培训，切实提升队伍整体素质；积极推进各项警营文化建设，4 月 14 日，协助市公安局办好“韶关好警察”事迹巡演（翁源站）活动，5 月 24 日至 26 日组队参加全市公安机关手枪新能手射击比赛，12 月 26 日组织 10 名功模民警前往遵义开展党性锤炼培训活动，12 月 28 日组织全局青年民警开展“牢记使命，迎接新时代跨年跑”活动。通过组织民警参加各类文体活动，培养民警健康良好、积极向上的生活情趣，营造生机勃勃、团结和谐的警营氛围。

【执法规范化建设】 坚持“谁主办、谁负责”的原则，严格遵循执法过错责任追究有关规定，加大对案件审核考评力度，确保全局办案质量和打击成效；积极推行“阳光警务”，以公开常态、依法实施、便利群众为原则，在县政府门户网站设置专栏，将行政处罚决定等事项全部公开，确保了执法透明、规范、公开。年内共考评刑事案件1317次、行政案件1967次，一案一考率、扣分率、整改通知发送率都达到或超过上级关于“执法质量全程考”的规定。是年执法质量考评在韶关各县（市、区）名列第一名，并被广东省公安厅评为全省县级公安机关执法质量优秀单位。

【警务改革化建设】 大力加强基础设施建设，投资100万元，高标准、高质量完成周陂、官渡、附城派出所及官渡、翁城中队、监管场所等基层所队办公场所的优化改造；大力推进装备建设，先后投入551万元，为基层采购大批单警装备、通讯指挥设备、执法记录仪、个人防护等执法执勤装备，确保民警日常执法安全。

【便民服务】 推进便民利民措施，简化申办出入境手续，加强对出国护照、出入境通行证的申领管理工作，深入推进公安政务网站、网上办事大厅和24小时自助办证设备建设，拓展便民服务渠道；大力推进“翁源公安”微信公众平台建设，及时向群众发布预警信息、宣传防范知识等信息795条，让群众自觉遵守相关法律法规和管理规定，实现从“小微信”到“大警务”的转变。

【社会维稳】 以维护全县大局政治稳定为中心，深入开展矛盾纠纷排查化解，努力将其解决在基层、化解在萌芽状态。年内共调处、化解各类不稳定因素苗头472起，关停重点网站26家，处理网上舆情及有害信息219条，查处散布谣言和传播暴恐视频案件5起，受理信访事项46起，办结43起，办结率为93.47%。高质量完成“两节”、“两会”、“一带一路”国际合作高峰论坛、香港回归20周年、省十二次党代会、金砖国家领导人厦门会晤、国庆、中秋、中共十九大等多个节点的安保任务；大力开展信访积案攻坚化解活动，成功化解公安部交办的“罗发钦信访案”“陈红娣信访案”和省公安厅交办的“郑学华信访案”“官其镇信访案”。

【“飓风 2017”专项行动】 举全局之力、聚全警之智，对涉盗抢、涉毒、涉电信诈骗、涉金融领域犯罪发起凌厉攻势，翁源“飓风2017”专项行动综合排名位居全市第2名。在打击涉毒犯罪方面，全县共侦破涉毒刑事案件28宗，行政拘留262人，强制隔离戒毒73人，逮捕24人。在打击涉盗抢犯罪方面，共破获涉盗抢案件472宗，逮捕79人，起诉75人。在打击电信网络诈骗犯罪方面，破案10宗，逮捕8人，起诉5人。在打击金融领域犯罪行动方面，破案10宗，刑事拘留16人，逮捕10人，挽回经济损失850多万元。

【山水林田湖保护】 深入开展山水林田湖保护修复铁拳行动，采取有效措施，有效遏制破坏生态环境资源非法活动。年内共立刑事案件76宗（其中非法采矿16宗、污染环境3宗、非法占用农田地9宗、盗伐滥伐林木26宗、非法经营稀土3宗、非法收购野生动物1宗、失火案18宗），刑事拘留70人，移送起诉40人。

【治安防控】 大力推进社会治安防控体系“八张网”建设，在强化推进“实有人口、实有房屋”、“门禁+视频”、物流寄递“三个100%”等传统型防控要素布建的同时，重点推进视频卡口建设、信息网络防控网建设、社会数据信息采集整合等科技型防控要素建设，着力提升动态化、信息化条件下社会治安管控能力；继续深化“百警进社区、为民保平安”活动，结合十九大安保任务，抽调机关警力加强县城街面巡逻，极大地提高街面见警率，有效遏制街面违法犯罪的发生；按照“逢疑必查”要求，全面查控、封锁各类不安全因素，特别是重点查控涉嫌有组织非法偷越国境、实施暴恐犯罪行为、非法营运的嫌疑人员及车辆，有效提高对人车物的安检率。

【禁毒综合治理】 积极完善禁毒网格化管理，通过购买社会服务方式，做好吸毒人员在册登记、社区戒毒、社区康复等工作；充分发挥“禁毒办”的统筹协调作用，借助禁毒委成员单位和社会力量，扎实开展“6.27”、“8•31”工程，真正做到禁毒工作预防宣教、执法打击、社会帮教“三驾马车”同时发力。

3月14日，该局就2016年11月14日破获的制毒工厂案召开一场新闻发布会，中央、省、市各级媒体参加此次发布会，从多角度展示该局破获该案的精准迅速以及对涉毒犯罪的强大打击力度，并营造强大的社会舆论声势，有力震慑涉毒违法犯罪活动。6月23日，县公安局牵头举办“2017全民禁毒环城健步行”活动，引发群众对禁毒话题的讨论，实现“珍爱生命、远离毒品”的禁毒宣传目标。

【出入境与往来港澳台管理】 加强常住人口的管理，认真做好公民申请办证工作。年内共审核审批各类户籍申请材料6657份、发出准予迁入证明、入户证明共875份，审核、签发居民身份证23231张，审批制发临时身份证5027张，审核审批户籍申请材料中发现、收缴假出生医学证明9份；受理出入境各类申请材料24465人次，其中申请办理港澳通行证、赴台通行证及签注19537人次；申请办理护照4898本；赴港、澳、台定居申请30人。

【交通安全管理】 严查严管各类交通违章违法行为，深入开展城区道路交通秩序专项治理，以“五个不发生、一个下降”为工作目标，从源头上控制和减少各类交通事故发生。年内共查处交通违法行为84634起，查扣交通违法车辆17823辆，移送刑侦部门被盗嫌疑机动车16辆，查处酒后驾驶133人（其中醉酒驾驶21人）、无证驾驶786人，行政拘留72人，刑事拘留43人；共发生道路交通事故72宗，死亡12人，受伤85人，经济损失18.82万元，道路交通事故四项指数与去年同比分别下降6.49%、20%、13.27%、81.79%，交通安全形势持续稳定；共办理汽车注册登记2787辆、摩托车注册登记1994辆，汽车年审7504辆、摩托车年审4434辆；受理小车驾驶员考试5516人，换驾驶证955本、补行驶证317本。

【消防安全管理】 大力推进消防安全网格化管理，扎实开展火灾隐患“大排查、大整治”专项行动，对发现的火灾安全隐患，做到及时督导整改；年内共接消防警178起，出动178次（含增援），出动消防车287辆次，消防人员1502人次，抢救被困人员25人，疏散人员297人， 抢救财产价值67.1万元。

【监管场所安全管理】 全面规范在押人员的管理、教育、收押、提讯和监所安全防范程序；牢固树立“安全第一”意识，坚持对在押人员进行安全风险评估，实行分级管理，将重大级风险的押员一律纳入24小时管控，重点谈话教育，确保其思想稳定、减少安全隐患。年内，看守所累计关押各类违法犯罪人员551人，拘留所累计关押各类违法人员481人。

（丘振良）

县公安局领导班子成员名录

局　　长：连卫

政　　委：陈永才

党委书记：曾桓那

副 局 长：郑文芳　林金华　林发贵

党委委员、政工办主任：陈水养

检　察

【概况】 是年，县检察院内设政工科、办公室、反贪污贿赂局、反渎职侵权局、侦查一科、侦查二科、职务犯罪预防科、侦查监督科、公诉科、监所检察科、刑事控告申诉检察科、民事行政检察科、案件管理中心、司法警察大队14个职能机构（均为副科级），下设江尾检察室和官渡检察室2个派出机构（均为副科级）。至年底，全院在职人数49人，其中在册检察干警46人，工勤人员3人,新招录司法辅助人员16人；本科学历人数46人，占全院人数的70%。是年，该院紧紧围绕县委、县政府中心工作，以开展涉农、扶贫领域职务犯罪专项打击活动为契机，全面履行检察职责，查办贪污贿赂、渎职侵权等职务犯罪和打击各类刑事犯罪，为维护翁源县社会稳定和保障经济建设做出积极贡献。全年，全院涌现出一批先进集体和个人。县检察院在全市基层院量化考核中荣获总分全市第一名，反贪局、反渎局、预防科、侦监科在全市检察机关基层院年度考核中获得“全市业务考评”第一名；控申科。我院被评为全市先进基层检察院，余琼星获得个人三等功荣誉称号，沈晖检察长获得韶关市优秀基层检察荣誉称号。

【查办职务犯罪与预防教育】

严肃查处腐败案件　重点开展查办与预防涉农领域职务犯罪专项工作，特别是涉农扶贫领域职务犯罪，认真把握当前贪污贿赂犯罪新规律、新特点，坚持查细、查透，深入挖掘窝案、串案、案中案。全年反贪部门共立案5件13人，其中涉农扶贫领域5件13人，位列全市基层院首位。移送审查起诉5件13人，涉案金额达500多万元。反渎部门立案3件4人，移送审查起诉3件4人。由院反渎局立案侦查的清远市龙塘镇派出所所长温某、中队长廖某涉嫌滥用职权罪，移送起诉到清远市中级人民法院做出有效判决，此案件的办结得到省公安厅纪委的充分肯定，将这些案例列为纪律教育典型案例，在全省公安系统通报。该案件的办理有力地打击公安系统渎职犯罪犯罪现象，切实维护广大农民群众的切身利益。

预防教育　全力调动社会各方积极性，逐步形成社会化大预防格局。开展形式多样的日常预防工作。通过干部培训、案例剖析、编发预防信息等形式，扎实开展职务犯罪预防工作。全年共对7宗案件深入开展“五个一”(即对检察机关查处的职务犯罪案件开展“一案一剖析、一案一建议、一案一教育、一案一整改、一案一回看”）工作，接受法律咨询300多人次，全面深化和拓展办案效果；积极开展行贿犯罪档案（指检察机关为预防贿赂犯罪，促进社会信用体系建设，运用计算机对行贿犯罪信息进行分类录入、存储和管理而形成的档案）查询工作。完善行贿犯罪档案查询机制，提供查询413次。积极延伸预防工作触角，深入开展检察官“五进”(进单位、进班子、进支部、进岗位、进家庭）活动，深入乡镇村委一级开展法制宣讲、警示教育31次，接受上课单位和其他法律咨询166次，开展职务犯罪分析10次，提出预防检察建议10份，向市院预防科和县直副科以上单位发出预防信息11期，撰写专题调研文章6个课题。结合检察职能，对国家投资的重大惠民工程建设进行专项预防2项。印制200份涉农领域职务犯罪宣传挂图，2000份阳光检务手册发放到每个村小组，真真实实把涉农领域职务犯罪预防工作落实到基层。因预防工作成效显著，全市涉农职务犯罪典型案例剖析会暨村干部变村霸警示教育活动在该县召开。

【查办各类刑事案件，维护公平正义】

侦查监督　侦监部门立案监督、侦查活动监督与审查逮捕三项工作齐头并进，全年共受理批捕案件198件277人，经审查，批准逮捕148件206人，不批准逮捕66人。发出逮捕案件继续侦查意见书43份，补充侦查提纲29份。发出侦查活动监督通知书39份，发出检察建议书11份。监督公安机关立案3件，建议行政执法机关移送涉嫌犯罪的案件共16件20人。积极开展派驻检察室对公安派出所刑事执法监督工作。对官渡派出所的刑事执法监督工作进入常态化。由于“两项监督”(刑事立案监督和刑事侦查活动监督）工作成效显著，涂某华非法采矿案例在省院作为经典案例选登。院侦查监督科获得全市业务考核第一名。同时，积极践行以人为本理念，贯彻落实宽严相济刑事政策。依法掌握逮捕和起诉条件，通过开展继续羁押必要性审查、刑事和解、检调对接(指检察机关依托社会矛盾纠纷大调解机制，以和谐司法的理念和调解的方式，在法律规定的框架内，有效化解检察环节各类矛盾纠纷的工作机制）等工作。加强对侦查活动的监督。通过提前介入大要案及审查案件退回补充侦查，引导侦查机关依法全面收集证据。

审判监督　是年，受理审查起诉案件297件430人，其中起诉至法院235件294人，不起诉50人；成功追诉漏犯7件9人，公诉部门发出纠正违法通知书9份、检察建议21份。针对严重刑事犯罪高位运行的情况，加强与公安、法院等部门配合，积极参与“打黑除恶”、反“两抢一盗”等专项行动。对于强奸、绑架等严重暴力犯罪案件提起公诉11件12人；对“两抢一盗”等多发性侵财案件提起公诉40件59人；对黄、赌、毒案件提起公诉34件45人；对破坏生态环境和危害食品药品安全案件提起公诉3件3人。

推进刑事执行监督　积极开展社区服刑人员脱管、漏管专项检察活动，通过查阅档案、约谈走访、建立台账等方式。积极探索刑事裁判涉财产部分执行检察监督工作，对刑事判决中罚金、罚没款和查封、扣押财物处理不到位等情形，督促移送执行。加强对监管活动的检察，完成“两网一线”工程建设，实现检察管理信息系统与看守所监管信息系统联网，防止超期羁押、脱逃等问题发生。开展安全防范大检查12次，与在押人员谈话121次，开展羁押必要性审查工作，发出羁押必要性审查建议书22份，均被采纳。加强对刑罚执行情况的检察，向看守所提出书面纠正违法通知书10份，均被采纳；加强对看守所、社区纠正工作情况进行监督，纠正脱管漏管27人次。以“全国检察机关财产刑执行专项检察‘回头看’

活动”为契机，继续核查财产刑执行案件底数，持续监督纠正存在的问题，促进财产刑执行活动依法、公正、规范进行。

拓展民事行政检察　认真贯彻落实新修订的民事诉讼法的规定，强化依法监督、监督与支持并进的理念，切实解决群众反映突出的问题。共受理各类民事行政案件 16 件，其中审结 11 件，提请抗诉 1 件，息诉处理 4 件。积极探索开展违法行为调查、公益诉讼等新的监督方式，受理公益诉讼案件 3 件，经诉前程序发出检察建议书 2 件，提起诉讼并胜诉 1 件。自 2016 年开展公益诉讼试点工作以来，该院民行部门共立案审查公益诉讼案件 7 件，其中试点中立案审查 5 件，追缴罚款 147 万多元。近期，该院还将对排查出来的畜牧部门失职造成国有资产流失线索立案审查，拟立案 2 宗，对 2 宗因农机部门失职致使农机购置补贴资金流失的案件立案审查，发出诉前检察建议书，至年底涉案单位正积极追缴流失的国有资产。

【检察改革】　以制度创新为核心，以公平正义为目标，积极回应人民群众期盼，深化司法改革工作。

推行检察官员额制　全面启动司法责任制改革，开展员额检察官遴选工作，从现有检察官队伍中遴选出 18 名业务水平高、司法经验丰富的检察官入额，按照省检察院“以案定额、以职能定额”的意见，员额检察官全部配置在侦监、公诉、反贪等一线业务岗位,把“谁办案谁负责、谁决定谁负责”落到实处。建立各类检察人员职务序列，完成“员额检察官、检察辅助人员、司法行政人员”分类管理，整合人才资源，充分调动工作积极性。

实行检察权运行新机制　围绕司法责任制要求，突出检察官司法办案的主体地位，在反贪、反渎、侦监、公诉等部门设立 13 个检察官办案组织，规范检察官与检察辅助人员在司法办案中的职责权限和分工。新办案模式运行后，减少办案审批环节，赋予检察官更多的权利，侦监部门办案人员人均受理案件增长 13.7%，人均审结案数增长 22%，每案平均办案天数缩短 0.59 天。公诉部门办案人员人均受理案件数增长 50.8%，人均审结案件数增长 40%，每案平均办案天数缩短 0.12 天。司法改革后，办案效率得到明显提升，办案力量明显增强。深化内设机构改革,使各项业务实现“扁平化”管理，突出检察官主体地位，促进检察队伍专业化职业化建设。按照市院工作部署从 11 月份起开始试点运行新的内设机构“3+2”（即诉讼监督部、刑事检察部、反贪污贿赂局、政治工作办公室、检务保障办公室）模式运行。机构改革后的业务部门负责人均由副检察长担任，各办案组长均由入额检察官担任，严格贯彻落实司改要求配备检察官助理和书记员。

工作机制改革　推进涉检涉诉信访改革，建成全国四级检察机关全联通的远程视频接访系统，进行远程“面对面”接访。完善办案规范体系，建立批捕起诉环节讯问犯罪嫌疑人、轻微刑事案件快速办理等机制，细化量刑建议、刑事立案监督、民事执行监督等环节执法标准和程序，开展涉检信访案件评查，依法纠正确有瑕疵的案件4件，针对发去是年来组织案件评查25件，预警提醒案件32件，执法风险评估378条。深化人民监督员制度改革，改变选任方式，拓展监督范围，强化人民监督员对重点案件、重要办案环节的监督，健全检察权运行的外部监督制约机制。

监察体制改革　该院高度重视，坚决拥护改革、自觉支持改革、全力配合改革。确保此次改革该院人心不乱，队伍不散，工作不断，积极配合完成好国家监察体制改革各项工作，以实际行动诠释对党的忠诚。至年底各项工作稳步推进，涉转隶干警思想稳定，均表示支持配合国家监察体制改革试点工作，确保改革试点工作顺利推开。

【监督管理】　全面贯彻从严治检要求，以正规化、专业化、职业化为方向，围绕提高队伍思想政治素质、业务工作能力、职业道德水准，着力深化检察能力建设。

队伍建设　深入推进“两学一做”学习教育常态化制度化，努力打造忠诚干净担当的检察队伍。突出领导班子建设，严格落实《领导干部带头司法办案暂行规定》，充分发挥领导干部的示范引领作用。坚持逢会必学、认真贯彻“三会一课”制度，积极参加上级检察机关组织的各类业务竞赛、书画摄影培训、篮球赛等活动，推进检察队伍的专业化、职业化建设。

专项整治　以清单化排查、项目化推进、模板化办案、制度化规范、日常化督查等“五化”（清单化、项目化、模板化、制度化、日常化）工作为抓手，认真组织落实关于高检院党组第三巡视组对广东省检察院党组巡视“回头看”反馈意见整改工作。广泛听取意见，建立台账并及时整改发现的问题。建立案件质量全程监控机制，制定《案件流程监控工作办法》《案件质量评查工作办法》等文件，强化案件办理的内部监督，规范司法行为，提高办案质效。

作风建设　认真组织干警学习贯彻廉洁自律准则和纪律处分条例，着力加强党风廉政建设。将每年7—9月设为“纪律作风警示教育月”，将党风廉政建设“两个责任”落实到每一天、每个人、每件事；完善干警重大事项报告制度，对干警廉洁情况实行全方位动态管控；建立阳光监督平台，制定《检察人员纪律考勤制度暂行规定》，积极尝试纪律作风建设的新机制、新办法；综合运用“四种形态”，通过纪检约谈、提醒谈话、诫勉谈话等形式，做到苗头性、倾向性问题早发现、早处理，确保队伍忠诚、干净、担当。

【创新社会管理】

主动服务经济发展新常态　紧紧围绕县委的工作部署，依法打击危害公共安全、人身财产安全和市场经济秩序的犯罪，扎实做好排查、预防、化解涉检信访矛盾纠纷工作。全年共起诉金融诈骗、非法经营等破坏社会主义市场经济秩序犯罪5件7人，涉案金额达300多万元。公开审查案件3件，开展国家司法救助案件3件，发放救助金6.1万元，受理国家赔偿案件1件3人，发放国家赔偿金17.78万元。

法治宣传　健全司法办案社会风险防范预警机制，完善对特殊群体的司法保护机制，推进未成年人检察工作专业化建设，成立“翁检法航”宣讲队，与教育局联合开展为期三年的加强未成年人法治宣传教育进校园活动。选派21名年轻干警以法治副校长的身份进驻全县各中学（中心小学），帮助在校学生形成正确的世界观、人生观和价值观，让学生萌发法律意识，知法守法。全年开展法制宣讲多达20次，接受法制教育的学生达6000多人，发放法制宣传手册3000多份。该院制作《反对校园欺凌，共建和谐校园》主题动漫视频，在中小学、电视台及县城电子屏幕循环播放，并利用“两微一端”等新媒体向社会各界广泛宣传，引起极大的反响。

社会维稳　畅通群众利益诉求渠道，全年接待群众来信来访59人，接待来访群众200多人次。努力为群众排忧解难。积极回应人民群众关注的热点问题，深入开展危害食品药品安全犯罪专项立案监督活动，共起诉制售有毒有害食品、假药劣药等犯罪3件3人；深入分析案件暴露出的监管问题，及时发出检察建议书1份，确保人民群众吃得放心，用药安全。加强与行政执法单位衔接，推进两法衔接常态化，建议移送侦查机关立案16件20人。针对群众反映强烈的在翁源境内多处地方发生非法倾倒重金属垃圾现象，该院提前介入，引导公安机关侦查的官渡镇新南村黄某等5人因涉嫌污染环境罪被该院逮捕，至年底，该案件已移送审查起诉。

（刘佗）

县检察院领导班子成员名单

党组书记、检察长：沈晖

党组成员、副检察长：朱永平、沈勇明、郑国锋

党组成员：黄德聪

法 院

【概况】 2017年，翁源县人民法院内设立案庭、刑事审判庭、民事审判庭、民事审判一庭、民事审判二庭、行政审判庭、审判监督庭、执行局、政工科、纪检监察室、办公室、研究室、司法行政科、书记员管理办公室、司法警察大队等14个职能部门。下辖官渡人民法庭和江尾人民法庭2个法庭。现有在职干警63人，职工6人。

是年，翁源法院认真学习贯彻习近平新时代中国特色社会主义思想，紧紧围绕“努力让人民群众在每一个司法案件中都感受到公平正义”的目标，不断深化司法体制改革，切实服务翁源经济民生，为翁源“主动融入珠三角，加快实现绿色崛起”的总战略贡献强大的司法保障力量。

【刑事审判】 依法惩罚犯罪，保障人权。全年共受理刑事案件260件，审结260件，结案率为100%，共判处罪犯344人。其中，审结盗抢骗、涉赌毒等危害社会治安犯罪案件152件226人，审结伤害、性侵等侵害人身权益犯罪案件24件27人，审结非法吸收公众存款、生产销售有毒有害食品、制假售假等破坏市场经济秩序犯罪案件5件10人。坚持宽严相济、认罪认罚从宽等刑事政策，该严则严，当宽则宽，确保罚当其罪；坚持罪刑法定、疑罪从无，保障无罪的人不受刑事追究；加强涉未成年人案件审判，完善社会调查、社区矫正机制，保护未成年人合法权益。

【民事审判】 保经济、重民生，调判结合，促进社会和谐。全年共受理民商事案件1607件，审结1309件，结案率为81.46%，其中调解、撤诉473件。受理民间借贷、金融借款等经济纠纷类案件285件，审结276件，其中调解、撤诉128件；促进该县“五大会战”中“现代农业”及“农村奔康”两大会战顺利开展，该院着重调处涉农矛盾纠纷案件，高度重视民生权益重点保护案件的妥善审理，切实将司法保障民生落到实处。全年共受理涉农、涉民生案件416件，审结408件，其中调解、撤诉158件。

【行政审判】 自2017年起，韶关地区行政案件实行“集中管辖”制度，翁源法院不再受理行政案件。在此项工作承转过程中，坚持办好已受理的各类行政案件，积极落实关于行政机关负责人出庭应诉有关规定，行政机关负责人出庭应诉率达66.67%。全年已受理的行政案件共6件，已全部办结。

【执行工作】 紧紧围绕全省法院“基本解决执行难”及“攻坚2017”执行工作目标，成立以院长为组长的“基本解决执行难”领导小组，集中调配资源，灵活运用执行方式，综合利用查控系统，理顺公检法联合打击机制，开展各项解决执行问题的专项行动。全年共受理执行案件674件，执结596件，结案率达88.43%，执行到位金额达1949.99万元。

【司法公开】 健全审判流程、庭审活动、裁判文书、执行信息四大公开平台，拓展司法公开的广度和深度。加强庭审公开，目前已在“中国庭审公开网”直播庭审20余次；落实文书公开，全年在中国裁判文书网公开裁判文书660份；强化执行信息公开，在执行信息网公开失信被执行人信息170多条。让人民群众看得见、感受到司法的公平正义。

【司法体制改革】 围绕“让审理者裁判，由裁判者负责”，稳步完成法官员额制改革，20名员额法官全部投入一线办案；建成5个数字化法庭，全面升级江尾、官渡2个基层人民法庭基础服务设施，让诉讼服务更加便民利民；扩大司法公开，至年底已在“中国庭审公开网”直播庭审20余次，在中国裁判文书网公开裁判文书660份，在执行信息网公开失信被执行人信息170多条；推进人

民陪审员制度改革，确保人民陪审员依法有效履职，全年共邀请人民陪审员参加陪审1389人次，陪审案件746件，同比分别增长93.72%、61.11%。

【综合治理】 是年，该院成立由院领导带头的“涉法涉诉信访案件矛盾化解领导小组”，顺利化解6件涉法涉诉信访案件，结案率为85.71%；贯彻落实“谁执法、谁普法”，全年在《韶关日报》《南方法治报》等纸质媒体发表以案说法稿件共计65篇次，并通过制作法律专题宣传片、开通法院微信公众号、举办法院开放日活动等强化法治宣传效果。

【队伍建设】 以习近平新时代中国特色社会主义思想为指导，要求全院干警深入学习十九大精神要义，牢固树立“四个意识”，以零容忍的态度严惩司法腐败；以业务技能培训及理论调研为抓手，提高法官职业素养和履职能力。全年干警共计参加业务培训学习468人次、撰写学术论文8篇、调研类文章5篇、典型案例分析16篇。

【存在问题】 主要表现在：审执效率仍有提升空间；法官的司法能力与审判工作要求和人民群众对司法工作的期待相比还有一定差距；审判资源配置、人员分类管理、薪酬制度等配套改革工作需完善；距离“基本解决执行难”工作目标还有明显差距。

（朱凯丽）

县法院领导班子成员名单

党组书记、院长：肖裕忠

副院长：胡元洪　郭胜添　陈理广

司法行政

【概况】 根据2013年12月25日翁机编字关于印发《翁源县法律援助处机构编制方案》的通知，整合县法律援助处、县公职律师事务所，组建翁源县法律援助处，为翁源县司法局管理的公益一类正股级事业单位，编制8名。2017年6月15日，经中共翁源县委批准，设立中国共产党翁源县司法局党组。2017年，翁源县司法局内设政工科、办公室、基层工作管理股、宣传教育股、公证律师管理股、社区矫正股，下辖坝仔、江尾、龙仙、周陂、官渡、翁城、新江、铁龙8个司法所，行政总编制39名，其中局机关18名、司法所21名。

是年，该局紧紧围绕县委县政府的中心工作及县政府工作要点责任分工，充分发挥职能优势，积极推进司法行政各项工作，为该县“十三五”时期经济社会发展和中国共产党第十九次全国代表大会胜利召开营造和谐稳定的社会环境。

【普法教育】 法治宣传教育工作扎实推进。通过举办咨询活动、法治讲座等形式，开展志愿服务活动、“三八”国际妇女节送法进企业、“3•15”国际消费者权益日、“4•15”、“6•25”系列主题宣传活动，广泛宣传《消费者权益保护法》《妇女权益保护法》《反家庭暴力法》《国家安全法》《禁毒法》等常用法律法规，持续开展“法律六进”活动。落实国家机关“谁执法谁普法”责任制，推动“七五”普法深入开展。9月22日，县普法办在县政府小礼堂召开全县“谁执法谁普法”责任制落实推进会，推动各单位各部门自觉承担普法工作责任。通过成立法治宣传联络员队伍，加强法治宣传工作信息上传下达、互通共享，形成齐抓共管的“大普法”工作格局。认真贯彻落实上级文件精神，落实“建立法官、检察官、行政执法人员和律师等以案释法制度”重大举措，完善以案释法工作制度。积极开展该县省级民主法治村（社区）创建活动。根据《广东省民主法治村（社区）创建活动方案》和《翁源县2017年全面依法治县工作要点》文件要求，全年申报创建省级“省民主法治村”数额为70个，其中村62个，社区8个，达到省级创建标准。

【基层司法行政】 人民调解工作持续发展。做好春节期间矛盾纠纷调处工作。在春节和省“两会”期间，为及时有效地解决和消除社会不稳定因素，预防和减少新的矛盾纠纷，确保春节和省“两会”期间的社会稳定，集中组织开展矛盾纠纷排查调处活动；开展“保稳定、促和谐”矛盾纠纷排查化解专项活动。根据上级司法行政机关文件精神，该局于3月到12月底，在全县各级调委会开展“保稳定、促和谐”矛盾纠纷排查化解专项活动，印发实施方案下发到各司法所，由各司法所组织辖区内调委会进行排查调处；继续抓好镇、村人民调解检查指导工作。7 月中旬，组织 3 个检查组，由副局长带队分别到各镇（场）检查指导人民调解工作，指出人民调解工作存在问题，提出有关指导意见；做好《中华人民共和国人民调解法》执法检查工作。9 月中旬，该局分管副局长杨洪泽和有关工作人员陪同县人大副主任王迅东及其他人大委员，分别到坝仔、龙仙进行执法检查，并分别召开座谈会，检查组一行对该县贯彻实施《中华人民共和国人民调解法》工作情况给予充分肯定，并对今后人民调解工作提出意见。11 月 22 日至 24 日，开展全县人民调解工作检查，重点检查 8 个司法所和每个镇抽查 6 个村调委会的工作。截止至 11 月 25 日，共接收各类矛盾纠纷 1341 宗，调解 1341 宗，调解率达 100%，调解成功 1331 宗，调解成功率 99%以上。

【安置帮教】 安置帮教工作落实到位。认真贯彻落实中央、省、市有关做好刑释解教人员安置帮教的有关会议文件精神，切实加强机构建设、组织网络建设、工作制度建设；积极开展安置帮教工作，对于刑释解教人员，各安帮站能够按要求做到五个“及时”，即及时造册建档、及时家访、及时签订帮教责任书、及时进行法制教育、及时制定和落实帮教措施。抓好罪犯信息核查工作。至年底，已完成服刑人员信息核查 234 人；做好服刑人员《特别家书》的回复工作，把家书回复作为对服刑人员的提前帮教工作。至 11 月 25 日，全县共接收回归刑释人员 171 人，安置就业 170 人，安置率 99%以上，帮教 171 人，帮教率 100% 。

【社区矫正】 社区矫正工作成绩显著。加强基层基础建设，规范基层社区矫正执法工作，定期对全县社区矫正执法工作进行全面检查，查找问题，及时整改；加强社区矫正信息化工作，充分运用广东省社区矫正管理信息系统和手机定位管理，对需要重点监管的社区服刑人员进行实时监控，提高执法效能；召开社区矫正工作推进会议及举办业务培训班。6 月 21 日，召集全县司法所长召开社区矫正工作推进会议，通报第二季度全县社区矫正执法工作检查情况，总结了成绩，分析了不足和问题，提出整改措施，并对下一阶段工作作部署和要求；加强社区矫正业务培训，落实分级培训计划和任务，加强基层社区矫正工作人员法规政策、基础执法业务培训，提升社矫工作人员的业务水平；严格落实基本任务，切实加强教育矫正、监督管理，强化安全防范措施，强化撤缓收监管理，确保社区矫正工作安全持续稳定。至 11 月 25 日，全县在册人员数为 210 人，累计接收社区服刑人员 737 人，解除矫正 527 人，再犯罪率控制在全省的平均数之内，没有发生再犯罪的个案。

【基层法律服务】 一村（社区）一法律顾问工作深入推进。组织 48 名驻村律师和司法所签订法律顾问工作合同，174 个村居已全部完成合同的签订工作；积极开展一村（社区）一法律顾问工作督导检查。3 月 22 日，分组对七镇一场 8 个村居进行督导检查，通过查看工作日志、台账材料、召开村（居）群众座谈会、问卷调查等方式，及时发现和解决工作中存在的问题；加大对驻村（社区）法律顾问工作的宣传力度，为每个顾问律师印制 500 张法律顾问便民卡，由村居两委干部分发给群众和居民，以便村、居民联系和咨询；加强对驻村（社区）法律顾问工作的管理。县、镇司法所指定专人负责管理一村（社区）一法律顾问工作管理系统，按月查询律师完成定量服务和日志的录入情况，把查找的问题及时通报给各司法所和驻村顾问律师，并督促改进；根据上级司法行政机关文件精神，积极推动村（社区）法律顾问开展精准服务。全年，各司法所已完成法律顾问精准服务摸底工作；举办 2017 年度村（社区）法律顾问培训班。6 月 17 日，组织各司法所负责人、一村（社区）一法律顾问工作系统管理员和驻村法律顾问共 60 多人进行集中学习培训，在会上表彰 8 名 2016 年度优秀顾问律师，并对下半年工作作部署和要求；对 2017 年度一村（社区）一法律顾问工作进行年度检查。11 月 22 日至 24 日，由局领导班子成员和相关业务股室人员组成三个检查组，分别对全县 48 位顾问律师所驻的 174 个村（居）进行全面考核。至 11 月 25 日，法律顾问共为该县群众出具法律意见 3 份、提供法律咨询 1785 人次、参与法治宣传 573 场次、参与调解案件 6 宗、法律援助案件 8 宗，其他法律事务 94 件。

【公证工作】 积极开展公证业务，规范诚信行为和减少经济风险。公证处广泛参与经济建设、社会建设、文化建设等活动，不断拓宽服务领域，不断推出便民、利民、惠民新举措，为规范诚信行为，减少经济风险，促进社会稳定、经济发展提供优质公证法律服务。全年，共办理国内民事公证 317 件。

【法律援助】 法律援助工作积极推进。加大宣传力度，增强群众的法律援助意识。3 月份，该县法援处利用县团委组织“学雷锋集中服务日”志愿服务活动这一时机开展宣传活动，现场为群众发放法律知识宣传资料，接受群众法律咨询；在 9 月法律援助宣传月期间开展法律援助宣传进企业活动，并通过媒体进行专题报道。各个法援站也结合实际采取形式多样的方式开展法律援助宣传活动；积极开展法律援助业务培训，不断提高业务能力。7 月，举办法律援助业务培训班，对县法援处工作人员、各法援站负责人及业务骨干进行业务培训。积极落实法援律师进驻看守所、法院值班制度。每个月分别安排两次法援律师值班，为有需求的困难群众提供更便利的法律援助服务。制定申诉代理制度，为有申诉需求的困难群众提供申诉代理服务，扩大法律援助覆盖范围。至 11 月 25 日，共接待法律咨询 240 多人次，办理法律援助案件 217 件，其中刑事案件 73 件，民事案件 141 件，行政案件 3 宗。

（叶国胜）

县司法局领导班子成员名单

局　　长：王永泰

副 局 长：杨洪泽　邹巧琴　胡俊礼

政工科长：张锦鉴

武装工作

【概况】 2017 年，县人武部按照“稳中求进、主业主抓、争先创优、确保安全”的抓建思路，凝心聚力跑好人武部调整改革后的第一棒，奋力开创人武部全面建设新局面，圆满完成上级赋予的各项任务，年度考评排全市第二名，被军分区表彰为全面建设先进单位。

【思想政治建设】 认真学习贯彻中共十九大精神和习近平新时代中国特色社会主义思想、习近平强军思想，持续深入开展两项教育活动，严格贯彻落实军委主席负责制，彻底肃清郭伯雄徐才厚流毒影响，不断强化“四个意识”，始终坚定“三个维护”（维护党中央权威、维护核心、维护和贯彻军委主席负责制），切实打牢干部职工听党指挥、矢志强军、服务人民的信仰信念信心。

【战备训练】 及时修订完善战备方案预案，严格执行战备值班制度，加强战备教育，正规战备秩序，落实值班兵力，确保随时应对处置应急突发情况。坚持以军事训练为中心不动摇，加强干部职工、专武干部和民兵军事训练，3 月份组织干部职工和专武干部集训，5—6 月组织参加市轻舟分队集训并联合水务局组织县轻舟分队训练，11 月组织民兵应急连集训，突出组织指挥、业务技能和实战能力训练，不断提升该县后备力量应急处突能力，为遂行任务奠定良好基础。

【国防动员】 针对县人员调整变动情况，及时调整县人民武装委员会、国防动员委员会成员和拥军支前领导机构，始终保持和加强武装工作组织领导。2—6 月份，按照任务牵引、平战结合、突出重点、建用一致的原则，以编实建强为目标，通过规范编组秩序、优化组织结构、调整力量布局、狠抓兵员落实、调配装备器材、健全管理制度，圆满完成年度民兵整组任务。10—11 月份，按照上级统一部署开展国防动员潜力调查统计工作，全面掌握动员潜力数质量情况，更新完善相关数据资料。

【兵员征集】 采取全年征兵模式，加大行政手段传导压力压实责任，多渠道多手段开展征兵宣传，采取对高考上线考生逐个精准推送征兵信息等方法破解大学生征集难题，5 月完成退役军人服预备役登记、地方与军事专业对口人员预备役登统计工作，6 月完成适龄青年兵役登记，圆满完兵员征集任务。

【双拥工作】 在军队调整改革期间驻翁源部队无法派出教官的情况下，积极协调市专业培训机构完成 2205 名学生军训任务。根据挂钩帮扶新江镇上坝村 80 贫困户精准扶贫任务，严格执行三年攻坚规划和年度工作计划，专门雇请 1 人驻村负责扶贫工作，组织干部职工 28 次 58 人次走访慰问贫困户，了解掌握贫困户生产生活情况，跟踪落实危房改造、购买新型农村合作医疗保险、购买分红股份和就业帮扶、产业帮扶、教育帮扶政策，在上年稳定脱贫38户的基础上，完成29户脱贫工作。加强人武部基础建设，县委县政府投入近90万元，6—10月份完成营院排水系统升级改造和道路沥青铺设工程，改善人武部工作生活条件，营造拴心留人良好环境。

（孙涛）

县武装部领导班子成员名单

部　长：陆魁员（2017年7月—）

政　委：谢　刚（2017年7月—）

副部长：王伟华（2017年7月—）

武警工作

【概况】 中国人民武装警察部队韶关支队翁源中队组建于1983年6月，主要担负翁源县看守所外围武装警戒以及翁源县地区的“处突”、“反恐”、抢险救援等重大临时勤务。

2017年，中队坚持以“三个代表”重要思想、科学发展观、习主席一系列重要讲话精神为统领，深入学习党的创新理论和国防军队建设、武警部队建设的一系列重要论述，依据《纲要》和“四按”的要求，按照“维护核心，稳中求进，安全发展，争创先进”的建队思路，着眼解决突出问题，精心谋划全年度建设，狠抓各项工作落实，圆满完成以执勤、处突、反恐为中心的各项工作。中队于2012年、2013年、2014年年被总队评为先进中队，组建至今，二班荣立集体三等功2次，三班荣立集体三等功2次，并有一人荣立个人二等功，一人提干，12余名官兵荣立个人三等功。

【党支部班子建设】 着眼能力建设和先进性要求，狠抓党支部班子自身建设。加强支部的凝聚力，发展好党支部的战斗堡垒作用。在抓党支部建设的过程中，中队坚持把“十六字”方针落到实处，坚决执行重大问题集体讨论决定，支部成员一律平等，少数服从多数，形成决议就坚决执行等原则，增强支部的战斗力凝聚力；以落实制度为突破口，提搞组织生活的质量。始终以《中国共产党章程》《纲要》《政工条令》为基本依据，严格落实党的组织生活制度，有针对性的召开支部党员大会，支部委员会和党小组会议，每周五半天时间进行党的组织活动，每月进行一次党课教育，不断提高党员的思想觉悟和理论水平；以干部队伍为重点，增强班子的凝聚力、战斗力。坚持党管干部实施具体的教育、管理和监督，不断提高干部的思想觉悟，认识水平和工作能力，以党组织管、群众管、自己管为基本途径，切实严在格内，行之有效，中队干部队伍工作责任心强，模范作用好。是年，中队先后推荐选取士官6人，提干1人,推荐战士考学2人，入党3人，推荐参加预提指挥士官集训8人，官兵心服气顺，无不良反映。

7月26日，县委副书记、县长陈来安率队到武警中队开展“八一”中国人民解放军建军日慰问

【思想政治建设】 紧紧围绕培养“永远做党和人民忠诚卫士”要求，立足“两个前沿”实际，注重用中国特色社会主义理论体系武装官兵头脑，打好拒腐防变主动仗，确保官兵政治信念坚定和思想道德纯洁。坚持搞好经常性思想教育，开展“爱学习、会学习、学习好”的一系列教育活动，培养官兵浓厚的学习热情；通过形式多样的学习活动，始终的形成人人热爱学习、人人懂学习的良好氛围，中队官兵的文化素养有大幅度的提高。落实“队列机会有歌声、周末假日有活动、重大节日有晚会、每月体育有比赛”的要求，积极开展丰富多彩的业余文化活动，陶冶官兵的情操。完善政治环境建设，制作主题教育宣传横幅、当代革命军人核心价值观“忠诚于当、热爱人民、报效国家、献身使命、崇尚荣誉”标语牌、争先创优横幅及百日安全倒计时牌等，极大的浓厚官兵的政治氛围，较好地提高中队的政治文化建设水平。

【执勤战备工作】 中队党支部带领全体官兵忠实履行保卫国家安全、维护社会稳定、保障人民群众安居乐业的神圣使命。坚持把执勤战备工作列入党支部重要议事日程。以《正规化执勤等级评定实施办法》为依据，抓好《执勤规定》的学习贯彻，使官兵熟悉和掌握《执勤规定》内容，增强中心意识。搞好战备教育，增强战备观念。通过教育帮助官兵牢固树立居安思危、常备不懈的思想。落实战备制度。坚持战备值班、节日战备、战备执勤、战备检查制度，保持良好的战备状态，保证随时“拉得出、打得赢”。干部严格落实查铺查哨制度，加大执勤检查力度，中队围绕上级有关指示精神，规范执勤秩序，重点解决组勤随意性大、哨兵形象不好、警惕性不高、依法文明执勤水平低和漏哨、误哨、睡哨等“常见病”和“多发病”，督促哨兵认真履行职责。按照《军事训练与考核大纲》要求，紧紧围绕“确保中心任务完成”的目标，不断创新训练方法，找准训练弱项，革新训练内容。针对平时训练时间难集中的特点，广泛开展“五小练兵”活动，中队的军事训练水平不断提高。

【安全工作】 以总队管理教育工作会议在支队成功召开为契机，认真贯彻《基层正规化管理规定》，扎实抓好条令条例贯彻落实，部队正规化建设水平明显提高。扎实开展“法规学习月”、“条令学习月”和“五个过一遍”活动，深入进行法纪、安全常识教育，浓厚安全文化氛围，发动群众广泛开展创安活动，学习支队编印下发的《安全工作手册》和教育光碟，不断巩固安全发展基础。坚持依法从严治军，加大检查督查和执纪力度，采取超常措施强化人员、枪弹、保密安全管理，深化对不假外出、违规喝酒、打骂体罚、违规使用手机等倾向性问题的治理。突出重大节日、长假特殊时期管控和季节性事故预防，部队保持安全稳定。

【后勤保障】 加强后勤战备建设，修订完善应急保障预案，加大后勤训练力度，调整充实战备物资储备，提高应急保障能力。加大资金管理，严格经费开支，加强监督机制。认真遵守财务管理规定，落实中队双主官签名制度。坚持每月组织经济民主组审查中队经费开支情况，增加经费开支透明度。按照“副食抓定量、烹饪讲营养”的原则，根据食物定量、营养的需求、官兵心理的特点等情况，合理安排伙食，做到伙食周末有改善，节日有加菜。同时经委会每周征求官兵对伙食的意见和建议，周密调剂，提高饮食质量，实现由“温饱型”向“营养型”的转变。根据地处山区的特点，突出抓好农副业生产，充分发扬艰苦奋斗的优良传统，积极改造生产条件，有计划地扩展菜地面积。大兴科学种养，注重种养品种的丰富和季节性的衔接，争取自产肉菜自给的目标，中队的保障水平不断提升。

（武警大队）

县武装警察部队领导班子成员名单

大 队 长：邵志强
教 导 员：黄龙鹏
副大队长：尧林生
副教导员：陈晓斌
中 队 长：莫晓明
指 导 员：李 为

公安消防

【概况】 翁源大队成立于1993年，下辖一个中队。翁源大队现有官兵 24 人，其中大队干部 4

人，中队干部3人，士官11人，义务兵6人，承担着翁源县各类火灾扑救和抢险救援任务。

【干部队伍建设】 推进学习型党委班子建设，组织中心组集中学习、座谈会、研讨会19次，邀请市委党校等专家辅导6次。开展“知敬畏、存戒惧、守底线”专项教育和党风廉政建设。坚持“学思践悟十九大，投身改革谱新篇”，部队上下风清气正，团结奋进，全县消防工作和部队建设整体推进，重点工作全部完成。

【政治思想建设】 开展“5•10”警示教育日主题活动，邀请驻地高校专家和部队内部优秀政工干部授课辅导6次；开设“红门教育网”论坛强军实践系列访谈；推动完成省级“示范荣誉室”“示范基层党组织”建设；落实翁源大队干部激励、关怀和帮扶工作制度，开展举办“座谈会”“强警体”“强军梦”一队一特色等活动，思想政治工作成效显著。

【火灾救治】 全年处置火灾、各类灾害事故和社会救助等180起，出动消防车274辆次，出动警力1564人，抢救被困人员21人，疏散被困人员 360 人，抢救财产价值 58.4万元。

【消防检查】 全年检查单位2298家，发现火灾隐患1829处，督促整改火灾隐患1813处，发出责令改正通知书 1702 份，发出行政处罚决定书29份，临时查封4份，责令“三停”（停产停业、停止施工、停止使用）15家。

（消防翁源县大队）

消防翁源县大队领导班长成员名单

大队长：云　武

教导员：吴广水

参　谋：谭　琨　康　恒

经济管理

2012广东翁源经贸洽谈会
暨官渡经济开发区成立二十周年庆典
2012.12.28
主办：中共翁源县委 翁源县人民政府

发展与改革

【概况】 2017 年，发改局以习近平新时代中国特色社会主义思想为指导，紧紧围绕县委、县政府的中心工作，充分发挥综合经济管理和物价粮食管理部门的职能作用，与时俱进，努力创先争优，取得较好的工作成效。

【经济计划】 年初，编制下达该县经济社会发展计划主要指标任务分工，将当年经济增长工作任务分解到各部门、单位，为全年经济增长目标的实现提供支撑。根据县委工作目标任务的要求，编制《翁源县 2017 年重点建设项目安排》，拟定十大重点发展项目、十大重点民生项目、十大重点建设预备项目。

【经济运行分析】 按照坚持稳中求进的总基调，强化各项工作措施，大力开展“五大会战”和“两大攻坚”活动，全县经济发展的基本面保持平稳增长。是年，全县实现地区生产总值 104.86 亿元，增长 6.1%。人均生产总值达 3 万元，增长 6.2%。三次产业结构由 2016 年的 24.4:31.1:44.5 调整为 23∶30.2∶46.8。固定资产投资完成 72.77 亿元，增长 4.8%。地方一般公共财政预算收入 4.24 亿元，增长 8.9%。社会消费品零售总额 36.98 亿元，增长 7.6%。外贸进出口 1.1 亿美元，实际利用外资 873 万美元；年末金融机构存款和贷款余额分别达 142 亿元、55.3 亿元，分别增长 9.9%、14.4%；城乡居民人均可支配收入 17500 元，增长 9%。

【重点项目建设】 紧紧抓住项目建设这个最强引擎，全力推进“五大会战”建设，夯实融入全省一体化发展基础。全年完成固定资产投资完成 73 亿元，增长 4.8% 。4 个省市重点项目全年累计完成投资 3.6 亿元，完成年度计划的 97%；63 个县重点项目累计完成投资 43.5 亿元，完成年度计划的 76%。武深、汕昆高速公路翁源段完成投资 25 亿元。

【行政审批】 深化行政审批制度改革，提高投资准入效率。按照《韶关市市级政府投资项目管理办法》，做好行政许可事项的录入和小额建设工程交易的建设工作，补充小额投资管理办法。同时，全面落实社会投资准入备案制度。至年底，翁源县固定资产投资项目审批、核准和备案项目共 609 项，总投资 51.75 亿元，其中审批 39 项，总投资 16.25 亿元；招投标核准 471 项，总投资 1.9 亿元；备案 99 项，总投资 33.6 亿元。

【项目申报】 做好上报项目信息转达工作，确保上报项目资料及时完善。至年底，上报上报市局三年滚动项目储备库项目储备 26 个，总投资 300129 万元。

【绿色产业发展】 积极推进该县碳普惠制—林业碳汇试点工作，成功将翁城镇沾坑村列入韶关市首批碳普惠制—林业碳汇试点。推进新能源产业发展。积极发展光伏能源，全县审批太阳能光伏项目 8 个。完成淘汰落后钢铁产能任务。对翁源鼎源金属制品有限公司参照拆除验收要求完成相关设备拆除切割工作，8 月份通过国家和省市验收，彻底完成淘汰钢铁落后产能任务。推动翁源江尾兰花小镇入选广东省 30 个特色小镇创建示范点名单。

【物价管理】 物价管理工作紧紧围绕县委县政府的工作中心和工作思路，充分发挥价格杠杆作用，依法治价管费，加强价格监管调控，是年，该县价格总体呈现平稳态势，未出现大的波动。

清理涉企收费　加强对涉及企业行政事业性收费“零收费”政策执行情况的跟踪督导，落实行政事业性收费目录、涉企经营服务收费目录清理等清单制度。

价格监管调控　组织落实收费专项检查，重点围绕企业清费减负和群众反映强烈的热点难点问题，开展电力价格、食盐价格、殡葬服务收费等群众反映强烈的行业和领域的检查。开展商品房销售明码标价专项检查，严格执行“一套一标”“一房一价”政策，规范商品房市场价格行为。

价格认证　积极做好公检法和政府案件物价认证工作，共受理各类价格认证、涉案物价格评估共 290 宗，涉案金额 1020 多万元，无发生错案情况。

【粮食管理】

粮食收购　做好当年粮食收购工作，至 8 月

25日全面完成省市县三旧政府储备粮893.29万公斤轮换入库任务。

粮库建设 粮油仓库（二期）建设项目于3月13日全面完工验收并投入使用。

资料汇编 完成上年粮食考核资料汇编工作将该县上年度政府粮食安全资料汇编工作与1月中旬全面完成并上报市考核办。

异地仓储工作 强化日常仓储管理工作，严格执行查仓保粮制度，做好查仓记录，切实做好2700万公斤珠海市级储备异地代储工作，从而确保代储的珠海市级储备粮数量真实、质量良好、切实做好2700万公斤珠海市级储备异地代储工作，从而确保代储的珠海市级储备粮数量真实。质量良好储存安全。

【公务用车制度改革】 完成国有企业和事业单位公车改革。制定《关于推进全县事业单位和国有企业公务用车制度改革工作的通知》及2个实施方案。全县47个有车的事（企）业单位按要求完成本单位的公车制度改革实施方案和批复，48个无车的事（企）单位上报本单位的基本情况汇总统计表。

【安全生产】 按照安全生产“一岗双责”制度，重点抓好西气东输天然气管道隐患整治的安全运行工作和粮食安全生产工作。

【工作绩效评价】 按照市制定的县（市、区）工作绩效评价办法，对照各项指标，认真做好年度县（市、区）工作绩效评价工作，形成年度绩效评价方案，印发各单位实施。

（发改局）

发改局领导班子成员名单

发改局局长：黄建德

发改局副局长：张安生　龙镜灵

发改局班子成员：李宗社　吴锦冲

李永伟　林新华

统　计

【概况】 2017年，县统计局内设五个股（室）：办公室、农村统计股、能源统计股、投资和服务业股、翁源县农村社会经济调查队（普查中心）；人员编制17人，其中：行政编制9人，公益一类事业编7人，工勤编1人。年末，统计局（含农调队）在职在岗人员14人。其中：行政编制9人，事业编4人，工勤编1人。职务情况：局长1名、副局2名；办公室主任1名、股长3名、队长1名。是年，面对严峻复杂的宏观经济形势，县委、县政府以习近平新时代中国特色社会主义思想为指导，真抓实干，攻坚克难，坚持稳中求进工作总基调，以供给侧结构性改革为主线，全面做好稳定增长、生态文明建设、新农村建设等各项工作，实现经济社会持续健康发展。

【“四上企业”情况】 全县有“四上企业”164家，其中规模以上工业企业62家；限额以上批发零售业和住宿餐饮业企业58家；房地产和资质等级以上建筑业企业30家；规模以上服务业企业14家。标准：一、规模以上工业企业是指辖区内年主营业务收入2000万元及以上的工业企业。二、限额以上批发零售业和住宿餐饮业企业：批发业为年主营业务收入2000万元以上；零售业为年主营业务收入500万元以上；住宿业为年主营业务收入200万元以上；餐饮业为年主营业务收入200万元以上。三、房地产企业和资质等级以上建筑业企业：房地产企业是指在辖区内全部房地产开发经营业法人单位及所属的产业活动单位。资质等级以上建筑业企业是指根据建设部新的资质管理办法取得资质等级以上建筑业企业。四、规模以上服务业企业是指全年主营业收入500万元及以上，或者从业平均人数50人及以上的法人单位。

【统计监测服务】 县统计部门坚持以服务全县社会经济发展为己任，充分发挥统计信息、咨询、监督、统计预警职能，为全县经济社会的和谐发展提供优质服务。加强对经济运行情况的监测，定期发布《翁源县国民经济和社会发展统计公报》《翁源县国民经济形势季度分析》《翁源县宏观经济监测月报》。加大统计分析研究力度，撰写一批质量较高，社会影响较大的分析文章，全年编印出版《翁源统计》共15期。

【统计法制教育与宣传】 抓好统计法制建设各项工作。加强统计法制宣传教育，认真落实制定的“七五”普法学习计划，对统计工作人员加强普法学习，并利用各媒体多种途径广泛宣传《中华人民共和国统计法》、4 月 12 日国务院第 168 次常务会议通过的并于 2017 年 8 月 1 日起施行的《中华人民共和国统计法实施条例》《全国经济普查条例》《全国农业普查条例》及相关的统计法律法规。年初制定《2017 年统计法规和统计执法工作要点》；6 月，组织该县统计执法人员进行《中华人民共和国统计法》《中华人民共和国行政处罚法》和统计执法检查程序等相关法律法规知识培训；8 月，组织相关统计从业人员由省统计局召开的《中华人民共和国网络安全法》及新修订的《中华人民共和国统计法实施条例》等其相关统计法律法规的视频培训，并按照 10%的数量随机抽选“四上”企业和固定资产投资项目 30 个作为该县统计执法检查对象，其中规模以上工业 7 家、有资质的建筑业 1 家、限额以上批发和零售业 5 家、限额以上住宿和餐饮业 4 家、规模以上服务业 2 家、全部房地产开发经营业企业 2 家、500 万元以上固定资产投资项目 9 个和 1 个乡镇人民政府的统计工作进行统计执法检查。9 月，该局派出 3 名骨干参加省统计局举办的统计执法骨干培训班；11 月，该局对各镇（场）统计基层基础工作及该县第三次全国农业普查情况进行检查；12 月，该局充分利用“12•4”国家宪法日，组织统计人员学习《中华人民共和国宪法》《中华人民共和国统计法》和《中华人民共和国统计法实施条例》等法律法规，并发放《中华人民共和国统计法》和《中华人民共和国统计法实施条例》小册子 200 多份。通过统计执法大检查，加大《中华人民共和国统计法》《中华人民共和国统计法实施条例》等法律法规的宣传力度，规范该县统计报表报送渠道，保证统计数据质量。

【统计基础建设】 把好源头数据质量关。全面加强对基层统计人员的业务指导，建立基层数据库和统计台账；切实抓好基层基础建设。健全全县基层统计机构力量、改善工作条件、完善管理制度、提高人员素质、切实履行职责、提升服务水平；抓好统计基层基础建设。按照省、市统计局的工作要求，根据《关于开展乡镇街道统计基础工作规范化建设的通知》精神，继续抓好县级、镇（场）、村（居）和全县“四上”企业统计基层基础工作规范化建设。抓数据质量控制体系建设。各专业都建立相应的质量控制制度，确保统计数据真实可靠；改进和完善 GDP 核算制度，提高县域 GDP 核算质量。

【城乡居民收入状况】 根据该县城乡居民一体化抽样调查资料，该县城乡居民人均可支配收入 17598 元，同比增长 10.3 %。其中城镇居民人均可支配收入 23717 元，同比增长 10.8 %；农村居民人均可支配收入 13023 元，同比增长 10.3 %。

【全县第三次全国农业普查工作】 2016 年 12 月 31 日 24 时，普查时期为 2016 年 1 月 1 日至 12 月 31 日。凡是年度资料，均以普查时期全年数据为准。组织开展第三次全国农业普查，查清全县农业、农村、农民基本情况，掌握农村土地流转、农业生产、新型农业经营主体、农业规模化和产业化等新情况，反映农村发展新面貌和农民生活新变化，对科学制定“三农”政策、促进我国实现农业现代化、全面建成小康社会，具有十分重要的意义。第三次全国农业普查的登记对象是中华人民共和国境内的农业经营户、农业经营单位、居住在农村且有确权（承包）土地的住户；列入农业普查范围的村（居）民委员会、乡镇(街道)；遥感测量对象以农作物种植地块为主，并包括其他与之相关的土地覆盖要素。普查行业范围包括农作物种植业、林业、畜牧业、渔业和农林牧渔服务业。普查内容：农业从业者情况，土地利用和流转情况，农业新型经营主体情况，农业现代化进展情况，农业生产能力和结构情况，粮食生产安全情况，农产品销售与农村市场建设情况，村级集体经济与资产状况，乡村治理情况，乡镇社会经济发展状况，农民生活状况；建档立卡贫困村与贫困户情况，主要农作物种植等空间分布情况。普查工作分普查准备阶段、现场登记阶段、数据质量抽查和数据处理阶段、工作总结及资料开发阶段四个阶段进行，普查时间预计从 2017 年 1 月 1 日到 2018 年 12 月底。

（县统计局）

县统计局领导班子成员名单

局　长：张国光

副局长：涂武强　陈金华

审　计

【概况】 2017年，县审计局内设综合办公室、经济责任审计股、贸易基建企业审计股、行政事业审计股、财政金融审计股和法规审理股，全局共有干部职工22人，其中公务员14人、工勤人员2人、政府雇员1人、临聘人员5人。是年，翁源县审计局计划安排审计或调查项目28个，实际完成审计（或调查）项目28个，占全年任务的100%，其中预算执行审计项目5个、行政事业审计项目21个、专项资金审计项目1个、企业审计项目1个。审计查出主要问题金额16516万元，均为管理不规范金额。出具审计报告44篇，提出审计建议24条，被采纳24条。对翁源县全面推进落实2017年国家和省市重大政策措施落实情况进行跟踪审计。重点审计翁源县5个方面政策措施的落实情况，包括2016年度供给侧结构性改革情况、简政放权和“放管服”改革推进情况、重大建设项目建设进展情况、创新驱动发展战略相关政策措施落实情况、深化珠三角地区与粤东西北地区全面对口帮扶工作落实情况。

【审计监督】

经济责任审计　开展对领导干部任期经济责任审计是从机制和源头上预防和治理腐败的一项有效措施。翁源县审计局认真贯彻执行《中华人民共和国审计法》，积极推进经济责任审计。加大审计力度，提高经济责任审计质量；认真完成县委组织部委托的经济责任审计任务；按反腐败体系建设要求，完善经济责任审计相关程序；落实经济责任审计评价，拓宽对干部监督、考核的渠道，为客观公正评价干部提供重要依据，也为县委、县政府选拔、任用干部提供决策参考。2017年度实际完成经济责任审计项目16个，审计查出主要问题金额15539万元，均为管理不规范金额。通过经济责任审计，更好地促进领导干部在经济活动中执行国家财经法规、制度的自觉性，强化对权力的制约与监督，为严肃财经法纪、促进该县党风廉政建设和反腐败工作发挥积极的作用，为组织部门考核和使用干部提供可靠的依据。

财政预算执行审计　县审计局坚持“揭露问题、规范管理、促进改革、提高绩效”的审计思路，以规范预算管理、推动财政体制改革、促进建立公共财政体系、保障财政安全、提高财政绩效水平为目标，提升预算执行审计的层次和水平。本年度实际完成预算执行审计项目5个，审计查出主要问题金额857万元，均为管理不规范金额。

专项资金审计　切实抓好对关系经济社会发展、涉及人民群众切身利益的社保、教育、交通、医疗卫生等专项资金的审计，重点是查处挤占挪用、滞留截留、损失浪费等重大违法违规行为，揭示落实国家政策不到位、政策目标未实现等问题。2017年度实际完成专项资金审计项目1个。通过审计，有效促进各专项资金安全到位和合理使用，维护群众的切身利益，发挥专项资金应有的效益。

（王晓东）

翁源县审计局领导班子成员名单

局　　长：林灵

副 局 长：宋伊媚、林文悦

总审计师：黄永洪

党组成员：王晓东

工商管理

【概况】 2017年，县工商局认真贯彻落实中央和省、市、县决策部署，持续深化商事制度改革，积极转变监管方式，切实维护消费者权益。

【工商改革】 推进商事登记制度改革，对接东莞先进的商事主体服务水平及市场监管模式，强抓窗口管理，提高社会资本投资项目审批效率，营造健康的经济发展环境。全年登记各类市场主体14303户，其中内资（非私营）企业645户，注册资金15.7亿元；私营企业1351户（其中个人独资企业232户，合伙企业84户，有限责任公司1026户，股份有限公司9户），注册资金52.95亿元；农民专业合作社420户，出资总额3.40亿元；个体工商户11887户，资金数额11.35亿元。

“证照分离”改革。根据省政府办公厅印发的《广东省推进“证照分离”改革总体方案》，按照市工商局统一部署，积极推进“证照分离”改革各项任务。

“多证合一”登记制度改革　9月1日，在

企业和农民专业合作社“五证合一、一照一码”的基础上，再整合住房公积金缴存登记、外商投资企业设立备案、对外贸易经营者备案登记、国际货运代理企业备案、检验检疫报检企业备案、原产地证申领企业备案登记；在个体工商户“两证整合”的基础上，再整合住房公积金缴存登记、对外贸易经营者备案登记，全面推行“多证合一、一照一码”登记制度改革。至年底，该县发出“多证合一”营业执照5374份（其中企业2005份，个体工商户3369份）。

注册制度便利化改革 该局积极做好计划、组织、指导、协调和推进落实等各项工作，于5月15日起推广应用全程电子化商事登记（第一期），并在此基础继续上线应用第二、三期全程电子化登记系统，共享“互联网+政务服务”发展成果，为企业和群众提供更方便、更快捷、更高效的办事途径，激发企业创业活力。至年底，全程电子化登记系统应用范围包括各类企业、个体工商户的所有登记业务，工商部门与银行机构的“银政通”服务系统同步升级。

企业简易注销登记 是年，共接企业简易注销电话咨询80个，现场咨询65人次，引导32家企业在企业信息公示网进行简易注销公告，已公告到期成功办结注销的17家。

推行“马上办”工作制度 该局紧随市局步骤，于9月12日正式实施“马上办”制度，即申请登记材料齐全、符合法定形式的，马上办理，当场办结。至年底，共办理“马上办”企业业务252宗，个体工商户741户。

落实“双告知”制度 认真执行“两个目录”当中经营范围属《广东省工商登记前置改后置审批事项目录》的须办理后置审批的范围，告知企业领取营业执照后及时到行政审批部门办理相关的审批手续；告知相关行政许可部门及时认领，做好后续监管工作。

【市场监管】 继续组织开展反不正当竞争执法工作（打击虚假宣传、傍名牌、商业贿赂、商业秘密和限制竞争等行为）、打击销售假冒伪劣商品和户外广告违法发布等行为；组织流通领域商品质量监管，开展服装等六类重点商品、老年人免费体验店等专项整治行动，建立150户定点监管对象，举办经营者约谈培训班，向定点监管对象介绍获取抽检不合格商品名单的方法。全年，共出动工商执法人员1600多人次，车辆400多台次，检查各类超市、商场、集贸市场、出租屋等场所7500多间次；对流通领域车用汽油、车用柴油商品质量进行抽样检验工作，此次共随机抽检10组样本；没收侵犯商标专用权的拖鞋12双、袜子9双、童装上衣19件，没收不合格燃气灶单灶33台；办结案件36宗，罚没款15.44万元；办理拍卖会监管备案16宗，派员现场监管拍卖会2场次，拍卖会成交额59万元。积极开展2016年度年报工作。截至6月30日，该局辖区内2016年度应报年度报告企业1749户，实报1629户，占应报的93.14%，全市排名第二；农民专业合作社应报392户，实报257户，占应报的65.56%；应报个体工商户10196户，实报8549户，占应报的83.85%,受到市工商局通报表彰。做好企业信用信息公示工作。依据《企业信息公示暂行条例》和《企业公示信息抽查暂行办法》，共抽查广东盛晟投资开发有限公司等66户企业。2017年，列入经营异常名录企业123户，农民专业合作社135户，标识为经营异常状态的个体工商户1642户。已申请移出经营异常名录企业36户，农民专业合作社20户，申请取消经营异常标识个体工商户405户。做好政府部门涉企信息统一归集公示工作。逐步探索建立数据分析为基础、清单监管为内容、风险防控为保障、信用监管为目标的市场监管办法。努力完善行政许可和行政处罚等信用信息公示制度，努力促进统一的社会信用代码和信用信息平台建设，牵头政府部门涉企信息统一归集公示工作，将各部门涉企信用信息记于企业名下并对外公示，形成覆盖企业、个体工商户、农民专业合作社等各类市场主体的全方位信息，加强协同监管，落实信用惩戒，增强监管合力。共为全县各级各部门开通账号26个，基本覆盖全县主要涉企监管执法部门；充分发挥工商部门与其他市场监管部门的互动监管、联合惩戒，努力开拓协同共治的监管格局。积极开展网络监管工作 。成立网络市场监管工作领导小组，开展网络市场监管专项行动，继续完善网络经济户口，至年底，该县网监主体库68个、网站数91个，已申领红盾电子标识21个。2017年，该局共网上检查网站、网店30余户，实体检查网站、网店经营者10户次，未发现违法行为。

【消费维权】 县消委会、12315接受各类消费者上门咨询及来电咨询233人次，共受理消费者投诉82宗，成功调解82宗，调解率100%，挽回经济损失146万余元。3月15日联合21家成员单位和企业共100多人，在县城朝阳广场开展“3·15”国际消费者权益保护宣传咨询活动，为20户获选2016年韶关市“诚信单位”的企业、个体工商户颁发“诚信单位”牌匾，受理现场咨询的群众1500余人次，发放消费维权相关资料1.3万余份。

【拓宽服务】 健全工商部门与企业双向联系制度，认真服务企业需要。积极了解企业对工商工作的需要和建议，及时提供指导服务，拓宽企业融资渠道，开展商标培育引导企业申请商标注册，开展中介服务结构整顿行动，规范行政审批中介服务。2017年，为企业办理股权出质登记31宗，帮助企业担保融资21650万元；为企业办理动产抵押登记共办理动产抵押登记44件，抵押贷款金额17488万元；开展“守合同重信用”工作，翁源县青云山制药厂等14家企业被评为守合同重信用企业；接受商标注册申请咨询服务，引导企业申请注册商标，目前全县共有注册商标894件，同比增长224件，在韶关市各县区增长数量排名第四。

【扶持小微企业发展壮大】 认真贯彻落实李克强总理12月5日在会见全国先进个体工商户代表时的重要讲话精神，充分发挥个私协会桥梁纽带作用，以更顺畅的渠道、更有效的办法、更精准的服务，帮助个体私营企业办实事、解难事。加强“小个专”党建工作力度，抓好“小个专”党建的基础数据统计工作，在全县非公有制经济组织中开展“共产党员经营户和积极分子经营户”创建活动，引导党员经营户亮身份经营。全年帮扶16户个体工商户转型升级为企业，共3户市场主体获“共产党员”经营户称号，29户获“积极分子”经营户称号。

【禽流感防控】 认真落实联防联控措施，增加农贸市场活禽经营者的检查次数，督促市场开办者及活禽经营者切实落实休市各项要求，监督活禽经营户“1110”（一日一清洗、一周一消毒、一月一休市、过夜零存栏）制度落实情况，查处违反休市规定的各种违法行为。

【安全生产大检查】 组织执法人员深入开展岁末年初及元旦、春节期间安全生产大检查，开展瓶装燃气充装、销售单位及烟花爆竹等行业联合执法专项行动，有效防范和遏制重特大事故发生。共出动检查人员432人次，执法车辆141车次，检查经营单位814家。

【信访维稳与网络问政】 认真开展“平安翁源”建设工作，加强群众来信来访工作的政策研究，熟练理解和掌握政策、文件精神，严格在法定期限内回复当事人。全年共办理信访件3宗，完成网络问政受理、转办、回复42宗，办结率100%，做到及时受理、高效办理、按时答复。

【工商法规培训】 各办案机构认真贯彻执行法律法规的规定，严格程序，正确行使自由裁量权，统一行政处罚文书的制作与使用，尤其是对案件终结报告和行政处罚决定书的制作，严格按照“说理式”要求予以规范。至年底，全局共核审案件45宗，做到一般程序案件核审率100%，行政处罚做到合法有效。加强与公检法等司法部门的沟通协调，继续深入推进“两法衔接”工作。

【存在问题】 主要表现在电子化商事登记模式群众接受程度较低。山区基层群众文化程度相对较低、素质参差不齐，对电脑相对不熟悉，基本上不会使用网上办事大厅进行业务的操作，导致网上登记使用率较低。网上申请事项流程相对较复杂，大部分人不会操作，网上登记使用率低，分流窗口业务的效果不明显；企业对于变更事项认识度不够。注册资本实行认缴制后，投资者单纯认识到登记门槛降低，对个人出资能力、承担风险能力考虑得不多，随意变更出资及出资期限，部分企业甚至不顾自身实力和发展需要盲目增资，出现“漫天认缴”的行为，又因无涉企收费，部分企业在变更事项上不够慎重，存在随意变更行为；事中事后监管有待加强。《广东省市场监管条例》涉及众多行政审批部门，并非单部门的事情。但目前主要靠各级工商部门宣传、落实，缺乏顶层设计。各相关部门对事中、事后监管的认识不一，推进步伐各异。一些部门尚未适应“先照后证”改革，不够重视“谁审批，谁监管”“谁主管，谁监管”原则，事中事后的审批出现迟缓现象。目前，尚未建立跨部门监管信息共享机制与平台，准入、监管联动和跨部门信息共享未完善，部门之间的协作联动机制尚未完善,导致监管失位、错位、缺位。

县工商局领导班子成员名单

局　　长：赖自繁

副 局 长：张军良　郭惠华　徐常福

班子成员：何国燕

消委与维权

【概况】 是年，全县各级消委会接受各类消费者上门咨询及来电咨询 233 人次，共受理消费者投诉 82 宗，成功调解 82 宗，调解率 100%，挽回经济损失 146 万余元。

【消费年主题宣传】 县工商局联合县消委会、县公安局、县安监局等 21 家部门和企业围绕“网络诚信、消费无忧”年主题，在县城朝阳广场开展.消费者权益保护日宣传咨询活动，并在翁城工商所设立分会场。活动中，发放消费维权、打击传销及“两创”宣传资料 13000 余份；受理现场咨询的群众 5500 余人次；为获选 2016 年韶关市“诚信单位”的企业、个体工商户颁发“诚信单位”牌匾；青年商会的 20 名会员代表现场宣读诚信经营倡议书；对消费者传授日常生产生活密切相关的商品真假辨别方法,并展示市值 8000 余元的假冒伪劣烟草及农资商品;将展示的 2000 余元假冒伪劣农资商品进行无公害填埋处理。

（谢霞霞）

质量技术监督

【概况】 2017 年，该局全面履职尽责，紧紧围绕中心工作，狠抓工作落实，更加扎实有效地抓质量、保安全、促发展、强质检、推改革，助推地方经济健康快速发展。紧密结合“两强两提”思想大讨论活动和“两学一做”学习教育活动，加强质监队伍建设和质监文化建设，各项工作有序开展。

【行政执法】 该局按照自身职能要求及上级的安排和部署，在全县范围内积极开展春季农资、建材、特种设备、质量、标准计量、儿童用品等各类专项执法检查，全年共出动执法人员 496 人次，检查生产企业、特种设备使用单位共 142 家次，立案 1 宗。充分利用县打假办挂靠的优势，联合工商、农业、烟草等职能部门，开展了农资、儿童用品、卷烟等多种联合执法行动，通过联合执法行动打击一批制假售假违法行为，震撼不良商贩，维护消费者的合法权益。

【特种设备安全监察】 该县辖区内特种设备在用使用单位 235 家，已办理使用登记证的特种设备共有 921 台，比上年增长 18%。其中承压类锅炉 62 台，压力容器 314 台，压力管道 23630 米，机电类起重机械 58 台，厂内机动车 54 台，电梯 433 台，电梯比上年增长 31%。全年共出动检查人员 296 人次，检查使用、安装、检验单位 139 家次，检查特种设备 316 台（套），共填写检查记录 139 份，发出特种设备安全监察指令书 18 份，发现重大事故隐患设备 8 台次，一般事故隐患设备 96 台次，发现隐患均已整改完成。全年全县特种设备运行良好，未发生特种设备安全事故。该局坚持预防为主，安全第一的工作方针，积极开展特种设备安全监察工作，重点开展日常监督检查、重大节假日安全生产大检查以及锅炉、压力容器、电梯、起重机械等特种设备的隐患排查治理和各类专项治理工作。对检查中存在的问题，已责成存在问题的单位限时整改。同时加强特种设备管理和使用等相关人员的教育和培训 83 人次，定期组织开展电梯安全应急演练。

【质量监督】 该局坚持依法监管和服务企业的指导方针，认真开展质量强县和产品质量提升工作。结合“质量月”、“食品安全周”、“世界认可日”、消费品质量安全“进社区、进校园、进乡镇”等活动，以张贴标语、摆摊、召开培训会议和观看视频会议等方式加大产品质量法规条例的宣贯力度。开展了食品相关产品、人造板、服装、儿童用品、建筑装修装饰材料产品质量提升行动。积极配合韶关市质计所开展产品质量监督抽查工作，全年共进行 35 批次的产品质量监督抽查，合格 35 批次，不合格发现率为零。

【打假工作】 是年，该局充分发挥县打假办协调组织作用，结合市打假办相关文件通知要求，制定各专项打假行动方案，联合公安、工商、食药监、烟草、农业、盐务等打假成员单位开展元旦春节、“五一”国际劳动节、国庆、中秋等节日联合执法行动。根据该县实际情况，有重点有计划地开展了农资、卷烟、食盐等关系到国计民生的用品的多次联合专项执法检查，县各打假成员单位按照各自职能分工，深入开展专项整治行动，全年共出动执法人员4769人次，查处制假售假案173宗，涉案货值金额84.68万元，移送公安机关案件1宗。

【标准化工作】 深入各企业进行《深化标准化工作改革方案》的宣传贯彻工作，做好条码注册和续展工作。报送采用国际标准产品材料两份，其中翁源县宝源水泥厂产品采标成功，另一家企业广东金悦诚蓄电池有限公司产品采标材料正在审批。

【计量管理】 对辖区内机动车安全技术检验机构开展检查工作，经检查辖区内的机动车安全技术检验机构持有计量认证证书并在有效期内，安验机构检验资格许可证在有效期内，督促该机构按国家标准《机动车安全技术检验项目和方法》安装设备装置，上报该行政区域定量包装“双随机”检查“两库”，全面摸查辖区内全部定量包装商品生产企业，认真采集相关信息；对辖区内集贸市场与基层医疗卫生单位开展计量器具强制检定工作，重点督促集贸市场主办者配置符合要求的公平秤，指导集贸市场主办者和医疗卫生单位将计量器具检定结果在集贸市场公告栏等醒目位置进行公示。

（沈淑娟）

县质监局领导班子组成人员名单

局党组书记、局　长： 雷志平

局党组成员、副局长： 徐远雄　赖宏玉

国土资源管理

【概况】 2017年底，县国土资源局核定编制96名，其中局机关23名、不动产登记中心15名、土地开发储备中心13名、信息中心5名、乡镇国土资源所40名。实有人数84人。是年，县国土资源局以保护资源为主线，紧紧围绕“保红线，保发展”这一国土资源管理工作的主题，以服务县域经济发展为重点，整体推动国土资源管理各项工作顺利开展，实现时间与任务同步，取得明显成绩，获得“韶关市2016年度耕地保护工作先进单位”。

【土地规划】 做好永久基本农田的划定及土地利用总体规划的中期修编工作。在2016年底前完成城镇周边基本农田的增划工作的基础上，于2月底前完成全域永久基本农田的上图建库工作，并于5月中旬完成市、省、部的上报工作，全面完成县域全域永久基本农田调整划定的划定工作；《翁源县土地利用总体规划（2010—2020年）调整完善方案》已编制完成，并经广东省国土资源厅批复同意调复。按照成果备案的要求，于9月底进行成果备案。

【建设用地】 该局通过争取用地指标、加大报批力度、盘活土地资源和提高节约集约用地能力等方式，有效缓解经济发展与土地保护之间的矛盾，保障县域经济发展对土地的需求；积极跟进建设用地审批工作，及时组织6个批次建设用地材料报批。分别是：2016年度第三批次城镇建设用地（县第二人民医院用地），已获省政府批复；2016年度第四批次城镇建设用地（县开发区和华彩工业园区用地）已报送省国土厅；是年度第二批次城镇建设用地（变电站）已报送市国土局；是年度第三批次城镇建设用地（变电站）已报送市国土局；是年度第四批次城镇建设用地（韶能）已报送市国土局；正在组织当年度第五批次城镇建设用地。做好重点项目的预审工作，保障项目顺利进行。完成省市重点项目韶新高速工路的用地预审工作，于3月22日获得广东省国土资源厅的预审批准。完成省市重点项目翁源县上庙水库建设用地预审的省级预审资料的编制及上报工作，于5月初获得广东省国土资源厅的预审批准。为下一步的立项、报批征地等工作奠定良好的基础。做好土地供给的同时，全面加强对已供地块的建前、建中、建后跟踪管理，确保全年无新增闲置建设用地。

【耕地保护】 紧紧围绕“保红线，保发展”这

一主题，采取严格保护措施，确保基本农田面积不减少，耕地总量有增加。按照省政府下发的《广东省地级以上市人民政府耕地保护目标责任考核办法的通知》的有关要求，与市人民政府签订《韶关市2017年度耕地保护目标责任书》。翁源县全面落实国家最严格的土地管理制度，严格执行土地用途管制制度，强化耕地保护措施。根据2016年度土地利用变更调查结果，至年末全县耕地面积为3.24万公顷，其中基本农田面积为2.6万公顷，较好地完成耕地保有量2.98万公顷和基本农田2.58万公顷的保护任务。

【不动产统一登记】 保质提速认真开展不动产统一登记工作。全年全县不动产统一登记件数为1.2万件，其中颁发不动产权证书6500本，不动产权证明5500份。而不动产数据整合方面，已经完成建设用地使用权数据整合、房产和土地登记数据整理、增量房数据入库，原存量土地和房产档案扫描，至年底前完成60%土地及房屋登记存量数据整合成果汇交工作。

【农村地籍调查】 加快推进农村地籍调查，该项工作的涉及农村宅基地图斑个数为4052个，总面积4101.95公顷，以1:2000或以上比例尺正射影像图（以下简称“高分影像”）、地形图为基础图件。翁源县农村地籍调查工作于5月启动，7月县政府批准经费预算，9月12日完成招投标工作确定作业单位，12月前完成此项工作的外业调查，预计2018年6月底之前全面完成权籍入库并到达省级验收。

【土地变更调查】 稳妥推进2016年度土地变更调查工作。根据《广东省国土资源厅转发国土资源部关于开展2016年度全国土地变更调查与遥感监测工作的通知》要求，翁源县于2016年12月初全面启动2016年度土地变更调查工作，如期按上级规定和要求完成土地变更调查有关数据及图件，并将相关年度土地变更调查数据上报省级验收。

【“一村一镇一地图”工程】 “一村一镇一地图”工程是启动国务院部署的第一次地理国情普查工作的组成部分。该项工程完成全县156个行政村地名、地址外业调查和信息内业整理，道路和水系数据采集，包括村镇地图数据库建设和156个行政村、8个镇(场)影像地图制作以及相关文字成果。工程项目于6月通过省级专家组验收，如期完成该县“一村一镇一地图”工程建设项目。

【农村集体建设用地和国有土地出让】 严格审批农村集体建设用地和国有土地出让。全年受理农村宅基地审批共339户，面积约3.51公顷；办理划拨10宗，面积7.75公顷；办理原划拨补办出让20宗，面积15.31公顷；办理挂牌出让26宗，面积31.91公顷；“三旧”改造6宗，面积1.84公顷。

【高标准基本农田建设】 稳步推进高标准基本农田建设。做好2014年度和2015年度高标准基本农田建设的收尾工作。做好2016年度高标准基本农田建设施工建设工作。做好2017年、2018年两年度高标建设工作任务的项目规划选址和年度实施方案编制等工作，并报县人民政府审批。按文件要求完成“十二五”高标准农田建设任务0.97万公顷上图入库和信息统计70%的工作任务，在11月30日前上传完报备系统并提交验收。

【打击非法开采】 3月初开始在全县范围内开展对非法开采矿产资源行为的专项打击整治行动，主要对坝仔、江尾、龙仙、周陂、新江镇非法开采稀土矿点进行打击整治，到5月底基本完成全县非法开采点的清理整治工作，全县已无规模性的非法开采行为，矿产资源开发利用秩序有效的规范。8月，根据《翁源县山水林田湖保护修复铁拳行动实施方案》的要求，成立翁源县打击非法开采矿产资源专项行动组，继续推进国土资源动态巡查和打击非法开采矿产资源各项工作。全县累计组织清理大小非法开采现场59个，清理次数超过80多次，出动挖土机50多台次，组织参加清理干部和民工超过2300人次，平整复绿土地面积5.33公顷，种植各种树苗将近15万株。立行政处罚案件6宗，罚款15万元，进行矿产资源破坏价值鉴定19个；公安部门立刑事案件16宗，其中非法开采案10宗、非法占用林地案5宗、掩饰隐瞒赃物案1宗，已逮捕6人，判刑2人，取保候审3人，刑事拘留1人，刑拘在逃4人，涉案在逃10人，收缴矿产品70多吨。

【执法监察】

卫片执法检查　认真开展2017年第二季度、

第三季度土地矿产卫片执法检查工作。为使翁源县是年第二季度土地矿产卫片执法检查顺利通过，认真按照要求，对翁源县变化图斑 111 个逐个实地核实，共发现疑似违法用地 9 宗，立案查处 7 宗，已拆除 2 宗，拆除面积 4000 平方米，复耕 0.36 公顷。是年第二季度矿产卫片监测图斑 1 个。该矿产卫片图斑位于翁源县周陂镇陈村，经核查，该矿产卫片的图斑是属于尾矿库清理，属实地伪变化。是年 10 月中旬下发 2017 年第三季度土地矿产卫片数据，各基层国土资源所对翁源县变化图斑 144 个逐个核实，共发现疑似违法用地 24 宗，全年已立案查处 20 宗。

动态巡查监管　根据《翁源县国土资源管理共同责任制度》，在巡查中做到“三个及时”，即及时发现、及时制止、及时处理，并对巡查结果做详实的巡查记录。通过加强巡查监管，把违法行为制止在萌芽状态之中，使国土资源违法行为达到有效防止。第一、第二季度翁源县动态巡查上线率比较低，6 月该局执法监察大队组织各基层国土所业务骨干学习巡查仪的使用，第三季度起全县动态巡查上线率有所提升，每月均达到 95%以上，居全市前列。

【信访维稳】　认真贯彻执行《信访条例》，积极受理群众的来信来访，及时抓好典型信访案件的处理和督办，防止矛盾激化，将群众的上访的化解在基层。2017 年度前三季度共受理群众来信、来访、来电共 48 件，其中违法占地 22 件，非法开采 6 件，其他信访案件 20 件。

【矿产资源管理】　完善《矿业权设置出让制度》和《翁源县矿产资源开发项目会审规则与程序》，修订《翁源县矿产资源开发管理规定》，规范矿业权的设置出让程序，严格矿业权的设置投放和矿产资源的开发准入。全年共受理并已正办理采矿权新立 4 宗，全年县域的周陂镇排子山砂岩矿、新安石场已摘牌，龙仙镇大岭背砂岩矿采矿权在做资料中，翁源县坝仔镇环保砖厂制砖砂岩矿矿权设置，县政府已批复，现在编制资料中。正在办理的采矿权变更 1 宗（翁源县周陂镇林屋山石场），已拟出采矿权挂牌出让方案报县政府批复，是年完成采矿权登记手续。

【地灾防治】　按照《翁源县 2017 年度地质灾害防治工作方案》开展工作，全面加强地质灾害危险点的监管和预防。积极协调和配合各镇（场）认真部署了地质灾害防治工作，对划定的地质灾害危险区、隐患区明确各辖区的责任和责任人。使镇干部包区、村干部包片、国土员包点的防治措施能进一步落实，把预警预报、群防群策系统及时完善和更新。汛期开始后，全县相关工作人员进行多次地质灾害巡查，及时向各镇（场）发出地质灾害预报预警，同时结合巡排查和灾情实际，做好地质灾害危险性告知书、地质灾害防灾工作明白卡、地质灾害防灾避险工作明白卡的发放工作，发放率占应发放的 98%。确保做到心中有数，主动防御，有效保障人民群众的生命和财产安全。在治理方面，2016 年获得上级地质灾害防治专项资金 248 万元，启动翁城镇沾坑村和铁龙林场水浸洞新村的地灾灾害治理工作，目前治理工作仍在进行之中；2017 年获得上级地质灾害防治专项资金 120 万元，现县政府已批复同意对翁城镇星光村 7 组崩塌和坝仔镇群辉村窄洞崩塌两个地质灾害隐患点作为治理项目点，目前两个地质灾害隐患点正在做勘查、测量、设计等工作。全年未发生因地质灾害造成的人员伤亡事故，广大人民群众的生命财产得到切实有效的保护。

【国土资源法律法规宣传】　加大法律法规的宣传力度。印制各类宣传资料，并将资料发送到县、镇、村各级领导和社会各界人士；利用各类型会议进行宣传国土资源管理法律法规的内容；要求国土资源系统的干部职在各自的工作中进行宣传，只要是从事国土资源管理的工作，必须先将有关的法律法规对当事人解释清楚；利用普法教育平台对国土资源管理的法律法规进行宣传。通过各种形式的宣传，增强广大人民群众的法律意识。

（廖润媛）

县国土资源局领导班子成员名单

局长、书记： 张初英
副 书 记： 肖德雄
副 局 长： 蓝敏尧　杨龙光　赖少军
纪检组长： 梁　勇

食品药品监督管理

【概况】　2017 年，县食品药品监督管理局全面贯彻落实“四个最严”（最严谨的标准、最严格的监管、最严厉的处罚、最严肃的问责”）和“四有两责”（有职责、有岗位、有人员、有手段、日常监管、监督抽验责任）要求，深入开展食品药品安全监管工作，全年未发生食品药品安全重大事件。至年底，全县共有食品经营企业 2925 家，药品生产企业 1 家，药品经营企业 123 家，医疗器械经营企业 61 家，医疗机构药械使用单位 284 家。

【行政许可审批】 严把许可准入关，健全“一站受理、限期许可、过程监督、责任追究”机制，推行行政审批“立即办”，提高审批效能，全年审批受理食品经营许可 492 家，食品生产加工小作坊登记 16 家，药品经营许可 34 家。

【食品生产流通安全监管】 开展婴幼儿配方乳粉、农村食品、食用农产品、校园及周边食品安全等重点品种专项检查和生产加工小作坊专项整治，督促企业提高生产经营主体责任意识，建立健全企业管理制度，坚决取缔不具备质量安全必备条件的小作坊、小摊贩；建立健全食品追溯系统，推进食品信息化监管平台建设；积极落实是年省民生实事，按自然日开展食用农产品快速检测工作，并将结果公示于农贸市场；开展“放心肉菜示范超市”创建工作，根据“放心肉菜示范超市”创建要求，结合日常监管相关企业进行检查，督促企业按照创建标准，逐项对照检查、抓好落实。全年共出动执法人员 780 人次，检查食品生产流通经营企业 1580 家次。

【餐饮服务消费环节食品安全监管】 规范企业环境卫生、加工布局流程、餐饮具消毒、所购食品原料索证索票、食品贮存、从业人员健康检查等制度，促进餐饮服务产业快速发展；完成县级“龙英路”餐饮食品安全示范街创建工作；落实餐饮食品量化分级管理，推进明厨亮灶工作；做好元旦、春节等节假日和中高考、美食嘉年华活动等重大活动期间食品安全保障工作；开展春秋季学校（幼儿园）餐饮食品和全县养老机构食堂食品安全专项检查，加强巡查；完成当年学校食堂“灭 C”工作，11 所学校通过市检查组考核验收；全年共出动执法人员 1850 人次，检查企业 1345 家次。

【药品保健食品化妆品和医疗器械安全监管】 坚持日常监管和专项检查相结合，重点检查索票索证、进货查验、台账管理情况；认真药房药库规范化建设“回头看”专项检查行动，加强医疗机构药械质量管理；开展保健食品科普宣传进社区、保健食品“南粤护老”专项活动，提升群众辨别使用能力；开展城乡结合部和农村地区药品质量安全集中整治，确保群众用药安全；开展中药饮片、医用氧安全、保健食品欺诈和虚假宣传、化妆品非法添加等各类专项检查。全年共出动执法人员 938 人次，检查企业 648 家次。

【食品药品案件查处】 开展“元旦春节期间打击应节商品走私”“打窝点清隐患保安全促稳定”等整治专项行动，严厉打击食品药品违法违规行为，全年立案查处食品药品案件 21 宗，涉案金额 3 万余元，罚没金额 4 万余元，移送公安机关 2 宗，有力地震慑食品药品违法犯罪行为。

【食品药品抽检】 全年，抽检食品 300 个品种批次、药品 58 个品种批次、保健食品 7 个品种批次、化妆品 7 个品种批次、其中检出　个品种批次不合格，其中药品不合格 8 个品种批次、食品不合格 2 个品种批次。

【药品医疗器械不良反应监测】 组织召开全县医疗机构不良反应/事件监测工作会议，加强企业不良反应监测报告意识。全年，上报药品不良反应 267 例，其中上报一般药品不良反应 231 例，新的严重的药品不良反应 96 例；上报医疗器械不良反应 79 例，其中严重不良反应医疗器械 29 例；上报化妆品不良反应 2 例。

【食品药品法律法规的宣传教育与培训】 开展“爱国卫生”、“雷锋日”、“3·15”国际消费者权益日、“12331”、“科技宣传周”、“食品安全示范创建”、“食品药品科普宣传月”等主题宣传活动 11 场次，发放食品药品宣传资料 6000 余份；撰写发表食品药品监管工作信息 30 余篇次，公开 100 余条食品药品监管信息（含重点领域）；举办食品药品从业人员培训班 21 期。

（陈晓丽）

县食品药品监督管理局领导班子成员名单

局　长：刘宏伟

副局长：李沛生　蔡大恒　谢军

安全生产监督

【概况】 2017年，全县安全生产形势持续总体稳定。全县发生生产安全事故53起，死亡19人，受伤62人，全县未发生一次死亡3人以上较大事故。其中：经营性道路交通事故52起，死亡18人，受伤62人；工矿商贸企业生产安全事故1起，死亡1人。

【实行“党政同责、一岗双责”责任制】 根据《韶关市落实生产经营单位安全生产主体责任规定》，制订《翁源县落实生产经营单位安全生产主体责任规定》，明确各级党委、政府及其工作部门的“党政同责”职能职责，量化各级党政领导干部“管行业必须管安全、管业务必须管安全、管生产经营必须管安全”的“一岗双责”，细化各级行业主管部门直接监管、安全监管部门综合监管、地方政府属地监管“三个监管”(管行业必须管安全，管业务必须管安全，管生产经营必须管安全)责任，完善全县“党政同责、一岗双责、失职追责”的安全生产责任体系。县党政一把手以身作则、率先垂范,切实履行“党政同责、一岗双责”。坚持把安全生产工作列入重要议事日程，定期召开会议研究部署不同时期、不同阶段的安全生产工作;多次到工业园区、安监部门和各镇（场）开展安全生产专题调研，着力解决安全生产热点、难点问题；每逢开展全县安全大检查期间，均成立以县主要领导和分管领导为组长的检查督查组，亲自带队深入一线开展安全检查。

【落实监管责任考核】 建立健全以考核内容、考核标准、考核办法为主要内容的“三位一体”安全生产责任目标考核考评体系，层层签订各类安全生产责任状，逐级落实安全责任，并严格兑现“一票否决”等责任追究措施。通过目标考核、责任追究、警示通报、挂牌督办、督促检查等多种途径，推动各级各部门认真履行安全生产监管职责。

【专项检查】 根据相关行业部门对本行业和领域生产经营单位贯彻执行安全生产法律、法规、规章及规程标准等情况，明确15项专项检查，要求县相关行业部门对照专项检查内容结合本部门、本系统安全生产特点，制订方案并负责组织实施。

【实行“网络化”“一企一档”管理】 该县通过下发《关于开展生产经营单位安全监管“一企一档”工作的通知》和组织开展现场会、督查检查的方式,大力推进全县生产经营单位安全监管“一企一档”的工作。

【强化隐患排查治理】 通过开展重点时段安全大检查、专项整治、聘请专家助查、督促企业自查等措施，不断排查安全隐患，改善重点行业领域安全生产状况，有效预防重特大事故的发生。根据每个季节、每个时期以及每个行业安全生产工作的特点，积极开展重大节日及特别防护期期间的安全检查，以及汛期安全生产专项大检查。在年初制定专门行政执法检查计划（包括企业安全管理机构设置、人员配备，提取使用安全费用，员工安全教育培训等“五落实五到位”情况），并纳入计划执法内容和依法督促到位，使安全检查做到制度化、规范化和程序化。

【开展专项排查整治】 坚持每年聘请安全生产专家对非煤矿山、危险化学品等高危行业领域开展安全隐患排查，全面细致排查整改企业存在的安全隐患和问题，有效强化企业安全基础。全年，该县采取政府购买服务方式，聘请6名安全生产专家，分别对工业园区使用危化品工贸企业和危化品生产、经营、储存企业开展为期10天的安全生产专项检查，深入排查事故隐患。

【安全试生产整治】 坚持隐患排查与打非治违相结合，扎实推进依法治安。在开展安全生产大检查同时，突出道路交通、危化品、烟花爆竹、非煤矿山、消防、建筑施工、特种设备等重点行业领域,大力开展安全生产打非治违和专项整治，依法依规维护安全生产秩序。

【安全生产事故责任追究】 按照事故原因未查清不放过、责任人未受到处理不放过、整改措施未落实不放过、有关人员未受到教育不放过的“四不放过”（事故原因未查清不放过、事故责任人未受到处理不放过、事故责任人和周围群众没有受到教育不放过、事故制定切实可行的整改措施没有落实不放过）原则和《生产安全事故报告和调查处理条例》及新《中华人民共和国安全生产法》的有关规定，对发生事故的企业和相关责任人进行严格的调查处理。

（县安监局）

县安监局领导班子成员名单

局　长：刘　恒

副局长：陈炳勤

工业·商贸·招商引资

2012 广东翁源经贸洽谈会
暨官渡经济开发区成立二十周年庆典
2012.12.28
主办：中共翁源县委 翁源县人民政府

经济和信息化管理

【概况】 2017年，翁源县经济和信息化局内设办公室、贸易市场股、经济运行股、外经股、企业改革与监督股、信息产业股、无线电与通讯管理股7个股室和1个中小企业服务中心。机关行政编制22名，其中局长1人、副局长3名，股长（主任）7名（其中1人任中小企业服务中心主任）。后勤服务人员数3名。是年，该局紧紧围绕县委县政府的工作目标和“5+X”巡查事项，积极开展“两强两提”和“两学一做”学习教育活动，精心组织、科学谋划、真抓实干，努力推动全县工业、商贸经济健康发展。

【工业经济】 2017年全县实现工业增加值25.5亿元，增长0.2%；全县69家规上工业企业累计完成总产值48.61亿元，同比上年减少2.07%；实现增加值为13.56亿(现价)，同比上年减少0.3%。2017年新增规模以上工业企业5家（广东彤德新材料有限公司、广东宏源防水科技发展有限公司、广东豪之盛新材料有限公司、翁源县合和木业有限公司 、韶关安裕婴童用品有限公司)，至年底，全县有规模以上企业达62家。该局进一步增强服务意识，重点支持翁城片区的彤德、宏源、豪之盛涂料企业上水平、上规模。督促鹏瑞、青云山药业、金悦通电子等企业加快技术改造，扩大产能等。

【民营经济】 按照国家、省、市有关扶持中小微企业的优惠政策，结合该县工业企业的实际情况，鼓励支持企业进行管理上的创新、技术上的创新，引导企业加大技术改造投资力度，积极主动组织项目申报，争取国家和省财政支持中小企业发展专项资金。全年共申报项目7个（主要有珠三角产业转移技改专项资金、省级技术改造专项资金和节能减排专项资金等)，获得项目资金2000万元左右。

开展政策宣传 该局按照《翁源县降低制造业企业成本支持实体经济发展若干政策措施》文件精神，到企业进行“实体经济十条”政策及相关措施的宣讲，举办“品牌培育及融资推广会议”及电商培训，有全县56家规上工业企业中的113名高管参加，并取得较好的效果。

做好企业服务 制定民营中小企业的优惠政策。推出多款适应中小企业信贷产品，为部分企业解决融资难问题。搭建企业服务平台。有效加快该县中小微企业的发展，加强优化营商环境，推动“大众创业、万众创新”加大扶持力度，促使政策措施落地，加快促进经济转型升级、跨越发展。为解决企业融资难，多次带领金融机构到企业推广政银企对接会。

【节能降耗】 继续加大对节能降耗工作的宣传，积极调整优化产业结构，引导企业加大节能技改投入，加快技术改造和技术创新的步伐。加快淘汰落后生产力，根据国家相关产业政策，淘汰关闭鼎源金属制品有限公司，但节能降耗形势仍然严峻。主要原因：重点用能企业中源水泥厂达产用能增长；新增规上企业大部分是用能大户，在第四季度的满负荷生产将影响该县的能耗水平。为完市政下达的节能目标，全局高度重视，多次召开节能降耗专题会议,研究全县节能降耗工作，并采取得力措施做好节能降耗工作。继续启动节能预警调控三级应急响应；强化重点能耗单位的节能管理，认真组织实施重点能耗单位节能行动方案，签订节能降耗目标责任书，公布重点耗能企业能耗和单位产值综合能耗等指标，并确定能耗企业在网上直报能耗情况（是年，全县选择20家重点用能企业实施能耗数据在线申报，从源头上控制能耗的提升）。

【招商引资】 2017年，全县新引进外资项目6宗，合同金额241万美元，比上年同期4839万美元减少95.02%；实际到位资金为1016万美元，比上年同期876万美元增长15.98%；外贸进出口为11199.5万美元，比上年同期增长8.5%。主要工作及措施有三方面：

建立长期高效的招商机制 2017年，成立一套苦干实干、坚强有力的招商引资的领导班子，建立一支热情高，责任心强，高素质的招商引资队伍。通过新机制潜心研究招商引资的路子，精心包装招商引资项目，热心管理招商引资的事务，使招商引资工作出新成果。

增强招商引资吸引力 环境是生产力，提高竞争力，吸引力。在软环境方面：营造优质高效的服务环境，牢固树立“管理就是服务”的观念，大幅度削减和调整行政审批事项,实行集中办公、限时办结，形成招商引资的绿色通道。建立起重商、亲商、惠商、富商、安商的良好氛围；营造更加宽松的政策环境，从政策上降低招商门槛，修订和完善各项优惠政策，创建诚信政府，狠抓各项政策的落实；营造规范有序的市场环境；营造富有活力的人才环境。

增强招商实效　突出抓好对外宣传，扩大影响，增强吸引力；突出抓好以商招商，激活引导外来投资企业增资投入和发展新项目；突出抓好企业自行招商，对企业进行项目包装，努力把企业推向招商引资的主战场，力争在企业自行引进项目、资金、技术方面有新突破；突出抓好项目跟踪落实，完善项目主办负责制、奖惩制，力争使新的签约项目尽快落户、尽快投资创造效益；走出去请进来，有针对性地登门拜访，上门招商。有针对性地邀请国内外、省内外大企业、大集团到该县投资考察。

【商贸流通】　2017 年，社会消费品零售总额累计完成 36.98 亿元，比上年同期的 34.3 亿元增长 7.6%，与年度目标增速 10.5%差 2.9 个百分点；批发业销售额累计完成 10.13 亿元，增长 2.3%；零售业销售额累计完成 33.65 亿元，增长 1.5%；是年完成 1 家新增限上零售商贸企业。

【企业转制和信访维稳】　重点做好“僵尸企业”排查处置及信访维稳工作。年初，全县排查出国有“僵尸企业”3 家，分别是县陈村铁矿、县磷肥厂、县粤源铁矿有限责任公司；非国有“僵尸企业”一家：县新光电池有限公司。对摸排出来的“僵尸企业”，根据企业实际上报提出不同分类处置方案：对县陈村铁矿实施重组。至年底，广东省广晟冶金集团有限公司、广东省翁源县陈村铁矿、韶关市万博矿业有限公司三方已签订《合作开发翁源县陈村铁矿协议书》,重组工作正在按计划推进；对县磷肥厂实施破产清算。该厂于 2016 年 6 月已进入破产程序，职工在该厂申请破产前已安置完毕，预计 2018 年 12 月之前终结破产程序，实现企业出清；对县粤源铁矿有限责任公司和县新光电池有限公司实施关闭。公司人员已安置完毕，其余正在进行债权、债务清理处置。

该局根据省、市、县有关信访维稳的工作要求，依法解决好群众信访反映的问题，加强重要时期信访预警机制，维护全县社会稳定。

【信息建设和电商发展】　全年信息化建设完成投资 8500 万元，新建公众移动通信基站 115 个，全县互联网普及率 80.5%，光纤入户率 60.2%，新建光缆长度 873 公里，新增端口 7000 多个。目前已经完成县城和乡镇主要街道光纤 100%全覆盖，20 户以上自然村 100%光纤覆盖。

推进电商发展　认真探索“互联网＋农业”改革工作，农村电商工作稳步推进。加快电商孵化园建设，已将原中等职业技术学校的 3 栋教学楼共 4000 多平方米装修改造成电商孵化、电商创业基地。2 月，该电商产业孵化园已建成并投入使用，至年底，有 20 多家优势企业及团体入驻；成立电商协会。由县经信局主导，县邮政公司牵头,县相关电子商务推广应用行业龙头企业组建，成立县电子商务行业协会。目前拥有会员 68 家。培育电商服务点。其中乐村淘电子商务有限公司目前建立 1 家县级运营中心，6 个镇级服务中心及 84 个村级服务点。县电子商务服务范围覆盖全县 60%以上区域；认真落实电商政策。至年底电商产业孵化园已经面向入园企业运营，对入园企业免除 3 年租金的优惠政策扶持成长中的企业。同时印发《翁源县促进电子商务发展暂行办法》，县政府安排专项资金对电子商务园区、电商企业给予支持。另外面对电商企业面临的物流难、物流贵的问题，也向翁源邮政争取到邮政速递每票补 1 元的优惠政策。

【重点项目建设】　推动广东华凯商贸物流中心项目落实。该项目总投资 3.7 亿元，是年 2 月已完成总体规划设计，年底，企业已完成土地平整、勘探和总体规划工作，项目营销专业团队早已进驻，各项招商工作已逐步展开；抓好青云山二期扩展项目建设。该项目规划用地需求 100 亩，主要涉及调规工，至年底，国土部门已完成土地调规工作,住建部门也从 2016 年底开始对县城总体规划进行修编，已将青云山二期扩展项目地块列入《翁源县龙仙镇总体规划（2016—2030 年）》，现已形成初步方案，依据修编方案，该项目用地性质为二类工业用地。落实“5+X”事项中的新城广东绿色农产品创新街区规划项目：农产品创新街区规划属健康食品创新园总体规划的一部分，也是健康食品创新园的产业延伸。至年底，已初步选好址，协调县土储中心，并已委托龙仙镇启动征地工作。2018 年将确定设计单位，启动规划设计工作。

县经信局领导班子成员名单
党委书记、局长：甘展强
党委副书记、纪委书记：刘清香
副局长：王新就　刘清香

工　业

【概况】　2017 年全县 69 家规上工业企业累计完成总产值 48.61 亿元（统计方法作调整），同比去年减少 2.07%；累计实现增加值为 13.56 亿（现价），同比去年减少 0.3%。2017 年全县工业固定资产投资完成 20.95 亿元，同比去年减少 20.6%。

【电子工业】　全县电子生产企业 4 家，分别为金悦通电子（翁源）有限公司、翁源县旭飞电子有限公司、广东富诺顿电子有限公司、卡西欧电子有限公司，共实现工业总产值 12.84 亿元。

【食品工业】　全县食品工业企业 4 家，广东省翁源县茂源糖业有限公司、县翁江淀粉厂、韶关市慧园米业有限公司、广业清怡食品科技有限公司，共实现工业总产值 3.28 亿元。

【建材工业】　全县建材工业企业 7 家，分别为县鸿贵环保砖厂、县万能环保建筑材料有限公司、县牛头山环保建材有限公司、县铁龙宝山石矿、中源水泥厂、宝源水泥厂、安和混凝土，共实现工业总产值 6.83 亿元。

【涂料化工】　全县涂料、化学工业企业 19 家，分别为广州五羊油漆（翁源）股份有限公司、广东奥优涂料有限公司、广东赛力克防水材料有限公司、锦威化工、好尔威化工、秀珀、欧文、恒辉涂料、县恒信林化产品有限公司、县松林树脂有限公司、台实实业有限公司、耐迪化工有限公司、新悦化工、德丽雅漆业、友邦化工、富良化工、豪之盛、宏源防水、彤德新材料共实现工业总产值 8.3 亿元。

【矿产资源】　全县矿产资源企业 2 家，分别为县佰盛锌业有限公司、县鹏瑞镍业有限公司，共实现工业总产值近 0.94 亿元。

【铸造工业】　全县铸造工业企业 3 家，分别为县永信五金、六和新广大、美欣五金，共实现工业总产值 0.41 亿元。

【竹木加工】　全县竹木加工企业 8 家，县安源木业发展有限公司、县凯通户外家具厂、县凯通纤维板有限公司、县天润木业、晨森林业有限公司、源忠森有限公司、鸿恺们业、德莱木业，是年共实现工业总产值 3.4 亿元。

【水电工业】　供电企业 1 家，为广东电网韶关翁源供电局，共实现工业总产值 4.68 亿元。

【采掘工业】　全县采掘企业有 2 家，分别为县红岭矿业有限责任公司、县晟源矿业有限公司，共实现工业总产值 0.22 亿元。

【其他工业】　主要包括其他和轻工类等 20 家，分别为县沛錤皮革厂、县云门家具制造有限公司、县金悦诚蓄电池有限公司、县万成塑料制品有限公司、县汉马毛皮有限公司、广东省青云山药业有限公司、广东省信达茧丝绸股份有限公司、县志诚五金、县新光电池有限公司、永鸿消防设备翁源有限公司、县盛科农业有限公司等，合计产值 7.81 亿元。

商贸管理

【概况】　2017 年，全县商贸系统各部门积极培育新的商贸经济增长点，推动商贸流通产业的健康发展，继续加强对商品流通市场管理，抓好市场监管。注重项目开发和招商引资，积极完成县委县政府年初下达的各项工作任务。全县实现社会消费品零售总额 36.98 亿元，同比增长 7.6%；批发业销售额 10.13 亿元，同比增长 2.3%；零售业销售额 33.65 亿元，同比增长 1.5%；住宿业营业额 0.58 亿元，同比增长 28.3%；餐饮业营业额 2.1 亿元，同比增长 10.1%。为确保商贸流通业继续保持平稳较快增长，重点采取二方面措施：提高商贸流通业现代化水平，推进连锁经营向深层次发展；完善市场体系，发展特色专业和综合市场，开拓城乡市场，全面提高商贸流通业的服务水平和辐射力。商贸流通业的持续、快速、健康发展，有效促进了全县城乡市场的繁荣兴旺，全县商、工、贸、旅互联互动发展更趋明显，并将成为助推该县经济增长的重要力量。

【“限上”商贸企业的培育发展】 2017 年，该局经常主动与统计、税务等相关部门进行沟通、协调，共同做好新增、培育限额以下商贸企业向限额以上发展工作。通过跟踪服务，全年完成新增“限上”商贸企业和“限下”转为“限上”的商贸企业共计 2 家。其中零售企业 1 家：翁源县泰盛汽车贸易有限公司；餐饮住宿企业 1 家：翁源湖景酒店有限公司。

【市场和典型企业监测】 2017 年列入国家商务部重要生产资料市场监测企业 1 家：翁源县翁城农场农业技术站；重点流通监测企业 1 家：翁源县宝源市场开发有限公司；生活必需品监测企业 1 家：翁源县好又多商贸有限公司。典型统计企业 6 家：翁源县粮食购销有限公司、广东新华发行集团翁源新华书店有限公司、翁源县宝源市场开发有限公司、广东省翁源县龙翔实业有限公司、翁源县富源大酒店实业有限公司、广州市江丰实业翁源有限公司。

商业经营

【批发零售业】 2017 年，社会消费品零售总额累计完成 36.98 亿元，同比增长 7.6%；批发业销售额累计完成 10.13 亿元，同比增长 2.3%；零售业销售额累计完成 33.65 亿元，同比增长 1.5%。主要商品有家电、家具、日用百货、食品等。其中规模较大的企业有 19 家。继续做好商业网点规划，结合该县实际和消费水平，认真组织、协调、规划商业网点设置和布局；加强对流通市场监督和管理，指导商业网点自觉接受行业监督和管理，维护消费者权益，杜绝销售假冒伪劣商品。

【现代物流业】 主要以翁城农副产品批发市场和东化建物流有限公司为龙头，领军全县物流为发展。1997 年开办的翁城农副产品批发市场是粤北地区最大的蔬菜批发基地，每天有源源不断的蔬菜销售到珠三角及港、澳、台地区；广东化建物流有限公司设立在翁城产业园区占地 308 亩，是广东（翁源）华彩化工涂料城及整个粤北地区工业园区及化工企业配套建设危险化学品、剧毒化学品仓储、物流基地。目前继续完善物流网点设置规划，协调、引导企业自觉接受行业监督和管理，促进物流园区建设和发展。

【连锁经营行业】 提高连锁经营的规模化和规范化水平、扩大连锁经营的范围和领域，推动连锁经营向更大范围更深层次发展，实现规模化和规范化经营，逐步提高连锁经营在流通业的比重，引导和鼓励企业向乡镇连锁延伸。在继续巩固餐饮、百货连锁超市成果的基础上，向石油、烟草、金属、燃料、住宿等多种行业拓展，提高连锁经营的总体规模和水平。连锁企业以规范化管理、规模化经营和标准化服务为核心，提高连锁企业经营管理水平及核心竞争力；探索连锁经营与电子商务相结合的模式，降低成本、提高效率、拓展市场和创新经营模式，转变经济发展方式，提高市场竞争力。是年在县内经营的连锁行业中规模较大的有明乐超市、好又多、大润发和爱心大药房，其中明乐超市在官渡设有分店，爱心大药房已在翁源设立 9 家分店。连锁经营业的发展继续成为推动商贸流通发展的主要力量，为翁源县消费品市场的繁荣注入动力，不仅带动全县消费品市场的繁荣和经济的发展，而且对周边地区的商品流通和生产发展发挥重要作用。

【明乐超市】 明乐超市的前身是东明商贸有限公司（现为广东东明股份有限公司）翁源广客隆商场。公司自成立以来主要从事食品、日用品、纺织品等商品的商业零售。旗下东明广客隆连锁超市现有 30 家，公司的经营理念“用真心换你美心”。经过多年的努力，东明业绩不断壮大。公司将充分发挥民营机制优势，坚持业态创新、制度创新和管理创新、实施商业贸易、物业投资和人员文化教育等实业经营和资本运营为一体。翁源商场在 2017 年的营业额达 427 万元，同比上年减少 0.23%。

公司内部实行《营运管理制度、财务管理制度、拓展管理制度、信息中心管理制度、行政人事管理制度、防损消防安全管理制度》，用制度约束员工，做到奖罚分明，提高员工的工作积极性。商场在 2001 年 11 月开业后为翁源县解决部分下岗职工就业。现有员工 18 人、促销 32 人，都是先参加公司培训后再上岗。公司按规定为员工购买社会保险，使员工安心在公司工作。

【爱心大药房】 该药房自 2005 年进驻翁源至 2017 年已在该县设有 9 家分店。公司自成立至今，一直秉承“诚信经营、永铸品牌”的经营理念和“适才适用、能者居之”的用人理念。主要从事处方药、非处方药、中药材、中药饮片、中成药、生化药品、化学药制剂（疫苗除外）、保健食品、消毒产品、医疗器械、日用百货、化妆品的零售。是年主营业务收入合计为 1353.6 万元，与上年基本持平。

公司检查倡导人性化、理性化、弹性化的管理，积极构建现代化管理体制。严格按照“GSP”标准建设，大力推行管理信息化、流程化、规范化、制度化。通过各项制度来规范员工的行为，提高工作效率。现有从业人员 108 人，员工入职后全部签订劳动合同、参加社会保险，人员流动率较小。是年，公司继续狠抓岗位培训，组织员工参加中、西药营业员、质量管理员、保健食品卫生管理员的培训；同时根据工作需要进行岗位培训，分期、分批对药师、验收员、养护员等进行专业培训；有效地提高员工的业务水平。

【住宿餐饮业】 2017 年，“限上”住宿餐饮业营业额 7672.4 万元，比上年同期的 6233.5 万元，增长 23.08%。其中规模以上的“限上”企业有 19 家，2017 年新增“限上”住宿餐饮业 1 家。

招商引资

【概况】 2017 年，全县新签合同项目 34 宗，合同金额 21.83 亿元，比上年同期的 19.9 亿元增长 10% ，实际到位资金 23.26 亿元，比上年同期的 27.5 亿元减少 15%。其中外资合同项目 6 宗，合同金额 241 万美元，比上年同期 4839 万美元减少 95.02%；实际到位资金为 1016 万美元，比上年同期 876 万美元增长 15.98%。

【翁源主动融入珠三角投资环境推介暨第二届“中国兰花之乡”（广州）兰博会】 1 月在广州举行的兰博会，以“兰花搭台、招商唱戏”，诚邀各方客商到翁源投资开发、共谋发展。引进广晟集团、广业集团、广州开发区、省物流协会等一批战略投资者和重大合作项目。翁源作为韶关的南大门，抢抓机遇，确立“主动融入珠三角、实现绿色崛起”的总战略，加强对“新材料、电力电源、绿色食品、物流电商、现代农业、休闲旅游”六个产业建设，构建新型工业、产城整合、绿色产业三大高速公路经济增长极的发展思路，努力把翁源创造为投资置业的成本洼地、服务高地、发展福地，通过举办第二届“中国兰花之乡”博览会次活动构筑起翁源与社会各界相互交流与发展的桥梁，为投资者创造一个更为广阔的合作发展空间。

【“湾区创新、韶关加速”深圳招商推介会】 韶关翁源浩顺金属制品有限公司项目（“湾区创新、韶关加速”深圳招商推介会的签约项目）。该项目是由香港汇星实业投资的，9 月开始接触，可研报告已交发改及环保研究，并提出项目预审意见，基本同意可以项目可行性。11 月，与企业代表签订招商意向书。现正在与企业进行协商投资合同具体条款，主要协商选址、工业用地时间等。预计 2018 年 4 月前完成项目正式签约。

【“广韶合作产业共建”广州招商推介会】 11 月在广州召开广韶合作，产业共建广州招商推介会，翁源签约项目有县东江环保 3 万吨工业废物处理项目（“广韶合作，产业共建”广州招商推介会的签约项目）。该项目是东江环保股份有限公司投资的，选址于粤北危处中心。现已签订招商意向书，现正在与企业进行协商投资合同具体条款。

【产业转移】 落实县政府《关于提高社会资本投资项目审批效率的通知》《翁源县提高社会投资工业项目行政服务效能制（试行）》 的工作要求，抓住服务重点，实行零距离服务、零障碍落地、零容忍跟踪“三个零”机制，推行“一门式一网式”政府服务模式改革，各部门各负其责，统一思想，着力缩减社会资本投资项目落地时限和流程，营造优良的投资环境和规范健全的信用体系，实现“流程最优、效率最高、费用最少”的目标，切实提高社会资本建设项目审批服务效率，确保项目建设顺利进行。由县领导直接带队，对已入园企业实行暖企行动，积极加强与企业沟通对接，做到以优质的服务延伸招商新渠道，最终实现以商招商；对项目的签约、筹建、在建各环节实行“一对一”跟单服务，凡涉及该县行政审批的事宜，从项目签约直至建成投产，安排专人全程“一对一”跟单服务。

重点企业

【广东（翁源）华彩新材料产业园】 翁源华彩新材料产业园区，是该县与广东鸿昌盛集团合作开发的化工涂料专业园区，发展定位为绿色环保化工涂料基地。园区规划面积8000亩，分两期建设：一期200公顷；二期规划面积333.3公顷。产业园自2010年启动开发以来，园区先后被评为“工信部产业集群区域品牌建设试点单位”“广东省中小企业创业基地”“广东省涂料行业创新示范工业园”，2016年4月获批为广东省产业转移工业园，并在全省13个起步园考核中位居第一。

建设成效　经过近年的建设，华彩园区建设已初显成效。2010年至2017年，园区已累计完成固定资产投资40多亿元，年均增长35.5%。园区已引进企业40家，2017年园区投产工业企业产值实现30多亿元，年均增长36%；华彩园区产业带动就业3000多人。

园区特色　华彩园区具有三大特色。专业化产业共建。采用“政府引导、市场运作、专业打造”的合作模式，由政府与广物集团化工专业企业广东鸿昌盛集团共同开发建设，以专业团队打造专业的产业，以专业的公司做专业的事情，有效破解山区县资金、技术、市场、管理的瓶颈问题，形成政府和外商优势互补、互利共赢的良好局面。高起点规划建设。严把项目入园关口，大力引进优质知名企业，要求入园企业投资强度不低于200万元／亩，年税收不低于15万元／亩。已引进的立邦、五羊、欧文、彤德等国内知名企业，年产值均超3亿元。园区实行生活区和生产区分离的模式，配备有规划100公顷集行政、商住、金融、教育、医疗、休闲娱乐等服务功能于一体的商务中心区。园区建有仓储物流、粤北应急救援中心，以及日处理200公顷的污水处理厂等园区配套设施。园区建设速度快。至年底，园区一期的200公顷土地完成招商，40家企业年底大部分建成投产，仓储物流基地和污水处理厂已建成运营，商务办公楼、宿舍楼已投入使用。

【翁源中源发展有限公司】 公司位于铁龙林场，总投资4.8亿元，于2012年5月竣工投产，是翁源县中华人民共和国成立以来最大的工业项目，也是韶关市规模最大，工艺、设备最先进的水泥项目，同时列入市重点项目。项目主要采用新型干法水泥生产工艺生产，产量规模大、技术先进、自动化程度高、产品质量高、节能、无污染、环保型的新型干法水泥生产新工艺，符合国家产业政策，是国家支持、鼓励的项目。项目年产水泥熟料155万吨、水泥212万吨，年产值6亿元，年税收8000多万元。

【金悦通电子(翁源)有限公司】 是香港金悦通集团投资的一家大型港资企业，位于韶关市翁源县翁城工业园内，注册资本1672万美元，占地面积26.67公顷，有员工750多人。公司主要生产和销售高密度互联线路板（HDI）、盲埋孔线路板及树脂塞孔线路板，产品广泛用于计算机、通讯、电子、汽车和医疗等行业。公司拥有全套先进微机自动化控制的PCB生产、检测研发设备，拥有一批高素质的管理、生产和研发团队，自2008年投产以来，已先后通过TS 16949、ISO 14001及UL等国际认证，并取得多项专利成果和获得国家级高新技术企业证书。公司生活配套设施齐全，设有网吧、医疗室、KTV室，以及灯光篮球场、羽毛球场等设施。2017年产值达2.5亿元。

【翁源县金悦诚蓄电池有限公司】 位于韶关市翁源县翁城工业园内，成立于2009年，于2011年12月29日取得全国工业产品生产许可证，并已通过ISO体系认证。投资规模1亿元，其中环保设施投入500多万元，全线建成投产后实现205万千伏安时／年。该企业采用当今国内最先进内化成（生极板）设计与制造技术，实现核心极板生产无工业污水排放，生产工艺过程绿色环保，生产中自动化程度高、污染物产生指标低，经合理处理后污染可以达标准排放，拥有一系列国内先进生产设备，无须“灌粉装置、挤膏机、化成槽、干燥窑”等。

【茂源糖业有限公司】 公司成立于1999年9月，是粤北地区最大的以制糖为主，综合农产品加工、利用相结合的股份制民营企业，既是翁源县优秀民营企业、韶关市重点农业龙头企业、省扶贫龙头企业、省民营科技企业、全国“双爱双评”先进单位，又是广东省现代产业500强。公司已形成以“公司+科研+基地+农户”为核心的产业化生产模式，并于2010年通过省“清洁生产”审核验收，成为该县第一批自愿开展“清洁生产”审核认定的企业。2011年被省经信委、省财政厅、省国税局、省地税局、海关总署广东省署认定为第十二批广东省省级企业技术中心，成为该县第一家认定的省级企业技术中心。

【广东信达茧丝绸股份有限公司】 广东信达茧丝绸股份有限公司位翁源县城龙仙联群村，成立于2002年10月，主要以缫丝为主。公司一贯秉承“强化社会责任意识、注重龙头企业带动、加强企农合作建设、促进产业持续发展”的经营理念，致力于推进茧丝绸产业化建设,构建“公司+研究所+合作社+基地+农户”的“信达模式”，形成了控股经营英德大信茧丝绸、新丰丰信茧丝、郁南信达茧丝绸、湖南信达茧丝绸、湘潭信达茧丝绸、江西乐安广信茧丝、翁源家宝蚕业等七家企业的跨区域生产格局，公司已形成集“农、工、科、贸”为一体的产业模式。公司现有员工1200多人，年制优质蚕种25万张，年收购鲜茧10万担，年缫丝能力1000吨。信达公司先后获得国家扶贫龙头企业、省民营科技企业、全国模范职工之家、省现代产业500强项目实施单位等荣誉称号。

【广东青云山药业有限公司】 广东青云山药业有限公司前身是翁源县青云山中药厂。企业于2005年7月转制，延续原企业的所有权及债权债务，重新成立翁源县青云山药业有限公司。2008年2月经广东省工商行政管理局核准企业更名为广东青云山药业有限公司。公司位于粤北翁源县城，环境优美，空气清新，交通十分便利。企业占地面积近6万平方米，建筑面积1.5万平方米。现有多套具有国内先进水平的中成药制造生产、质量监测、质量检验设备和仪器，其中提取生产线二条，颗粒剂、胶囊剂和片剂的制剂生产线各一条，2017年新增保健品生产线一条，总资产3500多万元。2013年获得国家药品GMP认证证书，现拥有主导产品为十味溪黄草颗粒，自主开发的药品2个，功能食品5个，仿制药品5个。

【广东彤德新材料有限公司】 广东彤德新材料有限公司自1996年一直专注于合成树脂的研发生产与应用研究。公司主导产品是丙烯酸树脂、醇酸树脂、合成脂肪酸树脂、饱和聚酯树脂和氨基树脂，其中以丙烯酸树脂系列最具优势。公司还是中国涂料协会树脂分会的常任副理事长单位。公司于2014年落户华彩园区，计划投资3.8亿元，占地面积13.33公顷。至年底，正在安装生产设备，预计2017年建成投产，提供就业岗位200个。全面投产后，年产涂料5万吨，年产值达8亿元，年创税达2000万元。

【翁源县中瀚民福涂料有限公司】 翁源县中瀚民福涂料有限公司目前广东省乃至国内唯一的专业生产原子灰嵌填剂产品的大型制造厂商。其主导产品包括高温灰、钣金灰、导电灰、轻质合金灰、纤维灰等10个系列品牌高端原子灰产品，另外还有23个其他品牌。公司于2012年8月落户华彩园区，投资9000万元，占地面积2.8公顷。2017年已试产，全面投产后，年产值将达3亿元，年税收400多万元。

【广东宏源防水科技发展有限公司】 广东宏源防水科技发展有限公司是2015年5月4日在县工商登记注册的法人企业。该项目投资主体为潍坊市宏源防水材料有限公司，公司成立于1996年10月，注册资本9000万元，现有员工1280人，总部位于山东潍坊。经过多年的实践和努力，现已发展成为集科研开发、生产销售和施工服务于一体的专业化防水系统供应商、国家火炬计划重点高新技术企业、国家住宅产业化基地唯一防水企业，综合实力位居行业前三，已在广东翁源独资成立了子公司广东宏源防水科技发展有限公司。投资方从长远考虑，为了进一步扩大市场，结合多年来生产经营情况和按市场需求制订的发展规划，经对翁源华彩新材料产业园投资环境考察和与翁源经济开发区及翁源华彩新材料产业园管理者广东华彩化工涂料实业有限公司达成共识，充分利用翁源华彩新材料产业园已形成的污水处理中心，以及水、电、通信、供热等公用设施配设到位的投资环境，为了全国生产基地布局，在县内翁城镇翁源华彩新材料产业园征地 4.2 公顷，新建设年产 3000 万平方米改性沥青防水卷材的现代自动化的工厂，提升技术装备水平，主要产品包括：改性沥青无胎自粘防水卷材，改性沥青有胎自粘防水卷材，SBS 防水卷材，双圣自粘防水卷材，速克施防水卷材，产品涵盖铁路、道桥、市政、民建、工业、军工等所有防水领域，计九大系列、100 多个品种，覆盖多数功能需求。

【广州五羊油漆（翁源）有限公司】 公司是一家有 50 年历史的专门从事涂料生产品牌企业，主要生产水性涂料等系列产品。公司是中国涂料工业协会常务理事以及广东省涂料协会副会长单位，连续多年被广东省、广州市税务局评为模范纳税大户。公司于 2010 年落户华彩园区，占地面积近 100 多亩，投资 3 亿元，建设具备现代化生产技术设施的专业生产基地。公司于 2012 年底建成试投产，近年来公司在产品创新方面主要是“油改水”方面取得成效，即从之前的油性产品生产转型升级到水性产品的研发生产，其研发生产的新型环保产品——水性醇酸漆对比之前的油性产品具有环保特点，是对人体无害，符合国家的节能减排政策。公司 2017 年实现工业产值 0.6 亿元，完成税收 66 万元。全面达产后，年产涂料 4 万吨、年产值 3 亿元，年创税 1000 万元以上。

【韶关欧文化学工业有限公司】 是欧文企业集团全资子公司，是广东省涂料行业协会副会长单位。公司占地 0.6 公顷，为本地规模以上化学工业企业，主要从事家具漆及工业涂料的生产、研发、销售及智能化涂装设备的一体化服务，计划年销售额将达 2 亿以上，为当地贡献税费收入 1000 万元/年以上。公司一直致力于技术创新和品牌建设，在涂装一体化方面一直在国内处于领先地位。目前已经合作的智能化设备涂装的客户包括北京 TATA、浙江开开，恒大集团指定木门供应商珠海华衍等国内前几名的木门生产商等。其中“长兴欧文”家具漆在行业内享有盛名，被广泛应用于全友家私、皇朝家私、双虎家私、佛山金富雅、金富轩等各大客户群中。公司目前的食品类工业包装漆已经被加多宝、六个核桃、椰风椰汁等各个食品行业的知名企业包装罐所应用。欧文企业集团先后与北京航空航天工业学院、南京工业大学、杭州师范大学、中山大学、暨南大学韶关研究院等国家高等学府建立密切的合作关系，在欧文内部着手培养与建立产、学、研一体化机构，使公司的涂装一体化一直在国内处于技术领先的产品状态。公司是年实现工业产值 3400 万元，完成税收 210 万元。

【广州秀珀（翁源）化工有限公司】 公司创建于 1984 年，总部位于广州，原为广州军区军工企业，1999 年成功进行体制改革，2013 年底立邦涂料有限公司成功收购。公司自 1986 年引进地坪漆生产技术以来，现已发展成为集墙面涂料、环氧树脂地坪涂料、防腐涂料等产品的生产、销售、施工于一体的企业，是全国最大的专业环氧树脂地坪漆生产和施工企业（二级施工资质），被广大客户誉为“地面处理专家”和“建筑涂料王国”。公司于 2011 年 4 月份落户华彩园区，占地面积 140 亩，投资总额 2 亿元，于 2013 年建成试投产。2017 年实现工业产值 1.5 亿元，完成税收 660 万元。

【广东优贝精细化工有限公司】 公司是一家专注于汽车养护科技、汽车油漆产品研发、生产及销售的公司，公司致力于为中国车主提供全球顶级的汽车养护、汽车喷涂、修补及钣金快修等产品及服务。广东优贝精细化工有限公司的前身为中山市优贝汽车用品有限公司，于 2009 年成立，第一条生产线正式建成并投产后，迅速在全国开拓销售渠道。2010 年，以优异的产品性能迅速得到代理商和经销商的认可，在漆面镀膜领域成为先锋和领导者。公司根据战略发展，一期于 2017 年 7 月动工建设，计划投资 1.8 亿元，建设占地面积 66.67 公顷生产基地。目前正在建设办公楼、厂房、车间，预计年底前一期建成试投产。

【广东德丽雅漆业有限公司】 公司是一家集研发、生产、销售和施工为一体的涂料企业，拥有自主品牌：“德丽雅”和“美致莱波尔”。公司主要生产防腐涂料和墙面涂料两大类型的产品，专业承接各种涂料工程的施工。公司有多样化的施工设备，专业化的施工队伍，完善的施工质量控制程序，健全的施工管理制度，以及拥有十多年生产、涂装的实际经验。公司于 2013 年落户华彩园区，投资 8000 万元，占地面积 2 公顷，于 2015 年 12 月建成试投产，现有员工 40 多人。达产后，预计年产值 2 亿元、年税收 300 万元以上。

【华彩恒通污水处理厂】 公司是华彩园区配套的环保基础设施，占地面积 13.33 公顷，污水处理设计规模为 1 万吨/日，分两期建设，其中一期污水处理量为 3000 吨/日，二期设计污水日处理量为 7000 吨/日。污水处理厂一期于 2014 年 7 月试运行，2015 年 2 月通过环保验收并正式运营。目前污水处理厂各项设施运行正常，实际日处理污水量 300 吨/日，可满足园区的需求。收费方式及价格是按入园企业的用地进行分摊，预计每吨污水处理费为 5.5 元。

（黄思平）

翁源经济开发区

【概况】 翁源经济开发区创办于 1991 年 11 月，1992 年 8 月 17 日经广东省人民政府批准正式成立，位于“粤北南大门”之称的翁源县官渡镇，2014 年 7 月经省批准调区到翁城镇，调整后的区域位于翁城镇和新江镇，面积 405.61 公顷，管辖面积 936.61 公顷。2016 年 4 月，省政府同意翁源产业转移工业园享受省产业转移政策，纳入省产业园管理和统计考核，为开发区今后发展搭建一个好的平台，奠定发展的坚实基础。该区获得 2016 年度省产业园建设管理考评通报表扬和奖励，该区属于县政府的派出机构（副处级单位），内设办公室、招商科、建设科、财务科、投资企业服务中心、资产管理中心、人力资源和社会保障服务中心及安全生产应急救援中心等 8 个部门，实行“一区多园”管理模式，现有华彩新材料工业园、电源基地、广业食品科技产业园、官渡综合物流基地等几个专业园区。未来开发区将重点培育新材料产业、电源电子、食品科技、综合物流四大主导产业。

【招商引资】 开发区首先以华彩二期、电源基地等为招商平台，选取投资强度大、产业附加值高、税收贡献大的优质项目；充分利用开发区成功调区及列入省级产业转移园管理的机会，加强与省工业园区协会、涂料协会、厚街等单位的联系，加大宣传力度，集中招大项目、选好项目。在服务方面，园区明确服务重点，选准服务目标和找准服务内容，主要服务好重点企业，协助企业解决安评、环评、设计及土地办证等方面问题，不断完善园区基础设施建设，为招商创造有利条件。全年，开发区共引进 5000 万元以上项目 9 个，合同投资总额 17.6 亿元，完成规上工业产值 41.23 亿元，完成固定资产投资 20 亿元。已促 6 个项目动工、5 个项目投产、培育 4 家企业上规。

【服务保障】 做企业的勤务兵，做老板的贴心人，开发区所有干部职工分成 7 个片区工作组，全心全意服务企业。辖区内有工商、国税、地税、财政、国土、规划、环保、公安等服务部门，设有县投资企业服务中心、县危险化学品安全生产应急救援中心 、人力资源和社会保障中心等专业性服务机构，为企业和外商提供立项、办证、审批、建设、招工等“一站式”服务，服务企业水平得到提升。

园区服务创新性地实行“跟单代办制”，帮助企业代办所有落地手续；实行项目投资限时办结制度，为企业发展提供“绿色通道”。提供“一门式”对外受理报批业务。园区企业投资中心可以为投资者办理各种证照和相关手续。并为投资企业提供的全程服务。提供“一条龙”办事服务。园区投资服务中心负责办理投资项目的审批业务，对新上投资项目，凡是符合产业政策、材料齐全，在市级审批权限内，可在 3 个工作日内办毕证照相关手续。提供“保姆式”跟踪服务。园区还负责协调处理外商投资项目的政策咨询、初步选址、项目谈判等前期工作，以及为外商投资项目从筹建到建成投产后企业的生产进行全程跟踪并优质服务。

【基础设施建设】 加强基础设施建设，增强开发区竞争力。华彩新材料工业园、电源基地、广业食品科技产业园、官渡综合物流基地四大园区除官渡综合物流基地正在规划当中外，另三大园区已完善供水、供电、排污、道路、路灯、绿化、应急救援、电子商务、员工公寓等配套基础设施。

华彩园区：重点围绕发展生态园林式园区进行规划，打造环保、高规格的产业发展基地，已完善园区一期的管网设施，建设和改造园区内外的排污、排水管网系统，完成二期规划环评及控制性详细规划，目前正在筹集征地资金，开展主干道动工建设前期工作；目前正在推进翁城商务中心区路网、管网等基础设施建设，装修商务中心区综合楼，建设第二人民医院正在进行主体框架，协调建设应急救援基地。华彩一期赛力克二期、锦威二期已动工并完成主体工程，彤德、宏源、中瀚民福、顺召已投产。翁源产业转移工业园固投等指标完成进度均居全市前列。安全环保信息平台建设取得进展，园区环境大气监测平台已规划定点，污水处理厂已安装在线监控。电源基地：完成基地市政路网规划设计，平整用地180多亩并交企业建设。金悦通二期已完成主体工程，现正在完善各项配套设施。日立化成、统力已动工建设。食品科技产业园：完善污水处理厂设备。与广业食品研究院沟通，争取引进更多食品或添加剂企业，延长产业链。官渡利龙园区：已完成804公顷土地征收，继续加大征地力度。

【走访活动】 2月9日下午，县委书记颜亮、县长林国华分别率队深入开发区部分企业进行走访调研和慰问，了解企业新一年的发展计划，聆听企业建设生产过程中需要解决的困难和问题，共商新年发展大计。县领导叶有昌、阮炳溪，以及政府办、开发区、发改、经信、安监、环保等相关部门领导陪同调研。参加走访慰问的县领导和相关部门负责人分别就园区和企业的管理、建设、生产等方面的问题提出工作意见建议，并表示会继续加大服务力度，加快园区和入园企业的发展速度。每家企业负责人都表示，有各级党委政府和相关部门的关心、支持，对今后的发展充满信心。

【省产业园考核组实地考核】 3月24日上午，省统计局副局长刘智华带领省产业园考核组一行到翁源产业园实地核查，考核园区过去一年的建设管理情况。县长林国华及县委常委、开发区工委书记叶有昌陪同考核。省考核组先后察看园区翁源宏源科技发展有限公司、翁源汉盛科技有限公司等项目现场，查阅项目有关资料，并在翁源投资企业服务中心召开座谈会。林国华县长向省考核组汇报翁源县基本情况及产业园区建设管理情况。

翁源产业园于2016年4月被成功认定为省级产业园。根据2016年度省产业园管理考核评价要求，翁源产业园作为起步园区进行考核，省产业园考核组对园区进行实地核查，凡考核组指定要核查的点（项目）为必看项目，要察看项目现场，查阅项目资料，对核查中发现的问题进行询问。

【省科学院院长廖兵一行到区调研】 3月2日下午，省科学院院长廖兵一行在市相关部门负责人的陪同下，到该区华彩新材料园开展工作调研，并与县领导叶有昌、陈向宗及相关职能部门负责任人进行座谈，探讨如何加强合作、加快产业发展。县委常委叶有昌介绍该区的基本情况，重点介绍工业发展的现状、遇到的困难和问题，并就产业共建如何推进、企业创新转型等方面的问题向参加调研的专家进行请教。专家们针对园区建设过程中遇到的困难、制约发展的因素等问题，谈自己的看法，并提出建议。省科学院院长廖兵在座谈中对华彩新材料园的发展给予肯定，对于该县工业园区接下来的发展，他希望从更专业的角度进行谋划，使园区既符合省委、省政府的政策又切合当地实际，既有利于地方发展，又不影响生态发展功能区建设。对于座谈中大家提出的问题，廖兵表示会认真梳理，回去后尽快将调研的情况反映给省委、省政府。

【温永基带队到华盈城市韶关分公司考察】 3月13日，开发区工委副书记温永基带队到华盈城市韶关分公司考察，华盈富通基金管理公司投资银行部副总裁杨翔练、华盈城市创新发展顾问有限公司总经理周明阳、华盈城市工业产业链总经理苏伟娟，华盈城市产业招商事业部高级经理郭思雨、华盈旅游产业链管理有限公司项目经理周志文等参与此次会议。杨翔练代表华盈城市公司向温永基说明公司的服务战略和当前在韶关市开展的工作，工业产业链总经理苏总对该区区的合作项目进展作具体的阐述，更加明确该区2017—2018年的规划部署、发展方向及招商项目的需求，双方对于日后的工作开展进行深度的探讨。

【省经信委领导到区调研】 4月13日上午，省经信委副主任何荣一行到该区华彩新材料产业园调研，了解园区的建设情况和产业共建方面存在的困难和问题。通过实地调研，何荣对华彩新材料产业园的建设规模给予肯定，认为园区具有专业化产业共建、规模大、建设速度快等特色，希望今后更好地实施产业共建，把园区做强做大；调研中，何荣还叮嘱企业的负责人，一定要重视安全生产，确保企业、园区的安全。

【佛山市翁源商会投资考察团回乡考察】 4月25—26日，佛山市翁源商会投资考察团一行23人回乡考察投资环境。开发区相关部门负责人陪同考察。考察团一行到华彩新材料产业园实地参观考察，并与相关部门负责人交流洽谈，详细了解该区重点项目建设，经济发展和投资环境等情况。佛山市翁源商会由翁源籍自然人和法人在佛山市投资兴办企业组成，成立于2016年7月，是以促进市际经贸合作为目的，以凝聚乡情、服务会员、发展经济、回馈社会为宗旨的非营利性社会团体，致力于搭建佛山与翁源商界人士交流互动与商贸合作平台，实现资源共享，优势互补，互利共赢。两地商会的企业家们纷纷踊跃发言，结合企业自身实际，畅谈想法与意见，表达情系桑梓，回报故里的心声。并表示要把商会打造成翁源在佛山的窗口和平台，为翁源经济社会发展贡献力量。

【安全生产业务培训】 4月初，开发区组织翁城工业园区入园企业开展安全生产业务培训，开发区管委会副主任刘彩新、相关业务部门负责人及29家企业负责安全生产的人员参加此次培训。培训目的提高企业的安全生产意识，引导企业树立“要发展、要安全”的意识，形成发展与安全齐抓共管的局面。培训班邀请国家二级企业培训师、国家注册安全工程师、广东省安全培训教员廖海华进行授课。廖海华通过大量事故案例向参加培训的学员传授火灾事故、坠落事故等常见安全生产事故的发生原因、预防措施，化学中毒、触电的救援方法、要点等方面的内容。

【“两强两提”讨论会】 4月18日上午，开发区在三楼会议室召开“两强两提”思想讨论会，对“两强两提”思想大讨论活动进行动员、部署。开发区班子成员，各部门负责人参加会议，会议由县委常委叶有昌主持。会议传达县委有关会议与文件精神，明确开展“两强两提”思想讨论活动的重要性、必要性及活动的时间、要求、方法步骤等内容。

【曲江区政府考察团考察】 5月24日下午，曲江区区长伍文率领曲江区政府考察团到该区考察工业园区建设情况。县领导陈来安、叶有昌、柯建忠、陈向宗、陈卫红，以及经济开发区、县政府办、发改、财政等相关部门负责人陪同考察。曲江区政府考察团通过实地考察听取汇报，对开发区的建设用地情况全面的了解，曲江区考察团一行对该县工业园区建设情况给予高度赞赏，认为该县加快发展意识强、园区配套完善、打造产业园区力度大、企业服务到位、产业特色鲜明、发展态势好，规划布局、共建模式、服务理念值得借鉴。希望以这次考察为契机，加强交流与合作，在主动融入珠三角，加快县域经济发展和城市提升方面互相学习、取长补短。两地相关部门负责人就开发区财政体制、产业园区规划、布局定位等相关情况进行交流。县长陈来安表示，曲江区政府考察团到该县考察，增进友谊，交流经验，希望今后能继续加强交流，共同促进两地经济的发展。陈来安提出，今后要加快园区发展速度，充分把握政策机遇，加快发展；要借力东莞厚街对该县的帮扶，加快发展，在更高更广的领域探讨工作措施；要深化改革，破解影响发展的障碍，解决招商难、融资难、征地难、交地难等问题，加快园区配套建设；要做好政府部门的服务工作，提高行政效率。

【召开工作部署会议】 5月31日，县委常委、开发区工委书记叶有昌在开发区三楼会议室主持召开中层以上干部会议，重点部署下一阶段开发区主要工作，并提出相关要求。会议围绕危处中心搬迁、开发区“招商、经营、服务、管理”等工作进行部署，明确近期目标、责任人、完成时限，叶有昌常委强调：开发区干部职工要鼓足干劲、提升服务水平，共同推动园区建设。

【两个年产值超亿元项目签约落户】 6月27日上午，翁源经济开发区举行翰唐环保（广东）装备有限公司和韶关鹏瑞环保科技有限公司二期项目签约仪式，县委常委、翁源经济开发区工委书记叶有昌见证签约，开发区管委会主任张洪代表开发区与两企业负责人签约。据了解，签约的两个项目位于经济开发区官渡片区国道G106线五四地段。翰唐环保（广东）装备有限公司投资9000万元，主要经营范围包括废水回收分离膜和环保设备、设施的生产、经销、安装、调试，预计年产值约2.2亿元、年税收1600万元，2017年内可以动工。韶关鹏瑞环保科技有限公司二期项目投资1.2亿元，占地3.13公顷，主要经营范围包括环保技术的开发、研究、咨询服务，环保设备、设施的经销、安装、调试，预计年产值约2.1亿元、年税收2000万元。

【走访活动】 6月7日，县委常委叶有昌带领单位相关部门负责人一行，来到挂钩帮扶的泉岭村，走访调研精准扶贫工作。叶有昌以“第一家长”身份深入走访到挂钩帮扶对象家中，实地了解他们的生活情况，对他们在子女教育、惠民政策解读、卫生医疗等实际问题上给予了相关建议。在看到帮扶对象生活条件有所改善，生活态度乐观向上时，叶有昌鼓励他们在党委、政府的帮助下，再接再厉，争取早日脱贫致富。6月12日—18日开发区开展暖企活动，8个片区工作组队辖区内企业全面走访，帮助企业解决建设经营中问题。

【中国涂料工业协会领导到区参观考察】 7月11日上午，中国涂料工业协会会长孙莲英及其他协会负责人一行来到该区华彩新材料产业园，参观考察涂料产业发展情况。市委常委、副市长、莞韶指挥部总指挥万卓培，县委书记颜亮，县委常委、副县长、厚翁指挥部总指挥陈向宗，以及经济开发区、厚街翁源对口帮扶指挥部、投资企业服务中心负责人陪同考察。孙莲英一行实地参观，听取汇报，与企业负责人交流，了解园区规划、建设、招商、环保、安全生产等情况。孙莲英对这两家企业落户该区后的转型升级表示赞赏，希望企业继续努力，在产品研发和市场开拓等方面大胆创新，提高企业的发展速度。颜亮、万卓培希望在未来的发展过程中得到中国涂料工业协会的支持和帮助，给予更好的建议和指导。孙莲英对开发区的涂料产业发展表示肯定。她说，此次来访翁源，实地参观、现场感受、深入交流，发现园区建设起点高，入园企业质量好，厂区建设规范，看到当地政府的决心和用心。孙莲英指出，开发区拥有集聚发展涂料产业的后发优势，政府要发挥桥梁纽带作用，及时收集和发布行业信息，加强宣传，让外界了解翁源；要有产业的战略布局，长远眼光，立足当前涂料市场的发展形势，争取打造绿色涂料发展园区；要把握好市场前沿，做好企业生产产品的定位；可以通过和高校、名企合作的方式，培养符合市场需求的人才，做大做强涂料行业。双方还就如何加强合作进行探讨。

【会昌县考察团来区考察】 7月8日上午，会昌县委常委、统战部长胡敦祥带领工信局局长钟显根、工业园管委会主任朱小华和九二氟盐化工基地办主任刘健平到该区进行考察，县委常委、翁源经济开发区工委书记叶有昌、翁源经济开发区管委会主任张洪、投资企业服务中心主任曾桓东及有关企业负责人陪同。考察团先后参观华彩园区展厅、化建物流公司、彤德公司、宏源公司、污水处理厂。通过现场调研、听取介绍了解该区招商引资的经验和做法，并对该区大力推进招商引资的发展思路给予高度评价。

【开展“暖企”走访活动】 根据《翁源县四套班子领导联系服务企业工作方案》的要求，7月4日下午，县委常委、纪委书记杜奇立到翁源经济开发区开展“暖企”走访活动,加强企业服务工作，及时了解和解决企业发展的困难与矛盾，积极主动服务企业，为企业排忧解难，密切政府和企业之间的联系，打造良好的营商环境。杜奇立在开发区相关人员的陪同下，先后来到广东冠源家具有限公司、翁源县和丰皮革有限公司走访调研，实地察看和了解两家企业的生产、经营、劳动用工及项目建设等情况，并分别召开座谈会，听取企业的情况介绍。至年底两家企业均正常生产经营。杜奇立肯定两家企业对翁源经济发展所作的贡献，并提出四点希望和建议：要依法经营，企业要在法律法规范围内依法依规生产经营；要注意安全，要加强安全意识教育，注重人身安全、消防安全，做好预案，加强演练，做好安全生产工作；要注重环保工作，做好环保措施；要加强沟通联系，企业在办理证照及行政审批事项时遇到困难和问题时多与工作组联系。还要求开发区及相关部门要经常深入企业，加强与企业沟通联系，主动为企业服务，为该县企业提供良好的发展环境。

8月23日上午，县委副书记张朝养深入到该区企业卡西欧电子（韶关）有限公司进行调研和实地服务企业工作。张朝养一行经过与日本高管进行座谈，深入了解企业经营发展状况及存在问题，并就企业提出的问题给出具体三点意见和建议，针对企业招工难的问题，要求人社部门与周边县进行沟通，推动企业招工；针对消防工作，承诺将亲自与消防大队沟通，合理安排消防安全检查及消防管理等工作；针对物流成本大的问题，会联系县相关部门做好政策宣贯工作。

【市统计局到到云门公司调研】 8月30日，韶关市统计局局长杨水养一行到翁源县云门家具制造有限公司开展统计工作调研，开发区管委会主任张洪及相关业务人员陪同调研。调研组认真查阅企业的原始记录和财务资料，询问数据采集依据和计算方法，对报表的指标进行逐一核实。对调研中发现的问题和不足之处进行指正和解释。调研组利用与企业面对面交流的机会，指导企业相关人员学习《中华人民共和国统计法》的相关内容，增强企业的统计法律意识和依法统计的观念，为企业营造良好的统计氛围。通过统计调研，让企业深刻认识到统计工作的重要性，依法统计的意识得到明显增强，提高企业的统计规范化建设起到积极的推动作用。

【开发区第一届第一次会员(职工)代表大会】 8月8日上午，广东翁源经济开发区第一届会员（职工）代表大会在开发区管委会大楼四楼会议室召开。市总工会副主席吴国强，市总工会组织部部长田柳香同志，县人大副主任、县总工会主席雷展发，县总工会副主席蔡获强同志出席大会。会议由开发区工委副书记温永基主持，工会联合会67名会员（职工）代表出席大会。会议首先审议并通过《广东翁源经济开发区第一届工会联合会会员（职工）代表大会筹备工作报告》，宣读县总工会《关于广东翁源经济开发区工会联合会第一届委员会委员、主席、副主席候选人及经费审查委员会委员、主任、副主任候选人请示批复》，全体会员（职工）代表审议并且通过《会员（职工）代表大会选举办法》。大会采用无记名投票的方式分别差额、等额选举产生开发区第一届工会联合会委员会委员、经费审查委员会委员。会议采用无记名投票的方式等额选举产生工联会第一届委员会主席、副主席，经审会主任、副主任；明确各委员及各职能部门分工。

新当选的工会联合会主席温永基代表新当选的“两委”领导班子作表态性发言，承诺新当选的工联会委员及领导班子要加强学习、关爱职工、帮助职工、服务职工、廉洁自律，更好地动员和带领广大职工为创建和谐园区、推动区域经济跨越发展建功立业。县人大副主任、县总工会主席雷展发、市总工会副主席吴国强分别作重要发言，并要求工联会要切实当好广大职工的“娘家人”，要充分利用和发挥好工联会服务平台作用，按照市总工会打造“三个一批”建设工作的部署，以科学发展观为指导，借鉴先进经验，发挥工会组织的桥梁纽带作用，以转变职能、转变作风、整合资源、强化服务为抓手，切实破解基层组织总体薄弱现实难题，夯实工会组织基层基础，激发工建活力，着力构建和谐劳动关系，维护广大劳动者合法权益，为韶关全面融入珠三角、为实现县域经济振兴发展作出新贡献。

【市人大代表考察】 9月26日，市人大常委会部分人大代表到翁源经济开发区考察园区建设情况。市人大代表一行走访华彩工业园，通过现场考察和听取有关人员的汇报，了解园区基本建设、基础设施和配套服务、招商引资及项目建设情况，并询问园区建设目前存在的困难和问题。市人大代表对园区建设所取得的成绩表示肯定，对加快园区建设也提出许多宝贵的意见和建议。

【韶能集团生物质发电项目签约仪式】 9月6日上午，韶能集团翁源生物质发电工程项目举行签约仪式，落户开发区。韶能集团董事长陈来泉、总经理肖南贵，韶关市国土资源局局长黄宣剑和该县领导陈来安、温毅麟、陈建为、叶有昌、柯建忠、陈向宗，以及经济开发区、发改、经信等相关部门负责人参加签约仪式。县委常委、开发区工委书记叶有昌代表县人民政府与韶能集团总经理肖南贵签约，参加仪式的相关领导见证签约。县长陈来安表示，生物质发电项目落户该区，将对翁源社会经济发展产生起到积极的推动作用，该项目不仅是市委、市政府的重点发展项目，同时也符合该县坚持主体功能区布局、构建三大高速公路经济增长极的发展方向。陈来安要求相关部门以高度的责任心和担当意识，加强协调配合，把服务生物质发电项目作为全面改进服务、优化营商环境的工作来抓，主动提供优质高效服务，建立全过程、全天候服务机制，力促项目早日开工、早日建成、早日对县域的经济社会发挥作用。

【韶关日立化成能源科技有限公司举行动工仪式】 9月15日下午，韶关日立化成能源科技有限公司举行开工仪式，县委常委叶有昌，以及翁源经济开发区、县住建、环保、国土局等有关部门负责人参加开工仪式。县委常委叶有昌代表县委、县政府对韶关日立化成能源科技有限公司的正式开工表示热烈的祝贺，并表示，该县将按照省委、市委提出的“主动融入珠三角，加快实现绿色崛起”的总战略要求，主动服务好日立化成项目。叶有昌要求开发区及有关单位要全力支持项目建设，积极帮助解决工程施工过程中可能遇到的问题，确保项目早日建成投产。

【市人大代表考察华彩新材料产业园】 10月12日上午，由市人大常委会财经工委主任潘穗担任组长的市人大代表考察组，到该区华彩新材料产业园视察园区建设情况。市人大常委会副主任张平、邓小杰，县委常委、开发区工委书记叶有昌、县领导陈志峰，以及市、县相关部门负责人等陪同视察。代表们通过察看，对园区建设情况有了更深的了解，他们认为，该区领导对园区发展高度重视，指导有方，各职能部门能够积极协助配合企业的建设，使整个园区的发展取得可喜成绩。同时，代表们还希望该区继续加强指导园区的发展，加大发展后劲，通过园区的加快发展，推进地方经济增长。

【交流学习】 10月30、31日，该区管委会主任张洪、招商科科长廖永忠到茂名产业转移工业园参加全省工业园区协会“走进星级服务园区”交流活动。该区领导参观茂名产业转移工业园星级服务情况，共同交流园区服务的建设、发展的宝贵经验。该园自成立以来，一直在服务企业中不断探索，始终坚持完善基础设施，健全服务体系和加强制度建设。此次交流活动，茂名园区所展现的服务意识、服务效率和吸引企业的能力值得该区学习，该区今后将借鉴茂名园区的宝贵经验，促进自身园区的建设发展。

【重阳节座谈会】 10月27日上午十点在开发区管委会三楼会议室召开重阳节座谈会，邀请了开发区离退休老干部，表达该区对退休老干部的亲切问候和美好祝愿。会议由该区管委会主任张洪主持，副主任温永基及退休老干部等共17人参与会议。张洪向退休老干部详细介绍目前开发区的整体发展情况、指出该区目前存在的问题并强调下一步工作：定位好、规划好华彩二期和物流基地的发展方向；努力争取省、市的资金，争取园区考核取得优秀；园区对企业的服务意识、服务效率要提高；做好土地储备。最后，该区领导一致表示，希望在座的各位老干部、老领导对开发区的发展有好的建议、意见都可以提。希望老干部继续发扬“退岗不褪色、退休不退热”的光荣传统，不忘初心、继续前进，运用他们丰富的工作经验、深厚的知识积累等优势，为该区更好、更快发展添砖加瓦、再立新功。

【参加2017年“湾区创新 韶关加速”招商推介会】 11月15日，由韶关市人民政府主办的2017年“湾区创新 韶关加速”招商推介会在深圳举行。县长陈来安、该区招商科相关人员参与此次活动，县长陈来安代表翁源作招商推介。 活动当天，县长陈来安代表翁源县与香港汇星实业有限公司签约，并在“发现韶关”招商引资恳谈会代表翁源作华彩新材料产业园招商推介。他在推介中介绍翁源基本县情、华彩新材料产业园概况，并对华彩新材料产业园二期开发与招商，以及园区优势作重点推介。

【2017年翁源县招商洽谈会】 11月30日上午，2017年翁源县招商洽谈会在投资企业服务中心召开。县领导陈来安、叶有昌、陈向宗，以及相关部门主要领导、东莞市安监局领导和企业代表、东莞市各行业协会企业代表等参加会议。县委常委、开发区工委书记叶有昌对翁源产业转移园的规划、建设、投资等情况作详细介绍。在听取情况介绍后，来访的企业、协会代表纷纷踊跃发言，谈感受和设想，气氛热烈。他们表示，翁源县产业资源丰富、园区专业配套完善、区位优势明显，具备很好的投资条件，对来翁源投资十分有信心，希望磋商洽谈，寻求合作的机会。

【9家企业集中奠基动工】 11月30日上午，当年翁源县产业项目集中奠基动工仪式在华彩园区举行。县领导黄令遥、陈来安、温毅麟、陈建为、

叶有昌、陈向宗，以及翁源、东莞两地的相关部门领导、动工企业代表等参加活动。该区范围内的韶关日立化成能源科技有限公司等9家企业于当天一同开工建设，这是该区工业经济发展史上的一件大事，也是深入实施主动融入珠三角总战略、全面推进产业共建的一件喜事。9家动工企业合同投资总额超过12亿元，这将为该区经济实现跨越发展奠定坚实基础。县长陈来安代表县委、县政府对9家企业的开工建设表示热烈祝贺。他说，这9个项目是翁源县2017年在产业共建方面的重点项目，全县上下要牢固树立“抓项目就是抓发展”的理念，把项目攻坚作为实现振兴发展的主题工作，全力以赴为项目建设和企业发展提供全过程、全方位的优质服务，切实为客商排忧解难，让每一位客商在翁源投资放心、发展安心。同时，希望各业主单位按照工程进度要求，倒排工期，协同作战，确保各个项目早动工、早建成、早投产，早日发挥效益。

【机关建设】 该区党委把加强自身建设放在突出位置，认真抓好机关建设。加强思想建设，在学习教育中增强政治定力。该区党委结合县委“两强两提”学习教育，强化党组和机关集中学习，提高政治站位、增强政治自觉；组织县开发区党委会人员、区机关干部参加专题培训和省人大在线交流平台的学习，以学习贯彻十九大精神和习近平治国理政新理念新思想新战略为重要内容，始终把政治理论学习作为重中之重，不断增强开发区干部的政治意识、大局意识、核心意识、看齐意识。加强作风建设，在务实为民中展示良好形象。开发区始终把正风肃纪摆到重要的工作位置，严格执行党规党纪，认真落实中央“八项规定”精神，积极开展纪律教育学习月活动，严格按要求办文办会，保证人大风清气正、务实高效。班子成员沉下身子搞调研、亲赴挂点上党课、深入农村抓帮扶，为重点项目的发展、贫困村脱贫步伐的加快、新农村建设的深入推进问诊把脉开良方，人大干部与基层的联系更加密切，为人民服务的意识和本领明显增强。加强组织建设，在贯彻落实中提升全区工作水平。开发区党委认真贯彻落实上级党委的就是，按照相关工作要求和全省工作部署，全区机关工作机构进行相应调整，提升县级人大的活力；配备工作人员，充实全区干部力量；以县委中心工作为主线，落实到开发区各部门，并召开全区工作会议，加强工作规范，全面提高全区工作的整体水平。

该区党委按照县委工作部署，认真落实县委中心工作，积极开展融资问题、招商工作等课题的调研。落实县委工作安排，该区委会领导和机关委室负责人深入挂点村，抓好各个环节工作的指导，保证所有挂点村换届工作任务的高质量完成。抓好机关挂钩镇村“精准扶贫、精准脱贫、美丽乡村建设、信访维稳”等各项中心工作，为翁源全面发展发挥积极作用。

【举行韶关友邦化工有限公司落成典礼】 12月11日上午，佛山市顺德区龙江友邦涂料制造有限公司20周年庆典暨韶关友邦化工有限公司落成典礼在华彩新材料产业园举行。县委常委叶有昌、企业负责人、园区开发商等相关领导和嘉宾共同为韶关友邦化工有限公司落成剪彩。叶有昌代表该区对友邦的开业表示热烈祝贺，同时祝愿友邦公司在翁源华彩园区越做越大，越做越强。叶有昌说：今天的华彩是国家工信部产业集群区域品牌建设试点单位、广东省中小企业创业基地、广东省涂料行业创新示范园、广东省产业转移园。今后，翁源将按照省委、市委提出的“主动融入珠三角，加快实现绿色崛起”的总战略要求，争当韶关融入珠三角的排头兵和示范区，认真做好产业共建这篇文章，大力支持华彩园区及企业发展。

【参加2017年“广韶合作产业共建”招商推介会】 12月14日上午，韶关在广州举办“广韶合作、产业共建”韶关（广州）招商推介会，有来自广州、深圳、佛山、韶关等地的制造业、医药业、文化旅游业等行业的企业家代表近600人。县长陈来安、县经信局主要领导以及该区招商团队参加此次招商推介会。

招商会上重点宣传该区的投资营商环境，介绍该区省级产业园的地理优势、管理模式、重点培育产业及相关优惠政策等内容，吸引更多优秀企业到该区投资，为该区实施积极主动融入珠三角总战略增添新动力。

（谭雾雯　罗丽香）

翁源经济开发区领导班子成员名单

县委常委、工委书记：叶有昌

工委副书记、管委会主任：张　洪

工委副书记、管委会副主任：温永基
工委委员、管委会副主任：刘彩新　林卫东
工委委员、翁源县投资企业服务中心主任：曾桓东
工委委员、办公室主任：谭雾雯

供　电

【概况】 2017年，翁源供电局供电面积为2175平方公里，拥有供电客户逾12万户，内设安全监管部、生产设备管理部、计划建设部、市场营销部、人力资源部、财务部、党群工作部、监察审计部、工会、办公室“八部一会一室”10个职能部门；下设物流服务中心1个二级机构及龙仙、江尾、坝仔、官渡、周陂、翁城、新江、铁龙供电所8个基层供电所。全局在岗干部员工405人，离退休职工190人。

2017年，该局供、售电量分别为67567.69万千瓦时、64264.2383万千瓦时，同比去年增长1.22%、1.45%；综合线损率为4.88%，同比下降0.21%；客户平均停电时间（中压）21.47小时/户，同比减少28.4小时/户；中压全口径用户供电可靠率99.75%，同比提高0.32%；综合电压合格率为99.96%；当年电费回收率100%；主营业务净收入3.29亿元；供电成本1.62亿元，完成预算的102%。全年共投入1.16亿元开展农网改造升级，全面完成89个中心村项目。供电系统保持全年安全运行，未发生上级考核的事故事件，顺利完成年度安全生产目标。

至年底，翁源电网拥有变电站8座，其中220千伏站1座、110千伏站5座、35千伏站2座；现有10千伏配电网公用线路共65回，总长度为1697公里，其中电缆长度103公里、架空线长度1594公里；共有配变1849台，其中公用配变共978台，总容量达242.86兆伏安、专用配变871台，总容量306.705兆伏安。

【安全生产】 修编完善安全生产职责制，签订安全生产责任书共计431份，并将目标、指标完成情况纳入2017年绩效考核。编制当年翁源电网主、配网基准风险评估报告，组织专业人员到12个生产班组开展体系日常评价，开展各类安全生产大检查，共发现问题129项，完成整改127项，剩余2项已列入整改计划跟进。开展防范社会人员触电伤害事故专项治理，加大隐患排查治理力度，共排查14项安全隐患，已完成整改11项，未整改项已制定整改措施和整改计划。开展现场督察958次，发现并整改问题101项，发出67张整改通知书，问题整改率达100%。常态化运作“四方联动”机制，审核整改施工作业准备工作114项。完成供电局辖区内26条10千伏混供线路（涉及100个小水电站）的解列装置安装接入工作，使其均具备投重合闸条件。开展设备动态评价3次，发现并消除紧急、重大缺陷17项，消缺率和消缺及时率均达100%。加强新技术运用，首次开展无人机巡线及查障，首次开展发电车自主网保供电。强抓综合停电管理，全面完成环网点核相，实现配网合环转电，全年共执行停电计划268项，减少停电136项，用户平均停电停电时间减少7.99小时/户，用户平均停电次数减少1.41次/户。支援抵御台风“天鸽”“卡努”，获评省公司支援珠海电网抗风复电先进集体。完成中共十九大、“两会”等18项保供电任务。

【供应服务】 落实约谈问责机制，建立台区客户经理制，提升优质服务水平。组建44人的专业客户经理团队，通过张贴台区经理海报、创建片区微信群等方式，推广台区经理品牌，做到片区问题，片区解决。大力推广营销批量换表现场作业APP，全年安装智能电表7.25万只、低压集抄10.15万户，实现智能电表和低压集抄全覆盖，强化抄核收人员技能培训和考核，实现全员转岗。加强中压业扩管理，业扩报装平均用时和业扩配套建设用时分别减少120天和148天，分别同比下降184.62%和202.74%。

【电网建设】 结合“十三五”配网规划项目库年度滚动修编，按期完成该局新一轮农村电网改造升级配网规划“一村一方案”“一所一册”的编写工作。有序推进项目实施，全年共投入1.16亿元开展农网改造升级，其中89个中心村项目全面完成。落实35千伏半溪、周陂站建设属地化管理工作，实现半溪站4个月竣工投运，同时确保周陂站建设进度可控。结合电网建设项目的需求与实施进度，优化物资申报计划、实时跟踪供应情况，提供及时、充足的电网建设物资。

【经营管理】 在供电成本上重点满足农村电网整治、低电压治理、智能电表改造、低压集抄等方面的资金需求。严格落实中央“八项规定”精神，办公、会议、业务招待费在年度预算安排中实现零增长。深化月度预算管理和通报，均衡管控全年预算。加强预算执行情况分析，为局经营决策提供数据支持。积极做大有效资产，工程完工达到可使用状态及时转固。夯实资金管理基础工作，落实资金计划管理，严控资金管理风险，确保资金安全。加强资产管理，确保财务系统资产卡片与生产系统资产卡片数据一致率达到上级考核要求。强化工程财务管理，落实工程管理业财联动，加强工程成本均衡支出管控。实现“6+1”系统全面单轨运行，信息化水平保持 A 级。建立法律库，梳理各类工作节点的法律风险，强化风险管控，实现全年无法律案件和信访事件。强化内宣，主动获取新闻信息，全面报道该局党建、生产、经营等工作，在系统内各级新闻平台共上稿 86 篇次，其中网公司 4 篇次，省公司 21 篇次，韶关局 61 篇次；抓好外宣，充分利用社会媒体资源，大力宣传本单位取得的成就和经验，提升企业外部形象，通过《韶关日报》、翁源电视台、三爱网等媒体进行智能电表科普、农网改造升级等专项报道 68 次。

【自身建设】 充分承接网公司党组部署，加强党建工作与业务工作的融合，提升队伍的凝聚力和战斗力。“两学一做”学习教育和监督执纪“四种形态”深入开展。以“党员走在前”为主题，组织书记上党课、“党员进社区、服务进家门”等活动，创新开展“特色党日”“主题党日”等活动，有效落实“三个计划、三个平台” （生产计划、管理计划、供电计划，学习平台、培训平台、信息平台）。重点关注“书记项目”，把控前期、过程管理，确保出成效。在建党 96 周年之际，广泛开展党员志愿服务活动和扶贫帮困，共派出扶贫干部 4 人驻扎田心、良洞村，帮扶贫困户 126 户，贫困人口 336 人，目前已有 83 户共 245 人实现脱贫，全年完成自筹扶贫资金共 13.7 万元，充分彰显党组织关怀和企业形象。按照“不规范就是不合格”的理念，强化党建基础工作，从严动真抓“三会一课”等基础性工作，累计开展谈心谈话 583 人/次。全面落实迎接中共十九大各项工作。组织全体党员收看中共十九大开幕会，密切关注大会动态，在中共十九大召开后开展党委书记送学上门、学习十九大，欢度重阳节、为贫困户送小康电等形式多样的十九大宣贯活动，并组织全体党员认真研读党的十九大文件，在全局营造浓厚的学习氛围，教育和引导广大党员干部立足岗位，扎实工作，以优异的成绩向党组织汇报。强化能力，完善机制，有效提振队伍精气神。通过技能常态化“大练兵，大比武”、青年骨干专项培训、管理创新活动、优秀班组文化创建等途径培养人才，提高队伍岗位胜任能力，并在过程中发掘人才，利用轮岗交流、挂职锻炼等方式培养年青后备干部。细化分解年度关键指标和重点任务，以业绩为导向，分层分类优化员工绩效考核，推动工分制全面实施。拓宽员工职业发展通道，激发基层员工立足岗位成长成才，组织 17 人报名参加县区级助理技术专家考核，1 人通过地市局级技术专家考核，8 人通过县区局助理技术专家考核。强化党风廉政建设，营造风清气正的廉洁氛围。按照班子成员分工，明确党风廉政建设责任分工及各级领导责任，形成齐抓共管的工作格局。结合单位实际，研究提出党风廉政建设的年度目标和阶段重点，印发《翁源供电局 2017 年党风廉政建设和反腐败工作要点》，明确廉洁工作要点 53 项。以中央“八项规定”、纠正“四风”、践行“四种形态”等为准则，强化对关键岗位、关键人员、关键环节及领域的监督力度，通过开展领导干部“述廉议廉”、“廉情预警”、专业职能部门廉洁自律建设等工作，把控廉洁风险。增强广大员工归属感。规划建设供电所技术业务用房 4 个，是年新建成 1 个，在建 1 个，完成施工招标 1 个，正在办理招标 1 个。把“职工小家”、“暖心工程”与标准化供电所建设结合在一起，投入资金 155 万元进行基层办公场所维修改造和物资配备。

【企业改制】 主动与工商、税务部门沟通协调，按期成“子改分”工作。完成 9 个独立自供区接管。加强与政府沟通，坚持“变优惠电价暗补为资源使用费明补”的原则，完成 9 个小水电自供区的接收工作。

【精益管理】

大力开展综合标杆一流评价　组织开展县区局综合标杆一流评价达标规划工作，力争 2018 年综合标杆一流评价达到网内一流水平。班站所标杆星级评价目标。按照“创一流”工作要求，目标是2018年三星班站所数量达到5个，四星班站所数量达到3个。有序实施精益项目。组织各部门开展精益项目，是年完成精益项目7个，其中现场改善类精益项目6个，管理优化类精益项目1个，精益项目完成数量在所有县区局中排名第一。

全员自主改善　参加韶关供电局2017年7S劳动竞赛。入库现场改善成果743个，获奖现场改善成果3个，优胜班组3个；提出合理化建议903条，其中省公司采纳的3条，报韶关局申报发布的有8条，获奖合理化建议1条。

（潘英华）

翁源供电局领导班子成员名单

局长、党委副书记：万志军

党委书记、副局长、工会主席：沈炳华

副局长：刘向新　陈小明

纪委书记：刘日中

烟草专卖

【概况】　广东省翁源县烟草专卖局（成立于1989年8月）与广东烟草韶关市有限公司翁源县分公司(成立于2008年1月)合署办公，实行两块牌子、一套人员的管理体制，隶属韶关市烟草专卖局（公司）统一领导、垂直管理，为正科级单位。内设有专卖管理办公室、营销部、综合管理部等三个职能部门，现有在职干部职工54人。其要职能是贯彻执行烟草专卖法律法规及上级主管部门制定的有关烟草政策、规章制度和行使全县烟草专卖行政管理权力。广东烟草韶关市有限公司翁源县分公司的主要职能是负责卷烟、雪茄烟、进口卷烟经营活动。

2017年，该局（分公司）以深入学习中共十九大精神、习近平总书记系列重要讲话精神及深入开展“两学一做”学习教育为契机，坚决贯彻落实市局（公司）党组决策部署。以考核目标为引领，县局班子细致谋划，团结带领全体干部职工统一思想，落实责任，细化工作措施，强化专销结合，落实规范经营管理，卷烟销售平稳有序，专卖市场净化水平得到提升，班子建设、队伍建设、安全管理、精神文明各项工作扎实推进并取得较好成效。

【专卖管理】　积极宣传贯彻执行《中华人民共和国烟草专卖法》及其实施条例和相关法律法规，坚决打击各种违反烟草专卖法律法规行为，维护消费者利益，保证国家财政收入。是年共出动专卖稽查人员2262人次，检查或配合有关部门检查市场，查处违法违规案件166宗，查获卷烟211.305万支，总案值42.09万元，上缴罚没款共6.56万元，较好地维护翁源卷烟市场经营秩序。

对无卷烟零售许可证户进行清理，提高边远农村地区发证率。该局为管理服务好农村卷烟市场，与公安、工商部门联合对无证户进行清理，对无证经营、经营假私非烟的坚决予以查处，保护广大卷烟零售户和消费者利益。到2017年底全县共有持证入网卷烟零售户945户。

【品牌培育】　继续以“育品牌、促销售”为抓手，充分发挥该县卷烟营销团队，尤其是一线营销人员的积极性和创造性，积极开展品牌培育工作，实现低焦油、细支卷烟快速增长。同时，着力支持省产重点品牌发展，全力推动双喜品牌结构优化，以培育一二类双喜新品、拓展主销规格、发展客户群体为抓手，着力提高双喜品牌一二类烟市场份额。全年，累计销售重点品牌卷烟12198.88箱,占总销量92.69%。累计销售焦油量8毫克/支（含）以下卷烟20658.75万支，占总销量31.4%。累计销售细支烟415.8万支，同比增加208.7万支，增幅100.8%。累计销售雪茄烟26.55万支，同比增加0.95万支，增幅3.68%。累计销售省产双喜品牌销量38941.8万支，同比减少206.85万支，减幅0.53%，省产卷烟含税单箱销售收入为25709.56元/箱，同比减少507.58元/箱。

【零售终端建设】　组织营销人员加强业务学习培训，改变过去惰性思维和等靠思想，加强拜访指导力度，围绕零售户店容店貌、陈列展示、明码标价和诚信规范经营、文明热情服务等方面进行走访指导，对订货、结算、品牌培育等工作的正常开展进行指导督促，同时向零售户询问卷烟销售和库存信息，准确掌握卷烟市场动态需求，赢得客户的好感，提升服务水平。至12月底，该县共建成现代终端客户184户，占全县有效持证

户总数 942 户的 19.53%。其中形象店 15 户，功能店 169 户，全部已签约，并 100%安装使用零售终端营销管理系统。15 户形象店已按粤烟 VI 形象完成装修，164 户功能店店内已悬挂粤烟 VI 标识及编码牌。通过严抓现代终端客户扫码销售、系统数据上传等问题，上传率达到 90.97%，数据上传未出现负库存的户次占比达到 96.13%，“终端信息采集点”客户数据上传未出现销售均衡性异常的户次占比达到 99.68%，有力保障终端建设各项基础工作扎实推进。

【卷烟销售】 全年卷烟销售实现卷烟销售 13171.35 箱，同比增加 124.41 箱，增幅 0.95%，实现销售税金 6066.24 万元。实现销售收入 41750.11 万元，同比增加 1652.33 万元，增幅 4.12%。实现销售毛利 10475.51 万元，同比增加 487.99 万元，增幅 4.89%。各项经济指标均比上年同期有不同程度的增长，为地方财政做出积极贡献。

【专卖管理】 落实今年全市专卖会议精神，仔细研究辖区卷烟打假打私和市场监管工作形势，以提升市场管控水平为抓手，加大对假私非烟打击力度，保持高压态势，强化非烟防控，有力维护辖区市场秩序，为合法卷烟销售腾出市场空间。全年，共联合县公安、工商等部门出动执法人员 2262 人次，出动执法车辆 254 车次，检查卷烟零售户 26038 户次，清理无证户 6 户，市场净化率达 96%。查处各类涉烟违法案件 166 宗（其中假烟案件 5 宗，走私烟案件 8 宗，无证运输案件 1 宗），查获涉案卷烟 211.305 万支（其中假烟 4.52 万支，走私烟 3.465 万支，非烟 203.32 万支），总案值 42.09 万元，上缴罚没款共 6.56 万元。

【精神文明建设】 学习贯彻十九大精神，在思想上政治上行动上同以习近平同志为核心的党中央保持高度一致，以烟草行业工作部署为指引，加强党建和工、青、妇等组织建设，热心扶贫事业和社会公益事业，是年，该局（分公司）大力开展帮扶济困和关爱员工活动，切实履行企业社会责任。开展“扶贫济困日”和党员互助金捐款活动，共捐款 5960 元。落实官渡镇社背村“精准扶贫”工作，向该村贫困户捐赠帮扶款 3 万元。

（刘永光）

县烟草专卖局领导班子成员名单

局长（经理）：吴永松
副经理：王冬林
副局长：刘东坚

供销社

【概况】 2017 年，翁源县供销社县、基合作社 14 个，其中县级联合社 1 个，基层供销合作社 13 个。县联社内设办公室、人事股、财会股、业务经检股。县联社直属企业 7 个。是年县供销社认真落实《中共中央、国务院关于深化供销合作社综合改革的决定》《中共广东省委、广东省政府关于加快供销合作社综合改革的实施意见》《中共韶关市委、韶关市人民政府关于深化供销合作社综合改革的实施意见》《中共翁源县委 翁源县人民政府关于深化供销合作社综合改革的实施意见》精神，推进全县供销合作社的改革发展，结合县供销合作社实际，贯彻落实中共十八大、十九大精神，不忘初心，树立创新、协调、绿色、开放、共享的发展理念，坚持为农服务根本宗旨，坚持合作经济基本属性，坚持社会主义市场经济改革方向，坚持因地制宜分类指导，服务“三农”工作大局，把握改革核心切实与农民利益紧密联结起来，着眼市场竞争提升为“三农”服务的综合能力。

【经济指标】 2017 年，全县系统实现销售总额 18037.82 万元，同比增长 8.49%，其中农资销售 16345.72 万元，同比增长 8.18%；日用消费品销售 701 万元，同比增长 5.89%；农产品加工与销售 723.1 万元，同比增长 13.98%；再生资源回收与利用 268 万元，同比增长 21.49%。

【农资供应】 提高综合服务能力，把优质放心农资送到乡村、农户，供销社大力普及农资科技知识，保障农耕生产顺利进行。积极开展全县系统放心农资、农技信息、电商服务“三下乡”活动。放心农资、农技信息、电商服务“三下乡”活动，是深化供销社综合改革的重要内容，是贯彻落实翁源县强农惠农政策的有力举措，翁源县供销社决心以此为契机，在全县范围内掀起放心农资、农技信息、电商服务下乡进村高潮，为农业生产提供优质的服务。年初供销社为广大农民朋友免费派发宣传资料 1000 多份，赠送各类化肥、农药样品、种子 500 多份，解答农民朋友的咨询及疑难问题 200 多人次。通过为农民朋友介绍放心农资，传授识假辨假知识，提高维权意识和自我保护能力，真正把放心农资、科技信息送到千家万户，促进农业增效，帮助农民增收；2017 年 1—3 月该社系统充分发挥供销社系统农资经营主渠道优势，积极组织调运、储备农资货源，共储备各类农资商品近 2 万吨，有效稳定了当地春耕备耕农资的货源供应；严把农资商品质量关，在农资商品采购上，供销社系统各经营企业坚持把商品质量放在第一位，建立从国内知名品牌大厂家直接采购的管理体系，采取“统一进货、统一配送、统一定价、统一标识、统一服务承诺”的“五个统一”服务方式，确保农资商品质量，让农民在供销社网点买到物美价廉的“放心肥”，“放心药”；强化农业社会化服务。充分发挥农资配送中心和镇、村两级农资连锁网络等优势，充分利用电话预约、送货上门等便民措施，指导农民科学用肥、合理用药；及时调整供需结构，根据全县农业结构调整和专业种植、养殖用肥、用药需求，农资企业及时调整储备的农资商品品类，水果、水稻等专用肥、有机肥和低残留农药占 90% 以上。是年，供销社农资配送中心、各基层供销社已组织购进了各类化肥 59462 吨，同比减少 2.14%。其中，复合肥 12760 吨、尿素 11183 吨、磷肥 12116 吨，碳铵 15009 吨、钾肥 7794 吨、水溶肥 50 吨、有机肥 550 吨、农药 1195 吨。农膜 309 吨。购进总额 16688.70 万元。全年供应农资 57799 吨，其中化肥销售 56422 吨，农药 1097.8 吨，农膜 279 吨；供销社引入全方位服务理念，打造好服务功能齐全的综合服务社。各综合服务社率先通过增加服务内容，提升服务质量，延长服务时间，延伸服务触角，更好地发挥了为“三农”服务的作用。全年，各基层供销社综合服务社就销售高效低残肥料农药、农用薄膜及防汛物资等 100 多吨，为偏远山区春耕生产助一臂之力。

【创办各种产销专业合作社】 是年，创办翁源县实秋种植专业合作社和翁源县泳茂种植专业合作社 2 家农民专业合作社。规范完善仙台兰花专业合作社和农家乐蔬菜专业合作社 2 家农民专业合作社。

【探索电子商务平台建设】 该社不断组织翁源本地兰花、米面、茶叶、红葱头等特色农副产品进入韶关市供销合作社电子商务平台，有力推动翁源特色农副产品走向全国市场。

【安全生产】 年初，该联社及烟花爆竹专营有限公司组成联合工作组，经常深入公司烟花爆竹专储仓库及各镇经营网点开展安全生产大检查。检查烟花爆竹产品封签制度落实情况，通过落实产品封签制度，方便消费者更直观地识别假冒伪劣产品；对公司购进的烟花爆竹产品进行核查，防止不合格及过期烟花爆竹产品经本系统销售网络流入市场，从源头上加强烟花爆竹的安全生产管理；查对公司 4 个专储仓库每个库房烟花爆竹储存量、货物堆放情况，防止超标储存和超高堆放造成安全隐患；检查专储仓库防雷安全设施建设、防雷装置安全检测和安全管理工作，防止不利天气给专储仓库造成安全事故；检查仓库灭火器材、消防水源、降温设备等消防设施的是否符合要求，库区周边环境、监控设备等安全措施的落实情况；检查销售网点有无超范围经营，是否专店、专人销售，从业人员是否持证上岗，灭火器材是否合格，经营、储存场所的电线、电器设备是否符合安全要求，消防通道是否畅通，消防标识是否清晰等，发现隐患、立即责成经营者整改，不拖时间、不留死角。经过定期和不定期检查，全县烟花爆竹安全生产状态良好。吉源花爆竹专营公司还加大对烟花爆竹燃放安全的宣传力度，印发大量的烟花爆竹燃放指南放置于销售网点派送给消费者，告知广大消费者燃放烟花爆竹的注意事项，为消费者提供安全消费服务，受到广大消费者的欢迎。

【社会维稳】 突出重点，加强日常安全督查，抓好出租房及所属企业安全隐患的排查和整改；强化责任、落实到人，县社与所属企业签订安全生产责任状，在与承租户签订合同时也同时签订安全责任状，切实做到工作有人抓，责任有人担；继续开展全系统危旧房安全大排查工作，排查对象以老楼危楼为主，包括既有住宅和公共场所的房屋使用安全，检查老旧房屋责任主体是否明确，日常管理，制度措施是否落实，通过拍照、登记、建立危旧房档案台账，掌握危旧房的基本情况，为该社危旧房改造提供基础依据。是年周陂供销社将对闲置破旧房产进行改造盘活；加强系统维稳工作，供销社所面临的维稳形势依然非常严峻，中央、省、市、县两会召开，对信访维稳工作增加很大压力，县社领导班子专门召开班子会议，在中共十九大维稳安保特别防护期间，强化源头稳控，努力实现“三个不发生”，为中共十九大胜利召开创造和谐稳定的社会环境。并努力做好信访环节各项工作，进行重点信访对象和不稳定因素的排查处理，化解矛盾和纠纷，把不稳定因素消除在萌芽状态，确保供销系统的和谐稳定。

（陈理强）

县供销合作社领导班子成员名单:

主　任：黄恩联（—2017 年 1 月）

涂干忠（2017 年 1 月—）

副主任：邝志平　杨茂才　张新增

龙湖广场

农·林·水

粤台农业合作试验区

【概况】 2017年，粤台合作试验区完成固定资产投资2.7亿元，完成任务的108%；完成搭建温控大棚155000平方米，完成搭建温控大棚任务的103%；完成土地流转433.33公顷，完成土地流转任务的109%；完成新签约农业招商项目6个，合同投资总额2.07亿元，完成招商任务的100%。

【全面完成“5+X”巡查事项】 完成巨扬、鸿森大棚建设，完成固定资产投资2.7亿元，引进农业项目6个；完成2家园区企业成为高等院校的见习基地。分别成立仙鹤花卉种植基地广东仲恺农业工程学院实习实训基地、天下泽雨农业科技有限公司韶关学院实习实训基地，以达到培养人才、引进人才、科技成果转化之目的；对园区企业的研发、组培现状进行深入调研，帮助园区企业解决研发、组培方面遇到的困难，并委托华南农业大学做好粤台中心园区兰花交易市场的选址和论证工作，并做好可行性研究报告；组织领导干部不定期深入企业检查安全生产工作，协助企业排查安全隐患，全年没有发生安全事故。

【园区建设】 全年投入资金约300万元完成园区乡村道路硬底化铺设6千米；投入100万元安装输变电力设施3套，兴建5000立方米储水池1个，架设低压线路5公里；投入资金约150万元铺设胜龙茶叶基地和云雾仙子茶叶基地园区旅游观光道路5公里；启动武深高速翁源特色服务区基本功能区、展销区主体工程和水电路基础设施建设，流转土地30公顷并做好青苗补偿工作；粤台综合服务平台项目已完成土地平整及图纸设计工作，但由于兰花特色小镇核心区选址在鹤子岗现代农业中心园区，建设规划有变，要实行园区规划和兰花小镇建设规划二规合一，因此粤台综合服务平台的建设待兰花特色小镇规划后再实施。

【招商引资】 新签约农业招商项目6个：仙鹤花卉电商小盆栽货品中心，投资4800万元；翁源县仙鹤花卉·台湾兰园植物组培工厂，投资4000万元；翁源县江尾镇君雅兰苑，投资3000万元；翁源兴昌盛花卉有限公司，投资2000万元；翁源县江尾镇新仲成兰业，投资2000万元；翁源县江尾镇一乐园花场，投资5000万元。

【项目申报】 粤台试验区翁源核心区申报国家级项目2宗，分别是国家农业开发田园综合体项目和国家现代农业产业园项目。该县已入围省2019年国家农业开发田园综合体项目的候选实施单位。

【广东农业公园建设】 广东农业公园项目于2017年5月经广东省农业厅审核通过，省级财政资金已到位，项目承担单位已进行项目的施工设计工作。广东农业公园项目主要以天下泽雨农业科技有限公司百果园基地为基础整合园区其他企业，占地共200公顷，总投资1900多万元，其中省级财政资金750万元，11月在广东农业公园等级评定中天下泽雨农业公园评定为A级公园。

【“扬帆计划”药用植物人才工程】 是年，县委组织部和粤台试验区加大对该县药用植物产业人才的培训力度，邀请韶关学院英东生命科学学院副院长、“扬帆计划”高层次人才白音教授授课。全年共开展药用石斛种植和兰花栽培技术培训班人才培训班1期，培训人员200多人；组织企业员工到潮州市饶平县参加省农厅举办的粤台农民创新创业培训班；12月17—20日，组织相关人员赴安徽省六安市霍山县对药用石斛产业进行参观学习，考察学习霍山县药用石斛种植产业的发展经验、产业规划以及产业人才引进、培育等情况，学习霍山县药用石斛种植基地建设的先进经验。至此，为期三年的“扬帆计划”圆满结束。2014年“扬帆计划”翁源县粤台农业合作试验区药用植物产业人才工程项目（以下简称“项目”）由中共翁源县委组织部组织申报，以广东省（韶关）粤台农业合作试验区翁源核心区管理委员会作为项目落实单位，2015年项目经评审通过并获得专项资金80万元，2016年底通过市委组织部考核，追加专项资金8万元，共88万元，实施期限为三年，即2015—2017年。项目自2015年实施以来，建成泽雨农科（药用石斛）创新研发中心、药用桑、药用玫瑰种植研究中心及粤台科技创新服务中心等4个研发中心，在2012年建成的华南农业大学药用植物科研合作示范基地的示范带动下，建成了药用石斛、金线莲、药用桑、牛大力、药用玫瑰等5个生产示范基地；引进药用植物行业领军人才4名，在领军人才的引领下，吸引了30名本科以上专业技术人才；开展各类药用植物技术培训班9期，共培训技术推广人才、种植能手人员1500多人次。

【兰花特色小镇建设】 8月，翁源江尾兰花特色小镇成功进入广东省首批30个省级特色小镇创建示范点名单。同年10月，成立由县长陈来安任组长的翁源县兰花特色小镇规划建设领导小组，下设办公室、产业发展组和规划建设组三个功能组，并明确广东省（韶关）粤台农业合作试验区翁源核心区管理委员会为兰花特色小镇创建主体，划定以广东省（韶关）粤台农业合作试验区翁源核心区鹤仔岗现代农业示范园为兰花特色小镇的创建范围，北至蓝河村，西至蓝坑村，南以鹤仔河为界，东以山海兰园为界，总占地面积4.8平方公里。是年，该县投资1500万元在特色小镇规划范围铺设二级公路5KM，引进兰花企业6家，搭建温控大棚150000平方米。

【筹备第28届中国兰花博览会】 成立第28届中国兰花博览会筹备工作领导小组，由县委书记颜亮担任组长，县长陈来安担任执行组长。领导小组下设办公室和兰花创新博览中心（兰博会场馆）筹建及布展组、展会包装宣传组、对外联络组、城市综合治理组、会务组、安全保障组6个功能组，办公室设在粤台管委会，负责领导小组日常事务。全力推进兰博会场馆建设。兰博会场馆即兰花博览中心，选址于该县县城新区，项目总投资1.69亿元，占地面积50106平方米，总建筑面积22645平方米，是一个集兰花展览、兰花文化体验、兰花品种繁育、组织及生产销售、市民休闲、健身于一体的综合性博览园，也是第28届中国（翁源）兰花博览会的举办场馆。兰花博览中心建设单位为粤台农业合作试验区，设计施工单位为韶关市第一建筑公司及省建科建筑设计院有限公司，监理单位为翁源县志达有限公司。项目采用设计施工总承包的方式进行招投标建设，于2月17日开始动工建设，预计2018年1月底前完成建设并投入使用。至是年底，主场馆钢结构搭建已完成，正在进行屋顶和外立面的安装以及对主场馆地下室、附属楼进行装修，周边绿化建设也在推进。积极营造浓厚氛围。元旦期间，在广州琶洲保利世贸博览馆，与南方传媒联合举办中国兰花之乡•翁源兰博会；7月10日，与南方报业集团合作，在华南理工大学设计学院启动翁源兰花Logo设计全球征集大赛；10月17日，在第一届全国兰博会的举办地广州文化公园召开兰博会的新闻发布会和公布了翁源兰花Logo评审结果。多渠道开展邀展工作。成立由县长任组长，其他县政府班子成员为副组长，组委会办公室和县兰花协会等人员组成的邀展工作组，通过实地邀展的形式，分五个小组共向山东、北京、河南、湖北、云南、四川等省份及广东的20个地级市以上的市级兰花协会发出邀请函75份；通过邮寄方式向所有中国花卉协会兰花分会理事以上单位或个人发送789份邀请函，并得到524个理事的确认回函。通过参加宁夏银川的花博会、广州的省农博会、福建连城的中国兰花大会等，向25家企业发出参加展会的邀请。邀请专家和上级领导实地指导办会工作。7月、10月和12月邀请中国兰花协会常务副会长肖更生等兰协领导到该县实地指导办会工作。通过在现场的考察和听取相关情况汇报，肖会长一行提出一系列指导性意见，为下一阶段的筹备工作指明方向。

（粤台农业合作试验区翁源核心区）

粤台农业合作试验区翁源核心区领导班子成员名单

主　任：李金桓

副主任：易昌荣　陈祥敏

广东翁源青云山省级自然保护区

【概况】 2017年，根据青云山的地形条件和植被空间分布特点，在整个青云山自然保护区设定超过5条线路，记录线路调查中出现的植物种类；在保护区典型常绿阔叶林内设置13个固定监测样地，通过植物样线调查和植物样地调查，同时结合本底调查资料，根据《中国植物志》对原有的一些科、属、种进行合并或修改，对保护区原有的名录进行补充和完善后，目前青云山自然保护区共有野生维管植物178科630属1289种，其中蕨类植物36科68属135种，裸子植物7科7属9种，被子植物135科555属1145种（双子叶植物117科453属998种，单子叶植物18科102属147种）；

栽培植物 31 科 58 属 73 种，其中裸子植物 5 科 6 属 6 种，被子植物 26 科 52 属 67 种（双子叶植物 22 科 42 属 55 种，单子叶植物 4 科 10 属 12 种）。是年，该区在县委、县政府和省、市林业主管部门的大力支持下，各项工作进展顺利，基础设施不断完善，队伍素质不断提高，科研监测水平取得长足的进步。

青云山自然保护区

【业务培训】 该区积极参加省林业厅组织的上海国家会计学院高级管理研修项目培训；于 2017 年 11 月 7— 10 日，参加中国林业科学院热带林业研究所举办的森林生态站和监测站野外设施建设和数据采集技术交流与培训会议，学习专业技术人员继续教育指定专业科目“森林生物多样性监测样地建设与数据技术”“森林植被样地数据采集系统及其应用”“地面气象与森林小气候监测与数据处理技术”“森林生态系统碳氮磷水耦合监测与研究技术”“森林生态系统氮磷添加实验技术”“森林土壤长期固定监测与数据处理技术”“森林集水区测流堰、综合观测塔、气象站场等设施建设关键技术”“林区数字化（含生态监测数据）管理技术”等课程培训。深入学习新出台的《广东省森林防火条例》《广东省森林和陆生野生动物型自然保护区管理办法》《野生动物保护法》《关于禁止猎捕陆生野生动物的公告》等法律法规。通过业务培训，不断加强干部职工的理论水平和业务技能。通过森林防火专业知识培训，不断提高森林管护队伍整体素质，增强森林火灾应急处置能力和资源管护能力。

【制度建设】 建立单位内部控制制度，各科室在内部控制中形成良好的沟通协调和联动机制，保障单位经济活动合法合规、资产安全、资金使用有效、财务信息真实完整、有效防范舞弊和预防腐败，切实提高单位公共服务的效率和水平。

建立健全集体研究机制，单位重大经济事项，必须经过党政领导班子集体论证通过，否则不得实施。完善内部管理机制，建立健全人员培训、评价机制，提升工作人员的业务水平和综合素质。建立健全预算管理制度，使业务部门与财务部门之间形成有效沟通；预算编制与资产配置、业务活动紧密联系，提高预算编制的科学性和合理性；严格按照预算批复的额度、开支范围标准执行预算，保证各项业务活动的正常、有序开展。建立健全收支业务管理制度，确保支出申请和内部审批、付款审批和付款执行、业务经办和会计核算等不相容岗位有效分离，杜绝舞弊风险；严格履行支出审批程序，重大支出必须经单位领导班子集体研究决定，方可支出，杜绝错误或舞弊的风险；严格按照预算管理要求、支出范围及开支标准申请支出，确保基本支出与项目支出之间不相互挤占；严格按国库集中支付相关规定办理资金申请、支付手续，按国库管理规定及时办理相关账户的年检；府采购业务按规定的支付方式支付，杜绝规避监管或舞弊的风险；公务卡强制结算目录的支出项目按规定使用公务卡结算，杜绝规避监管或舞弊的风险；严格审核报销单据，杜绝使用虚假票据套取资金的风险。建立健全政府采购业务管理制度，将政府采购业务纳入部门预算，合理编制政府采购预算和计划，依法正确选择政府采购方式，严格执行政府采购的验收和付款审核，确保所采购的产品与采购合同约定相符；做好采购业务相关档案管理，确保财务信息的真实完整。建立健全资产管理制度，明确综合科为资产归口管理部门，分清资产管理职责，以提高资产使用效率；建立资产定期盘点制度，防止资产毁损、流失、账实不符的风险发生；严格按照资产处置的规定履行审核审批程序，防止国有资产流失。建立健全建设项目管理制度，做好项目前期论证和项目设计审核，按规定及时编制项目年度投资计划及依法履行报批手续，严格履行项目的招投标手续，严格执行项目变更、资金使用管理、验收、结算的审批制度，确保项目建设有序开展，按时完成。建立健全合同管理制度，未经授权不得对外订立合同、严格审核合同对方主体资格和合同内容，杜绝重大疏漏、欺诈行为的发生；全面履行或监控合同的履行情况，防止单位经济利益受损或产生法律纠纷；科学处理合同纠纷，维护单位利益、信誉和形象不受损失。

【项目验收】 1月8日，投入200万元的青云山自然保护区宣教中心建设和室内布展项目顺利通过市林业局和省自然保护区管理办公室的联合验收。宣教中心各项设备设施运转正常，随时可以对来访群众展示该县的生态建设成果，开展自然保护区的宣传教育工作。

【资源管护】 认真做好专职护林员的巡山护林和防火值班制度建设，严格落实责任包干制度和护林哨卡的安全检查工作，对进出保护区的人员和车辆进行法制宣传和安全检查，坚决制止各类破坏森林资源的行为。同时，根据上级主管部门的工作安排，认真开展辖区内违法违规建设活动排查整治、辖区内小水电站调查造册、中央环保督察组反馈问题整改落实，积极开展“绿盾行动”，完成辖区内人类活动点核查，切实维护林区秩序和生态安全。

【资源调查】 会同中国科学院华南植物园开展青云山省级自然保护区植物综合调查，共采集有花有果标本1100余号，约2300余份；无花无果标本约800份。调查发现国家级珍稀濒危植物共31种，隶属14科25属，其中蕨类植物4种，被子植物27种。野生药用植物182种，按不同入药部位共计243种药材。按入药部位可分为全草（全株）、根及根状茎、茎、叶、花、果实、种子等7类。

【科研监测】 完成自然保护区科研监测体系建设，在青云山自然保护区设定5条固定样线，记录线路调查中出现的植物种类，制作植物标本550份；在保护区典型常绿阔叶林内设置13个固定监测样地，其中1个固定样地面积为1公顷（100米×100米），12个固定样地面积为0.16公顷（40米×40米），所有样地共2.92公顷。此次监测，共记录到新增野生维管植物79科136属196种，其中蕨类植物7科7属7种，裸子植物2科2属2种，被子植物70科127属187种（双子叶植物62科109属169种，单子叶植物8科18属18种），栽培植物1科2属2种。开展森林土壤理化性质分析，共采集306份土壤样品，对其物理性质（质量含水量、容重、毛管持水量、最大持水量、最小持水量、总孔隙度、毛管孔隙、非毛管孔隙）、土壤化学性质（pH酸碱度、有机质、全氮、全磷、全钾、水溶性氮、有效磷、有效钾、全钙、全镁、交换性钾、交换性钠、交换性钙、交换性镁、交换性盐基总量、阳离子交换量、盐基饱和度）进行测定，建立土壤样品采集测定分析数据库。开展野生动物监测，共在野外设置25台红外监测相机，监测到动物的独立有效相片282张，鉴定动物5目9科16种。

【宣传教育】 该区利用保护区网站、宣传车、宣传牌和横幅等进行广泛宣传。共投入20万元资金新增宣传牌55块，印制社区共管宣传手册7000册，制作环保宣传手袋1000条，生态宣传围裙1100条，更新户外大型宣传牌内容5块，多渠道宣传自然保护区的政策法规。利用宣教中心的多媒体展示、演示功能，针对不同层次的访客进行科普宣传和教育，全年共接待各类访客4500多人次，使来访群众更加深入了解自然保护区，认识保护自然环境和自然资源的重要意义，从而引导群众自觉参与到保护自然资源的行列中来。

【合作交流】 应台湾森林休憩保育协会的邀请，经省人民政府台湾事务办公室批准，我单位在广东省林学会的大力支持下，于 2017 年 5 月 22—28 日派员赴台湾参加“第八届海峡两岸森林保育经营学术论坛”。来自海峡两岸的五十多位林业专家就两岸森林保育、林产利用、森林养生游乐、森林生态教育、森林碳汇、林业有害生物防控等的现状、问题和对策进行深入的技术交流。在论坛上该单位发表《翁源青云山自然保护区植被长期固定样地监测分析》学术论文一篇。通过考察和交流，了解台湾地区人文、自然地理和森林资源概况，加深对台湾森林经营保育的认识，观摩当地森林资源保护、森林经营保育、森林有害生物防控等方面的成熟经验和管理模式，促进与台湾同行的交流，达到预期效果。

【林火远程视频监控】 投入 122.9 万元项目建设资金，在青云山省级自然保护区森林防火重点区域建立林火远程视频监测系统。设立视频监控前端枪机监控基塔 7 座，球形摄像机监控 1 座，太阳能风能和微波基塔 4 座，监控中心 1 个。

【生态因子监测】 投入 100 万元省级财政资金，启动生态因子监测项目建设。主要建设内容是生态监测设施建设：包括 1 座集水区测流堰、1 套森林小气候观测塔、1 处地面气象站辅助设施、18 个土壤观测场标识设施。并对获取的森林水文、地面气象、森林小气候、空气质量、土壤、水质等主要生态因子监测数据分析处理，建立监测数据库并编制结题报告。通过全程参与科研监测项目建设，有效提升单位的科研水平，提高业务能力，为今后开展“自然保护区科研监测标准化示范建设”打下坚实的基础。在项目执行过程中，有 1 人晋升为林业高级工程师，培养生物多样性野外监测技术人员 4 名，发表会议论文 1 篇。

【生物污水处理】 投入 100 万元省级财政资金，完成生物污水处理系统建设工作，建立日处理能力 50 立方米的生物污水处理设施 1 座，全面收集青云山管理处和老隆山林场周边的生活污水，运用生物方式进行净化处理，净化后的出水标准达到《城镇污水处理厂污染物排放标准》（GB 18918—2002）一级 A 标准限值。该设施的建成，有效解决自然保护区的生活污水排放问题，对于保障水源安全，保护生态环境，具有重要的示范作用。

【社区共管】 该单位干部职工多次深入青云、青山、跃进水库和篮青村委开展自然保护区政策宣传活动，发放宣传册和宣传手袋。投入资金 6000 多元帮助篮青村委建设宣传电子显示屏。为解决交通不便问题，群众出行难的问题，投入 18 万元加固维修老隆山公路 1.3 公里，支持青山村委公路维修 2 万元。通过实际行动，帮助周边社区解决实际问题，得到群众的一致好评。自然保护区的保护管理和宣传教育工作逐步深入民心，并得到群众的大力支持。全年社区关系和谐，林区秩序良好，没有发生破坏森林资源的案件和森林火灾，辖区内的野生动植物资源得到有效保护。

【争取资金】 共争取省级以上项目资金 367.9 万元，促进青云山自然保护区建设上台阶。争取到仁深高速生态环境影响监测资金 145 万元，主要用于仁深高速建设和运营期间对自然保护区生态环境的影响进行监测和评价；争取到省级自然保护区建设专项资金 100 万元，主要用于自然保护区生态因子监测项目建设；在省防火指挥部的大力支持下，投入 122.9 万元项目建设资金，用于自然保护区森林防火重点区域林火远程视频监测系统建设。成功将拟在今后三年内开展的“广东翁源青云山智慧保护区建设工程”“广东翁源青云山省级自然保护区多样性监测工程（动物）”和“基于青云山省级自然保护区森林资源特点的可持续利用模式与示范工程”等建设项目纳入省财政项目建设库，为今后争取项目资金打下坚实基础。通过争取项目资金，提高自然保护区的基础设施建设水平，逐步完善科研监测设施，努力将青云山自然保护区打造成省级示范保护区。

【生态旅游】 12 月 9 日，青云山省级自然保护区积极配合翁源县人民政府，成功举办 2017 广东韶关·翁源“平步青云”三人户外团体挑战赛。500 多名来自全国各地的徒步爱好者，在风景优美，空气清新的青云山自然保护区进行激烈角逐，最终决出 30 组获奖选手。整场赛事精彩纷呈，安全有序，全面展示翁源的生态文明建设成果，有效地宣传翁源的美丽景观和独特魅力，扩大翁源知名度，提升翁源旅游整体形象的目的。

（杨新东）

青云山省级自然保护区领导班子成员名单

主　任：林有成

副主任：邓永恒

农　业

【概况】 2017年，全县农业系统认真贯彻落实中央、省、市农业农村工作会议精神，全面推进农业供给侧结构性改革，围绕县委、县政府的工作中心，大力发展现代特色农业，推进农业产业园建设，加强农业基础设施建设，提高农业组织化程度，促进农业产业化经营。积极推进农业综合改革，全面推进农村土地确权登记颁证工作，促进农业农村各项工作的顺利开展，取得良好成绩。2017年，年末全县常用耕地面积3.14万公顷，其中水田1.94万公顷。年末农业户籍人口294481人，占全县年末户籍416486人的70.7%，增长1.2%；全年实现农业总产值38.6亿元，增长5.2%；第一产业增加值24.9亿元，占全年地区生产总值104.9亿元的23.7%，增长5.1%；农村居民人均可支配收入13022元，增长10.3%；第一产业从业人员8.94万人，占年末全县从业人员16.36万人的54.6%，增长2.3%；全年农业机械总动力22.3万千瓦，增长2.4%；农村用电量8734万千瓦时，增长36.7%。2017年2月，县农业局被县人民政府、政协翁源县委员会评为“2016年度办理提案先进单位”。

【种植业】 是年，积极推进农业供给侧结构性改革，不断调整优化产品产业结构，着力推进农业提质增效，大力发展以蔬菜、甘蔗、蚕桑、水果、花生、甜玉米、花卉、南药等为主的特色农业生产。全年粮食播种面积20413.3公顷，增加719.8公顷，增长3.6%；产量10730万公斤，增加314.9万公斤，增长3%。其中稻谷产量9704.7万公斤，增加267.3万公斤，增长2.8%。甘蔗种植面积5033公顷(其中糖蔗2802公顷，果蔗2231公顷)，增加6.1公顷，增长0.1%；产量56亿公斤，增加478.2亿公斤，增长0.9%。蔬菜种植面积18292公顷，增加735公顷，增长4.2%；产量36.2亿公斤，增加14.6亿公斤，增长4.2%。油料种植面积5987公顷，增加158.3公顷，增长2.7%。其中花生5416公顷，增加150公顷，增长2.8%；产量1961.6万公斤，增加0.55万公斤，增长2.8%。蚕桑种植面积1984.8公顷，减少99.9公顷，减少4.8%；蚕茧251万公斤，增加3.3万公斤，增长1.3%。水果5785公顷，增加52公顷，增长0.9%。

【农业支持保护补贴】 从2017年开始，国家将农作物良种补贴、种粮农民直接补贴和农资综合补贴等农业“三项补贴”合并为“农业支持保护补贴”，政策目标调整为支持耕地地力保护和粮食适度规模经营。年初，向全县各镇（场）印发《翁源县全面推行农业“三项补贴”改革工作实施方案》，坚持公开透明、高效便捷、严格监管的原则，做好宣传发动工作，明确补贴对象，做好补贴面积界定，认真核实补贴面积，严格执行补贴标准。全年耕地地力保护补贴面积18604.4公顷，标准93.84元/亩，金额26187584.69元。

【政策性水稻种植保险】 水稻种植保险是党中央、国务院和省、市、县政府支持农业发展、稳定粮食生产、化解农户自然灾害风险的一项强农惠农政策。涉农部门精心组织、周密部署、早计划、早安排水稻种植保险工作，广泛深入细致地宣传水稻保险的重要意义、缴费方式、赔偿标准及理赔范围等内容，让广大农民朋友及时了解、认识、接受水稻种植保险的惠民政策。投保金额20元/亩，其中国家、省、市和县承担16元/亩，种植户承担投保费 4 元/亩，种植户投保金额共99.48万元。全年共投保面积16579.2公顷，保证全县58433户种粮农户受益。如果发生自然灾害造成损失，按损失程度给予理赔，最高赔偿损失标准400元/亩。

【化肥农药使用量零增长】 从2015年以来，按照农业农村部部署开展“到2020年化肥农药使用量零增长行动”，倡导农户多施有机肥、少施化肥；科学喷施农药、减少农药施用量，取得了明显成效。是年，全县化肥施用量（折纯）3.04万吨，减少1.3%，化肥施用量已连续三年减少，由零增长提升为负增长，提高化肥利用率。

【高标准基本农田建设】 严格按照要求做好高标准农田建设项目的立项、选址、设计、申报、招投标、签订合同和组织实施等工作。组织实施2016年度高标准农田建设项目总规模为9333公顷，总投资2099.96万元，分别在江尾镇连溪、南塘、径群、白莲村，坝仔镇笋洞、中洞村和周陂镇双青村等7村组织实施。是年高标准基本农田建设项目总规模为989.16公顷，总投资概算为2225.6万元，已完成选址、规划设计、申报和审批。7月3日，省政府办公厅发文通报2015年度全省高标准农田建设任务完成情况，翁源县获得奖励用地指标66.67公顷。

【马鞍山现代农业园区】 扶持建设面积666.67公顷的周陂马鞍山现代农业节水示范园区，发展种植茶叶、牛大力、观赏植物等农作物。全年种植茶叶40公顷，牛大力666.67公顷，番薯180公顷，观赏植物66.67公顷，栗树13.33公顷，沙田柚13.33公顷，家保果5.33公顷，木薯16.67公顷，三华李2公顷，西瓜3.33公顷，糖蔗33.33公顷，其他106.67公顷，完成整地33.33公顷。

【农村土地确权登记颁证】 6月29日上午，县委、县政府召开农村土地确权登记颁证工作现场推进会，县长陈来安主持召开会议。与会人员首先参观龙仙镇良洞村现场，并听取良洞村委的工作经验介绍。随后，在县委四楼会议室召开工作推进会议。会议要求明确目标，签订责任书，落实主体责任，制定工作任务倒排时间表。由林有成副县长带队，会同县督办到各镇（场）督促检查土地确权进展情况。县督办、土地确权办联合每月二次到各镇（场）巡查、指导、督促土地确权工作。开展颁发证书工作程序培训、资料审核培训，督促三个中标公司按目标任务严格工作，加快土地实测进度和颁发证书进度，争取早日完成农村土地确权登记颁证工作实测29960公顷任务和发证56879本任务。

【新型农业经营主体】 该局印发《关于开展2017年县级农民合作社示范社考评认定工作的通知》和《关于开展2017年度翁源县示范家庭农场创建工作的通知》，鼓励符合条件的农业生产经营者申报农业龙头企业、合作社和家庭农场，大力培育发展新型农业经营主体。对申报单位完善内部管理，规范财务账目，邀请专家实地考察和组织评审，及时上报申报资料。是年，新增市级农业龙头企业2家（翁源县仙雅农业发展有限公司和翁源县七仙子生态茶场），市级农业龙头企业总数达19家［广东慧园粮油有限公司、县凯通纤维板有限公司、县仙鹤花卉种植基地有限公司、县兴民养殖有限公司、广东省翁源县茂源糖业有限公司、广东信达茧丝绸股份有限公司、县宝源市场开发有限公司、广东青云山药业有限公司、县翁江淀粉有限公司、县家宝蚕业有限公司、县盛科农业发展有限公司、广州市江丰实业翁源有限公司、县天下泽雨农业科技有限公司、县恒之源农林科技有限公司、县坝仔胜龙名茶生产基地、县南药谷茂丰种植基地有限公司、县（香港）金利达发展有限公司、县仙雅农业发展有限公司、县七仙子生态茶场］。其中，国家级扶贫农业龙头企业1家（信达茧丝绸股份有限公司），广东省重点农业龙头企业3家（翁源县仙鹤花卉种植基地有限公司、广东慧园粮油有限公司和翁源县凯通纤维板有限公司）。翁源的农业产业化程度比较高，每个农业主要产业均有1个以上的农业龙头企业在带动。国家级示范专业合作社总数5家。新增锦源三华李专业合作社为广东省第四批农民专业合作社省级示范社，全县省级农民专业合作社省级示范社总数11家。新增市级农民专业合作社示范社4家，市级农民专业合作社示范社总数38家。新增县级农民专业合作社5家，县级农民专业合作社总数391家。新增市级示范家庭农场14家，市级示范家庭农场总数25家。新增县级家庭农场65家，县级家庭农场总数160家。

【农产品加工】 鼓励扶持新型农业经营主体推进农产品加工，实施品牌经营，做大做强农业实体经济，延长产业链。帮助县翁江淀粉有限公司在周陂马鞍山种植茶叶并购进设备建设厂房加工韶红茶叶，帮助黄竹坪生态农业有限公司筹建加工红薯粉和红薯面。

【发展冷链产业】 围绕对接珠三角冷链物流配送、仓储物流等市场化服务，积极发展冷链产业，保持冷藏冷冻类产品的品质。是年，扶持德财合作社和天源记农业开发有限公司发展冷库，二个冷库已建成和投入运营，冷链物流的商品主要是蔬菜、水果等初级农产品。

【村级公益事业建设“一事一议”项目】 2017年，村级公益事业建设“一事一议”财政奖补项目共有60个项目，全部竣工。其中省级以上资金53个，市级配套资金项目7个。完成投资2693万元，其中省市补助资金751.75万元；完成财政资金报账751.75万元。

【“三品一标”认证】 加快推进农业产品质量安全体系建设，完善国家农产品质量安全县工作，加强农产品质量安全监管和农产品检测，检测站启动定量分析，全年检测农产品样品2400个，合格率达98.5%。开展“三品一标”认证，打造农产品优质品牌，有机农产品认证有3个：七仙子生态茶场的绿茶、七仙子生态茶场的红茶、七仙子生态茶场的乌龙茶。无公害农产品认证有4个：德财蔬菜专业合作社的节瓜、得宝家庭农场的甘薯、农家乐蔬菜专业合作社的南瓜、万家兴农业有限公司的苦瓜。

【鼓励扶持民营企业发展品牌农业】 鼓励扶持民营企业生产发展农产品优质品牌，做强农业实体经济，精选优质农产品组织参加8月25—28日在广州市举办的第25届广州博览会，11月18—24日在乳源县举办的粤北（乳源）农产品博览会，11月16—19日在广州市举办的第八届广东现代农业博览会，展示翁源特色农产品品牌，提升翁源农产品品牌影响力和市场竞争力。

【全国名特优新农产品】 该局申报选送翁源县锦源三华李专业合作社生产的三华李水果到农业部参评。12月，农业部优质农产品开发服务中心颁发证书，翁源三华李入选《2017年度全国名特优新农产品目录》。

【广东省名牌农产品和名特优新农产品】 鼓励扶持新型农业经营主体生产发展农产品优质品牌，大力宣传推介优秀农产品区域公用品牌和优质品牌农产品，组织优质农产品到省农业厅等单位参评。10月，省农业厅表彰2017年广东省名牌产品（农业类）生产企业，该县有4个，其中初评3个，分别是坝仔胜龙名茶生产基地、得宝家庭农场、德财蔬菜专业合作社；②复审1个，即翁江淀粉有限公司；11月，荣获广东省第二届名特优新农产品目录——区域公用品牌6个，分别是：翁源三华李、翁江九仙桃、翁源果蔗、马牯塘莲、翁源糖蔗、翁源兰花；荣获广东省第二届名特优新农产品目录——经营专用品牌7个，分别是：坝仔胜龙名茶生产基地的翁江源绿茶、坝仔胜龙名茶生产基地的珠江源红茶、坝仔胜龙名茶生产基地的珠江源绿茶、县得宝家庭农场的鹤仔番薯、县德财蔬菜专业合作社滃江节瓜、县翁江淀粉有限公司翁美牌木薯淀粉、县永源蔬菜专业合作社蓝胜+图形辣椒。

【新型职业农民培训】 与仲恺农业技术学院协作，开展以农村电商创业人员为重点的新型职业农民队伍培训，培训新型职业农民200多人。组织推荐新型职业农民参与广东省农业厅组织开展的广东百佳新型职业农民评选活动，该县的陈奋、沈仲灯荣获广东百佳新型职业农民称号。

【农业技术推广】 建设推广设施农业，积极推广喷灌、滴灌、水肥一体化等农业节水新技术，有效解决缺水问题，缓解水资源矛盾。推广农作物薄膜覆盖和大棚等技术，提高抗御自然灾害的能力，并提早农作物上市时间，提高经济效益。加强农业病虫害预测预报，推广病虫害综合防治技术，指导农民开展病虫害综合防治。推广土壤配方施肥技术，减少化肥施用量，减轻农业面源污染。

【休闲农业与乡村旅游】 在上年荣获“全国休闲农业和乡村旅游示范县”后，今年继续认真抓好创建全国休闲农业与乡村旅游示范县各项措施的落实，立足翁源实际，注重挖掘特色农业和具有客家特色乡土文化，传承农耕文明，保护传统民居，培育打造休闲农业和乡村旅游景点，培育消费新增长点，增强乡村经济发展新动能。农业部9月19日发文和授予扁牌，翁源县江尾镇南塘村荣获“中国美丽休闲乡村”。南塘村入选中国美丽乡村特色民俗村是全省1/3、韶关市唯一的村落。

【农业综合行政执法】 加大农业综合行政执法检查力度，举办新《农药管理条例》解读和及农药安全使用培训班，紧紧抓住“四重一大”（重大决策、重要人事任免、重大工程项目建设、重大突发事件处置及大额度资金使用)，严厉打击六种违法违规行为，即围绕重点季节、重点地区、重点市场、重点品种和大要案查处，严厉打击制售假冒伪劣种子、种苗、肥料（主要是复混肥)、农药等农资产品的违法犯罪行为。全年出动执法人员 661 人次，检查企业和门店 434 家，立案 2 宗，查处违规谷种 52 公斤，处罚 2 宗，处罚金额 3 万元。对假劣、过期、失效的农资坚决没收处理，维护农民的利益。举办新《农药管理条例》解读及农药安全使用培训班，参加学习的学员 200 多人，发放科技宣传及台账账本资料 900 多份。加强对滃江流域违法捕捞行为的执法巡查，向农民宣传禁止电、毒、炸鱼的有关规定，张贴县政府《禁止电、毒、炸鱼通告》,保护水生野生动植物资源环境。

【农业安全生产和农产品质量安全】 高度重视农业安全生产，始终把安全生产监管工作列入常年重要议事日程，健全机构，加强组织领导，明确工作职责，认真落实安全生产责任制，与相关单位签订责任书，把农业安全生产、农产品质量安全、农资打假工作逐级延伸落实，严查违法违规经营使用剧毒高毒农药的行为。加强对农民专业合作社、家庭农场、大型养殖场等农业作业场所的检查，预防使用违禁农药、添加剂，防止自然地质灾害的发生。与公安、农机部门联合开展变型拖拉机安全专项整治工作，加强对变型拖拉机安全的执法监督检查。联合公安、食品和药品监督管理、畜牧兽医水产、物业管理、食品公司等部门，全面打击生猪私宰窝点及市场流通领域私宰肉品的行为，全年共出动执法人员 16 人次，没收私宰猪肉 142 公斤。

【产业帮扶】 按照“宜菜则菜、宜蔗则蔗、宜果则果、宜桑则桑”思路，组织实施产业帮扶措施。摸清贫困户底细、掌握情况，建立档案，指导贫困户发展生产，落实好“5 个万亩”(万亩蚕桑、万亩甘蔗、万亩水果、万亩蔬菜、万亩兰花）产业帮扶奖励政策，及时将补贴款发放到贫困户手中，加快脱贫攻坚步伐。

【现代农业大会战】 县委、县政府组织实施《翁源县现代农业大会战实施方案（2017—2020年)》。主要目标是大力发展绿色农业，把翁源县打造成特色优质花果种植、加工基地和生态旅游基地。围绕做大做强主导产业，着力实施“四个行动”(农业强基行动，种植业、养殖业提升行动，农产品加工销售、冷链物流推进行动，一二三产业融合发展行动)，以 45 项重点任务为抓手，确保实现预期目标。主要措施：加强组织领导。成立领导机构，统筹协调各项工作；强化目标管理。将现代农业建设任务细化分解，落实到各责任单位，明确责任人，将重点项目建设纳入各级政府部门的重点工作，对各项工作开展情况进行定期督促检查，确保重点项目建设工作有序推进；完善支持政策。制定出台发展现代农业鼓励政策，采取有效措施切实提高资金投入。创新农村金融服务，鼓励金融机构为农业新型经营主体提供多种类型的金融创新服务；深化农村改革。全面开展农村土地承包经营权确权登记颁证工作，加快农村集体经济组织产权制度改革；狠抓措施落实。做好宣传发动工作，营造氛围。要求干部职工凝心聚力，真抓实干，敢于担当，勇于负责，合力推进现代农业建设。

（刘燕灿）

县农业局领导班子成员名单

党组书记、局长：张尾福

班子成员：陈伟才

副局长：罗镜新　刘克初　曾国林

林　业

【概况】 2017 年，县林业局围绕县委、县政府的中心工作，对照“5+X”巡查事项和“五大会战”的工作任务要求，以“四大”林业生态重点工程为抓手，全力推进新一轮绿化翁源大行动步伐，造林绿化、湿地公园、森林公园、林政管理、森林防火等工作取得明显实效，提升翁源林业生态发展水平。年末，全县林业用地面积 163016.6 公顷，占国土总面积的 75.3%，其中有林地面积 151366.6 公顷，疏林地面积 280.3 公顷，灌木林地面积 5575.3 公顷，未成林地面积 2839.3 公顷，无立木林地面积 2753.1 公顷。全县省级生态公益林地面积 67260 公顷,占林业用地面积的 41.3%，商品林地面积 95756.6 公顷，占林业用地面积的

58.7%，森林覆盖率 71.82%，森林蓄积量 1003.1 万立方米，林木总消耗量 19.46 万立方米。

【造林绿化】 2017 年，投入资金 1160 万元，完成森林碳汇造林 978 公顷，完成石漠化造林 887 亩；投入资金 1300 万元，完成森林抚育 8495.4 公顷，其中省级碳汇林抚育 4828.73 公顷，中央财政森林抚育 3666.67 公顷；投入资金 225 万元，完成茶叶种植 20 公顷，改造茶叶 20 公顷；投入资金 60 万元，结合全县美丽乡村建设，完成 19 个乡村绿化美化示范点种植任务，其中省级示范点 3 个、县级示范点 16 个。

【滃江源国家湿地公园】 滃江源国家湿地公园建设是该县政府承诺的十件惠民实事之一。是年，县该局牢固树立"绿水青山就是金山银山"的发展理念，积极发挥主人翁意识，不等不靠，主动作为，全力推进滃江源国家湿地公园建设。加大宣传力度。在世界湿地日的当天，通过悬挂宣传横幅 13 条、发放湿地宣传资料 2000 多份等形式，组织开展湿地宣传活动；加快推进项目建设工程。委托南京大学常熟生态研究院完成《广东翁源滃江源国家湿地公园建设、验收工程设计工作方案》的编制工作；做好湿地公园湿项目专项资金的申报工作，成功争取国家、省级湿地保护与恢复专项资金 350 万元；加快推进湿地公园办公建筑及管理服务区建设，完成湿地公园办公楼的主体工程建设任务，至年底正在加快推进服务区建设；积极推进湿地公园 PPP 融资合作洽谈事宜。

【义务植树】 2017 年全县完成义务植树 18.5 万人次，植树 93 万株，占应当履行植树义务的适龄公民总数的 95.21%。

【森林进城围城】 2017 年建设森林公园 1 个，新增森林公园面积 206.67 公顷，全县森林公园占国土面积的 6.39%；自然保护区面积 13932.06 公顷，占该县国土面积的 6.2%；受保护湿地面积 2.27 万公顷，湿地保护率达 48.3%。

【森林防火】 根据春节后拜山祭祀活动频繁、春耕生产野外用火和进山作业人员逐渐增多的实际情况，采取各种行之有效的措施，切实有效预防山火发生。强化宣传发动，提高森林防火意识。印发《温馨提示》《给学生家长的一封公开信》《文明祭祀倡议书》等各种宣传单发放到中小学生、农户和全县烟花爆竹销售点及林中林缘山庄饭店及休闲场所业主手中。严明工作纪律，强化巡查监管。制定清明期间森林防火工作方案，把责任落实到镇（场）、村到个人，实行 24 小时值班制度。成立局中层以上干部组成的四个森林防火工作督查组，特别是清明节期间的双休日，实行全天候森林防火工作督查；加大排查力度、落实整改措施。针对森林防火严峻形势，加大对重点领域，火灾多发区和林中林缘坟墓集中地隐患排查力度，并把责任落实到镇（场）、村干部和护林员身上。加大打击力度，坚决查处违法违规用火行为。森林公安、林业站等有关部门加强联动，坚持查处野外用火违法违规用火行为，切实加大各种违法用火案件的侦破力度。是年全县发生森林火灾（火警）20 多宗，过火面积 61.59 公顷，受害面积 20.86 公顷，受害率为 0.13‰，低于省下达 0.5‰的控制标准。

【林政管理】 按照"属地管理、分级负责、权责明确、全面覆盖"的原则和"定区域、定职责、定人员、定任务、定考核"的要求，建立翁源县森林资源网格化管理监管工作体系，即将全县森林资源监管责任落实到站、场、所、管护大队主要负责人，镇（场）将森林资源监管责任落实到林业站干部职工和护林员，推进监管重心下移、力量下沉，完善风险防范措施，实现森林资源保护监管全覆盖，做到森林资源保护和监管不留死角、不留盲区、不留隐患。做好征占用林地审核审批工作，依法审核审批征占用林地 19 宗,面积 49.8 公顷，征收森林植被恢复费 528.69 万元。严格把好林木采伐审批关，严格控制天然林采伐，对林木采伐实行集体审批制，全年共办理木材采伐证 477 份，面积 2233.61 公顷，木材出材量 138855.9 立方米，办理木材运输证 108918 立方米。

【山水林田湖铁拳行动】 该局按照专项行动的要求，把打击涉林违法犯罪作为创建生态文明、构建和谐社会，实现韶关市"全力推进平安林区建设，打造广东绿色生态第一市"的一项重大举措，组织森林派出所、林业站、护林员全面深入开展调查摸底和重点打击工作，专项行动期间，全县共排查涉林案件线索 35 宗，其中：非法占用林地 2 宗，盗伐滥伐林木 12 宗，非法木材流通领域案件 6 宗，失火烧山 1 宗，非法收购盗伐滥伐林木 6 宗。同时，该局采取边排查边打击的办法，对排查出来的破坏森林资源违法行为，发现一宗，查处一宗。据统计，专项行动期间全县共立各类森林案件 27 宗，其中刑事立案 9 宗，查处林业行政案件 18 宗，林业行政罚款 18 人次，为国家直接挽回经济损失 15 万元，有效地维护林区治安秩序。

【山林纠纷调处】 该局根据工作面宽量大，涉及到的惠民工程较多，群众对造林补贴政策兑现、林权制度改革、林地征占用、滥砍滥伐林木等侵占农民利益的问题反映时有发生，由此引发的上访和林权纠纷等矛盾突出，建立分块分线定期排查调处制、协调处理会议制、挂牌督办制、领导包案制和“零报告”等工作制度，对排查出的矛盾纠纷，及时进行解决处理，对信访和群众来访均实行挂牌督办、限期办理、办结销号，做到有访必复，有件必办，事事有回音，件件有结果。2017 共办理行政复议 5 宗、行政诉讼 10 宗，接待来访群众 100 多人次，受理山林矛盾纠纷 19 宗，成功调处 12 宗，山林纠纷调处率为 63.2%，未发生一起群体性上访或越级上访事件，确保林业行业和林区社会的安全稳定。

【争取上级资金】 全年共争取中央、省和市林业建设专项资金 7120.53 万元，其中中央资金 1386.4 万元、省级资金 5679.65 万元，市级资金 54.48 万元。

（罗蔚新）

县林业局领导班子成员名单

党委书记、局长：甘仕明（2017 年 1 月—）

副局长：陈联厚　谢少龙　刘建新

党委副书记、纪委书记：吴良平

森林分局局长：何程明

水　务

【概况】 2017 年，县水务局继续弘扬“献身、负责、求实”的水利行业精神，不断提升工作的执行力、创新力，提高工作实效，争取上级资金 2.5 亿元。在中小河流治理、新建水库、农村饮水用水工程等均较好地完成年度工作目标任务，促进全县经济快速发展。

【中小河流治理】 继续做好 2016 年山区五市中小河流治理收尾工作；第一期工程治理完成 1.42 亿元投资，治理 94.87 千米河段；第二期计划投资 1.12 亿元，治理 77.86 千米河段，并按省要求完成主体工程。

【上庙水库工程】 11 月省发改委批复建设上庙水库小（一）型，完成 2000 万元投资。

【灌渠改造工程】 争取上级支持，投资 200 万元对翁城镇的沾坑灌渠和黄塘灌渠进行改造，现正施工中，争取次年汛前完工。

【“村村通”饮用水工程】 农村“村村通”安全饮用水工程计划完成工程项目 13 宗，解决饮水人口 2.9 万人，完成工程总投资 2500 万元。

【河长制工作】 全面推行河长制工作，根据县委县政府制订的《翁源县河长制工作方案》，成立县级“河长制”领导小组和县、镇、村三级河长。收录县级河流 7 条，镇级河流 34 条，村级河流 209 条，水库 95 宗，1 万—10 万立方米的塘坝 289 处。委托韶关水利水电工勘察设计院为技术支撑单位，负责完善河湖名录相关信息、电子标绘及一河一策实施方案编制等事宜，并通过市级自验。

【移民工作】 积极争取上级专项资金，大力帮助移民群众改善住房条件和整治生活环境及解决一些急需解决的实际问题。落实好翁城群益李屋村环境整治和江尾九仙村汤屋文化室附属工程，坝仔金鸡村交通道路和灌渠的修复等工程项目；是年，完成大中型水库移民后期扶持资金，直补到人 139.74 万元，化解移民矛盾纠纷和确保移民和谐发展。

【“三防”工作】 积极做好“三防”标准化建设。规范和完善三防工作责任制，抓好防汛抗旱措施落实，提高应对一切自然灾害的防御能力，努力确保国家集体财产和人民生命财产安全。

【水政执法】 结合该县“保护山水林田湖铁拳

行动”，积极开展“打击非法采砂和污染水资源专项行动”的工作，强化水资源保护管理，加强水行政执法工作，查处违法水事活动。针对非采河砂行为限期撤离现场自行搬迁设备的，给予警告处理；对不限期撤离现场的，采用强制拆除措施，共强制拆除临河采砂输送设备4处，并邀请县电视台到现场拍摄并对专项整治执法行动进行播报，起到宣传警视效果；会同韶关海事局对滃江河段的所有采砂、运砂船舶进行清理整顿，责成所有船舶靠岸（离岸），既加强安会生产管理，又杜绝非采河砂的行为。其中工作组对六里龙船角非采河砂和三华河段非采河砂行为进行行政处罚，分别处以8万元和3万元的罚款。对非法采砂涉案数量较大的违法者，移送公安机关立案审查，对全县盗采河砂的行为敲响警钟，起到很大的震慑作用。

（蓝衍政）

县水务局领导班子成员

局　长：王有龙

副局长：刘匡永　龙大聚

畜 牧 业

【概况】 2017年全县生猪饲养69.3万头，出栏48.37万头，同比增29.8%和33.3%；耕牛存栏1.83万头，出栏0.91万头，与去年基本持平；肉羊饲养1.27万只，出栏0.66万只；家禽饲养943.5万只，出栏780.1万只，同比增8.64%和6.89%；肉产量48700吨，同比增12.1%；禽蛋产量163.7万公斤。畜牧业产值达82143万元，同比增长4.3%。

【动物防疫】 采取春秋两季集中防疫和每月补注相结合的方法，对高致病性禽流感、猪口蹄疫、猪瘟、高致病性猪蓝耳病等重大动物疫病实施强制免疫。全年共注射猪口蹄疫42.31万头，猪高致病性蓝耳病67.34万头，猪瘟67.5万头，注射高致病性禽流感943.5万羽，鸡新城疫916.9万羽，牛羊口蹄疫2.3万头（只）。

【动物检疫】 全年，继续做好动物防疫监督执法工作，加强对屠宰场的管理，做好活畜、禽及其产品的检疫。是年，全县产地检疫生猪482353头、家禽6500940只、肉产品检疫4517吨、生猪屠宰检疫73864头，检出病害肉1.28万公斤，并全部按国家规定进行无害化处理。

【惠民政策】 出台《翁源县政策性家禽生猪保险工作推动方案》，累计投入73.85万元，投保猪17758头，保障肉产品供给，为畜牧业健康发展提供长效保护机制。全年免费下发注射口蹄疫、禽流感、小反刍兽疫、猪蓝耳病等疫苗及消毒药，保障畜禽产品质量安全和人民群众身体健康。

【“瘦肉精”整治】 根据韶关市农业的文件要求，全年共出动执法人员150人次，对进入屠宰场的生猪按比例进行抽检，共抽检“瘦肉精”尿样4702份，阳性率为0；该县共有23家兽药经营企业，检查饲料兽药经营企业和畜禽规模养殖场105家次，抽检猪尿样2918份，阳性率为0，未发现有违禁药物残留。

【污染减排】 县畜牧部门继续坚持把生产发展和畜禽养殖污染治理有机结合，全年共有19家畜禽养殖场列入全省养殖减排任务，县畜牧部门组织专业技术人员进场入户，对养殖业面源污染治理的法律、政策、技术等问题进行宣传指导，督促养殖场做好减排基础设施工程建设和台账资料建立，确保年底前完成市下达的养殖污染减排任务，努力实现农民增收和环境友好的双赢目标。

【畜禽养殖“三区”划定和禁养区清理】 根据市政府和市府办文件精神和要求，县畜牧兽医水产局积极协调县环保、住建、林业等部门稳步推进该项工作，并起草且已通过县政府审批翁府办〔2017〕98号文通过该县畜禽养殖禁养区、限养区和适养区划定方案及清理整治工作方案，相应配套补偿搬迁方案，推动执行翁源县畜禽养殖禁养区关闭拆除工作，清理和关闭一批该县禁养区内的养殖场(户)，确保禁养区清理工作按期完成。

【存在问题】 畜牧兽医管理工作中存在主要问题表现在：产业结构调整进度慢，养殖水平不高；集约化程度低，养殖规模小；畜禽养殖污染治理难度大。

水 产 业

【概况】 2017 年全县放养面积 1605 公顷，与去年同期持平；水产品产量 749 万公斤，同比增 197 吨，增幅 2.7%；生产各类鱼花、鱼苗 2.5 亿尾，同比稍减；养殖投放各类鱼种 2500 万尾，同比稍减；渔业经济总产值 8500 万元，同比增 540 万元，增幅 6.78%。

【水产品质量安全监管】 抓好水产品质量安全监管服务体系建设，镇站承担起水产品监管责任，县、镇都指定专人负责此项工作 ；做好水产品质量安全监测，对该县水产场等养殖场进行水产品质量抽检，全年共六次抽样检查，监测结果未发现有违禁药物残留的不合格产品；组织对县镇监管工作人员的业务培训，是年，举办水产品质量安全培训 5 期，培训 60 人次，印发有关法律法规宣传资料 200 份；组织镇渔技员和村防治员，下村到户宣传发放《水产品质量安全责任告知书》《渔业生产禁用药物清单》等资料，并与 60 户渔农签订《水产品质量安全承诺书》。

【渔业科技与推广】 草鱼是该县的主养品种，放养密度大病害多，此前翁源县的草鱼免疫防病注射工作基础较好，群众易接受，认知程度高，覆盖面积大。全县共注射草鱼疫苗 110 万毫升，注射草鱼种 405 万尾，注射鱼塘面积 1200 公顷，占养殖面积的 75%，放养草鱼种免疫注射率达 80%。此项实用技术的普及应用较好地控制该县养殖草鱼“四大病”（烂鳃病、肠炎病、赤皮病、出血病）的发生。

【翁源县养殖水域滩涂规划编制】 8 月成立翁源县养殖水域滩涂规划编制工作领导小组，8 月底前制定规划编制工作方案和实施方案，并与珠江水产研究所签订相关工作委托书。

【中央成品油价格补助资金专项项目】 年初，该局经请示县政府领导同意，在翁城镇实施翁源县水产场翁城分场《2015—2017 年中央成品油价格补助资金专项》项目，对翁源县水产场翁城分场基础设施，特别是鱼塘进行技术更新改造。为做好本项目工作，特成立翁源县 2015—2017 年中央成品油价格补助资金专项项目实施领导小组和工作小组，指定专人负责，确保项目实施。项目实施领导小组由翁源县畜牧兽医水产局付启明局长任组长。

【存在问题】 水产业经营工作中存在主要问题表现在：优质鱼主养品种不多，优质鱼产量占水产养殖总产量的比例偏低，新品种引进、新技术推广力度不够；渔业基础设施薄弱，鱼塘“浅、小、漏”比例大，生产条件差，养殖手段落后，品种退化，产量低，效益差。

（县畜牧局）

县畜牧局领导班子成员名单

局　长：付启明

副局长：黄利平

农业机械管理

【概况】 翁源县农业机械管理局于 2010 年 7 月新一轮机构改革确定更名，为正科级参公事业单位，赋予行政职能，内设人事秘书股、管理股（监理股）、推广股和培训股。农业机械管理局紧紧围绕县委县政府的中心工作，做好全县农业机械管理以及农业机械化推广、农机购置补贴、安全监理、入户、年审、换证、检验和农机培训考试等工作。是年底，全县拥有 12K 型以上的拖拉机 3298 台，整耕机械 11436 台，插秧机有 6 台，联合收割机 535 台，动力脱粒机有 17800 台，动力喷雾器 2500 台，农用动力排灌机械 3155 台。农副产品加工等农业机械一大批。农业机械已向农业种植的耕、种、植保、收获和农产品加工等方面发展，农业机械化装备水平大幅度提高。水稻耕、种、收机械化综合水平达到 67.1%。

【农业机械化水平逐年提高】 全县拥有 12K 型以上的拖拉机 3298 台，同比增长 0.88%，耕整机械 11436 台，同比增长 1.32%，插秧机 6 台，与上年持平，联合收割机 535 台，同比增长 5.5%，动力脱粒机 17800 台，动力喷雾器 2500 台，农用动力排灌机械 3155 台，与上年持平，结构明显优化，农机总动力增加到 22.2 万千瓦，同比增长

2.36%，有力推进该县农业现代化的发展。

【农机安全监理】 坚持“安全第一，预防为主，综合治理”的方针，牢固树立以人为本、安全发展的理念，以提高“三率”（注册登记率、检验率、持证率）为重点，开展农机安全生产执法、治理和宣教“三项行动”，以提高监管能力为抓手，加强农机安全生产法制体制机制、保障能力和监管队伍三项建设。以创建“平安农机”为目的，提高安全监管水平，规范监理业务，树立良好形象，促进该县农业机械化健康协调发展。在加大对拖拉机监管检查力度方面，积极主动与公安交警部门沟通，对上路拖拉机进行牌证和机具安全检查，且安全监管的负责人到各个镇农机作业场所进行严格的安全生产检查。

是年，农机监理“三率”情况，拖拉机注册登记数2873台，检验数2289台，驾驶员人数3280人，驾驶员在册3185人，上牌率87.1%，年检率79.7%，持证率97.1%，收割机拥有量535台，注册登记数426台，检验数380台，驾驶员人数496人，驾驶员在册398人，上牌率79.62%，年检率89.2%，持证率80.2%，农业装备总量呈增长态势。

【驾驶员培训】 全年共举办拖拉机、联合收割机驾驶员培训4期，其中拖拉机驾驶员139人，全年换发驾驶证280人。通过驾驶员的培训，有效提高农机操作手的相关道路交通安全法律法规意识、农业机具操作安全生产知识，有效地减少农机道路交通安全事故及因农业机具损坏引起的生产安全事故，确保农机道路交通安全和生产安全。

【农机推广】 加大宣传力度，认真学习年度实施方案，贯彻落实国家相关农业机械的有关政策，明确受益对象，严格按照规定，及时向广大农民推广先进、适用的农业机械和其他农机具，使广大农民能够及时购买和使用先进、适用的农机具，提高全县农业机械化水平。

【农机购置补贴】 农机购置补贴工作，该局在实际操作中做到公平、公正和公开。是年，共争取国家资金150万元，有效拉动农民资金627万元，受益农户136户，农户购买机具196台。其中旋耕机42台，微耕机33台，增氧机33台，轮式拖拉机（大中型）34台，联合收割机27台，碾米机14台，茶叶揉捻机5台，茶叶烘干机2台，其他机器6台。通过对农机具的广泛推广宣传，农民购机热情高涨，有效转变农民的生产方式，机耕代替人力，有效地解放劳动力，提高劳动生产效率，有力地促进农民增产增收。

【存在问题】 主要表现在：农机监管方面，该局农机监理部门无上路执法权，缺乏有效的监管手段，无牌无证农机上路现象仍存在，存在较大的安全隐患；农机推广方面，购机补贴方面，由于经费紧缺，一些新技术、新机型的推广遇到困难，农机推广创新度不足，影响农机装备水平的提升。

（徐冰）

县农机局领导班子成员名单

局　长：何文健（—2017年9月）

副局长：徐汝贵　王庆通

气　象

【概况】 2017年，县气象局（台）下设5个正股级内设机构：气象灾害防御管理办公室（重大气象灾害应急指挥部办公室，简称防灾办）、办公室（人力资源股）、站网管理股、预报股、发展改革与财务股；下设正股级直属事业单位3个：县气象公共服务中心、县气象局机关服务中心、县气象公共安全技术支持中心。其中，经县机构编制部门批准成立的地方气象事业机构县突发事件预警发布中心，为县气象局下属副科级事业单位，内设突发事件预警信息发布办公室、防雷减灾办公室、人工影响天气办公室、农业气象服务办公室4个副股级机构。全局共有干部、职工24人，其中在职职工19人，退休人员5人。

【气象观测预报与服务】 全年各项测报、预报质量达标，无责任性事故。

气象信息发布　在做好日常气象服务的同时，加强对重大节假日、政府、社会重大活动以及气象为农服务等方面的气象服务保障，全年利用决策短信平台发布一周天气52期，通过OA系统、传真、邮箱发布《天气报告》29期，《重大气象信息专报》12期，《重大气象信息快报》21

期，气象直通车 284 期，旅游专报 8 期，全县范围内发送决策短信约 65 万条；推出微信天气预报、预警产品，丰富天气信息获取渠道；加强对重大转折性天气的监测、预报预警工作力度，做好防御各类灾害性天气及其衍生灾害的监测、预报预警工作，增强与三防办、农业局、教育局、国土局、教育局、经信局、旅游局等相关职能部门的部门间联动，全年该县无发生重大气象灾害。

气象观测业务　2 月 19 日，按照省局要求要求，观测站将 SMO 采集软件和 MOI 业务软件进行升级。7 月 25 日完成回南天自动站安装工作，26 日正式运行；8 月 24 日进行新型站设备撤换工作，8 月底按照省局要求，对新型站测报软件进行升级，并安装时钟对时软件和消息传输客户端，正常上传 BURF 数据。10 月 13—14 日完成了新型备份站的建设，保证新型站和备份站可自由切换。

气象服务设施运行　日常负责做好对全县范围内的 23 个区域自动站、1 个遥测站、8 个乡镇气象服务站、144 块电子显示屏等观测设施和电子设备的监控，做好设备的巡视和维护，及时处理各站点仪器、设备的故障情况，为基础业务的顺利运作和气象数据的完整提供保障。是年新建粤台农业管委会、三华李种植园、龙仙镇水口村绿丰园三个农业气象观测站。

气象影视服务　是年始开启翁源本地气象影视制作工作，广东省首个县级气象影视制作中心正式投入使用，3 月 21 日晚，由县气象局制作的主持人版《天气预报》节目正式在翁源电视台开播，为翁源气象影视工作翻开全新的一页。

人工影响天气　9 月 22 日、11 月 13 日、11 月 18 日先后三次在翁源跃进水库开展人工增雨作业，作业效果较明显，有效缓解该县旱情。

【防雷减灾】　按照县委、县政府安全生产工作统一安排部署，加强组织领导，落实管理责任，全面推进防雷规范化建设，推动防雷减灾工作有序发展扎实开展，落实防雷安全各项工作。

防雷行政许可　按照国家、省、市依法行政等相关文件的要求，完善相关的办事流程、监督监管、风险防控等工作，强化防雷设计审核和竣工验收行政审批工作。全年共受理新建建设项目防雷设计审核项目 12 宗，防雷竣工验收项目 23 宗，报建建筑面积约为 14.02 万平方米。积极参加翁源县“一门式一网式”政务服务信息系统操作培训，并按要求完善“一门式一网式”平台气象系统行政许可事项和公共服务事项信息的录入。

防雷安全生产　5 月 17—18 日，联合住建、安监局在全县范围内开展建筑领域气象灾害防御暨防雷安全生产执法检查初查工作，对房地产、市政和危化等 15 个项目进行检查。 8 月初联合住建、安监、旅游局组成专项检查组对该县重点行业领域单位开展气象灾害防御专项执法检查工作，期间共检查 11 家单位，其中危险化学品、易燃易爆企业 5 家，建筑企业 5 家，旅游景区 1 家，共发现 11 家单位存在隐患，其中 6 家单位的隐患已经整改完毕，整改完成率 54%。10 月份与安监局联合印发《关于开展翁源县非煤矿山行业领域气象灾害防御和防雷安全生产检查的通知》，并于 12 月 4—8 日，与安监局组成检查组开展专项安全生产检查。

【党风廉政】　深入推进惩防体系建设，全面落实党风廉政建设责任制，积极深化党风廉政建设宣传教育和廉政文化建设，强化对权力运行的制约和监督，深入开展重点领域和重要事项的廉政风险防控工作。6 月 2 日，该局党组以“严肃党内政治生活，强化党内监督”为主题，组织召开党风廉政宣传教育暨专题组织生活会，制定《中共翁源县气象局党组纪检组关于印发翁源县气象局 2017 年度党风廉政宣传教育月活动方案的通知》；加强党支部队伍建设，落实好“三会一课”制度，规范党建工作。

【气象现代化】　县气象防灾减灾业务技术用房是气象现代化建设的重要项目内容，总建筑面积为 3492 平方米。8 月 10 日，由勘察、设计、施工、监理及其他专家组成验收组，对翁源县气象防灾减灾业务技术用房进行工程竣工验收，并出具验收报告。翁源县防灾减灾科普教育用房于 2016 年 8 月 17 日完成招投标，目前已完成楼顶吊顶、照明安装、地砖铺设，预计明年 2 月初可基本完工。

（甘锦蕾　卢美兰）

县气象局领导班子成员名单

局　　长： 罗锐营

副 局 长： 李　非

纪检组长： 何振华

交通·通信

交通运输管理

【概况】 2017年，县交通运输局内设交通综合行政执法局（副科级）、办公室、规划基建股、运输管理和安全生产监督股（加挂交通战备办公室牌子）、财务审计股5个职能部门，有干部职工人数39人。下辖交通管理总站、地方公路管理站2个事业单位，职工人数40人。是年，交通运输局坚持以中共十八届六中全会及十九大精神为指导，以重大交通基础设施建设为抓手，全力推进交通运输依法行政工作，提高行业管理水平，促进交通运输事业的和谐发展。完成省市交通部门下达的农村公路硬底化指标。把加快高速公路建设作为全县工作的重中之重来抓，认真组织实施高速公路建设大会战，武深、汕昆高速公路翁源段工程建设顺利推进，韶新高速公路翁源段先行工程如期动工建设。全县公路总里程1866.8公里，其中高速公路22.4公里，国道48.031公里，省道181.677公里，县道246.031公里，乡村道1367.907公里，公路桥梁201座7708.84延米，公路密度85.8公里/百平方公里。

是年，县装卸运输公司许增武在2016年度广东省文明办、公安厅、教育厅、交通运输厅联合组织的安全文明驾驶人评选活动中被评为“安全文明驾驶人”；李海兴被评为翁源县2016年度精准扶贫工作“最美驻村干部”。杨珏在2017广东翁源“水墨桃花•最忆翁源”桃花节最美妈妈评选活动中被评为“最美妈妈”。

【武深、汕昆高速公路建设】 武深高速公路翁源段：在县内范围内全长约43公里，项目工程进展顺利。通过积极加强与建设业主和施工单位的沟通协调，征地拆迁工作全面完成，武深高速公路翁源段路面主体工程基本完成，“三改”问题基本得到解决。是年，完成固定资产投资13.92亿元，基本完成年初预定的计划任务。汕昆高速公路翁源段：汕昆高速公路韶关翁源段约45公里，项目工程进展顺利，汕昆高速翁源段土地与房屋征收计划目标任务已全部完成。通过积极争取省交通运输厅和高速公路建设业主的支持，县城东、西连接线提高建设标准的问题通过审批。加大协调工作力度，尽力解决涉农矛盾和“三改”问题，对阻挠征地拆迁工作的龙仙镇中坝养猪场等个案采取强制拆除措施，对需改道的县道X350线改建工程积极做好协调工作。督促施工单位在确保工程质量和安全的前提下加快工程建设进度。该项目2017年度完成投资10.64亿元，完成年初市下达的年度计划10亿元的投资任务。

【韶新高速公路翁源段建设动员大会】 6月14日上午，县委县政府召开韶新高速公路翁源段建设动员大会，广东省高速公路建设韶关分指挥部办公室副主任童志跃，中铁四局韶新高速公路指挥部党工委书记何宝柱，县领导陈来安、杜奇立、陈卫红、肖俊青，县武装部政委陈祖峰以及翁源经济开发区管委会、县交通运输局、县国土资源局等县直有关单位的主要领导和挂钩沿线村委的县直单位一把手，韶新高速公路翁源段沿线镇镇长、分管交通工作领导和沿线村的支书（主任）及县高速办有关人员共100多人参加会议。会议由翁源县人大常委会主任温毅麟主持。中铁四局韶新高速公路指挥部党工委书记何宝柱介绍项目建设有关情况，副县长陈卫红对征地拆迁工作作部署安排，市高速公路建设韶关分指挥部办公室副主任童志跃就如何做好征地拆迁工作、加快推进项目建设提出具体要求，县长陈来安作重要讲话。

【韶新高速公路建设现场推进会】 10月31日上午，韶新高速公路建设现场推进会在县内官渡镇韶新高速公路滃江大桥施工现场召开。参加此次推进会的人员有副市长李欣及市高指办、市交通运输局、市发改局等相关单位领导；翁源、新丰两县有关领导及县交通运输局、高指办、发改局、国土局、沿线各乡镇等相关单位领导；中铁四局、中铁二院、中铁交通投资集团、交投公司、韶新项目公司领导。市交通运输局局长唐明强介绍韶新高速公路项目的基本情况，翁源、新丰两县有关领导分别作表态发言。会议的加快推进韶关市翁源至新丰（韶新）高速公路建设步伐。

【交通安全生产管理】 以“平安交通”创建活动为载体，全面推进安全生产标准化建设工作，大力宣传“安全第一、预防为主、综合治理”方针和“科学发展、安全发展”理念，落实党政领导干部安全生产“一岗双责”制度，深入开展安全生产“打非治违”专项行动、“安全生产月”活动、"道路货运安全年"活动、道路客运危货运输安全生产专项整治、春运、"五一"国际劳动节、"国庆"黄金周等节前安全生产大检查等一系列活动，普及行业员工安全生产法律法规知识和安全常识，强化"红线"意识和"底线"思维，提高行业员工的安全责任意识和安全素质，确保全县交通运输行业安全生产形势稳定。全年对3家客运企业营运客车抽查1569辆次，对车辆"回场必检"单抽查25639辆次，发出安全隐患整改通知书2份，立即整改或限期整改一般事故隐患23宗，从源头上有效地遏制事故隐患苗头。

【交通运输综合行政执法】 以"打非治违"专项行动为抓手，加强运输市场监管，组织开展打击非法营运、出租车市场整治、客运市场整治、驾培市场整治、维修市场整治等专项行动。继续采取固定治超与流动治超、源头治超同步推进的治超模式。与公安部门协作联动，建立打击非法营运和出租车管理长效机制；与客运企业、出租车公司建立定期联席会议制度；与司法部门建立行政执法协作机制。全年，共出动执法人员2572人次，出动执法车辆682辆次，检查客货运输车辆2735辆次，查处违章案件87宗，其中道路运政案件32宗，超限案件53宗，卸载超限货物850吨；依法查处擅自埋设管线、电缆案件2宗。

【开展路域环境整治行动】 3月20日，交通运输局综合行政执法局联合县公安交警、公路、城管等部门在官龙公路南龙至官渡六里村路段开展路域环境联合整治行动，整治公路两侧违章搭建广告牌（横幅）、乱堆乱放等行为。此次行动共出动执法人员40人，执法车辆6台，铲车1台,共拆除违章广告牌约260平方米、广告横幅约150米，清理淤泥约156立方米。5月5日至5月17日，为推进国道G106线翁源段改造示范工程和落实县委"4•25"规范城市管理会议部署，交通运输局综合行政执法局会同县公安交警部门、公路管理部门在国道G106线翁源段、省道S341线和S244线开展路域环境专项整治行动。此次专项整治主要针对公路用地范围内的基础设施及综合管理治理，以清理违法建筑、清理非公路标志牌、清理违法开口为突破口。行动中共出动执法人员132人次，执法车辆35辆次，铲车7辆次，运输车辆14辆次及专业切割清障设备14台次，其他整治辅助人员42人次。共拆除违法广告横幅143条；非公路标志牌334块，面积1211.02平方米；简易铁皮屋4间，面积27平方米；围栏54.8米；彩旗30面；龙门架2个；清理淤泥228平方米。

【道路客运】 全县道路客运业户3户。客运班车191辆，客运从业人员230人。客运站日均发75班次，日均客运量0.91万人次。跨省客运线路1条，跨市线路10条，跨县线路2条，县内线路23条，全县道路客运线路日均发送203班次。

【农村客运】 至年底，全县七镇一场全部开通客运班车；138个行政村开通班车，通行政村农村客运班线23条，农村客运车辆113辆；乡镇等级客运站2座，农村候车亭137个。

【机动车驾驶员培训】 全县机动车驾驶员培训机构共2家，机动车驾驶培训教学备案车辆共174辆，全年共完成机动车驾驶员培训共6320人。

【全县农村公路建设工作会议】 5月24日，全县农村公路建设工作会议在县地方公路管理站三楼会议室召开。会议部署省、市实施农村公路建设新政策后的全县农村公路建设工作，并对相关人员就农村公路建设工作进行业务培训。

【农村公路建设】 投入782.33万元完成乡道Y788线铁龙至龙化段6.357公里公路路面大修工程；投入农村公路硬化建设资金3150万元，农村公路硬化里程90公里，大大改善农村乡村道路的安全通行状况。

【旅游公路建设】 按照《韶关市旅游公路项目建设实施方案》的要求，该局制订《翁源县旅游公路建设规划（2016至2020年)》，规划建设幽兰山庄旅游公路等8条旅游公路，总投资约12.8亿元、总里程约137.5公里。按照县委、县政府的部署安排，优先组织实施东华山风景区旅游公路和县道X347线三华至周陂段旅游公路改建工程PPP项目（合计总投资约5.02亿元），全年，已完成工程可行性研究报告、环境评审、土地预审、规划审批、发改立项等前期工作。

【公路桥梁建设】 投资47万元完成新建东鹊桥，

投资 9.8 万元完成新建李洞桥，投资 388.78 万元完成新建连溪桥，投资 97.6 万元完成县道 X349 线长江桥、县道 X845 线绕村桥、乡道 Y739 线田心桥等 3 座危桥加固工程。

【地方公路养护】 加大对县、乡道的养护力度，列养率达 100%。大部分县道公路路况基本稳定，路面整洁，路肩平整、密实，边坡稳定、平顺，水沟清理干净，路面无明显病害，公路里程碑、防护设施基本齐全。加大对农村乡村公路的弯道、坡道、弯坡组合路段以及临水临崖等危险路段的治理力度，增设必要的交通标志，在事故易发路段设置警示牌、警示桩等安全防护设施，有效地防范和遏制道路交通安全事故的发生。

（黄伟平）

县交通运输局领导班子成员名单

党委书记、局长：刘雪强

党委委员：栩玉龙

党委副书记、纪委书记、副局长：陈建林

副局长：何振英　黄根香　甘文华

公路管理

【概况】 2017 年，全县公路部门深入贯彻落实十八大及十八届历次全会、十九大精神，按照省、市公路管理暨党风廉政建设工作会议的总体部署和要求，紧紧围绕公路“建、养、管”和“两学一做”学习教育活动及党风廉政建设工作，真抓实干，攻坚克难，全力推进该局的各项公路工程项目，着力提升公路服务质量和水平，提高依法治路水平，推动公路事业科学发展、安全发展、和谐发展。

【公路养护】 该局始终坚持以养护为中心，以“预防为主，防治结合”的原则，履行“养好公路、保障畅通”的职责，加大对路面早期病害的预防性养护，保持公路路况稳定。全年累计修复路面病害 3344 平方米，人工及机械清扫路面 11696 千平方米，清理天沟、水沟 1070 千米，清理疏通桥梁、涵洞 2843 座，修剪路树 654 公里，灌缝 133 千米，更换示警桩 394 条，更换刷新百米桩 175 条，告示牌 5 块,清理大小塌方总计 1285 立方米。有力确保公路的平安畅通;规范内业工作。按照上级部门的要求，重点抓好局机关和翁源公路养护中心的内业资料，完成局机关和养护中心的内业资料统一规范整理归档和设备的规范化标准管理，各类图表和管理人员职责按规范上墙公布，做到内业管理制度化，资料整理经常化，管理水平有明显提高。

【公路建设】 全年完成的工程项目有省道 S244 线和 S341 线龙仙一号桥、龙仙二号桥、冲下大桥、新英大桥、径口刘桥等五座桥梁维修任务，总投资 141.8 万元。

正在推进以下工程项目的建设：省道 S245 线翁源半溪至坝仔段路面改造工程，全长 9.21 公里，投资 2363.34 万元，至年底，已完成主体工程；省道 S244 线坝仔养护所至太龙加油站段路面中修工程，全长 1.58 公里，投资约 147 万元，年底处于招标状态。

按照市委市政府提出的“一年内完成所有次差道路、危桥改造工作，三年内全面完成国、省、县道改造提升工作”工作目标，协助加快推进非该局做业主各项公路建设工程。

【公路绿化】 该年初早规划、早动手，在省道 S341 线、S251 线等公路两侧共种植樟树、黄槐、桂花等路树总计 7710 株，做好公路的绿化美化，为打造景观林路打下坚实基础。

【安全管理】 该局将安全生产工作摆在重中之重的位置。年初召开安全生产工作部署会议，与局属各部门和基层单位签订当年度安全目标责任书，确保安全生产。做好职工的安全生产知识宣传教育工作；做好各养护所、仓库、危险路段、事故多发易发路段、在建工程项目施工现场的安全隐患排查和监管工作；联合交警部门完成龙仙一号桥等桥梁的安全隐患整治工作。开展“安全生产月”和“安全生产万里行”活动，举行道路养护作业区安全设置演练，悬挂宣传横幅 6 条，宣传画 6 套共 30 册。安全生产形势稳定，未发生任何安全生产责任事故。

【路政管理】 加大路政巡查力度，累计巡查里程 26744 公里，巡查天数 255 天，巡查 782 人次；通过各种形式向群众讲解有关路政法规，做好教

育工作；加大对损坏路产案件查处力度，共查处路政违法案件 1117 宗，自行制止 1095 宗，告知交通运输综合执法局 22 宗，处理损坏路产案件 35 宗，收取赔偿费约 31.4 万元。加强公路建筑控制区、公路用地、公路设施的管理，对违反公路路政管理规定的违法行为及时制止并告知交通运输综合执法局依法处罚，有效地制止各种违法行为，管养公路安全畅通。

【年票收费】 按照上级要求做好年票追缴工作，对 2016 年及以前欠缴年票的车辆，依法予以追缴。认真抓好窗口政风行风，做好年票通行费咨询和解释有关规定的工作，共追缴年票约 31 万元，未能完成全年的追缴任务.

【党风廉政建设】 开展“两学一做”学习教育活动，结合县里开展的“两强两提”思想讨论活动，号召广大干部职工“学党章党规、学系列讲话，做合格党员”，学习党的历史，学习革命先辈和先进典型。在中共十九大开幕时，组织干部职工们观看开幕盛况，会后，成立学习宣传十九大精神工作领导小组，利用多种形式学习宣传贯彻十九大会议精神，培养广大干部职工勇于担当、干事创业的精神，提高廉洁自律意识和拒腐防变能力；该局始终把党风廉政建设工作作为“一把手”工程，切实抓紧抓好。召开党风廉政建设会议，制定《2017 党风廉政建设责任书》并层层签订落实，全面落实党风廉政建设责任制。

（罗蕾）

翁源公路局领导班子成员名单

党总支书记、局长：潘明亮

党总支副书记、副局长：潘志业

副局长：谢章华　黄俊良（2017 年 6 月—）
神子雄（—2017 年 5 月）

邮　政

【概况】 2017 年，中国邮政集团公司广东省翁源县分公司紧紧围绕集团公司党组、省分公司党组、市分公司党委战略部署，全面宣贯省、市邮政工作会议精神，以习近平新时代中国特色社会主义思想为指导，认真学习宣传贯彻中共十九大精神，坚持稳中求进工作总基调，在做好邮政普遍服务、党报党刊和机要通信特殊服务的基础上，以提质增效为中心，以金融业务为核心，加快代理保险、寄递、电商业务规模增长，不断强化科学管理，着力夯实发展基础，开启新时代，学习新思想，发掘新动能，迈步新征程，扎实推进翁源邮政实现高质量发展新局面。是年，翁源邮政企业完成当年收入预算进度 101.2%，同比增量 585 万元，同比增长 13.95%，业务收入增量全市排名第一，增幅全市排名第二。在 2017 年全区邮政企业经营责任制考核中，该县分公司取得 110 分的好成绩，排名全区第二。金融业务实现跨越式发展，“决胜 700 亿”目标顺利达成。全年新增金融总资产 4.73 亿元，同比增量 1.87 亿元，完成市分公司目标 103.3%；包裹快递迈上新台阶，实现量收创历史新高。主动切入“农村电商”运营模式，助力精准扶贫，包裹快递收入同比增长 117%，实现三华李、九仙桃等水果寄递业务量突破 10 万件；农村电商运营质量不断提升。累计发展农村电商服务站点 164 个，实现邮政农村电商点渠道返城业务量突破 4 万件。是年，翁源县邮政分公司累计完成收支差额进度 100.75%，同比去年增加盈利 295 万元。是年，全县邮政从业人员 111 人，其中合同制 A、B 类用工 87 人，劳务用工 24 人。县分公司设办公室、市场部、金融部二部一室。全县现有邮政支局（所）14 个，其中开办邮政储蓄业务网点 11 个，邮务类网点 3 个。

【服务项目】 翁源邮政主要服务项目有：邮政储蓄，邮政汇兑，函件（信函、广告商函、邮资封片），包件（普通包裹、快递包裹、国内小包、国际小包），集邮，国内报刊、图书等出版物发行，机要通信，特快专递 EMS 等业务。近年来，根据国家有关邮政服务“三农”、服务中小企业等政策相关文件要求，分公司秉承“更加专业、更有特色、更为科学”的经营理念，认真履行好国家赋予的普遍服务义务的基础上，积极拓展市场，开发和完善一批适合社会各行业、集体和个人使用的邮政业务，包括中邮保险、中邮基金、代理保险、代发工资、代缴税费、代开代征国税税票、代缴电费、代缴罚款、网上银行、手机银行、商易通、扫码付、微信邮付、POS 机、新农保、社保 IC 卡、助农取款、电子商务、物流配送、“11185”电子票务、文化创意、账单、个性化集邮票品等业务。

【基础能力建设】 翁源邮政生产通信网络遍布全县，拥有营业网、投递网、邮运网、金融网、综合网等五大通信网络。全县现有邮运汽车 10 辆，投递摩托车 45 辆，邮路 34 条，邮路总长度 2137 公里，实现村村通邮；翁源邮政现有 14 个支局（所）、3 个离行式自助网点、7 个报刊亭、2 个智能自提包裹柜、28 台存取款机等自助设备。近年来，该局分别完成对翁城、江尾、南浦、周陂、六里、官渡、龙仙、岩庄、龙湖、坝仔等十个网点营业厅标准化装修整治工作。翁源邮政认真贯彻“迅速、准确、安全、方便”的八字方针，做好普遍服务和特殊服务，保障好人民群众通信权利，维护好国家通信安全。至年底，翁源邮政普遍服务已覆盖了全县所有乡镇、街道和行政村，为各级政府及相关部门、企事业单位和广大人民群众提供涵盖金融、寄递、电商物流、服务三农等全方位、多元化的优质服务，全心全意满足人民群众的需要。

【邮政平台建设】 2017 年，翁源邮政在全县各乡镇累计建立 164 个农村电子商务服务点，加强与政府部门的渠道沟通，拉近与众多商家的距离，为工业品下乡和农特产品进城打下坚实的基础，推出农村电商服务点叠加助农取款、邮掌柜、邮乐购、便民 PC、实物寄递等服务，促进线上、线下联动服务。在三华李、九仙桃、鹰嘴桃等时令水果收获季节，该单位充分利用邮政平台，助力精准扶贫，加大邮政品牌宣传，主动切入“互联网+”与电商户联合运作，强化人员、网络、运输、售后等服务环节支撑，累计寄递水果突破 10 万件，其中通过电商服务点收寄量突破 4 万元，实现邮政企业、电商户、农户多方共赢效应。

【民生服务平台建设】 翁源邮政重视民生领域与邮政密切的联系，着力打造利民性公共服务的绿色通道和便民性社会服务的综合门户，努力构建民生服务平台，积极践行普惠金融，做好服务“三农”和小微企业工作，得到广大人民群众的一致认可。

拓展助农取款系统工程 该分公司在全县各行政村范围内累计开办 60 个助农取款服务点，累计取款 50014 笔 1421 万元，布放 POS 机 673 台，为广大村民直接在村办理取款等业务提供便利，足不出村就能完成取现、转账以及交电费、话费等，实现服务群众“零距离”，解决联系服务群众“最后一公里”问题。

推进“新农保”建设 至年底，该单位已为广大人民群众累计办理“新农保”开户达到 13 万多户，切实做好便民利民优质服务。

推进国税“双代”业务 至年底，该分公司已在铁龙、龙湖、官渡、翁城、周陂、坝仔、江尾等七个邮政网点开通代开、代征业务，开办 18 个代开、代征税种。三年，累计代开、代征税票笔数 5836 笔，累计代开、代征金额已达 1.93 亿元。

加强信报箱群建设 该单位积极争取上级资金，累计安装信报箱群 2400 多户，逐步解决住户收发邮件不便的问题。

【优化投递网络建设】 强化县城支撑揽收功能。投递网在达标建设的基础上，逐步建立适应包裹、快递发展揽收支撑网络，县公司组建专职包裹快递揽投队伍。不断优化网运建设。在省市公司的强力支持下，三华李及九仙桃收寄期间，临时组开广航、三角直达邮路，韶翁线增加三华交接点，加快推进设施更新和场地改造。三年，该分公司完成县城普邮作业区和邮政处理中心场地改造，新购置安装自动皮带装卸作业机，实现邮件处理机械化流水作业，大大提升翁源邮政网运处理能力；强化旺季生产期间的支撑。在同年的“双 11”“双 12”期间，县分公司提前做好应急预案，充分调动机关部室人员全力支撑一线作业，在当年的“双 11”“双 12”期间，全县累计投递各类快递及包裹件 3.2 万件，没有发生邮件投递积压、延误等现象；重视投递 PDA 建设。是年，新增 5 台投递 PDA，累计达到 40 台，所有投递员 PDA 配备率到达 100%，全面提高投递信息处理效率。

【和谐企业建设】 落实全面从严治党两个责任，企业党建工作持续加强。注重中心组理论学习，研究制订学习计划，制定“两学一做”常态化制度化实施方案和党风廉政学习教育月活动方案，组织召开支部党员大会认真学习习近平总书记系列重要讲话精神和对广东工作作出的重要指示精神，认真组织党员干部学习宣传贯彻中共十九大精神，组织全体党员完成“学报告+学党章”考学工作。创新开展“三会一课”、支部书记上党课和党员政治生日等活动。强化“代理金融新增总资产700亿目标”效能监察和管理成本效能监察机制。加强反腐倡廉建设，落实党员领导干部“一岗双责”。企业员工福利待遇得到稳步提升。完善各项薪酬管理分配机制，薪酬分配倾斜生产一线人员，通过加快业务发展，实现提质增效，不断改善员工福利待遇；强化工会关心关爱员工生产生活，注重基层职工小家“家”文化建设。扎实推进全省邮政系统星级职工小家创建活动，创建“三星级”小家1个，“二星级”小家4个，“一星级”小家1个，星级职工小家占比率达到66.67%。加快推进基层职工小家建设。至是年，该分公司积极争取上级资金全面完成所有基层职工小家的整治改造，并为所有乡镇网点员工宿舍统一配备空调、床、柜、书桌、床上用品等。每月坚持举办总经理接待日和员工集体庆生日活动，充分听取员工的意见建议，切实为基层员工解决生产和生活中存在的实现困难，构建和谐幸福翁源邮政。

【社会责任】 该分公司秉承高度的社会责任感，承担着普遍服务的义务，肩负着为全县七镇一场156个村委会的广大人民群众提供通信通邮、党报党刊、机要通信、金融理财等邮政普遍服务，全面落实全部行政村的村村通邮。根据县委县政府的部署和相关要求，落实邮政普遍服务、“三农”服务、普惠民生等工作。贯彻落实县委、县政府精神，积极推进挂点翁城镇桂湖村精准扶贫工作。是年，翁城镇桂湖村已累计实现6户11人脱贫，占总贫困人数的73.33%，已圆满完成2017年度的脱贫指标。全面落实安全生产责任制度，全年未发生安全生产责任事故。

【精神文明建设】 翁源邮政一直以来牢记着“人民邮政为人民”的服务宗旨，塑造“用户至上，员工为本”的企业核心价值观，秉承“情系万家，信达天下”的企业使命，灌输员工“创新、协同、诚信、担当”的企业精神。中国邮政把“建设世界一流邮政企业”作为企业愿景，翁源邮政企业真心实意地从满足人民群众用邮需要出发，提升服务能力和水平，提高服务质量，创新服务内涵，扩大服务范围，把绿色邮情传递到千家万户，做到有百姓生活的地方，就有邮政服务,更好地体现企业的社会价值。翁源邮政围绕“为民服务创先争优”活动，先后开展“星级服务窗口”“星级营业员”“巾帼创新岗”“建功立业女能手”“优秀合规经理”“月度优秀员工”等一系列的岗位竞赛活动，全面提升翁源邮政服务水平，以更加优质的服务让广大人民群众满意。

（李志强）

邮政翁源分公司领导班子成员名单

总 经 理： 刘学文

副总经理： 刘树春

总经理助理： 李 健

中国电信翁源分公司

【概况】 2017年，该分公司坚持党建引领，深入学习贯彻中共十九大精神和习近平总书记系列重要讲话精神，坚持党对国有企业的领导，落实全面从严治党要求，加大源头防腐力度。坚定不移地推进党风廉政建设和反腐倡廉工作。深化改革，充分发挥国民经济和社会信息化主力军作用，不断加大网络建设的投资力度，部署新一代互联网基础设施网络，普及百兆宽带，进入千兆网络时代，打造全球领先的4G网络，开启4G新时代，推进“互联网+”行动计划的落地，为推动该县信息化建设、促进经济发展做出积极贡献，被韶关市消费者委员会评为当年度通讯服务十大行业诚信单位。

【党建工作】 坚持党对国有企业的领导，落实全面从严治党要求，加大源头防腐力度。坚定不移地推进党风廉政建设和反腐倡廉工作，层层签订党风廉政建设责任书，严格执行中央“八项规定”、运营工作规则、廉洁从业、内控等规定，持之以恒改进工作作风，断推进“两学一做”学习教育常态化制度化，把“两学一做”学习教育同重点工作任务结合起来，坚持做到两手抓、两促进。落实党支部研究决策“三重一大”（重大问题决策、重要干部任免、重大项目投资决策、大额资金使用）事项清单，严格执行“三会一课”制度，落实巡视整改。根据市公司党组织规范设置要求，在10月完成党总支委员改选和党支部规范设置，按规定在各专业线合理设置 6 个党支部，确保党组织覆盖无盲区、党组织负责人及时到位，加强和充实党建工作力量，为发挥党组织在企业改革和发展中的领导核心和政治核心作用奠定良好的基础。

【信息化建设】 广东电信从 2014 年底开始，全面启动光纤宽带升级工作，不断提升宽带的速率，引领行业标杆，目前，广东已率先迈入“千兆宽带时代”，互联网基础能力达到全球一流水平。

光网建设　作为基础网络建设的领军者，该公司积极加快网络建设，实现百兆光宽到家庭、千兆光宽到企业。全年光网投资 500 万元，光网络覆盖所有村委会，全县 20 户以上自然村 100%光纤网络覆盖，目前，分公司已经完成县城和乡镇主要街道 100%的光网覆盖，农村覆盖率达 98%，扩大光纤覆盖面，加强光接入能力。确保村民用上高速宽带网络。

4G 建设　建成基于 800 兆赫频率的全球首张低频 4G 网络，与现有网络实现高低频协同覆盖，打造全球领先的 4G 网络，实现 800 兆赫全网覆盖，51 个贫困村和 105 个有贫困户的行政村 4G 信号全覆盖，具备高速无线上网能力。县城和乡镇镇区 4G 信号覆盖率达 100%，农村区域覆盖率约 95%。

推进“互联网+”建设　通过网络化经营和定制化服务为广大客户提供专业化、立体化、个性化的服务，建成覆盖全县的天翼高清电视网络，为宣传党政方针、时事政策、农村致富提供一个新的媒体。提供光纤宽带、天翼 4G 手机、4K 超高清电信电视、专线等服务，光网建设和电信天翼高清电视的发展成为践行“互联网+”行动计划的落地实施的重要支撑　在互联网+应用上，从加快云网能力建设、构建安全的服务体系、打造能力开放的平台、营造产业链的生态圈、支持推动该县重点项目的实施。利用中国电信的天翼云资源，为全县电信家庭用户提供了家庭云业务；同时积极推进“互联网+”的十大重点项目，为“互联网+”战略实施提供有力的支撑、服务和保障。

【社会责任】 该公司秉承“全面创新、求真务实、以人为本、共创价值”的理念，依法诚信经营，坚持科学发展，积极履行社会责任，服务客户，关爱员工，保护环境，回报社会,持续提升企业的综合价值。

依法诚信经营　中国电信以国家法律法规作为公司守法合规的基本指引，始终模范遵守法律法规、社会公德、商业道德及行业规则，围绕遵守行业监管法规、内审内控、全面风险管理、防治腐败和普法教育五大内容，构建全集团横向到边、纵向到底的守法合规体系。

业务扶贫　分公司始终秉承“用户至上、用心服务”的服务理念，加快该县新农村信息化建设，利用信息化手段推进扶贫工作，51 个贫困村和 105 个有贫困户的行政村 4G 信号全覆盖，具备高速无线上网能力。为更好地促进扶贫工作开展，充分依托电信网络信息化行业优势，分公司投入专项扶贫资金，出台信息化扶贫政策，免费为全县 51 个贫困村委提供电信百兆宽带、4K 天翼高清业务体验，为每个贫困村委配备一台 55 寸 4K 电视机，免费开通 1 线 100M 光纤宽带和 1 线天翼高清，并为村民提供特惠政策。

推广翼支付应用　中国电信用户可以使用“翼支付”进行各种生活服务的缴费支付、游戏快充、手机加油、购买电影票、商铺购物等等。各乡镇均至少有一家签约商家。韶关本地电信用户在签约商家中消费用翼支付付款每月至少享受 60 元购物金优惠，翼支付的应用，为电信用户提供方便快捷的翼支付实体消费场所，让用户尽情享受线上线下各类民生支付优惠,惠及广大人民群众。

保障应急通信　中国电信翁源分公司一直担负着保障翁源县通信安全畅通的任务，把应急通信保障视为公司的头等大事。分公司充分发挥应急通信指挥和保障体系实力，为国家、百姓第一时间提供各类通信保障和支撑。

（黎丹）

电信翁源分公司领导班子成员名单

总 经 理： 余冬山

副总经理： 朱小平（—2017 年 8 月）　肖修仁　钟嘉茂（2017 年 8 月—）

城建·环保

住房规划建设

【概况】 2017年，县住建工作围绕县委县政府“抓发展就必须抓项目建设”的工作思路，全面统筹全局的规划建设管理工作，秉承“做事讲实效，全面抓落实”的工作作风，住房规划建设工作呈良好发展态势。

【保障性住房建设】 是年该县没有建设政府投资的保障性住房，城镇居民家庭住房人均建筑面积已达到40.04平方米或使用面积达到30.11平方米。

【农村危房和泥砖房改造】 是年该县完成农村危房改造1250户，核补农村危房改造资金4882.4万元，

【城乡生活垃圾收运及污水处理】 是年启动翁西片垃圾填埋场建设，已完成规划初步选址；全县垃圾收运处理实行社会化运营，农村生活垃圾无害化处理率已达到90%；启动翁源县村镇生活污水处理设施建设工作和翁源县7座生活垃圾填埋场封场治理工程及横石水流域达标整治工程，已完成生活污水PPP项目可行性研究报告、项目主项审批、实施方案、物有所值论证、财政承受能力分析报告等前期准备工作，即将进入施工阶段。

【房地产投资及销售情况】 是年全县房地产投资10.37亿元，比去年的6.29亿元增加39.3%，超额完成10亿的投资任务；房地产交易2336套，比去年的1495套增加841套，同比增长36.0%；交易面积35.58万平方米，比去年的20.87万平方米增加14.71万平方米，同比增长41.3%。

城乡建设

【概况】 是年住建部门承担城镇提升大会战任务，主要建设项目有四项，大力推进县城文化、体育、教育、医疗等公共基础服务和环境建设；加强县城高速公路东、西出口连接线接驳城市主路网的整体规划建设，推动县城南、北进出口道路等级和景观水平实现大幅提升；环境建设与市（镇）容提升工程；加快产城融合产业体系建设。是年，各个项目建设正在稳步推进，个别项目因拆迁、征地、资金不到位等进度较慢。

龙翔大道

【城市建设注重配套设施建设】 在新建的居住小区按标准配建不小于10%建筑面积的公共服务用房，落实社区管理、小区超市、文体娱乐设施及幼儿园等公共服务配套需求。目前正在建设的翁源碧桂园豪园、龙山水岸、锦绣山河等新建小区已按标准配备公共服务用房、超市、幼儿园等；在县城老城区建设公共停车场。目前在滨河东路规划2个停车场，停车位不少于100个，至年底已建成一个停车场，另一个因征地拆迁进展慢仍在建设中。

【新农村建设】 是年，住建部门新增农村人居环境整治、美丽乡村建设等大量工作，已完成73个行政村的农村人居环境整治和村庄整治规划招标工作，江尾镇连溪村被评为全国农村人居环境整治示范村（全省共5个、韶关市唯一1个）。

【建筑业产值】 是年新增资质建筑业企业三家，分别是广东华通经纬电力工程建设有限公司县翁山电力工程建设有限公司、广东锦荣建设有限公司。资质晋升2家（由三级升为二级），分别是县第三建筑工程公司，县恒鑫建筑工程有限公司。全年建筑业产值完成5.9亿元，比去年的4.58亿元增长29%。

【建筑管理】 是年召开安全生产会议和施工企业等责任主体单位约谈会共6次，新签订建筑工程安全文明施工责任书41份，开展安全生产检查16次，发出安全隐患整改通知书95份，收到回复95份，发出动态扣分通知书79份，发出暂时停工通知书4份；有二个在建工地评为市优质工程奖；落实省、市建筑节能与绿色建筑相关文件精神，贯彻绿色、循环、低碳发展理念，提高该县建筑业发展现代化水平，努力推广绿色建筑，着力引导和培育装配式建筑。至年底，全县在建绿色建筑项目面积3.3万平方米，占2016年全年动工面积的19.6%，在建装配式建筑项目1个（全市仅2个），建筑面积1万平方米。加强文明安全施工宣传和监管，确保各项安全措施落实到位，安全意识飞跃式提升，全年未发生任何等级的安全事故。

城乡规划

【重大规划编制】 是年，已完成韶关市美丽村庄规划报批，新英村和白楼村已列入市级美丽村庄建设规划；完成了县城总规修编初步方案，方案正在完善中；完成县域乡村建设规划招标工作，规划编制单位已完成现场调研和资料收集，正在规划编制阶段；完成74个行政村（含51个贫困村）的村庄整治规划招标工作，现正在编制规划；完成《翁源制造工业园控制性详细规划》《广东快活林生态旅游区总体规划》的审议及报批；完成向广东省住建厅申报翁源县上庙水库规划选址意见的报批工作。

【城市管理】 是年加大对市容市貌秩序监管力度，重点强化城市“六乱”行为整治。县城小广告治理工作实行社会化购买服务，外包给大连豪雅市容整治与美化工程有限公司，重点对路灯杆、电杆、墙壁等设施上粘贴涂写的各类小广告进行清理。按照《翁源县创建文明县城实施方案》《翁源县创建国家卫生县城实施方案》的标准和要求，开展以“创建文明县城和创建国家卫生县城”及“巩卫、巩文”等一系列城市市容市貌、市场周边秩序的综合整治行动。将县城区划分为“严管地段、控制地段和规范地段”，严管地段做到绝对禁止摆卖，对违规者实施重罚，控制地段注重控制经营时间，摊贩数量等，规范地段适当放开，但不得影响交通，不得影响环境，不得影响周边居民正常生活。全年共清理和暂扣占道经营物品22车次，责令临街门店店外设摊整改174处，查处临街门店随意倾倒装修垃圾35处，清理沿街户外脱落广告、牌匾及乱拉乱挂横幅317处，清理路边停车位私设地锁和水泥墩106处。加强露天烧烤、焚烧垃圾及运输线路污染整治，重点路段严查露天烧烤、焚烧垃圾、运输车辆带泥上路行为，共查处运输车辆漏撒沙土、石块行为33起，责令工地清理占道堆放渣土、垃圾7处。

（谢振富）

县住建局领导班子成员名单

局长、党委书记： 丘培忠

党政领导班子成员： 温恒新　陈仲伙

副局长： 刘春林　官其掌　刘烟化

环境保护

【概况】 县环境保护局设办公室、综合审批股、规划管理股（核与辐射管理股）、环境应急与监察股（监察分局）4 个职能股室，下辖环境保护监测站（副科级）、固体废物管理站 2 个公益一类事业单位。总编制 41 名，其中，局机关编制 16 名（行政编制 6 名、行政执法专项编制 8 名、机关后勤服务人员编制 2 名），事业编制 25 名。在职干部职工共 45 人，编制内人员 36 人，临时聘用人员 9 人。

是年，翁源县环境保护局严格执行新《环境保护法》等系列法规政策，认真谋划落实“南粤水更清”水污染防治、大气污染防治、土壤与重金属污染综合防治、主要污染物总量减排等生态环境保护与建设工作，切实改善全县生态环境质量，为服务县域经济发展、推动社会事业进步、提高民生质量奠定基础。

【实施水污染防治行动】 制定实施《2017 年翁源县水污染防治工作方案》、《翁源县水污染防治目标责任分解工作方案》、《翁源县横石水流域达标整治责任分解实施工作方案》、《翁源县 2017 年度大宝山矿区及周边地区环境综合整治工作计划》、《翁源县 2017 年保护山水林田湖铁拳行动实施方案》和《〈翁源县全面推行河长制县级河长会议制度（试行）〉等六项河长制配套制度》等计划方案，建立水污染防治工作任务责任分解和考核制度，改善全县水环境质量。是年，全县集中式饮用水水源水质达标率 100%，水环境质量考核断面水质达标率（除横石水断面外）100%，横石水河流水质较 2016 年有较大改善，达到Ⅲ类。

加强饮用水源地保护 是年争取上级环保专项资金 280 万元，启动实施县城跃进水库饮用水源地省道 S244 线公路穿越区域污染防范工程；完成乡镇集中式供水饮用水源保护区规范化建设工作任务；关闭和搬迁县城饮用水源保护区内养殖场（小区）和养殖专业户共 46 家；投资 2500 万元，完成农村饮水安全工程 13 宗，解决约 2.9 万人的饮水安全问题；完成翁城镇上庙水库工程项目前期工作，项目经省发展改革委员会立项。

落实 2017 年“山区五市中小河流治理”工作翁源县治理工作系横石水河堤建设工程，需改造 13 千米严重受污染的河段，解决河水污染农田问题。建成该段河堤可保护农田 666.67 公顷，保护人口 1 万多人。该工程按 20 年一遇设计，河道清淤 1.5 米深，河堤加固高约 3 米，已完成改造。

【大气污染防治】

加强工业源大气污染防治工作 按“一企一册”要求，实施重点行业企业 VOCs 削减环境综合整治工作；利用上级环保专项资金 120 万元实施华彩园区 VOCs 环境质量监控系统建设，于 12 月完成验收并运行。坚持执行县城环境综合整治工作，确保县城环境空气质量达到国家环境空气质量二级标准。

有效控制机动车尾气排放污染 投资 130 万元新建 3 条机动车排气检测系统，全面执行国家简易工况法，实现机动车排气检测实时数据与环保部门监控平台联网，并严格执行机动车环保检验与安全检验同步审核制度。是年机动车环保定期检测率达到100%，发放环保检验合格标志共9842 张。在县城实施“黄标车”闹禁电子抓拍执法行动，有效控制机动车排气污染。

【土壤与重金属污染综合防治】 设立翁源县土壤污染综合防治“先行区”建设办公室，加强对全县土壤污染综合防治工作的领导。制订实施《翁源县土壤污染防治工作方案》《2017 年度大宝山矿区及周边地区环境综合整治工作计划》和《翁源县横石水流域达标整治责任分解实施工作方案》等方案，明确各乡镇（场）、各有关部门土壤污染综合防治工作责任。

开展重金属污染农田土壤修复示范工程。实施重金属重度污染农田改变种植结构与生态修复治理。至今已种植蚕桑 5.33 公顷，完成育种基地、结茧工厂等配套基础设施建设与验收工作，积极探索调整种植结构进行农田土壤污染治理修复适宜模式，并启动监测评估技术工作。

铁龙林场重金属污染土壤示范工程 EPC 总承包实施（1500 万元）。在 2016 年完成 160 个点位取土采样分析、4.67 公顷试验地示范修复等基础上，是年完成重度污染地块 13.8 公顷和轻度污染地块 10 公顷修复。

【主要污染物总量减排】 是年，完成市政府当年下达的主要污染物排放总量控制目标：化学需氧量削减110吨，排放总量控制在2438吨以内；氨氮削减21吨，排放总量控制在267吨以内；二氧化硫排放总量127吨、氮氧化物消化新增排放量排放总量925吨，均与2016年保持一致；完成县城及中心镇污水处理厂运营管理和19家规模化畜禽养殖业减排工程建设，化学需氧量削减378.02吨，氨氮削减36.47吨，通过环保部减排审核；加强减排统计监测考核体系建设。组织重点企业有关人员进行业务培训，提高重点污染源自行监测信息公开率和在线监测数据的上传率。是年，5家国控污染源企业自行监测信息公开率达到100%，其他控制类别污染源的上传率达到省、市环保部门要求。

【落实中央环境保护督察及省级督察整改工作】 建立、健全网格化监管制度、日常巡查制度、案件移送制度等长效机制，执行《马兴瑞省长在省环境保护督察整改工作领导小组会议上的讲话》的重要指示，落实中央、省级环保督察交办的整改工作案件：铁龙林场韶关东江环保再生资源发展有限公司卫生防护距离范围内的居民搬迁工作正按照预期计划逐项推进、翁城镇已启用备用水源解决居民生活供水、炭坑电站已关闭和翁源县恒大通用高钙厂已经完成污染防治设施整改工作。

【编制饮用水源地保护区调整方案】 根据《广东省贯彻落实中央第四环境保护督察组督察反馈意见整改方案》第八条有关饮用水源保护整改要求,县环保局结合翁源县已将县城龙仙河饮用水水源保护区工作重心放在跃进三级站前池以上集雨流域内、取水口和供水规划均已发生重大变化的实际情况，组织开展饮用水源保护区区划调整工作，委托广东韶科环保科技有限公司编制《韶关市翁源县龙仙河与贵东水饮用水源保护区调整可行性研究报告（征求意见稿）》和《翁源县龙仙河与贵东水饮用水源保护区调整方案（征求意见稿）》。调整思路为：龙仙河水源地保护区：县城自来水厂的取水口已由如珠岩取水口上移9公理 至园洞取水口，按照园洞取水口位置，对园洞水一侧一级保护区范围扩展至取水口以上整个集雨区（翁源县境内）；贵东水水源地保护区：贵东水规划取水口已由月光陂取水口变更至桂竹水库，水域、陆域保护区范围按照新规划取水口——桂竹水库相应调整。11月，组织各职能部门开展县城备用水源取水口选定工作，初步选定桂竹水库坝外水渠作为县城备用水源取水口。

【打击环境违法行为】 严格执行环境保护法律法规，实施按日连续处罚、查封扣押、限产停产、移送行政拘留等四个配套办法，严肃查处环境违法行为。是年共作出行政处罚决定案件7宗，罚没金额共56.0188万元。结案案件未发生行政执法投诉、申诉、复议和追究执法过错责任等情况。据统计，全年共受理信访投诉100件，已办结100件，办结率100%。

【国家重点生态功能区考核】 上年9月28日，国务院印发《关于同意新增部分县（市、区、旗）纳入国家重点生态功能区的批复》,同意翁源县纳入国家重点生态功能区。

是年，根据环保部、财政部 《关于加强“十三五”国家重点生态功能区县域生态环境质量监测评价与考核工作的通知》《中央对地方国家重点生态功能区转移支付办法》《国家重点生态功能区县域生态环境质量监测、评价与考核工作实施方案》等文件要求，制定《翁源县国家重点生态功能区县域生态环境质量监测、评价与考核工作实施方案》,成立翁源县国家重点生态功能区县域生态环境质量考核工作领导小组，组织编写国家重点生态功能区县域生态环境质量考核工作自查报告，顺利通过省考核组的评估验收，为争取中央对地方国家重点生态功能区转移支付资金提供坚实的基础。

【实施翁源县畜禽养殖禁养区、限养区和适养区划定方案】 根据《畜禽规模养殖污染防治条例》、《国务院关于印发水污染防治行动计划的通知》《广东省人民政府关于印发广东省水污染防治行动计划实施方案的通知》、省农业厅及省环保厅《关于印发〈广东省畜禽养殖水污染防治方案〉的通知》《韶关市人民政府关于印发韶关市水污染防治行动计划实施方案的通知》和《韶关市农业局 韶关市环境保护局关于科学划定畜禽养殖禁养区和三区整治工作的通知》等文件精神，编制《翁源县畜禽养殖禁养区、限养区和适养区划定方案》,并经县政府十五届第十七次常务会议审议通过。

【全国第二次污染源普查】 根据《全国污染源普查条例》《国务院办公厅关于印发第二次全国污染源普查方案的通知》《广东省人民政府办公厅关于印发广东省第二次全国污染源普查实施方案的通知》和《韶关市人民政府办公室关于印发第二次全国污染源普查实施方案的通知》，成立翁源县第二次全国污染源普查工作领导小组，明确普查对象为全县范围内有污染源的单位和个体经营户，普查范围为工业污染源、农业污染源、生活污染源、集中式污染治理设施、移动源及其他产生、排放污染物的设施。是年，开展前期准备，2018 年完成清查建库、普查试点和全面普查，2019 年完成成果总结与发布。

（陈民才　何泓）

县环保局领导班子成员名单

局　长：官国添

副局长：童志昂

德政广场

财税·金融

财　政

【概况】　2017年，县财政局内设党委办、办公室（法规股）、人事股（监察股）、预算股、国库股、综合股、行政政法股（教科文股）、工贸发展股（外经金融股、地方债务管理股、县世界银行贷款业务办公室）、绩效评价股、农业股、经济建设股（县工程预决算审核中心）、社会保障股、会计股（监督检查办公室）、县政府采购管理办公室、农业综合开发办公室、农村财务管理办公室 16 个职能股室，直属中心为3个：县公共资产管理中心、县财政局国库支付中心、县财政局票据监管中心，镇财政所 7个和1个林场财政办事处。县财政局机关行政编制33名，其中局长1名、副局长3名、股长（主任）14名、副股长（主任）7名，后勤服务人员4名。是年，财政局系统在职人员173人。

是年，该局紧紧围绕“主动融入珠三角，加快实现绿色崛起”的战略思想，以抓好财源建设夯实收入基础，以优化支出结构服务全县经济发展，以深化财政改革激发发展活力，努力克服宏观经济下行、税收政策调整等减收因素影响，切实强化征管组织收入，突出重点改善民生，积极推进财税体制改革，依法理财严格管理，落实各项财政政策措施，各项财政工作显著成效。

【财政收支】　是年，全县公共财政预算收入完成297965万元，为年度预算的100%，比去年同期增收23275万元，增长8.47%，其中一般公共预算本级收入完成 42372 万元，为年度预算的100%，按可比口径同比增收 3454 万元，增长8.88%，增速在全市排名第四；转移性收入预计完成255593万元，比上年同期增收19821万元，增长8.41%。是年公共财政预算支出完成283716万元，为年度预算的 100%，比去年同期增支27570万元，增长10.76%。收支相抵，总结余14249万元，公共财政预算实现收支平衡，略有结余。

【财税征收】　严格落实征管责任，强化税收监管。通过建立和完善涉税平台，将收入预期目标任务按月分部门、分行业细化落实，加强与税务部门和其他部门的衔接配合，积极做好税收收入的落实工作，全方位掌控税源，深入研究经济发展形势和财税政策，保障地方税收收入，确保任务到岗、责任到人、措施到位；严格执行非税收入稽查。对全县的行政事业性收费、违章处罚、公共资产和其他无形资产的经营收益等进行核查分析，清收非税收入；大力向上争取资金。深入研究吃透上级政策和文件精神，精准把握工作重点和发展方向，做实项目储备包装，主动衔接、积极协调、快速申报，积聚一切力量向上争资立项争政策。

【经济建设】　落实政策，扶持企业发展。全面落实“营改增”等税收改革及优惠政策，严格落实国家关于支持小微企业发展优惠政策，协助企业申报项目10个，申报资金1000万元；大力支持经济开发区园区、兰花创新博览中心等设施建设，助力新兴企业发展，有效推进经济转型发展。加大投入，推进重点项目建设。全年累计投入资金6594万元，大力支持工业园区路网、保障性住房、县城新区路网、实验小学等重点项目建设。抢抓机遇,加大争资争项力度。通过分析政策动向、细化部门责任，着力向扶贫攻坚、环境保护、科技创新、社会保障等重点领域加大资金争取力度，全年共争取到各类上级补助资金21.7亿元。

【民生福祉】　积极发挥财政调节职能，增加民生投入，增强民生保障的公平性和可持续性，完善健全民生保障机制，基本公共服务水平和均等化程度显著提高。是年，该县用于民生领域支出23.57亿元，占财政支出的86.7%，增强人民群众的获得感和幸福感。支持逐步健全社保制度。全面落实各项社保政策，继续提高城乡低保最低月标准和农村五保供养最低年标准，筹措和安排资金11673万元，城镇低保标准从485元/人月提高到 580 元/人月，农村低保标准从 335 元/人月提高到 400 元/人月，农村五保供养标准从 540 元/人月提高到674元/人月，城乡居民基本养老保险基础养老金从 110 元/人月提高到 120 元/人月。积极开展机关事业单位养老保险改革，实施 66 个单位养老保险缴费试运行工作。支持推进公共卫生体系建设。全力支持该县卫生创强工作，筹措和安排资金 11225 万元，重点支持第二人民医院建设、县中医院升级改造工程、县级医疗急救体系标准化建设、乡镇卫生院标准化建设、县级医院设备装备建设，通过不断的“织网强基”，全面提升该县的基本公共卫生服务能力,有效保障了居民健康水平。支持加大“三农”投入。落实各种惠民政策，积极推进农村综合改革，投入752 万元，大力实施村级公益事业“一事一议”财政奖补项目，投入18430万元，扎实推进全县省定贫困村社会主义新农村示范村建设工作；改善农业生产基础条件，投入10975万元，切实推进小农水、中小河流治理、农村饮用水安全、土地整理等农田水利基础设施建设；实施精准扶贫，集中财力全力支持脱贫攻坚，统筹整合涉农扶贫资金9733万元，加大在产业扶贫、就业培训、危房改造、教育医疗等方面的扶持力度，切实帮助贫困农民增收、脱贫。支持教育优先发展，重点保障义务教育足额投入，落实义务教育公用经费5539万元，落实中职学校学生免学费及建档立卡学生免学费和生活费补助资金945万元；大力支持该县教育现代化建设，统筹落实资金 5000 万元，支持县城新区实验小学项目建设，着力推进解决县城“大班额”问题。支持加强文化遗产保护。投入资金460万元，实施湖心坝修缮、光明陈氏宗祠修缮及展示、罗盘围抢修工程。

【财政改革】 深化供给侧结构性改革，紧紧围绕“三去一降一补”（去产能、去库存、去杠杆、降成本、补短板）五大任务，着力完善“营改增”工作机制，全力推动 “营改增”改革、国家清费减负政策落到实处,继续加大财政政策实施力度，积极发挥财政资金的支持力度，通过奖励、贷款贴息、政策补贴等方式，集中支持重点产业项目建设，切实优化企业发展环境，扩大政策效应，减轻中小企业负担，促进传统产业化解过剩产能和提质升级，扶持培育新兴产业创新发展，推动地方产业结构优化转型，增强县域经济发展内生动力为企业发展增添活力和后劲。全面推进该县乡镇纳入国库集中支付改革工作，健全预算执行动态监控体系全县乡镇都实施国库集中支付改革，建立起操作规范、运行良好的现代乡镇财政国库管理制度体系。全面推行零基预算，实行公共财政预算、国有资本经营预算、政府性基金预算和社会保险基金预算有效衔接的全口径预算管理体系。严格预算执行管理，增强预算法定意识，强化预算执行约束，规范预算收支行为，建立结转结余资金定期清理机制，盘活财政存量资金；不断增强预算透明度，做到“非涉密全公开”，政府“四本预算”整体公开，“三公”（出国境、公务车购置、公务接待）经费预算全面公开。

【财政监管】 严格财政投资评审。全年审核财政投资项目1425个,送审金额10.54亿元,审减金额2110万元,审减率2%。其中预算审核项目871宗，资金66841万元，核减1555万元，核减率为2.3%；结算审核项目554宗，资金38567万元，核减555万元，核减率为1.4%。为县财政节约大量资金，使财政资金发生最大效益，节支增效成绩显著。深入推进预算管理。完善预算源头控制、加强支出审核、确保经费下降的管理模式。是年，该县会议费、培训费及“三公”经费支出 1936万元，同比下降 11.5%。根据《翁源县控制政府投资项目“三超”管理措施》的规定，对4个工程建设项目方案进行审核，投资总额为 2631 万元，核减7万元，为政府控制投资规模，确定投资规模提供依据。做好县财政投资评审工作，提高评审质量和效率，按上级部门的要求，结合工作实际，通过政府采购，采取公开招标方式择优确定高素质、高质量和高效率的工程造价咨询机构5家，作为县财政投资评审协作中介机构。是年外派中介机构审核项目30宗，资金32,816万元，核减1124万元，核减率为3.4%。中介机构审核引入加强该县财政性资金投资评审工作，规范财政投资评审行为，提高财政投资评审工作效率起到积极作用，确保财政性资金投资使用的科学性、安全性和有效性。

【城市经营】 是年，加快城市基础设施建设步伐。积极推进县城市市政基础设施和教育、医疗等公共服务建设。其中继续推进龙翔大道一期、翁江大道东段、八泉大道北段（一期)、德政路北段的工程建设，加快城滨河东路道路和景观工程升级改造工程、南龙站交叉口升级改造工程、龙仙大道升级改造工程；完成县实验小学项目（包括实验小学体育馆项目）的建设、翁源县德政休闲广场建设项目、八泉大道公园绿化升级改造工程。

（徐国炜）

县财政局领导班子成员名单

财税系统党委书记、财政局局长：李红学

副局长：沈鹏飞　郭海伶　刘国强

国家税务

【概况】 2017年，县国家税务局内设9个股室、1个直属机构、1个事业单位、下辖2个税务分局。全局共有人员120人，其中在职79人，离休1人，退休40人。是年，该局认真落实韶关市国税局和县委、县政府的工作部署，以中共十八大和十九大、习近平总书记系列重要讲话及对广东工作重要批示精神为指导，以党建工作为引领，以组织收入为中心，以体系建设为纲要，以提升纳税人满意度为着力点，以内部管理提升为重点，实现了税收工作五个“新提升”，更好地服务纳税人、服务翁源经济社会发展。

【党建工作】 组织中层以上干部全程观看十九大开幕式，原汁原味学习习总书记十九大报告，并要求中层干部迅速传达报告思想，在全局兴起学习宣传贯彻中共十九大精神热潮；组织开展党组中心组学习。组织召开党组中心组理论学习（扩大）会议暨中共十九大专题辅导报告会，从十九大报告主题、思想、内涵等方面结合县局税收工作做理论辅导和心得分享，强调全体党员干部要深刻认识中共十九大的重大意义，切实把思想和行动统一到大会精神上来；制定学习计划，各支部、各党员做到真学真懂、笃信笃行，切实把思想和行动统一到以习近平同志为核心的党中央决策部署上来，坚定不移地用十九大精神武装头脑、指导实践、推动工作；联合地税邀请县宣传部讲师团成员为国地税党员干部解读十九大精神实质，全面深入领会把握党的十九大精神，坚决有力贯彻落实中共十九大部署，切实做到落地生根、开花结果。忠诚维护习近平总书记党的核心地位，坚决做看齐核心的坚定追随者、政治生活的坚定践行者、先进文化的坚定弘扬者、政治生态的坚定维护者；在慰问活动中组织退休干部开展十九大学习。以慰问活动为契机，在退休干部中开展十九大宣传活动，与老干部们围绕政治、经济、社会、文化和党的建设等方面的发展变化，并带动更多的老同志和群众学习宣传贯彻十九大精神；加强党组织阵地建设。加大该局党建工作人员和场地建设力度，配备专职党务干部2人，建成并启用“党员之家”，保证党组织的活动场所；积极探索融合式机关党建，以“12345”（1个中心，2个结合，3个机制、4个会议、5个支撑）支部工作法，努力破解党建工作和业务工作“两张皮”问题，不断夯实基层支部建设，推动国税工作迈上新台阶。

是年，该局不断夯实基层党建基础，以党建工作带动税收工作全面开花，各项工作取得了可喜的工作成效：机关支部获“五个好”先进基层党组织，提炼的“12345”支部工作法受到上级领导的肯定。

【实现税收增速新提升】

依法组织税收收入 坚持依法征税，严格执行组织收入原则，加强税收收入质量管理，促进税收收入实现持续快速增长。是年，该局累计入库税收49555万元，比去年增加14088万元，增长39.72%；该局密切跟踪该县重点税源发展变化趋势，关注重点税源户对税收的影响，并详细分析相关数据，更好掌握全县税源基本情况，准确预测全县的税收收入，为翁源促发展、惠民生提供重要财力保障。

税收优惠政策 小微企业增值税优惠方面，是年，该局共有7662户次企业享受小微企业增值税优惠，累计减免金额904.01万元，增值税税收收入为3.13亿元，小微企业增值税减免税额占税收收入的2.89%。虽然减免税款占税收收入的比重较少，但是小微企业约占全县增值税纳税人的85%，成为最接地气的税收政策之一；所得税优惠政策方面，2016年度汇算清缴享受高新技术企业税收优惠企业共4户，减免税额188.86万元；享受研发费用加计扣除税收优惠企业共3户，共加计扣除737.63万元；享受农林牧渔业项目免税的企业共33户，减免金额2628.37万元，减半征税企业2户，减免金额2.93万元；大企业个性化纳税服务方面，联合地税部门共同开展大企业个性化服务工作。共同召开联合会议，部署2017年大企业个性化服务工作，已对8户企业开展个性化宣传辅导，深入6户大企业了解涉税诉求，对5户企业开展个性化服务，与3户企业高层进行对话交流。

【规范税收】 是年，该稽查局累计组织稽查查补收入1474.33万元，占市局下达稽查总收入任务1062.25万元的138.80%；查处的5户发票违法纳税人，共查处非法发票份数163份，涉及金额1586.71万元，查补税款222.87万元，罚款8.50万元，滞纳金1.04万元。合计查补收入232.41万元已经全部入库，并与地税共同联合进户共对5户企业进行联合检查，全年国税合计查补入库收入232.41万元；地税合计查补入库收入22.83万元。

【税收体系建设】

强化征管效能　全面推广应用电子税务局。自电子税务局上线以来，翁源国税通过、强合作、强服务，大力推广网络办税，实现电子税务局办税率100%、实名认证率100%，在全市率实现双百的良好成绩；加强对风险监控管理工作重视。积极开展重点税收风险事项的各项应对工作，是年，该局通过承接上级风控任务，以及自选下发高、中、低风险任务，大力组织人员对企业开展税收风险评估，风险任务命中率为100%，风控成效为1925万元；加强协税护税工作，是年，该局累计对17个单位提供的协税护税信息进行核对，共核对数据6488条，累计发现漏征漏管户24户，补缴增值税373.14万元，企业所得税32.28万元，弥补亏损金额2.7万元，其中重点项目建设税源管理增收税款9795万元。有效加强对纳税人的监管，堵塞征管漏洞。

税收法制　该局坚持依法治税、规范干部执法行为，并不断创新思维和工作方式方法，切实加快法治创新建设步伐；扎实推进行政执法公示制度执法全过程记录制度重大执法决定法制审核制度试点工作，成立以局一把手任组长、分管局领导任副组长、相关股室负责人为成员的工作领导小组，与地税局联合制定《推行行政执法公示制度执法全过程记录制度重大执法决定法制审核制度试点实施方案》及三项制度试点工作任务分解表，加强宣传培训，确保制度推行有氛围，加强部门合作、确保制度推行有合力；积极响应创建法治税务示范基地的指示和要求，精诚奋发，全力以赴，成功创建第三批省级法治税务示范基地，成为全县10个法治示范单位中的典范，得到依法治县办的肯定与表扬："该局以高标准、严要求把翁源国税打造成翁源展示普法和依法治县工作平台的做法，值得全县各级各部门的学习和借鉴。"

国地税合作　是年，该局强化大局意识和责任意识，完善组织领导制度和日常工作沟通交流机制，根据人事变动情况及时调整翁源县国、地税合作工作领导小组组成人员。按季度召开国地税局合作联席会议，对税收宣传、纳税服务、全面实施营改增后的税收管理、收入核算、联合开展税务稽查等议题进行商议，并对2017年加强国地税合作的思路、目标、内容、时间表以及督办要求等基本达成一致意见，合作快步实现全方位、多领域、深层次融合。尤其是营改增后税收管理服务当中出现的突出问题，与县财政局、地税局成立房地产业、建筑安装业领导小组，共同推动营改增顺利实施，积极开展对接联系，确保全部国地税合作事项按要求的落实时限和标准全面落实到位。

是年，翁源国、地税联合对376户纳税人开展信用评价，国税局代地税局累计征收883.13万元税款，地税局代国税局累计征收272.05万元税款，并通过协同实施房地产开发企业税收一体化管理，国税局增加3987万元、地税增加321.8万元税款。

【优质服务】

推行办税服务厅"一窗式"综合业务改革　针对当前办税服务仍存在"办税程序不够简化""办税等候时间长""服务水平不够高"等问题，大力推行"一窗式"综合业务改革，对规定的业务采取"前台一窗受理、后台分别处理、限时办结反馈"的服务模式。

银税互动　10月，县国税局、地税局与4家银行业金融机构在县地税局举行"税融通项目"战略合作协议签约仪式，正式实现"银税互动"项目对全县银行业金融机构的全覆盖。将企业的纳税信用与银行信用有效对接，与融资发展有效结合，使纳税信用成为企业的信用资产，彰显诚信纳税的示范和激励作用，通过建立绿色审批通道、简化贷款要件等措施，创新小微企业融资方式，在营造依法纳税、诚信经营的社会信用氛围的同时，实现小微企业、金融、税务三方共赢。

多渠道征集纳税人需求　通过座谈会、上门走访、定期回访、问卷调查等形式与纳税人进行面对面沟通，是年，累计发放并回收纳税人满意度调查问卷450份，税控系统服务质量调查表270份，向纳税人征集意见40条；依托信息化手段，综合利用企信通、QQ群、微信群、微信公众号、二维码等方式开展纳税人满意度调查。并通过县局纳税服务股与监察室联合对辖区内各类型纳税户随机抽取30户，采用电话采访、实地走访等方式深入听取纳税人需求。

大走访活动 是年，共联合走访354户纳税人，了解纳税人更多需求，更为提升纳税人满意度作铺垫，目前该项工作仍在继续中。省国税局蒋余良总会计师在深入翁源开展国地税合作工作调研时充分肯定翁源在提高纳税人满意度的经验做法。

【提升管理效能】

以绩效管理为抓手 该局建立“党组统一领导、班子齐抓共管、部门各负其责、干部积极参与”的领导体制和工作机制，形成“一把手”亲自抓落实的有效协调运转，每月让部门负责人到办公室做汇报做总结，做到一级抓一级，促进层层抓落实，为国税绩效考核工作提供强有力的组织和领导保证。通过近几年绩效管理的狠抓落实，税务干部对激励措施和手段的认同感不断增强，让税务机关建立较为完善的行为文化，对税务干部的思想意识、行为习惯明显的改善。

以数字人事激发队伍活力 积极推进数字人事，梳理数据信息、强化系统运用、深化成果分析，发挥数字人事作为干部管理新工具的作用。加强队伍建设，优化人力资源配置。

强化纪律监督 建章立制，将权力关进制度的笼子，新建和修订《翁源县国家税务局因私出国（境）管理办法》《翁源县国家税务局目录外标准下采购管理暂行办法》等制度，强化规矩意识，从源头上清理不正之风产生的温床；并加强监督检查。通过设置信访举报箱、举报电话、实地抽查、发放“一书一卡”“一案双查”等形式，及时发现解决个别苗头性、倾向性问题，预防干部违法违纪问题和不正之风现象的发生。

筑牢财务防线 积极参与推广财务管理报账系统，不断提升科学理财水平，充分提高资金使用效益，在中央“八项规定”的新常态下，强化预算管控，注重厉行节约，为税收工作提供有力保障，也有效防控财务风险。

（胡芳）

县国家税务局领导班子成员名单

局　长：陈志华

副 局 长：严志坚　肖文达　何晓婷

纪检组长：罗国心

地方税务

【概况】 该局成立于1994年10月，是主管翁源县地方税收工作的职能部门，负责企业所得税、个人所得税、土地增值税等地方各税以及社会保险费、教育费附加等规费的征收管理工作。是年内设办公室、税政股、征收管理股、人事教育股、监察室、纳税服务股6个职能股室和1个规费服务中心，下辖稽查局1个直属单位和城区、官渡、翁城、江尾、周陂5个基层税务分局。在职干部职工88人，其中党员77人，占87.5%，大学本科学历53人，占60.23%，大专学历30人，占34.09%，中专及高中学历5人，占5.68%。

是年，全县地税系统深入学习贯彻习近平总书记系列重要讲话精神，围绕“夯实基础年”主题，坚持以组织收入为中心，坚持依法治税，严格落实税收优惠政策，加强税费征管，深化税收制度改革，优化纳税服务，全面从严治党，加强干部队伍建设、党风廉政建设、党的基层组织建设等各项工作，较好地完成各项工作任务。

【税费收入】 在经济下行压力持续、加之减税降费的力度不断加大，“营改增”等政策性减收因素影响下，地税局党组带领全局上下，紧紧抓住组织收入这个中心，不断夯实征管基础，强化税源监控；不断优化纳税服务，提升队伍素质；不断深化征管体制改革，提升税收征管质量和效率，全面落实税收优惠政策，最大限度地挖掘税收潜力，圆满实现全年税收收入目标。全年共组织入库各项地方税费收入57597万元，剔除“营改增”影响后可比增长5.77%。组织税收收入24943万元，可比增长6.31%，完成年度预期目标的102.65%。其中中央级收入3492万元，省级共享收入3382万元，县级收入18069万元，可比增长3.99%，完成年度预期目标的100.38%。组织规费收入32654万元，同比增收1666万元，增长5.38%。其中社保费收入29836万元，同比增收1958万元，增长7.02%。

分级次看，除中央级收入增收外，其他各级次税收普遍减收。中央级收入3492万元，同比增收91万元，增幅2.68%；省级固定收入无入库，同比减收822万元，减幅100%；省级共享收入3382万元，同比减收1507万元，减幅30.82%，剔除“营改增”影响后可比增长33.75%；县级收入18069万元，同比减收1615万元，减幅8.20%，剔除“营改增”影响后可比增长3.99%。

分税种看，三大主体税种共入库5582万元，占总税收收入的22.38%。个人所得税收入4199万元，同比增收463万元，增长12.39%；营业税收入-62万元，同比减收5512万元，减幅101.14%；企业所得税收入1445万元，同比减收574万元，减幅28.43%。部分小税种增势强劲，契税入库4424万元，同比增收966万元，增长27.94%；土地增值税入库4402万元，同比增收1728万元，增长64.62%；城建税入库2161万元，同比增收434万元，增长25.13%。

【提升征管质效】 积极落实《深化国税、地税征管体制改革方案》，持续推进完善51个合作项目，实施“一窗式”合作办税项目，让纳税人真正实现“进一道门、叫一个号、到一个窗、办两家事”；扎实推进税务行政审批制度改革和“放管服”改革，着力规范审批行为、优化办税流程，全面实施“多证合一、一照一码”。全面彻底核对完善纳税人信息资料，厘清纳税人基础信息，着重提高基础数据采集质量，持续完善社保费地税全责征收机制，推进税费管理一体化，构建地税、社保、财政三方协同工作新机制，全县缴交企业职工养老保险人数由23999人增至27947人；贯彻落实社保费欠费管理办法，大力清缴旧欠，遏制新欠，2013—2017年清缴欠费2079万元。严格落实权责清单制度，全面推行行政执法“三项制度”，稳步推进稽查管理体制改革，严厉打击税收违法行为，五年来查补收入近500万元。

【依法行政】 全面推进行政执法公示、执法全过程记录、重大执法决定法制审核等三项制度，着力打造阳光税务、规范税务、法治税务。积极做好环保税开征准备工作，制定方案，与县财政、环保局建立工作协作机制，交换全县排污数据，确保2018年环保税正式开征。深入推进诚信体系建设，做好国地税纳税信用评价管理；首次以市稽查局名义成立专案检查组在该县开展检查工作。成功清理两宗多年积案，清缴了拖欠十年之久的某汽车客运公司积案税费44.67万元。国地税进一步完善联合稽查机制，联合开展稽查工作，联合开展打击发票违法行为，查处非法发票份数134份，涉及金额1302.39万元，国地税共查补税款234.43万元、加收滞纳金1.1万元，罚款8.5万元。

【纳税服务】 全面深化“便民办税春风行动”，深入贯彻《全国税务机关纳税服务规范》。大力开展税收宣传活动，积极做好纳税人满意度调查整改工作，是年纳税人满意度调查该局得分92.40分，全市排第4名，全省排第20名，比2016年前进3名。县长陈来安表扬地税局：“全方位优化纳税服务，提升纳税人满意度的活动，效果很明显，社会反映好，做法值得肯定和推广。”

积极践行“全员服务纳税人”的大服务理念，开展“机关+分局”全员参与企业大走访活动；全面开展税法“五进”活动，送税法进企业、进个体户、进社区、进校园、进军营；全面落实“首问责任制”“限时办结”“预约办理”“延时服务”“24小时自助办税”制度；加快推行“互联网+政务服务”工作，提高电子办税使用率，全面实行涉税资料电子化采集、传递、调阅，解决纳税人资料重复报送的“痛点”和“堵点”；深入推进纳税信用体系建设，A级纳税人数量显著增加，大力实施“银税互动”，实现“银税互动”项目在全县银行业金融机构的100%覆盖，累计帮助企业融资3.53亿元，惠及企业56家。

【管理体制改革】 按照市局统一部署，积极推行纳税人分类分级改革，建立与转变税收征管方式相适应的税务组织体系，在原有机构编制框架下，机关组织体系整合为3个综合办公室和1个稽查局，基层分局职能调整整合为纳税服务分局、税源管理分局和数据管控分局。经过11—12月试运行，将于2018年1月1日起正式运行。新征管方式正式运行后，在征收管理、行政管理、纳税服务等各方面运行正常，质效提升明显。

【队伍建设】 用分级分类理念激发队伍活力。制定并实施青年人才培养计划和方案，通过每月“一学一考一讨论”的学习形式，形成“比学赶帮超”学习氛围，在岗位大练兵、业务大比武活动中，取得“全市集体一等奖、市级岗位能手和服务之星各一名、县级岗位能手和服务之星十二名”的优异成绩；对表现突出的青年干部，通过给位子、加担子加强锻炼，提拔4名副股级青年干部，其中2名挂职基层分局副局长职务。持续加强文明建设，顺利通过中央精神文明建设指导委员会复查，确认继续保留“全国文明单位”称号。抓好绩效管理，建立考核长效机制。持续深入推进绩效考核工作，继续优化考核指标，建立季度绩效讲评分析会制度和工作改进约谈机制，绩效考核效能释放，是年全市排名第5名，较上年提升3名。

（饶佩怡）

县地税局领导班子成员名单

党组书记、局长：叶汉标

主任科员：徐国新

副 局 长：梁家国

纪检组长：吕伟玉

总会计师：莫俭勇

人民银行翁源县支行

【概况】 2017年人行翁源县支行有在职员工23人，内设有办公室、会计国库股、综合业务股、外汇管理股4个股（室）。负责在辖区内贯彻执行中央银行有关货币信贷政策，监督管理金融市场；防范化解辖区系统性金融风险，维护辖区金融稳定；结合辖区经济社会特点，落实好各项金融宏观调控政策，引导金融机构积极支持辖区经济社会发展。

【金融运行】 至年底，金融机构各项存款余额140.9亿元，比年初增加11.67亿元，增长9.03%。金融机构各项贷款余额53.86亿元，比年初增加5.71亿元，增长11.93%，贷款增速在韶关各县排名第二。存贷比例为38.23%，比去年增加0.97个百分点。

【金融服务与创新】

强化金融服务创新，提升服务水平　贯彻落实稳健中性的货币政策，积极运用央行货币政策工具，当年累计发放支农再贷款9000万元支持地方经济发展，是韶关辖区当年运用支农再贷款金额最多的支行。加强信贷指导，印发《中国人民银行翁源县支行关于优化信贷结构支持县域实体经济健康发展的意见》，完善产融合作机制，发挥金融作用助推翁源“主动融入珠三角”。支持县政府做好供给侧结构性改革相关工作，落实金融支持供给侧结构性改革“三去一降一补”行动计划各项措施。积极开展普惠金融建设，加大金融服务创新力度，金融服务效能有力提升。至2017年12月末，组织辖内金融机构共录入农户信用信息约6.6万户，完成156个行政村助农取款点建设工作。建立健全反洗钱工作机制，与县国税局、地税局分别签订《联合开展反洗钱及打击涉税违法犯罪合作备忘》，落实人民银行与公安部门反假货币联络协调和信息共享机制，扎实推进反洗钱工作。切实发挥好金融管理者角色，积极做好金融生态建设、反假币、普惠金融建设等工作，维护地方金融稳定发展。

金融扶贫　密切配合广州分行开展金融精准扶贫工作，在人员较紧张的情况下派出2名干部参加驻村工作队，并组织支行党员干部热心参与到帮扶工作当中，在时间紧、任务重时还安排支行其他工作人员加班加点，确保各阶段扶贫任务的高效完成。该支行扶贫工作队员陈林被评为“翁源县最美驻村干部”和“翁源县十大杰出青年”，并被确定为支行入党积极分子。全力协助驻村工作队探索“互联网+农业”众筹融资模式，综合解决“三农”融资难、产业化发展难、产品销售难等问题，推动农业产业化发展，有效增强扶贫造血功能。积极推动“央扶贷”工作，在翁源县“央扶贷”工作推进现场会上签约8000万元。翁源推动“央扶贷”签约金额在全韶关名列第一，使用货币政策工具最多，不仅包含支农再贷款、精准扶贫贷款、妇女创业贷款，引导翁源农村商业银行成功发放韶关市首批扶贫小额信用贷款17户共51万元，并实行政府贴息，还在全市范围内首次探索使用支小再贷款，有效发挥货币政策的指导和支持作用。建立扶贫信用信息数据库，全面开展贫困农户、企业、农产品经营企业、家庭农场和农民专业合作社等主体的信用信息采集工作，推进信用信息共享。

外汇管理　坚持稳中求进的总基调，积极推进“扩流入、控流出、稳预期、防风险”工作，强化各项外汇管理政策执行，严厉打击外汇领域违法违规活动，防范跨境资本流动风险，增加外汇市场有效供给，合理满足外汇市场有效需求，服务地方实体经济健康稳定发展；积极配合上级局开展资本项目外汇管理业务。积极督促辖内62家外资企业做好《直接投资存量权益登记》申报工作，其中58家已经在规定时间内完成申报，申报率为93.5%；周密部署，大力推进跨境贸易人民币结算工作。按照“搭建平台、疏通渠道、贴身服务”的工作思路，积极研究和部署推广方案，积极向辖内企业宣传跨境贸易人民币结算业务。

（谢继敏）

人行翁源县支行领导班子成员名单

行　长：谭志坚

副行长：彭华　许伟军　刘尚瑜

翁源农商银行

【概况】 2017年，翁源农商银行内设11部2室，设立党委办公室、办公室、人力资源部、合规与风险管理部、审计部、安全保卫部、运营部、资金业务部、授信管理部、授信审批中心、金融业务部、科技与电子银行部、营业部，现有员工284人；下设17个支行，覆盖全县各乡镇。

是年，该行认真落实省、市联社各项工作部署，紧密结合本辖实际，顺应外部环境，坚持服务“三农”和中小微企业的宗旨，始终坚持以建设好银行为核心目标，狠抓业务经营发展，扎实推进深化改革、服务创新和风险管理等重点工作，确保各项业务总体保持平稳发展。

【业务发展】 是年，该行各项存款余额760759万元，比年初增加93541万元，增幅为14.02%；各项贷款余额335248万元，不良贷款余额6062万元，比年初减少10183万元，减幅为62.68%，不良贷款占比1.81%，比年初下降3.01个百分点，不良贷款实现“双降”；各项收入43717万元，同比增加10628万元，增幅为32.12%；实现经营利润21783万元，同比增加8286万元，增幅为61%。

是年，该行发卡新增2.26万张，存量银行卡余额99072.43万元；全县共布设CRS 32台、ATM 4台、BST 20台；设立农村金融综合服务站4个，布设助农取款服务点53个，全面覆盖各乡镇；截至年底，对交易对手授信50家，吸收同业负债4.8亿元，存放省联社3亿元，存放其他商业银行23.6亿元，购买同业理财10.5亿元，购买地方政府债16600万元，代销理财产品共32期，金额合计9698万元；翁源农商银行成功签发了首笔电子银行承兑汇票，汇票金额7万元，不仅实现电子银行承兑汇票业务零的突破，也为持续拓展电子银行承兑汇票业务打下坚实基础。

【支持县域经济发展】 是年，翁源农商银行存量涉农贷款余额254216万元，占各项贷款余额的75.83%，小微企业贷款余额231885万元，占各项贷款余额的69.17%，在支农和扶持县域中小微企业中发挥了无可替代的作用，存贷款余额稳居全县各银行业金融机构首位，深扎“三农”，是支农助微的先行者。是年，翁源农商银行缴纳所得税4202万元，增值税712万元，增值税附加71万元，个人所得税及股金分红个税共621万元，其他税费18万元，缴纳各种税累计5624万元，为县域经济发展做出突出贡献，实现政府、农民、农商银行三方共赢。

【社会责任】 按照县委要求，成立由该行牵头的驻良星村工作组，认真做好贫困户精准识别工作，确保不漏一户，不落一人，落实“第一家长”帮扶机制，对贫困户实行有效的一对一帮扶，深入贫困户家中，对贫困户家庭、住房、收入来源、面临的困难等基本情况进行调查了解，切实做好贫困户危房改造工作，帮助制定增收目标和增收计划，鼓励贫困户参与扶贫产业开发，发展“一村一品”农业产业，把精准扶贫工作落到实处。2017年我行主动与翁源县扶贫开发领导办公室、翁源县财政局沟通，积极推进小额扶贫信贷，截至年底，我行完成贫困户评级3421户，发放47户扶贫贷款，金额161万元，余额160.79万元。

【企业荣誉】 是年度，该行太极“滃仙队”在当年全省农合机构太极拳比赛中荣获团体三等奖、翁源农商银行朝阳支行在当年度广东农和机构安全生产“双优”评选活动中，被评为“优秀安全管理先进单位”。

（冯炳彰）

翁源农商银行领导班子成员名单

董事长：吴志敏

行　长：吴安生

监事长：何少华
副行长：阮　奔

邮储银行翁源县支行

【概况】 邮储银行翁源县支行全体员工，围绕上级行领导在年初提出的“守战略定位，服务实体经济”的要求，在经济新常态下坚守战略定位，回归本源，专注主业，坚持服务实体经济，加大金融服务支持，各项工作任务的推进有条不紊。是年该行荣获中国邮政储蓄银行广东省分行“一级支行发展优胜奖”、韶关市分行年度“降投诉、提服务、化风险”专题活动优秀组织奖二等奖、年度先进支行、韶关市分行年度反洗钱工作先进单位二等奖等多个奖项。

【业务开拓】 该支行拥有 13 个营业网点，网点覆盖面广，布局完善和科学，利用网络连接城乡的优势，更好的服务“三农”，为广大农民朋友的致富梦想提供金融服务支持。至年底，形成以本外币储蓄存款为主体的负债业务；以国内汇兑、转账业务、银行卡、手机银行、代理保险及基金、代收代付等多种形式的中间业务，以及信用卡、大额协议存款、再就业贷款、小额信贷、个商贷款、消费贷款和小企业贷款等为主渠道的资产业务。

【支持县域经济发展】 是年，该支行成功开办扶贫贷、税贷通、省农担及线上支用信用消费邮薪贷、邮享贷、邮家贷等新业务。 是年，邮储银行投放实体经济贷款结余金额 9550 万元，实体经济投放占总投放金额 97.5%，总体不良率 0.02%。实体经济投放行业主要为农、林、牧、渔业，占比 45.41%，批发零售、制造业等小微企业投放占比 40.10%，其他公共设施及社区服务业占比 14.49%；小企业贷款投放行业农、林、牧、渔业占比 93%，建筑业占比 7%。邮储银行信贷业务的特色在于“小而广”，小额贷款虽然利润微薄，但邮储银行坚持普惠金融，大力开发三农信贷产品，为普农、个体提供安全稳定高效科学的金融服务。长期的坚持换来的是信贷业务的长足发展，企业业务成长的同时，也使更先进的金融理念深入乡村，提高乡镇居民的金融意识，全面扶持乡镇经济的发展。

从 2009 年开始，该支行积极争取县政府的支持，加强与财政局和人社的交流合作，由邮储银行经办城乡居保参保、缴费、待遇发放等所有业务。2017 年合计参保人数达 131988 人，当年累计缴费人数达 64321 人 ，待遇发放人数全年合计发放 550805 人次。按照县政府的工作要求，按时完成扶贫户 1366 人参保缴费工作及 2017 年重度残疾人参保缴费工作。保障该县城乡居保参（保）缴费、待遇核发等各项业务的健康、有序开展。全年完成农户信息录入 11236 户，贫困户信用评级 1797 户，授信 398 户，并在当年成功发放扶贫贷款。

该支行积极对接武深、昆汕高速的各个项目分部，做好失地农民养老保险参保工作，多次下乡走访每个所属村委，了解农户的实际情况。支行领导多次与财政局、国土局、人社局、社保局和各镇场领导沟通，及时完成农民的养老保险的参保缴费工作。

（涂娟华）

邮储银行翁源县支行领导班子成员名单：
行　长：何永香
副行长：朱素美

科技 · 教育

科技管理

【概况】 2017年，获广东省科学技术奖一等奖2个，韶关市科技进步奖2个，获省、市科技计划项目4项，6家企业成功申报国家高新技术企业，5家企业申报高企培育入库获批，6家企业申报市级工程技术研发中心获认定，9个产品被认定为广东省2017年高新技术产品，3件发明专利获国家授权。

【科技计划管理】 组织有关单位申报省、市科技计划项目。2017年共有4个项目获得省市科技部门立项，其中省科技计划项目2个，市科技计划项目2个。在抓好项目申报的同时，协助省、市科技部门做好有关科技计划项目的结题验收工作。

【高企培育】 6家企业成功申报国家高新技术企业（含1家重新认定），6家企业申报高企培育入库获批，9个产品被认定为广东省2017年高新技术产品，较好地促进该县产业园区的发展。

【科技成果管理】 做好科技成果的鉴定评审工作，组织专家对相关单位申报2015—2016年度县科技成果进行鉴定，并由县科技进步奖评审委员会评审，评出重大成果奖和一等奖各1项，二等奖3项，三等奖5项。组织和指导相关企业申报省、市科技奖励，荣获广东省科学技术奖一等奖2个，韶关市科技进步奖二等奖、三等奖各一个。极大地调动该县科技创新积极性。

【知识产权工作】 做好知识产权工作。积极组织企业申报专利，提高企业自主创新能力。全年完成专利申请207件，其中发明专利申请20件；共获国家授权专利77件，其中发明专利3件。

【防震减灾】 做好地震安全示范社区建设，在该局指导下，城北居委会春晖苑小区被评为广东省地震安全示范社区；收集动物习性及水井异常现象数据，掌握地震预兆信息；做好“5·12”防震减灾宣传工作。

（叶省南）

县科技局领导班子成员名单

局　长：陈汉英

副局长：蔡建茹　赖远科

教育管理

【概况】 2017年，县教育局以落实全面建成小康社会要求，促进义务教育事业持续健康发展统领教育工作全局，围绕推进教育现代化先进县总体目标，全面推进教育改革，推进教育现代化，均衡全县教育发展，全面推进素质教育，加强教师队伍建设。

是年，该县现有教职工总数3118人，其中专任教师3033人；大专学历1117人，本科学历1909人，研究生学历4人；副高级职称266人，中级职称2151人。

【国家义务教育质量监测】 是年，根据《广东省教育厅关于做好全国义务教育阶段学生科学学习质量、德育状况监测的通知》的文件精神及省、市相关会议的通知要求，该县积极开展国家义务教育质量监测工作。县里成立领导小组，制定方案预案；把握时间节点，全力做好各项测前准备工作；加大督导力度，提高督导效果；规范操作程序，圆满完成测试；工具接收回邮，严格存放保管。经过周密的部署、精心的组织，有序地开展，已于5月25日顺利完成。

【强镇复评】 10月16至20日韶关市组织专家组一行5人对县内周陂、官渡、江尾、新江镇四镇进行强镇复评督前检查。

【义务教育标准化学校督导验收】 6月12日韶关市教育局发文认定该县江尾、官渡、新江、龙仙镇的教学点为标准化学校后，该县义务教育学校74所（含教学点）中，通过督导验收，复核认定73所（含教学点），达98.7％；有1所学校县城实验小学，2017年秋季招生未验收。

【等级幼儿园、规范办园督导验收】 1月初，市政府教育督导室组织专家组一行5人对该县机关幼儿园、县商业幼儿园、江尾镇（原绿苗）中心幼儿园、官渡中心幼儿园、新江中心幼儿园等5所幼儿园进行市一级幼儿园复评工作，2月21日，市教育局发文确认5所幼儿园通过市一级幼儿园的复评验收；10月18—22日又组织专家组对蓓蕾幼儿园、天天蓓蕾幼儿园2所幼儿园申报市一级幼儿园复评和坝仔镇中心幼儿园申报市一级幼儿园进行督导验收，并于2018年2月23日发文确认。组织专家组于6月26—7月3日和9月26—27日对岩庄童心幼儿园、坝仔春苗幼儿园、周陂童真幼儿园、江尾育才幼儿园、六里中英文幼儿园、官渡新世纪幼儿园、官渡培英中英文幼儿园、铁龙蓓苗幼儿园等8所县一级幼儿园进行复评督导验收，于9月29日发文确认；11月至12月间,陆续组织6个督导组对坝仔童乐幼儿园、三华中英文幼儿园、环城北幼儿园、城东幼儿园、周陂爱民幼儿园、周陂阳东幼儿园、官渡育苗幼儿园、翁城童星梦幼儿园、新江镇会民幼儿园、翁城五一幼儿园、翁城启航幼儿园、江尾镇中心小学附属幼儿园等12所幼儿园申报县规范化幼儿园进行督导评估，12月25日发文确认以上12间幼儿园为“翁源县规范化幼儿园”。据年底统计，全县有幼儿园55所（除周陂高一幼儿园无生源外），省一级幼儿园2所，占3.64%，市一级8所，占14.55%，县一级10所，占18.19%；全县规范园44所，占80%。

【责任区督学挂牌督导】 成立督学责任区办公室（简称“督学办”）及设专职督学；调整“翁源县人民政府教育督导委员会”领导小组成员，并由县政府办发文；全县聘任责任区兼职督学32人，特约教育督导员3人，市兼职督学9人，增加教育督导室专职督学1人；印发《翁源县督学责任区制度实施方案》，并完善以下相关制度：《翁源县责任区督学工作常规（试行）》《翁源县责任区督学工作守则（试行）》《翁源县督学责任区办公室、组长和县督学工作要点（试行）》等，并编入《翁源县推进教育现代化工作会议材料汇编》；6月15日召开第二届督学暨督学责任区督导挂牌工作会议。会议由县人民政府办公室副主任、县政府教育督导委员会副主任张治平主持，何振新局长强调督学的工作职责及责任区工作要求，副县长肖俊青作重要讲话。会议印发由县教育督导室编辑的《翁源县督学责任区工作指南》一书，与会人员人手一册。

【义务教育均衡县监测】 该县已于2016年2月由国家发文通过国家义务教育均衡县督导验收，但按照国家对此项工作的要求，每年学年初报后要求对各地进行义务教育均衡县监测。经监测，2016年，该县义务教育均衡县学校校际间差异系数小学为0.40503、初中为0.25144，均达到县域义务教育校际间差异系数小学小于0.65、初中小于0.55的要求。

【开展校园欺凌专项治理行动的专项督查】 根据韶关市人民政府教育督导室《关于开展教育重点工作专项督导的通知》和《关于转发开展校园欺凌专项治理行动实施方案的通知》等文件精神，及县教育局《关于继续开展校园欺凌专项治理工作的通知》的要求，于5月23日至6月初组织由各督学责任区共39名督学组成的10个督查组分赴全县各校（园），围绕校园欺凌专题教育情况、规章制度完善、开展自查自纠、校园欺凌预防和处理等方面进行专项督查。

【开展2017年春季开学工作专项督查】 2月16日对新江镇各校（园）的开学工作进行检查。此次检查围绕开学条件保障、规范办学行为及教育收费、学校安全管理、教学常规管理的落实等重点内容采用查、看、听、问等多种形式对该镇的13所学校（含幼儿园、教学点）进行全面、细致的督查；落实开学条件保障。规范办学行为，严格执行教育收费政策；全面排查安全隐患，切实抓好安全教育。重抓教学常规管理，教学工作落实到位；部署创强复评工作，推进教育现代化。

【全县创建省推进教育现代化先进县动员大会】 3月30日下午，全县创建省推进教育现代化先进县动员大会在县政府小礼堂召开，会议贯彻上级推进教育现代化工作会议精神，顺利创建省教育现代化先进县。会议由县委常委、副县长柯建忠主持。县领导余小英、甘志初、李翠红，各镇（场）书记或镇（场）长，分管教育的领导，县直副科以上单位主要领导，县教育局班子成员及相关股（室）负责人，全县中小学校校长参加会议。副县长肖俊青就创建广东省推进教育现代化先进县工作作具体部署，并对创建省教育现代化先进县的工作背景和前期工作、指标达标情况、创建教育现代化先进县重点工作实施步骤等作说明。县委书记颜亮在会上作重要讲话。

【普通高考】

报名情况　总报名人数为2482人（含体育类124人，音乐类33人，美术类99人，高职类185人，单考单招11人）；高中学业水平考试报名人数为1740人；考试情况：该县设翁源中学、龙仙中学两个考点，考风考纪良好，考务0事故；上线情况（含体育艺术类）：第一批本科140人，上线率为6.15%；第二批本科以上855人，上线率为37.53%；第三批专科以上2175人，上线率为95.48%；高职类考生上线人数156人，上线率为86.19%。

高中招生报名情况　九年级报考人数为2440人；八年级报考生物、地理人数为3513人；考试情况：全县设考点16个，考风考纪良好，考务0事故；高中招生情况：翁源中学录取1000人，龙仙中学录取500人，龙仙二中录取213人（缺37人）。

【师德建设】　该县在2017年9月份组织全县各中小学校（园）开展师德建设主题教育月活动，积极组织开展师德征文及微视频征集活动，向省里推荐提交13篇师德征文。通过一系列的师德教育活动，教师们纷纷表示要向优秀教师学习，弘扬当代教师教书育人、为人师表的职业情操，积极推进素质教育，提高教育教学质量，办人民满意教育。

【推进中小学教师专业发展】　该县有计划按步骤开展骨干教师、校（园）长培训。第三期名校长名教师培训工作已开始，共选拔10名名校长人选和40名教师人选计划开展2年的培养。是年，该县计划开展学科带头人培养，每学科选拔3—6名培养对象，开展为期二年的培养。积极开展中小学教师全员培训工作，完成72学时教师达100%。采取有效措施落实教师培训经费，是年县财政列入预算培训经费90万元。稳步推进中小学教师职称制度改革，2017年全县推荐评审高级职称40人，中职讲师6人，中小学一级教师40人、二级教师2人。学历提升是该县“强师工程”工作的亮点，是年参加学历提升的教师281人，其中研究生3人，本科278人。

【教师编制落实和教师招聘】　该县严格按照编制标准核定教职工编制，切实加强教师编制管理和做好教师招聘工作。年底实有编制教师3033人，是年共招聘新教师84人，招聘工作已完成，现已分配到各学校教育教学岗位，其中补充到农村学校53人。

【关爱乡村教师工程】

拓展乡村教师补充渠道　新招聘教师分配到乡村学校为主。全年招聘新教84人，其中补充到农村学校53人，占新教师总人数63%；落实中小学校长、教师定期交流轮岗制度，全年安排交流轮岗教师298人，安排交流轮岗校长4人。努力改善乡村教师待遇和工作生活条件。是年，农村乡村教师生活补助标准人均每月比上一年提高100元，现人均每月达912.3元，达到省市要求的人均每月不低于900元的标准。按照省市有关精神，该县每月按时足额发放农村地区学校教师生活补助，全年共发放农村地区学校教师生活补助共17022人次，共15541450元；落实高校毕业生到农村从教上岗退费政策，是年核定可享受上岗退费政策教师21人，上岗退费192000元。

职称（职务）评聘向乡村学校教师倾斜　该县有22位乡村教师在当年申报职称时受益；同时，严格执行“城镇中小学教师申报高级职称要有1年以上在薄弱学校或农村学校任教经历”的规定。推进乡村教师专业发展。该县有计划按步骤开展骨干教师、校（园）长培训，骨干教师（校长）选拔向乡村教师倾斜。是年，该县开展学科带头人培养，选拔49名候选人中有13名乡村教师。同时，我们在选拔省市骨干教师时向乡村教师倾斜，是年选拔34位乡村教师参加省市骨干教师培训。采取有效措施落实乡村教师培训经费，是年，县财政列入预算培训经费90万元，乡村教师培训经费全部由财政经费负担。

【表彰先进】　2016—2017年度，全县的教育事业涌现出一批教育工作先进个人。为表彰先进，树立榜样，县教育局决定对刘兴源等60名教书育人优秀教师、游秀婷等20名优秀班主任、王群英等15名优秀乡村教师、刘细养等4名优秀校长进行表彰。邓应军、阮炳源获“韶关市优秀乡村校长”称号，胡伶俐等10人获“韶关市优秀乡村教师”称号。

是年，积极参加省、市各项教学竞赛活动，通过统一组织和片区活动组织，让师生们经历磨炼和进步，也让他们得到相应的奖励。全县师生约有487人次获得省、市、县教学奖励，其中5人次获得省级奖励，189人次获市级奖励，293人获县级奖励。

9月10日，翁源县庆祝第33个教师节表彰一批教育工作先进个人

【教研活动】 该县的教研活动主要分为两大块，全县性以片区为中心的教研活动；以校为本的常规教研活动。是年，全县7个教学片区共组织大型研讨活动74次，其中高中9次，初中31次，小学34次。内容有“小组合作学习”展示研讨课5次，学科高考备考研讨活动9次，初中中考备考研讨活动6次，语文教学经验交流活动2次，微课制作活动1次，初中、小学学科竞赛、比赛活动9次，外出交流学习1次，送教下乡活动1次，学科同课异构教学设计和说课4次，语文课外阅读活动8次，制定片区活动计划14次，片区活动总结14次。共有4398名教师参加活动，其中高中432人，初中514人，小学3452人。活动涉及的科目有语文、数学、英语、物理、化学、生物、历史、 政治、地理。每次的片区活动从方案的设计到过程的实施都井井有条，达到预期效果。

【教育信息化应用】 2017年度，该市组织师生参加省市组织的各项信息化应用活动，如6月组织教师参加微课制作比赛活动、多媒体教育软件制作大赛（未公布获奖结果）；10月组织信息技术与学科深度融合教学设计比赛；3月至8月“一师一优课，一课一名师”活动，28名教师晒课获市优课奖，12名教师晒课获省优课奖，3名教学点教师晒课获市优课奖，2名教学点教师晒课获省优课奖；10月组织学生参加电脑制作比赛（未公布获奖结果）；12月组织机器人比赛，在机器人比赛中，该县获3个一等奖，3个二等奖，8个三等奖。进行同步课堂试点建设。7—9月试点建设了县城4间小学对乡村4间小学的一对一同步课堂；9月该县学校通过购买服务的方式，使用深圳二一教育股份有限公司的教学资源；全年：分别与广州、东莞、佛山、韶关等地的信息化优质学校开展网络教研活动，如组织师生收看“同一堂课”教学视频等，共进行5次。

【课外阅读活动】 9月，制订《翁源县中小学2017—2018学年度课外阅读活动方案》。各中小学校积极响应，组织开展系列活动。每个教学片区也至少开展1次以上以课外阅读为主题的活动。经过调研，还要求学校补充部分学生喜闻乐见的课外阅读书目。

【部编版新教材培训】 8月，组织全县一年级和七年级语文、道德与法治、历史三科教师进行了部编教材使用培训，共约230名教师参加培训。

【教学教研工作会议】 3月1日上午，组织召开2017年春季全县中小学教学教研工作会议，全县中小学教学副校长及教导主任、教研室全体人员、局领导约70人参加会议。黄石钦主任代表教研室总结上学期的教学教研工作，从组织“创建教育现代化先进县”的相关工作，实施“蹲点教研”与“定点指导”工作，切实改变备课方式，开展“小组合作学习”教学，扎实做好教学常规工作，促进学校发展、教师成长，切实抓好“两考”备考，继续加强片区教研工作等十大方面，细致有序地部署教学教研工作；9月22日上午，召开2017年秋全县中小学教学教研工作会议，全县中小学教学副校长及教导主任、教研室全体人员、局领导约七十余人参加会议。古爱君主任代表教研室总结上学期的教学教研工作，从加大教学常规管理力度；努力提高课堂教学效益，向课堂要质量；努力提高该县科研课题立项、结题、获奖的数量和质量；深入开展传统文化学习与课外阅读活动，培养学生正确的价值观和良好的阅读习惯；加大教学改革力度；加强教育信息化建设和应用这六大方面，全面细致地部署教学教研的主要工作。

【德育工作】 加强该县学校德育工作规范管理，促进德育工作科学发展，德育工作渗入学科教学，有利于学生身心健康得到发展，该局组织召开全县德育安全工作会议，并印发《翁源县2017年德育工作常规》《回到原点看德育 构建德育大格局——翁源县中小学德育工作指南》；深入实施文明校园创建。根据市、县《关于中小学深入开展文明校园创建活动的实施意见》要求，该县龙仙一小、龙仙二小、龙仙三小、龙仙四小、翁源中学、龙仙中学、龙仙二中7所县直学校已荣获“翁源县文明校园”“韶关市文明校园”称号；重点开展加强法治宣传教育。该局联合县检察院、县法院举行翁源县共建法治校园活动揭牌仪式，县检察官先后在中等职业学校、万豪中学等学校举办《如何有效远离校园欺凌知识讲座》，有效增强学生对校园欺凌的认识。

【体育教育】 成功举办县教育局“万豪杯”局机关干部职工篮球赛和翁源县中小学生乒乓球球赛；该局参加教育系统参加翁源县2017年第三届“安全杯”男子篮球赛，并获得体育道德风尚奖；该县成功协办韶关市第十五届青少年运动会田径竞赛暨韶关市第二十二届中小学生“英东杯”田径竞赛；组织参加韶关市第十五届青少年运动会暨韶关市第二十二届中小学生“英东杯”田径竞赛，该县获得总团体分第四名，其中田径赛：团体总分第二名（高中组第二名、初中组第七名、小学组第一名，破市纪录2项）；篮球：高中男子第八名、高中女子第一名、初中女子第五名；乒乓球：总团体分第二名（小学团体第五名、初中团体第三名、高中团体第四名）；毽球：小学男子组第六名、小学女子组第八名、初中男子组第四名、初中女子组第六名；排球：高中男子组第二名、高中女子组第五名；健美操：初中女子组第六名；武术：小学组第五名、初中组第六名、高中组第五名。组织参加韶关市首届中小学体育与健康青年教师教学能力大赛，该县获得小学组二等奖（刘文翔，实验小学）、初中组二等奖（郭悦青，万豪中学）、高中组二等奖（何舟，龙仙中学）的好成绩。10月该县参加韶关市中小学生跆拳道公开赛获得：团体，初中组第八名（龙仙二中）、高中组第八名（龙仙中学）；单项，1个第一名，2个第二名，3个第三名，4个第五名；11月成功举办2017年翁源县青少年校园足球联赛。

【艺术教育工作】 5月29日该局与县文明办联合举办“文明伴我成长、争当小小梦想家”绘画现场比赛，对获奖的同学进行现场颁奖；“六一”国际儿童节期间，该局成功举办翁源县2017年庆“六一”国际儿童节少儿书画和舞蹈比赛，并取得圆满成功。翁源中学、龙仙中学等6所学校代表该县参加参加韶关市第二十二届中小学（幼儿园）“英东杯”书画、舞蹈、比赛。其中翁源中学、龙仙中学、龙仙三小三所学校获得舞蹈类三等奖；有3位同学获得书画比赛一等奖，6位同学获得二等奖；11位同学获得三等奖。

【卫生工作】 开展以“清洁卫生齐动手，预防疾病保健康”为主题的春季爱国卫生清洁整治专项活动；该局联合县食药监局、食安办全县中小学、幼儿园食堂及周边食品经营单位开展专项监督检查；根据相关文件要求，有龙仙一小、龙仙三小、龙仙四小、龙仙二中、万豪英文中学5确认为健康学校；全县有 11 所“C”级学校食堂按照《韶关市学校食堂灭“C”建设标准》达到食品安全量化分级“C”级以上标准；于 10 月 13 日在六里学校召开翁源县 2017 年全县寄宿制学校管理现场会。

【校区建设】 根据县里的规划，该县将在县城新区新建实验小学、实验中学和幼儿园各一所。实验小学由县国资中心做业主，于 2016 年开始动工兴建，计划 2017 年下半年开始招生，时间相当紧，任务相当重，为确保该工程按时竣工并交付使用，该局积极主动的与县国资中心取得联系，并多次与国资中心一起邀请施工方的管理人员到工地现场办公，督促施工方想方设法加快工程进度，最终确保工程的按时完工，是年下半年按时招生开学。实验中学和幼儿园工程还处于前期准备阶段，全年该局积极与县发改、县国资、县国土、县建设等部门密切联系，努力完成汉前期工作，至年底、实验中学已经完成立项、土地、规划、环境评估等前期工作。

翁源县实验小学

【推进教育现代化工作】 根据上级部门的工作部署，全省全面推进教育现代化已经启动，要求到 2020 年全面完成。该局结合该县的实际，于 2016 年对该县推进教育现代化工程做全面的调研，最终制定《2016 年到 2020 年推进教育现代化资金投入方案表》，方案将项目细化到学校、总投入约 4.4 亿元，预计到 2018 年全面完成。是年，该局根据《2016 年到 2020 年推进教育现代化资金投入方案表》中内容，积极响应我省全面推进教育现代化工作，认真落实好该县教育现代化项目。

【教育用地规划】 是年县规委会正在对县城西区做新一轮规划，从规委会的最初方案看，县城西区的最新规划没有预留出相应的教育用地，根据这一情况，该局紧密联系县规委会，要求县规委会对最初方案作出修改，在西区预留出相应的教育用地，经过努力争取，县规委会同意在县城西区预留出一所中学、一所小学和两所幼儿园的教育用地。

【发放困难救助金】 是年，教育工会在县总工会的大力支持下帮扶和慰问困难教职工 162 人次，发放困难救助金近 6 万元，大大缓解困难教职工的燃眉之急。

学前教育

【概况】 是年全县3—5周岁幼儿共有16174人，入园15994人，学前三年毛入园率98.89%。全县有公办幼儿园14所，民办幼儿园41所，班额总数421个，其中大班171个、中班147个、小班103个。教职工共有1406人，包括园长90人、教师713人（其中小学二级职称40人、小学一级职称91人、小学高级职称2人）、保育员257人、保健医生18人。

【大力发展公办园】 认真贯彻落实《翁源县发展学前教育三年行动计划（2014—2016年）》精神，加强公办幼儿园建设，优先将中小学布局调整后的富余教育资源和其他富余公共教育资源用于举办公办幼儿园。是年，该县将中小学布局调整后的江尾光明小学改建成公办乡镇幼儿园。

【规范学前教育办学行为】 4月，县政府组织教育、公安、消防、民政、食药监、工商、各镇（场）等相关部门组成清理整治无证学前教育机构联合执法小组，在全县范围内开展清理整治无证幼儿园的专项督查工作，取缔8所，整改2所，以加强民办幼儿园管理，规范幼儿园办园行为，确保幼儿身心健康、全面发展的同时也促进学前教育事业健康协调发展；深化幼教改革，全面贯彻落实教育部印发的《幼儿园工作规程》、《3—6岁儿童学习与发展指南》及广东省教育厅印发的《广东省幼儿园一日生活指引》等精神，督导幼儿园科学合理安排幼儿一日生活，深化幼教改革，以游戏为基本活动，提高保教工作水平；7月在全县范围内开展为期一年的“省、市一级幼儿园结对帮扶工作”，提升被帮扶幼儿园的管理水平、保教质量以及教师专业素质，实现全县优质学前教育资源的拓展与均衡，加快该县学前教育的发展；以学前教育会促进学前教育工作发展。5月和12月先后专门召开学前教育工作会议，统一思想，促进学前教育工作的开展；修订、完善《翁源县民办幼儿园年检评分细则（试行）》，建立科学导向，着重加强对师资配备、教育过程和管理水平等方面的评估和指导，坚持小学一年级“零起点”教学，防止和纠正学前教育“小学化”行为，严禁幼儿园提前教授小学教育内容。

基础教育

【概况】

小学 是年，全县共有完小16所，分教点41所，班额共有695个（包括一年级148个、二年级141个、三年级126个、四年级102个、五年级83个、六年级95个）；在校学生27616人（包括一年级5419人、二年级5342人、三年级4591人、四年级4525人、五年级3571人、六年级4168人，其中女生12850人，内宿生3110人，少数民族229人）；教职工总数1448人，其中专任教师1404人。

中学 是年，全县初中6所，九年一贯制学校9所，完全中学2所，高级中学1所，初中244个班（七年级88个、八年级82个、九年级74个），学生11445人（七年级3966人、八年级3934人、九年级3545人，其中女生5420人、内宿生6286人）；高中102个班（高一级35个、高二级32个、高三级35个），学生5034人（高一级1687人、高二级1610人、高三级1737人，其中女生2828人、内宿生3120人）。教职工总数1495人，其中专任教师1222人；大专以上学历1222人，本科以上学历1080人。

【学校建设】 制定《翁源县2017—2022年学校（园）布局规划》和《翁源县2018—2020年农村义务教育寄宿制学校建设规划》。在县城西区新建实验小学和实验中学，其中实验小学已正式投入使用，西区实验中学的正在筹建中；将南浦小学和新楼小学恢复为完小；大力推进礤下学校、新江中心小学、江尾中心小学和周陂中心小学的教学楼建设。

【巩固提高普及高中阶段教育水平】 根据该县“普高”任务下达该县高中阶段学校招生计划；继续加大“普高”宣传力度，在全社会营造浓厚的“普高”氛围；继续抓好县中职学校春、秋二季的招生工作；制定《翁源县2017年优质普通高中招生指标到校工作实施方案》，把该县优质普通高中招生计划的50%指标直接下放到县域内各初中学校，深化普通高中招生制度改革，促进教育公平。是年，该县高中阶段毛入学率为98%，达到韶关市规定的96%的要求。

【健全特殊教育保障机制】 制定《翁源县启智学校异地新建规划》，将原龙仙镇田心小学改建成标准化特殊教育学校。加强普通学校随班就读指导和组织开展好送教上门工作，是年，该县共组织13间学校50名教师参与送教上门工作，送教学生共85人，送教次数达1500多人次。

【强化学校安全】 贯彻国家和省市安全管理的有关精神，把安全管理工作列入工作计划，充分发挥安全管理责任人对安全管理工作的领导、组织、协调和监督作用；强调树立安全管理意识，加强师生安全教育和管理，消除各学校（单位）安全隐患；层层实行责任制，层层签订责任书，一级抓一级，层层抓落实。大力开展安全管理宣传教育，增强广大师生安全防护意识。该局要求学校利用国旗下的讲话、课外活动、周会、黑板报、放录像等方式对学生安全管理教育，教育学生热爱生活、热爱和珍惜生命、学会生存、关心集体、爱护公物等，将安全管理作为学校教育工作的重要组成部分。使广大师生牢牢树立人身安全、交通安全、饮食卫生、“三防”安全等大安全观念，提高自我保护能力。促进该县中小学校、幼儿园安全教学工作的长期深入开展，确保师生人身安全和学校财产安全、保证教育教学工作的正常运转。主动取得各有关方面的大力支持，彻底整治学校周边环境。校园周边环境整治和学校安全工作，不仅关系到学生身心健康和生命安全，也直接涉及社会和学校的稳定，影响到学校正常教育教学工作的进行，是该县教育事业健康稳定发展的头等大事。该局会同公安、城管、环保、卫生、三防办、工商、居委会等有关方面协同作战，密切配合，推动优化学校的育人环境。在全年，该县校园没有发生重大社会安全类事件、安全事故、公共卫生事件；未发生校车或接送学生车辆交通责任事故；未发生社会安全类责任事件、安全责任事故、公共卫生责任事件；校园及周边未发生治安、刑事案件、不良师德师风事件，取得较好的效果。加强校车标牌的审核和核发。根据《广东省实施〈校车安全管理条例〉办法》要求，由政府牵头，教育、交警、交通等部门对全县所有标准校车进行审核和核发校车标牌，并于2015年3月份起停止使用一切非标准校车。至年底，全县已有137辆标准校车核发校车标牌。做好校园安全事故隐患排查。是年，由教育股牵头组织人员利用开学工作检查深入学校开展安全隐患大排查。排查重点主要是：基础设施设备的使用维护情况、各种应急预案及演练、学校卫生状况、学校周边环境治理、学校校车的安全监督管理、门卫值班、寄宿制学校学生宿舍管理、台账建立等情况。责任区督学也定期或不定期开展安全工作督查。大力创建“平安校园”。是年，城东幼儿园、环城北幼儿园被评为县级“平安校园”，翁源县龙仙第三小学、龙仙第二中学申报创建“广东省安全文明校园”。目前，该县平安校园的创建已完成40所，覆盖率达97.6%。

职业与成人教育

【概况】 2017年有中等职业技术学校1所。县中职学校通过加大招生力度和提高学校的教学质量与办学水平，学校规模迅速扩大，教学班级从26个班增到35个班，学生人数从1011人增加到1438人，现开设有学前教育、计算机及应用和电子商务三个专业和（3+证）高考班，教职工 73人。

2017年，全县共有各级各类民办教育机构47个（包括幼儿园41所、小学1所、中学1所、非学历教育培训机构4所），校园占地面积321143平方米，校舍建筑面积128615平方米（其中教学用房面积91865平方米），总资产达23396万元，在校（园）学生15152人，教职工1344人（其中教师780人、行政人员142人、其他职工422人）。

【加快职业教育发展】 做好中职招生工作，制定《关于做好翁源县2017年中职学校春季招生工作的通知》，加强中等职业学校招生工作管理，确保中等职业学校招生工作规范有序；组织开展职业教育活动周工作；做好市中等职业教育教学工作检查工作。

【加强民办教育管理】 把民办学前教育纳入教育发展的总体规划，正确引导社会各界参与发展学前教育。积极鼓励支持民办教育的发展。县政府和教育行政部门根据《中华人民共和国民办教育促进法》《国务院关于鼓励社会力量兴办教育促进民办教育健康发展的若干意见》精神，加大宣传力度，坚持“积极鼓励、大力支持、正确引导、依法管理”的方针，依法推动该县民办教育事业的发展；加大监督和管理力度。修订、完善《翁源县民办幼儿园年检评分细则（试行）》，并于春、秋季开学初，对全县民办教育机构进行依法办学、教育教学质量、安全、卫生工作等情况的检查和审核；依法审批民办教育机构。本年度批准筹办幼儿园6所；认定17所普惠性民办幼儿园，公办和普惠性民办幼儿园占比为94.55%，并出台《翁源县普惠性民办幼儿园 2017—2018 学年度收费标准及扶助资金发放办法》，规范普惠园办园行为；做好学前教育信息数据采集、应用及运行维护工作。

（郭婷）

县教育局领导班子成员名单

教育工委书记、党组书记、局长：何振新

副 局 长：阮景才　郭慧明　刘红兰

党委委员：黄伟先

翁源中学

文化·卫生·体育

文化管理

【概况】 是年，县文广新局全力推进基层综合性文化服务中心建设，落实文化惠民工程，深入打造特色文化品牌，加强文化文物保护，创建平安文化市场等工作，并取得优异成绩：13 个基层综合性文化服务中心示范点建设全面完成，全县行政村综合性文化服务中心建设达标率 60%以上；“风雅翁山”“潮涌滃江”等特色文化品牌活动丰富多彩，年举办书画、摄影展 16 场，广场文艺演出 50 多场次，送戏下乡 300 多场，“两学一做”等专场宣传文艺巡回演出 22 场次；放映农村公益电影 1836 场、广场电影 100 场。列入省级非遗名录项目 2 个，完成不可移动文物挂牌保护单位 191 处。参加省、市文艺比赛 4 次，荣获韶关市第五届戏曲曲艺比赛铜奖 2 个。

【基层综合性文化服务中心建设】 是年，根据《广东省人民政府办公厅关于推进基层综合性文化服务中心建设的实施意见》《韶关市贯彻广东省〈关于加快构建现代公共文化服务体系的实施意见〉工作方案》有关精神，该县以“盘活存量，调整置换，集中利用”为手段，以补齐功能短板和提升服务为主要目标，利用上级财政资金 100 万元，建设利龙、东鹊、青山、梁桥、墨岭等 5 个示范点，以点带面全面推进基层综合性文化服务中心建设全覆盖工作，到年底完成 107 个行政村（社区）综合性文化服务中心达标建设，占 61.15%。

【落实文化惠民工程】 开展我们的节日活动，举办春节系列文娱活动、“元宵节民间艺术大游演”、“三八”国际妇女节、“五四”青年节、“六一少儿才艺大赛”，“迎国度贺中秋采茶戏大赛”等专题文艺晚会，营造喜庆的节日氛围，丰富群众文娱生活。以文化馆、采茶剧团、民间艺术团体、农村公益电影为支撑，年举办广场文艺演出 50 多场次，送戏下乡 300 多场，送农村公益电影 1836 场、广场电影 100 场大力弘扬和培育以爱国主义为核心的民族精神，传承中华民族优秀文化传统，推动社会主义文化的发展繁荣。

【打造特色品牌】 以涂志伟美术馆、翁山诗书画院、文安摄影艺术馆三个艺术场馆为龙头，举办书画、摄影展，讲座等活动，深入打造“风雅翁山”文化品牌，全年接待国内外观众 40 多万人次，成为文化交流基地和美学教育基地，提升翁源文化知名度。以书堂诗社为平台，开展采风活动，出版《书堂石》，举办“邵谒杯”诗词大赛及颁奖晚会等，打造“邵谒文化”。以居仁书院为基地，开展国学讲堂，推进优秀传统文化教育，打造美丽乡村文化品牌。以文化馆、采茶剧团、民间艺术团体、农村公益电影为支撑，全面开展文化惠民活动，年举办广场文艺演出 50 多场次，送戏下乡 300 多场，送农村公益电影 1836 场、广场电影 100 场打造“潮涌滃江”文化品牌。

【加强文物非遗保护】 是年“翁源客家山歌”“翁城猫头狮”两个非物质文化遗产项目列入广东省第七批省级非物质文化遗产代表性项目名录项目，实现翁源省级非遗项目零的突破；完成《广东省翁源县第一次全国可移动文物普查名录》和翁源县第一次全国可移动文物普查《馆藏精品图录》，挂牌保护不可移动文物 191 处，征集濒临消失民间民俗文物数百套（份），大大丰富馆藏文物，至年底止，珍藏物品已达 5600 余件（套）。

【元宵节民间艺术大游演】 翁源民间艺术源远流长，种类众多，县志中多有记载，它是祖祖辈辈劳动生活遗留的产物,是地方民间特色文化的精髓,具有传承发展的重大历史意义和现实意义。是年 2 月 10 日，为弘扬传统文化，保护和传承该县民间艺术，丰富群众精神文化生活，打造文化工作亮点，促进“民间艺术文化之乡”的创建工作，县委宣传部组织、县文广新局承办，在县城举办了以“弘扬传统优秀文化，创建民间艺术文化之乡”为主题的 2017 年元宵节民间艺术大游演活动。参加游演活动的有龙仙镇代表队的“鹤蚌舞”“舞春牛”，江尾镇代表队的“舞推车”，坝仔镇代表队的“鱼跃龙门”，官渡镇代表队的“摇船舞”，翁城镇代表队的“舞狮”，新江镇代表队的“调王舞”铁龙林场代表队“舞龙”，县城艺术团的“舞纸马”，周陂镇代表队的“舞雄鸡”，县文化馆的“飘色”“花灯”，该局的“陈璘花车”“邵谒花车”，县中职学校的“雄狮震鼓耀翁源”等 15 个代表队。各参演队伍在文体广场舞台表演节目精华内容1—2分钟后，游演活动由文体广场经建设路到朝阳广场表演。游演活动采取现场专家评分和网络投票评分两种方式评选，经综合得分，评出一等奖1名（翁城代表队“舞狮”），二等奖2名（分别是铁龙林场代表队 的“舞龙”、坝仔代表队的“鱼跃龙门”），三等奖3名（龙仙代表队的“鹤蚌舞”、官渡代表队的“摇船舞”、江尾代表队“舞推车”）。

【第五届采茶戏剧大赛】 9月29—30日，由县文广新局主办，县文化馆承办的以“喜迎党的十九大，庆国庆迎中秋，弘扬优秀传统文化”为主题的“翁源县第五届采茶戏剧大赛”，于在县城文体广场举办。来自全县各镇（场）和各民间文艺演出团体共18个代表队参加比赛，通过连续2个晚上比赛，评出周陂镇代表队《百善孝为先》获得一等奖1名，滃江艺术团《状告村官》、青去山艺术团《相亲》分别获得二等奖2名，龙仙镇民间艺术团《两家亲》、新江镇代表队《相伯进城》、嫂子歌舞团《真情曲》获得三等奖3名，以及编剧奖（陈福燕）、编曲奖（胡大勇）各1个，优秀男演员（林彩香）、优秀女演员（邓小华）奖各1人。

【第二届农民歌手大赛】 由县委宣传部、县文广新局联合主办，县农商行协办，智诚文化传媒工作室承办，以“唱响十九大，建设新农村”为主题的翁源县“农商银行杯”第二届农民歌手大赛于年底在全县拉开序幕，得到全县各镇（场）党委、政府的大力支持和群众的广泛参与，全县报名参赛的歌手达200多人。经过初赛、复赛的两轮筛选，15名参赛选手脱颖而出进入总决赛。总决赛于2018年2月17日在县城文体广场演出，最终由女歌手张舒庭荣登冠军宝座。获得二等奖是王金文、张大维；三等奖的是江文斌、杨飞、梁传勇；优秀奖的是吉他公社（组合）、邓晓玲、梁德兴、邓小花 、刘曲英、 林文浩、许建福、许榜成 、梁威等。

【创建平安文化市场】 是年，县文化市场综合执法队创新执法机制，促进文化市场健康发展。一是创新执法检查，开展“双随机、一公开”监管模式，采取随机方式抽取被检查对象，随机选派执法检查人员，及时公开检查结果。二是建立“红黑榜”制度，按照分级管理的模式，登记在册正常经营的文化市场经营场所，实行“优秀、良好、一般、警告”四级管理，主要考评场所遵纪守法、文明服务、环境设施、创新亮点四大块内容。

【“扫黄打非”】 是年，全面推进“扫黄打非”进基层工作，成立县、镇、村“扫黄打非”工作机构，并全面挂牌共165个，设立翁城镇、翁城镇黄塘村2个“扫黄打非”工作示范点。组织开展“清源”“固边”“护苗”“净网”“秋风”等五大专项行动工作，坚持把“扫黄打非”工作与整顿规范文化市场经营秩序相结合，在封堵和查缴政治性非法出版物、扫除淫秽色情文化垃圾、打击侵权盗版行为、取缔非法报刊等方面取得明显的成效，促进文化市场健康良好发展。翁城文化站被评为“韶关市扫黄打非工作先进集体”，县文广新局党组成员、副局长、执法队长蓝宜山同志被评为“韶关市扫黄打非工作先进个人”。

（王越宏）

县文广新局领导班子成员名单

局　长：林晃奎

副局长：蓝宜山　刘先艳

黄秋红（—2017年4月）

朱友娇（2017年4月—）

图书馆管理

【概况】 县图书馆现内设有外借室、期刊阅览室、少儿阅览室、地方文献室、广东流动图书馆翁源分馆、文化信息资源共享支中心（电子阅览室）等。图书馆坚持以“读者第一，服务至上”为基本宗旨，创新发展思路，夯实基础，不断改善服务环境、服务质量、服务能力和服务水平。

【免费开放工作】 按照上级关于做好图书馆免费开放工作的要求，在以往工作的基础上不断充实、不断完善，不断拓宽为读者服务细节，始终将安全维稳、综合治理、效能建设等列入图书馆的议事日程，建立长效机制，做到常抓不懈，保证各项工作的有序开展。

【春节游园活动】 大年初一，组织举办有奖知识竞猜和大型游园活动，吸引上万名群众的积极参与，收到良好的社会效益，使广大读者认识图书馆、利用图书馆。

【“4•23”世界读书日】 在“4•23”世界读书日中，到翁城镇街举行读书活动，在活动中共派发1000 多册科普图书及印刷有宣传图书馆活动的环保袋到群众手中，深受广大群众的热烈欢迎。

【廉洁读书月】 10 月开展第七届廉洁读书月活动，图书馆为此次活动的主阵地，并为此活动开辟了廉洁图书阅读专区，为党员干部和广大读者提供廉洁书籍现场阅览和借阅服务。在此次活动中，全县广大党员干部职工的踊跃参加，形成读廉洁图书、扬清风正气的良好社会氛围。

【全国第六次图书馆评估定级】 根据《中共中央办公厅、国务院办公厅关于加快构建现代公共文化服务体系的意见》和《文化部办公厅关于开展第六次全国县级以上公共图书馆评估定级工作的通知》精神，切实做好第六次全国县级以上公共图书馆评估定级工作，有效促进全国各级公共图书馆基础设施、业务建设、服务工作和办馆效益的提升，把公共图书馆事业发展提高到新的水平。图书馆为此次评估定级做大量的准备工作，根据评估定级标准进行查漏补缺，做好文件资料的归档整理，并完成评估系统的填报工作，使评估定级工作顺利完成。

（黄权武）

文化馆工作

【概况】 2017 年，县文化馆始终坚持面向基层，面向群众，积极开展丰富多彩的文化活动。每年组织、策划多次大中型群众文化活动，在县内外形成一定影响，受到各界高度评价；文艺创作方面，进一步强化精品意识，一大批文艺作品先后在省、市获奖。坚持送戏下乡，每年演出 100 多场，形成一定特色，深受群众欢迎；重视基层文化活动的组织、业务指导工作，全县农村群众文化辅导工作成绩显著。

【文化艺术活动】 该馆精心组织、开展一系列文化惠民活动：春节前夕举办“迎新春送春联”文化惠民活动，此活动邀请该县多位书法家现场泼墨挥毫，用写春联的方式为广大群众送上新春的祝福。大年二十九晚上，春节文艺晚会上演，春节期间，文化馆举办大型春节演出活动，节目丰富多彩，有舞狮、表演唱、民间艺术、舞蹈等。下午在龙湖广场举行的新春音乐会又让人们享受一场音乐视听盛宴。滃江合唱团的队员给市民激情演唱，让县城春节文化味更浓。该馆还组织首届“锦绣山河杯”农民歌手大赛（决赛），让该县农民歌手大展身手，并喜获大奖。大年初三，组织全县健身团队参加演出的新春广场舞展演，让人们感受到舞蹈带来的健康和快乐。大年初五，组织迎新春客家山歌擂台赛，来自全县优秀山歌手同台竞技，一展歌喉。元宵节前夕，该馆积极配合并参与县委宣传部主办、县文广新局承办的“翁源县 2017 年元宵节民间艺术大游演”活动，该馆组织的飘色栩栩如生、花灯队热闹非凡。国庆期间，该馆选送的小品《考验》、采茶小戏《良知》参加韶关市委宣传部，市文广新局举办的国庆花会惠民演出中喜获铜奖。

【展览活动】 5 月在文化馆一楼大厅开展当年《水墨桃花》摄影作品展，展出的 70 幅作品从参选的 370 多幅中脱颖而出；8 月底，在文化馆二楼举办师生书画展，剪纸作品展,观展学生 500 多人，群众 200 多人；10 月底，在县文化馆的二楼举办“墨韵重阳书画展”展出退休干部作品 70 多幅，观展的人络绎不绝。

【业务培训】 3 月，在该县举办桃花节期间，县文化馆承办“翁源县 2017 年第一期摄影培训”《水墨桃花》摄影培训。培训班邀请广东省摄影协会副主席“广东省十大摄影家”之一黄楚中老师前来授课，该县摄影爱好者 60 多人参加培训。为培育该县文艺创作后备队伍，提高业余文艺创作的总体水平，在 5 月 23—24 日举办一期全县文艺创作培训班，邀请原韶关市文联主席、国家二级编剧郭福平老师授课，受益学员共计 50 多位。文艺辅导卓有成效。文化馆工作人员主动对农村、机关单位、学校开展文艺辅导工作。期间多次到乡镇文化站、老年协会帮助指导编排节目共计 18 个，辅导人数近 80 人，下乡时间每人累计 20 天，在县城，组织县直机关业余演出团队进行不定期辅导，共参加各类演出5场，演出节目近10个。组织开展群众文化广场舞蹈培训活动。开展假期公益培训，一年两次，分别开设版画艺术培训和剪纸艺术培训两个班，参加学习的学生达到 300人，受到家长一致好评。12 月 5—8 日，该馆举办采茶戏表演免费培训班，邀请江西赣南的专业采茶戏老师前来指导，全县民间艺术团文艺骨干40 多人参加培训。

【文艺创作成果】 加强文艺辅导，积极开展文化下乡活动，文化馆工作人员主动对各乡镇、机关单位、学校开展文艺辅导工作。积极完成作品上送工作，在2017年韶关市群众文艺作品评选中，上送作品19件，其中17件获奖，比较突出的有黄泽民的《扶贫路上》获省一等奖，胡大勇、黄影祥的《三莞风水竹》获市一等奖，李秋林的音乐作品《庄外庄》获省三等奖和市一等奖。

【非物质文化遗产项目】 市级非遗项目《翁城猫头狮》《陈璘故事》成功申报为省级非遗项目，实现翁源省级非遗项目零突破。市级非遗项目也不断增加，现正在着手申报市级第七批非物质文化遗产项目《翁城地窖酒》。

（李凤兰）

文物工作

【概况】 2017年，该馆坚持贯彻“保护为主，抢救第一，合理利用，加强管理”的文物工作方针，有条不紊地完成2017年度各项工作任务，取得较为显著的成绩

【改善展陈环境】 该馆对基本陈列历史文物和革命文物展厅进行布展提升，重新对部分展示文物进行了更换布展，同时还对民俗文物展厅展台文物安装钢化玻璃隔离墙，提升展厅文物安全保护水平，为观众营造一个更优美、舒适、安全的参观环境

【数字化建设】 7 月，该馆建立起数字化互动展示系统，通过运用计算机、网络和多媒体等现代技术，把基本陈列展览场景及部分库房藏品，通过数字化的方式进行多方展示，竭尽所能让馆藏文物活起来，方便观众直观地了解千年古县文化遗产信息，满足广大观众参观导览需求，提高博物馆公众服务水平。

【文物征集工作】 充分利用县拨文物征集专项费用，先后在全县各镇（场）征集一批各种类别的文物，有清代木雕花轿、木雕花床、木雕狮子、雕花案台、雕花抬拢、太师椅、水车、磨石、石槽，以及“文化大革命”至20世纪90年代的各类电影宣传画报等，这些散落在民间珍藏的文化遗产，大大丰富馆藏文物。至年底，该馆珍藏物品已达5600余件（套）。

【免费开放工作】 继续做好历史文物、革命文物、民俗文物以及陈璘史迹展览馆（厅）基本陈列对外免费开放工作，还承办由省流动博物馆主办的《龙门农民画》《广东状元》《广东国家级历史文化名城、名镇、名村》等大型实物（图片）展览，在一楼流动展览厅对外展出。并坚持不定期送展“进校园，下乡镇”。全年参观文物（图片）展览人数达10.3万人次。

【不可移动文物保护工作】 认真贯彻落实文物工作方针，稳步推进省保单位申报、省保规划编制、修缮利用、挂牌保护等各项文物工作。

4 月，根据市文广新局《转发省文化厅关于开展第九批广东省文物保护单位申报工作的通知》做好省保单位申报工作；6 月，完成湖心坝民居群和书堂石遗址等二处文物点资料编撰；8月，县人民政府批复同意将二处文物点申报为第九批广东省文物保护单位。

省级文物保护专项资金项目申报 5 月，韶关市文广新局下发《关于做好2018年省级文物保护专项资金项目申报工作的通知》；8月，根据《粤北地区文物保护利用行动计划（2018－2020）》安排，申报长安围（第五期）修缮工程专项资金180万元，大夫第（第一期）修缮工程专项资金 200万元，三门楼（第一期）修缮工程专项资金 150万元，光明陈氏宗祠保护规划编制资金40万元。

修缮保护工作 根据计划安排，做好光明陈氏宗祠修缮及展示工程（省拨100万元），长安围第四期（共72间房屋）修缮工程（省拨200万元），

罗盘围抢修工程（省拨30万元），广肇会馆抢修工程（县财政预算内专项资金支付28.7万元）等项目工作，至年底，罗盘围和广肇会馆修缮工程已竣工，光明陈氏宗祠和长安围第四期修缮工程已进场施工中。

文物点挂牌保护 10月，该馆工作人员分成二组，奔赴各乡镇对公布的文物点进行挂牌，实施不可移动文物挂牌保护全覆盖，有效保护使该县“三普”公布的191处列入不可移动文物名录的文物点。

【宣传教育与刊物出版工作】 是年，中央电视台科教频道（CCTV-10）摄制组到博物馆陈璘史迹展览馆（厅）、历史文物、革命文物、民俗文物基本陈列厅拍摄《翁源文化专题片》。制作“展览活动推介”“文博撷英”等宣传栏版块，出版二期《古海拾遗》刊物，免费赠予全省各博物馆单位及社会各界热心文物事业人士。通过多种宣传方式，向大众传播文博知识、弘扬传统优秀文化。

（郭宝华）

翁山诗书画院

【概况】 翁山诗书画院系著名诗书画家刘国玉先生自筹资金建立的一所非营利性公益文化机构，具有创作、典藏、展示、培训和对外文化交流等专业功能，是文学、绘画、书法的创作中心，艺术品收藏、保护的馆场，呈现本区文化的历史与现状的窗口，开展对外文化交流的平台。翁山诗书画院下设办公室、创作部、组联部、策展部、学术研究出版部、典藏部和培训部。在职人员10人，院长1人、常务副院长1人，副院长6人。至2017年底，已聘请顾问、名誉院长、诗书画家等123人。运作8年来，产生良好的社会效益，已成为该县乃至粤北地区的文化品牌。

【展览活动】 全年共举办8次展览活动。分别为翁山诗书画院第八届院展、“翰墨丹霞”——韶关、仁化、翁源、新丰四公共图书馆书法作品巡回展、俄罗斯列兵美院教授及研究生素描作品展、“翰墨飘香——广东省人民政府文史研究馆文化下乡书画作品展”、翁山诗书画院优秀作品展、“自强不息，厚德载物——厚街翁源两地书画联展”、“客家风·广府情”不忘初心 越秀翁源书画联展、“礼失求诸野——刘国玉·郭莽园国画联展”在羊城晚报艺术研究院举行。

【刊物出版】 全年共出版《翁山翰墨》翁山诗书画院院刊第八集，《风雅翁山》季刊第21—第24期，《自强不息 厚德载物》翁源厚街书画联展作品集，《不忘初心》越秀翁源两地书画联展作品集共4种，累计发行16000册。

【重大活动】 全年共举办各类型艺术会议和雅集活动共10次。分别为1月15日，翁山诗书画院院展暨年终总结座谈会；2月18日，翁山诗书画院丁酉新春雅集；2月25日与中山大学师生的“诗词采风创作雅集”；3月18日与广州市花都区芙蓉诗社的“诗词采风创作雅集”；5月5日 与“翰墨丹霞”——韶关、仁化、翁源、新丰四公共图书馆书法作品巡回展文化艺术界人士交流活动；7月1日与广东省人民政府文史研究馆的“采风雅”；9月9日，“礼失求诸野——刘国玉·郭莽园国画联展”在羊城晚报艺术研究院与文化艺术界人士交流；10月20日，厚街、翁源两地书画家的雅集；11月20日，越秀、翁源两地书画家的雅集；12月9日，翁山美术专修学校校友团聚会。

【重要接待】 全年重要接待48次。其中包括接待艺术家涂小京，中共翁源县委常委、宣传部部长邱雪媚,文艺家袁伟华，县人大副主任余小英，县委办主任阮炳，翁源县政协副主席刘少青，韶关市文联主席刘照丁，县政协主席陈建为，市总工会副主席肖伟旗，南方日报韶关办事处主任毕式明，深圳市雅图广告有限公司邹立恒，中华时报副社长杨监旻，顺德凤岭书画研究院罗云山，韶关市总工会党组副副主席书记吴国强，佛山南海区文联副主席杨新明，惠州市文广新局副局长江永、博物馆馆长罗国雄，惠州中国画学会会长邱楚莲，藏家邬惠远，广州美院中国画系教授燕陵，工商银行韶关分行王仕科主任，广州美院教授涂稚华、雷小洲，美国油画家协会前主席涂志伟，广州美院教授杨尧，画家李金明，广东美术报责任编辑黄伟哲，始兴画院副院长邓建国，广州市越秀区书法家协会谢伟国、林海文、卓可泰、李少平，中共浈江区党委副书记、浈江区区长曾清兰，韶关学院美术学院教授、湖南陶瓷艺术大师黄一健，广东省人大常委会委员、广东省人大教科文卫委副主任委员、广东省人民政府地方志办公室主任温捷香，南方医院原院长耿仁文，中国工人艺术家、广钢集团美术师李垣，韶关农行党委书记、行长钟杰，广东狮子会文化艺术委员会颜小英、郑红婴主席,江门市蓬江区文联主席赵一翰，广东省委第七巡视组原副组长陈团初，中共翁源县委书记、县人大常委会主任颜亮，南方医院原院长耿仁文，江西省书法家协会培训中心主任李金阳，江西省全南县文联主席李恢明，全南县书法家协会主席周晓雄、副主席李伟强，汕头潮南民生医院董事长吴镇明先生，连平县人大常委会原副主任黄志超,港区全国政协委员、粤港青年交流促进联会主席龙子明,香港韶关同乡联谊会总主席官锦堃先生，广州市拆迁办吕工明夫妇陪同加拿大严化骧、胡晓夫妇,广东松山职业技术学院党委书记谢琼杰,羊城晚报艺术研究院执行院长张演钦,广州市美协副主席刘诗东等。

（沈慧琴）

翁山诗书画院领导班子成员名单

院　　长：刘国玉

常务副院长：涂永先

副　院　长：许明辉　罗　渊　张洪亮　吴怀想　刘释之　范耀英

涂志伟美术馆

【概况】 2017年，涂志伟美术馆按照市县主管部门对文化工作提出的要求，充分利用自身资源优势，充分发挥美术馆的职能作用，为推动翁源文化建设作出一定的努力。该馆以实现翁源群众的文化权利，为群众提供更多更好的文化产品和服务的追求，向公众长期免费开放，接待讲解是我馆的基本工作之一。是年涂志伟美术馆共免费接待中外观众228482人次。其中，春节期间（年初一至年初七）到涂志伟美术馆参观的观众达25322人，日均参观人数为3000多人，年初四参观人数达4000多人次；“五一”国际劳动节小长假、端午节、中秋节、国庆黄金周等节假日，日均参观人数达3000多人次。鉴于前三年的工作经验，美术馆的工作人员提前做好节假日期间观众骤然增加的准备，使得美术馆各部门工作有条不紊地进行，继而给观众一个高雅的艺术殿堂。

【展览活动】 2017年，该馆参与6次展览等活动，分别3月13日至4月12日涂志伟大师受母校广州美术学院的邀请在广州美术学院城市学院举办为期一个月的涂志伟油画肖像特训班；4月12日在涂志伟美术馆和6月26日在广州美术学院城市学院图书馆举办“涂志伟油画肖像特训班师生作品展”；4月15日，涂志伟大师的艺术作品参加在清远市景源美术馆“挥洒人间”——关则驹、涂志伟、何岸油画展；6 月 22 日，“心路：广美 85 油画系师生作品展”在广州美术学院美术馆举行，涂志伟大师参与展览；11 月 16， 涂志伟大师参与在广州美术学院大学城美术馆举办的“广美•北美——广州美术学院北美校友作品展”，并在开幕式上台发表致辞；10 月 8 日，美国油画家协会、原主席涂志伟、尼尔•帕特森的联展在美国东部 peinert 画廊展出；10 月 21 日，涂志伟大师的艺术作品参与在温哥华举办的为庆祝加拿大立国 150 周年“北美洲杰出华人油画家邀请展”。此外，4 月与 11 月，美国油画家协会前主席尼尔•帕特森、肯•克沃雷德和涂志伟大师到韶关丹霞山写生，并在涂志伟美术馆进行丹霞山写生创作，该馆现已成为美国油画家协会丹霞山创作基地。该馆参与的五次展览会议充分说明涂志伟美术馆董事长涂志伟大师具有一定的社会影响力，能够承担起促进中外文化艺术交流、推动当地乃至中美美术事业发展的社会责任和历史使命。

【对外交流】 2017 年，该馆参与对外交流活动：3 月 4 日，涂志伟受邀参加中国国际文化中心中南联络部 2017 年度工作会议；5 月 10—5 月 11 日，广东省美术馆协会 2016 年年会在深圳市旭生美术馆三楼报告厅召开，涂志伟美术馆副馆长涂冬生和董事长助理涂雀平受邀参加此次大会；5 月 12 日晚，涂志伟大师参加在美国东部 Cincinnati 城的 Eisele 画廊举办的 2017 年美国油画家协会年展；9 月 11—9 月 15 日，涂志伟美术馆馆长涂永先代表涂志伟美术馆参加在北京中央文化管理干部学院文化部举办的非公有制文艺机构文艺工作者培训班学习活动。

【刊物出版】 2017 年，编辑出版《涂志伟美术馆简报》四期共 1.2 万册，加印《涂志伟美术馆画册》5000 册。

【重要来宾接待】 是年，接待的重要来宾：省政协外事侨务办副主任陈茂辉，省委组织部蒋鸿处长，韶关市委书记莫高义，市委常委、常务副市长朱余旺，市人大副主任邓小杰，市政协原副主席何伟青，市委副秘书长、市委办公室主任邓彩虹，市长骆蔚峰、殷焕明，纪委书记郭建生，市人大副主任、市总工会主席邓小杰，市旅游局党组书记彭海，市林业公安分局局长梁家陆，市财政局局长凌振伟，副局长陈树川，市外事侨务局局长周新秀，副局长黄峰，市人民检察院副检察长温洁麟，市第一建筑工程公司朱敏锐，市委老干部局关工科副科长温祖娟，省市学校师生、原南方医院院长耿仁文，深圳市宝安区中医院院长林晓生，市第一人民医院院长全红，以及市区临县始兴县副县长段琪、县委常委、办公室主任温鑫，县政协主席雷雨明，仁化县经信局局长张明福，南雄市统计局局长马新路，中国人民解放军粤、赣、湘边纵队北江一支队北一支后代重走父辈路一行，中国中铁四局集团华南区域指挥部指挥长王闽建，广东省文化厅党组书记汪一洋，省人大常务委员会委员、教育科学文化卫生委员会副主任温捷香，省政协外事侨务委员会副主任陈茂辉，省工会实业发展中心主任庄江明，香港晶苑集团业务主管郭生，中山市良安置业股份有限公司董事长魏连平，广州增城安达国际旅行社一行；阳江市天天旅行社一行；中国文物保护基金会执行秘书长安然、广东省政府文史研究馆馆员、全国政协委员龙子明，国家财政部农发办制度研究处处长朱铁辉，中国兰花协会副会长朱清勇、朱根发，省公安厅副厅长苏全贵培训基地一行，中央电视台科教频道主任洪丽娟，中国文化传播中心中南联络部韶关联络处办公室主任吴俊鹏，东莞市高埗镇党委书记严继宗，市水务局袁丽群局长，翁源县委书记黄令遥，县委常委阮炳溪，县人民政府县长陈来安，副县长、公安局局长连卫，公安局副局长林发贵，县委常委、常务副县长柯建忠，县委常委叶有昌，县常委会主任温毅麟，县人大常务会原副主任刘国富，翁源美籍华人金以键，英小乐夫妇，美国明尼苏州立大学终身教授，画家关智明，香港许明辉博士，美术鉴赏黄博士、杨静娴校长，著名幼教专家阴志勤，美籍华人油画家杨军，广州美术学院雕塑系黄河教授，广州美术学院教授胡川妮，凤凰卫视中文台原副台长李一萍，广东第二师范学院生物与食品工程学院副院长陈非，韶关大学朱广新教授，香港青衣综合社会服务处一行，香港燕云教育基金会一行，中央电视台科教频道李勇峰编导，东莞市厚街电视台、报社、美协、书协、文化中心等部门领导一行，广东第二师范学院关工委、普法委、老年诗书画摄影研究会一行，广州市越秀区文联领导及越秀区美协、书协等艺术家一行，广东省残联吴献忠部长，海南日报社主任编辑许忠华，画家周海鸣，韶关市楹联与诗词学会、翁源县书堂诗社、龙吟文学社一行，韶关市浈江区康园中心残疾人一行，韶关大学美术学院一行，河源市书法家协会主席张文峰，中国文化传播中心、中南联络部韶关联络办办公室主任吴俊鹏，清远市委原书记骆雁秋、美国作家、摄影师伍时江，广州美术学院艺术与人文学院院长李清泉，珠海古元美术馆公共教育部主任靳雄步，香港韶关同乡联谊会义工团一行，广东狮子会文化艺术委员会一行，广州思源学校亲子团一行，万豪英文中学师生一行，惠州市文广新局副局长江永，广州画家何岸夫妇和清远景源美术馆谭沛泉，翁源书堂诗社与清远诗社社员，翁源书堂诗社和南海诗社社员，东华书画院院长龙翔，韶关春秋旅行社，以及省市县直各有关单位、学校与省内外新闻媒体人员等共接待来宾 3400 多人。

（黄丽娟）

涂志伟美术馆领导班子成员名单

董事长：涂志伟

馆　长：涂永先

副馆长：涂冬生　刘春林

广播电视

【概况】　县广播电视台担负着宣传贯彻执行党和政府有关广播电视方面的方针、政策和法律、法规，负责该县广播电视新闻报道宣传、专题、广告的制作播出，以及广播电视事业建设、经营有线数字电视、数据传输业务，负责广播电视安全播出和设备设施的安全防范工作，承办县委、县政府交办的其他事项。内设机构人事股、财会股、新闻部、广告部、事业技术股、播出部、高山发射台、有线电视部八个职能股室，下设新江、翁城、官渡、周陂、龙仙、江尾、坝仔七个镇广播电视站。是年，坚持正确的宣传舆论导向，以实施“四轮驱动”提质增效攻坚战为抓手，以“增收视、添活力、稳效益”，实现“以台促网、以网稳台”为目标，凝神聚气，团结担当，着力推动广播电视台各项事业稳步发展，扎实推进广播电视新闻宣传报道、事业经营和内部管理等各项工作。

【舆论宣传】　全年，按照“一个中心、两种导向、三个注重、四个加强”（坚持以服务翁源发展为中心；把握好宣传舆论导向和价值引领导向；注重党的理论方针政策宣传、注重县委政府中心工作宣传、注重民生福祉事业宣传；加强新闻和专题策划、加强意识形态安全防控、加强宣传平台建设和加强队伍学习培训管理）的总体思路认真做好新闻宣传工作，通过创新方式方法，不断提高节目质量。策划并开设《贯彻落实县委十三届三次全会会议精神系列报道》《学习贯彻习近平总书记重要批示精神》等访谈系列报道，全力提升新闻播报质量。还围绕全县“两强两题”思想讨论活动、“五大会战”等中心工作，长期设立《精准扶贫、三年攻坚》《“五大会战”在行动》《美丽乡村、幸福翁源》《巩固省文国卫》等子栏目。全年该台共计播出电视新闻稿件 1432 条。自 3 月有上送任务以来，上送市电视台 55 条、市电台 113 条。

【宣传平台建设】　年初制定的改版翁源电视公众号计划，经过全体人员的努力，上半年初步完成公众号的改版工作，丰富微信公众号内容、美化推送版面、完善服务功能，成功推出《曝光台》《美丽乡村幸福翁源》《民生关注》等多个系列，充分发挥舆论监督作用，注重倾听百姓心声、反映社情民意、为民排忧解难、弘扬社会正气、传播社会正能量。完善微信公众号平台功能，将新闻推送与电视新闻同步，为新闻宣传提供更多的宣传平台和更高的关注度，也让广大观众可以通过新闻热线、微信平台与电视台之间实现文字、图片、语音、视频的全方位沟通、互动，着力打造和发挥电视台在翁源新媒体中的主体引领作用。

【增设栏目】　充分调动干部群众工作积极性，组成栏目组，策划开设新栏目，丰富自办频道节目内容。新开栏目《科普园地》并播出 15 期、新开《快乐生活圈》并播出 11 期，做好原有独立频道《翁源新闻》《品赏翁源》《翁源警视》《翁江剧场》《客家山歌》7 个栏目。不断研究策划新闻宣传相关工作，逐步着手进行演播室改造升级以及专栏开设的目标，坚持“主动+创新”的新闻编辑拍摄新思路，使各项工作进展顺利。

【网络服务】　是年，不断探讨网络经营业务拓展新路子，通过加强对外交流学习，选派有关人员参加北京广电网络展销会，并到各兄弟县市台参观交流，取经充电，明确并落实今年宽带基础业务发展、服务系统升级目标和网络经营套餐推广新思路。硬件方面，主要着重从网络升级改造、增设宽带等网络业务(三网融合)、改善服务平台、“网络+”“电视+”，以及改善基层站所办公环境，完善建立微信和银行代缴收费平台等方面下功夫；软件方面，主要是在提高服务意识、服务形象和服务质量的提升上下功夫。各项工作进展顺利，如宽带建设方面已成立工作领导小组，制订出宽带发展方案，进入实施阶段；微信和银行代缴收费平台建设已于 11 月份建成。

【强化内部管理】 以全县开展“两强两提”思想大讨论活动为契机，切实加强内部管理，实行激励和监管两手抓，在充分调研和科学精准测算的前提下，研究出台《绩效考核方案》和《工作日志实施方案》，在原有人事管理制度的基础上，注重完善绩效考评机制，从“德、能、勤、绩”四个方面对干部职工进行管理考核，对部门的积极性和活力的激发起到到较好的效果。尤其是《工作日志方案》，通过干部职工真实记录当天上班工作动态，采取部门负责人每周阅签方式，对干部职工每周工作情况了如指掌，并采取例会制解决干部作风问题工作导向问题。在监管上，采取更严格的要求和更严厉的措施，暗访、随机抽查、交叉考核是常态，取得明显的成效，结合实际确定广播电视台“办活自主频道、提升新媒体地位、完善网络基础、深化人事改革”四大发展战略目标任务，各项工作正稳步推进。

【完成广电网络重组】 加快广电网络整合，实现全省广电网络“一张网”。11 月 24 日，县广播电视台与省广播电视网络股份有限公司签订县广电网络改革重组协议，标志着翁源广电网络正式加入广东省广电网络大家庭，翁源广电网络迎来发展新机遇。参加当天签约仪式的有广东省广播电视网络股份有限公司党委委员、副总经理李继光，县长陈来安，县委常委阮炳溪，省市网络公司、市委宣传部有关负责人，县广电网络改革重组工作领导小组成员单位领导，县广播电视台班子成员等。李继光在致辞中介绍了广东省广电网络股份有限公司改革发展情况及取得的成绩。省广电网络公司目前总资产规模 150 多亿，用户规模 1300 多万人，下辖 19 个地市分公司和 26 个县级分公司，网络覆盖全省，2016 年公司业务收入近 50 亿元，利润 4.8 亿元。广电网络着力建设国内领先的有线广播电视传输网络平台，致力打造“千亿市值、百亿收入、十亿利润”的全国一流国有文化企业。在此次网络整合重组、加入省广电网络后，县广播电视台将成为广东省广电网络股东，翁源县成为全市继南雄、始兴后第三个加入省网络公司的县（市、区）。今后，省广电网络公司将加大对翁源广电网络的支持和投入，推进翁源广电网络转型升级，积极发展高清互动、宽带上网等新业态，为用户提供更加优质丰富的广电服务，推动翁源广电网络实现更好的发展。在与会领导和嘉宾的共同见证下，广东省广电网络股份有限公司副总经理李继光与翁源县广播电视台台长童纪章代表双方单位签订翁源县广播电视网络改革重组协议。

（何伟光）

县广播电视台领导班子成员名单

台　长：童纪章

副台长：邝小华　何绍添

曾吉雄（2017 年 6 月—）

旅游工作

【概况】 2017 年，该局积极加强旅游项目的跟踪服务和宣传营销工作，切实抓好各项工作的落实，其中幽兰山庄成功创建国家 AAA 级景区，东华山风景区创建国家 AAAA 级景区已通过市级初评，正在等待省级验收。“水墨桃花•最忆翁源”广东（翁源）桃花节、“投桃报李•最忆翁源”广东（翁源）桃李文化节等节庆活动成功举办。是年该县接待过夜游客数 171.91 万人，同比增长 21.92%；总人数 231.97 万人，同比增长 26.88；总收入 17.49 亿元，同比增长 31.80%。该县限上住宿业营业总额达 2042.90 万元，同比增长 59.44%。是年旅游系统完成固定资产投产 5500 万元。其中湖景酒店共投资 3000 万元进行酒店大楼建设；东华禅寺目前已完成投资 2500 万元进行斋菜馆工程建设。新建旅游厕所 11 座，改建旅游厕所 5 座，超额完成年度任务。

【“投桃报李•最忆翁源”广东（翁源）桃李文化节】 由县人民政府主办，县旅游局承办。此次节庆活动形式及宣传手法丰富多样。6月9日，举办“投桃报李•最忆翁源”专题晚会，配合最美妈妈颁奖典礼，拉开“投桃报李•最忆翁源”系列活动的序幕。此外，晚会对“名特优新”农产品推介展销会进行宣传预热，为展会造势；6月9—18日，举办为期10天的国际美食节、翁源“名特优新”农产品推介展销会，汇聚翁源特色土特产及全国、异域各种风味特色小吃；该局运营的“翁源旅游”公众号就2017年桃李文化节宣传共发布12条相关资讯，其中就《“投桃报李•最忆翁源”2017广东（翁源）桃李文化节，四大主题活动等你来》一文在短短两天内点击率就高达97482次。省旅游局官方自媒体、广东电视新闻频道、南方日报、广州日报、韶关日报、韶关电视台、市旅游信息服务中心、网易广东、今日头条、新浪网、大粤网、金羊网、南方网、凤凰网、天涯社区、大象文化传媒等媒体都对此次活动作宣传报道。其中6月11日早上7时，广东电视新闻频道《新闻早高峰》更是播报此次活动；市旅游信息服务中心、大象文化传媒对启动仪式现场进行“微直播”。其中，市旅游信息服务中心微直播阅读量高达3.4万人次，大象文化传媒微直播阅读量高达7.75万人次。高规格、大范围、持续性的宣传报道，使翁源三华李和九仙桃飘出县、飘出市、飘向全国，宣传推介翁源良好的生态环境和丰富的旅游资源，擦亮翁源这张名片。

【“平步青云•最忆翁源”户外三人团体挑战赛】 12月9日，由县旅游局、县体育局主办、市旅游信息服务中心承办。活动规共开放501个名额。

【创A景区】 5月11日，陪同市局李奕萱科长在幽兰山庄创建国家AAA级景区进行实地考察，对幽兰山庄创AAA景区现状提出整治提升意见；5月16日由局长带队，带领该局创A相关人员及幽兰山庄负责人到仁化石塘古村参观并与仁化县旅游局学习交流A级景区创建经验；多次带领广州马踏飞燕策划公司到东华山景区现场调研考察，对东华山景区创AAAA进行初步评分，并制定第一次整治提升方案；在6月5日，召开翁源县的东华寺风景区创建国家AAAA级景区辅导及动员会，将创建任务分解到相关职能部门。协调各部门，完善东华山风景区创AAAA的工作资料，按照整改方案完成各类景区标识牌以及外部交通标识牌、游客服务中心、医务室和警务室、垃圾桶、人行盲道等设施的安装及整改；11月，幽兰山庄成功创建国家AAA级景区。同月东华山风景区成功通过市级初评，正在等待省级验收。

【旅游重点项目建设发展】

快活林项目 项目由藏旅游公司投资建设，计划投资5亿元，正在规划建设中。

下庄铀矿科普教育基地项目 项目总建筑面积为5271平方米，计划总投资4000万元，项目立项审批中，完成拟用土地中期调规，办理用地规划许可证，取得土地使用权，需完善项目报批报建手续。

【编制旅游宣传画册、招商手册】 随着该县旅游市场的丰富和发展，为使旅游宣传资料能够适用于目前的旅游市场，宣传推介翁源旅游，从5月份开始该局制定翁源旅游宣传画册的编制方案，通过广泛征集有关部门和企业的建议意见、图片、文字等配套资料，于是年6月初完成编制印刷。

【安全生产】 根据省旅游局、市旅游局关于旅游安全生产、旅游市场秩序有关通知，制定《翁源县旅游市场秩序综合整治春季行动方案》《翁源县旅游局特别防护期安全生产检查工作方案》《翁源县旅游行业夏季消防工作检查方案》等文件，要求县内旅游企业要高度重视安全生产工作，把安全生产责任层层分解，具体落实到人。1—9月，共组织8个检查小组33人次对县内18家旅游企业进行安全生产、市场秩序等检查。在“6•16”安全生产宣传咨询日，现场开展“全面落实企业安全生产主体责任”主体咨询、免费派发宣传资料和普法手册等活动并在现场接受群众举报安全生产违法行为，共派发资料400多份。

【健全完善旅游制度】 是年，制定出台《翁源县旅游局关于加快发展乡村旅游的指导意见》《翁源县创建广东省全域旅游示范县工作计划》《关于调整翁源县旅游发展委员会成员的通知》《翁源县旅游工作部门间联席会议制度》，明确旅游各项工作的宗旨、任务。

档案管理

【概况】 县档案局与翁源县档案馆为局馆合一体制，一套人员两块牌子，是翁源县政府直属公益一类正科级事业单位。县档案局主要履行档案行政管理职能，县档案馆是翁源县综合性国家档案馆，集中统一管理全县档案的文化事业机构，是永久保管翁源县有关政治、经济、文化、科技等档案的重要基地，是全县各方面工作利用档案资料的中心。1997年机构改革，县档案局、县党史办公室、县地方志办公室3个正科级单位合并，名称为县档案局，加挂史志办和县档案馆牌子。县档案局（馆）内设机构4个，在职干部职工12人。其中局（馆）长1名、副局（馆）长3名、副科级干部2人。2017年，县档案局在上级部门的业务指导下，切实加强干部作风建设，在馆库建设、档案开发利用、业务指导、精准扶贫档案、重点项目档案各项工作取得良好成效。

【精准扶贫档案】 是年在江尾镇及连溪村建立精准扶贫档案管理工作示范点。建立精准扶贫档案工作机制，建立健全精准扶贫档案工作规章制度，档案工作管理机制。整体推进全县精准扶贫档案工作开展，实现精准扶贫档案的规范化、标准化、制度化。至年底，全县156个村已实现扶贫档案的规范化收集，整理和归档工作。

【档案业务培训】 加大力度档案培训工作。4月在江尾镇召开镇（场）全县扶贫档案工作现场会议及档案业务培训。针对镇、村档案工作的特点看、听、学、讨论的形式，取得较好的效果，培训160人次。6—7月主要培训行政服务中心等县机关事业单位新调整档案员和镇（场）档案员，培训30人次。培训内容主要是档案基础知识，采用灵活多样的方式，如何整理归档，现场实体操作，通俗易懂通。通过培训有效提高镇村档案员的档案业务知识，有效提高各单位及镇村的档案管理水平。

【重点项目档案】 6月根据省道S245分水坳线至半溪段路面大修改造工程项目档案专项验收会议的安排，受市档案局委托，县档案局、市公路局组成项目档案验收组，对该项目工程档案进行验收。该工程于2015年5月正式动工建设，2015年11月完成路面主体工程，并于2016年3月完成合同内建设任务。2016年5月25日完成所有合同内及变更工程。验收组严格按照《国家重大建设项目档案验收办法》程序要求，听取建设单位关于工程资料管理和编制情况的汇报，按照《国家重大建设项目文件归档要求与档案整理规范》《广东省实施公路建设工程项目文件材料立卷归档管理办法》等文件要求，对该项目全部档案进行检查，重点对项目完整性、准确性及系统性等进行审查。

【民生档案】 是年，把与人民群众切身利益密切相关的就业、住房、医疗、社保、教育、食品安全、土地确权、异地务工人员积分入户等各类文件材料收集归档。翁源县档案局深入到各镇（场）进行业务督导，抓好《农村土地承包经营权确权登记颁证档案管理办法》的落实。指导县、镇、村精准扶贫档案的归档工作，共计归档32000余件、照片档案320册。

【档案业务指导】 督促指导机关、事业单位及各镇、场文件材料的年度立卷归档工作。重点针对已调换档案员的检察院、公安局、财政局、国土局等单位进行档案培训辅导。继续跟进对全县林改档案、民生档案、社保档案和计生档案的指导。协助县农业局做好农村土地确权档案收集整理。重点对各镇（场）档案工作的督促检查。2月至3月，指导督促检查全县七镇一场的档案工作，并抽查21个村委会的档案工作情况。形成《镇村档案工作督促指导情况汇报》。5月中旬，县社保局报告发现档案有虫蛀，县档案局专业员及时赶到现场，发现虫害较严重，指导社保局档案员采取隔离、封闭等措施，并请专业人员进行灭虫，有效控制虫害蔓延。对符合机关档案综合管理升级条件的单位进行专门指导，11月2日县纪委档案综合管理通过市评审组考核，评定为机关档案综合管理省特级单位。

【档案执法检查】 根据《中华人民共和国档案法》和《广东省档案行政执法责任制实施办法》精神，县档案局组织专门人员在全县范围内开展档案年度执法工作情况检查。检查采取自查和分组检查相结合的方式进行，检查的重点是2016年档案实体的归档、到期档案的移交。档案的安全管理。据查，全县档案工作在档案规范管理和信息化建设等方面均有较大推进，提高档案管理水平。但是，在检查中也发现部分单位档案管理工作基础较为薄弱，还存在一些问题：档案库房，档案装具严重不足，出现有档案没地方、无装具存放；档案人员偏少，以至造成归档不及时 ,其他门类档案没有按时完成归档任务；档案库房存在安全隐患。有些单位档案库房做好防盗、防光、防火、防水、防虫、防潮、防尘、防高温存在漏洞。

【档案馆基础工作】 局（馆）调整馆藏档案分布，理顺馆藏档案管理工作。对馆藏档案进行更为科学的调整和布局，重新编制馆藏档案存放示意分布图；局（馆）加强档案保管保护工作，从1月份起，聘请3位工作人员开展档案数字化扫描工作，现已完成档案扫描93699张。轮换防虫杀菌药物，对破损、褪色档案适时进行抢救。

【档案安全管理】 提高档案安全意识，建立完善档案安全保管责任制。重大节假日前夕，坚持领导实地巡查制度。注重库房的卫生和安全检查工作。全年各镇、村档案部门未发生一起重大安全事故。完善档案保管设备设施，推进档案安防系统升级。遵守库房的各项规章制度，按照“十一防”（防盗、防火、防尘、防潮、防磁、防高温、防虫、防鼠、防有害气体、防水、每天必须定期查库，并认真做好记载）要求，坚持做好库房温湿度的测量、登记、调节与控制工作。推进档案保密建设。建立档案信息管理系统安全保密防护体系，加强电子档案管理，确保电子文件和档案的长期安全。开展档案安全保密教育，建立健全保密检查常态机制，定期会同有关部门对档案馆（室）开展安全保密检查。

【档案开发与利用】 馆藏资料整理工作，对3楼资料室资料进行规范整理，共整理180多卷册，将2楼的指引卡标引清楚，并进行馆藏台账更新整理。是年共接待查阅档案资料997余人次，查阅档案资料801余卷册，复印利用1955张。

【档案馆建设】 建设县城新区档案馆大楼是2017年县政府为民办实事的十大民生工程之一。档案馆大楼的建设以县国资中心为业主单位，由县委一名副书记负责跟进档案馆的建设。县委、县政府领导多次主持和协调有关部门召开联席会议，使工程建设前期准备工作进度顺利，正按进度计划表推进。已完成用地审批（红线图）、办理土地使用证、选址意见书等工作。现正在进行立项的前期准备工作。

（苏梓）

县档案局领导班子成员名单：

局（馆）长：邓国伟

副局（馆）长：何东定 黄 焕 杨永其

史志工作

【概况】 翁源县史志办公室于1997年在县直机关机构改革中由原县委党史研究室和原县地方志办公室合并组建史志办公室，为翁源县档案局内设股室，2009年对外挂翁源县史志办公室牌子。2012年4月根据翁源县机构编制委员会《关于县档案局（馆）内设机构更名的通知》（翁机编字[2012]4号）文件精神，档案局内设股室史志办公室更名为党史方志股，其职责不变。负责中共翁源县地方史资料征集与研究，组织编写、出版党的地方史；依法行使地方志和地方综合年鉴的组织编纂、管理、开发利用工作。2017年，县史志办紧紧围绕“突出中心，开门办史，史志互动，资政育人”的整体工作思路，贯彻落实国务院《地方志工作条例》和《广东省地方志工作规定》，以更加扎实的作风、更加实干的精神做好史志的各项工作，圆满完成年初确定的各项工作任务。

【《翁源县年鉴》（2017）出版发行】 3月17日，起草《翁源年鉴》（2017）编纂方案，并以翁委办[2017]1号文发给各有关单位，布置年鉴编辑组稿工作。通知强调全县各年鉴组稿单位要继续加强对《翁源年鉴》（2017）编纂工作的领导，成立机构、明确分工、确定撰稿人员，确保经费、时间和其他保障条件落实到位，按时高质完成《翁源年鉴》（2017）的组稿工作。为确保年鉴按时、按质完成编辑，并向精品目标迈进，编辑部将认真编审，反复修改，力求年鉴资料真实可靠。8月份完成初稿，送出版社审核，申请书号，并送县有关领导进行审核。同时组织人员对年鉴稿件进行再审核、补充和完善，确保年内完成《翁源年鉴》（2017）的印刷出版。11月份送印刷厂印刷，12月份出版发行。

【启动《中国共产党翁源历史》（第三卷）的编写工作】 根据中央、省委和市委有关文件精神，全省各级党史部门要于2011—2015年启动改革开放时期地方党史（第三卷）编写工作的要求。我县做了大量的编写前期工作，收集整理资料编辑出版《中国共产党翁源县历次代表大会文献汇编》《翁源县历届人民代表大会文献汇编》。2017年4月，以翁委办发电[2017]9号《中共翁源县委办公室关于印发<中国共产党翁源历史>（第三卷）编写工作方案》印发给各有关单位，全面启动编写工作。《中国共产党翁源历史》（第三卷）的编写工作采用业务外包的形式，县史志办负责联系、跟进、审核。按编写方案2019年完成印刷出版的要求，编写工作分三个阶段： 第一阶段（2017年），完成编写任务的三分之一（10万字的初稿）。1—4 月完成：制定编写方案，成立领导机构和工作机构，落实经费，拟定框架设计、篇目设置；5月开始编写，现已完成10万字的初稿。第二阶段（2018 年），完成编写任务的三分之二（20万字初稿）。第三阶段（2019年）：完成《中国共产党翁源县历史》（第三卷）的评议、修改、送审，定稿之后交出版社印刷出版。

【地情网站建设】 县史志办做好地情网站的维护、管理，及时更新史志工作动态，完成《翁源年鉴》（2017）等地情资料的上传、发布工作，丰富网站内容，按省地方志办的要求利用网站作为开发利用地方志资源的一种手段，以充分发挥地方志资治功能。至年底，县地情网发布综合志书2部及地情资料书8部，各栏目发布文章160篇、图片300多幅，总访问量累计达35万人（次）。

【自然村落历史人文普查工作完成预定任务】 翁源县下辖7镇1场156个村委1982个村小组。经调查摸底，全县应普查的自然村落有 1100 多个。自2016年4月全面启动自然村落历史人文普查工作以来，全县上下统一思想，狠抓落实，全力推进自然村落历史人文普查工作，确保按时按质完成全县的普查工作任务。2017年，县普查进一步加强普查工作的业务指导和资金的支持力度，使工作有条不紊按计划推进，截止11月，已基本完成普查数据的系统录入，撰写文稿968个，初审780个，复审720个。

【民国·台湾版《翁源县志》校勘重印发行】 中华民国六十三年版《翁源县志》系县人何汝坚在台湾发动旅居台湾、香港同乡之力编纂，20世纪80年代传入县志办复印收藏。县档案局（县史志办）为便于馆藏和开发利用，组织人员进行校勘、翻印。本次翻印，是以原书影本为蓝本，为方便阅读，改竖排为横排，原方言志记音之中文拼音方案标注改为国际音标标注，同时对其明显的错字作出更正。为完整保存资料，其他未作改动。民国《翁源县志》分“序、凡例、编辑职名、舆地篇、人物篇、政经篇、文化篇、大事篇、附录篇”等。民国《翁源县志》校点本的印刷发行，是翁源县地方志工作的又一重大成果，也是研究翁源民国时期政治、经济、社会、文化等方面的重要文献典籍，具有较高的收藏价值。

【《今日翁源》杂志的编辑出版发行】 县史志办于2013年创办《今日翁源》杂志，为季刊。至今出版20期。内容设有卷首语、特载、政务动态、工作简讯、工作研究、区域史研究、大事记等7个栏目。该杂志自创办以来，紧紧围绕县委、县政府的中心工作，精心组织稿件，在宣传推介翁源和开展地情研究、积存史料方面发挥了很大作用，得到县委、县政府的肯定。

【《翁源年鉴》(2017)获得三等奖】 根据广东省人民政府地方志办公室《关于对全省优秀年鉴(2017年卷)通报表扬的通知》,《翁源年鉴》(2017)获得三等奖。此次评选是在各地级以上市地方志工作机构组织评价和报送优秀等级年鉴的基础上，省年鉴质量评价工作领导小组办公室组织年鉴专家、业务骨干进行统一质量评价和公示，并经省年鉴质量评价工作领导小组审批同意确定。《翁源年鉴》(2017)是以马克思列宁主义、毛泽东思想、邓小平理论、“三个代表”重要思想和科学发展观、习近平新时代中国特色社会主义思想为指导，贯彻落实习近平总书记系列重要讲话精神和治国理政新理念新思想新战略，坚持辩证唯物主义和历史唯物主义的立场、观点和方法，全面、准确地载录本行政区域年度内自然、政治、经济、文化、社会等方面基本情况。为读者了解和研究翁源提供基础资料。翁源档案局在县委、县政府的正确领导下，再接再厉，开拓进取，为实现年鉴事业创新发展作出更大贡献。同时，也向全省各年鉴编纂单位学习先进经验，树立大局意识，高度重视“一年一鉴，公开出版”和年鉴质量建设，以“为当代提供资政辅治之参考，为后世留下堪存堪鉴之记述”为目标，编修出更多经得起时代和历史检验的精品年鉴。

【存在的困难和问题】 主要表现在：少数部门和单位，对年鉴工作重要性认识不足，不能按时供稿，影响整体编纂进度；从各部门报送的材料来看，还存在着内容残缺，重要事件情况不清，体例不符合要求，有关数字前后矛盾等情况比较突出；单位人员少，任务重，经费不足，设备落后，适应不了新时期史志工作的需要等。

（钟新洪）

县史志办领导班子成员名单

主　任：邓国伟

副主任：杨永其

县人民医院

【概况】 2017年，县人民医院以习近平新时代中国特色社会主义思想为指导，深入学习贯彻党的十九大精神，坚持以病人为中心、以质量为核心，科学管理、完善服务，取得显著的社会效益和经济效益，全年医疗业务总量位列全市县级公立医院首位。其中，门诊服务521103人次，同比增长9.1%;住院服务33031人次，同比增长5.1%;手术总量6232台，同比增长7.7%；医疗服务满意率96%。

【新城院区建设】 7月11日，总投资约1.1亿元，占地36792.5平方米，总建筑面积58126平方的县人民医院新城院区正式破土动工。新城院区规划为医疗工作区和后勤保障区，医疗工作区(第一、二期)已封顶，预计在2018年年底建成并投入使用。

【医疗质量】 规范医疗行为，保证医疗质量。严格执行医院管理的18项核心管理制度、《病历书写规范》和《手术安全核对制度》，健全院科二级质量管理体系，制定医疗质量与安全管理和持续改进方案，定期和不定期召开医疗质量和医疗安全会议，保障医疗质量和医疗安全。医务科、质控科坚持每天下科室参与交班、查房，认真执行电子病历及终末病历质量控制。每月在分管领导的带领下，进行一次全面医疗质量督查。坚持每月出一期《医疗质量简报》，对医疗质量进行全面点评，指出不足，提出整改意见。积极推行临床路径，及时总结经验，积极推广护理新技术、新项目，全年共有 47 个病种纳入临床路径管理。加强专科护理的建设，落实静脉治疗、压疮护理、糖尿病护理等三个专科管理小组的职能。落实护士分层级培训及考核制度，加大对新护士及低年资护士的培训力度，护理管理委员会技术操作考核小组每月抽查各科室护士进行护理技术操作考核。对护理质量进行认真分析。加强院感防保工作，保障医疗安全。严格按照《传染病防治法》要求，对全院医护人员进行传染病防控知识培训，组织多次全院医务人员进行人感染禽流感、手足口病、埃博拉病毒等传染病诊疗和防控等相关知识的培训和考核。强化监督管理，建立和健全传染病登记、报告制度，完善化验室、放射科、病理科等检查科室的阳性结果登记台账。在加强院感监测工作中，不断强化手卫生的监督管理，认真做好手术室、ICU、新生儿病区、内窥镜诊疗中心、检验科、血透室等重点科室的院感监测工作。积极开展医院感染现患率调查。全年无院感流行及暴发事件发生。

【扶贫建档】 结合精准扶贫要求，全面启动健康扶贫工作。通过对建档立卡低收入人口实行"先诊疗后付费"、全部纳入家庭医生签约服务范围等手段，切实提升贫困人口医疗保障水平，防止因病致贫、因病返贫情况的发生。该院坚持每月一次到挂钩的联盟村、新跃村进行深入走访慰问，建立"第一家长"制度，更加深入到群众中去，把扶贫工作真正做实、做好、做到群众心里，预计于 2018 年底实现全面脱贫。脱贫人口中，有劳动力的家庭人均可支配收入达 6883 元以上，无劳动力的有低保、五保兜底，脱贫户全部实现"八有"保障。

【坚持医德引领】 创新开展"要敬业、不散懒；要添彩、不抹黑；要先进、不落后"专项主题活动，组织开展"十佳医生、十佳护士、三个医德医风奖"评选，大力弘扬新风正气，努力净化医疗环境。精心组织"远离回扣、廉洁从医"专项整治行动。积极开展护理技能竞赛、护理知识培训及重症医学科开展应急情景演练等活动，提升护理人员综合素质，为患者提供更好的人性化的优质护理服务，为患者的生命安全保驾护航打下坚实的基础，营造和谐友好的医患关系。

【服务社会】 坚持问题导向，用心用情开展"善美之城•健康万人行"活动，党员志愿者服务队积极开展健康宣传、健康咨询、义诊等医疗公益服务，全年组织义诊 5 次，为群众免费量血压、测血糖等 15000 人次，发放健康宣教资料 500 多份，开出处方 400 多份，免费发放常用药品价值 9400 元。

新城区一角

【职工福祉】 关心职工，解决他们实际困难。重大节日期间走访离退休人员，看望、慰问困难职工和生病住院职工，帮助他们排忧解难，及时送去组织的温暖和关怀。实现同工同酬，建立聘用职工福利待遇的长效机制。

【文化活动】 组织开展各类活动，丰富职工业余文化生活。先后举行庆“三八”国际妇女节徒步健身活动、成立武术协会人民医院分会并开设太极拳培训班、职工男女趣味篮球赛、庆重阳老干游园会等活动。与县篮协合作主办“篮协杯”业余男子篮球赛，还积极参加县运会等活动，并取得较好成绩，赢得社会各界的一致好评和广泛赞誉。

（黄骋）

县人民医院领导班子成员名单

院　长：张从真

副院长：叶保青　黄锐锋　温洁贞

翁源县中医院

【概况】 2017年业务收入4863.16万元，同比增长9.76%；门接诊102011人次，同比增长1.95%；出院病人7050人次，同比增长1.51%。

【医院升级建设】 该院已列入18个县级中医医院升级建设项目实施单位之一，按二级综合医院的标准进行升级改造。综合楼扩建选址位于该院原住院部，占地约2100多平方米，建筑总面积为19500平方米，共十层，底层地下室为停车场。设计平面设计图成L型，和现在行政办公楼连通。项目采用勘察、设计、施工总体承包方式进行，经县政府常务会议、县委常委会议审核通过，工程预计在2019年6月完工。升级改造完成后，提高医院综合服务能力，诊疗服务量、县域内就诊率将会明显提升，为大幅度减少患者县域外就诊的比例、适应“大病不出县”的发展目标、缓解“看病难、看病贵”和创建“卫生强县”做出应有的贡献。

【中医适宜技术】 医院加强对中医适宜技术治疗师的培训，轮流到韶关市市中医院、深圳市宝安区中医院等上级医院进行轮训学习，提高中医治疗质量；积极开展中医适宜技术，是年，医院开展中药封包6200次，中药敷药64次，艾灸3421次，中药涂擦3835次，穴位注射816次，中药熏蒸480次，拔火罐502次，全年开展2次天灸，一共有565人贴敷。

【医院医疗安全管理】 医院坚持把医疗质量放在重要位置去抓，其中病例质量是重中之重，以抓病历质量带动各项工作。每月从归档病例中随机抽取各科病历，对发现的问题进行及时整改，并纳入绩效考核及年终评比。下半年始从环节病历的基本信息入手，加强病历内涵建设，不断提高病历书写质量。对在实际检查过程中出现的问题，严格按照病历质量管理规定进行处罚，对于终末病历，采取查重点、找问题、评级别、反馈问题的方式提升病历甲级率，使病历甲级率明显提高，甲级率达99.7%。

（王卫东）

县中医院单位领导班子成员名单

院　长：郑荣茂

副院长：王卫东　谢广贵　赖宏初

疾病预防控制

【概况】 2017年，全县无甲类传染病报告。乙类传染病报告903例，死亡9例。丙类传染病报告3190例，无死亡病例。甲、乙类法定传染病总发病率为1179.99/10万。适龄儿童计划内疫苗基础接种率分别为卡介苗99.55%、糖丸99.16%、百白破99.26%、含麻类98.76%、乙肝99.37%、乙脑98.19%、甲肝98.88%、流脑A群99.37%。适龄儿童计划内疫苗加强接种率分别为糖丸99.01%、百白破99.29%、含麻类98.92%、乙脑99.22%、流脑A+C 99.40%、白破98.82%。生活饮用水监测42份，合格率100%。农村饮用水安全工程监测74份，合格率43.24%。全县“三热病人”（临床诊断疟疾、疑似疟疾、不明发热病人）血检380人，无阳性血片。300份碘盐监测结果均为合格碘盐。

【举办全县免疫规划工作培训班】 2月15日，

由县卫计局主办县疾控中心承办的全县免疫规划工作培训班如期举行。全县接种门诊分管领导、产科接种点和预防接种门诊负责人共 30 多人接受了培训。

【重启检验检测资质认定】 该中心检验检测资质认定证书，由于历史原因未复评审，已于 2012 年过期失效，导致许多工作受到限制，甚至不能正常开展。新领导班子高度重视这一问题，组织相关科室和人员重新编制《质量手册》等质量体系文件。在做好新版质量体系文件运行等前期工作后，于 12 月 26 日成功申报检验检测资质认定。

【重启慢性病示范区创建工作】 该县慢性病综合防控示范区建设，在 2015 年举行启动仪式后，因诸多原因工作未能推进，许多资料未完善，无法如期在 2016 年申报验收。3 月，县人民政府就慢性病综合防控示范区建设工作，召开各成员单位负责人参加的工作推进会，调整工作方案，并按照新标准开展各项工作，全面重启此项工作。

【参加市卫生应急技能竞赛】 8 月 1 日至 2 日，该中心派出流行病学、卫生检验等专业人员参加韶关市卫生应急技能竞赛暨全国卫生应急技能竞赛韶关市选拔赛。经过参赛团队的精心准备和共同努力，取得竞赛团体第三名和两个个人单项第三名的好成绩。

【免疫规划工作督导考核】 10 月 16 日至 20 日，县卫计局、县疾控中心组成考核小组，对全县 12 个预防接种门诊进行免疫规划工作现场考核。考核小组对考核结果进行了通报，并对考核中发现的问题提出工作要求。

（张卫军）

县疾控中心领导班子成员名单

主　任：钟爱明

副主任：杨泰萍　黄锦荣

卫生监督与执法

【概况】 是年，县卫生监督所主要承担全县卫生法律、法规和规章赋予的卫生行政部门综合卫生监督执法任务，涵盖公共场所卫生、生活饮用水卫生、学校卫生、职业卫生（职业健康检查机构和放射卫生机构）、医疗机构（监管、血液安全、传染病防控）、各项卫生行政许可事项、预防性卫生监督工作、重大活动卫生保障等涉及人民群众公共健康安全的各项卫生监督工作，担负全县各镇卫生监督协管业务指导工作。翁源县卫生监督所忠实履行卫生监督职责，热情服务，廉洁办事，依法行政，规范许可，公正执法，高效监督，开拓进取，不骄不躁，各项工作稳步推进。

【党建工作】 突出抓好党风廉政建设，该所党支部组织全体党员领导干部采取个人自学、集中学习等方式，深入学习领会中共十九大精神，认真贯彻落实“三会一课”制度。支部书记以 “严明纪律、规范执法”为主题作专题辅导报告，重申卫生监督员必须做到清正廉洁、作风正派，严格执行中央八项规定，严格控制公务用车，杜绝公车私用，积极主动接受社会监督。单位设立公开投诉电话、投诉意见箱。严格按照“六不准”要求，不断强化卫生监督建设。

【卫生行政许可】 公共场所卫生许可证的新办、复核、延续、变更共 97 份（美容美发场所 57 份、旅业 32 份、沐浴场所 3 份、文化娱乐场所 1 份、供水单位 3 份、新建项目 1 份）；放射诊疗卫生许可：辖区内放射诊疗卫生许可证的新办、复核、延续、变更共 7 份；医疗机构 266 份（校验 249 份、变更 10 份、新办证 1 份、换证 6 份。）

【“双随机”工作】 根据省卫计委《关于印发 2017 年广东省监督抽检计划的通知》要求，是年，该所监督抽检任务以“双随机”形式产生，由国家卫计委委托监督中心抽取，并通过卫生计生监督信息平台下达，卫监所按质按量完成“双随机”抽检工作。

公共场所卫生监督“双随机”工作　监督员分批对上级抽中的 23 家公共场所（其中游泳场所 1 家、旅业 3 家、美容美发 19 家）进行现场检查，经检查，2 家旅业、3 家美容美发经营单位关闭，其余 18 家正常营业，绝大部分的公共场所卫生状况良好，经翁源县疾控中心抽检，均未检出致病性的大肠菌群、金黄色葡萄球菌。

医疗机构卫生监督“双随机”工作　共抽查

医疗机构10家，其中包括传染病卫生1家，医疗卫生6家，放射卫生3家。重点检查是否超出许可范围开展执业活动，执业人员是否取得相关资质，医疗机构的消毒、传染病管理、医疗废物处理等相关工作是否符合要求。针对检查发现的问题现场进行指导，下达卫生监督意见书，提出限期整改意见，并对限期整改单位进行跟踪复查。

饮用水卫生监督“双随机”工作　共抽查供水单位4家。检查内容包括持有卫生许可证情况，水源卫生防护情况，供管水人员持有效体检合格证明情况，供管水人员卫生知识培训情况。检查结果显示，各水厂运行情况良好，各项制度得到有效落实，各项指标现场检测均合格。

学校卫生监督“双随机”工作　共抽查学校7间。检查学校传染病防控、常见病与多发病防治、生活饮用水、教室和生活环境、公共场所及突发公共卫生事件卫生管理等方面的情况。7间中小学校中，全部达到合格。

【公共场所卫生监督】　公共场所工作与巩文工作同步开展。全年监督公共场所经营单位341间。其中旅业83间、KTV8间、美容美发227间、桑拿沐足16间、其他7间。在监督过程中发现有41间公共场所经营单位不符合相关要求，卫生监督员下达监督意见书责令限期整改。对341间公共场所经营门店进行全面监督，监督覆盖率达到100%。在巩文工作中，共投入20万元左右购置禁烟标识牌1200块、公示栏1300块、许可证镜框1000个、卫生管理档案盒1500个、宣传牌400块、卫生知识培训合格证明2000张。

【医疗机构卫生监督】　全县医疗机构共266家。其中医院19间（含基层卫生院），个体诊所52间，卫生站193间，校医室2间（含幼儿园）。全年出动133车次，532人次进行监督。每间医疗机构均达到2个频次的监督频率，监督覆盖率达到100%。

【传染病防治监管】　该所对县内266间医疗机构日常监督过程中进行传染病监督以外，还进行传染病专项监督，包括对学校和其他公共场所传染病的监督。在监督过程中，监督员下达卫生监督意见书，要求相关单位严格执行传染病管理制度和报告制度。同时还召集全县医疗机构负责人到县卫生监督所参加传染病防控和报告专题培训班，确保在不同的季节均能做好传染病的防控工作和报告工作。

【职业（放射）卫生监督】　全县共有放射诊疗单位20家，有X射线诊断设备29台，总放射诊疗工作人员34人，放射工作人员取得放射人员工作证的有34人。对全县放射诊疗单位进行卫生监督检查：各放射诊疗单位均能按照防护管理制度和技术操作规程要求实施，放射工作人员均佩戴个人剂量计，个人防护用品配备齐全，机房门外有明显的电离辐射标志和工作指示灯，放射工作场所的防护设施大部分能达到防护要求。通过检查，针对存在问题的单位，按照《中华人民共和国职业病防治法》和《放射诊疗管理规定》的要求，当场下达卫生监督意见书，要求限期整改。

【生活饮用水卫生监督】　全县生活饮用水供水单位43家，其中集中式供水单位22家、二次供水单位21家。饮水安全工程29个，涉水产品经营单位8家，集中式供水和二次供水单位监督2个频次以上，其他1个频次，监督覆盖率达到100%。在全年的监督过程中发现大部分供水单位都能按相关要求供水，但仍有部分单位不符合供水相关要求擅自供水，针对这种情况该所卫生监督员下达卫生监督意见书限期整改，对拒不整改的供水单位我所进行处罚并责令停止供水，同时将情况反映给当地政府。

【卫生监督协管】　对全县11家卫生院的卫生监督协管工作进行每季度1次督导和现场业务指导，各卫生院均配备专（兼）职卫生监督协管员，共34人。以围绕公共场所、饮用水、学校饮用水卫生及传染病防控措施落实情况、非法行医及非法采供血巡防等为工作重点，在该所的指导下组织卫生监督协管员开展日常巡查、寻访工作，协助卫生监督机构开展调查处置，并对发现的异常情况立即上报该所。

【打击非法行医行为】　该所以多措并举，依法严厉查处黑诊所等非法行医行为，有力保障了群众的就医安全。2017年，该所联合卫计、公安、工商和药监等部门，对辖区内的医疗市场进行专项整治，取缔无证黑诊所2家、无证牙科23家，对1家药店和2家违法违规的卫生站进行行政处罚，为了防止取缔后的“黑诊所”再次执业，执法人员坚持不定期的巡回监督检查。

（范芳喜）

县卫生监督所领导班子成员名单

所长、支部书记：张群昌

副 所 长：许青云　梁红英

工会主席：文茂生

妇幼保健与计生服务

【概况】 翁源县妇幼保健计划生育服务中心遵循“以保健为中心，以保障生殖健康为目的，保健与临床相结合，面向群体，面向基层和预防为主”的妇幼卫生工作方针。为本辖区内妇女儿童提供围产保健、妇女保健、儿童保健等 妇幼保健服务和妇女儿童常见病防治、助产技术服务等，承担计划生育宣传教育、技术服务、优生优育咨询、药具发放、信息咨询、随访服务、生殖保健、人员培训等任务；开展婚前医学检查、孕前优生健康检查和出生缺陷综合防治服务等工作；受县卫生计生行政部门委托承担辖区妇幼保健业务管理、培训和技术支持工作。至年底，全院在岗职工总数151人，其中在职在编53人（财供编制21人，自供编制32人），卫生技术人员112人，副高级职称4人，中级职称34人，初级以下职称72人。设有病床70张，固定资产1625.17万元；全年共接诊门诊病人94292人次，住院分娩产妇2640人，收治妇科、儿科住院病人1545人次，业务收入23360.43万元，完成手术总例数746例，住院危重病人抢救成功率为100%，为翁源县妇幼保健和计划生育工作作出积极的贡献。

【落实妇女儿童两个发展规则】 完善卫生统计制度，抓好妇幼卫生信息管理工作，经常派出业务骨干到基层卫生院进行业务指导，同时定期召开妇幼卫生人员例会，提高基层妇幼卫生人员的业务水平，做到及时收集、整理、分析各种妇幼卫生信息，认真做好各类报表会审上报工作。抓好儿童、孕产妇系统管理工作，完成妇幼卫生保健各项工作任务指标，是年，全县户籍活产数5442人，产前检查率95.76%，孕产妇系统管理率95.33%，住院分娩率100%，孕产妇死亡率为1人，死亡率18.38/10万，低出生体重发生率0.99%，5岁以下儿童死亡率4.59‰，婴儿死亡率2.94‰，新生儿死亡率2.39‰，母乳喂养率97.10%，7岁以下儿童保健覆盖率95.02%，3岁以下儿童系统管理率95.44%，5岁以下儿童中重度营养不良发生率0.33%，妇女病筛查率81.9%，婚前医学检查率25.62%，新生儿疾病筛查率95.92%，新生儿听力筛查率86.39%，出生缺陷发生率1.40‰，无新生儿破伤风发生。加强托幼机构卫生保健管理和指导工作，按照托幼园所卫生保健管理办法的有关规定，加强托幼园所卫生保健工作业务指导，强化托儿所幼儿园卫生保健人员培训，规范托幼园所卫生保健工作，做好托幼园所儿童健康体检和生长发育评价工作，对小儿腹泻、肺炎、佝偻病、贫血、营养不良的调查和矫治做到有登记、追踪、复查、统计和总结分析，切实做到严格管理，确保儿童身心健康。

【妇幼卫生重大项目】 规范农村孕产妇住院分娩补助项目，提高补助率。加强妇幼专干对项目知识的培训，督促其在孕早期为孕妇宣传住院分娩的好处，以确保符合政策的孕产妇及时享受政策补助。动员各乡镇卫生院不断加大对项目的宣传力度，使党的这项惠民政策家喻户晓，努力提高全县项目补助率。

阻断乙肝、梅毒、艾滋病母婴传播工作 加强制度建设，制定项目工作实施方案，建立“逢孕必检”的工作机制。并按“实施方案”要求因地制宜的紧紧围绕所有孕妇、产妇及婚前保健人群等目标人群，开展健康教育宣传。利用各种卫生宣传日、电视、广播及保健门诊大力宣传“预防乙肝、梅毒、艾滋病母婴传播”知识。发放各种宣传册、画报、宣传单等资料，通过县、乡保健服务单位发放到孕产妇手中，向孕产妇传递艾滋病母婴传播知识和信息。提供自愿咨询与自愿检测服务。2017年，住院分娩产妇6697人，孕产期艾滋病免费咨询 6697人，孕产期抗体检测6697人，检测率100%；检出艾滋病阳性2人；乙肝检测6697人，检测率100%，检出乙肝表面抗原阳性507人，阳性率7.57%；梅毒检测6697人，检测率100%，检出梅毒感染者18人，阳性率0.26%，并有效地阻止母婴传播。

农村孕产妇增补叶酸预防神经管缺陷项目

加强项目的宣教工作。该院通过采取宣传栏，印发宣传资料，以及婚前医学检查等形式宣传准备怀孕农村妇女及孕早期妇女补充小剂量叶酸的好处及领取叶酸的程序，通过宣传提高准备怀孕农村妇女及孕早期妇女知晓率；加强妇幼专干对项目知识的培训，并组织发放小剂量叶酸片，做好发放登记及信息上报工作。大力宣传小剂量叶酸增补相关知识，提高待孕妇女的优生优育的意识，尽量为减少新生儿神经管畸形出生缺陷的发生做好预防工作。

【建立出生缺陷综合防控干预中心】 上年翁源县被列为“出生缺陷综合防控干预中心”建设县，干预中心定于该中心。该县按照要求制定《翁源县出生缺陷综合防控项目管理方案》，并如期开展相关防控工作。2017 年，产前唐氏筛查 1654 人，筛查阳性 200 人，进行产前诊断 140 人，确诊染色体异常 8 人，终止妊娠 8 人；产前结构畸形超声筛查 7061 人，筛查阳性 20 人，确诊六大结构畸形 1 人，终止妊娠 14 人；新生儿代谢疾病筛查 5334 人，筛查阳性 158 人；新生儿听力筛查 5401 人，筛查阳性 20 人。

（芦微）

县妇幼保健计划生育服务中心领导班子成员名单

院长、党支部书记：陈六太

副院长：何权昌　叶秀云　吴小琼

工会主席：林耀德

慢性病防治

【概况】 翁源县慢性病防治站（以下简称“慢病站”）是全县慢性病防治中心，担负着全县 40 多万人口的结核病、麻风病、性病、艾滋病、皮肤病、精神病防治工作。2017 年全站有干部职工 22 人，其中专业技术人员 15 人，管理 3 人，工勤 4 人；具有中级职称 5 人，初级职称 4 人，员级职称 6 人。站内有慢性病门诊部，设有结核科、性病皮肤科、精神科、DR 室、药房、护理、办公室等科室。是年，县慢病站荣获市卫计局的四项表彰，分别是韶关市慢性病防治工作先进单位、结核病防治规划工作先进单位、性病麻风病防治工作先进单位和严重精神障碍疾病管治工作先进单位。

【结核病防治】 该站结合实际，把结核病防治重点放在新发初治涂阳病人发现工作上。对原来要求咳嗽、咳痰或咯血二周以上为可疑患者降低到一周以上列为可疑对象进行检查确诊。全年该站结核病专科门诊共接诊可疑病人 950 人。确诊 182 例，其中新发涂阳 29 例，其他复治 5 例，新发涂阴 107 例。是年全县各医疗单位结核病疫情报告与归口转诊检查情况：发现肺结核（含疑似）病人 525 人，收到传染病（肺结核）报告卡 399 张。

【性病、艾滋病防治】 按照《中国预防与控制梅毒规划（2010—2020 年）》等文件要求，该站对该县三个哨点医院的性病防控工作进行专项督导，重点是梅毒规范化治疗，从管理和技术上进一步规范该县的性病防治工作，完成省、市下达的性病、艾滋病的监测和防治任务。翁源地区 2018 年全年报告登记的性病有 394 例。其中男性 181 例，女性 213 例，男女性别比为 1：1.18。性病构成比：梅毒最多 222 例占 56.35%；其次生殖道沙眼衣原体感染 105 例占 26.65%；尖锐湿疣 35 例占 8.88%；淋病 29 例占 7.36%；生殖器疱疹 3 例占 0.76%。2017 年在全县范围内进行 3 次培训。9 月 13 日，卫计局在朝阳广场举行一次“公共卫生服务宣传活动”，发放麻风病宣传资料 57 份，性病、艾滋病宣传资料 100 份，发放避孕套 48 盒。10 月在坪田发放麻风病宣传资料 40 份，性病、艾滋病宣传资料 70 份，发放避孕套 20 盒。

【麻风病调查】 根据《广东省麻风病防治规划（2011—2020）》等文件要求，该县全年无新发病人，现症病人 1 例（2015 年新发），正强化治疗。9 月在周陂镇昆山村进行一次疫点调查，检查 57 人，受检率 96.6%。未发现可疑麻风病人。至年底，全县还有治愈存活病人 17 人和 1 例现症麻风病人，达到基本消灭麻风病的要求。是年，在全县进行 2 次培训，并按上级要求完成各项工作。

【重性精神病患者调查】 经与粤北第三人民医院、韶关市第三人民医院（韶钢医院）、韶关市复退军人医院协商同意，由县卫计局与各医院签订协议书，对翁源县范围的评估 3 级及以上的严重精神障碍患者进行住院救治，时间从 3 月 1 日至 12 月 31 日止。另按照基本公共卫生服务要求，稳定病人每 90 天进行一次随访，基本稳定病人 30 天随访一次，不稳定病人每 2 周随访一次。至 11 月 31 日，在册在管患者 2563 人，累计当月在管患者管理率为 92.43%,规范管理率为 89.35%，服药率为 79.63%；规律服药率 22.43%，稳定率为 98.52%，危 3 率为 0。至 11 月 30 日，全县累计登记严重精神障碍患者 2923 人，在册 2563 人，检出率为 7.42‰，其中精神分裂症 1886 人，占 73.59%；偏执性精神病 1 人，占 0.04%；分裂情感性障碍 24 人，占 0.94%；双相障碍 46 人，占 1.79%；癫痫所致精神障碍 127 人，占 4.96%；精神发育迟滞伴发精神障碍 479 人，占 18.69%。10 月新增病例数 2 人，死亡 1 人。

（吴蔚蔚）

县慢性病防治站领导班子成员名单

站　长：陈海波

副站长：涂沐淮　张红梅

翁源县红十字会

【14 岁以下贫困家庭小孩患有先天性心脏病和白血病救助】 全年 6 人得到救助，其中白血病 3 人得到中国红十字基金会每人 3 万元资助。

【送温暖活动】 春节期间共慰问 48 户，送出慰问品有油、棉被、拉舍尔、衣服等物品。

【开展急救救护培训】 为 2 家企业和 4 家中学开展水上救援、心肺复苏、包扎伤等急救救护培训，共计 500 多人参加培训。

【开展造血干细胞捐赠知识宣传】 全年发放 300 多份宣传资料。宣传造血干细胞知识宣传活动，让造血干细胞知识家喻户晓、人人皆知。

【义诊活动】 是年分别组织四场（富陂、仙南、蓝坑、朝阳广场）义诊活动。200 多名群众得到免费诊疗或医治。

爱国卫生

【概况】 县爱国卫生运动委员会（以下简称“县爱卫会”）下设办公室（以下简称“县爱卫办”），是县爱卫会的常设办事机构，是参公管理副科级事业单位，挂靠县卫计局；单位编制 7 名，领导班子设主任 1 名，副主任 1 名；设公共卫生股、综合股 2 个职能股室。是年全县爱卫生工作取得突出的成绩，该县成功创建国家卫生县城。全县成功创建 12 个省卫生村、64 个市卫生村，卫生村覆盖率和人中受益率等多项指标排名全市第一。连续多年高质量完成列入《2017 年韶关市县绩效评价实施方案》农村卫生镇覆盖率和农村卫生村覆盖率两个项目的指标，分值都是满分。全年病媒生物控制达到良好的效果，县城继续推行购买服务，经过四个季度的联合考核，达到国家卫生县城规定的标准，县直单位、乡镇、企业、小区也逐步推行购买服务。深入开展城乡整洁行动、农村生活垃圾收运处理和社会主义新农村建设工作。县政府在全县继续推行环卫体制改革，12 月份完成官渡镇、翁城镇和县城垃圾填埋场的招标和改革工作，全县域城乡生活垃圾收运处理工作实行社会化运营，极大地提高全县城乡保洁水平，建立健全镇村生活垃圾收运处理体系。贯彻落实环境卫生综合整治“三个一”（召开一次联席会议、进行一次走访慰问、开展一次健康座谈议论）制度，开展以清理卫生死角、消除四害孳生地、预防虫媒疾病流行发生为内容的群众性爱国卫生运动，全面提升城乡环境卫生。改水改厕工作顺利推进，普及率达到 98.73%，农村改水受益率达到 100%。

【城乡环境卫生整洁行动】 全县继续深入开展以环境卫生整治、清除病媒孳生地为主要内容的爱国卫生运动，健全全面深化爱国卫生运动的长效机制和卫生创建评价机制，完善科学的病媒生物防制体系，有效控制病媒生物密度和传染病的发生流行，使全县范围内病媒生物密度控制水平达到国家标准，城乡人居环境质量得到整体提升，保障人民群众身心健康。围绕创建国家卫生县城和卫生镇村工作，以第 29 个全国爱卫月、重大节日、登革热防控等专项爱国卫生活动为抓手，大力开展城乡环境卫生整治。贯彻落实环境卫生综合整治“三个一”制度。根据省、市爱卫会的部署，继续坚持落实好“三个一”环境卫生整治制度。即每年一次爱国卫生月、每月组织一次清除卫生死角和四害孳生地为主的统一行动、每周进行环境卫生大扫除。已由县府办下发文件规定每月第一周周五为每月组织一次清除卫生死角和四害孳生地为主的统一行动日；继续抓好每周五下午卫生大扫除制度的落实。全县加大力度推动城乡生活垃圾收运处理工作的落实，从是年底起由财政投入本级资金，通过政府购买方式，全县域完成环卫改革，全面实行城乡生活垃圾收运处理工作社会化运营，提高全县城乡保洁水平，建立健全镇村生活垃圾收运处理体系。结合社会主义新农村建设来开展卫生村创建工作，爱卫办专门成立一个督导组，积极配合县委农办开展好全县51个相对贫困村“三清三拆”的每月一次督促检查工作，推动乡村整洁行动的落实。会同住建部门做好各镇（场）农村生活垃圾清运处理的监管与考核工作，协调各乡镇与广州惜福环保公司开展城乡生活垃圾收运处理工作，使农村卫生保洁工作取得明显的提升，但目前存在工作落实与合同要求有一定的差距，以及各级考核监管不到位等问题。通过环卫改革和多次开展城乡环境卫生整洁行动，城乡环境更加整洁，为全县干部群众营造卫生舒适的工作生活环境，有效地促进巩固国家卫生县城和创建卫生镇村活动。

【创建国家卫生县城】 该县成功创建国家卫生县城。通过全县各级和广大干部群众的三年多来的共同努力，该县创建国家卫生县城已取得阶段性成效，在7月发文授予该县“2016—2019周期国家卫生县城”荣誉称号。11月8日上午，县委县政府在县政府三楼会议室召开“创国卫”工作总结会议，举行授牌仪式。副县长肖俊青主持会议，并总结“创国卫”工作。市爱卫办主任彭爱莲宣读《全国爱卫会关于命名2014—2016周期国家卫生县城（乡镇）的决定》，并为该县成功创建“国家卫生县城”授牌。县长陈来安在讲话中说，接过国家级卫生县城的金字招牌，标志着该县三年来创“国卫”工作取得阶段性的成绩，但这只是一个新的起点，要在新的起点上继续巩固和发扬创卫工作，把创建国家卫生县城的工作巩固和提升，在全社会形成文明习惯、保洁治理机制，创造良好的生活工作环境，推进美丽幸福翁源的建设。要始终保持谦虚谨慎的工作作风和持之以恒的创建热情，增强创建工作的责任感和使命感，继续苦干实干，把创建及巩固的过程变成提高县城管理服务水平的过程。要正视问题，巩固和提升创卫成果，各执法单位今后一定要切实落实主体责任，加大行政执法力度。是年，结合起省文明县城复评工作，不断积累管治经验，建立健全单位所管辖范围或行业的管理制度，完善和提升县城长效管理制度体系，确保成果创得下、保得住、“创卫”工作真正得到长效固化，真正让县城整洁美丽、和谐幸福。

【创建卫生镇村活动】　2017年，全县成功创建12个省卫生村、64个市卫生村，创建省、市卫生村的力度空前。4月28日上午，县爱卫会在卫监所三楼会议室举行全县爱国卫生工作会议，会议对2016年度爱国卫生工作总结并对次年爱卫工作进行部署，并由县住建局对农村生活垃圾处理工作进行部署。会议对2016年度成功创建韶关市卫生镇（官渡镇、铁龙林场），广东省卫生村（4个村委）进行表彰授牌。8月16—17日，县爱卫办组织各乡镇负责创建卫生镇村工作的分管领导到南雄市和始兴县，参观学习卫生镇村创建、农村生活垃圾收运处理和新农村建设等先进经验。8月24日，县政府办下发《翁源县人民政府办公室关于2016年度创建卫生镇村工作经费补助的通知》，对2016年度成功创建省市卫生村镇进行表彰奖励，全县共奖补工作经费71万元。根据《韶关市2015—2020年加快推进创建卫生镇村工作方案》工作要求，累计至2017年底农村卫生镇覆盖率和农村卫生村覆盖率两个项目的指标要求，以及结合该县社会主义新农村建设有关指标要求，该办加大力度创建省、市卫生村，组织全县各乡镇向上级爱卫部门申报78个卫生村(其中省卫生村14个、市卫生村64个)。9月26日，县爱卫会在翁城和新江召开创建省、市卫生村工作推进现场会，参加人员由县爱卫会副主任、县爱卫办相关人员、各乡镇负责创建卫生镇村工作的分管领导。9月27—28日，县爱卫办组织江尾镇、坝仔镇、周陂镇和爱卫办有关人员共5人，到乐昌市参加韶关市爱卫办组织的创建卫生村镇和病媒生物防制培训班。10月16日至11月9日，市爱卫会组织三个考核组先后对该县2017年度申报的省、市卫生村逐一考核验收，充分肯定该县的创建工作，并由省、市爱卫会在12月下发确认全县成功创建12个省卫生村和64个市卫生村。至年底农村卫生镇覆盖率累计达到50%，农村卫生村覆盖率累计达到76.92%，提前3年超额完成市下达的到2020年工作指标。列入《韶关市县（市、区）工作绩效评价实施方案》的农村卫生镇和农村卫生村覆盖率两个项目考核分值拿到满分（合计0.4分）。

【全国第29个“爱卫月”活动】　县爱卫会在3月底下发《翁源县开展第29届“爱卫月”活动的通知》，明确“爱卫月”活动的目标要求，以及各时段的具体工作和各级各单位的职责。2月25日，县爱卫办组织农业局、工商局、卫计局、疾控中心、畜牧局、物业管理总站等单位在中心市场举行“清洁卫生齐动手、预防疾病保健康”全省春季爱国卫生统一宣传活动,副县长肖俊青出席活动，活动重点对禽流感防控进行宣传，发放各类宣传品2000多份。并组织保洁公司30多人对中心市场开展大清洁和消杀行动。4月14日上午，县爱卫会开展全县爱卫月统一行动，组织龙仙镇与4个社区、保洁公司共50多人在城东健身广场开展清理卫生死角和宣传活动,发放1000多份宣传品。县爱卫办联合团县委、两创办、教育局等单位，在龙仙三小举行健康学校与文明卫生小标兵实践活动的启动仪式，副县长肖俊青出席并致辞。结合县城“巩固省文明县城”工作，把治理卫生死角和清除“四害”孳生地作为整治的重点来抓，会同县“两创”办一齐多次组织专业队伍、机关单位干部、职工，中、小学生、青年志愿者对县城各类公共场所、背街小巷、城中村和城乡接合部等卫生问题较突出的场所开展清理“四害”孳生地与卫生死角统一行动，解决一批环境卫生重点难点问题。严格执行每周五下午为全县统一开展大扫除活动，要求各级各单位搞好办公区、住宅区、生活区房前屋后的卫生，以及本单位创卫责任区进行大扫除，此项工作制度在县“两创”办和爱卫办的督促检查下，各级各单位能积极开展，起到很好的示范带动作用。

【病媒生物防制】 按照创建国家卫生县城工作的标准要求，组织好病媒生物防制工作有序开展。下发了《翁源县2017年度除“四害”工作要点》，明确各级各单位，以及各个时段的工作任务。3月28日至29日，县爱卫会组织各镇（场）分管领导、住建局、保洁公司等单位相关负责同志共15人，到肇庆市高要区实地参观学习广东省除“四害”示范基地。4月28日上午，县爱卫会在卫监所三楼会议室举行全县除“四害”和农村改厕业务培训班，邀请市爱卫办何勇科长和市疾控中心刘旭振副主任医师主讲，对与会人员进行除“四害”的业务培训。结合县城巩固省文明县城和国家卫生县城工作，爱卫办坚持“全面加强，突出重点，综合整治”原则，实施定时定向与问题导向突击整治的消毒杀虫常态化工作机制。通过对去年中标公司（翁源县有灵有害生物防治中心），落实县城公共区域除“四害”工作的专项考核，各项指标达到工作要求，经县政府同意，2017年度县城公共区域除“四害”服务服务合同，延续合同金额为15.53万元不变。该办根据服务合同的条款要求，指导中标公司加强对县城公共区域消杀力度，根据工作实际，专门制定考核监管方案，组织开展定期或不定期的专项考核，确保工作达到成效，有效控制“四害”密度；加大病媒防制基础设施建设力度。是年在县城创建范围新装和维护灭鼠屋500多个，累计在县城创建区域内安装灭鼠屋7800多个。

【纪念爱国卫生运动65周年专题活动】 4月，根据上级爱卫会的工作要求，该会下发文件，组织全县开展全国爱国卫生65周年纪念和第29个爱卫月专项活动。4月是全国第29个爱国卫生月，恰逢2017年又是全国爱国卫生65周年纪念活动年。做好宣传爱卫65周年的工作成效和有效防控寨卡病毒病、登革热等蚊媒传染病，提高群众防蚊灭鼠、预防疾病的能力；该会组织专门力量，协调相关部门，完成编撰出版翁源县爱国卫生运动65周年纪念册——《爱卫在翁源》，充分展现该县爱国卫生运动65周年来取得的重大成就，特别是十八大以来成功创建国家卫生县城、省文明县城、3个市卫生镇、100多个卫生村的重大成就。启动健康学校和文明卫生小标兵实践活动。从4月起，县爱卫办、团县委、县教育局决定联合开展“人人都是翁源形象，个个争做卫生小标兵”评选活动，在全县中小学开展健康学校建设活动。

【农村改水改厕】 继续大力推动农村卫生户厕改造工作，根据县委县政府今年美丽乡村建设和人居环境整治等相关工作要求，重点在全县的51个相对贫困村开展社会主义新农村建设中，完成改厕达到100%的目标。县爱卫办在年初已做好工作规划，在6月份前已完成全县的未完成改厕任务的摸底调查工作。并在5月对各镇分管领导和工作人员进行改厕业务培训，同时印发了有关改厕宣传资料。累计至是年底全县共完成改厕户数14.16万户，累计卫生厕所普及率全县达到98.73%；积极推动农村改水工作开展，本年度农村改水受益率达到100%。同时牵头组织有关部门进行农村生活饮水水质监测，在枯水期和丰水期进行多次水样抽查，督促未达标的乡镇和单位进行整改，此项工作得到市检查组的充分肯定。

（毛敏华）

县爱卫会领导班子成员名单

主　任：毛敏华

副主任：刘　斌

体育工作

【概况】 2017年，全县体育工作坚持为全县经济社会发展服务的宗旨，以群众体育、竞技体育、体育产业和体育基础设施建设协调快速发展为目标，以全力备战市青少年锦标赛和2017年韶关市第十五届运动会为重点，以提升干部队伍凝聚力、战斗力为基础，充分发挥体育工作在全县和谐小康社会建设进程中的独特作用。

【群众体育】 全年举办一次综合性（7个项目）的体育竞赛，5次全县性的体育活动。春节期间，举办“庆新春•体彩杯”羽毛球擂台赛、乒乓球擂台赛、画眉赛、三人篮球赛、青年足球赛、少年足球赛和社区门球赛等系列体育活动。各季度分别举办庆“三•八”国际妇女节徒步健身活动、钓鱼赛、乒乓球赛、足球赛、篮球赛、门球赛。3月3日，在县体育馆进行“舞动巾帼，展现风采”健身操展示活动，有来自全县各镇妇联和县直机关妇委会选派的19支展示队伍。5月11日至14

日，该县男子足球代表队参加在乐昌市举行的“广东省第二届县（区）足球赛（韶关）市预选赛”，获得亚军。6月12—23日，县体育馆举办第三届“安全杯”男子篮球赛，有来自8个镇（场）和县直单位共18支代表队参加。8月8日是全国第9个全民健身日，是日晚，在县体育馆举行2017年县武术协会、县健身气功太极拳协会、县舞蹈协会全民健身展示活动。

【竞技体育】 根据韶关市竞技体育赛制，通过调研对业余训练体制作适当的调整，在条件好的学校开展“三合一”（体育局、教育局、学校）的业余训练，形成齐抓共管，共同打造竞技体育品牌。对训练成效好、成绩突出的训练点按照《翁源县体育运动业余训练重点班管理办法》列入翁源县体育运动业余训练重点班管理，调动和激励广大教练员积极开展业余训练，并积极主动向上输送体育苗子。

5月15日至8月20日，韶关市举行第十五届运动会。全市有13个代表团参加，该县派出乒乓球、羽毛球、跆拳道、举重、赛艇、皮划艇、足球、田径、武术、篮球等多支代表队竞战。共获得金牌54.5枚、银牌14枚、铜牌13枚、第四名21个、第五名15个、第六名12个，团体总分4909.29分，在全市13个代表团中排名第五名，是该县近年来最好成绩。此外，该县代表团还荣获市运会“体育道德风尚奖”、金牌总数奖第四名、突出贡献奖第六名。

【公共体育设施】 继续实施农民体育健身工程。对新建有篮球场的村配备篮球架和室外乒乓球台。对县城公共体育场馆设施进行多次检查，发现问题及时处理，消除安全隐患。

【社会体育指导员培训】 3月7—8日，县体育局在县体育馆举办健身气功二级社会体育指导员培训班，县城各健身点派健身气功社会体育指导员骨干参加培训。此次培训班邀请韶关市体育局专家小组为学员授课，共有80人参加培训。

【国民体质测试】 根据《体育法》和《国民体质监测工作规定》的要求，6月6日，该局向各单位下发《关于开展体质测定的通知》，县体质测定与运动健身指导站免费向各机关、企事业单位工作人员（20—69岁）开放。6月9—14日，该局利用“投桃报李·最忆翁源”2017广东（翁源）桃李文化节活动，在主会场龙湖广场设点向群众免费开展体质测试。测试活动分20—39岁、40—59岁、60—69岁三个年龄段，共1020人参加测试，测试后立即反馈给本人测定结果和科学运动建议。

【体育彩票销售】 该局着力抓好体育彩票工作，狠抓宣传工作，抓增机扩点工作，取得好成绩。

全年体育彩票销量 3355.12 万元，完成全市任务比例 111.84%，地面总销量 830.26 万元，完成全市任务（地面）比例 97.68%，完成全市任务（地面）排名第三。

（石玉玲）

县体育局领导班子成员名单

局　长： 康旭仁

副局长： 黄宝瑜　张志强

2017 年翁源县运动员参加韶关市第十五届运动会获各类比赛成绩一览表

表 2

姓名	比赛项目	获奖牌情况
梁森杰	男子 100 米	第二名
陈兴荣	男子跳高	第二名
罗美怡	女子 100 米	第三名
梁　媛	女子 400 米	第三名
王婷芳	女子 800 米	第二名
王婷芳	女子 1500 米	第二名
张　雯	女子跳高	第三名
王骏益	男子 100 米	第一名
黄　洋	男子跳远	第一名
黄　洋	男子三级跳远	第二名
李震然	标枪	第一名
包兰妃	标枪	第三名
许景棠	男子 62 公斤级	第一名
朱峥	女子 48 公斤级	第一名
官小梅	女子 53 公斤级抓举	第一名
官小梅	女子 53 公斤级挺举	第一名
周润华	男子轻量级 2 千米单人双桨	第二名
周润华　张常卿	男子轻量级 2 千米双人双桨	第二名
张常卿	男子轻量级 1 千米单人双桨	第二名
周昊成	男子公开级 2 千米单人双桨	第一名
钟耀威	男子公开级 2 千米单人双桨	第三名
钟耀威　周昊成	男子公开级 2 千米双人双桨	第一名
周昊成	男子公开级 1 千米单人双桨	第一名
钟耀威	男子公开级 1 千米单人双桨	第三名
邓苏杰	男子皮艇 500 米	第一名
邓苏杰	男子皮艇 200 米	第一名
肖　河	男子自选南拳+南刀+南棍	第一名
官伟文	男子自选长拳+刀术+棍术	第一名
袁勇彬	男子自选南拳+南刀+南棍	第二名

续表 2

姓名	比赛项目	获奖牌情况
邓阳洋	女子自选南拳+南刀+南棍	第一名
李应权	男子自选太极拳+太极剑	第一名
刘珊珊	女子自选长拳+剑术+枪术	第三名
巫　珊	女子自选太极拳+太极剑	第三名
沈诗怡	乒乓球女子单打	第一名
包　颖	乒乓球女子单打	第三名
包玉颖	乒乓球女子单打	第三名
陈煜锋　卢崇渊	羽毛球男子双打	第三名
邹欣怡　卢　薇	羽毛球女子双打	第二名
刘卓林	羽毛球男子单打	第三名
莫佳慧	跆拳道女子 52-58 千克	第二名
郭　静	跆拳道女子 59-66 千克	第二名
张锐驰	跆拳道男子 50-55 千克	第一名
李奇伦	跆拳道男子 50-55 千克	第二名
李琪桢	跆拳道女子 57-63 千克	第一名
沈　缘	跆拳道女子 57-63 千克	第二名

镇 · 场

龙仙镇

【概况】 位于翁源县境东部，为县城所在地，属全省规划建设的中心镇之一，是全县的政治、经济、文化中心。2004 年 12 月由原龙仙镇、南浦镇、三华镇合并而成。设有党政班子成员 16 名，内设党政办、经济发展办、社会事务办、农业办、计生办、规划建设办、维稳办共七大办公室。总面积 427.3 平方公里，其中耕地面积 0.534 万公顷，林地面积 2.8 万公顷。辖 34 个村委会，6 个社区居委会，总人口 14.1 万人，其中城镇居民 6.73 万人，农业人口 7.37 万人。

境内基础设施完善，交通便利。镇距广州 200 公里，距深圳 300 公里，至广州黄埔巷 220 公里、至花都机场 120 公里，至韶关 100 公里；省道 S341 线、S244 线穿境而过，建设中的昆汕（昆明至汕头）、武深（武汉至深圳）二条高速公路贯穿十几个村；主要乡村道路已铺设水泥路面。镇辖中学 2 所，小学 26 所；镇级卫生院 2 所。工业以水电、建筑、家私、纺织为主。农业以水稻、蔬菜、蚕桑、淮山、糖蔗、水果、渔业和畜牧业为主，主要特产有岭南佳果三华李、李洞椪柑、马古塘莲等。

镇内有著名的东华山旅游风景区、位于镇东北 3 公里，总面积 6 平方公里，内由东华山、狮子山、卧虎山、如珠岩、千年古刹东华寺等组成，是集闭关修炼、佛学调研、学术交流、生态环保、旅游观光、休闲疗养等一体的大型佛门圣地；新建的龙湖旅游风景区，历史文化遗产——晚唐著名诗人邵谒筑室攻书处书堂石，涂志伟美术馆，青云山省级自然保护区，新兴休闲观光果园，冷泉滩等。

2017 年实现工农业生产总产值 284358 万元，比上年同期增长 6.07%，其中工业总产值 206905 万元，农业总产值 77453 万元。实现财政收入 27922 万元，比增 111.7%；固定资产投资完成 3122 万元；农村人均纯收入 13022.6 元，同比增长 11.2%。

【基层组织建设】 镇分设有 70 个党组织,共有党员 3525 人。是年全镇共吸收新党员 38 人，培养对象 45 人。

龙仙镇第十四届人民代表大会第二次会议 2 月 28 日，龙仙镇在三楼会议室召开龙仙镇第十四届人民代表大会第二次会议。镇人大代表共 120 名，实际参加此次会议的代表 117 名，因病、因事请假 3 名。会议听取和审议龙仙镇党委副书记、镇长朱启养代表镇人民政府向大会作的政府工作报告、镇人大主席徐神辉代表镇人大主席团作的工作报告、镇财政所长叶洪养所作的 2016 年财政预算和 2017 年财政预算草案报告和练培新因工作调动辞去龙仙镇人民政府镇长职务事项；大会代表投票补选朱启养为龙仙镇人民政府镇长；镇党委书记甘志初作重要讲话。不是镇人大代表的镇党政班子成员、各村（社区）支书、主任、镇属机关单位负责人列席参加此次大会。

村（社区）“两委”换届 3 月至 5 月龙仙镇村（社区）“两委”换届，严格按照上级党委、政府的部署要求，精心组织谋划，依法规范操作，整个换届选举过程平稳有序，未发生破坏选举或群体性事件，社会大局和谐稳定。全镇 40 个村（社区）选举产生“两委”委员 227 名，“两委”交叉 102 人，交叉任职率 80%，支书、主任“一肩挑”村（社区）34 个，占比 85%。

【经济发展】 坚持以产兴镇、以产富农，加强产业项目帮扶，着力加快产业发展、经济发展。全年生产总值达 284358 万元，比增 6.07%，其中工业产值 206905 万元，农业产值 77453 万元；固定资产投资 3122 万元，实现财政收入 27922 万元，增长 111.7%；农村人均纯收入 13022.6 元，比增 11.2%，镇域经济总量壮大、增长速度加快。

特色农业不断壮大 紧紧围绕“农业增效，农民增收”这个核心，充分发挥我镇特色资源优势，以市场为导向，以农民合作组织为依托，因地制宜，力推“一村一品”，分片打造现代特色农业：龙仙片以青山、青云、李洞为代表打造扁豆、鹰嘴桃种植基地；南浦片以中心、马山村为代表打造蘑菇、淮山种植基地；三华片以三华村为代表打造三华李种植基地。截至目前，成立 99 个农民专业合作社，种植三华李 533 公顷、鹰嘴蜜桃近 333.33 公顷、扁豆 100 多公顷、百香果 66.67 多公顷。

“三农”服务 加强农业技术培训和信息服务，大力推广农业新技术新品种，开展种养技术培训 20 多期，参加培训群众达到 5000 余人次；积极做好农村土地承包经营权确权登记颁证工作，已有26个村、343个村小组完成户外作业，实测面积0.4万公顷，外业完成率87%，45个村小组完成出证；做好农村普惠金融试点工作，完成34个村信用村建设，建立金融（保险）服务站和助农取款点；多措并举、加强监管，保证各项支农惠农政策、涉农资金使用落实到位，为该镇经济社会发展提供、强大推动力。

第三产业增长　充分依托冷泉滩度假区、书堂石遗址、东华禅寺、涂志伟美术馆、翁山诗书画院、三华李观光园、李洞桃花谷、青云山省级自然保护区等旅游度假胜地的资源优势，该镇积极扶持、引导群众加快商贸、休闲、餐饮等服务业的发展，形成一大批以农家乐和观光果园等为代表的第三产业服务体系，带动全镇餐饮、商贸服务、运输等行业的迅猛发展。着力打造“大东华”乡村旅游大格局，农旅结合带动生态经济更上新台阶。

【城乡建设】　是年，全镇上下一心，敢于碰硬，对高速公路征拆遗留问题，县城新区在建、拟建项目征地拆迁及涉农矛盾处理工作取得突破，确保高速公路及新城区路网建设、碧桂园、锦绣山河、实验小学、滨河东路等县重点项目的顺利推进；以强悍的作风和敢碰硬的担当精神，全面完成汕昆高速公路主线9户房屋、2间猪场、1座骨灰楼拆迁工作，线外拆迁、管线迁改、三改征地等紧锣密鼓推进，同时精准研判，及时调处因征拆工作引发的矛盾纠纷和解决影响群众生产生活的民生问题，为项目建设施工荡清障碍，保驾护航。完成新汽车站（罗坑水）等项目征地321.14亩；完成滃江大道、八泉大道、锦绣山河二期等项目用地17户拆迁户拆迁；完成新城区实验小学用地征收、青苗补偿、坟墓搬迁，确保学校建设顺利推进；完成滨河东路岭头村地段和党校连接线的补偿、清理工作；并协助相关单位化解大量用地纠纷、涉农矛盾及历史遗留问题。

新农村建设　新农村建设工作启动以来，该镇结合实际制定《龙仙镇2017年农村人居环境综合整治建设美丽乡村实施方案》，以改善农村人居环境“脏乱差”现状为突破口，运用“党建+”模式，配合华工团队美化优化贫困村村容村貌和生态环境，改善农村基础设施条件。目前，联群老屋村美丽乡村城郊示范点初具规模，青云、青山、群陂等示范样板村已动工建设。全镇各村“三清三拆”及卫生整治专项行动全面深化，12个省定贫困村完成村庄规划编制，近300个村小组成立村民理事会，制订村规民约并完善村庄卫生管理保洁制度。各村合计清理村巷道乱堆乱放杂物13.2万平方米，清理房前屋后杂草垃圾20万平方米约3000吨，清理沟渠池塘（河）淤泥900多吨，拆除危旧房、废弃猪栏及露天厕所1100多间2.1万平方米，拆除乱搭乱建、违章建筑102处约4200平方米，农村人居环境得到改善。

【生态文明建设】　深入贯彻落实县委县政府关于山水林田湖保护修复铁拳行动实施方案，坚持“绿水青山就是金山银山”，组织专项工作队600多人次对贵联村非法开采稀土矿行为进行反复打击；全面完成2016年度土地卫片违法图斑16宗整改工作任务，复耕复绿1.27公顷依法取缔、关停省道S244线蓝青村路段道路两旁10家无证生产经营石灰企业；全面落实“河长制”，加强污染源整治，联合有关部门，依法严厉打击乱倒垃圾、非法采砂、污水偷排等行为；全面完成42户生猪养殖场的关闭拆除工作，修复面积13325.82平方米。积极开展碳汇造林，完成造林0.2万公顷，增加生态公益林面积近0.67公顷，发放生态林补偿资金共1600多万元，落实森林防火预案，做好护林员培训、林区巡逻、入山登记等，辖区范围内无一起重大森林火灾的发生。

【农村基础设施建设】　加大对农村基础设施建设的力度，重点加强乡村道路绿化亮化、中小河流整治、“村村通”自来水工程、村委办场所及村民休闲广场等工程建设，改善农村生产生活条件。投入200万元完成山塘除险加固工程，投入4384万元完成18.5公里河流整治工程（其中滃江河三华段6公里，龙仙河石背、青山、青云段12.5公里）。

【信访维稳】　不断强化矛盾纠纷滚动排查与调处工作，及时把矛盾纠纷化解在最基层；认真落实领导接访、干部下访制度，着力解决初信初访问题，有效处理信访积案，确保案结事了。全年，镇村组织排查矛盾纠纷24次，共排查各类民事矛盾纠纷334宗，上级交办信访案件60宗，调处率100%，成功率95%。面对信访维稳形势严峻、任务繁重、工作难度增大等情况，镇村组干部能做到不回避、不退却、不推诿，始终围绕中心，服务大局，全力维护我镇经济社会大局和谐稳定。

【安全生产】 强化宣传和监管，广泛形式大力宣传安全生产理念；深入开展安全生产大检查，重点针对加油站、气站、烟花爆竹销售点和仓库等高危场所；结合安全生产大检查“回头看”、标准化建设等工作，扎实开展安全隐患排查治理，消除各类安全隐患，在深入开展专项检查排查、整改活动中，出动检查人员538人次，检查企业829个，监督监察覆盖率100%，治理纠正违规违章行为60起，查处隐患36项，完成隐患整改33项，保障全镇经济社会健康发展。同时，不定期组织相关部门对全镇市场、餐馆、摊贩、学校、卫生站等进行严格监管，积极配合县食药监局做好专项检查和整治工作，实现全年食品药品安全零事故；加强农产品质量安全监管工作，完善农产品质量安全检验检测体系建设，确保人民群众“舌尖上的安全”。

【强农惠农】 是年，通过“一本通”存折及时发放农业支持保护补贴565万元，受益农户13863户。全镇兑付各项支农专款1579万元、生态林补偿金495万元。镇财政所对支农资金和生态林补偿金的管理、使用实行全程追踪监督，坚持专款专用，杜绝专款被挤占、截留、挪用。

【各项事业发展】 全面落实两孩政策，积极提升服务管理水平，今年共出生2513人，政策内出生2429人，政策生育率为96.66%，落实四术453例，征收社会抚养费78.064万元。继续做好城乡社保扩面征缴工作，严格按程序执行低保、五保及其他特殊对象的申报审批和救助工作，社会保障各项措施落实到位，全镇城乡居民社会养老保险参保人员26841人，城乡居民基本医疗保险参保90260人。贯彻落实就业和创业政策，认真开展劳动力资源统计，建立全镇劳动力信息数据库，全年农村劳动力转移就业18751人，城镇新增就业824人，城镇失业人员再就业755人；做好低保、特困人员救济工作，现有城乡低保救济对象1255户2525人，做好临时救济和大病医疗救助工作，全年临时救济困难群众466人次，发放救济资金24万元，为280名患者提供大病医疗救助，救助金额1546599元；深入推进镇村（社区）公共服务站建设，推动基层公共服务建设往纵深发展，为群众提供更加优质、高效、便捷的服务。农村书屋、社区书屋实现全覆盖，各类文化体育惠民活动实现常态化开展。积极抓好征兵工作和民兵预备役训练，完成新兵入伍任务，国防后备力量建设，全民爱国意识明显增强；加强消防、统战、“双拥”、档案、统计、气象等工作持续加强，工会、共青团、妇女、儿童、老干、残疾人、慈善等事业取得明显进步。

【依法行政】 该镇坚持党委的正确领导，自觉接受人大的监督，虚心听取社会各界意见，结合领导干部驻点普遍直接联系群众、“两学一做”学习教育和“两强两提”思想大讨论等活动，坚决落实中央“八项规定”精神，扎实整治“四风”问题，通过制定考勤制度、规范后勤管理制度等，厉行勤俭节约，改进文风会风，细化年终干部考核机制，真正把干部的考核融入日常工作，提升干部的宗旨观念，积极打造服务型政府。全面推行政府法律顾问制度，认真开展“七五”普法，增强公职人员尊法学法守法用法观念。积极做好政务公开、信息公开，强化监督，确保权力在阳光下运行，全年办理网上咨询投诉58条，办结率达100%，主动公开各类政务信息100条，收集办理代表各项意见建议10条。

（黄远诚）

龙仙镇领导班子成员名单

党委书记：甘志初
党委副书记、镇长：练培新（—2017年2月）
朱启养（2017年3月—）
人大主席：徐神辉
党委副书记：陈志成
党委副书记：刘小英
纪委书记：郑小丽
党委委员、副镇长：林锦兵
副　镇　长：陈越盘　杨倍光
组织委员：林丽霞
党委宣传委员：何国柱
党委委员、武装部长：涂艺强
党委委员：许汝伙
党委综治委员：朱培洪

2017年龙仙镇主要经济指标一览表

表3

指标	单位	数量		指标	单位	数量	
		2016年	2017年			2016年	2017年
农林牧渔及服务业总产值（当年价）	万元	76509	77453	生猪存栏量	头	16845	16099
固定资产投资	万元	3800	3122	水果总产量	吨	19273	20280
招商引资实际投入	万元	—	—	中学	所	2	2
农民人均纯收入	万元	11715	13022.6	小学	所	26	26
粮食总产量	吨	24642	24900	中小学在校学生	人	1923	1841
水泥公路	公里	6	11	中小学在校老师	人	303	217

2017年龙仙镇村(居)委会基本情况表

表4

序号	村(居)委员会	书记	主任	村民小组(个)	总户数(户)	总人数(人)	集体经济收入(元)
1	青　山	梁志亨	梁志亨	31	1210	4700	2322182
2	青　云	曾庆福	曾庆福	20	788	3373	2034123
3	蓝　青	陈晓英	陈晓英	11	612	2222	656715
4	李　洞	郑树文	郑绍畅	14	235	1075	1287940
5	石　背	何邑明	何邑明	17	645	2868	635636
6	良　洞	刘胜红	刘胜红	12	599	2556	722866
7	田　心	吴艺龙	吴艺龙	14	536	2969	1004171
8	石　寨	陈新光	陈新光	6	221	853	302443
9	联　群	刘永定	刘永定	12	750	2709	800968
10	民　主	邓育湘	邓育湘	12	473	2144	896079
11	高　陈	余建勇	余建勇	8	216	1343	364275
12	陂　下	何小勤	何小勤	10	551	2316	767443
13	岭　头	陈文才	陈文才	5	772	2265	771029
14	河　口	何德粘	何德粘	5	422	1583	856498
15	罗坑水	赖月鑫	赖月鑫	2	312	778	496157
16	长　潭	黄香梅	黄香梅	8	452	1947	433168

续表 4

序号	村（居）委员会	书记	主任	村民小组（个）	总户数（户）	总人数（人）	集体经济收入（元）
17	水　口	何保金	何保金	12	662	2487	710105
18	马　山	林干强	林汉华	14	661	2601	863891
19	沙　坪	陈天星	陈天星	10	550	2142	700868
20	马古塘	赖吉龙	赖吉龙	3	126	529	1512524
21	中　心	谢秉明	谢秉明	24	1162	5019	1738723
22	蓊　口	吴锦丰	吴锦丰	10	449	1665	768540
23	桂　竹	沈佰水	沈佰水	7	255	937	1713821
24	新　坪	严培明	严培明	9	456	1783	637217
25	马　墩	黄伟阳	黄伟阳	9	592	2248	481420
26	丰　山	张仲福	张仲福	21	670	3061	1480903
27	贵　联	张德富	张泽荣	26	728	3664	2030134
28	群　陂	黄标龙	肖建南	7	516	2077	916139
29	新　东	王敏堂	王敏堂	12	595	2111	415499
30	新　岭	阮战英	阮战英	5	143	486	325707
31	三　华	刘文峰	张小英	9	520	1940	351669
32	新　尧	丘新毅	丘新毅	9	315	1361	507307
33	中　坝	黎考田	黎考田	7	331	1291	427088
34	会　联	黄建强	黄建强	11	653	2594	614589
35	城东居委	陈莉霞	罗宁善		5900	16557	
36	城南居委	甘碧霞	甘碧霞		3472	9563	
37	城西居委	陈全花	陈全花		5334	10511	
38	城北居委	官国安	官国安	2（瑶族村）	9131	25600	
39	南浦居委	余少亮	余少亮		835	4218	
40	三华居委	赖世宗	赖世宗		500	868	
合计				394	43350	141014	30547837

说明：集体经济收入含村级发包收入、上级补助、高速公路及新城区收入、其他收入

翁 城 镇

【概况】 翁城是一座历史悠久的古城，自明洪武二年（1369）至民国28年（1939）共570年，曾为翁源县政治、经济、文化的中心，故称翁城。翁城地处翁源县西部，韶关市南部，距韶关约60公里，京珠高速公路、106 国道、省道翁英路在境内贯穿而过，京珠高速在镇内设有出入口，区位优越，交通十分便利。

该镇镇域总面积146平方公里，其中山林面积0.93万公顷，耕地面积0.14万公顷，人均耕地面积为0.04 公顷，植被0.75万公顷，森林覆盖率为67%。辖18个村（居）委会，辖内有1个瑶族村委会，1个居委会，共163个村民小组。户籍人口数10095户37527人，新型农业经营主体专业合作社41家，家庭农场5间。墟镇外来流动人口1万多人。农业以传统种植业为主，蔬菜和果蔗种植大镇，蔬菜和果蔗种植面积达933.33公顷。

是年，全镇工业生产总值16.9亿元，农民年均纯收入11437元，比上年增长10.1%；本级财政收入15877万元,比上年增长75.4%；固定资产投资4200万元，超额完成上级下达的3000万元任务，全镇经济稳中有进，完善各项基础设施建设，提高人民生活水平。

【工业商贸】 该镇被县委县政府规划为翁西片工业发展重镇，也是省规划的中心镇之一。翁城镇作为翁源县承接珠三角产业转移的中心，近年来工业发展势头迅猛，翁城工业园是翁源重点发展的核心工业园区，工业园区“三园一中心”（工业园、产业园、废旧处理中心）格局构建不断取得新进展，商务中心区建设顺利推进，华彩新材料工业园、广业食品科技产业园、电源工业基地等三大专业园区集聚效应不断增强。

镇内商贸经济活跃，全镇商业户1694户，市场辐射覆盖人口达20多万。建有农贸市场3个，总面积10628平方米，逢二、五、八、零日为墟日，其中粤北地区规模最大的蔬菜批发专业市场——粤北农副产品批发市场，年交易量25万吨，年交易总额5亿元以上。翁城特产有地窖酒、黑皮果蔗、蔬菜、桂湖茶。

【基层组织建设】 严格按照党中央关于“两学一做”教育活动的部署，结合县委“两强两提”活动相关要求，提升党员干部思想意识，以学促做推进“5+X”巡查工作、精准扶贫、村委换届、社会维稳等中心工作。通过配强软弱涣散整顿领导小组、配精整顿工作组、强化软弱涣散村党组织班子建设、健全民主管理制度、改善村级活动场所等不同措施，全力推进软弱涣散党组织转化升级。同时，结合各村实际情况，明星、五一、富陂、黄塘、沾坑等党建示范村建设不断推进，创建成效明显，基本达到预期目标。按照“一簿两卡五联户”(填写普遍直接联系群众驻点日、建好困难诉求和矛盾纠纷两本档案接教务户以上困难群众）的要求，将驻点团队工作与精准扶贫、美丽乡村建设、社会维稳等重点工作统一部署，持续开展好领导干部直接联系群众工作，为群众排忧解难，切实打通联系群众的“最后一公里”。精心组织，周密部署，有序开展村（社区）“两委”换届选举工作，顺利完成村（居）“两委”换届选举工作，全镇18个村（社区）共选举产生“两委”干部87名，其中支书、主任“一肩挑”有14人，“两委”干部交叉任职的有45人，村“两委”干部整体年轻化，学历、能力明显提升，提高凝聚力和战斗力，巩固党的最基层执政基础。

【农业农村工作】 土地确权颁证工作扎实推进，全镇辖区内18个村居，163个村小组，有确权任务的村小组163个，按要求已收齐摸底表的村小组110个，完成外业调查159个村小组。农村普惠金融工作有序推进，完成农户征信管理基本数据项采集并录入系统 6063 户，占全镇总户数的74%，17个村委已成立普惠金融工作领导小组和金融协管服务员，建有信用村、乡村金融（保险）服务站17个，取款点17个。农业支持保护（耕地地力保护）补贴发放到位，当年度农业支持保护补贴（耕地地力保护补贴）发放1955.3公顷，6.256元/公顷，合计发放资金275.23万元。

【新农村建设】 全镇7个相对贫困村，89个村小组，已全部成立村民理事会，全部完成编制整治规划，基本完成“三清三拆”，其中清理村巷道乱堆乱放660处55620平方米；清理房前屋后杂草垃圾201051平方米5732吨；清理沟渠池塘（河）淤泥181处垃圾603.7吨。拆除危旧房、废弃猪栏及露天厕所茅房1583间26857平方米；拆除乱搭乱建、违章建筑222处5386平方米；拆除非法违规商业广告、招牌等120处1050平方米，为接下来社会主义新农村的全面建设打下良好基础。

【人口与计划生育管理】 深入开展以流动人口计划生育服务、两孩宣传教育、打击“两非”、免费孕前健康检查等工作为重点的人口与计划生育专项活动，全镇参加国家免费孕前优生检查392人，超额完成县下达任务。

【城镇化建设】 投资2亿多元的翁源县第二人民医院建设工程正在顺利推进。上庙应急饮用水工程第一期工程已于7月底完工并实现并网供水。主街道升级改造工程基本完成。农贸市场升级改造工程已完成初步设计。

【水利建设】 继续加强水利设施建设，积极争取资金，投入180万元完成三个村委会部分村小组的村村通自来水工程。投入1248万元完成翁城南片星光、五一、腊岭村国家农业综合开发高标准农田建设项目，完成富陂排洪大圳及主要灌溉水圳三面光工程建设。完成上庙翁城水库引水渠的维修加固工程，修建三个重要灌溉陂头，清理四条重要灌溉水圳等，有效提高防洪灌溉能力。

【道路交通】 主动对接县部署的交通大会战，积极争取建设项目，掀起农村道路建设高潮。完成富陂8—13个村等村长约4公里的公路路面硬底化工程，基本完成星光辖区长约1公里多的乡道Y798线公路扩宽工程，胜利、明星、沾坑、墨岭等村10多公里农村公路硬底化工程已进场动工，雪庙桥至沾坑、翁城至腊岭、群益至沾坑、长圳路口至桂湖、五一路口至坎下何、泉岭至泉坑6条长约33公里的路面扩宽工程已完成规划设计。

【民生关注】 认真实施特殊群体社会救济、居民养老保险、城镇新增就业、失业再就业、农村劳动力转移等“惠民”工作。共发放五保户生活费约74万元，为26户符合大病医疗救助的困难群众申请医疗救助款22万元，为119户有特殊困难的特困户发放临时救济款7万元，为29位享受低保的残疾人申请生活津贴，为102位重度残疾人申请护理补贴，为259户512人每月发放“低保”救济金13万元。参加新农保人数为12762人，2018年城乡医保工作已经完成录入系统扣费28014人。

【文教卫体】 文化事业发展有新气象，镇文化站翻新装修已全面完成并重新开放，文体广场正在动工建设。翁城五一李屋18组醒狮队荣获全县元宵节游演第一名，《翁城猫头狮》成功申报省级非物质文化遗产。马东、泉岭、墨岭、秀丰、富陂5个村级卫生站已经建成。

【安全生产】 全面落实安全生产责任制，促进生产经营单位落实安全主体责任，以“一企一档”为抓手，完善27家生产企业的安全档案。全年共开展安全生产大检查8次，开展安全生产日常检查54次，发放安全生产执法文书230份，发放整改通知书75份，跟踪整改复查48项，实现无重大安全生产事故发生的目标。认真落实政府监管责任，多次联合县食品药品监督局组织开展食品安全检查，全年未发生食品安全事故，有效维护社会和谐稳定。

【社会维稳】 坚持实行信访维稳领导包案、驻村干部包村工作责任制，大力开展矛盾纠纷排查化解，共组织矛盾纠纷排查24次，排查出矛盾纠纷及突出问题共131件，矛盾纠纷数同比去年下降15%，调处131件，成功化解127件，调处成功率97%，社会综合治理成效明显，未发生越级上访案件。深入开展社会治安综合整治，严厉打击涉抢盗、涉毒及涉黄赌等案件，开展声势浩大的禁毒宣传。全年刑事案件立案152宗，案发数同比下降15%，受理治安案件178件，同比下降43.3%，其中“两抢一盗”立案106宗，同比下降27.8%，严厉打击犯罪分子的嚣张气焰，社会治安明显好转，提升群众满意度。

【全县省定贫困村创建新农村示范村工作推进会】 6月23日上午，全县省定贫困村创建新农村示范村工作推进会在翁城镇召开。县领导颜亮、阮炳溪、甘志初、林有成，以及相关单位负责人、各镇（场）党委书记、分管党群副书记、51个省定贫困村驻村工作队长参加会议。

【东莞爱心企业开展捐资助学活动】 8月29日上午，东莞市永益食品有限公司“星光助学”活动在翁城镇尚同中学举行，东莞厚街翁源对口帮扶指挥部、翁城镇相关负责人，东莞市永益食品有限公司执行董事王嘉豪一行及贫困学生代表等70多人参加捐赠仪式。

【上庙水源项目推进会】 9月14日下午，县委政府在翁城镇沾坑村开展翁城供水上庙水源项目前期工作推进会，县政府党组成员林有成以及县水务局、国土局、住建局、翁城镇等有关部门负责人一同在上庙水源项目的现场开展探讨。

（李　琳）

翁城镇领导班子成员名单

党委书记：陈德道
党委副书记、镇长：涂清华
人大主席：李宗强
党委副书记：宋永新、梁耀明
党委委员、副镇长：吴建新
副镇长：沈鹏雄、张文、郭晓燕
党委委员、纪委书记：官永雄
党委组织委员：刘运明
党委宣传委员：陈燕群
党委委员、武装部长：刘伟贤
党委统战委员：刘匡华
党委综治委员：王德群

2017年翁城镇主要指标一览表

表5

指标	单位	数量		指标	单位	数量	
		2016年	2017年			2016年	2017年
农林牧渔及服务业总产值（当年价）	万元	54500	30961	生猪存栏量	头	7250	7395
固定资产投资	万元	4500	4200	水果总产量	吨	1770	1844
招商引资实际收入	万元	25000	30000	中学	所	1	1
农民人均纯收入	万元	11286	11437	小学	所	12	11
粮食总产量	吨	7368	7248	中小学在校生	人	3622	3762
水泥公路	公里	66.2	76.5	中小学在职老师	人	264	231

2017年翁城镇各村（居）委会基本情况表

表6

序号	村（居）委会	书记	主任	村民小组（个）	总户数（户）	总人数（人）	集体经济收入（万元）
1	五一	丘吉雄	丘吉雄	16	1429	4068	28
2	明星	吴助宏	杨平凤	13	750	2663	13
3	胜利	李成相	曾德伟	14	829	2917	38
4	群益	欧建昌	欧建昌	8	470	1684	13

续表 6

序号	村（居）委会	书记	主任	村民小组（个）	总户数（户）	总人数（人）	集体经济收入（万元）
5	桂湖	卢元松	吴国强	3	220	740	17
6	沾坑	李功勤	李功勤	7	330	1180	47
7	泉岭	钟琼胜	钟琼胜	10	591	1778	17.4
8	泉坑	毛达生	毛达生	7	520	1787	16
9	了坑	晁乙明	晁乙明	2	89	302	12
10	黄塘	黄启培	黄启培	7	487	1638	92
11	秀丰	王廷禄	王廷禄	7	520	1689	22
12	墨岭	陈增兴	吴怀林	13	680	2218	21
13	定南	吴铁清	吴铁清	16	830	2971	13.8
14	马东	刘兰忠	刘兰忠	9	480	1708	13.5
15	腊岭	叶万昌	叶万昌	4	240	758	15
16	星光	曾环远	曾环远	7	405	1258	20
17	富陂	温汝协	温汝协	20	1320	4120	65
18	翁城社区	李义妹	李义妹		1620	2600	5

新江镇

【概况】 新江镇位于县域西部，北纬 24° 25′—24° 36′，东经 113° 44′—113° 52′。全镇总面积为 336.57 平方公里，其中耕地面积 3535.4 公顷，林地面积 2.83 万公顷，森林覆盖率 74%。辖 19 个村委会，1 个居委会，共 252 个村小组。全镇总户数 10837 户，总人口 48155 人，其中农业人口 45916 人。

境内资源主要有硫、铁、铅、锌、硅、高岭土等 20 多种、电力丰富、工业行业有竹木加工、藤艺、纺织、建筑材料、塑料制品等。全镇已形成一定规模的蔬菜、蚕桑、糖蔗、果蔗、水果、香菇、木耳、蘑菇、畜牧、水产等商品生产基地。其中香菇、木耳、笋干、砧板、竹椅、卫生筷及沙田柚、蜜桃、枇杷、龙眼、反季节蔬菜等商品畅销全国各地。全镇有中学 1 所、九年一贯制学校 1 所、中心小学 1 所、校区 14 所、幼儿园 4 所，有文化宫 1 个、文体广场 8 个、文体活动场所 23 个；有中心卫生院 1 所、分院 1 所、乡村卫生站 27 所，敬老院 1 所。有供电所 1 座，小水电站 16 座。有邮政网点 1 个，投递点 1 个；有电信网点 1 家，服务网点 5 个，宽带接入用户 2415 户，实现电话、宽带网络村村通，学校、村委楼房化。

境内交通方便，国道 G106 线及京珠高速公路贯穿而过，距京珠高速公路翁城出口 9 公里，途经该镇的第二条高速公路韶新高速公路新江段正在兴建，全镇实现村村通水泥公路。新江地处南岭山地边缘，高山峻岭环抱，山峰连绵起伏，土地肥沃、河谷狭小，气候常年温和湿润，自然资源丰富，素有“鱼米之乡”“水果之乡”之称。是年，全镇完成地区生产总值 22.85 亿元，比上一年增长 30%，其中，农业总产值 4.81 亿元，工业总产值 6.23 亿元；公共财政预算收入约 1.07 亿元；固定资产投资 0.7 亿元；城乡常住居民人均可支配收入达 13050 元,比上一年增长 8.79%。

【农业农村改革】 积极推进农业供给侧结构性改革，鼓励有经济实力、懂经营、善管理的人员投资现代农业，做大农业，至年底全镇共有农民专业合作社 52 个，带动农户 1987 户增收致富。发展一村一品，培育渔溪村、东方村两个蔬菜专业村以及阳河村黑皮蔗专业村。积极探索土地流转新模式，其中德财蔬菜专业合作社在东方村租赁土地 53.33 公顷，带动农户 118 户 180 人增收致富。大力推行“一门式”政务服务，严格按照“一门式一网式”政务服务要求，遵循办事依法依规、信息公开透明、数据开放共享、便民利民的原则，整合部门分设的办事窗口和审批服务系统为镇公共服务中心，真正实现一个门办事。镇公共服务中心与 20 个村（居）公共服务站投入使用后，该镇积极抓好制度建设和人员培训，工作人员的法治意识、服务水平得到提升，办事效率得到提高。全面推进农村金融改革，评定信用户 7805 户，信用户比例达到 97%，建成信用村、乡村金融（保险）服务站各 19 个、取款点 20 个。取款点有 POS 机和验钞机，农民在家门口就能享受基础金融服务。实施农村土地承包经营权改革，全镇 19 个行政村 252 个村小组已完成摸底调查、测绘和外业调查并录入系统，已完成确权农户数 7468 户,完成实测面积 2631.1 公顷,已确权地块 55677 块。精心组织实施农业普查工作，全镇顺利完成全国第三次农业普查，通过此次普查，摸清全镇“三农”家底，全面反映该镇农业发展新情况、农村建设新面貌、农民生活新变化，为实施乡村振兴战略提供决策基础。

【基础设施建设】 积极争取上级的政策和资金支持，努力将部分未完成道路硬底化的行政村纳入规划。全镇全年规划建设 41 条农村公路共 35.2 公里，已经完成 12.25 公里。完成改道拓宽公路 3 条，共 19 公里。基本解决群众出行难问题；向上级争取自来水工程建设资金 500 多万元，采取管网延伸的方式启动涉及凉桥、塘心、民光、新江、连心、上坝等村的自来水工程。至年底，已经完成民光村、连心村的自来水工程建设。预计可在 2017 年 6 月完成上坝、塘心、凉桥、新江等村的村村通自来水工程。力争在年底前完成新展、新益、阳河、双塘等村的自来水工程。农村电网更加完备。投入资金 5700 多万元实施 59 个农网改造升级项目。全年共完成总投资的一半以上，升级完成后镇内的供电可靠性、综合电压合格率等将得到保障，对促进去全镇经济发展有重要作用。村村通网络方面，完成各村光缆升级改造，光纤通信能力达到 200 兆每秒。农村环境更加整洁。广泛宣传发动，建立村规民约，成立理事会，较好地完成“三清三拆”工作。整治过程中，全镇共拆除房屋 3881 间，清理村巷道乱堆乱放 975 处，清理房前屋后杂草垃圾 471 处，清理沟渠池塘淤泥垃圾 1087 处，拆除危旧房、废弃猪栏及露天厕所 3354 多间，拆除乱搭乱建、违章建筑 118 处。通过整治，全镇各村环境卫生明显改善。

【韶新高速公路新江段建设】 韶新高速公路途经该镇上坝、小镇、新江、民光、东方、新益、新展 7 个行政村，是继京珠高速后途经我镇的第二条高速公路,并在镇内设立互通立交和进出口。全镇上下积极做好韶新高速公路的服务协调工作，经过各方努力，工程项目部、混凝土搅拌站、钢筋加工场等已投入使用；已经完成或部分完成选址、承租、用电安装、地质钻探和征地、迁坟、青苗补偿等工作。

【工业项目稳步推进】 紧紧围绕征地拆迁重点推进工业项目，在依法行政的前提下，不断创新工作方法、采取非常力度、非常措施、大力推进工业园区征地拆迁工作。确保韶关日立化成项目正常建厂动工；积极推进小镇电源基地污水处理厂、华彩二期(新展宝坪、石嘴头、新村、雉鸡黄)的征地工作。

【生态保护】

坚决遏制非法开采　切实加大动态巡查力度，强化监管执法力度，坚决遏制非法开采行为。全年共组织巡查监管、清理打击和复绿行动 12 次。打击非法取沙取土点 2 个，立案查处非法取土点 1 个。全面有效遏制非法开采死灰复燃的现象。

中小河流治理　投资 1263 万元，全面完成上坝大桥至蕉叶陂长 11.7 公里的河段治理。全面推行“河长制”，设立“河长制”办公室，制订工作方案，完善各种制度，明确全镇各中小河流的河长、保洁员，将责任落实到人。“河长制”工作启动以来，全力做好河道清理工作，全镇大部分地方实现了水清河洁，得到县委县政府的充分肯定。

严厉打击破坏森林资源行为　林业部门全年共受理各类森林案件51宗，共处理涉林违法人员45人次，通过严厉打击辖区内林业违法犯罪活动，有效地保护全镇的森林资源。

依法整治畜禽养殖污染　严格落实禁养区、限养区内畜禽养殖业清理整治方案，通过全面落实养殖场的排污情况巡查、积极处理各种养殖污染投诉、依法发放违规排放整改通知书等措施，有效实施畜禽养殖污染整治。

【社会各项事业全面进步】　用心关爱特殊群体，做好残疾贫困人口残疾等次评定工作，有12人分别获得肢体、视力残疾等次评定。完成重度残疾人护理补贴及相关残疾人生活津贴的申报工作，共有137人享受重度残疾人护理补贴，40人享受残疾人生活津贴。做好事实无人抚养儿童照顾工作，5人事实无人抚养儿童获得救助。迅速成立工作专班,制定严重精神障碍患者排查工作方案和救治救助工作实施方案，扎实做好全镇精神病人排查工作。

创强复评验收　根据创建教育强镇复评的要求，对照各项指标，及时完善各项整改。积极落实现代化教育设施建设与文化建设、教师队伍建设、完善办学体系等措施，顺利通过广东省教育强镇复评验收。

文体卫事业全面发展　公共文化服务中心建设成绩斐然，15个行政村已完成公共文化服务站建设。成功举办第一届广场舞大赛、第二届农民歌手比赛。文艺作品《三莞风水竹》荣获韶关市文艺作品评选一等奖，《李伯进城》荣获全县第五届采茶戏大赛铜奖。新江代表队获得全县“安监杯”篮球比赛冠军。民光、渔溪等8个行政村被评为市级卫生村，连心、新展等2个行政村被评为省级卫生村。东方村、连心村被命名为县级文明村，双塘、东方等6个村的卫生站标准化建设基本完成。

计生工作　全面两孩政策实施后，计生工作从管理型向服务型转变，积极抓好免费孕前健康优生检查、药具发放、计生证件办理、流动人口服务与管理、计生奖扶资金发放等新时期计生业务。

安全生产　坚持“安全第一，预防为主，综合治理”的方针，严格落实安全监管。恪尽职守，加强宣传，夯实责任，加大重大隐患治理力度。镇政府全年召开各类安全生产会议8次，并与20个村（居）签订安全生产责任书，明确各村（居）安全生产责任。加强排查整改，成立安全生产检查组，对全镇辖区内村（居）、所有行业领域、所有生产经营单位和人员密集场所进行隐患大排查，重点排查非煤矿山、燃气站、加油站、烟花爆竹、水电站、木材加工厂、酒店等经营单位，全年排查安全隐患200余处，发现火灾隐患80余家，督促整改火灾隐患数80余家。

社会维稳　严格落实领导接访和阅批群众来信制度，用心聆听群众心声，全年接待来访群众52批113人次。积极排查社会矛盾，全年排查出矛盾纠纷143宗，受理143宗，受理率100%，调处化解130宗，调处成功率达90.9%。推进飓风行动，全年各类刑事案件立案57宗,同比下降43.9%。加大创平及法制宣传力度，提高平安创建群众知晓率，着力营造人人参与平安创建的社会氛围。

【政府自身建设】　深入开展“两学一做”学习教育和“讲政治、重规矩、作表率”专题警示教育活动。遵守议事规则，行政决策制度科学、程序规范、民主高效。自觉接受镇人大监督，主动接受社会公众监督，严格落实依法行政责任制，规范行政程序和行政行为，严格按照政府权力清单依法行政。政务公开、政府信息公开全面深化，开通政务微信、微博，政民互动常态化运行。加强党风廉政建设，严厉查处违纪违法案件，涉农领域、扶贫领域问题专项整治收到实效。严格执行行政机关公车、公务接待制度，“三公”经费持续下降。

（胡大勇　张锦峰）

新江镇领导班子成员名单

党委书记：练培新

镇长：丘有忠（—2017年2月）
　　　阮庆香（2017年2月—）

人大主席：何卓新

党委副书记：阮庆香　何志勇　朱锐（2017年7月—）

党委委员、副镇长：朱锐（—2017年7月）

副镇长：李松华　罗颖　曾德保

党委委员、纪委书记：赖鼎贤

党委组织委员：李文波

党委宣传、统战委员：黄双发

党委委员、武装部长：邓权修

2017 年新江镇主要经济指标一览表

表 7

指　标	单位	数　量		指　标	单位	数　量	
		2016 年	2017 年			2016 年	2017 年
农业牧渔及服务业总产值（当年价）	万元	148528	48130	生猪存栏量	头	6986	7056
工业总产值	万元	16867	62350	水果总产量	吨	3570	3875
固定资产投资	万元	3500	7000	中　学	所	1	1
招商引资实际投入	万元	350	405	小　学	所	6	6
财政收入	万元	6500	9734	中小学在校生	人	3464	2787
农民人均纯收入	元	11994.88	13050	中小学在职教师	人	231	199
粮食总产量	吨	12350	12830	水泥公路	公里		12.25

2017 年新江镇村（居）委会基本情况表

表 8

序号	村(居)委会	书记	主任	村民小组（个）	总户数（户）	总人数(人)	集体经济收入（万元）	农民人均纯收入（元）
1	上坝	何奉明	何奉明	21	827	3997	139.4	1427.97
2	小镇	何清源	何清源	20	680	3370	51	14277.01
3	新江	梁传寿	梁传寿	9	386	1911	39.4	14278.69
4	新展	黄德宗	黄德宗	15	557	2285	41.2	14276.69
5	新益	梁家和	梁家和	12	458	2264	21.7	14274.50
6	民光	梁富仁 梁锦华	梁富仁 梁家招	9	342	1686	24	14269.73
7	东方	胡双贵	胡双贵 胡汉雄	27	683	3669	30.9	14278.67
8	民治	郭天养	郭天养	19	679	3415	43.7	14272.79
9	油溪	陈元香	陈元香	11	341	1667	38.8	14272.47
10	双石	张雪标	张雪标	16	618	2609	39.6	14269.21
11	双星	胡特明 胡庆明	胡特明 胡庆明	10	352	1533	62.9	14272.19
12	双塘	李国章	李国章	6	256	1075	15.8	12997.18
13	西锦	吴沛才	吴沛才	11	615	2198	37.2	12992.42
14	太坪	丘顺能	丘顺能	22	1141	4953	103.7	13004.32
15	连心	郭联松	郭联松	8	699	2761	27.4	12990.04
16	阳河	何添财	何添财	9	432	1731	13.9	12999.56
17	塘心	朱廷尊 朱贵静	朱廷尊 朱贵静	8	320	1134	16.7	12986.47
18	凉桥	何春香	何春香	4	114	425	16.7	13000.75
19	渔溪	丘天启 谢兵权	丘天启 何群英	15	686	3154	174	12997.18
20	居委会	梁宏永 郭联松	梁宏永 郭联松		643	2318	6	
合计				252	10837	48155		

江尾镇

【概况】 江尾镇位于翁源县北部，是中国九仙桃之乡、中国兰花之乡、广东省兰花专业镇、广东省教育强镇及城镇化建设中心镇。总面积 334 平方公里，其中耕地面积 4840.73 公顷，山林面积 2.19 公顷。辖 24 个村委会、3 个居委会，272 个村民小组，总户数 11628 户，总人口 48089 人，其中农业人口 40173 人。江尾镇政府内设党政办、经济办、社会事务办、农业办、计生办、规划建设办、综治维稳中心七大办公室。

基础设施完善，交通便利，资源丰富。省道 S244 线、S245 线穿境而过，南连北接，全镇已全面实现通村道路硬底化，十分便利；自然资源丰富，铁、钨等矿产资源蕴藏量大，有丰沛的水利资源和大面积的森林资源。江尾镇的地理位置靠近北回归线，昼夜温差大，属中亚热带山地季风气候，无霜期长，境内没有污染企业，空气清新，具有良好的自然环境。

江尾镇积极挖掘古村落旅游观光资源，特色生态旅游日臻完善，是中国兰花之乡、中国九仙桃之乡，客家民俗特色浓厚，9 月该镇南塘村被国家农业部评为美丽休闲乡村特色民俗村，又成功拿下一个国字号品牌。湖心坝客家群楼和葸茅岭八卦围是粤北独具特色的民俗建筑。湖心坝客家群楼保存有明清时期建造的古代客家围楼 59 座，距今有 550 年的历史，占地 150 公顷。楼群造型独特，风格各异，雕梁画栋，栩栩如生，穿梭于楼群之间可饱赏古代千奇百态的客家民俗风情。葸岭八卦围始建于明朝弘治年间，占地 2.13 万多平方米，内有大小房屋 1653 间，围屋四周设有乾、坤、巽、寅四门，外墙为河石青砖砌筑，美观牢固，围屋有街巷 89 条，纵横交错，步入其中，仿于置身于一座迷宫，扑朔迷离，神秘莫测。此外，还有长江村的罗盘围、文昌楼等。目前，南塘村湖心坝客家群楼、葸岭八卦围等客家历史文化遗产和九仙村九仙桃、省道 S244 沿线一带兰花长廊，已经成为江尾镇独具特色的旅游亮点。可谓“春观花、夏尝果、秋品茗、冬赏兰”，古村江尾镇文化教育卫生事业有长足的发展。江尾文化站设备齐全，功能完善，能组织较大型的文化娱乐活动，是全国先进文化站和省特级文化站。全镇有初级中学一间，九年一贯制学校一间，中心小学一间，教学点 5 个，学校环境优美，设施完善，教学质量位列全县前茅,2011 年被广东省教育厅评定为广东省教育强镇。医疗水平有较大的提高，特别是 2011 年新落成占地面积 780 平方米的办公大楼，使中心卫生院的面貌有了很大的改观，医院设有内科、外科、儿科、妇产科、住院部、防疫站等科室，建立有完善的医疗服务网络和完善的农村合作医疗保障制度。

【农业农村】 是年，全镇实现生产总值 11.1 亿元，同比上年增 0.9 亿元，增长 9%；农村人均纯收入 11800 元，同比上年增 1000 元，增长 9.2%；财税运行稳中有进，全镇实现国税收入 120 万元，地税收入 280 万元，镇域经济再上新台阶。

【特色产业】 大力发展农村经济合作组织，积极挖掘现代特色生态农业，特色产业发展突飞猛进。8 月 28 日成功入选 30 个省级特色兰花小镇创建示范点名单，成为广东省首批特色兰花小镇创建示范点之一。至年底，全镇有兰花种植企业 48 家，当地种植户 200 多户，生产经营面积达 733.33 公顷，年产值达 6.8 亿元，产业链从兰花生产向兰花交易市场和物流领域延伸。

【基层组织建设】 全镇分设有 67 个党支部，其中社区居委会党支部 3 个，农村党支部 49 个，共有党员 1751 名，其中机关事业单位党员 229 名，农村党员 1423 名，社区党员 99 名，2017 年全镇共吸收新党员 17 名。认真开展“两学一做”学习教育活动和“一把手”讲一堂廉政党课活动，扎实推进镇（场）领导干部驻点普遍直接联系群众工作。以“九严禁、九一律”的纪律要求，营造风清气正的换届选举氛围，高标准、高质量地完成村两委换届选举工作。

【党风廉政建设】 把基层党风廉政建设工作纳入“5+X”考核中，组建党委统一领导，纪委组织协调，各负其责，依靠群众的支持与参与的工作机制。细化党委党风廉政建设主体责任清单，抓好党风廉政建设责任制责任的分解，与 35 个单位（部门）签订《党风廉政建设“一岗双责”责任书》。深入开展好纪律教育学习月、农村基层党员干部违纪违法线索集中排查等活动，严肃纪律审查和信访工作，加大纪委执纪问责的力度，坚决维护党的纪律。

【计划生育】 按照新时期人口计生工作的要求，层层落实计生管理目标责任制，加大依法管理人口和计划生育工作力度，顺利通过省市县考核。

【信访维稳】 高度重视综治信访维稳工作，着力做好创建“平安江尾”工作；继续开展反邪教和“无邪教创建”示范镇工作；健全和完善矛盾纠纷隐患排查工作机制。至年底，江尾镇共排查调处各类矛盾纠纷110宗，成功化解102宗。上级交办信访事项15宗，办结9宗，6宗为近期交办，正在办理中。该镇已成功评委全国无邪教示范镇。

【安全生产】 严格落实“一岗双责”、“党政同责”“三个必须——管行业必须管安全，管业务必须管安全，管生产必须管安全”，加强对辖区内安全隐患大排查，有效控制各种事故风险和伤害因素，严防安全事故的发生，确保人民安居乐业。

【重点项目】 积极配合粤台管委会做好土地流转和涉农矛盾化解工作。至年底，已完成辖区内土地流转500亩，全力配合武深高速公路（江尾段）建设，确保施工顺利推进，按县要求完成施工便道及江南公路改道补征地工作任务，及时化解用地纠纷，确保施工中出现的阻工行为在24小时内解决。

【基础设施】 是年，共投入520多万元来建设村村通自来水工程，全年已完成2项村村通自来水工程，其中红岭街、连溪村、东鹊村已完成，中村村、径丰村、南塘村正在建设中； 共投入130多万元进行农村人居环境整治， 清理村巷道乱堆乱放336处，22440平方米；清理房前屋后杂草垃圾32052平方米，282吨；清理沟渠池塘淤泥垃圾269处，27公里，1665吨。

【创建卫生镇村】 江尾镇成立由镇党委书记钟敏梅担任组长的工作领导小组，切实加强对农村人居环境综合整治与美丽乡村建设工作的领导。至年底江尾镇连溪村被国家住房城乡建设部等部门确定为全国环境整治示范村，在连溪村的影响和带动下，全镇“三清三拆”工作进展顺利，累计拆除烂房烂墙325处，2.3万平方米，清理垃圾200吨，群众在美丽乡村建设及人居环境整治中热情高涨。

【特色小镇、美丽乡村建设】 9月份江尾镇南塘村被国家农业部评为美丽休闲乡村特色民俗村，又成功拿下一个国字号品牌。在积极争取上级专项资金，做好湖心坝客家群楼、蒽岭八卦围等客家历史文化遗产维修保护的同时，积极配合广东省城乡规划设计研究院和广东省旅游发展研究中心做好“旅游名镇”规划。

（江尾镇党政办）

江尾镇领导班子成员名单

党委书记：钟敏梅
党委副书记、镇长：朱志辉
人大主席：罗德谦
党委副书记：高海锋　沈锦长
挂职党委副书记：何先文
党委委员、副镇长：张祥平
副镇长：许泽民　陈秀连　刘淮
党委委员、纪委书记：黎美昌
党委组织委员：胡茂发
党委宣传委员：陈国良
党委委员、武装部长：钟永佐
党委统战委员：曾繁中
党委综治委员：谢世泽

2017年江尾镇主要指标

表9

指　标	单位	数　量		指　标	单位	数　量	
		2016年	2017年			2016年	2017年
农林牧渔及服务业总产值（当年价）	万元	62993.56	66025.29	生猪存栏量	头	8396	7974

续表 9

指　标	单 位	数　量		指　标	单 位	数　量	
		2016 年	2017 年			2016 年	2017 年
招商引资实际投入	万元	4813	5000	中学	所	2	2
农民人均纯收入	元	10822.4	11800	小学	所	6	6
粮食总产量	吨	14337	14850	中小学在校学生	人	3112	3154
水泥公路	公里	10.0	16	中小学在职老师	人	263	216

江尾镇村（居）委会基本情况（2017）

表 10

序号	村(居)委会	书记	主任	村民小组(个)	总户数(户)	总人数(人)	集体经济收入(万元)
1	联明	邹和先	邹和先	10	370	1310	11.5
2	南塘	沈成柱	沈成柱	16	580	2611	10.4
3	江尾	廖振新	廖振新	9	552	2060	8.7
4	长江	钟日溪	钟日溪	13	469	2099	14.7
5	连溪	王兰英	王兰英	6	200	790	28
6	联光	陈亮恒	陈会勇	8	265	1484	14.1
7	白莲	朱炬金	朱元芳	11	459	1915	11.7
8	联益	刘准源	王文明	8	328	1407	8.4
9	新生	李文煌	李文煌	15	649	2455	8.5
10	蒽岭	张炳华	张远昌	13	708	2548	10.2
11	径群	曾大雷	曾大雷	9	503	1815	11.6
12	径丰	张达生	张达生	18	415	1730	11.4
13	黄洞	杨永强	杨永强	6	247	1118	16.7
14	东鹊	李志明	李志明	5	214	803	11
15	梅斜	黄中发	黄中发	10	278	1118	16.8
16	热水	华福辉	华福青	8	222	702	9.9
17	中村	陈福联	陈福联	14	528	2094	8.8
18	九仙	王新泽	王锦雄	10	602	2547	8.6
19	仙南	丘佛成	丘佛成	14	538	2440	8.6
20	仙北	罗志发	罗志发	13	659	2775	8.8
21	松塘	马祝龙	马祝龙	22	728	2902	8.3
22	松岗	丘书生	丘书生	13	571	2465	9.8
23	鹤仔	罗上海	郑有启	12	305	1355	12.4
24	蓝坑	李珍祥	李珍祥	9	216	871	9.6
25	江尾居委会	陈扬	陈扬	5	902	2170	8.71
26	仙鹤居委会	汤杰培	汤杰培		313	203	8.02
27	红岭居委会	邱联清	邱联清		365	1116	8.17

坝仔镇

【概况】 坝仔镇位于翁源县东北部，占地总面积384平方公里，毗邻始兴县、河源市和江西省，距县城23公里，武深高速公路在良星村正下组小组设有出口，省道S244线、S245线贯穿镇境，是翁源县的边陲重镇；下辖22个村委会，2个居委会及1个综合场，共331个村民小组，741矿部位于中洞村。全镇总人口53995人，林地面积3.13万多公顷，耕地面积0.42万公顷。全镇农副产品有水稻、蔬菜、果蔗、三华李、小盆栽兰花、茶叶等，林副产品有香菇、木耳、冬笋等。其中，茶叶是该镇的特色农业产业，以蓝河村胜龙名茶生产基地和上洞七仙子茶叶生产基地为代表。镇境内有四条小溪支流贯穿全镇，其中建有中型水库一座（岩庄水库），蓄水1200万立方米，水库灌渠横跨8个村委会，有效灌溉面积为0.1万公顷，小（一）型、小（二）型水库7座。有中学2所，小学7所，幼儿园5所。有镇卫生院1间，村卫生医疗站34间。

近年来，该镇团结带领全镇人民抢抓机遇，开拓进取，以打造“粤北边陲名镇”，建设“美丽宜居幸福新坝仔”为战略目标，取得经济社会全面发展的良好局面。当前，结合精准扶贫、农村人居环境综合整治建设美丽乡村等中心工作，该镇通过整治农村脏、乱、差，大力弘扬社会主义核心价值观，不断改善农村人居环境，发展经济，增加群众的获得感和幸福感。11月，该镇辉星村通过三年创建，获得国家文明委授予的“国家文明村”荣誉称号，这是该县中华人民共和国以来首个获得此殊荣的村。

【农业工作】 是年，按照上级部门的统一部署，镇、村干部和精准扶贫工作队齐心协力，如期完成农村普惠金融试点建设工作任务，基本实现农村普惠金融“村村通”目标。在此次建设工作中，共采集并录入农户信用信息8206户，依托村公共服务站共建设乡村金融服务站22个，各村均建有POS取款机的助农取款点；积极发动笋洞村、中洞村“两委”干部、村小组长、村民配合高标准基本农田建设，及时到现场调处矛盾纠纷，确保该建设工作顺利推进。至年底，该建设工作推进顺利，两村均完成一半以上的建设任务。截至年底，全面完成土地确权准备阶段和确权阶段，完成22个行政村的调查摸底表，完善基础信息采集，外调工作也已全面完成，共统计登记10112户。现已进入公示阶段，其中一轮公示有13个村，两轮公示有11个村，同时已有5个村已打证，准备发证，现有辉岭村，完成确权登记程序，已经率先颁证1691本。

【信访维稳】 是年，坝仔在排查矛盾，处理隐患方面，排查矛盾，分析原因，妥善处理，消除隐患；至年底为止全镇共排查出矛盾纠纷167宗，调处167宗，调解率100%，调解成功153宗，成功率91.6%；镇综治信访维稳中心受理34宗，已调处30宗，调处成功28宗；上级交办事项12宗，全部已结案并回复；在全镇单位内广泛开展入户活动，开展与村（居）民群众的谈心活动，党员包户，村（居）干部包重点人的帮教工作，及时了解掌握他们的思想动向，有针对性的解决思想问题，该镇现有帮教对象28名，无一名重新犯罪；继续全力协助做好武深高速公路坝仔段建设引发的矛盾纠纷化解工作。要通过多途径、多渠道，积极与群众联系沟通。建立风险预警机制，对建设过程中发生的不稳定因素进行排查调处，加强治安保障，突发事件一旦发生或者出现苗头，立即组织相关人员到现场，对能解决的问题现场给予承诺和解决，确保矛盾不扩大，把不稳定因素控制在最小范围内；经常了解掌握各辖区的实际状况，协调解决存在的实际问题，化解处理矛盾纠纷，并建立矛盾纠纷排查处理工作档案，从而使一切不安定因素全部消除在萌芽状态，有效杜绝影响稳定的事件发生，收到明显的效果；在中共十九大期间该镇努力做好维稳工作，确保在十九大期间该镇无人到省、进京非访。

【计划生育】 党委政府高度重视，定期召开党政班子会议，研究部署计划生育工作。该镇始终将宣传工作列为新时期计划生育工作的首位，上半年联合卫生院分别开展流动人口职业病防治、“5·29”协会活动、“7•11”世界人口日等3场较大型现场宣传咨询活动，以及采取LED24小时不间断滚动宣传、张贴标语、悬挂横幅、派发宣传品、民间艺术团表演等方式宣传全面两孩新政、生殖健康、避孕节育、幸福家庭、婚育新风等知识，有效提高广大群众的政策知晓率。人口计生工作稳步推进，全镇共出生 812 人，出生率为 14.67‰，政策生育率 97.78%，政策外多孩率为 1.60%，性别比 109.82，女性初婚 323 人。其中一孩出生 281 人（政策内出生 281 人），二孩出生 495 人（政策外出生 5 人），三孩及以上出生 36 人（政策外出生 13 人）。

【安全生产工作】 对全镇的 23 家烟花爆竹企业、2 家加油站、1 家萤石矿、1 家环保砖厂、1 家购物广场共 28 家企业组织 6 次安全生产大检查，查出安全隐患 20 起，全部已按要求完成整改。按县安委办《转发关于深入开展 2017 年全国安全生产应急预案演练活动的通知》要求，该镇组织开展消防和安全生产应急演练活动。通过该活动，大大增强广大公众的应急意识，全面提升应对各类生产事故的能力。

【党风廉政建设】 紧紧围绕“学党章强党性、讲规矩守纪律”这一教育活动主题开展系列教育活动。该镇始终把查处违法违纪案件放在突出位置,今年以来，该镇共排查出农村基层党员、干部违纪违法线索 18 条，共处置线索 18 条，正在核实 1 条，办结 17 条，给予党纪处分 3 人，对违纪人员形成有效震慑。真正做到对腐败案件“零”容忍。党风政风民风得到明显好转，有效缓解和减少社会矛盾，促进社会稳定和谐。

【基层组织建设】 严格落实“三会一课”制度。指导督促各支部开展主题党日活动，按月召开支委会、党小组会，按季度召开党员大会、上党课。坚持学做结合，是年两次考学工作成绩在各党（工）委中名列前茅；大力整顿软弱涣散村党组织。精心制定方案，多方筹资 30 多万元，完成对辉岭村和笋洞村两个软弱涣散村党组织“一村一策”整顿工作任务；从严从优发展党员。坚持“控制总量、优化结构、提高质量、发挥作用”十六字方针，严把党员质量关，全年发展党员 28 人，其中农村党员 25 人，女性 8 人，大专以上学历 10 人，35 岁左右 17 人，“两新”组织 2 人。深化镇（场）领导干部驻点普遍直接联系群众制度。全年全镇各驻点团队共走访农户 1.16 万户，排查出困难诉求和矛盾纠纷 134 宗，化解 129 宗，有效解决社会矛盾，密切党群关系。

【民生建设】 投入 27 万元，将公安检查站三角地带建设成街边小公园，并对检查站至太龙加油站公路两边进行绿化；投入 13 万元，完成市场周边道路及排污渠的升级改造，极大地改善街镇的市容市貌；投入 15 万元，对文体广场进行升级改造，修建唱戏台，并对存在安全隐患的挡土墙进行重建，为群众娱乐健身提供方便；笋洞、中洞两个村的高标准基本农田建设已完成规划设计，现已进场施工，预计年底前竣工；金鸡、上爱、珍田、金星四个村总投资 847 万元、线路总长度约 30.26 公里的农村电网线路改造工程基本；投资 25 万元，建起毛屋山森林公园的门楼，完成通往公园约 2.2 公里的道路的规划及土地征用工作，正在准备申报省级森林公园的相关工作；投资 67 万元，对镇文化站进行升级改造，改造后的文化站设立排练厅、歌舞厅、电子阅览室、老干活动室、培训室、图书室等 10 间功能室，为群众学习娱乐健身提供理想场所；完成芙蓉、群辉、上洞、良星、上爱等五个村委共 6.76 公里的乡村道路建设工作，极大地方便村民出行完成梅村至上洞 12 公里、鲁溪至金鸡 4 公里的中小河流治理总工程量的 80%，预计年底全面完工。

【宣传文化建设】 借助微信等新媒体的传播优势，建立镇村干部微信群，及时将整治工作进展图片发至微信群，既形成融洽的交流氛围，又形成你追我赶、比学赶超的竞争态势；组织坝仔镇民间艺术团以镇党委、政府中心工作为重点，通过小品、歌舞等群众喜闻乐见的文艺形式潜移默化影响群众的行为，同时利用板报、横幅、标语等形式，宣传新农村建设的目的意义；发挥“小手牵大手”作用。在中小学开展农村人居环境综合整治建设美丽乡村宣传活动，加强宣传教育引导，提高学生环境意识，印发宣传资料给学生带回家，将新农村建设理念从校园推广到家庭、社会，营造全社会建设新农村的浓厚氛围。

【新农村建设】 全镇 22 条行政村、245 个 20 户以上自然村全部启动人居环境综合整治，村民生活环境条件有效改善，生活质量逐步提高。全年全镇 22 个村已出动 6726 人次清理 251 次，动用铲车 18 台、勾机 25 台、拖拉机 30 台，清理脏乱差地段面积 10.8 万平方米，拆除危房和残垣断壁 1612 处、面积 7.59 万平方米，清理河道、水沟6.44万米，房前屋后面积26.81万平方米，鱼塘面积210亩。8个省定贫困村全面启动规划设计工作，该镇的新农村建设和美丽乡村示范村创建工作动作快，措施有力，成效明显，得到县委县政府的通报表扬，辉星村作为该县唯一申报的“国家文明村”，已完成公示，即将获得国家颁发的殊荣。

【打击非法开采】 继续巩固打非成果，对群众举报和巡山中发现的非采矿点及时组织人员到矿点核查，以“铁的手腕、铁的措施、铁的纪律”进行打击取缔。坚决做到发现一处、打击一处，决不手软。全镇共清理新旧非法开采点近70个，复耕复绿破坏的土地30余处，查扣无牌无证车辆20多台、暂扣稀土矿一批，上报非采案件线索20余宗，公安机关立案10余宗，通过“短频快”“快准狠”的打击方法，对非采矿点的打击取得实实在在的效果。

（坝仔镇）

坝仔镇党政班子成员名单

党委书记：温敏麟

党委副书记、镇长：陈思佑

人大主席：张永平

党委副书记：刘树强

涂永玉

党委委员、副镇长：梁传红

副镇长：叶志生　何敏瑜　叶忠才

党委委员、纪委书记：钟燕梅

党委组织委员：熊浩宇

党委宣传委员：许世斌

党委委员、武装部长：丘友全

2017年坝仔镇主要经济指标一览表

表11

指　标	单位	数　量		指　标	单位	数　量	
		2016年	2017年			2016年	2017年
农林牧渔及服务业总产值（当年价）	万元	47899.57	50566.39	生猪存栏量	头	9745	9539
固定资产投资	万元	4954	4916	水果总产量	吨	7602	7913
招商引资实际投入	万元			中学	所	2	2
农民人均纯收入	元	12013.98	11558	小学	所	7	7
粮食总产量	吨	15399	16486	中小学在校学生	人	3340	3444
水泥公路	公里	10.3	17	中小学在职老师	人	267	234

2017年坝仔镇村（居）委会基本情况

表12

序号	村(居)委员会	支书	主任	村民小组（个）	总户数(户)	总人数（人）	集体经济收入(万元)
1	三　坑	陈志清	陈志清	28	1129	4929	3.35
2	新　梅	李土清	李土清	15	441	2195	3
3	芙　蓉	刘锦太	刘锦太	11	564	2297	0.32
4	梅　村	刘正成	刘正成	10	465	2289	1.66

续表 12

序号	村（居）委员会	支书	主任	村民小组（个）	总户数（户）	总人数（人）	集体经济收入（万元）
5	珍 珠	刘新发	刘新发	9	318	1345	2
6	良 星	吴小红	吴小红	9	320	1236	3.35
7	辉 星	毛潮源	毛潮源	26	858	3950	5.23
8	上 爱	肖尚吉	肖尚吉	14	696	2950	4
9	金 星	钟党培	叶秀云	20	760	2907	5.44
10	珍 田	李细民	包瑞良	11	581	2702	3.35
11	辉 岭	谢志久	谢志久	12	483	2102	4.81
12	上 洞	许望祥	刘文浩	18	545	2652	12.77
13	蓝 河	彭月东	彭月东	14	517	2121	4.06
14	鲁 溪	朱伙曲	朱伙曲	13	362	1566	8.29
15	一 心	叶洪源	叶征美	16	633	2339	2.21
16	金 鸡	廖坚提	廖坚提	14	437	1972	4.79
17	笋 洞	廖春明	廖春明	12	327	1345	2.47
18	礼 岭	郑荣树	郑荣树	12	314	1420	6.85
19	中 洞	郭武科	郭武科	8	309	1033	2.36
20	半 溪	张程彬	张程彬	15	407	1500	6.24
21	群 辉	何新茂	何新茂	20	583	2422	3.1
22	饶 村	刘和国	刘和国	18	545	2363	1.32
23	岩 居	叶大亮	叶大亮		360	895	
24	坝 居	包伟生	包伟生		1182	2977	
合计					13136	53507	90.97

周 陂 镇

【概况】 周陂镇位于翁源县南部，距县城 21 公里，南与新丰县交界，辖 18 个村委会和 2 个居民委员会，总面积 230 平方公里，总人口 48928 人，耕地面积 0.49 万公顷，林地面积 1.37 万公顷。该镇气候温和，光照充足，适宜作物生长，是传统的农业镇,种植有蔬菜、糖蔗、蚕桑、水果、花卉等经济作物。周陂河经礤下、周陂至三华流入翁江，保证周陂沿线生产、生活用水。三礤公路、江官公路贯穿周陂全镇，礤头至新丰黄礤、陈村至新丰回龙畅通无阻，特别是江官线升二级公路改造已全面竣工,形成四通八达的公路网络。全面实现固定、移动电话、宽带网络、有线电视光缆传输信号覆盖。

周陂镇机关行政编制为 50 名，现有 38 人；内设党政办公室、农业办公室、社会事务办公室、计划生育办公室、规划建设办公室、人大办公室、维护稳定及社会治安综合治理办公室。下辖环境卫生管理所、计划生育专业服务队、文化站、人力资源和社会保障服务所、周陂敬老院、周陂镇水务管理所。

【基层组织建设】 周陂镇分设有一个党总支 35 个党支部,其中镇属机关党支部 15 个，社区居委会党支部 2 个，农村党支部 18 个，共有党员 1634 名，其中机关党员 62 名，农村党员 1235 名，其他类型党员 337 人。是年全镇共吸收新党员 20 名。

【大力培育多元富民产业】 坚持把产业培育作为提高群众收入水平的关键举措，突出“产业扶贫”，按照“宜粮则粮、宜菜则菜、宜果则果、宜畜则畜、宜游则游”的产业发展思路，大力发展特色优势产业，初步构建多元富民产业体系，着力促进农业增效、农村发展、农民增收。扶持发展特色产业。结合扶贫工作，采取“以奖代补”方式支持以葡萄、花生、甘蔗等为主的农业发展，共帮助260户贫困户申请到产业扶贫“以奖代补”资金90.18万元；加大金融资金支持。积极破解群众产业发展的瓶颈制约，充分发挥金融在脱贫攻坚中的撬动作用，支持金融便民服务点向基层延伸，新建7个村级金融便民服务点。

【基础设施建设】 坚持把加快基础设施建设作为改善贫困群众生产生活条件的重中之重，紧盯贫困村路、水、电、房等民生实事问题，整合各类项目资金，着力补齐基础设施短板。前半年全镇启动实施各类项目2个。立足改善群众住房条件，认真抓好145户D级危房维修改造，目前正在进行验收工作；立足改善群众出行条件，积极实施中心小学烈士碑至阳西8组道路硬化项目，解决周陂小学及周边村组的出行难，为周陂街的全面改造奠定基础；全面启动韶新高速公路的征地拆迁工作；立足打造精准扶贫云服务平台，高标准建成镇政府和6个相对贫困村扶贫云平台；立足改善贫困村村容村貌。依托扶贫单位的资金和人居环境综合整治资金支持，大力实施贫困村村容村貌整治、礤下片区综合整治等项目，已完成礤下片区综合整治的规划设计和项目招标工作；立足饮用水安全，完成陈村、昆山、双联、陈村、集义、黄河、洪兰7个村的规划设计、预算和招标工作，剩余藤山等村正在进行设计。立足生产生活用电安全，全面完成变电站的征地和“三通一平”（水通、电通、路通，红线范围内的土地平整）工作。

【民生福祉】 坚持把保民生、保稳定作为一切工作的出发点和落脚点，不断提高公共服务均等化水平，完善社会保障体系，加强社会管理创新，努力构建和谐稳定的社会环境，社会事业取得新的进展。扎实做好计划生育服务工作，共完成孕前优生检查335例，向符合政策生育落实措施的427名育龄夫妇发放“节育奖”共19.22万元，落实计划生育家庭奖励扶助政策222人共23.98万元，向符合计生特别扶助政策的2人发放了特别扶助奖1.44万元，给1对城镇独生子女一次性奖励1440元；高度重视弱势群体救助救济工作，新增低保67户和五保12人，核减减低保38户和五保4人，落实大病救助18人共16.187万元救助资金，保障全镇困难群众基本生活；深化平安建设，积极探索社会管理创新，认真开展社会治安综合治理、矛盾纠纷排查调处、反邪教和禁毒工作；前9个月，综治中心共接待群众来访67批，人数186人，反映问题48宗，调处办结47宗，办结率达98%；全镇共排查出各类矛盾纠纷55宗，已调处矛盾纠纷55宗，成功调处48宗，调解成功率达87%；政策性农业保险让百姓得实惠，前9个月共为16个村委会的787户2046.72亩水稻申报总计共39.35万元的保险金；全镇土地确权登记工作进展如火如荼，经过镇村两级的努力，已完成306个村小组的调查摸底工作资料的填写和16个村的外业测绘工作，其中阳东村完成发证，光明村、高二村和哈水村完成第二轮公示；严格日常监管，推进网格化监管，加强风险隐患排查，有效防范食品药品风险；坚持不懈抓好安全生产，全面落实安全生产工作责任制；加强精神文明建设，加强正确舆论引导，弘扬社会正气，破除各种陈规陋习，积极倡导科学、文明、健康的生活方式；扎实做好征兵、防灾减灾、国土资源管理等工作。

【生态环保】 牢固树立“绿水青山就是金山银山”的生态意识，坚定不移走生产发展、生活富裕、生态良好的文明发展道路，促进生态保护与经济发展、民生改善相协调。大力开展山水林田湖保护修复行动。切实强化对镇域内的“非采”的巡查打击力度和加强全镇20个村（居）的护林防火工作的宣传和巡防，切实保护好镇现有山、水、林、田和湖资源，全年，该镇已杜绝非采行为；加快新农村建设。以构建“村庄秀美、环境优美、社会和美”的宜居宜业的绿色周陂为目标，全面加快新农村建设步伐。重点打造阳西等7村新农村示范点；加大环境卫生整治。以创建卫生镇村和“三清三拆”为重点，彻底对村庄棚圈乱搭、广告乱贴、摊点乱设、房屋乱建等农村环境卫生顽疾进行整治，查扣4辆非法从深圳拉垃圾到该镇进行倾倒的车辆。

【特色小镇建设】　以打造周陂客家风情特色小镇为目标，完善旅游基础设施建设，充分挖掘得天独厚的旅游、生态、文化等资源优势，积极筹备并并完成以温泉、餐饮、住宿、游泳池、游乐园、健身房于一体的龙泰温泉邨建设的前期勘探和设计工作，至年底，在进行征地工作；宣传发动龙田村群众种植养荞麦，着力打造 13.33 公顷荞麦生态种植基地，现已开花迎客，助推全镇的旅游产业的发展。

【镇政府自身建设】　坚持依法行政，自觉接受人大和社会各方面监督，办理镇人大代表建议 8 件，承办县人大代表建议 3 个、县政协代表提案 3 件；大力推进政府工作规范化、法制化，依法从政，从严治政。严格落实“一岗双责”，遵守廉洁从政各项规定，严格执行中央“八项规定”，加强对重点领域、关键环节、重要岗位权力运行的监督管理，严格规范政府采购、行政审批、财政资金管理等工作，落实农村集体“三资”管理制度，切实加强政府廉政建设，坚决防止和纠正损害群众利益的不正之风，努力建设廉洁政府。

（周陂镇）

周陂镇领导班子成员名单
党委书记：何新平
党委副书记、镇长：李文华
人大主席：黄镜光
党委副书记、工会主席：张浩铎
党委副书记：何伟雄
党委委员、副镇长：许庆源
副镇长：张朗洪　梁雪英　何俊东
党委委员、纪委书记：黄少辉
党委组织委员：康丽香
党委宣传委员：黄日富
党委委员、武装部长：李　云

2017 年周陂镇（场）主要指标一览表

表 13

指　标	单位	数　量		指　标	单位	数　量	
		2016	2017			2016	2017
农林牧渔及服务业总产值（当年价）	万元	52865	58151	生猪存栏量	头	18136	19042
固定资产投资	万元	3000	3600	水果总产量	吨	3967	4165
招商引资实际投入	万元	8200	9020	中学	所	2	2
农民人均纯收入	元	11632	12644	小学	所	15	15
粮食总产量	吨	15938	16734	中小学在校学生	人	2886	2918
水泥公路	公里	1	1.5	中小学在职老师	人	236	241

2017 年周陂镇村（居）委会基本情况表

表 14

序号	村(居)委会	书记	主任	村民小组（个）	总户数（户）	总人数（人）	集体经济收入(万元)
1	光明	江方明	江方明	20	705	3575	98.3
2	高一	甘展雄	甘展雄	17	740	3580	41.8
3	高二	曾献参	曾献参	9	350	2029	91.4
4	阳东	许德武	许德武	12	488	1893	87.6

续表 14

序号	村(居)委会	书记	主任	村民小组(个)	总户数(户)	总人数(人)	集体经济收入(万元)
5	阳西	王小青	王小青	15	534	2565	93.6
6	洪兰	张卓华	张卓华	13	535	2405	25.2
7	新安	吴寿荣	吴寿荣	9	250	1145	15.5
8	藤山	张金华	罗永华	17	503	2435	55.7
9	崑山	张新业	张新业	29	1150	4891	41.6
10	双联	朱先均	严展安	12	309	1507	19.9
11	双青	陈参权	陈参权	12	268	1527	18.6
12	龙田	陈永英	陈永英	12	343	1670	35.5
13	哈水	徐院丰	徐院丰	13	308	1550	13.4
14	陈村	雷展来	雷展来	25	575	3120	203.2
15	黄河	何汉先	何汉先	24	862	3415	87.5
16	集义	徐德强	徐德强	24	645	3480	17.4
17	礤下	何恒春	何恒春	29	883	4250	18.4
18	礤头	宋振富	宋振富	11	368	1990	25.1
19	周陂社区	朱永添	朱永添		580	1461	12.7
20	礤下社区	何镜芳	何镜芳		213	440	9.3

官渡镇

【概况】 官渡镇位于翁源县西南部，北接江尾镇、翁城镇，东与龙仙镇、周陂镇交界，南与英德市青塘镇为邻，北江支流——翁江自西向东横穿境内。官渡镇交通区位十分优越，国道106线与省道S341线在境内交汇，南距广州196公里，北距韶关77公里，东距县城龙仙32公里，距京珠高速翁城出入口仅14公里，是粤北重镇——韶关市通往珠三角的南大门。全镇总面积约240平方公里，下辖19个村民委员会和2个居民委员会，全镇户籍总人口52766人，其中农业人口49657人，非农业人口3109人。是年，实现全镇地区生产总值5.93亿元，同比增长9.9%。公共财政预算收入完成1.3449亿元，同比增收0.4506亿元，增长50.38%。农民人均纯收入1.12万元，同比增长9.8%。

官渡历史悠久，人杰地灵。贤才良将辈出，蜚声海内外，如明朝抗倭名将吴广（与陈嶙同一时期，官渡坪田村人），原全美油画家协会主席、杰出的旅美华人油画大师涂志伟，中国摄影家协会会员、国籍摄影家协会常务理事涂文安。

官渡镇地处翁江中上游，地面海拔100米左右，属山地丘陵河谷盆地，拥有大面积25度以下低矮山坡地可供开发利用。气候终年温暖，偶有降雪，属亚热带气候，终年平均气温达到20.2°C，雨量充沛，为发展“三高”（高产、高质、高经济效益）农业和开发小水电提供了有利条件。官渡镇大力调整农作物种植结构，在稳定粮食生产的同时，重点扶持糖蔗、蚕桑、蔬菜、红葱头、渔业、葡萄、火龙果等几大特色优势产业，使其向规模化、产业化方向发展。

【基层组织】 镇分设有34个党支部,其中镇属机关党支部10个，社区居委会党支部2个，农村党支部19个。2017年全镇有党员1622名，其中机关党员246名,农村党员922名,城镇党员454。此外吸收发展新党员15名。

【农业经济】 是年，在稳定传统粮食和甘蔗、糖蔗生产的基础上，着力做大蔬菜、火龙果、葡萄、红葱头、牛大力、突水鱼、东三鱼等特色农业品牌。水稻产量增长5.2%，蔬菜产量增长3.6%，水果产量增长1.9%，生猪出栏量增长10.2%，“三鸟”产量增长10.5%，水产产量增长3.5%。农村经营体制深化改革，农村土地承包经营权登记颁证工作进展顺利。

【工业经济】 2017年官渡接待站停办、开发区重心北移造成短时间内工业产值下滑的严峻形势，官渡镇通过挖潜与培新并举，实现业经济稳步回升。全镇完成工业税收11640万元，增长21.1%。

【基础设施建设】 改善城镇基础设施。投入资金90多万元，完成赤桉西路、金桂路、赤桉西路至金桂路路段的硬底化，并拓宽、美化、亮化赤桉西路；投入资金300多万元，完成官渡、新陂、龙船、镇仔农网升级改造项目13个；投入资金近20万元完成飞神安全饮用水工程，解决庙墩片区人民群众饮水问题。加快交通基础设施建设。韶新高速三个先行点的征地拆迁任务如期完成，全力推进昆汕高速“三改”工程建设，有效保障昆汕高速顺利施工；投入资金150多万元，完成镇仔、官渡、下陂、社背通村组公路硬底化5.37公里。完善农田水利设施。投入300多万元，完成70多宗小水陂、小灌渠、小山塘的维修加固。投入2300多万元对涂屋水、凹头水和六户山水系的中小河流治理。公共服务设施有效夯实。行政服务大厅“一门式一网式”服务平台基本建成，全镇22个公共服务中心(站)全面完成建设。

【生态文明】 开展山水林田湖生态保护修复铁拳行动，全面推行“河长制”，大力打击乱砍滥伐、非法取土取石、非法开采河砂、违规建设规模畜禽养殖场活动，形成保护生态环境，打击破坏生态行为的高压态势，有效保护生态环境。造林绿化工作成效显著。全镇完成碳汇造林257.33公顷，石漠化造林55.67公顷，碳汇工程抚育433.33公顷，中央森林抚育233.33公顷，新增种植油茶、杉、松、槐树近233.33公顷。

【新农村建设】 在六个省定贫困村开展“三清三拆三整治”工作，实现新农村建设“四个100%”，即6个省定贫困村100%完成规划、100%开展“三清三拆三整治”工作、100%成立村民理事会、100%实行垃圾清运处理。共清理旧房屋面积4.31万平方米，拆除危旧房1358间，完成农村危房改造204户。

【社会民生事业】 民生保障全面改善。是年，发放各项惠农资金1259万元，社会临时救助资金15.66万元，农村低保资金336.03万元，城镇低保资金6.47万元。家庭医生签约服务24049人，60岁以上老人实行免费体检。教育发展有新的转变。加大教育事业的投入，投入资金300多万元升级改造了官渡中学和六里小学运动场，投入资金170多万元建成镇仔三正小学并投入使用，社会满意度明显提升。12月通过省教育强镇复评验收。卫生计生事业长足发展。投入资金100多万元完成6个村的卫生站建设。人口计生工作稳步推进，全镇出生949人，政策生育率达97.26%， 免费孕前健康检查407人，提前超额完成县下达的任务，慰问计生困难户39户，下发各类计生慰问金2.3万元。积极开展爱国卫生运动，整治镇村“脏、乱、差”，坑尾、东三、新南、新北、突水、下陂、联盟、利龙被评为市卫生村。镇村文化活动全面推进，全年开展文体活动86场次，成功创建“市文明镇”。

【社会大局和谐稳定】 社会治理及平安建设工作扎实有效，全年发生矛盾纠纷153宗，成功办结150宗，办结率98.04%。破获刑事案件45起，抓获各类嫌疑人175人。社会治安和安全生产形势持续稳定。全年共排查出安全生产事故隐患18项，发出安全隐患整改通知书9份，限期整改安全隐患9项，整改率达98.8%。全年未发生食品药品安全事故。

（黄奕文）

官渡镇领导班子成员名单

党委书记：赖永兴
党委副书记、镇长：叶米昌
人大主席：曾朝志
党委副书记：罗发平　李桂新
党委委员、副镇长：吴洞如
副镇长：林国名　杨云娇　彭聪
党委委员、纪委书记：许建群
组织委员：陈美芳
宣传委员：许秉华

武装部长：许碧新　　　　综治委员：黄伟国
统战委员：马凤龙

2017年官渡镇主要指标一览表

表15

指　标	单位	数　量		指　标	单位	数　量	
		2016年	2017			2016年	2017
农林牧渔及服务业总产值（当年价）	万元	53932	57103	生猪存栏量	头	18877	9175
固定资产投资	万元	4800	3150	水果总产量	吨	5136	5494
招商引资实际投入	万元	4800	4800	中学	所	2	2
农民人均纯收入	元	11223	12344	小学	所	6	6
粮食总产量	吨	15420	13619	中小学在校学生	人	4201	4315
水泥公路	公里	60.7	66	中小学在职老师	人	303	307

2017官渡镇（场）村（居）委会基本情况一览表

表16

序号	村(居)委会	书记	主任	村民小组(个)	总户数(户)	总人数(人)	集体经济收入(万元)
1	官渡村	王悦南	王悦南	17	1054	3201	13
2	河边村	黄学柱	黄学泉	9	954	2828	2.39
3	五四村	陈坚雄	陈悦派	1	247	589	5.1
4	下榕角村	张洪邦	张洪邦	11	778	2392	4.5
5	坪田村	杨兆范	杨兆范	6	247	811	1.2
6	突水村	李阳燕	李阳燕	8	670	2236	5.1
7	新南村	陈金礼	陈金礼	10	653	2265	3.4
8	新北村	黄博通	黄展健	11	1054	3320	3.5
9	坑尾村	蔡思佑	蔡思佑	7	360	1263	1.7
10	新陂村	蓝兴创	蓝兴创	11	676	2324	8.5
11	东三村	黄敬太	黄敬太	12	735	2752	2.2
12	镇仔村	蓝展华	蓝小兵	25	1305	4490	6.5
13	利龙村	黎振柱	刘冬足	17	1094	3720	2.2
14	下陂村	黄友云	黄友云	13	773	2819	7.5
15	龙船村		涂国忠	21	1179	3954	8.89
16	社背村	杨业波	杨业波	18	691	2264	1.55
17	新跃村	涂胜华	涂胜华	12	488	1763	1.1
18	华东村	李继成	李继成	15	768	2608	3
19	联盟村	李启帮	李功敏	9	501	1753	8.5
20	六里居委	涂　良	涂　良		1120	1486	
21	官渡居委	刘先党	刘先党		822	1300	

铁龙林场

【概况】 铁龙林场地处翁源县西部，东邻新江镇，南与英德市交界，西北与韶关市曲江区接壤，距县城82公里，离韶关市区45公里，全场总面积96.5平方公里。管辖3个农业工区(行政村)和1个社区居委会，共33个村民小组，至年底，总户数1677户，总人口5859人，其中农业人口4738人。

铁龙历史悠久，据史料记载，清朝嘉庆二十五年（1820），农村设置乡、铺机构，全县设上乡和下乡2个乡，管理28个铺，当时铁龙属下乡铁龙铺。鸦片战争之后，英国人在此开采铁矿炼铁，因此有上下铁场之称。铁龙南面有一处狭隘的山垌地带，相传此地盛产龙眼，故历史上称龙眼垌。民国26年，撤销铺的设置，行政机构改为区、乡，铁龙当时属四区铁龙乡。解放初，翁源县人民政府在此地设置一个小乡，取其铁场和龙眼垌地名第一个字，称为铁龙乡政府，划归新江管理区管辖。1959年，经省人民政府批准成立国营广东省铁龙林场；1963年，铁龙林场成立党委，称中国共产党国营广东省铁龙林场委员会，党内设书记、副书记，行政上设场长、副场长。1984年，设立铁龙乡人民政府；1994年，设立铁龙镇人民政府，实行镇场合一、两块牌子一套人员的行政管理体制；2004年撤销镇建制保留林场至今。

【林业工作】 该场将上年的采伐基地60公顷顺利种植上红锥，并被市局确定为碳汇造林红锥示范基地；计划今年发展66.7公顷的省级林木种苗生产示范基地建设，已完成土地基本平整，准备小苗区的播种，大苗示范区的苗木采购、种植等工作；完成666.67公顷幼林抚育和面积46.67公顷出材9016立方米的木材采伐；完成森林资源二类调查工作；已完成3926.6公顷生态公益林资金（共157.20万元）的发放；做好林业病虫害管理，实现病虫害发生数为零的目标；抓好护林防火工作，加强领导、明确责任，层层落实签订护林防火责任书。

【农业工作】 农村经济总收入为27185.25万元比上年增长9%，农村人均纯收入13797.41元比上年增长9%，第一产业增加值4945.39万元比上年增加4.5%；已完成第三次全国农业普查第三阶段数据录入PDA审核、上报工作；完成三个农业工区的信用村创建，建立和完善场、村二级农村公共服务平台和农村集体“三资”监管平台和资源资产交易平台建设；已向县农业局申报龙集新丘文化室、龙化工区新老丘文化室为2017年广东省村级公益事业建设一事一议财政奖补项目；按照食品安全相关文件和食药监局的执行规范相关要求，做好生产和经营单位的登记检查和责令整改工作，并将食品安全检查的各项资料上报食药监局。

【环保工作】 上半年投入十多万元采用薄膜覆盖方式对诚伟金聚矿业股份有限公司的污染物进行了有效控制；龙体工区坑头村至岭下村面积64.6公顷，中央资金1500万元项目工程，至目前已完成项目总工程35%；龙体工区将军屯村面积20.33公顷，省级环保专项资金200万元项目工程，已完成招投标；对场地污染风险管控的1800万元中央环保资金已到位，其中翁源县勤达选矿厂的治理工程（600万元）已完成招投标，现为中标公司公示期间；广东诚伟金聚矿业有限公司治理工程（1200万元）已挂网进行公开招投标。

【安全生产工作】 切实加强领导，制定《铁龙林场2017年“安全生产月”活动实施方案》，层级签订责任书，按季度召开“安全生产月”专题会议，落实“一岗双责”和“一票否决”制度。至年底，全场未发生重特大安全生产事故，事故控制指标执行良好。

【人力资源和社会保障工作】 促进城乡就业和再就业工作，全年城镇登记失业率稳定在3.2%以内；已超额完成城乡医保参保工作，争取完成城乡居民养老保险参保任务；城乡居民最低生活保障工作基本实现了动态管理下的“应保尽保”；做好低保、五保，慰问贫困优抚对象、困难职工、支助困难学生和残疾人技能培训等工作。

【基础设施建设工作】 全年投入400多万元完成基础设施建设。其中：县道X788线铁龙到龙化段公路全长6.35公里路面大修工程58.5万元；修复县道X788线铁龙到龙化段公路水毁工程

51.9万元；翁源县铁龙林场工业园区专用通道公路工程的测量、设计67.9万元，预算审核10.6万元；铁龙林场乡村公路（龙集风口段及龙化冷水径至老陈坑）硬底化95.8万元；铁龙大道砼路面修复28.5万元；修建铁龙林场后山公园林区公路50多万元；铁龙林场长牛坪和冷水径护林点改造35万多元；改善龙化张屋村生活环境8万多元；积极配合开发区做好将军屯、墩头两村小组搬迁工作，两村小组共有97户村民，其中96户（占总户数99%）已签订搬迁协议，现搬迁安置房正在建设施工中。

【乡村建设】 6月份以来，该场在全场范围扎实开展农村人居环境综合整治美丽乡村建设，累计投入资金75万多元。“三清三拆”工作得到县委农办的通报表扬，经华南理工大学建筑设计院对龙体工区和龙化工区美丽乡村建设的规划测绘，初步确定每个村庄的规划图，下一步将按照规划全力做好新农村建设工作。

【信访维稳】 促进平安建设各项工作制度化规范化，扎实推进平安细包创建和民主法治创建工作，确保平安细包创建覆盖率达100%，平安家庭达标率达98%；积极开展法律法规宣传工作和法律进社区、进农村、进学校、进企业、进家庭，让人民群众在法治创建活动中“知法、懂法、守法”；坚持开展矛盾纠纷排查化解工作。进入十九大“防护期”以来，坚持矛盾纠纷排查工作每周2次以上，发现苗头及时上报和做好稳控工作；坚持召开信访维稳书记专题研判会，每周召开2次专题研判会，对所排查的矛盾纠纷进行分析和研判，提出化解矛盾纠纷方案和领导包案等工作措施；是年，全场共排查出18宗矛盾纠纷。其中调处化解17宗。矛盾纠纷涉及赔偿金额达10多万，涉及人数达到50多。调处率为100%，成功化解率为95%，受理各类信访案件办结率、反馈率均达100%。

【卫计工作】 落实全面两孩政策效果明显，出生人口稳步增加，至是年11月户籍人口出生88人，政策内出生87人，政策外出生1人，政策生育率98.86%；该场有龙集、社区二个单位为创建健康社区示范点，至11月，各项创建工作已基本完成，申报资料已提交县创建办。

【组织工作】 落实各项党建工作任务，采取定期检查和不定期抽查的方式对各党支部工作进行督促检查，及时通报，指出不足，提出改进意见，全力创建的良好氛围；抓党员思想政治教育，全面提高党员队伍素质，以各种形式组织党员干部认真学习和传达中共十九大精神，加强“两学一做”，贯彻落实“三会一课”制度；精心组织，专题研讨，完成当年村“两委”换届工作。

【宣传文化工作】 制定《铁龙林场党委2017年理论学习中心组学习计划》，规范中心组学习制度，全年理论学习中心组组织集中学习4次，增强理论学习中心组成员的“四个意识”，凝聚起推动铁龙绿色发展的思想动力；制定和落实好《铁龙林场党委落实意识形态工作责任的实施办法》，定期召开意识形态和舆情研判工作会议；加强对舆情收集、研判，对苗头性、敏感性问题做到早预见、早发现、早防范，做好舆论宣传、舆情引导，维护铁龙社会和谐稳定；加强“两强两提”思想讨论活动宣传，制定《铁龙林场开展“两强两提”思想大讨论实施方案》，组织党员干部开展思想讨论，增强广大党员干部解放思想、团结担当、攻坚克难的责任意识；继续开展好“两学一做”学习教育活动和“学讲话用讲话”心得交流活动，树立“敢于担当破难题，提神聚力谋发展”的信心。

【党风廉政建设】 加强宣传、强化教育，营造反腐倡廉良好舆论氛围，构筑不想腐的思想道德堤坝；完善各项制度，压实主体责任，坚持不懈落实中央“八项规定”精神；扎实开展扶贫领域线索排查工作。定期对扶贫工作台账和扶贫户的现场核查，确保各项扶贫惠民政策、资金落实到位和群众反映扶贫领域涉嫌违纪问题及时查处，做到有效整治，为打赢脱贫攻坚战提供纪律保障。

（余利忠）

铁龙林场领导班子成员名单

党委书记： 池建人
党委副书记、场长： 林武新
党委副书记： 付泽生
党委委员、副场长： 张财生
党委委员、纪委书记： 黎志和
党委组织委员： 谢增清
党委宣传委员： 陈德任

党委委员、武装部长：郭小安　　党委综治委员：张球帮

党委统战委员：廖丽云

2017年铁龙林场主要指标一览表

表17

指　标	单位	数　量		指　标	单位	数　量	
		2016年	2017年			2016年	2017年
农林牧渔及服务业总产值（当年价）	万元	4767	8423.72	生猪存栏量	头	1180	1131
固定资产投资	万元	27496	3036	水果总产量	吨	326	318
招商引资实际投入	万元	0	0	中学	所	1	1
农民人均纯收入	元	11966		小学	所	1	1
粮食总产量	吨	2231	3886	中小学在校学生	人	345	331
水泥公路	公里	41	43.8	中小学在职老师	人	34	34

2017年铁龙林场村（居）委会基本情况

表18

序号	村（居）委会	书记	主任	村民小组（个）	总户数（户）	总人数（人）	集体经济收入（万元）
1	龙集工区	梁沾明	梁沾明	8	238	1055	230.18
2	龙体工区	徐宏昌	徐宏昌	12	441	1586	282.72
3	龙化工区	温则通	温则通	13	465	2097	140.16
4	铁龙社区	徐全保	徐全保	1	533	1121	19

统计资料

翁源县 2017 年国民经济和社会发展统计公报

2017 年，面对严峻复杂的宏观经济形势，县委、县政府以习近平新时代中国特色社会主义思想为指导，真抓实干，攻坚克难，坚持稳中求进工作总基调，以供给侧结构性改革为主线，全面做好稳定增长、生态文明建设、新农村建设等各项工作，实现了经济社会持续健康发展。

一、综合

初步核算，全年实现地区生产总值 104.9 亿元，同比增长 6.1%，其中，第一产业增加值 24.9 亿元，增长 5.1%；第二产业增加值 30.3 亿元，增长 1.0%；第三产业增加值 49.7 亿元，增长 10.0%。三次产业结构由 2016 年的 24.4∶31.1∶44.5 调整为 23.7∶28.9∶47.4。按常住人口计算，人均生产总值 30162 元。实现民营经济增加值 62.5 亿元，增长 4.7%。

居民消费价格总水平上升 1.6%，其中服务项目价格上升 3.7%。

年末全县从业人员 16.36 万人。其中：第一产业从业人员 8.94 万人；第二产业从业人员 2.98 万人；第三产业从业人员 4.43 万人。年末城镇登记失业人员 597 人，登记失业率 2.37%。全年城镇新增就业岗位 2977 个，安置下岗失业人员再就业 2256 人。

二、农业

全年实现农业总产值 38.6 亿元，增长 5.2%。全年粮食播种面积 306199 亩，与上年增加 3.6%。甘蔗种植面积 75496 亩，增加 91 亩(其中糖蔗 42030 亩，增加 679 亩)；油料种植面积 89805 亩，增加 2374 亩；蚕桑 29772 亩，减少 1498 亩；蔬菜 274382 亩，扩种 11030 亩。

年末全县常用耕地面积 3.14 万公顷，其中水田 1.94 万公顷。全年农业机械总动力 22.3 万千瓦，增长 2.4 %；农村用电量 8734 万千瓦时，增长 36.7%；化肥施用量（折纯）3.04 万吨，减少 1.3%。

2017 年主要农产品产量情况表

表 19

农产品名称	计量单位	绝对数	比上年±%
粮食	吨	107300	3.0
其中：稻谷	吨	97047	2.8
蔬菜	吨	362158	4.2
甘蔗	吨	560778	0.9
花生	吨	19616	2.8
水果	吨	63102	4.9
其中：三华李	吨	3088	29.4
蚕茧	吨	2510	1.3
肉类	吨	12447	1.5
其中：猪肉	吨	8300	2.1
水产品	吨	7490	2.7

三、工业和建筑业

工业增加值同比增长 0.2%，其中规模以上工业同比下降 0.3%，民营工业同比下降 8.5%。

2017 年翁源县规模以上工业主要产品产量情况表

表 20

产品名称	计量单位	绝对数	比上年±%
水泥	万吨	119.52	7.18
糖	吨	7515.9	-48.74
丝	吨	166	19.81
电子表	万只	1183.12	3.06
涂料	吨	28882.71	-0.53
中成药	吨	357.33	-1.12
蓄电池	千伏安时	1018827	150.39
人造板	立方米	160774	6.06

全年实现建筑业增加值 4.83 亿元，增长 13.2%。资质等级以上建筑安装企业(含劳务分

包)10个，完成施工产值6.3亿元，增长23.5%；实现利润0.2亿元，下降37.%。房屋施工面积53.93万平方米，下降12%；竣工面积23.08万平方米，同比增长32%。

四、固定资产投资

2017年完成固定资产投资72.77亿元（其中房地产投资10.37亿元），增长4.8%。商品房销售额19.78亿元，增长123.5%；销售面积35.58万平方米，增长70.5%。从投资主体看：国有及国有控股经济投资38.34亿元，增长361.1 %；外商及港澳台经济投资3.21亿元，增长514.3%；民营经济投资30.77亿元，下降19.5 %。分产业看：第一产业完成投资2.58亿元，下降1.7 %；第二产业完成投资20.95亿元，下降20.6%。第三产业完成投资49.25亿元，增长169.4%。其中武深、汕昆、韶新高速公路翁源段投资27.77亿元。

五、贸易、外经

全年完成社会消费品零售总额36.98亿元，增长7.6%。分地域看：城镇消费品零售额30.27亿元，增长7.5%；农村消费品零售额6.71元，增长9.2%。分行业看：批发零售贸易业零售额34.91亿元；住宿餐饮业零售额2.07亿元。

全年新签利用外资合同6宗；实际利用外资1016万美元，同比增加140万美元，增长16%；完成外贸进出口总额11200万美元，其中，出口总额9705万美元；进口总额1495万元美元。

六、交通、邮电和旅游

全年交通运输和邮电业增加值增长11.5%。年末公路通车里程1844公里，其中，国道148公里，省道81.5公里，县道246公里，乡道920公里，村道448公里。公路密度85公里/百平方公里。按公路等级分，高等级公路（二级以上）230公里，次等级公路（三级以下）1614公里。年末全县民用汽车拥有量35036辆，其中私人汽车34240辆，公共汽车车辆151辆。年末固定电话用户3.2万户，移动电话用户25.9万户，互联网宽带用户21万户。2017年全年接待旅游人数232万人次，实现旅游总收入17.5亿元，分别增长26.9%和31.8%。

七、财政金融业

2017年实现地方公共财政预算收入4.24亿元，增长6.5%。年末金融机构各项存款余额140.9亿元，增长9.0%。其中：城乡居民储蓄存款余额105.2亿元，增长9.5%。金融机构各项贷款余额53.9亿元，增长11.9%。其中：短期贷款10.2亿元，增长5.2%；中长期贷款43.6亿元，增长13.5%。

八、教育、文化、卫生

2017年末全县有幼儿园55间，421个班，在园幼儿15994人，教职工1406人；完全小学16间，教学点41间，695个班，在校小学生27616人，教职工1448人，专任教师1404人；初级中学15间，244个班，完全中学2间，高级中学1间，102个班，教职工1495人，专任教师1347人，普通中学在校学生16479人（其中高中5034人）；特殊学校1间，8个班，在校学生85人，教职工7人；中等职业学校1间，35个班，在校学生1438人，教职工73人。大专以上录取2175人，其中，本科855人；专科1320人。小学学龄儿童入学率100%，初中毛入学率107.41%。

年末全县有文化馆（站）9个；博物馆1个；图书馆（室）1个，图书46万册；剧团1个，演出68场，观众20万人次。电影队2个，共放映2336场，总收入53万元。调频电台2座；安装有线电视4.2万户，其中，县城1.9万户。

年末全县有卫生机构18个，病床1221张。各类卫生技术人员1796人，其中：执业医师509人，中西医士111人，护士869人。全年无偿献血1472人次。

九、环境保护

建立并完善环保监测站，配备环境监测专职人员16人，全年用于环境污染防治项目投资11711万元，完成环境污染防治项目11个。建成烟尘控制区1个，面积7平方公里；建成污水处理厂3座。年内建设项目环境影响评价制度执行率100%，建成项目环保“三同时”制度执行合格率

100%。全年完成排污费征收427万元。全县土地面积2175平方公里。

十、人口与人民生活

据公安部门统计，全县年末户籍人口416486人。其中：非农业人口122005人，农业人口294481人。2017年末常住人口34.89万人。按户籍人口计算，全年出生人口8001人，出生率18.7‰；死亡人口2668人，死亡率6.24‰；人口自然增长率12.47‰。全县城乡居民人均可支配收入17598元，比上年增长10.3%，其中城镇居民人均可支配收入23716元，比上年增长10.8%；农村居民人均可支配收入13022元，比上年增长10.3%。

年末全县城镇职工养老保险参保人数37484人，城镇职工基本医疗保险参保人数30909人，失业保险参保人数14286人，工伤保险参保人数19847人。城乡居民养老保险参保人数135010人。全县享受社会养老待遇的离退休人员8961人。养老、失业、工伤、生育保险全年征缴18982万元；企业养老、失业、工伤、生育基金余额6496万元。

全县有社会福利机构10所，床位597张。城乡居民生活保障制度不断完善，全县8个镇(场)建立了最低生活保障制度，享受最低生活保障人数达8522人，全年发放保障资金3790.67万元，发放救济物资折款32.25万元，累计10039人（次）受救济。

注：1. 本公报为初步统计数。

2. 全县生产总值、农业总产值绝对数按当年价计算，增长速度按可比价计算。

翁源县国民经济主要指标一览表

表21

指　标	计量单位	2017年	2016年	2017年比2016年增长±%
一、人口、资源				
年末户籍总人口	万人	41.65	41.22	2.46
农业人口	万人	29.45	29.11	1.17
非农业人口	万人	12.20	12.16	1.16
人口自然增长率	‰	12.47	11.38	1.09
年末常住人口	万人	34.89	34.63	0.75
地总资源	万亩	47.10	47.25	-0.22
其中：水田	万亩	29.10	29.25	-0.52
旱地	万亩	18	18	持平
森林覆盖率	%		71.82	
二、国民经济综合核算				
生产总值	亿元	104.9	98.2	6.83
第一产业	亿元	24.9	24	3.75
第二产业	亿元	30.3	30.5	-0.57
工业增加值	亿元	21.07	26.3	-0.2
建筑业增加值	亿元	4.83	4.3	12.33

续表21

指　标	计量单位	2017年	2016年	2017年比2016年增长±%
第三产业	亿元	49.7	43.7	13.73
人均生产总值（当年价计）	元	30162	28360	63.6
三大产业结构				
第一产业	%	23.7	24.4	-0.7
第二产业	%	28.9	31.1	--2.2
第三产业	%	47.4	44.5	2.9
从业人员				
从业人员人数	万人	16.36	16.46	-0.61
第一产业	万人	8.94	8.74	2.29
第二产业	万人	2.98	3.1	-3.87
第三产业	人	4.8	4.62	2.60
全县在岗职工人数	人			
其中：国有单位	人			
集体单位	人			
其他经济类型单位	人			
年末城镇登记失业人员	人	527	982	-45.70
全年城镇新增就业岗位	个	2297	2831	-18.87
安置下岗失业人员就业	人	2256	2300	-1.92
私营企业从业人员	人			
三、工业	人			
规模以上工业增加值（当年价）	亿元		21.2	6.1
对全县经济增长的贡献率	%	16.22	26.3	-0.3
建筑业				
建筑业增加值	亿元	4.83	4.3	12.33
资质企业全年房屋施工面积	万平方米	53.93	61.0	-13.11
资质企业全年竣工面积	万平方米	23.08	29.12	-20.75
民营工业	亿元			
规模以上工业产品产量				
发电量	万千瓦时			
水电	万千瓦时			
水泥	万吨	119.52	129	-7.35
糖	万吨	0.76	1.4664	-48.17
电子表	万只	1183.12	1148	3.06

续表 21

指　标	计量单位	2017 年	2016 年	2017 年比 2016 年增长±%
电池	千伏安时	1018527	406894	101.85
中成药	吨	257.33	379	-32.11
丝	吨	1766	624	183.02
四、农业				
农业总产值（当年价）	亿元	38.6	37.4	3.2
粮食种植面积	万亩	30.17	29.54	2.1
水稻种植面积	万亩	25.6	20.01	27.94
粮食总产量	万吨	10.73	10.42	2.98
水稻产量	万吨	9.7	9.43	2.87
花生产量	万吨	1.96	1.91	2.8
蔬菜产量	万吨	36.21	34.75	4.7
蚕茧产量	吨	2610	2477	1.3
水果产量	万吨	6.31	6.02	4.9
其中：三华李	吨	3588	2387	50.32
肉类产量	吨	12447	12269	-1.5
其中：猪肉	吨	8300	8132	2.1
水产品产量	吨	7490	7293	2.7
五、交通邮电				
公路通车里程	公里	1844	1866.8	-1.23
公路密度	公里/百平方公里	85	85.8	0.94
公路客货物周转量	万公里			
民用汽车拥有量	辆	35036	21850	60.35
电话交换机总容量	万门		5.7	3.64
年末固定电话用户	万户	3.2	3.7	-1.09
年末移动电话用户	万户	25.9	26.5	-2.27
电话普及率	部/百人	7.68	8.92	13.9
六、固定资产投资				
固定资产投资完成额	亿元	72.77	69.5	4.71
第一产业	亿元	2.58	2.6	-1.7
第二产业	亿元	30.75	26.4	16.48
工业	亿元			
第三产业	亿元	49.25	40.5	21.61
按投资类型分组				
基本建设	亿元			
更新改造	亿元			
房地产开发	亿元	10.37	6.3	64.61
其他项目投资	亿元			
投资主体分				
国有及国有控股经济投资	亿元	38.34	8.3	361.1

续表21

指　　标	计量单位	2017年	2016年	2017年比2016年增长±%
民营经济投资	亿元	30.77	38.2	-19.5
商品房销售面积	万平方米	35.58	20.8	70.5
商品房销售额	亿元	19.78	8.8	124.78
旅游业				
接待游客人数	万人（次）	2132.	182.8	26.9
总收入	亿元	47.5	13.3	3.5
七、贸易、外经				
消费品零售总额	亿元	36.98	34.4	7.5
其中：城镇消费品零售额	亿元	30.27	28.2	7.5
乡村消费品零售额	万元	6.71	6.2	9.2
从行业分				
批发零售贸易业零售额	亿元	34.81	32.5	7.11
住宿餐饮业零售额	亿元	2.07		
外贸出口	万美元	9705	1697	471.9
实际利用外资	万美元	1016	876	16
八、财政、金融				
地方财政一般预算收入	亿元	4.2	3.98	5.53
国税收入	万元			
地税收入	万元			
税收收入	万元			
地方财政一般总支出	亿元			
金融机构各项存款余额（本外币）	亿元	140.9	129.2	90.69
城乡居民储蓄存款	亿元	105.2	96.1	9.5
金融机构各项贷款余额（本外币）	亿元	53.9	48.1	11.9
九、人民生活				
在岗职工人平均工资	元			
农民人均纯收入	元			
县城居民人均可支配收入	元	17598	15785	10.3
市区居民消费价格指数	%	1		
其中：服务项目价格	%	3.7		
消费品价格	%	1.6		
十、教育、文化、卫生				
全日制高等学校在校学生	人	2175	1011	1.15倍
普通中学在校学生	人	16479	16337	0.87
小学在校学生	人	27616	26349	4.81
适龄儿童入学率	%	100	100	
特殊学校	人	85	72	48.06
医院床位数	张	1221	1141	7.02
卫生技术人员数	人	1796	1999	-10.16

续表 21

指　标	计量单位	2017 年	2016 年	2017 年比 2016 年增长±%
每千人拥有卫生技术人员	人	4.31	4.9	12
农村合作医疗覆盖率	%	100	100	
县城自来水普及率	%	100	100	
农村自来水普及率	%	100	100	
农村居民卫生厕所	户	13.98	14.16	12.9
农村居民卫生厕所普及率	%		98.73	
碘盐覆盖率	%	100	100	
食品监测率	%	99.33		
食具监测合格率	%	98		

名　录

中共翁源县委常务委员会

县委书记　黄令遥

黄令遥，男，汉族，广东韶关人，学历硕士研究生，1969 年 9 月出生，1987 年 7 月参加工作，1991 年 11 月加入中国共产党，现任中共翁源县委书记。

主要经历：1984 年 9 月至 1987 年 7 月在韶州师范学校读书；1987 年 7 月至 1990 年 9 月任武江区西联镇西联小学教师；1990 年 9 月至 1992 年 7 月任武江区沐溪小学副校长（主持全面工作）；1992 年 7 月至 1995 年 8 月任武江区西联镇教办主任；1995 年 6 兼任西联小学校长；其间：1992 年 9 月至 1995 年 7 月参加韶关大学中文专业函授业余大专班学习；1995 年 8 月至 1997 年 5 月任武江区西联镇党委委员；1997 年 5 月至 1999 年 1 月任武江区新华街道党委副书记、办事处主任；其间：1997 年 9 月至 1999 年 12 月参加省委党校经济管理专业本科班学习，1998 年 9 月至 1998 年 12 月参加市委党中青班学习；1999 年 1 月至 1999 年 3 月任武江区西联镇党委副书记；1999 年 3 月至 2003 年 3 月任武江区西联镇党委副书记、镇长；2003 年 3 月至 2005 年 7 月任韶关市武江区副区长；2005 年 7 月至 2006 年 10 月任中共韶关市武江区委常委、组织部部长；2006 年 10 月至 2006 年 11 月任中共翁源县委常委；2006 年 11 月至 2009 年 4 月任中共翁源县委常委、组织部部长；2009 年 4 月至 2011 年 11 月任中共翁源县委常委、组织部部长、县委党校校长；其间：2008 年 9 月至 2011 年 7 月参加中央党校经济学（经济管理）专业在职研究生班学习）；2011 年 11 月至 2013 年 8 月任中共翁源县委常委、副县长；2013 年 8 月至 2015 年 8 月任中共仁化县委副书记；2015 年 8 月至 2016 年 1 月任中共始兴县委副书记、代县长；2016 年 1 月至 2016 年 9 月任中共始兴县委副书记、县长；2016 年 9 月至 2017 年 9 月任中共始兴县委书记；2017 年 9 月至今任中共翁源县委书记。

县委副书记、县长　陈来安

陈来安，男，汉族，广东韶关人，学历大学，1965 年 9 月出生，1984 年 7 月参加工作，1988 年 6 月加入中国共产党，现任中共翁源县委副书记、翁源县人民政府县长。

主要经历：1981 年 9 月至 1984 年 7 月在广东韶州师范学校读书；1984 年 7 月至 1992 年 8 月在曲江县江湾中学任教；其间：1986 年 9 月至 1989 年 6 月参加中山大学自学考试中文专业大专毕业；1992 年 8 月至 1993 年 8 月任曲江县江湾中学副校长；1993 年 8 月 1994 年 8 月任曲江县江湾镇教办副主任；1994 年 8 月至 1995 年 12 月曲江县江湾镇教办主任；1995 年 12 月至 1998 年 12 月任曲江县江湾镇副镇长；其间：1996 年 3 月至 1998 年 12 月参加广东省委党校行政管理专业函授本科班读书；1998 年 12 月至 1999 年 1 月任中共曲江县江湾镇委委员；1999 年 1 月至 1999 年 8 月任曲江县江湾镇人大主席、镇委委员；1999 年 8 月至 1999 年 9 月任中共曲江县罗坑镇委副书记；1999.年 9 月 2001 年 3 月任中共曲江县罗坑镇委副书记、镇长；2001 年 3 月至 2001 年 12 月任中共曲江县白沙镇委书记；2001 年 12 月至 2002 年 2 月任中共曲江县白土镇委书记；2002 年 2 月至 2004 年 6 月任中共曲江县白土镇委书记、人大主席；其间：2004 年 2 月当选为市九届党代会代表；2004 年 6 月至 2004 年 9 月任曲江县人民政府办公室主任；2004 年 9 月至 2007 年 5 月任韶关市曲江区人民政府办公室主任；2007 年 5 月至 2010 年 6 月任韶关市曲江区农业局党委副书记、局长；2010 年 6 月至 2011 年 9 月任曲江区农业局党委书记、局长、区委农办主任；2011 年 9 月至 2012 年 10 月任中共曲江区委常委；2012 年 10 月至 2014 年 9 月任中共曲江区委常委，东莞（韶关）产业转移工业园管理委员会副主任（兼）；2014 年 9 月至 2015 年 4 月任中共曲江区委常委；2015 年 4 月至 2016 年 11 月任韶关市人力资源和社会保障局副局长、党委副书记；2016年11月至2017年4月任韶关市人力资源和社会保障局副局长、党组副书记、党工委副书记；2017年4月至今任中共翁源县委副书记、县长。

县委副书记　张朝养

张朝养，男，汉族，广东翁源人，学历大学，1963年9月出生，1982年7月参加工作，1990年6月加入中国共产党。现任中共翁源县委副书记。

主要经历：1982年7月至1984年7月，在尚同中学任教（其间：1983年7月至1986年11月，参加广东教育学院数学系数学专业本科班学习）；1984年8月至1991年7月，在翁源中学任教；1991年8月至1992年11月，在县直属党委工作；1992年11月至1995年1月，任县直属机关党委组织宣传办副主任（其间：1993年3月至1995年1月，挂任翁源县青云山中药厂厂长助理）；1995年1月至1996年12月，任县直属机关党委副书记；1996年12月至1998年12月，任周陂镇党委副书记；1998年12月至2000年12月，任周陂镇党委副书记、镇长；2000年12月至2001年9月，任六里镇党委副书记、镇长；2001年9月至2003年5月，任岩庄镇党委书记、人大主席；2003年5月至2004年6月，任县长助理，兼翁城商贸区筹建办主任；2004年6月至2006年12月，任财政局局长；2006年12月至2008年7月，任县政协副主席，兼县财政局局长、财税系统党委副书记；2008年8月至2010年7月，任县政协副主席，兼官渡经济开发试验区党工委书记、管理委员会主任；2010年7月至2014年12月，任县政协党组副书记、县政协副主席；2014年12月至2016年9月任县政协党组副书记、县政协副主席、铁龙林场党委书记；2016年9月至2018年1月任中共翁源县委副书记。

县委常委、纪委书记　杜奇立

杜奇立，男，汉族，韶关市始兴县人，学历本科，1972年6月出生，1995年7月参加工作，2007年12月加入中国共产党，现任中共翁源县委常委、县纪委书记。

主要经历：1991年9月至1995年7月暨南大学历史系读书；1995年7月至1998年6月任韶关市浈江区车站街道办事处科员（企业办副主任）；1998年6月至2002年3月任韶关市司法局科员；2002年3月至2005年6月任韶关市司法局宣教科副科长；2005年6月至2006年10月任韶关市纪委、监察局副科长级纪检监察员；2006年10月至2007年8月任韶关市纪委、监察局机关效能监察室正科级副主任；2007年8月至2011年6月任韶关市纪委、监察局监察综合室正科级副主任；2011年6月至2014年11月任中共韶关市纪委、韶关市监察局监察综合室副处级主任；2014年11月至2015年6月任中共韶关市纪委、韶关市监察局办公室副处级主任；2015年6月至今任中共翁源县委常委、纪委书记。

县委常委、宣传部部长、统战部部长　丘雪媚

丘雪媚，女，汉族，翁源县新江镇人，学历本科，1975年11月出生，1995年8月参加工作，1997年12月加入中国共产党，2016年9月至今中共翁源县委常委、宣传部部长、统战部部长。

主要经历：1992年9月至1995年7月在广东省林业学校财会专业读书；1995年8月至1998年7月任翁源县江尾镇宣传干事、团委副书记、宣传办副主任；1998年7月至1999年3月任翁源县龙仙镇组织干事；1999年3月至2002年5月任翁源县龙仙镇团委副书记；2002年5月至2003年7月任翁源县龙仙镇社会事务办主任（期间：2000年9月至2003年7月参加广东广播电视大学汉语言教育专业函授大专班学习）；2003年7月至2005年4月任翁源县龙仙镇党委组织委员（其间：2004年8月至2006年12月参加中共中央党校法律专业函授本科班学习）；2005年4月至2006年10月任翁源县龙仙镇副镇长；2006年10月至2007年1月任翁源县龙仙镇党委委员、副镇长；2007年1月至2007年3月任翁源县龙仙镇党委副书记，镇长人选、主持政府工作；2007年3月至2010年8月任翁源县龙仙镇党委副书记、镇长；2010年8月至2010年9月任翁源县江尾镇党委书记；2010年9月至2011年8月翁源县江尾镇党委书记、人大主席；2011年8月至2011年9月任翁源县人民政府党组成员；2011年9月至2011年10月任翁源县委常委；2011年10月至2016年9月任翁源县委常委、宣传部部

长；2016年9月至今任中共翁源县委常委、宣传部部长、统战部部长。

县委常委、翁源经济开发区工委书记　叶有昌

叶有昌，男，汉族，广东翁源人，学历大学，1966年10月出生，1987年3月参加工作，1991年6月加入中国共产党。现任中共翁源县委常委、中共翁源经济开发区工委书记、中共翁源县人民政府党组副书记。

主要经历：1987年3月至1990年10月，翁源县岩庄财政所工作；1990年10月至1993年2月，翁源县岩庄财政所副所长（其间：1988年9月至1991年7月，参加中山大学行政管理专业函授大专班学习）；1993年3月至1993年6月，翁源县龙仙财政所副所长；1993年6月至2000年5月，翁源县龙仙财政所所长；2000年5月至2002年4月，翁源县住房公积金管理办公室主任（其间：1998年9月至2000年12月，参加广东省委党校行政管理函授本科班学习）；2002年5月至2004年1月，翁源县公共资产管理中心主任（正股级）；2004年1月至2008年7月，翁源县公共资产管理中心主任（副科级）；2008年7月至2009年5月，中共翁源县财税系统党委副书记、翁源县财政局副局长（主持工作）、翁源县公共资产管理中心主任；2009年5月至2010年12月，中共翁源县财税系统党委书记、翁源县财政局局长、翁源县公共资产管理中心主任；2010年12月至2012年9月，中共翁源县财税系统党委书记、翁源县财政局局长；2012年9月至2012年10月，中共翁源县委常委、中共翁源县财税系统党委书记、翁源县财政局局长；2012年11月至今，中共翁源县委常委、中共翁源经济开发区工委书记、中共翁源县人民政府党组副书记。

县委常委、政法委书记　陈路生

陈路生，男，汉族，翁源县龙仙镇人，学历本科，1967年9月出生，1985年7月参加工作，1997年3月加入中国共产党，现任中共翁源县委常委，政法委书记。

主要经历：1982年9月至1985年7月在英德师范读书；1985年7月至1986年9月在庙墩中学任教师；1986年9月至1988年7月在广东省教育学院生物专业脱产读书；1988年7月至1990年8月在三华中学任教师；1990年8月至1996年8月在新江中学任教师；1996年8月至2000年9月在翁源县委办综合组任副组长、组长；2000年9月至2001年11月在翁源县委办综合组任组长、副科级干部；2001年11月至2002年10月南浦镇党委副书记、纪委书记；2002年10月至2005年4月任南浦镇党委副书记、镇长；2005年4月至2005年8月任龙仙镇党委副书记、镇长；2005年8月至2007年3月任翁城镇党委书记、人大主席；2007年3月至2011年8月任翁城镇党委书记、人大主席、官渡经济开发区工委委员（其间：2006年4月至2009年1月参加韶关学院汉语言文学专业函授本科班学习）；2011年8月至2011年11月任翁源县政府党组成员；2011年11月至2016年9月，翁源县副县长；2016年9月至今任中共翁源县委常委，政法委书记。

县委常委、组织部部长　谭晓健

谭晓健，男，汉族，广东始兴人，学历大学，1974年10月出生，1995年7月参加工作，1995年5月加入中国共产党。现任中共翁源县委常委、组织部长。

主要经历：1993年9月至1995年6月在韶关教育学院计算机应用专业大专班学习；1995年7月至1999年3月在始兴县教育局电教站工作；1999年3月至2001年1月任始兴县直属机关党委办公室主任、团委书记；2001年1月至2001年8月任始兴县北山乡党委组织委员、统战委员；2001年8月至2001年12月任始兴县北山乡党委组织委员；2001年12月至2003年4月任始兴县太平镇党委组织委员；其间2000年9月至2002年12月，在广东省委党校经济管理专业本科班学习；2003年4月至2006年9月任共青团始兴县委书记；2006年9月至2006年10月任始兴县澄江镇党委副书记；2006年10月至2011年8月任始兴县澄江镇党委副书记、镇长；2011年8月至2011年9月任始兴县澄江镇党委书记；2011年9月至2014年3月任始兴县澄江镇党委书记、人大主席；2014年3月至2014年10月任始兴县顿岗镇党委书记；2014年10月至2014年12月任始兴县顿岗镇党委书记、武装部政治教导员；2014年12月至2015年5月任始兴

县副县长,顿岗镇党委书记、武装部政治教导员；2015年5月至2016年8月任始兴县副县长；2016年8月至2017年12月30日止任翁源县委常委、组织部部长、县委党校校长。

县委常委、县委办主任 阮炳溪

阮炳溪，男，汉族，广东翁源人，学历大学，1974年12月出生，1998年7月参加工作，2000年1月加入中国共产党。2016年9月至今任翁源县委常委、县委办主任。

主要经历：1994年9月至1997年7月在广东工业大学电气工程系应用电子技术专业读书；1997年8月至1998至7月任翁源县人才交流中心人事代理；1998年7月至2000至7年任翁源县档案局干部；2000年7月至2001至3月任翁源县劳动局干部(其间: 1998年9月至2000.12参加中共广东省委党校行政管理专业函授本科班学习)；2001年3月至2001年11月任翁源县铁龙镇副镇长；2001年11月至2002年4月任翁源县铁龙林场副场长；2002年4月至2004年12月任翁源县铁龙镇副镇长；2004年12月至2005年8月任翁源县铁龙林场副场长；2005年8月至2007年1月任翁源县官渡开发试验区办公室主任、工委委员；2007年1年至2007年2月任翁源县铁龙林场党委书记；2007年2月至2010年7月任翁源县铁龙林场党委书记、场长；2010年7月至2013年2月任翁源县政府办公室主任、人防办主任；2013年2月至2016年9月任翁源县财政局局长、财税系统党委书记；2016年9月至今任翁源县委常委、县委办主任。

县委常委、副县长 柯建忠

柯建忠，男，汉族，翁源县新江镇人，学历本科，1977年2月出生，1997年9月参加工作，1996年6月加入中国共产党，现任中共翁源县委常委、副县长。

主要经历：1993年9月至1997年7月在韶关农业学校农学专业读书；1997年9月至2001年2月任县生产资料公司干部（其间：1998年12月参加华南农业大学农业与农业管理专业自考大专毕业）；2001年2月至2001年11月任龙仙镇党委委员（其间：2001年6月参加华南农业大学农业与农业管理专业自考大学毕业）；2001年11月至2002年2月任岩庄镇副科干部；2002年2月至2003年5月任县纪委、监察局副科长级纪检监察员；2003年5月至2003年7月任礤下镇党委副书记、纪委书记；2003年7月至2004年12月任礤下镇党委副书记、纪委书记、工会主席；2004年12月至2005年8月任周陂镇党委副书记、纪委书记；2005年8月至2006年1月任周陂镇党委副书记；2006年1月至2007年1月任周陂镇党委副书记、镇长；2007年1月至2007年3月任周陂镇党委书记、镇长；2007年3月至2011年8月任周陂镇党委书记、人大主席；2011年8月至2011年11月任翁源县政府党组成员；2011年11月至2016年9月任翁源县副县长；2016年9月至2017年12月任中共翁源县委常委、副县长。

县委常委、副县长 陈向宗

陈向宗，男，学历，本科，籍贯，广东省东莞人，2017年3月至今任东莞市厚街镇副镇长，中共翁源县委常委、副县长、县政府党组成员、厚街翁源对口帮扶指挥部总指挥。

主要经历：1995年9月至1997年7月在中山大学国际金融专业学习，大专毕业；1997年7月至1999年4月在东莞市厚街实业发展总公司工作，其间：1997年8月至1999年4月借调厚街镇组织人事办公室工作；1999年4月至2002年6月任东莞市厚街镇组织人事办公室办事员；其间1999年9月至2001年12在省委党校经济管理专业学习，大学2002年6月至2007年6月任东莞市厚街镇团委副书记；其间2003年9月至2005年12月挂任沙塘村党支部副书记；2007年6月至2008年3月任东莞市厚街镇团委书记；2008年3月至2011年1月任东莞市厚街镇团委书记、新塘村党支部书记（其间：2008年4月定为副科级）；2011年1月至2012年7月任 东莞市厚街镇团委书记、新塘社区党支部书记；其间2011年6月定为正科级；2012年7月至2013年7月任东莞市环境保护局厚街分局局长、新塘社区党支部书记；2013年7月至2014年3月任东莞市环境保护局厚街分局局长；2014年3月至2015年9月任东莞市厚街镇住房规划建设局局长；2015年9月至2015年10月任东莞市厚街镇副镇长候选人、住房规划建设局局长；2015 年 10 月至 2015 年 12 月任东莞市厚街镇副镇长、住房规划建设局局长；2015 年 12 月至 2017 年 1 月任东莞市街镇副镇长；2017 年 1 月至 2017 年 3 月任东莞市厚街镇副镇长，中共翁源县委常委、厚街翁源对口帮扶指挥部总指挥、县政府党组成员；2017 年 3 至今东莞市厚街镇副镇长，中共翁源县委常委、副县长、县政府党组成员、厚街翁源对口帮扶指挥部总指挥。

翁源县人大常委会

县人大常委会主任　温毅麟

温毅麟，男，汉族，翁源县翁城镇人，学历大专，1964年11月出生，1984年7月参加工作，1985年2月加入中国共产党，现任中共翁源县人大常委会党组书记、主任。

主要经历：1981年9月至1984年7月在韶关师专化学系化学专业读书；1984年7月至1986年7月任翁源县坝仔中学教师；1986年7月至1989年8月，任翁源县铁龙中学校长；1989年8月至1993年5月任翁源县教育局教育股干部、副股长、招生办副主任；1993年5月至1995年9月任翁源县教育局副局长；1995年9月至1997年11月任翁源县南浦镇党委书记；1997年12月至2002年1月任翁源县工业局局长、工交系统第一届党委书记；2002年1月至2002年6月任翁源县经济贸易局局长；2002年6月至2006年12月任翁源县人民政府副县长；2006年12月至2009年3月翁源县委常委、常务副县长；2009年3月至2009年4月任中共 翁源县委副书记、副县长；2009年4月至2011年12月任翁源县委副书记；2011年12月至2016年9月任翁源县委副书记、县社工委主任；2016年9月至2016年10月任翁源县人大党组书记、县社工委主任。2016年10月至2016年12月任翁源县人大党组书记、翁源县人大常委会主任、县社工委主任；2016年12月至今任翁源县人大党组书记、翁源县人大常委会主任。

县人大常委会副主任　余小英

余小英，女，汉族，广东翁源人，学历大学，1962年5月出生，1984年11月参加工作，1991年1月加入中国共产党。现任中共翁源县人大常委会党组副书记、县人大常委会副主任。

主要经历：1984年11月至1987年1月，任三华镇妇联干事；1987年1月至1990年1月，任三华镇妇联副主任；1990年1月至1992年1月，任六里镇妇联主任；1992年1月至1993年4月，任六里镇党委组织委员兼妇联主任；1993年4月至1993年12月，任六里镇党委组织委员；1993年12月至1995年4月任六里镇党委副书记；1995年4月至1998年3月，任连新镇党委书记(期间：1994年9月至1997年9月，参加广东省委党校行政管理专业大专班学习)；1998年3月至2003年3月，任翁源县副县长；期间1998年9月至2000年12月，参加省委党校行政管理专业本科班学习；2003年3月至2003年4月，任翁源县政协副主席；2003年4—7月，任翁源县政协副主席、县委统战部部长；2003年7月至2016年10月翁源县政协副主席、党组副书记，县委统战部部长；2016年10至今任翁源县人大常委会副主任、党组副书记。

县人大常委会副主任　陈志峰

陈志峰，男，汉族，广东翁源人，学历在职研究生，1962年8月出生，1980年9月参加工作，1990年1月加入中国共产党，现任翁源县人大常委会副主任、党组成员。

主要经历：1980年9月至1985年7月任翁源县坝仔镇三坑附中任教、民办教师；1985年7月至1988年7月，在坝仔中学任教（期间：1982年9月至1985年12月，参加韶关教育学院数学专业大专班学习）；1988年8月至1990年8月，在龙仙中学任教；1990年8月至1995年4月，在翁源县计划委员会工作，历任副股长、股长；1995年4月至1997年5月，任翁源县计划委员会副主任，期间1996年7月至1997年7月，挂任韶关市计委主任助理；1997年5月至1998年4月，任翁源县计划局副局长，期间1996年9月至1998年12月，参加省委党校行政管理专业本科班学习；1998年4月至2002年1月，任翁源县计划局局长，其间：1999年9月至2002年7月，参加省委党校经济专业在职研究生班学习；2002年1月至2004年10月，任县发展和改革局局长；2004年10月至2006年4月，任中共翁源县委办副主任（主持全面工作）、主任科员；2006年4月至2006年12月，任翁源县环保和建设局局长、党委副书记；2006年12月至2007年1月，任中共翁源县委常委、县环保和建设局局长、县环保和建设局党委副书记；2007年1月至2011年11月，任中共翁源县委常委、县委办主任；2011年10月至2011年11月，任县人大常委会党组成员；2011年11月至2016年12月，任翁源县人大常委会副主任、党组成员，县总工会主席；2016年12月至今任翁源县人大常委会副主任、党组成员。

县人大常委会副主任　雷展发

雷展发，男，汉族，广东翁源人，学历大学，1962年10月出生，1986年6月参加工作，1986年7月加入中国共产党，现任翁源县人大常委会副主任、党组成员，县总工会主席。

主要经历：1986年6月至1990年9月，在县人事局工作；1990年9月至1993年5月，历任县人事局工资福利股副股长、股长；1993年5月至1998年4月，任县人事局副局长（期间：1993年12月同时取得中山大学汉语言文学大专、本科自考毕业）；1998年4月至2001年2月，任红岭镇党委书记；2001年2月至2001年11月，任铁龙镇党委书记；2001年11月至2002年4月，任铁龙林场党委书记；2002年4月至2004年12月，任铁龙镇党委书记、人大主席；2004年12月至2006年12月，任铁龙林场党委书记、场长；2006年12月至2011年11月，任翁源县人民政府副县长；2011年11月至2011年12月，任翁源县人大常委会副主任；2011年12月至2012年1月，任翁源县人大常委会副主任、党组成员；2012年1月至2016年12月，任翁源县人大常委会副主任、党组成员，县依法治县办公室主任；2016年12月至今，任翁源县人大常委会副主任、党组成员，县总工会主席。

县人大常委会副主任　陈福环

陈福环，男，汉族，广东翁源人，学历大学，1965年1月出生，1985年7月参加工作，1989年6月加入中国共产党，现任翁源县人大常委会副主任、党组成员。

主要经历：1985年7月至1987年3月，在韶关市教育局工作；1987年3月至1990年9月，在翁源县教育局工作，期间1988年9月至1990年9月，挂任南浦镇政府办公室副主任；1990年9月至1992年9月，在县委组织部工作；1992年9月至1993年5月，任翁源县委组织部正股级干部；1993年5月至1995年2月，任翁源县委组织部副科长级组织员、调研组组长；1995年2月至1998年4月，任县委组织部副科长级组织员、调研组组长、秘书组副组长，期间1996年7月至1997年6月，挂任韶关市财委主任助理；1998年4月至1998年10月，任新江镇党委副书记；1998年10月至1998年12月，任江尾镇党委副书记；1998年12月至2001年9月任江尾镇党委副书记、江尾镇人民政府镇长；2001年9月至2001年12月，任江尾镇党委书记；2001年12月至2005年8月，任江尾镇党委书记、人大主席；2005年8月至2011年11月，任翁源县人口和计划生育局局长；期间2003年8月至2005年12月参加中央党校法律专业函授本科班学习；2011年8月至11月，任翁源县人大常委会党组成员；2011年11月至2012年5月，任翁源县人大常委会副主任、党组成员；2012年5月至2012年11月翁源县人大常委会副主任，兼任中共翁源县坝仔镇党委书记；2012年11月至今翁源县人大常委会副主任、党组成员。

县人大常委会副主任　甘志初

甘志初，男，汉族，学历大学，广东翁源人。1966年11月出生，1990年1月参加工作；1994年9月加入中国共产党，现任翁源县人大常委会副主任，翁源县龙仙镇党委书记。

主要经历：1986年9月至1989年7月，在广东广播电视大学工业企业经营管理专业大专班学习；1989年7月至1990年1月，在家待业；1990年1月至1995年3月，在翁源县龙仙派出所工作；1995年3月至1998年7月，任翁源县龙仙派出所副所长；1998年7月至1999年4月，任翁源县龙仙派出所指导员；1999年4月至1999年11月任翁源县附城派出所所长；1999年1月至2000年2月，任翁源县公安局官渡分局局长；2000年2月至2003年5月，任翁源官渡经济开发试验区党工委委员，公安局官渡分局局长，期间1998年9月至2000年12月，在广东省委党校行政管理专业函授本科班学习；2003年5月至2003年7月，任翁源官渡经济开发区管委会副主任，公安局官渡分局局长；2003年7月至2005年8月，任翁源官渡经济开发试验区管委会副主任，官渡派出所所长；2005年8月至2011年8月，任翁源官渡经济开发试验区党工委副书记，官渡派出所所长；2011年8月至2011年9月，任翁源县龙仙镇党委书记；2011年9月至2016年10月，任翁源县龙仙镇党委书记、人大主席；2016年10至今任翁源县人大常委会副主任、党组成员，翁源县龙仙镇党委书记。

县人大常委会副主任　王迅东

王迅东，男，翁源县人，学历大学，1968年9月出生；1992年9月参加工作，现任翁源县人大常委会副主任。

其主要经历：1990年9月至1992年7月在上海师范大学历史系历史学专业大专班学习；1992年9月至1996年8月在翁源县尚同中学任教；1996年8月至2003年12月在翁源县龙仙中学任教；2003年12月至2010年2月任翁源县司法局副局长；其间：2001年9月至2004年7月，在华南师范大学历史系历史学函授本科班学习；2010年2月至2015年9月任翁源县人民政府法制局局长；2015年9月至2016年1月为翁源县政府办享受正科级职级待遇；2016年1月至2016年10月任翁源县科协主席；2016年10月至今任翁源县人大常委会副主任。

翁源县人民政府

县长陈来安、常务副县长柯建忠、副县长陈向宗（参见县委常委名录介绍）

副县长　连卫

连卫，男，中共党员，河北武安人，学历本科。1989年参加工作，现任翁源县副县长、县政府党组成员，公安局局长、督察长、党委书记，政法委副书记，社工委副主任。

主要经历：1986年9月至1989年7月在韶关大学汉语言文学专业大专班学习；1989年8月至1994年5月在韶关人民广播电台工作；1994年5月至2001年3月在韶关市公安局办公室工作；其间：1995年8月至1997年12月，在广东省委党校行政管理专业本科班学习；2001年3月至2002年6月任韶关市公安局办公室副科长；2002年6月至2004年11月任韶关市公安局宣传科副科长；2004年11月至2006年6月任韶关市公安局政治处人事科科长；2006年6月至2011年9月任韶关市公安局政治处副主任（正科级）；2011年9月至2011年12月任乳源瑶族自治县政府副县长、县政府党组成员，公安局局长，政法委副书记；2011年12月至2012年5月任乳源瑶族自治县政府副县长、县政府党组成员，公安局局长，政法委副书记，社工委副主任；2012年5月至2016年6月任乳源瑶族自治县政府副县长、县政府党组成员，公安局局长、督察长，政法委副书记，社工委副主任；2016年6月至2016年8月为翁源县副县长人选；2016年8至今任翁源县副县长、县政府党组成员，公安局局长、督察长、党委书记，政法委副书记，社工委副主任。

副县长　林有成

林有成，男，中共党员，广东翁源人，学历本科，1984年11月参加工作，现任翁源县副县长、县政府党组成员，广东青云山省级自然保护区管理处主任。

主要经历：1984年11月至1987年1月在翁源县江尾镇团委工作；1987年1月至1989年3月任翁源县江尾镇团委副书记；1989年3月至1990年1月任翁源县江尾镇团委书记；1990年1月至1990年7月在翁源县南浦镇工作；1990年7月至1992年1月任翁源县南浦镇办公室主任；1992年1月至1992年8月任翁源县南浦镇组织委员；1992年8月至1993年1月为翁源县南浦镇副镇长人选；1993年1月至1995年9月任翁源县南浦镇副镇长，其间：1994年9月至1997年8月，在省委党校经济管理专业大专班学习；1995年9月至1995年12月 任翁源县南浦镇党委副书记；1995年12月至1998年2月任翁源县南浦镇党委副书记、镇长；1998年2月至1998年4月任翁源县龙仙镇党委副书记；1998年4月至2000年4月任翁源县龙仙镇党委副书记、镇长，其间：1998年9月至2000年12月，在省委党校行政管理专业本科班学习；2000年4月至2001年12月任翁源县六里镇党委书记；2001年12月至2004年12月任翁源县六里镇党委书记、人大主席；2004年12月至2010年7月任翁源县发改局局长；2010年7月至2010年12月任翁源县林业局局长、党委副书记；2010.12月至2013年9月任广东青云山省级自然保护区管理处主任，翁源县林业局局长、党委副书记；2013年9月至2016年10月任广东青云山省级自然保护区管理处主任，翁源县林业局局长、党委副书记，县政府党组成员；2016年10月至今任翁源县副县长、县政府党组成员，广东青云山省级自然保护区管理处主任。

副县长　陈卫红

陈卫红，男，中共党员，广东曲江人，学历本科，1988年12月参加工作，现任翁源县副县长、县政府党组成员。

主要经历：1988年12月至1995年1月在韶关市曲江县龙归镇政府工作；1995年1月至1996年1月任韶关市曲江县龙归镇矿管站站长，其间：1992年9月至1995年7月，在曲江县委党校文秘专业函授中专班学习；1996年1月至1996年10月任韶关市曲江县龙归镇水电办公室主任；1996年10月至1998年6月任韶关市曲江县龙归镇水电办公室主任兼社主管理区党支部书记；1998年6月至1998.12月 任韶关市曲江县龙归镇经济办公室主任兼任水电办主任和社主管理区党支部书记；1998.12月至1999年1月任韶关市曲江县龙归镇党委委员兼社主村党支部书记；1999年1月至2002年5月任韶关市曲江县龙归镇党委委员（其间：1998年9月至2001年7月，在广东省委党校经济管理专业函授大专班学习）；2002年5月至2002年12月任韶关市曲江县龙归镇党委委员、武装部部长；2002年12月至2004年2月 任韶关市曲江县龙归镇党委副书记；2004年2月至2004年6月 任韶关市曲江县龙归镇党委副书记、纪委书记；2004年6月至2004年7月任韶关市曲江县马坝镇党委副书记；2004年7月至2007年5月任韶关市曲江县马坝镇党委副书记、镇长；2007年5月至2007年7月任韶关市曲江区罗坑镇党委书记；2007年7月至2011年8月任韶关市曲江区罗坑镇党委书记、人大主席；其间：2007年8月至2009年12月，在中央党校函授学院公共管理专业函授本科班学习；2011年8月至2011年9月任韶关市曲江区樟市镇党委书记；2011年9月至2016年8月 任韶关市曲江区樟市镇党委书记、人大主席；2016年8至今任翁源县副县长、县政府党组成员。

副县长　肖俊青

肖俊青，女，中共党员，湖南宁乡人，学历本科，1993年7月参加工作，现任翁源县副县长、县政府党组成员。

主要经历：1990年9月至1993年7月在江西省机械职业大学微机原理及应用专业学习；1993年7月至1993年12月 在仁化县七四九矿生技处工作；1993年12月至1999年6月 任仁化县统计局科员、综合信息股副股长；1999年6月至2003年12月 在仁化县委组织部工作，任干部组副组长；其间：1999年9月至2001年12月，在省委党校行政管理专业本科班学习 2003年12月至2004年6月任仁化县委组织部干部组副组长、副科级组织员；2004年6月至2006年10月任仁化县委组织部干部组组长、副科级组织员；2006年10月至2008年7月任仁化县委组织部副部长；2008年7月至2009年5月任仁化县委组织部副部长、正科级组织员；2009年5月至2009年6月任仁化县扶溪镇党委副书记；2009年6月至2011年8月任仁化县扶溪镇党委副书记、镇长；2011年8月至2011年9 月任仁化县黄坑镇党委书记；2011年9月至2013年7月任仁化县黄坑镇党委书记、人大主席 ；2013年7月至2015年1 月任仁化县经信局局长、经信系统机关党委副书记；2015年1月至2015年6月任仁化县经信局局长、经信系统机关党委书记、科技局局长（挂牌机构）、地震局局长（挂牌机构）、知识产权局局长（挂牌机构）；2015年6月至2016年8月任仁化县经信局局长、经信系统机关党委书记，科协主席、科技局局长（挂牌机构）、地震局局长（挂牌机构）、知识产权局局长（挂牌机构）；2016年8月至2016年9 月任翁源县政府党组成员；2016年9至今任翁源县副县长、县政府党组成员。

副县长　曾志华

曾志华，男，中共党员，广东南雄人，学历本科。2000年8月参加工作，现任翁源县副县长，县政府党组成员

主要经历：1995年9月为至1999年7月 在西南财经大学投资经济专业本科班学习；1999年7月至2000年8月待业；2000年8月至2002年6月在广东活力股份有限公司工作；2002年6月至2003年3月辞职在家；2003年3月至2008年5 月在韶关市经贸局经济技术协作科工作；2008年5月至2009年7月任韶关市经贸局市场建设科副科长；2009年7月至2010年9月任粤北工业开发区管理委员会招商引资科副科长；2010年9月至2011年5月任广东韶关工业园区管理委员会招商引资科副科长；2011年5月至2012年5月任广东韶关工业园区管理委员会办公室主任；2012年5月至2014年5月任广东韶关工业园区管理委员会招商引资科科长；2014年5月至2015年 11 月任广东韶关工业园区管理委员会招商局局长；2015年11月至2016年8月任广东韶关工业园区管理委员会经济发展局局长，期间：2015年11月起，在韶关市商务局投资促进局挂任副局长；2016年8至9 月任翁源县政府党组成员；2016年9至今任翁源县副县长、县政府党组成员。

政协翁源县第九届委员会

政协翁源县第九届委员会主席　陈建为

陈建为，男，汉族，广东翁源人，学历大专，1962 年 4 月出生，1981 年 7 月参加工作，1991 年 5 月加入中国共产党，现任翁源县政协党组书记、政协主席。

主要经历：1979 年 9 月至 1981 年 7 月，在广东省英德师范学校中专班学习；1981 年 7 月至 1986 年 7 月，在翁源县南浦中学任教（其间：1982 年 9 月至 1985 年 12 月，在韶关教育学院中文专业函授大专班学习）；1986 年 7 月至 1991 年 7 月，在翁源县龙仙中学任教；1991 年 7 月至 1992 年 12 月，在翁源县委调研室工作；1992 年 12 月至 1993 年 8 月，任翁源县委调研室股级干部；1993 年 8 月至 1995 年 4 月，任翁源县委调研室副科长级调查研究员；1995 年 4 月至 1998 年 10 月，任翁源县委调研室副主任；1998 年 10 月至 2003 年 2 月，任翁源县委办副主任；2003 年 2 月至 2007 年 1 月，任翁源县经贸局主任科员、行政服务中心主任；2007 年 1 月至 2009 年 5 月，任翁源县政府办主任、县政府党组成员、政府办系统党委副书记；2009 年 5 月至 2010 年 7 月，任翁源县政府办主任、人防办主任、县政府党组成员、政府办系统党委副书记；2010 年 7 月至 2011 年 9 月，任翁源官渡经济开发区管委会主任、党工委书记，县政府党组成员；2011 年 9 月至 2011 年 10 月，任翁源县委常委、县委办主任,翁源官渡经济开发区管委会主任，政府党组成员；2011 年 10 月至 2016 年 9 月，任翁源县委常委、县委办主任；2016 年 10 月至今，任翁源县政协党组书记、政协主席。

政协翁源县第九届委员会副主席　刘少青

刘少青，男，汉族，广东翁源人，学历大学，1963 年 5 月出生，1980 年 10 月参加工作，1995 年 9 月加入民盟，现任翁源县政协副主席、民盟专职副主委。

主要经历：1980 年 10 月至 1982 年 9 月，在翁源县六里供销社工作；1982 年 10 月至 1988 年 11 月，在翁源县土产公司工作(其间：1988 年 6 月，参加中山大学哲学专业自考大专毕业)；1988 年 12 月至 1995 年 8 月，在翁源县审计局工作；1995 年 8 月至 1996 年 7 月，任翁源县审计局人秘股副股长；1996 年 7 月至 1997 年 8 月，任翁源县审计局财政工交企业股副股长；1997 年 8 月至 1998 年 3 月，任翁源县审计局综合股股长；1998 年 3 月至 2000 年 2 月，任翁源县审计局综合股股长、政协翁源县常委；2000 年 2 月至 2001 年 9 月，任翁源县审计局干部经济责任审计股股长、政协翁源县常委；2001 年 9 月至 2003 年 3 月，任民盟翁源县委专职副主委（副科）；2003 年 3 月至今，任翁源县政协副主席、民盟专职副主委（其间:2003 年 8 月至 2005 年 12 月，在中央党校函授学院法律专业本科班学习)。

政协翁源县第九届委员会副主席　李翠红

李翠红，女，汉族，广东翁源人，学历大学，管理学学士，1976 年 4 月出生，2001 年 4 月参加工作，2002 年 6 月加入中国共产党，现任翁源县政协副主席、县政协党组成员。

主要经历：1995 年 9 月至 1997 年 7 月，在广东民族学院管理学系工商企业管理专业大专班学习；1997 年 7 月至 1999 年 7 月，在广东职业技术师范学院管理学系工商行政管理专业就读本科（专插本）；1999 年 8 月至 2001 年 3 月，挂靠翁源县人才交流中心；2001 年 4 月至 2002 年 7 月，任翁源县新江镇副镇长；2002 年 7 月至 2002 年 10 月，任翁源县新江镇副镇长，翁源县经济贸易局副局长，翁城商贸区筹建办副主任；2002 年 10 月至 2003 年 5 月，任翁源县经济贸易局副局长，翁城商贸区筹建办副主任；2003 年 5 月至 2006 年 9 月，任共青团翁源县委员会书记；2006 年 9 月至 2006 年 10 月，任翁源县新江镇党委副书记；2006 年 10 月至 2009 年 3 月，任翁源县新江镇党委副书记、镇长；2009年3月至2009年4月，任翁源县委常委；2009年4月至2011年10月，任翁源县委常委、宣传部长；2011年10月至2011年11月，任翁源县委常委、宣传部长，县政协党组成员；2011年11月至今，任翁源县政协副主席、县政协党组成员。

政协翁源县第九届委员会副主席　谢少龙

谢少龙，男，汉族，广东翁源人，学历大学，农学学士，1967年12月出生，1989年7月参加工作，2013年12月加入民盟，现任翁源县政协副主席、林业局副局长。

主要经历：1985年9月至1989年6月，在华南农业大学林学院林学专业本科班学习；1989年7月至1991年6月，任翁源县岩庄半溪林场技术员；1991年6月至2006年10月，历任翁源县林业局营林股副股长、股长；2006年10月至2010年1月，任翁源县官渡镇副镇长；2010年1月至2010年10月，任翁源官渡经济开发区管委会副主任、官渡镇副镇长；2010年10月至2015年2月，任广东翁源官渡经济开发区管委会副主任；2015年2月至2016年1月，任广东翁源经济开发区管委会副主任；2016年1月至2016年6月，任翁源县政协副主席、广东翁源经济开发区管委会副主任；2016年6月至今，任翁源县政协副主席、林业局副局长。

政协翁源县第九届委员会副主席　李金桓

李金桓，男，汉族，广东翁源人，学历大学，哲学学士，1962年4月出生，1988年7月参加工作，1988年6月加入中国共产党，现任翁源县政协副主席、粤台农业合作试验区翁源核心区管理委员会主任。

主要经历：1984年9月至1988年7月，在中山大学哲学系哲学专业本科班学习；1988年7月至1989年12月，在翁源县龙仙镇政府工作；1989年12月至1992年7月，任翁源县龙仙镇党委委员；1992年7月至1993年5月，任翁源县委组织部副科长级组织员；1993年5月至1995年4月，任广东翁源官渡经济开发试验区人事部部长（正科级）；1995年4月至1996年10月，任广东翁源官渡经济开发试验区人事部部长、党工委委员；1996年10月至1997年1月，任翁源县周陂镇党委副书记，为周陂镇镇长人选；1997年1月至1998年10月，任翁源县周陂镇党委副书记、镇长；1998年10月至2000年1月，任翁源县三华镇党委书记；2000年1月至2008年6月，任广东翁源官渡经济开发区党工委副书记；2008年6月至2010年9月，任翁源县直属机关工委书记；2010年9月至2011年8月，任翁源县直工委书记兼县委组织部副部长；2011年8月至2011年9月，任翁源县江尾镇党委书记、人大主席，兼县委组织部副部长；2011年9月至2016年3月，任翁源县江尾镇党委书记、人大主席；2016年3月至2016年9月，任广东省（韶关）粤台农业合作试验区翁源核心区管理委员会主任，江尾镇党委书记、人大主席；2016年9、10月至2017年1月，任广东省（韶关）粤台农业合作试验区翁源核心区管理委员会主任、江尾镇党委书记和县政协副主席；2017年1月至今，任翁源县政协副主席、粤台农业合作试验区翁源核心区管理委员会主任。

政协翁源县第九届委员会副主席　张从真

张从真，男，汉族，广东翁源人，学历大专，1962年6月出生，1981年10月参加工作，无党派人士，现任翁源县政协副主席、县人民医院院长。

主要经历：1978年10月至1981年10月，在韶关地区卫生学校医疗专业大专班学习；1981年10月至1996年5月，在翁源县人民医院工作；1996年5月至1998年6月，任翁源县人民医院外科副主任；1998年6月至2002年8月，任翁源县人民医院外一科主任；2002年8月至2007年8月，任翁源县人民医院副院长(其间：2004年6月至2006年7月，参加援非赤道几内亚医疗队，任副队长、巴塔分队队长)；2007年8月至2016年10月，任翁源县人民医院院长，2016年10月至今，任翁源县政协副主席、县人民医院院长。

夕照龙湖

索 引

主题词索引

说　明

1. 本索引采用主题分析法，款目按照主题词首字汉语拼音字母顺序排列。

2. 索引条目后的数字表示本书的页码，数字后面的拉丁字母（a、b）分别表示改页码的左栏、右栏。

3. 特载、大事记、人物和统计资料内容未作索引。

D

E

F

G

Y

Z

表格索引